KB059790

돌궐 유목제국사

이 책은 2011년 정부(교육부) 재원으로
한국연구재단의 지원을 받아 수행된 연구이다.
(NRF-2011-812-A00024)

# 돌궐 유목제국사 552~745

2016년  4월 22일  1판 1쇄
2024년  9월 20일  1판 7쇄

**지은이** | 정재훈

**편집** | 최양순·이진·이창연
**디자인** | 백창훈
**제작** | 박홍기
**마케팅** | 김수진·강효원
**홍보** | 조민희

**인쇄** | 천일문화사
**제책** | 다온바인텍

**펴낸이** | 강맑실
**펴낸곳** | (주)사계절출판사
**등록** | 제406-2003-034호
**주소** | (우)10881 경기도 파주시 회동길 252
**전화** | 031)955-8588, 8558
**전송** | 마케팅부 031)955-8595  편집부 031)955-8596
**홈페이지** | www.sakyejul.net   **전자우편** | skj@sakyejul.com
**블로그** | blog.naver.com/skjmail   **페이스북** | facebook.com/sakyejul
**트위터** | twitter.com/sakyejul

ⓒ 정재훈, 2016

ISBN 978-89-5828-981-4 93910

아사나 권력의
형성과 발전,
그리고 소멸

# 돌궐 유목제국사

552
~
745

정재훈 지음

사계절

# 책머리에

　필자가 초원의 유목민 역사에 관심을 갖기 시작한 지도 벌써 30년이 되었다. 1986년 가을, 국내에서 처음으로 서울대학교 동양사학과에 '중앙아시아사' 강좌가 개설된 때부터였다. 그때부터 필자는 중국사나 일본사와 다른 역동성을 갖고 있는 장성 너머 초원 세계의 유목사에 흥미를 느꼈다. 그 뒤 1988년 대학원에 진학하면서 돌궐이 남긴 고대 투르크 비문 자료의 해독을 기초로 고대 투르크 유목사에 대한 공부를 시작했다. 그 결과 박사 논문을 수정 보완한 『위구르 유목제국사(744~840)』(문학과지성사, 2005)를 출간할 수 있었다. 이것은 몽골 초원을 무대로 활약한 위구르라고 불린 투르크 유목민들의 사적 전개 과정을 국내에 소개한 최초의 연구서로서 유목사에 대한 이해를 심화시키는 계기를 마련했다.

　이후 필자는 북아시아 초원을 무대로 펼쳐진 흉노 이래 몽골까지의 역사 전개 과정이 중국사와 마찬가지로 하나의 역사체로서 정통성을 계승했다는 생각을 조심스럽게 하게 되었다. 그리고 이런 생각을 구체화하기 위해 유목 군주들이 자신의 정통성을 확립할 목적으로 만든 건국 신화의 내용을 분석해 그 계승 내지 극복 노력이 북아시아사에 존재했음을 일부 확인하기도 했다. 이는 북아시아 역시 중국과 견줄 만한 역사 단위로서 세계사의 전개 과정에서 중요한 역할을 한 주체의 하나였다는 사실을 확인시켜주는 출발점이었다.

이를 보다 명확하게 밝히려면 개별 유목 국가의 사적 전개 과정에 대한 체계적인 분석이 전제되어야 했다. 그중에서도 몽골제국의 원상으로서 북아시아사만이 아니라 세계사의 전개에도 큰 영향을 미친 돌궐 유목제국의 성격을 규명하는 일이 무엇보다 중요했다. 왜냐하면 6세기 중반부터 8세기까지 존재했던 돌궐은 흉노 이후 새로운 유목 세계의 정통성을 구축했다고 할 정도로 중앙아시아 초원 대부분을 통합한 거대 제국으로 발전했기 때문이다. 따라서 무모하지만 기존과는 다른 접근을 통해 그 사적 전개 과정을 계기적으로 정리해보려고 했다.

하지만 돌궐은 시간적으로 200여 년, 공간적으로도 기존의 유목 국가들과 달리 몽골 초원만이 아니라 중앙아시아의 오아시스와 초원지대 등 광대한 범위에 걸쳐 있다. 일부 연구만으로는 돌궐이 '고대 유목제국'으로서 어떤 특징을 보여주었는가를 북아시아사와 연결시켜 정연하게 정리하기 어려웠다. 또한 저술이 한국연구재단의 지원을 받아 준비된 연구서라 제한된 시간 안에 작업을 진행해야만 하는 현실적인 어려움도 있었다. 여기에 원고 분량을 적절하게 조절해야 하는 제약이 더해지면서 전부를 담아내지 못했다. 내용을 수정 윤문하고 지도와 사진, 모식 등을 보충해 이해하는 데 도움을 주고자 노력한 것으로 독자들의 양해를 구한다. 이 책에 담아내지 못한 서돌궐사와 고대 투르크 비문, 한문 자료의 비교와 번역, 참고문헌 같은 자료 소개 등에 대해서는 향후 다른 저술을 통해 다뤄볼 계획이나.

필자는 이 책을 통해 신화시대부터 200여 년에 걸쳐 돌궐의 지배 집단인 아사나阿史那가 어떻게 형성되었으며, 건국 이후 발전하고 쇠퇴했다가 다시 부흥하는 등의 과정을 거쳐 결국 소멸되었는가에 초점을 맞춰 돌궐 유목제국사의 전개 과정을 계기적으로 소개해보려고 했다. 이는 비록 개괄적 정리나 고대 유목제국의 성격을 새롭게 규정해 세계사의 전개를 농경 정주와 초원 유목으로 양분할 만큼 중요한 역할을 했던 투르크 유목민들의 활동 무대인 북아시아가 어떻게 하나의 역사 단위가 될 수 있었는가를 살펴보기 위한 전제를 마련해보려는 것이다. 또한 이를 바탕으로 동시대의 한반도와 중국을 포함한 동아시아의 역사 전개에 접근하는 새로운 관점을 제시해, 국내에 아직 낯선 돌궐을 중심으로 한 유목사에 대한 관심을 환기시키고자 했다.

이 책이 그나마 얼개를 갖춰 출간될 수 있는 것은 모두 주변 분들의 도움 덕분이다. 먼저 진주에서 생활한 이후 많은 도움을 주신 경상대학교 선후배 교수님들, 특히 1년 반 동안이나 미국에 체류하며 강의와 행정 업무 등에서 벗어나 온전히 저술에만 집중할 수 있게 해주신 사학과 선생님들의 배려가 결정적이었다. 그리고 취약한 국내 환경 속에서도 유목사 연구를 계속할 수 있도록 늘 모범이 되어 자극을 주시는 김호동 선생님, 올해로 창립 20주년을 맞은 중앙아시아학회 및 동양사학계 여러 선생님과 동학들의 꾸준한 관심과 성원 역시 빠뜨릴 수 없다. 또한 1998년부터 전문도서를 꾸준히 출판하며 국내에서 중앙아시아가 하나의 영역으로 자리잡는 데 결정적 역할을 해주신 사계절출판사 강맑실 사장님의 적극적 지원과 관계자분들의 수고에 다시 한 번 감사드린다. 마지막으로 연구년 동안 미국에서도 저술에만 빠져 있던 필자를 참아주고 믿어준 아내와 두 아들에게도 사랑과 감사를 전하고 싶다.

진주 해우재海友齋에서
정재훈

차례

# 일러두기

- 이 책의 인명, 지명, 족명, 그리고 기타 용어 같은 고유명사 가운데 고대 투르크어로 된 것들은 일부 비문에서 확인할 수 있는 것을 제외하면 대부분 한자로 전사轉寫되어 남아 있는 것이 많다. 이것들을 가능하면 그것의 투르크 원음에 가깝게 추정, 복원해보려고 했다. 이것들은 한글음, 전사(고대 투르크어 추정 로마자 전사, 한자 표기) 순으로 표기했다. 고대 투르크어로 복원할 수 없는 경우에는 한자음을 그대로 읽고 처음에만 한자를 병기했다.
- 고대 투르크어를 한글로 전환하는 과정에서 가장 큰 문제는 비문에 표기된 양성 모음 ï(한글의 '으'에 해당)를 기록하는 것이다. 모음조화가 분명한 투르크어에는 양성 자음에 ï가, 음성 자음에는 i(한글의 '이'에 해당)가 반드시 붙는다. 이런 원칙에 따라 양성 모음인 '으'를 넣어 표기할 경우 관용적인 표현과 많은 차이가 날 수도 있다. 따라서 족속 명칭 등과 같이 관습적으로 익숙해진 용어는 전사 원칙보다 현재 사용하는 방식대로 표기하기도 했다. 예를 들어 족속 명칭인 '크르크즈Qïrghïz'는 관습적으로 통용되는 '키르기스'로 통일했다.
- 전사에 사용된 q는 kh를 대체한 것으로 양성 자음의 표기다.
- 고대 투르크 비문을 번역한 인용문에서는 고유한 의미를 가진 용어를 가능하면 고대 투르크어 그대로 사용한 다음 괄호 안에 풀이를 넣어 이해를 돕고자 했다.
- 전근대 시기의 한자 지명은 가능하면 괄호 안에 현재 위치를 한자음으로 표기했다. 근대 시기 이후의 한자 지명은 현대 중국어음과 한자를 병기했다. 몇몇 지명은 몽골식 표기를 따르기도 했다. 다만 한국에서 관용적으로 사용하는 지명은 그대로 두었다.
- 중국 인명은 처음에만 한자음과 한자를 병기하고, 그다음에는 한자음 그대로 표기했다. 현대 인명은 중국어음과 한자를 병기했다.
- 연도 표기는 서력을 사용했는데, 필요한 경우 괄호 안에 중국 연호를 병기하기도 했다. 월과 일은 모두 음력으로 아라비아 숫자로 표기했다.
- 이 책에는 필자의 기존 연구 성과 가운데 일부를 참고했거나 수정해서 수록한 부분이 있다. 이를 정리해보면 다음과 같다.

  - 1994, 「돌궐제이제국시기(682~745) 톤유쿠크의 역할과 그 위상: '톤유쿠크 비문'의 분석을 중심으로」, 『동양사학연구』 제44집.
  - 1995, 「당초의 민족정책과 서북민족의 중국 인식: '기미지배체제'의 성립 과정과 관련하여」, 『서울대동양사학과논집』 제19집.
  - 1998, 「야글라카르 위구르(744~795) 초기 갈륵가한(747~759)의 세계관: 돌궐제2제국 빌게카간(716~734)과 비교하여」, 『중앙아시아연구』 제3호.
  - 2000, 「서위, 북주시기(534~581)의 대외정책」, 『중국학보』 제42집.

- 2001, 「수 문제(581~604)의 통일 지향과 대외정책: 서북민족에 대한 대책을 중심으로」, 『중국사연구』 제13집.
- 2003, 「고대 유목국가의 사회구조」, 가락국사적개발연구원 (편), 『강좌 한국고대사 제3권: 고대국가의 구조와 사회』.
- 2004, 「수 양제(604~617)의 대외정책과 천하 순행」, 『중국사연구』 제30집.
- 2005, 『위구르 유목제국사(744~840)』, 문학과지성사.
- 2006, 「위구르 카를륵 카간(747~759)의 계절적 이동과 그 성격」, 『중앙아시아연구』 제11호.
- 2007, 「돌궐 건국 신화 기록의 재검토」, 『중앙아시아연구』 제12호.
- 2008, 「몽골의 고대 투르크 비문」, 『돌에 새긴 유목민의 삶과 꿈: 몽골의 암각화, 사슴돌, 비문 탁본』, 국립경주문화재연구소·직지성보박물관·몽골 과학아카데미 고고학연구소.
- 2008, 「북아시아 유목민족의 이동과 정착」, 『동양사학연구』 제103집.
- 2009, 「돌궐 초기사의 재구성: 건국 신화 연구의 재검토를 중심으로」, 『중앙아시아연구』 제14호.
- 2011, 「돌궐 아사나씨 원주지 재검토: 아사나씨의 발생과 이주, 그리고 세력화 과정」, 『중앙아시아연구』 제16호.
- 2013, 「북아시아 유목 군주권의 이념적 기초: 건국 신화의 계통적 분석을 중심으로」, 『동양사학연구』 제122집.
- 2013, 「당 중종시기(705~710) 대외 정책과 돌궐의 대응」, 『중국사연구』 제87집.
- 2014, 「돌궐 초기(552~556)의 국가 구조」, 『중앙아시아연구』 제19-1호.
- 2015, 「732년 퀼 테긴 제사 시설 건립을 둘러싼 국제 정세」, 『중앙아시아연구』 제20-1호.
- 2015, 「당 현종(712~756) 초기의 북벌과 돌궐의 대응」, 『중국사연구』 제98집.

서론

## 1. 무대: 통합된 초원과 오아시스 세계

아시아 대륙의 중앙부에 넓게 펼쳐진 초원草原은 일반적으로 연평균 강수량이 500밀리미터 이하의 지역으로, 스텝steppe이라 불린다. 이곳은 동쪽 끝의 만주滿州에서 서쪽으로 몽골蒙古, 현재 신장위구르 자치구 북부에 위치한 중가리아, 카자흐스탄, 그리고 남러시아까지 거의 비슷한 위도를 따라 거대한 띠를 두르듯 펼쳐져 있다. 이곳만 아니라 대륙 중심부에 발달한 거대한 산맥의 산록 내지는 사막沙漠 인근의 내륙 하천 주변에도 많은 초원이 발달해 있다. 이렇게 폭넓게 분포한 초원은 사막과 함께 아시아 내륙의 거대한 건조지대를 형성한다. 일반적으로 연평균 강수량이 250밀리미터 이하로 강수량에 비해 증발량이 너무 많아 식물이 자라기 어려운 사막과 달리, 초원은 일정한 식물이 자라 다양한 동물들이 서식할 수 있는 환경적 특징을 보여준다.

아시아 대륙 중앙부의 건조지대는 여름철 계절풍monsoon의 영향을 받지 못하는 대륙의 서부와 달리 세계의 지붕이라고 불리는 파미르 고원을

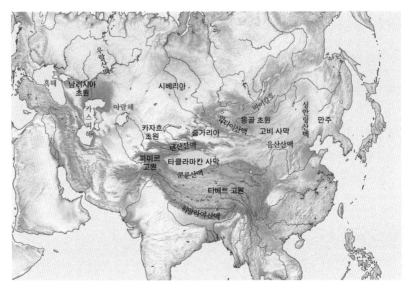

〈그림 1〉 유라시아 내륙의 지형도

중심으로 남서쪽에 힌두쿠시 산맥, 동남쪽에 히말라야 산맥과 쿤룬崑崙 산맥, 그리고 동북쪽에 톈산天山 산맥 등 거대한 산맥이 인도양에서 발달 한 여름철 계절풍의 습기를 차단하면서 형성되었다. 또한 이곳은 보다 북 방에 위치한 삼림森林지대인 타이가taiga와 동토凍土지대인 툰드라tundra, 그리고 남부의 극단적인 사막 등과 비교하면 여건이 상대적으로 좋은 편 이다. 하지만 겨울철에도 북극에서 밀려 내려온 차갑고 건조한 북서풍이 크게 영향을 미쳐 인간이 살기 쉽지 않다는 점에서 초원은 농경이 가능해 인구 밀도가 높은 온대 계절풍 지역과 비교가 안 될 정도로 열악한 조건을 갖추고 있다.

그런데 이런 자연환경 조건에도 불구하고 초원은 그 한계를 극복하려 는 인류의 끊임없는 노력으로 농경 지역과 함께 중요한 역사의 무대가 될 수 있었다. 이는 이곳 주민들이 초지草地에 의지해 사는 다양한 초식동물 가운데 쉽게 길들일 수 있는 말, 소, 양, 염소, 낙타 같은 다양한 발굽동물

〈그림 2〉 몽골 초원의 여름

(有蹄類)을 사육해서 필요한 자원을 얻는 기술인 목축牧畜을 하며 생활할
수 있었기 때문이다. 원래 이런 생산 양식은 초원의 범위가 워낙 넓어서
지역 차이가 많아 통일적이지 않았지만, 대부분의 지역에서 충분한 초지
를 확보하기가 어려워 계절의 순환 이동을 기초로 초지의 환경을 유지함
으로써 재생산 구조를 확보하는 '유목遊牧(nomadism)'[1]이 나타났다.

유목민들은 목초지가 한정되어 있었으므로 나름의 목축지인 분지分地

---

1) 유목은 지역에 따라 여러 양상을 띠면서 나타나기 때문에 다양한 성격 규정이 가능하다. 이
에 하자노프는 유목의 일반적 특징을 다음과 같이 정리했다. ① 목축의 하나로 경제 행위의
한 형태다. ② 그 광역적인 성격은 축사를 갖지 않고 연중 거리의 제한 없이 방목시키는 가
축 사육 방법에서 비롯된다. ③ 주기적 이동은 목축 경제의 욕구에 따라 일정한 목지의 범위
안에서 또는 지역 간을 오가면서 이루어진다. ④ 목축 이동에는 성원의 전부 또는 대부분이
참여한다. ⑤ 생산이 기본적으로 생존을 위한 여러 요구를 충족한다. Anatoly M. Khazanov,
*Nomads and the Outside World*, Univ. of Wisconsin Press, 2nd. ed., 1994, pp. 15~17(하자노프,
김호동 역, 『유목사회의 구조』, 서울: 지식산업사, 1990, p. 50).

를 갖고 그 범위 안을 맴돌며 이동(전이轉移)하면서 생활해야만 했다. 이것은 계절의 변화에 따른 동물의 생활 주기에 맞춰 초지를 보호하며 일정한 지역을 순환하기 위해서 고안된 생산 방식으로, 집약적인 노동이 필요한 농경만큼 고도화된 기술을 필요로 했다. 따라서 유목민들은 초원을 무대로 고정적인 주거나 축사 없이 가족 성원의 대부분이 기본적인 생활을 유지하는 데 필수 불가결한 자원인 가축을 사육하기 위해 계절적으로 일정한 범위를 이동해야만 했다. 이처럼 생활의 기본이 된 이동은 초원의 종류에 따라 수평 내지는 수직으로 나타나는 등 다양하나, 관습적으로 고정된 범위 안에 존재하는 여름 거주지(夏營地)와 겨울 거주지(冬營地)를 계절의 변화에 맞춰 왕래한다는 점에서 유랑流浪과는 근본적으로 달랐다.

유목민들은 목축을 기초로 열악한 환경을 극복하고 완전하게 자급할 정도의 생산력을 갖출 수 없어 자체적으로 하나의 경제 단위를 만들기가 어려웠다. 따라서 이런 한계를 극복하기 위해 자신들을 둘러싼 주변 세계와의 관계를 강화함으로써 지원을 받을 수밖에 없었다. 이런 과정에서 유목민들은 고도로 발달한 문화와 강력한 경제력을 가진 정주定住 농경 사회를 압박해 자신들에게 부족한 부분을 충족시키려고 했다. 하지만 이는 그들의 의지만으로 쉽게 이루어질 수 있는 일이 아니라, 이를 뒷받침해줄 강력한 무기를 갖추어야만 가능한 일이었다.

이와 관련해 정주 지역에서 바퀴를 발명하고 말을 길들여 교통 및 군사면에서 획기적인 발전을 가져온 것처럼, 유목민들 역시 직접 말을 타고 조정할 수 있는 기술과 관련된 도구를 발달시켰다. 이것은 건조한 초원의 생태가 말을 사육하는 데 적합한 환경을 제공해주었기 때문에 가능했다. 또한 유목민들은 말을 길들여 목축에 이용한 것에서 그치지 않고 이를 군사적으로도 적극 활용함으로써 강력해질 수 있었다.[2] 이처럼 유목민들은 기

---

2) David W. Anthony, *The Horse, the Wheel and Language: How Bronze-age riders from the*

〈그림 3〉 당대 투루판 아스타나 고분에서 출토된 비단과
고구려 벽화에 동일하게 묘사된 기마궁사의
파르티안 샷Parthian shot(배면기사背面騎射)

마를 바탕으로 '기동성機動性'을 확보함으로써 근세 중국中國이 화약을 기초로 대포를 제작해 기마부대를 굴복시킬 때까지 '기마궁사騎馬弓士'로서 주변 거대 문명권을 위협하며 세력화하는 데 성공했다. 나아가 유목민들은 강력한 힘을 바탕으로 국가를 건설하고 운영할 수 있었는데, 이것은 단지 군사력에만 기초한 것이 아니었다. 원래 국가를 운영하려면 다양한 능력을 필요로 했는데, 유목민들은 이를 자체적으로 해결하지 못했기 때문에 인접한 '오아시스oasis와의 관계'를 통해 이 같은 필요를 채워나갔다.

원래 초원보다 더 극단적인 환경으로 거주가 불가능한 지역인 사막에 인류가 살기 시작하면서 이곳 주민들이 유목민들과 함께 중요한 역할을 할 수 있었던 것은 그 나름의 독특한 여건과 관련이 있다. 왜냐하면 사막 환경을 극복할 수 있었던 '오아시스' 건설이 인류의 활동 영역을 크게 확대시켰기 때문이다. 정주 문명권들은 다른 지역에 대한 경제적·문화적 욕구가 있었음에도 다양한 장애 요인으로 인해 격절된 환경을 극복하고 식

*Eurasian Steppes shaped the Modern World*, Princeton Univ. Press, 2007, pp. 222~224; Pita Kelekna, *The Horse in Human History*, Cambridge Univ. Press, 2009, p. 73.

접 왕래를 할 수 없었다. 반면에 오아시스 주민들은 점점이 흩어져 있는 사막의 오아시스들을 연결하는 이른바 '비단길絲綢之路(실크로드Silk road)' 또는 '견도絹道'라고 불리는 동서 교통로를 개척함으로써 이를 가능하게 했다. 오아시스 주민들은 단순히 거주지를 확대하는 데서 그친 것이 아니라 중국, 인도, 이란, 유럽 등과 같은 거대 문명권의 중간에 위치한 자신들의 지정학적 위치를 적극 활용해 격절되어 있던 정주 문명권들을 연결시켰던 것이다.

이것은 오아시스 주민들이 그들이 처한 환경적 한계를 극복하려는 처절한 노력의 결과였다. 원래 오아시스는 다습한 계절풍을 차단한 거대한 산맥이 품고 있던 만년설이 녹은 물이 건조지대 사이에 흘러 들어가면서 발달한 내륙 하천 주변 내지는 복류한 하천이 용출하는 곳에 주로 발달했다. 이곳에서 주민들은 인공적 방식으로 확보된 수원水源과 충분한 일조량을 바탕으로 집약적 농경을 통해 생활에 필요한 물자를 얻어냄으로써 자연환경의 한계를 일부 극복하려고 했다.[3] 하지만 수원을 확보하거나 관개 시설을 정비하는 데 많은 노력이 필요했기 때문에 오아시스는 그 범위를 확대하기가 어려웠고, 주변을 둘러싼 극단적인 사막 기후로 인해 고립되기 쉬웠다.

따라서 오아시스 주민들은 자신들의 한계를 극복하기 위해 생존에 필요한 물자를 외부로부터 구하는 것에서 그치지 않고, 자체적으로 발전하는 데 필요한 많은 경제적 이익을 얻기 위해 주변 세계와 긴밀한 관계를 맺고 교류를 했다. 이는 자신들의 지정학적 이점을 극대화해 활발한 교역交易을 벌임으로써 많은 경제적 이익을 얻어냄과 동시에 발달한 주변 문

---

3) 사막을 가로지르는 내륙 하천으로부터 물을 끌어들이기 위해 인공적으로 만든 지상에 노출된 수로만이 아니라 증발을 막기 위해 물을 대는 지하수로를 개발함으로써 오아시스를 건설하는 것이 일반적이었다. 이런 지하수로를 이란에서는 카나트Qanat, 파키스탄 등지에서는 카레즈Qarez(감아정坎儿井)라고 한다.

〈그림 4〉 중국 신장위구르 자치구 투루판 고창고성高昌故城 주변의 오아시스

명 세계의 다양한 문화를 수용하려는 노력으로 이어졌다. 이렇듯 오아시스 주민들은 혹독한 자연환경뿐만 아니라 언제든 자신들의 왕래를 위협할 수 있는 수많은 인위적인 장애를 극복해나가야 했다.

또한 오아시스 주민들은 교역을 해나가는 과정에서 주변에 있는 유목민들의 위협을 받을 수밖에 없었다. 그러나 오아시스가 소규모로 고립되어 있을 뿐만 아니라 자원이 한정되어 강력한 힘을 갖추지 못했으므로 이런 위협을 쉽게 극복할 수 없었다. 결국 오아시스 주민들이 이를 해결하려면 유목민들의 협조나 적극적인 지원을 받는 것 외에는 별다른 방법이 없었다. 이는 교역 과정에서 발생하는 다양한 물류비용 중에서도 특히 위험을 담보해주는 '보험비용保險費用'의 최소화와 관련이 있다. 즉 오아시스 주민들은 교역의 안전을 확보하기 위해 자신들을 지켜줄 수 있는 유목민들의 보호가 절실했던 것이다.

오아시스 주민들은 여기서 그치지 않고 유목민들과 적극 결합해 자신들의 이익을 극대화하려고 노력했다. 그러는 과정에서 다른 오아시스와의 경쟁만이 아니라 다른 유목민들로부터 자신들의 우위를 확보하기 위해 특정 유목민들을 지원해 강력한 국가를 건설하고 운영하려고 했다. 이렇게 되면 오아시스 주민들은 자신들과 결합한 유목민들의 힘을 빌려 거대 정주 농경 국가를 압박해서 많은 물자를 얻을 수 있을 뿐만 아니라 유목 국가의 발전으로 확보된 교역로를 통해 막대한 재화를 유통시킴으로써 보다 많은 이익을 확보할 수 있었다. 오아시스 주민들에게 유목민들과의 결합은 자신들을 발전시킬 수 있는 가장 중요한 토대였다.

반대로 유목민들에게는 오아시스 주민들이 갖고 있던 광범위한 지리적 식견, 다양한 언어 구사력 등과 같이 교역과 관련된 능력만이 아니라 국가를 체계적으로 관리할 수 있는 행정적 능력과 외교적 수완도 필요했다. 오아시스 주민들이 이와 같은 능력을 갖출 수 있었던 것은 주변과 교류하는 과정에서 고도로 발달된 정주 문명권의 문화를 적극 수용하고, 이를 기초로 새로운 문화를 창출해냈을 뿐만 아니라 심지어 이것을 주변에 전달할 정도의 높은 수준을 갖추었기 때문이다. 그래서 유목민들은 자신들과 이익이 합치하는 오아시스 주민들을 적극 끌어들여 국가를 건설하고 운영하려 했던 것이다.

이런 양자의 자연스런 결합을 초원과 오아시스의 '공생共生'이라 하기도 하고, 달리 '정경유착政經癒着'이라고도 설명한다. 이런 국가 체제는 당연히 유목민들의 특성만이 아니라 오아시스가 결합된 복합적인 성격을 띨 수밖에 없었다. 그리고 이를 기반으로 등장한 많은 유목 국가들은 세계사를 뒤흔들 만큼 엄청난 파괴력을 갖고 강력한 영향을 끼쳐 전근대 시기 정주 농경 세계와 함께 인류 역사를 이끌어가는 수레의 두 바퀴라고 평가되기도 했다. 즉 유목 국가의 역할은 초원과 오아시스가 자연스럽게 묶여 정주 농경 세계와도 대척할 정도로 강력한 하나의 역사 단위가 존재했음을 보여주기에 충분했던 것이다.

이런 유목민들이 세계사의 전개 과정에서 강하게 영향을 끼친 역사 무대 가운데 가장 중요한 곳 하나가 바로 '몽골 초원'이었다.[4] 이곳은 특히 흉노匈奴부터 몽골에 이르기까지 유목제국들이 흥망을 거듭하는 등 계속적으로 하나의 역사적 단위가 되었을 만큼 유목사 전개 과정에서 큰 비중을 차지했다. 몽골 초원이 이처럼 빈번하게 유목민의 중요한 활동 무대가 될 수 있었던 것은 그 지리적 여건과 무관하지 않았다. 왜냐하면 이곳은 비록 아시아 대륙의 동쪽에 치우쳐 있지만 서쪽으로 거대한 아시아 중앙부의 초원과 오아시스가 펼쳐져 쉽게 진출할 수 있으며, 남으로는 서방이 필요로 하는 많은 물자를 제공해줄 **'땅이 넓고 없는 물자가 없는(地大物博)'** 중국과 맞닿아 있었기 때문이다. 즉 몽골 초원은 중국이라는 거대 물자 공급지를 배후에 두고 오아시스로 진출해 서방에 위치한 정주지대의 거대 시장을 개척하는 데 최적지였던 것이다.

따라서 이 책에서 다루고자 하는 **돌궐突厥**[5] 역시 6세기 중반 몽골 초원

---

4) 몽골 초원은 사막 기후를 보여주는 고비를 중심으로 둘로 나뉘는데, 남부의 현재 네이몽골 자치구內蒙古自治區의 경우에는 동쪽에서 서쪽으로 갈수록 건조한 정도가 더욱 심해지고, 북부의 몽골공화국(외몽골)에서는 남에서 바이칼 호가 있는 북쪽으로 옮아갈수록 건조한 정도가 완화되면서 삼림지대가 나타나며, 서부 지역은 동부와 달리 알타이를 비롯한 산지가 발달해 있다. 또한 고도 역시 남에서 북으로 보면 네이몽골內蒙古이 800미터 정도에서 서서히 높아져 몽골공화국의 수도가 있는 울란바토르의 경우 1300미터에 이른다. 그리고 다시 낮아져 바이칼 호에 이르면 400미터 정도가 된다. 동에서 서로는 싱안링興安嶺 산맥에서 알타이까지 서서히 낮아졌다가 다시 높아진다. 이런 자연환경의 차이는 식생植生과 가축의 구성 등에서 많은 차이를 가져와 유목민들의 생활방식을 다양하게 만들었다(後藤富男, 『內陸アジア遊牧民社会の研究』, 東京: 吉川弘文館, 1968; 張承志, 『モンゴル大草原遊牧誌』, 東京: 朝日新聞社, 1986; 松井健, 『遊牧という文化: 移動の生活戦略』, 東京: 吉川弘文館, 2001).

5) 돌궐은 고대 투르크어로는 '투르크Türk(또는 Türük)'의 음사로 추정된다. 이것은 전사 방식에 따라 튀르크 내지는 튜르크 등으로 달리 표기되기도 한다. 이 책에서는 관용적으로 사용되는 '투르크'로 통일했다. 그리고 돌궐과 철륵鐵勒이 모두 투르크를 전사한 것이라고 추정된다는 점에서 이것을 구분하기 위해 철륵은 '투르크계 유목 부락'이라고 했다. 돌궐인 자신들이 기록한 고대 투르크 비문 자료에는 국가의 명칭을 '쾩 투르크Kök Türk', 족속이나 주민의 명칭을 투르크라고 구분해서 사용했다. 현재 터키에서는 돌궐을 '투르크의 뿌리'라는 의미로 쾩 튀르크Gök Türk라고 표현해 다른 투르크 국가인 셀주크Seljuk, 오스만Osman 투르크 등과 구분하고 있다.

과 중가리아를 배경으로 세력화에 성공한 다음 북중국의 정권을 압박해서 물자를 지원받아 과거처럼 서방으로 진출해 일부 오아시스와 초원을 통제하는 국가를 세울 수 있었다. 돌궐은 여기서 그치지 않고 이후 서쪽으로 계속 나아가 아시아 내륙의 초원과 오아시스 대부분을 하나로 통합하는 전무한 상황을 연출해냈다. 비록 이후에 부침浮沈이 있었지만 200여 년 넘게 이어지며 이들이 새롭게 통합해낸 세계는 서서히 하나가 되어 움직이기 시작했으며, 그의 지배가 소멸된 다음에도 이런 추세는 멈추지 않았다. 왜냐하면 돌궐이 최초로 통합해낸 아시아 내륙의 초원과 오아시스 세계가 이런 과정을 거치면서 과거처럼 분절된 세계로 머물지 않고 새로운 역사 단위로 발전하며 세계사에 큰 영향을 미칠 가능성을 품고 역사의 전면에 등장했기 때문이다.


## 2. 자료: 한문 자료와 고대 투르크 비문 자료의 비교

200여 년 넘게 전개된 돌궐의 역사 관련 자료는 주변 세계의 관심을 불러일으키기에 충분했기 때문에 이전 시대에 비해 많이 남아 있는 편이다. 특히 몽골 초원과 늘 대결을 벌였던 중국에 남아 있는 한문 자료는 비록 피해자인 중국의 편향적 시각이 일부 드러나 이용하는 데 주의를 기울여야 하지만, 다른 자료에 비해 아주 풍부한 편이다. 현존하는 한문 자료는 먼저 당초唐初에 정리된 『주서周書』, 『수서隋書』, 『북사北史』 등과 함께 당 중기에 정리된 『통전通典』, 오대五代와 송초宋初에 정리된 『구당서舊唐書』, 『신당서新唐書』 등에서 「돌궐전突厥傳」의 형식으로 체계화되었으며, 다른 부분에도 관련 기록이 많이 남아 있다. 그리고 송대宋代에 편찬된 『자치통감資治通鑑』과 『책부원구冊府元龜』, 『당회요唐會要』, 『태평어람太平御覽』 같은 책에 기록된 내용 역시 이상의 정사正史 기록에 빠진 부분을 보충해준다.

〈그림 5〉 최초의 기록 『주서』 「이역전異域傳 돌궐」(중화서국 표점교감본)

또 수당 시대의 개인 문집과 함께 문선文選의 성격을 띤 『전당문全唐文』,
『문원영화文苑英華』, 『당대조령집唐大詔令集』, 『문관사림文館詞林』 등에 남
아 있는 내용 또한 다른 사서史書에는 없다는 점에서 사료적 가치가 크다.
이 밖에 『태평환우기太平寰宇記』, 『문헌통고文獻通考』, 『통지通志』 등에도
많은 내용이 남아 있는데, 대부분 이전 기록을 전제한 것이 특징이다.

돌궐사 연구는 이상과 같은 한문 자료를 정리하는 것으로부터 시작되었
는데, 눈길을 끄는 것은 프랑스의 중국학자였던 에두아르 샤반느Édouard
Chavannes(1865~1918)가 20세기 초에 선구적으로 프랑스어로 자료를 교
감校勘하고 번역을 시작했다는 점이다.[6] 그의 작업은 당시 유럽 학계의 관
심을 반영한 것으로 일찍부터 돌궐에 대한 연구가 시작되었음을 보여준
다. 이와 함께 천중몐岑仲勉(1885~1961)이 한문 자료를 정리, 교감함[7]과

6) É. Chavannes, *Documents sur les Tou-kiue(Turcs) Occidentaux*, Paris: Adrien Maisonneuve,
1903.
7) 상권은 편년에 따라 내용을 정리하며 교감을 했고, 하권은 각 사서별로 내용을 정리하는 방식

〈그림 6〉 에두아르 샤반느와 천중몐

동시에 번역된 샤반느의 책을 다시 보충하고 고증한 책을 저술했다.[8] 이 같은 작업을 거치면서 한문 자료는 하나의 체계를 갖추며 연구의 기본 자료로 자리매김할 수 있었다.

　이후에도 한문 자료에 대한 정리가 계속되는데, 최근에 이루어진 정사 이외의 자료에 대한 정리[9]와 돌궐 제2제국 시기를 대상으로 한 편년과 대조 작업 등이 대표적이다.[10] 이것은 이전 사료 정리 작업에서 빠진 부분을 보충하며, 다른 한편으로는 새롭게 발굴된 자료들을 적극 반영했다는 점에서 아주 유용하다. 이와 함께 한문 자료에 접근하기 어려운 일반 독자들을 위해 개별적인 역주 작업 또한 본격화되면서 보다 편하게 이해할 수 있게 되었다.[11] 하지만 이것이 전체에 대한 번역은 아니라서 내용 전부를 이

---

　　으로 돌궐 자료 전체를 전반적으로 정리했다(岑仲勉, 『突厥集史』上·下, 北京: 中華書局, 1958).

8) 沙畹〔法〕, 馮承鈞 譯, 『西突厥史料』, 北京: 中華書局(重印), 1958; 岑仲勉, 『西突厥史料補闕及考證』, 北京: 中華書局, 1958.

9) 薛宗正 輯注, 『突厥稀見史料輯成: 正史外突厥文獻集萃』, 烏魯木齊: 新疆人民出版社, 2005.

10) 吳玉貴, 『突厥第二汗國漢文史料編年輯考』上·中·下, 北京: 中華書局, 2009.

11) 서구에서는 샤반느의 프랑스어 번역 이후에 독일어(Mau-Tsai, Liu, *Die Chinesischen Nachrichten zur Geschichte der Ost-Türken (T'u-Küe)* I·II, Wiesbaden: Otto Harrassowitz,

해하기 어려운 점이 있으므로 향후 보충 작업이 기대된다.

이런 한문 자료에 대한 고증과 교감 작업에도 불구하고 원래부터 문제였던 사서 간의 차이라든가 내용의 착종錯綜 등은 여전히 해결되지 않은 채 남아 있다. 또 정주민의 선입견에 입각했다든가, 아니면 내용이 지나치게 중국과의 관계에 초점이 맞춰져 있다는 점 등도 문제다.[12] 이런 태생적 한계에도 불구하고 돌궐 자체의 내적인 문제를 정리하려면 기본적으로 대부분을 차지하는 한문 자료에 의존할 수밖에 없다. 따라서 이를 다시 해석함으로써 새로운 실마리를 마련해야 하는데, 이와 관련해 상대적으로 자료가 많고 계기적 정리가 가능한 유목 군주 관련 기록이 주목된다. 왜냐하면 이것은 기존의 관계사를 극복하고 돌궐 자체의 국가 구조 내지는 성격 등을 확인해줄 단서를 제공하기 때문이다. 비록 한계는 있지만 이를 바탕으로 돌궐사 내부 문제에 대한 보다 심층적인 이해를 시도해볼 수 있다는 점에서 적극적인 검토가 필요하다.

---

1958), 터키어(A. Taşağıl, *Gök-Türkler* I, Ankara: Türk Tarih Kulumu, 1995; *Gök-Türkler* II, Ankara: Türk Tarih Kulumu, 1999; *Gök-Türkler* III, Ankara: Türk Tarih Kulumu, 2004)로 번역되었고, 현대 중국어(劉義棠, 『突回研究』, 臺北: 經世書局, 1990; 『二十四史全譯』, 上海: 漢語大詞典出版社, 2004)와 일본어(護雅夫·佐口透·山田信夫 編, 『騎馬民族史: 正史北狄傳』 2, 東京: 平凡社, 1972), 그리고 동북아역사재단 주도로 이루어진 '중국 정사正史 외국전外國傳 역주' 사업의 일환으로 한국어 번역이 시도되었다. 한국어 번역은 필자가 담당했다(동북아역사재단 편, 『譯註 中國 正史 外國傳 8: 周書·隋書 外國傳 譯註』, 서울: 동북아역사재단, 2010; 『譯註 中國 正史 外國傳 9: 北史 外國傳 譯註』 上·下, 동북아역사재단, 2010; 『譯註 中國 正史 外國傳 10: 舊唐書 外國傳 譯註』 上·下, 동북아역사재단, 2011; 『譯註 中國 正史 外國傳 11: 新唐書 外國傳 譯註』 上·中·下, 동북아역사재단, 2011; 『譯註 中國 正史 外國傳 12: 舊五代史·新五代史 外國傳 譯註』, 동북아역사재단, 2011).

12) 사료 가운데 절대적인 비중을 차지하는 한문 사료와 함께 돌궐과 인접했던 중국 이외 지역에도 관련 기록이 남아 있다. 이들 역시 교섭과 관련된 내용이 주를 이루지만 중국 외의 비잔티움, 페르시아, 인도 등과의 관계를 확인할 수 있어 한문 자료를 일부 보충해준다(János Harmatta, *Prolegomena to the sources on the history of pre-Islamic central Asia*, Akademiai Kiado, Budapest, 1979; G. 費瑯(法), 耿昇·穆根來 譯, 『阿拉伯波斯突厥人東方文獻輯注』 上·下, 北京: 中華書局, 1989).

한편 돌궐사의 경우에는 다행스럽게도 한문 자료가 갖고 있는 한계를 일부 극복할 수 있는 다른 형태의 자료가 있다. 이것은 이른바 '오르콘 룬 문자Orkhon Runic script'라고 불리는 고대 투르크 문자古突厥文字로 쓰인 비문 자료(이하에서는 '비문 자료'로 약칭)들이다.[13] 이 자료에 대해서는 19세기 말 유럽 탐험대가 그 존재를 확인하고 보고한 뒤 유럽 학계를 중심으로 해독 경쟁이 벌어지면서 많은 연구가 이루어졌다. 특히 발견된 후 상당 기간 동안 해독되지 못한 상태로 남아 있던 고대 투르크 문자에 대한 관심은 상상을 초월했고, 그 해독 결과에 따라 돌궐사를 새롭게 이해할 수 있을 터였다. 따라서 이 비문 자료는 단순히 한문 자료를 보완하는 것에 그치지 않고 양자의 비교 연구를 가능하게 할 뿐만 아니라 돌궐 자체를 이해하는 데 더욱 중요한 자료라는 점을 확인시켜주기에 충분했다.

돌궐이 이전 유목민들과 달리 독자적인 문자로 기록된 자료를 남길 수 있었던 것은 이미 6세기 후반에 그들에게 종사했던 소그드인의 문자를 차용했을 뿐만 아니라, 680년대에 국가를 재건한 다음 고유의 문자를 만들어 사용하는 적극적인 문자 생활을 했던 덕분이다. 돌궐은 외래 문자를 차용하거나 직접 만들어 중국과 다른 그들의 입장을 남기려 했고, 이것은 관점만이 아니라 내용에서도 한문 자료와는 다른 이해를 가능하게 했다. 이처럼 고대 투르크 문자의 제작과 사용은 유목 사회의 문명화가 시작된 전환점이라고 평가될 만큼 엄청난 역사적 의미를 지니고 있다. 왜냐하면 돌궐이 유목 세계에서 최초로 문자를 만들어 사용한 후 위구르Uyghur(회흘回紇 또는 회골回鶻, 744~840)와 키르기스Qïrghïz(견곤堅昆 또는 힐알사黠戛斯) 등에서도 10세기까지 이를 계속 사용했으며, 그 뒤에 등장한 거란契丹(Qïtañ), 서하西夏, 여진女眞, 몽골, 만주 등이 자신들의 문자를 만들어 사용하려고 했던 전통도 여기서 비롯되었기 때문이다.

---

13) 고대 투르크 비문의 현황과 연구 성과는 '부록 I. 고대 투르크 비문 자료'에 대한 해제 참조.

이런 비문 자료 역시 돌궐 나름의 입장을 옹호하려는 기공비紀功碑라는 점은 내용의 선별적 접근이 필요하다는 사실을 환기시킨다. 반면에 늘 유목민들을 멸시하는 선입견을 가진 정주 지역의 기록에는 없는 내용을 보충한다거나 한문 자료의 재해석을 가능하게 해준다는 점은 장점이다. 이는 비문 자료의 중요성을 보여주는데, 실제로 이런 새로운 이해의 가능성을 열어준 비문 자료에 다양하게 접근함으로써 돌궐사에 대한 많은 연구가 이루어졌다. 즉 초기에 발견된 비문 자료뿐만 아니라 이후에 발굴된 새로운 자료를 바탕으로 연구가 축적되었고, 이를 통해 결국 비문 자료가 돌궐사 연구의 또 다른 기본 자료가 될 수 있었다.

따라서 이 책에서는 기존의 연구 성과를 토대로 전혀 다른 성격을 가진 두 자료를 망라한 비교 연구를 통해 사료의 제한으로 주제의 편향이 심하고 자료를 자의적으로 선택함에 따라 완전히 다른 입장을 보였던 돌궐사를 좀 더 '**중립적**'으로 정리해보려고 한다. 이것은 돌궐사를 중국도 돌궐도 아닌 '**제삼자적 관점第三者的觀點**'에서 보다 객관적으로 살펴보기 위한 노력의 시작이다. 그리고 이를 바탕으로 기존의 문자 자료에 대한 새로운 해석을 시도함과 동시에 이것을 좀 더 구체적으로 심화시키기 위해 최근의 고고학적 발굴 성과를 보완 수단으로 적극 활용해보려고 한다.


## 3. 지향: '고대 유목제국론'의 재검토

6세기 중반 돌궐의 등장과 이후의 발전은 초원을 중심으로 한 유목 세계만이 아니라 인접한 많은 오아시스에도 이제까지 경험해보지 못한 엄청난 변화를 가져왔다. 이것을 가능하게 했던 돌궐의 폭발적인 움직임은 아시아 대륙의 중앙부만이 아니라 주변 지역에도 직간접적으로 큰 영향을 주기에 충분했다. 그들의 영향이 미치는 범위는 중앙아시아 초원과 오아시스같이 직접적인 통치 대상 지역만이 아니라 간접적인 영향을 크게 받던 중국, 북인도, 페르시아, 그리고 비잔티움(동로마)에 이를 정도로 엄청났다. 이 정도의 범위가 하나로 통합된 것은 마케도니아 알렉산더 대왕(기원전 356~기원전 323)의 동방 원정 이후에는 거의 찾아볼 수 없던 일로, 초유의 사건이었다.

또한 돌궐의 세력 확장은 아시아 내륙의 교역망 구축으로 이어져 중국에서 비잔티움을 연결하는 등 동서 교류가 활성화되었다. 이를 토대로 오아시스를 따라 돌궐이 최초로 통합한 '**초원길**Steppe route'을 통해 간헐적이 아니라 빠르고 안전하면서도 전면적으로 교역이 이루어졌다. 따라서 돌궐이 이 같은 상황을 유지하기 위해 기존에 없던 새로운 체제를 만들어낸 것은 학계의 관심을 끌 수밖에 없었다. 그리고 8세기 중반 돌궐이 소멸된 다음에도 투르크계 유목민들의 움직임이 활성화되면서 이른바 '투르키스탄'이라고 하는 하나의 정체성을 가진 거대 단위를 형성하게 했으며, 그들의 계승자임을 자처하는 '투르크'들이 유라시아 대륙의 사적 전개에 엄청난 영향을 미쳤다는 점 역시 그들에 대한 관심을 불러일으키기에 충분했다.

더욱이 19세기 말 고대 투르크 문자로 쓰인 비문들이 발견되고 그 해독 경쟁이 본격화되면서 관련 연구가 폭발적으로 이루어졌다. 이미 20세기 초에 많은 연구 성과가 축적되면서 돌궐사만이 아니라 유목사에 대한 이해에도 큰 진전이 있었다. 한편 20세기 초중반을 지나면서 주요 무대였던 유라시아 건조지대 대부분이 사회주의권에 들어간 것은 돌궐사를 비롯한 유목사를 이해하는 데 새로운 전기가 되었다. 즉 사회주의 정권의 정치적 입장에 따라 사회구성체의 성격에 초점을 맞춘 '사적 유물론史的唯物論'에 입각한 시대 구분을 위한 연구가 주류를 이루었던 것이다.

이런 경향은 제2차 세계대전 이후에도 구소련과 중화인민공화국만이 아니라 구미, 일본 등 관련 학계 전반에 걸쳐 영향을 미쳤다.[14] 따라서 이런 입장에 의거한 많은 논의가 진행되면서 돌궐사에 대한 다양한 성격 규정이 이루어졌지만 일부 기초 연구를 제외하면 대부분 이념적 제약에서 자유롭지 못한 한계를 보여주었다.[15] 또한 중국을 중심으로 중국의 외연을 확장하려는 정치적 의도하에 소수민족의 역사를 자국사로 편입시키려는 노력 역시 일부 문제점을 드러내기도 했다.[16]

1990년대 초 사회주의권이 붕괴되면서 유목사 연구도 기존의 연구 경향에서 벗어나 새로운 전환점을 맞이했다. 이후 한문 사료에 관한 정리를 기초로 한 접근과 함께 비문 자료에 대한 실증적 연구가 활발하게 이루어졌는데, 특히 새롭게 발굴된 비문 자료 연구가 고고학적 발굴 성과와 연결되면서 새로운 결과를 이끌어내기도 했다.[17] 이것은 시대 구분과 연결된 사회구성체에 성격을 부여해 유목사의 성격을 규정하려고 했던 것과 궤를 달리했다. 그럼에도 중국에서는 여전히 소수민족의 역사를 중국사로 편입시키려는 '다원일체多元一體' 입장[18]이 더욱 강화되었는데, 이는 단순한 역사 왜곡만이 아니라 주변 국가들과의 역사 분쟁을 야기하기도 했다.

따라서 이 책에서는 기존 연구의 한계를 극복하기 위해 축적된 연구 성과와 자료 정리 등을 적극 활용해 돌궐사에 대한 새로운 이해를 시도해보

---

14) 유목 사회의 성격 논쟁에 대해서는 어네스트 겔러 해설, 하자노프 저, 김호동 역, 『유목사회의 구조』, 지식산업사, 1990 참조.

15) 돌궐의 성격에 대한 논의는 1935년 소련의 학자인 베른시탐Aleksandr Bernshtam(1910~1956)이 소련 과학아카데미 동방학연구소에 제출한 「몽골에 있어서 투르크인」이라는 박사학위 논문을 1946년에 「6~8세기 오르콘, 예니세이 강 유역 돌궐인의 사회경제구조」라고 고쳐 발간한 뒤부터 본격화되었다(А. Бернштам, *Социально экономический строй орхоно енисейских тюрок VI-VIII веков*, Москва, 1946). 이런 입장은 이후 중국학계에 소개되어 이와 관련된 많은 논의가 전개되었는데, 이에 대해서는 薛宗正, 『突厥史』, 北京: 中國社會科學出版社, 1992 참조. 그리고 이와 관련한 일본의 논의는 護雅夫, 「北アジア古代遊牧國家の構造」, 『岩波講座 世界歷史』6, 東京: 岩波書店, 1971; 山田信夫, 「遊牧封建社會論」, 『北アジア遊牧民族史研究』, 東京: 東京大學出版會, 1989 참조.

16) 林幹, 『突厥史』, 內蒙古人民出版社, 1988; 薛宗正, 위의 책, 1992.

17) 2010년까지 고대 투르크 비문 관련 연구 성과에 대한 정리는 Erhan Aydın, *Türk Runik Bibliografyası*, Istanbul, 2010 참조.

18) 費孝通, 『中華民族多元一體格局』, 北京: 中央民族大學出版社, 1999.

려고 한다. 이것은 초원과 오아시스를 하나로 통합해서 만들어냈던 그 나름의 독특한 체제가 어떤 성격을 지녔는가 하는 점을 해명하는 데 초점이 맞추어져 있다. 그리고 여기서 한 발 더 나아가 돌궐의 위상을 확인함으로써 유목사에 대한 새로운 이해를 가능하게 해줄 토대를 마련하고, 이것이 이후 '투르크'라는 나름의 정체성을 형성하는 데 어떤 영향을 미쳤는가를 추적해보려고 한다.

돌궐의 국가 성격에 대해서는 기존의 연구에서도 유목 사회를 기초로 정주 지역을 직접 지배하지 않고 공납貢納을 징수하거나 교역 등을 통해 경제적 이득을 획득함으로써 체제를 유지했다는 점에 착안해 흉노와 마찬가지로 돌궐 역시 '**고대 유목 국가古代遊牧國家**'의 하나였다고 규정한 바 있다.[19] 이것은 분명 이른바 '**정복 왕조征服王朝**'로 불리는 거란, 여진, 몽골, 만주 등과 다른 양상을 띠었다는 점에서 그 나름의 특징을 잘 보여주었다고 평가되었다.[20] 왜냐하면 비록 시대 구분론에 입각해서 시작된 논의의 결과물이지만 국가 구조 내지는 대외 관계 등에 대한 체계적인 연구를 토대로 이끌어낸 결과였기 때문이다.

그런데 돌궐은 흉노와 마찬가지로 정주 지역을 직접 지배하려고 하지는 않았지만 그 범위가 초원과 오아시스 대부분을 통합할 수준에 이르렀을 뿐만 아니라, 이를 바탕으로 거대한 교역권을 형성했다는 점에서 이전과 아주 다른 면모를 보여주었다. 이는 몽골 초원과 그 주변의 오아시스에

---

19) 이에 대한 정리는 金浩東, 「古代遊牧國家의 構造」, 서울대학교 동양사연구실 편, 『講座 中國史』 2, 서울: 지식산업사, 1989 참조.

20) 일본 학계를 중심으로 돌궐을 고대 유목제국이라고 그 성격을 규정하고, 초원과 정주 농경 지역을 모두 통제했던 거란 시기 이후를 정복 왕조로 규정하기 위해 이전 시기에 비해 정주적인 경향이 늘어나 상대적으로 문명화된 것으로 보이는 위구르를 과도기로 규정하려고 했다. 이에 대해서는 필자와 입장을 달리하지만, 위구르의 국가 성격을 어떻게 규정할 것인지 여부와 상관없이 돌궐을 고대 유목 국가로 보는 데는 전혀 이론의 여지가 없다. 위구르의 국가 성격에 대해서는 정재훈, 『위구르 유목제국사(744~840)』, 서울: 문학과지성사, 2005 참조.

머물렀던 흉노와 비교되면서 돌궐 나름의 면모를 드러냈다는 지적을 가능하게 했다. 이에 착안해 돌궐을 '고대 유목제국古代遊牧帝國'이라고 규정하고 그 실체를 설명하려는 실증적인 연구가 활발하게 이루어졌다.[21]

하지만 이와 관련된 연구 역시 돌궐사 전개 과정에 맞춘 계기적 설명보다는 일반적인 특성을 추출하는 정도의 접근에 그쳐 일부의 내용을 돌궐사 전체의 양상으로 확대 해석하는 한계를 드러냈다. 즉 건국과 발전, 그리고 붕괴라는 일반적인 흥망성쇠 과정과 달리, 돌궐은 6세기 중반의 건국 이후 거대 유목제국으로의 발전과 동서 분열, 630년 패망과 당조唐朝의 기미지배羈縻支配, 680년대의 부흥과 함께 740년대 중반의 소멸 등 복잡한 과정을 겪었는데, 이런 변화에 주목해 그들만의 특성을 구체화하지 못했던 것이다. 따라서 이런 전개 과정에 초점을 맞춰 돌궐이 어떤 성격 변화를 보여주었는가 하는 점을 보다 체계적으로 확인해볼 필요가 있다.

기존에도 계속 문제가 되었던 것처럼 주제의 제한과 일면적 접근만을 가능하게 했던 기록의 불균형과 부족, 그리고 내용 착종 등은 여전히 접근하는 데 장애가 되고 있다. 따라서 이 책에서는 이런 문제를 해결하기 위해 분석 대상의 기록 내용이 풍부해 체계적인 검토가 가능하고 복잡한 돌궐사의 전개를 일관되게 정리해 그 성격을 가장 잘 설명할 수 있는 요소인 '유목 군주권遊牧君主權(nomadic kingship)'에 주목했다.[22] 왜냐하면 유목 군

---

21) 護雅夫, 『古代トルコ民族史研究』 I, 東京: 山川出版社, 1967; 『古代トルコ民族史研究』 II, 東京: 山川出版社, 1992; 『古代トルコ民族史研究』 III, 東京: 山川出版社, 1997; 護雅夫, 『古代遊牧帝國』, 東京: 中央公論社, 1976; 薛宗正, 「東突厥汗國的政治結構」, 『新疆社會科學』 1986-2; Hilda Ecsedy, "Tribe and Empire, Tribe and Society in the Turk Age", Acta Orientalia Academiae Scientiarum Hungaricae vol. 31-2, 1977; Hilda Ecsedy, "Tribe and Tribal Society in the 6th Century Turk Empire", Acta Orientalia Academiae Scientiarum Hungaricae vol. 25, 1972.

22) 김호동, 「북아시아 유목국가의 군주권」, 『東亞史上의 王權』, 서울: 한울, 1993; 정재훈, 「북아시아 유목 군주권의 이념적 기초: 건국 신화의 계통적 분석을 중심으로」, 『東洋史學研究』 122, 동양사학회, 2013.

주 관련 기록이 상대적으로 풍부하고 일관되게 남아 체계적인 분석이 가능할 뿐만 아니라, 이것이 유목 국가의 성격을 해명하고 새로운 역사상을 구축하는 데 필요한 논리적 틀을 제공해줄 수 있는 가장 기본적인 실마리이기 때문이다.

실제 고대 유목 국가의 성격을 설명하는 데 유목 군주의 성격에 대한 이해가 중요한 이유는 정주 농경 국가와 비교할 수 없을 정도로 그 양상이 달랐다는 점에 있다.[23] 예를 들어 유목 국가는 농경을 기반으로 한 중국의 경우처럼 집약적인 생산 체계를 비롯한 다양한 산업 기반과 황제皇帝를 중심으로 한 유가사상 같은 이념적인 토대, 그리고 문서 행정에 기초한 관료제와 법률 체계, 아울러 역사 기술을 통한 정통성의 계승 같은 고도로 체계화된 질서를 갖추지 못했다.

이런 구조적 문제로 인해 이를 운영하는 유목 군주는 어쩔 수 없이 '**개인의 능력**'을 바탕으로 덜 체계화된 것처럼 보이는 국가 구조 안에서 군사력에 기초한 물리적 토대와 하늘로부터 받은 권위를 바탕으로 한 이념적 기초를 마련함으로써 복속 유목 세력들과 내부의 정주 요소들이 보일 수도 있는 원심적 경향을 제한하는 데 집중해야만 했다. 따라서 유목 국가는 결국 족장族長의 지배 원리가 강한 유목 사회를 기반으로, 장점인 군사적 능력을 극대화해 대내외적인 우위를 확보하기 위해서 강력한 군주권을 바탕으로 한 '**권위주의**'적 면모를 가질 수밖에 없었다.

유목 국가를 건설하고 유지하는 일은 그들의 장기인 군사적 능력만으로는 가능하지 않았다. 이와 함께 자급자족조차 쉽지 않은 유목 경제 자

---

23) 바필드는 정주 농경 사회와 초원 유목 사회의 체계를 다른 모양과 성격을 가진 아메리카 치즈와 스위스 치즈로 나누어 설명함으로써 그 차이를 보여주었는데(Thomas J. Barfield, *Afghanistan: A Cultural and Political History*, Princeton University Press; Reprint edition, 2012, pp. 67~71), 이런 입장은 유목 국가가 정주 국가와는 다른 독특한 특징을 지녔음을 설명한 좋은 예의 하나다.

체의 한계를 극복하고 체제를 보다 효과적으로 운영할 수 있는 능력이 필요했는데, 이것은 자체적으로 해결할 수 없었다. 국가를 운영할 능력이 있는 오아시스나 중국 같은 정주 지역 출신 관료 집단의 수혈을 통해서만 가능했다.[24] 따라서 유목 국가는 자신의 부족함을 외부로부터 보충해 내재화하려는 '개방성開放性'을 기초로 권위적인 유목 권력에 정주 지역 출신 관료 집단이 결합된 '권위주의적 상인 관료 체제權威主義的商人官僚體制(Authoritarian Merchants Bureaucracy)'라는 독특한 구조를 갖추었던 것이다.

아울러 고대 유목 국가에서는 자신들에게 필요한 물자를 획득하기 위해 정주 지역을 직접 경영하려고 하지 않았다. 오히려 주변의 강력한 정주 지역, 즉 중국을 상대로 약탈掠奪이나 공납 또는 호시互市 등의 간접적인 방법을 구사했다. 그리고 이렇게 획득한 물자를 유목 군주와 결탁한 정주 지역 출신의 상인 관료들이 모두 소비하거나 축적하지 않고, 강력한 군사력을 바탕으로 확보한 안정된 유통망을 통해 물자에 대한 욕구가 강한 다른 문명권에 유통시켜 이익을 창출하려고 했다. 그럼으로써 유목 국가는 교역을 통해 얻을 수 있는 부가가치를 확보하려는 '중상주의적 국가重商主義的國家(Nation for Mercantile system)'를 지향하는 '교역 국가交易國家'로서의 성격을 보여주었던 것이다.

한편 이런 지향을 갖는 유목 군주가 국가를 운영하려면 무엇보다 주변 정주 문명권과의 관계 설정이 중요했다. 이는 몽골 초원을 무대로 명멸했던 유목 국가들 모두가 중국과의 관계를 빼놓고는 그 성립과 발전, 붕괴를 설명할 수 없다고 한 지적에서도 확인할 수 있다.[25] 실제 돌궐의 경우에도

---

24) 흉노 이래 유목 국가가 건설되면서 초원에도 다양한 정주 시설이 마련되었는데, 이것은 정주 지역에서 초원에 들어와 국가 운영에 참여했던 정주민들을 위한 시설이었다(林俊雄, 『スキタイと匈奴 遊牧の文明』, 東京: 講談社, 2007). 이런 초기의 정주 시설은 이후 돌궐과 위구르 시기에 카라발가순 같은 거대 도시를 만들어낼 수 있게 했다(정재훈, 「유목세계 속의 도시: 위구르 유목제국(744~840)의 수도 카라 발가순」, 『東洋史學研究』 84, 2003).
25) 상호 간에 끼친 큰 영향으로 인해 초원에 유목제국이 등장하면 이와 연동해 중국이 통일된

물자 구득求得의 상대이며 끊임없는 대결 상대였던 중국의 대응이 체제 구축과 존립에 깊이 관련되어 있었다. 이 무렵 중국을 통일했던 수·당 왕조는 단순히 외교 관계를 맺거나 전쟁을 벌이는 정도에 그치지 않고, 무력으로 굴복시킨 다음 직접 통제를 하려고 할 정도로 그들의 사적 전개에 엄청난 영향을 미쳤다.[26] 이는 고대 유목 국가의 성격을 논할 때 '**중국과의 관계**'가 빠질 수 없는 중요한 요소임을 다시 한 번 확인시켜준다.

이 책에서는 앞에서 열거한 고대 유목 국가의 성격을 설명하는 데 필요한 요소들을 기본 전제로 '유목 군주권'에 초점을 맞춰 돌궐 유목제국의 성격을 계기적으로 정리해보려고 한다. 이를 구체화하기 위해 특히 유목 군주권의 성격 변화 과정을 잘 보여주는 돌궐의 지배 집단으로 유목 군주인 카간qaghan(可汗)[27]을 배출하는 황금씨족黃金氏族(Royal family)이 되었던 '아사나阿史那[28]의 권력 추이'를 집중적으로 다룰 것이다. 왜냐하면 5세기 중반에 형성된 아사나라는 집단이 성장해서 6세기 중반 몽골 초원

---

다는 주장이 제시될 정도였다(토마스 바필드, 윤영인 역, 『위태로운 변경』, 서울: 동북아역사재단, 2009(원제: Thomas J. Barfield, *The Perilous Frontier: Nomadic Empires and China*, Oxford: Basil Blackwell, 1989); Anatoly M. Khazanov and Andr'e Wink, *Nomads in the Sedentary World*, Curzon Press, 2001). 하지만 이런 접근은 지나치게 중국 중심의 관점에서 관계를 설명하려 했다는 점에서 돌궐 내지는 북방 유목민의 관점에서 양자의 관계를 다시금 치밀하게 다뤄야 할 것이다.

26) 吳玉貴, 『突厥汗國與隋唐關係史研究』, 北京: 中國社會科學出版社, 1998; Jonathan K. Skaff, *Sui-Tang China and Its Turko-Mongol Neighbors: Culture, Power and Connections, 580-800*, Oxford University Press, 2012.

27) 카간은 몽골 초원 최초의 유목 국가인 흉노의 군주 칭호였던 선우單于의 권위가 약화된 뒤에 등장한 유목 세계의 군주 명칭이다. 북위北魏 태무제太武帝 시대에 제작된 알선동嘎仙洞의 제문祭文에서 탁발부拓跋部가 가한可寒이란 명칭을 사용했다는 점이 확인되고, 걸복부乞伏部도 자신의 군주를 가한可汗이라 칭했다고 한다(米文平, 『鮮卑史研究』, 上海: 中州古籍出版社, 1994, p. 52). 몽골 초원에서는 402년 유연柔然의 수령首領인 사륜社崙이 자신을 쿠트 바르 카간(Qut bar qaghan으로 추정. 구두벌가한丘豆伐可汗)이라고 칭한 것이 최초인데(『魏書』 권103 「蠕蠕傳」, p. 5682), 이 명칭은 그 뒤 유목 군주 최고의 칭호로 사용되었다. 칸 또는 카안 같은 다른 용례도 있는데, 이것은 용례에 따라 층차가 있는 다른 성격의 명칭으로 사용되기도 한다.

34

을 무대로 건국 이후 200여 년에 걸쳐 그 권위가 발전하고 약화되었다가 다시 재기한 다음 결국 소멸되는 과정 전체가 바로 돌궐사 자체이기 때문이다. 부제를 '**아사나 권력의 형성과 발전, 그리고 소멸**'이라고 한 것도 아사나 권력의 추이가 고대 유목제국의 성격을 보여주는 요소들과 연결되면서 유목제국의 체제 성립과 운영에 어떤 작용을 했는가를 돌궐사의 계기적 전개 과정에 초점을 맞춰 추적하는 것이 이 책의 목적임을 다시 한 번 환기시켜주기 위함이다.

## 4. 내용: 아사나 권력의 형성과 발전, 그리고 소멸

돌궐사의 전개 과정은 200여 년도 넘는 존속 기간과 내적인 다양한 변화 양상만이 아니라 광범위한 영역 등 많은 요소가 그 서술 형식 자체를 제약하고 있다. 먼저 상대적으로 짧지 않을 뿐만 아니라 복잡한 역사 전개 과정을 일목요연하게 하나의 틀에 맞추는 작업이 용이하지 않았다. 또한 유목 세계의 중심이었던 몽골 초원만이 아니라 아시아 중앙부를 가로질러 아랄 해에 이르는 지역에 펼쳐진 초원과 오아시스 대부분을 포괄하는 거

---

28) 사서의 기록에는 아사나씨阿史那氏로 되어 있다. 그의 전사轉寫는 〈마한 테긴 비문〉에 남아 있는 소그드 문자를 기초로 복원했는데, 그에 따르면 Ashinas로 추정되지만 이 책에서는 한글음에 따라 아사나라고 했다. 아사나의 어원에 대해서는 설명이 다양한데, 가장 대표적인 것은 건국 신화 내용에 따라 '뛰어오르다'는 의미의 ash-ashin 또는 '산을 가로지르다'는 의미의 'ashmak'으로 보는 입장이다. 그리고 투르크어의 '아시나ashina', 즉 '우애가 있는', '서로 좋아하는' 등의 의미로 해석하기도 한다(劉義棠, 『突回研究』, 臺北: 經世書局, 1990, p. 474). 이와 달리 동부 이란어의 '가치 있는', '고귀한' 등의 의미로 보거나(薛宗正, 앞의 책, 1992, p. 47) 사카어로 '푸르다'는 의미를 가진 것으로 여겨 이것을 쾩 투르크와 연결하기도 한다(Carter V. Findley, *The Turks in World History*, Oxford University Press, 2005). 이런 해석의 차이는 돌궐의 원류를 몽골 계통인 투르크로 보느냐, 아니면 이란 계통인 사카의 후예로 보느냐와 관련된 문제다. 기존 연구에서는 아직까지 명쾌한 결론 없이 논쟁 중인 상태다. 이와 관련된 내용은 '제1편 2장의 1. 아사나 원류 연구에 대한 재검토' 부분 참조.

대한 범위를 하나로 묶어 일관되게 정리하는 것이 가장 어려웠다.

특히 570년대 이후 분리되어 하나의 세계를 따로 형성했던 서돌궐과 몽골 초원에서 전개되었던 사적 전개 과정을 하나로 묶어내는 일은 더욱 쉽지 않다. 기존 중국 정사의 「돌궐전」에서도 둘을 분리해서 서술한 것처럼 다른 단위로 인식되었을 뿐만 아니라[29] 이후의 연구에서도 하나의 독립적인 단위로 서술되었다.[30] 더욱이 서돌궐 관련 기록이 주류에 비해 상대적으로 적고, 그마저도 착종된 부분이 많아 고대 유목제국으로서의 면모를 일관되게 정리하는 데 어려움이 많다.

이런 문제만이 아니라 저술을 위한 지면과 시간적 제약으로 이 책에서는 하나의 역사적 단위로서 돌궐사의 주류를 이루었던 몽골 초원을 중심으로 한 사적 전개 과정을 집중적으로 다루어보려고 한다. 서돌궐사의 전개 과정이 일부 제외된다고 해도 고대 유목제국으로서 돌궐의 성격을 계기적 전개 과정에 따라 일관되게 분석하는 일은 충분히 가능하기 때문이다. 또한 이는 몽골 초원에서 전개된 역사 전개가 건국 이전(552년 이전), 제1제국(552~630), 당조의 기미지배(630~679~682~687), 그리고 제2제국(687~745) 등으로 정확하게 구분되는 점[31] 역시 이 책에서 구체적으로

---

29) 중국에서 편찬된 정사에서도 돌궐과 서돌궐을 분리해 열전을 구성했는데, 이런 구분은 여타 사서에서도 동일하다.

30) 서돌궐의 역사 전개 과정에 대한 연구는 內藤みどり, 『西突厥史の研究』, 東京: 早稲田大學出版部, 1988 참조. 서돌궐사의 전개에 대해 이 책에서는 대부분의 내용을 다루지 못했지만 향후 이것을 통합한 저술을 기약해본다.

31) 천중몐岑仲勉은 동·서 돌궐을 독립적인 세력으로 이해하고 '돌궐 굴기崛起 시대', '보새保塞 시대', '군현郡縣 시대', '중흥中興 시대', '쇠망衰亡 시대'로 나누었다. 이후에 마창서우馬長壽가 '돌궐의 형성 시기(552~583)', 동서 분열(583)과 동돌궐한국東突厥汗國이 붕괴(630)하고 서돌궐한국西突厥汗國이 붕괴(659)하는 '동서 분립 시기', 동돌궐 붕괴 후 당에 복속(630~679)되고 막북漠北의 설연타薛延陀와 대립(630~646)하는 '동돌궐의 남북 분열 시기', 그리고 '동돌궐의 부흥과 서돌궐의 일부를 지배한 시기(679~745)'로 나누었다. 또 베른시탐이 돌궐 제1한국第一汗國과 제2한국第二汗國으로 구분한 것처럼 모리 마사오護雅夫도 비슷하게 나누면서 한국汗國 대신 제국帝國이라는 표현을 사용했다. 이렇게 돌궐사 시대 구분은

다루려는 아사나의 권력 추이를 쉽게 정리하게 해준다는 점에 착안한 것이다. 그러므로 이런 시기 구분에 따라 얼개를 짜서 각 시기 나름의 성격과 그 변화 양상을 다음과 같이 정리해보려고 한다.

제1편은 552년 돌궐 건국 이전 시기인데, 기본 사료인 건국 신화 기록과 기존의 연구 성과를 재검토해서 추출된 역사적 사실들을 기초로 신화 시대로 남아 있는 건국 이전 지배 집단 아사나의 형성과 발전 과정, 즉 건국 이전 역사에 대한 복원이다. 이를 통해 먼저 사료 비판을 기초로 건국 신화의 내용을 어떻게 역사적 사실로 복원할 수 있는가 여부를 타진함으로써 아사나의 세력 형성 과정을 정리해보려고 한다. 이는 아사나가 이후 초원의 패자가 된 다음에 조상에 대한 신화를 조작해 어떻게 정통성을 창출했으며, 이를 통해 어떻게 권력을 공고화하고 제국을 운영하려고 했는가 하는 점을 추적하기 위한 전제다. 그리고 이것은 유목 세계의 새로운 황금씨족이 된 아사나의 권위가 이후에 어떻게 투르크 유목민들의 유산이 되었는가 하는 점을 전망하기 위한 토대가 될 수 있다.

제2편은 돌궐 제1제국 시기(552~630)인데, 이것은 아사나가 552년 유연柔然(달리 연연蠕蠕, 여여茹茹, 예예芮芮 등으로 기록되었는데, 이 책에서는 '유연'으로 통일)을 무너뜨리고 '돌궐'이라는 유목 국가를 몽골 초원에 건설한 다음 더 나아가 중앙아시아 초원을 거의 아우르는 거대 유목제국으로 발전한 과정과 함께 이후 종실 내부의 분열과 중국의 간섭으로 몰락했던 과정에 대한 정리다. 이 시기는 건국 이후 유목제국으로 발전한 시기(552~579)와 제국이 해체되어 동서로 분립된 시기(579~614), 그리고 수조隋朝가 약화된 틈을 이용해 동돌궐이 다시 발전했다가 붕괴되는 시기

---

다양한 논의가 전개되었지만 대체로 새 시기 구분에 돌궐 건국 전사를 넣으면 네 개로 나뉘는 구분에서 벗어나기 어렵다.

(614~630)로 구분된다. 이를 둘로 묶어 정리하려고 하는데, 건국에서 제국으로의 발전까지는 유목 국가의 성립과 그 체제 정비 과정을, 제국이 분열한 다음은 해체 배경과 과정 그리고 붕괴 등으로 나누어보려고 한다. 이것은 고대 유목제국이었던 돌궐사의 전개 양상에 대한 총체적인 정리로, 그 국가 체제의 성격을 확인할 수 있는 기초를 마련함과 동시에 아사나의 권위가 어떻게 형성되어 확고하게 자리 잡았는가 하는 데 대한 규명 작업이다.

제3편은 당조의 기미지배 시기(630~679~682~687)인데, 이는 630년 당의 공격을 받아 붕괴된 뒤 그 지배 체제 아래서 돌궐이 어떻게 존재했는가와 다양한 유목 부락을 통제하기 위해 당조가 도입한 '기미지배 체제'가 그 사회의 내적 세력 관계 변화에 어떤 영향을 미쳤는가에 대한 정리다. 이 시기는 동돌궐이 붕괴한 시기부터 646년 설연타가 붕괴될 때까지와 그 뒤 기미지배 체제가 초원 전체에 확산된 시점부터 돌궐이 다시 부흥을 시도하는 680년대 중반까지로 크게 구분된다. 앞 시기는 붕괴 이후 당조에서 이들을 통제하기 위한 체제를 확립해가는 부분이며, 뒤 시기는 세력 간의 이해 결합적인 성격이 강한 기미지배 체제가 성립되어 유지되다가 679년 돌궐의 부흥 운동이 시작되면서 해체되어가는 과정이다. 이는 당조가 유목 세계에 강한 영향력을 행사한 것이 아사나의 권위에 어떤 변화를 가져다주었으며, 이 과정에서 약화되었던 아사나가 어떻게 다시 재기할 수 있었는가에 대한 접근이다.

제4편은 돌궐 제2제국 시기(687~745)인데, 이것은 돌궐이 679년에 시작된 부흥 운동에 성공해 687년 몽골 초원에 아사나가 유목 국가를 재건한 다음 어떤 체제를 만들어냈는가 하는 점과 함께 당조의 인정과 지원을 받지 못하는 상황에서 돌궐이 당조의 지속된 견제와 유목 세계의 분절화 속에서 어떻게 존립하며 권위를 재생산할 수 있었는가에 대한 정리다. 이는 687년 돌궐이 부흥에 성공한 뒤부터 720년대 초까지 결코 자신들을

인정하지 않는 당조와 계속 무력 대결을 벌였던 시기와 당조를 중심으로 한 질서에 편입되어 공존하려고 했던 시기로 나뉜다. 그리고 마지막은 아사나의 권위 소멸 과정인데, 740년대 중반 돌궐이 붕괴된 후 안사의 난 시기(755~763)까지 몽골 초원을 떠나 당조에 투항한 다음 내지內地에서 활동했던 시기다. 이는 이상과 같은 시기 구분을 기초로 유목 국가의 재건, 발전, 약화, 그리고 소멸 등의 전반적인 과정을 제1제국 시기의 양상과 비교해 그 나름의 특징을 확인하려는 것이다. 특히 당조의 간섭을 극복하면서 재기에 성공했던 아사나의 권위가 어떤 과정을 통해 재확립되다가 결국 소멸될 수밖에 없었는가 하는 점을 정리해보려고 한다.

이상의 작업은 돌궐이 고대 유목 국가의 원형인 흉노를 이어 아시아 중앙부에 위치한 초원과 오아시스를 거의 통합한 유목제국으로서 유목사의 전개 과정에 어떤 영향을 미쳤는가를 재검토하는 것이다. 이는 몽골 초원을 무대로 흉노에서 몽골로 이어지는 북아시아사 전개 과정을 돌궐을 매개로 새롭게 구축해볼 수 있는 논리의 틀을 마련하려는 것과 긴밀하게 연결되어 있다.[32] 그리고 아사나를 중심으로 한 유목 군주권의 추이에 대한 정리 역시 그 권위가 8세기 중반 제국의 붕괴에도 불구하고 마치 유산처럼 이후 유라시아의 역사 전개에 어떤 영향을 끼쳤는가를 설명하기 위함이다. 이 같은 일련의 작업을 통해 몽골 초원을 중심으로 아사나가 만들어

---

32) 필자는 흉노부터 몽골 유목제국까지 그 성립 과정을 '이동移動'이라는 관점에서 살펴본 바 있다(정재훈, 「북아시아 유목민족의 이동과 정착」, 『동양사학연구』 103, 2008). 이와 함께 유목 군수의 이념석 기초가 되었던 건국 신화에 대한 분석을 통해 유목 국가들 상호 간에도 정통성을 계승하려는 역사의식이 존재했다는 점을 밝힘으로써 북아시아사가 하나의 역사 단위가 될 수도 있을 것이라는 가설적인 문제 제기를 한 바 있다(정재훈, 「북아시아 유목 군주권의 이념적 기초: 건국 신화의 계통적 분석을 중심으로」, 2013). 이런 논의를 기반으로 이 책에서는 하나의 역사 단위로 설정할 수 있는 북아시아사의 전개 과정에서 돌궐사의 위상과 의미를 보다 체계적으로 다루어볼 계획이다.

낸 돌궐 유목제국사가 유목 세계만이 아니라 세계사적으로 어떤 의미와 위상을 가졌는가를 다시 한 번 환기함으로써 척박한 국내 학계에 북아시아 유목사에 대한 새로운 연구가 시작되는 기폭제 역할을 하고자 한다.

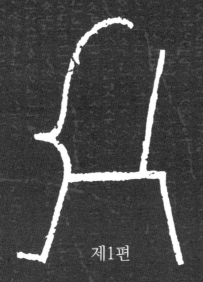

제1편

# 돌궐 건국 전사

– 아사나 건국 신화의 역사화 –

# 1장

# 건국 신화 기록의 정리와
# 내용의 재배열

## 1. 신화 기록 내용

552년 몽골 초원을 차지하고 있던 유연을 격파하고 중국에서 이른바 '돌궐'이라고 기록한 유목 국가를 세우기 이전 군주인 카간을 배출한 지배 또는 핵심 집단 아사나가 발생해 세력화한 과정인 건국 전사前史에 대한 이해는 돌궐사 정리의 출발점이다. 기존의 연구에서도 아사나의 원류原流와 원주지原住地 등에 대한 다양한 의견이 제시된 바 있지만 아직까지 제대로 해명되지 못한 부분이 많다. 특히 다양한 접근에도 불구하고 이 무렵의 역사상은 개별 연구자가 자신의 입장에 따라 저마다 다르게 재구성함으로써 오히려 혼란스러운 인상마저 주고 있다.[1]

이것은 먼저 건국 전사 복원에 필수적인 기록 자체가 파편적이거나 아주 단편적일 뿐만 아니라 남아 있는 중요한 기록인 건국 신화建國神話[2]마

---

1) 아사나의 원류와 원주지에 대한 기존 연구는 본 편의 2장에서 자세히 검토할 예정이다.

저 허구적인 이야기처럼 기록되어 역사적 사실을 추출하기가 어려웠던 점과 긴밀하게 연결되어 있었다. 특히 중요 검토 대상일 수밖에 없는 신화 기록 자체가 원래 자신의 조상을 미화해 창업자의 권력 기반을 강화하기 위해 유포되는 측면이 강한 이데올로기적 성격을 띠는 것이라 신빙성이 크게 떨어졌다.[3] 또한 신화 내용이 본래 문자가 없던 시대에 발달한 구비 전승이었다가 이후에 문자로 정착되거나 후대에 채록된 것도 큰 문제였다. 왜냐하면 이런 과정을 거치며 내용이 체계적으로 정리되지 못하고 이전부터 내려온 여러 이야기가 하나로 혼재되어 고유한 것만이 아니라 그동안 전승되었던 많은 내용이 중첩되면서 다양한 요소가 착종된 복잡한 구조를 만들어낼 수밖에 없었기 때문이다.

더욱이 신화 내용이 문화가 전혀 다른 중국의 사서에 기록되면서 이런 문제가 더욱 증폭되었다. 당시 중국 사관들은 내용 가운데 어떤 것이 본래의 것이고 어떤 것이 차용된 것인지를 확인할 수 없었고, 무엇이 정확한 구성인지도 알 수 없었다. 또한 혼재된 내용을 정리할 수밖에 없는 상황에서 어떤 내용이 사서에 기록되었다가 이후에 다른 기록자가 다시 정리하는 과정에서 임의로 편집해 내용의 구성 순서를 바꾸기도 했다. 이런 다양한 문제점을 배태한 돌궐의 신화 내용은 중국과의 관계가 시작된 서위西魏(535~556), 북주北周(557~581)에서 수대隋代(581~619)를 거쳐 당 초에 북조北朝의 역사를 정리하는 과정에서야 비로소 사서에 채록되었다.

먼저 636년에 편찬된 정사正史인 『주서』와 『수서』에 두 가지씩 기록되었으며, 그 뒤 659년에 편찬된 『북사』에서 앞의 내용을 통합해 마침내 세 가지로 정리했다. 그리고 당 후기가 되면서 810년에 두우杜佑(735~812)가 『통전』에서 구성만 바꾸었을 뿐 『북사』와 마찬가지로 세 가지로 정리

---

2) 건국 신화는 개념 규정에 따라 시조 신화, 시조 설화, 조선祖先 전설, 건국 설화 등 다양한 표현으로 바꾸어 사용할 수 있으나 이 책에서는 건국 신화로 통일했다.

3) 조현설, 『동아시아 건국 신화의 역사와 논리』, 서울: 문학과지성사, 2003, p. 454.

했으며, 단성식段成式(?~863)은『유양잡조酉陽雜俎』에서 이와 다른 두 가지 내용을 남겼다. 이런 내용은 송대에도 여러 사서에 다시 기록되나 이전 시대의 것과 차이가 없이 그대로 전제되었다. 이상의 신화 기록은 그 태생적 한계에도 불구하고 돌궐에 대한 기록이 없는 상황에서 비록 복잡하게 여러 가지로 남아 있다고 하더라도 건국 전사를 복원하는 데는 가장 필수적인 검토 대상임에 틀림없다.

그런데 이와 같이 시차를 두고 기록된 내용들은 개별 기록마다 동일한 내용을 기록하더라도 조금 다르거나 구성 방식 내지는 순서가 다른 것이 문제인데, 이에 대해서는 이미 기존 연구에서도 누누이 지적한 바 있다. 그럼에도 기존에는 내용 자체를 동일 선상에 놓고 그냥 이해하려 한다거나 아니면 확인할 수 있는 일부 내용의 차이 정도만 주목했을 뿐 기록 자체의 시차가 주는 의미에 대해서는 별다른 관심을 보이지 않았다. 더욱이 시간의 변화에 따라 달라진 미묘한 차이를 간과하고 편의에 의해 자신의 논지에 맞는 기록만을 취사선택해서 결론을 도출함으로써 오히려 혼란만 가중시키기도 했다.

따라서 기존의 문제점을 극복하는 실마리를 마련하는 것에서 그치지 않고 나아가 건국 이전의 역사를 구체화할 수 있는 역사적 사실을 새롭게 추출하려면, 채록자의 돌궐에 대한 인식 변화를 반영하는 편찬의 '**시차**'가 기록의 성립과 그 내용 변화에 어떤 영향을 주었는가에 주목해 현존 기록들을 재정리해볼 필요가 있다. 왜냐하면 시대 상황 내지는 기록자의 신화 내용에 대한 인식 차이가 바로 현존 기록의 신빙성을 판단하는 중요한 단서가 될 수 있기 때문이다. 이런 관점에서 현존하는 다섯 사서의 기록을 먼저 기록 순서에 따라 소개해보면 다음과 같다.

최초의 기록인『주서』에는 두 가지 내용이 남아 있는데, 여기서는 검토의 편의를 위해 사료 (A)와 (B)라 했다. 다음 인용문의 〔 〕는 필자가 내용의 이해를 돕기 위해 보충한 것인데, 다른 경우에도 동일하다.

(A) 돌궐은 대체로 흉노의 다른 갈래로 성은 아사나씨였다. (흉노와) 달리 부락을 이루었다. 뒤에 이웃 나라에 패해 그 족속이 모두 없어졌다. (다만) 한 아이가 있어 열 살쯤 되었는데, 병사가 어린아이를 보고 차마 죽이지 못하고 바로 그의 발(과 팔)을 잘라 풀이 무성한 습지 속에 버렸다. (이에) 암이리 (한 마리)가 고기를 가져다 먹였고, 자라나서는 이리와 교합해 마침내 임신을 했다. 그 (이웃 나라의) 왕이 이 아이가 여전히 살아 있다는 (소식을) 듣고 다시 (사자를) 보내 (아이를) 죽였다. 사자가 이리가 (의) 곁에 있는 것을 보고 아울러 (암)이리마저 죽이려고 했다. (그러나 암)이리가 고창국高昌國의 (서)북쪽(에 있는) 산으로 도망했다. 그 산에는 동굴이 있었는데, 동굴 안은 평평한 땅에 풀이 무성했으며 그 주위가 수백 리로 사면이 모두 산으로 둘러싸여 있었다. (암)이리가 그 속에 숨어 마침내 열 명의 사내아이를 낳았다. 열 명의 사내아이는 성장한 뒤에 밖에서 아내를 얻어 임신을 시켜 (아이를 낳았고), 그 후손들이 각각 하나의 성을 갖게 되니 아사나도 바로 그중 하나였다. 자손이 번성해 점차 수백 가에 이르렀다. 몇 세대가 지나자 (무리가) 서로 더불어 동굴에서 나와 여여茹茹를 섬겼다. (그들은) 금산金山의 남쪽에 살면서 여여를 위해 대장장이로 부려졌다. (그들이 살던) 금산의 모습이 투구兜鍪와 비슷했는데, 그들은 투구를 '돌궐'이라 했기 때문에 이로 인해 마침내 이름을 (돌궐로) 했다.

(B) 다른 이야기는 다음과 같다. 돌궐의 조상은 색국索國에서 나왔다고 하는데, (그들이 살던 곳은) 흉노의 북쪽에 있었다. 그 부락의 대인大人(부족장)은 아방보阿謗步라고 불렸는데, 형제가 열일곱 명이었다. 그(중의) 한 (동생)을 이질니사도伊質泥帥都라고 했는데, (그가) 이리의 소생이었다. (아)방보 등 (여러 형제)는 모두 성품이 어리석어 나라가 마침내 (다른 나라에) 망하고 말았다. (이질)니사도는 일찍부터 특이한 기운을 달리 느낄 수 있었으며, 바람과 비를 부를 수 있었다. (이러한 그가) 두 명의 아내를 얻었는데, 그들은 여

름 신(夏神)과 겨울 신(冬神)의 딸이었다고 한다. 〔그중〕 한 아내가 임신을 해
네 명의 아들을 낳았다. 하나는 흰기러기로 변했고, 다른 하나는 아보수阿輔
水와 검수劍水 사이에 나라를 세워 키르기스契骨라 불렸으며, 또 하나는 처절
수處折水에 나라를 세웠다. 그리고 하나는 천사처절시산踐斯處折施山에 살았
는데, 〔그가〕 바로 큰아들이었다. 산 위에는 여전히 아방보의 족류들이 살고
있었는데, 〔그들〕 대부분은 추위에 노출되어 있었다. 큰아들은 〔그들을〕 위해
불을 피워서 따뜻하게 보살펴 모두를 〔추위로부터〕 구제해냈다. 마침내 〔그
들〕 모두가 큰아들을 받들어 임금으로 삼고 〔나라 이름을〕 돌궐이라고 부르
니, 〔그 큰아들이〕 바로 눌도육설訥都六設이었다. 눌도육〔설〕은 열 명의 아내
를 얻었고 〔그 아내들이〕 낳은 아들이 모두 어머니 족속〔의 성〕을 따라 성을
갖게 되었는데, 〔그중 하나인〕 아사나는 후처의 아들이었다. 눌도육〔설〕이 죽
자 열 명의 어미〔가 낳은〕 아들들 가운데 한 명을 뽑아 〔임금으로〕 세우기로
하고, 바로 서로 〔무리를〕 이끌고 커다란 나무 아래 모여서 약속하며 말하기
를 나무를 향해 뛰어올라 가장 높게 뛰는 사람을 추대하자고 했다. 〔이에〕 아
사나〔라는 성을 가진 후처〕의 아들이 비록 나이는 어렸지만 가장 높이 뛴 사
람이라 여러 아들이 〔그를〕 받들어 임금으로 삼고 아현설阿賢設이라 불렀다.
이처럼 비록 〔그 내용은〕 다르나 〔돌궐이〕 이리의 후예라는 점은 결국 같다.[4]

『주서』와 비슷한 시기에 편찬된 『수서』에는 이와는 다른 내용 한 가지와
『주서』에 기록된 내용 한 가지가 남아 있다. 두 가지 중 『주서』에 없는 내용
을 편의상 사료 (C)라 했고, 사료 (A)와 비슷하나 일부 차이를 보이는 내용
을 사료 (A-1)이라 했다. 이것은 사료 (C)와 (A-1) 순으로 배열되어 있다.

(C) 돌궐의 조상은 평량平涼의 잡호雜胡로, 성은 아사나씨였다. 후위後魏 태

---

4) 『周書』 권50 「異域傳」 下, pp. 907∼908.

무제太武帝가 저거씨沮渠氏〔가 세운 북량〕을 〔영화 7년(439)에〕 멸망시키자 〔그들의 추장이었던〕 아사나가 5백 가를 이끌고 여여에 도망가 대대로 금산에 살면서 철을 만드는 일을 업으로 삼았다. 〔그들이 살던〕 금산의 생김새가 투구와 비슷했는데, 그들의 말로 투구를 '돌궐'이라 불렀기 때문에 〔그들의〕 이름으로 삼았다.

(A-1) (그들의 조상에 대한) 다른 이야기도 있다. 그 조상이 서해西海 부근에 나라를 세웠는데, 이웃 나라에 의해 멸망해 〔이웃 나라의 군사들이〕 남녀노소를 〔가리지 않고〕 모두 죽였다. 〔그러나 열 살쯤 되는〕 한 아이는 차마 죽이지 못해 발을 자르고 팔을 잘라 큰 습지 속에 버렸다. 한 마리의 암이리가 있어 매번 고기를 물고 그곳에 오니 이 아이는 그로 인해 〔음식을〕 먹을 수 있었으므로 죽지 않았다. 그 뒤 마침내 〔그 아이가 암〕이리와 교합해 〔암〕이리가 임신을 했다. 이웃 나라에서는 다시 사람을 시켜 그 아이를 죽이라고 했는데, 〔암〕이리가 〔여전히 자리를 뜨지 않고〕 그 옆에 있었다. 사자가 〔암이리마저〕 죽이려고 하자 그 〔암〕이리는 마치 신이 깃든 것처럼 홀연히 〔서〕해의 동쪽에 이르러 산 위에 멈추었다. 그 산은 고창〔국〕의 서북쪽에 자리했는데, 아래에 동굴이 있어 〔암〕이리가 그 안으로 들어가자 평평하고 좋은 땅에 풀이 무성했으며, 그 땅은 사방 200리였다. 그 후에 〔암〕이리가 열 명의 사내아이를 낳으니 그중 하나가 성을 아사나씨라고 했으며, 〔그가〕 가장 현명했기 때문에 마침내 군장이 되었다. 그런 까닭에 아〔장〕의 문에 〔황금으로 된〕 이리 머리〔를 단〕 독을 세워 그 근본을 잊지 않았다는 것을 보여주었다. 〔그 뒤 시간이 흘러〕 아현설이라는 사람이 있었는데, 〔그가〕 부락을 이끌고 동굴 밖으로 나와 대대로 이어에 신속出屬했다.[5]

---

5) 『隋書』권84 「北狄傳」, p. 1863.

앞의 두 사서에 남아 있는 세 가지 이야기는 건국 신화를 분석하는 데 가장 기본적인 내용이다. 이 내용을 채록한 이후의 기록들은 세 가지의 내용을 달리 구성하고 편집했을 뿐 내용은 거의 동일하다. 두 사서를 가장 먼저 통합 기록한 『북사』의 내용은 편의상 사료 (a), (b), (c)로 구분했다. 구성 순서는 『주서』에 『수서』를 그대로 붙여 사료 (a), (b), (c)로 배열했다.

(a) 돌궐은 그 조상이 서해의 서쪽에 살았는데, 독자적인 부락을 이루었으며 대체로 흉노의 다른 갈래였다. 성은 아사나씨였다. 뒤에 이웃 나라의 〔공격을 받아〕 패배했는데, 〔이웃 나라가〕 그 족속을 거의 모두 죽였다. 〔다만〕 한 아이가 있었는데 〔겨우〕 열 살이어서, 병사는 그 어린것을 차마 죽이지 못하고 〔그의〕 발과 팔을 잘라 풀이 〔무성한〕 습지 속에 버렸다. 암이리 〔한 마리〕가 고기를 〔가져다〕 먹였고, 〔그 아이는〕 자라서 이리와 교합해 마침내 임신을 했다. 그 〔이웃 나라의〕 왕이 그 아이가 여전히 살아 있다는 〔소식을〕 듣고 다시 〔사자를〕 보내 〔아이를〕 죽였다. 사자는 〔암〕이리가 〔그의〕 곁에 있는 것을 보고 〔암〕이리마저 죽이려고 했다. 이때 신령스런 힘이 있어 〔암〕이리를 시해의 동쪽으로 던졌고, 〔받아온 암이리는〕 고창국의 서북쪽 산에 떨어졌다, 〔그〕 산에 동굴이 있었는데, 동굴 안은 평탄한 땅에 풀이 무성했으며, 〔그〕 주위가 수백 리로 사면이 모두 산으로 둘러싸여 있었다. 〔암〕이리는 그 속에 숨어 마침내 열 명의 사내아이를 낳았다. 열 명의 사내아이는 장성한 뒤 밖에서 아내를 얻어 임신을 시켜 〔아이를 낳았고〕, 그 후에 저마다 하나의 성을 갖게 되니 아사나도 바로 〔그중〕 하나였는데 〔그가〕 가장 현명했기 때문에 마침내 군장이 되었다. 그런 까닭에 아〔장〕의 문에 〔황금으로 된〕 이리 머리〔를 단〕 독을 세워 그 근본을 잊지 않았다는 것을 보여주었다. 점차 〔부락이〕 수백 가에 이르고 몇 세대가 지나 아현설이라는 사람이 있어 부락을 이끌고 동굴 밖으로 나와 연연에게 신속했다.

(c) 또는 [다음과 같이] 말했다. 돌궐은 본래 평량의 잡호로 성은 아사나씨였다. [북]위 태무황제가 저거씨[의 북량]을 [영화 7년(439)에] 멸망시키자 아사나가 5백 가를 이끌고 연연蠕蠕으로 도망갔다. [그들은] 대대로 금산의 남쪽에 살면서 연연을 위해 대장장이로 부려졌다. 금산의 생김새가 투구와 비슷했는데, 그들이 투구를 '돌궐'이라 했기 때문에 이로 인해 이름이 [돌궐이] 되었다.

(b) 또는 다음과 같이 말했다. 돌궐의 조상은 색국에서 나왔다고 하는데, [그들이 살던 곳은] 흉노의 북쪽에 있었다. 그 부락의 대인을 아방보라고 불렀는데 형제가 열일곱 명이었고, 그[중의] 한 [동생]을 이질니사도라고 했는데, 이리의 소생이었다. 아방보 등 [여러 형제]의 성품이 또한 어리석어 나라가 마침내 [다른 나라에 의해] 멸망했다. [이질]니사도는 일찍부터 특이한 기운을 달리 느낄 수 있었으며, 바람과 비를 능히 점칠 수 있었다. [그가] 두 명의 아내를 얻었는데, 여름 신과 겨울 신의 딸이었다고 한다. [그중] 하나가 임신을 해 네 명의 아들을 낳았는데, 하나는 흰기러기로 변했고, 다른 하나는 아보수와 검수 사이에 나라를 세워 키르기스契骨라고 불렀다. 또 하나는 처절수에 나라를 세웠다. 그리고 하나는 발사처절시산跋斯處折施山에 살았는데, [그가] 큰아들이었다. 산 위에는 여전히 아방보의 족류들이 살고 있었는데, 대부분이 [배고픔과] 추위에 노출되어 있었다. 큰아들이 [그들을] 위해 불을 피워 따뜻하게 보살펴 모두 [추위로부터] 구제해냈다. 마침내 [그들이] 같이 큰아들을 받들어 임금으로 삼고 [나라 이름을] 돌궐이라 부르니 [그가] 바로 눌도육설이었다. [눌]도육[설]은 열 명의 아내가 있어 [그 아내들이] 낳은 아들은 모두 어머니의 족속에 따라 성姓을 가졌는데, [그중에] 아사나는 소처小妻의 아들이었다. [눌]도육[설]이 죽자 열 명의 아내가 낳은 아들들 가운데 한 명을 뽑아 [임금으로] 세우기로 하고, 커다란 나무 아래에 모여 같이 약속해서 말했다. "나무를 향해 뛰어올라 가장 높게 뛰는 사람을 바로 추대하자." 아사

나〔라는 후처〕의 아들이 비록 나이는 어렸지만 가장 높이 뛰어 여러 아들이 〔그를〕 받들어 왕으로 삼고 아현설이라 불렀다. 이것은 비록 〔그 내용은〕 다르나 끝내 〔돌궐이〕 이리의 후예라는 점은 결국 같다.[6]

이후에 편찬된 『통전』에서는 세 개의 다른 내용을 묶은 얼개는 『북사』와 비슷하나 이전 기록에 비해 분량이 줄었다는 특징이 있다. 그리고 내용 구성은 『북사』와 달리 사료 (c-1), (a-1), (b-1)의 순서로 배열되어 있다.

(c-1) 돌궐의 조상은 평량, 즉 지금의 평량군의 잡호로 대체로 흉노의 다른 갈래였다. 성은 아사나씨였다. 후위의 태무제가 저거씨를 멸망시켰을 때, 저거의 무건茂虔이 고장姑臧에 도읍해 북량北涼이라 했다. 〔그의 추장인〕 아사나가 5백 가를 이끌고 여여로 도망가 대대로 금산에 살았는데, 금산의 모습이 투구와 같아 그들의 말로 투구를 '돌궐'이라 했기 때문에 이런 이름을 갖게 되었다.

(a-1) 다른 이야기는 다음과 같다. 그 조상의 나라가 서해 위에 있었는데, 이웃 나라의 〔공격을 받아〕 멸망당해 남녀노소 할 것 없이 모두 죽임을 당했다. 한 아이가 있어 10여 세였는데, 그가 너무 어려 차마 죽이지 못하고 다리와 어깨를 자른 다음 큰 늪지에 버렸다. 암이리가 고기를 가지고 와 〔아이에게〕 먹이니 죽지 않았다. 그다음에 〔그 아이가 자라 암〕이리와 교합해서 마침내 임신을 했다. 서해의 동쪽에 있는 산 위에 멈추었다. 그 산은 고창〔국〕의 서북쪽에 위치하는데, 동굴이 있어 〔암〕이리가 그 안으로 들어갔다. 마침 평탄한 땅에 무성한 초지를 만났는데, 땅의 〔둘레는〕 200리 정도였다. 이리는 열 명의 아들을 낳았고, 열 명의 아들이 자라 밖에서 아내를 얻어 임신을 했다. 그

6) 『北史』 권99 「突厥傳」, pp. 3285~3386.

뒤에 저마다 한 개의 성을 갖게 되었는데, 아사나도 그 하나였다. 자손이 점점 번성해 수백여 가에 이르렀다. 여러 대가 지나 동굴에서 나와 연연의 신하가 되어 지배를 받았다.

(b-1) 다른 이야기는 다음과 같다. 〔돌궐의〕 조상은 색국에서 나왔다고 하는데, 〔그들은〕 흉노의 북쪽에 있었다. 그 부락의 대인은 아방보였는데, 형제가 열일곱 명이었다. 그 하나를 이질니사도라고 했는데, 이리가 낳은 자식이었다. 아방보 등은 성품이 어리석어 나라가 마침내 〔다른 나라에 의해〕 멸망했다. 〔이질〕니사도는 일찍이 다른 기운(영감)을 느낄 수 있었으며, 바람과 비를 부르는 능력이 있었다. 〔그는〕 두 명의 처를 얻었는데, 여름 신과 겨울 신의 딸이라고 한다. 그중 한 여자가 임신을 해 네 명의 아들을 낳았다. 큰아이의 이름을 눌도육설이라 했는데, 무리가 그를 받들어 추장으로 삼고 돌궐이라 불렀다. 눌도육〔설〕이 아들을 낳았는데, 모두 어미의 족에 따라 성을 가졌으니 아사나도 그 하나다. 〔그를〕 아현설이라 불렀다. 이 이야기는 비록 다르나 이리 종류로 끝난다.[7]

이상에서 소개한 기록이 가장 기본적인 신화 내용인데, 이와 전혀 다른 계통의 『유양잡조』에는 위의 내용과 일부 연결되는 내용 하나와 전혀 다른 줄거리를 가진 내용이 남아 있다. 위에서 소개한 것과 전혀 다른 맥락의 내용을 편의상 사료 (D)라 하고, 사료 (B)의 내용을 일부 보충한 내용을 사료 (B-1)이라고 했다.

(D) 돌궐의 조상은 사마射摩와 사리해신舍利海神이라고 했다. 사리해신은 아사덕阿史德 굴의 서쪽에 살았으며, 사마는 신령스럽고 남달랐다. 또한 〔사리〕

---

7) 『通典』 권197 「邊防」 13 '突厥' 上, pp. 5401~5402.

해신의 딸이 매일 저녁 흰 사슴으로 사마를 맞이해 바다로 들어갔다가 밝으면 보내주었다. 수십 년이 지난 뒤에 부락이 큰 사냥을 하려고 했는데, 밤중이되자 〔사리〕해신이 사마에게 말하기를 "내일 사냥을 할 때 당신이 대신 태어난 굴에 올라가면 금빛 뿔을 가진 하얀 사슴이 나와 있을 것입니다. 당신이 활을 쏴서 그 사슴을 맞히면 모든 것을 주고 와서 살고, 맞히지 못하면 바로 연을 끊을 것입니다." 날이 밝아 〔사마가〕 포위망 안으로 들어가니 과연 태어난 굴속에 금빛 뿔을 가진 흰 사슴이 있었다. 사마는 주변 사람을 보내 포위망을 단단하게 했는데, 〔사슴이〕 포위망을 뛰어나가려고 하자 죽였다. 사마가화가 나서 가니 〔부락〕의 수령을 손으로 베고 맹서하면서 "내가 이를 죽인 뒤에 〔그의〕 사람을 잡아 하늘에 제를 드릴 것이다"라고 말했다. 바로 가니 부락의 자손을 잡아 벤 다음 하늘에 제사를 지냈다. 지금도 돌궐은 사람을 잡아가 제사를 지내는데, 늘 가니 부락에서 잡아 쓴다. 사마가 가니 〔부락 사람〕을벤 다음 저녁이 되어 바다로 돌아가니 〔사리〕해신의 딸이 사마에게 말하기를"당신은 손으로 사람을 베어 피 냄새가 뒤덮여 더러워져버렸으니 인연을 끊을 것이오"라고 했다고 한다.[8]

(B-1) 북쪽 오랑캐의 조상은 색국〔에서 나왔는〕데, 〔이질〕니사도가 있어 두명의 처로 네 명의 아들을 낳았다. 한 아들이 흰기러기가 되〔어 떠나〕자 세 명의 아들에게 말하기를 "너희는 고전을 따라가라"고 했다. 고전은 소를 말하는데, 세 아들이 소를 따라가니 소의 똥이 모두 고기와 젖이 되었다고 한다.[9]

---

8) 『酉陽雜俎』 권4, pp. 44~45.
9) 『酉陽雜俎』 권16, p. 159.

## 2. 신화 기록의 비교와 내용의 재배열

| 사서 \ 내용 | (A) 계열 | (B) 계열 | (C) 계열 | (D) 계열 |
|---|---|---|---|---|
| 『주서』 | 1 | 2 | X | X |
| 『수서』 | 2 | X | 1 | X |
| 『북사』 | 1 | 3 | 2 | X |
| 『통전』 | 2 | 3 | 1 | X |
| 『유양잡조』 | X | 2 | X | 1 |

〈표 1〉 건국 신화 내용의 기록 순서

앞에서 정리한 것처럼 다섯 사서에 남아 있는 신화 내용은 크게 네 가지의 다른 맥락으로 이루어져 있다. 그 가운데 사료 (D)처럼 전혀 다른 맥락의 것을 제외하고 중요한 세 가지의 다른 내용은 개별 사서의 편찬 시기에 따라 그 구성이 (A)·(B) → (c)·(A-1) → (a)·(c)·(b) → (c-1)·(a-1)·(b-1) 등으로 다르다.

이렇게 편찬 시기에 따라 기록 자체와 구성 방식이 다른 것은 그 나름의 다른 성격을 반영한 것인데, 이는 먼저 돌궐이 국가를 건국한 뒤 중국과의 관계가 본격화되면서 전해진 구전 신화 내용들이 중국에서 문자로 채록되는 과정에서 정확하게 기록되기 어려웠음을 보여준다. 또한 중국의 편찬자들이 자신들의 이야기가 아닐 뿐만 아니라 원래의 내용조차 유목민들 사이에서 구전되며 다양한 내용이 착종될 수밖에 없는 신화 자체의 특성으로 인해 내용을 구분해서 정리하지 못했기 때문이다. 더욱이 이후 초기의 기록을 재록하는 과정에서도 기록자 나름의 자의적 편집이 이루어짐에 따라 이처럼 다양한 구성이 나타날 수밖에 없었던 것이다.

따라서 이런 차이가 나타난 이유를 보다 정확하게 확인하기 위해 사서 자체의 성격을 검토해볼 필요가 있다. 먼저 최초로 기록된『주서』와『수서』의「돌궐전」전체를 비교하면, 첫 번째로 두 사서는 최초의 돌궐 관계 기록으로『사기史記』에서 만들어진 정사의「북적전北狄傳」서술 전통을 이어받았음을 알 수 있다. 이것은 두 사서 역시 중국인들이 가진 유목민에 대한 편견을 그대로 보여주는데, 북방의 유목민들을 이른바 '오랑캐'로 인식하면서도 이들을 중화의 일원으로 언젠가는 포괄해야 한다는 생각에서 확인된다.[10]

　두 번째로 내용 구성 측면에서「북적전」의 기존 기술 방식에 따라 돌궐의 풍속이나 제도 같은 총론적인 성격의 내용을 제시한 다음에 중국과의 관계 기사를 연대기적으로 다뤘다는 점 역시 별 차이가 없다. 이런 공통적인 면과 달리 두 사서는 내용 면에서 동일한 시기에 편찬되면서 조금 겹치나 신화 내용 자체의 시간적인 차이를 고려해 가능하면 서로 겹치지 않게 기술되었다.[11] 이 점은 두 사서의 서로 보완적으로 겹치거나 중복된 부분이 여타 기록에 비해 그만큼 신뢰성이 높다는 점을 반영한다.

　이런 특징을 감안하고 두 사서에서 동시에 전제한 내용을 비교, 검토해보면 다음과 같은 점을 알 수 있다. 먼저 중복된 사료 (A)와 (A-1)의 중요 내용은 고창국(지금의 투루판Turfan) 북방에 위치한 산지 속에 있던 분지로 망국 이후 사지가 절단된 소년과 결합한 암이리牝狼가 도망쳐 와 이곳에서 낳은 열 명의 아들이 현지 주민들과 결합해서 열 개의 집단을 형성했고, 그 하나가 아사나였다고 요약할 수 있다. 이 내용은 두 사서에 동시에 기록되었을 뿐만 아니라『주서』의 맨 앞에 나온다는 점에서 아사나의 형성을 설명하는 가장 기본적인 내용임에 틀림없다. 그리고 내용 전개 자체가 일반적인 신화의 이야기 구조를 그대로 보여준다는 점에서 아사나의

---

10) 니콜라 디코스모, 이재정 역,『오랑캐의 탄생』, 서울: 황금가지, 2005.
11) 동북아역사재단 編,『譯註 中國 正史 外國傳 9: 北史 外國傳 譯註』下, 동북아역사재단, 2010, pp. 443~445.

탄생과 관련해 가장 중요한 내용임을 다시 한 번 확인할 수 있다.

그런데 『주서』에는 이와 맥락이 좀 다른 사료 (B)의 내용이 '이리狼'를 매개로 연결되어 있다. 이것은 사료 (A)에는 전혀 없는 초기 아사나의 형성 과정을 여타 신화를 통해 더 풍부하게 만들려고 한 것이라고 추정된다. 왜냐하면 여기서 신화 내용의 중요한 구성 요소의 하나로 사료 (A)에는 빠져 있는 조상의 계보를 설명하기 때문이다. 이질니사도伊質泥師都, 즉 이길 니샤 초르(Igil Nisha chor로 추정)와 눌도육설訥都六設, 즉 누르 투르크 샤드(Nur Türk shad로 추정), 그리고 아현설阿賢設, 즉 아사나 샤드(Ashana shad로 추정) 등과 같은 전설 속 영웅들의 계보를 집어넣었을 뿐만 아니라 이들의 분화 과정 또한 자세하게 다루었다. 이것은 최초 기록인 『주서』에서 두 가지로 쓰인 아사나 조상에 대한 신화가 하나의 완결된 구조를 갖고 있음을 보여준다.

반면 『수서』의 구성은 『주서』와 동일하게 (A)의 내용을 중복 기록하면서도 사료 (A-1)을 맨 앞에 두지 않고 사료 (C) 뒤에 두었다. 먼저 앞에 기록된 사료 (C)를 통해 돌궐의 이주와 유연에 복속된 배경이 5세기 중반 저거씨의 붕괴, 그리고 새롭게 등장한 국가의 이름인 '돌궐'의 의미 등이 사실적인 내용임을 전제했다. 그 뒤에 사료 (A-1)의 내용을 붙여 이를 보다 사실처럼 보이게 했다. 이런 『수서』의 구성은 『주서』와 달리 간단한 사실 기록인 사료 (C)에 신화에서 중요한 줄거리인 사료 (A-1)의 내용을 묶어 내용을 보다 풍부하게 만듦으로써 또 다른 완결 구조를 보여준다. 따라서 달리 구성된 두 사서 기록을 통해 신화 내용의 완결적인 구조와 함께 신화가 아니라 아사나의 등장이 역사적 사실일 수도 있다는 추정을 하게 한다.

그런데 이렇게 세 가지의 다른 체계를 가진 내용이 각각의 사서에 둘로 나뉘어 실렸다가 이후 다른 형식으로 통합되는 과정에서 또 다른 체계로 변용된다. 그 뒤 두 사서에 알 수 없는 이유로 분리 기록되었던 내용들이 하나의 틀 속에 묶이면서 하나의 내용처럼 이해되었다. 즉 이후에 두 사서를 통합한 최초의 기록인『북사』에서 이상의 세 가지 내용이 하나로 묶이면서 이전에 나누어 기록될 수밖에 없었던 이유가 사라지자 세 가지 모두는 동등한 내용처럼 이해되었다.

『북사』의 구성은 앞의 두 사서를 통합하며 아사나 조상이 이리의 도움을 받아 이후 고창 북방의 산지에 거주하게 된 내용을 다룬 사료 (a)와 이것을 확인시켜주는 역사적 사실인 사료 (c), 그리고 사료 (a)의 내용에서 빠진 계보 등을 보충해주는 사료 (b)를 연결시키는 방식으로 이루어졌다. 이것은『북사』의 편찬자가 초기 기록에 이상과 같은 순서로 중요도를 부여했다고 볼 수도 있지만, 정확한지는 확인할 수 없다. 이보다는 앞의 두 사서와 큰 시간 차이를 두지 않고 편찬된『북사』의 편찬자가 두 사서의 다른 세 가지 기록을 그 순서대로 기계적으로 결합한 것이 아닌가 하는 추정을 해본다.

이와는 달리『통전』에서 세 가지의 다른 줄거리를 통합 기록한 것은『북사』와 동일하나 내용의 배열 순서가 다르다는 점이 주목된다. 좀 더 역사적 사실 기록으로 보이는 사료 (c)를 맨 앞에 두고 그다음에 내용의 신빙성이 조금 떨어지는 신화 이야기인 사료 (a)와 (b)를 배치했는데, 이것은『북사』가 단지『주서』에『수서』를 기계적으로 붙인 것과는 달리『수서』에『주서』를 묶은 방식이다. 또한 줄거리 정리에서도 내용을 전부 그대로 전제한『북사』와 달리, 이야기의 특성을 띠고 있어도 덜 신비로운 사료 (a)에 비해 이야기적인 색채가 더 강한 사료 (b)의 내용을 축약하면서도 가장 중요한 내용인 조상의 계보는 비중 있게 다루었다. 이것은『통전』에서 사료 (b)가 사료 (a)에 부연된 것이라고 보고 중요하지 않은 부분은 일부 편집해냈음을 보여준다.

이런 구성상의 변화와 내용 축약은 돌궐제국이 붕괴한 당 후반기가 되면 북방 유목민에 대한 중국인들의 이해가 과거에 비해 심화되면서 초기와 달리 좀 더 사실적인 내용이 무엇인지 알게 된 뒤에 나타난 변화와 관련시켜 설명해볼 수 있다. 실제로 돌궐이 건국된 후 이들과의 교류가 빈번해졌으며, 특히 당조의 기미지배를 거쳐 제2제국이 붕괴된 다음에 아사나를 비롯한 많은 집단이 당조에 투항해 생활하면서 이들에 대한 인식이 보다 구체화되었을 것이다. 따라서 이런 인식 변화가 있었다는 가정하에 기존의 관행에 따라 전제하는 사서 편찬의 틀을 벗어나 다른 형식의 내용 편집 가능성을 제기해볼 수 있을 것이다.

한편 편찬된 시기에 따라 다른 구성은 형식만이 아니라 내용 면에서도 미묘한 차이를 보이는 것을 확인할 수 있다. 이것 역시 기록의 신빙성을 확인하는 절차라고 할 수 있는데, 이를 위해 같은 계열의 사료들을 비교함으로써 각 기록 나름의 특징을 정리해보려고 한다. 왜냐하면 현존하는 내용에서 구체적 사실을 추출해내려면 전체 내용에 대한 체계적인 비교와 분석이 필요하기 때문이다.

먼저 사료 (A) 계열의 내용은 상호 보완적인 구조를 갖고 있는 사료 (A)와 (A-1), 그리고 전체 내용을 통합 구성한 사료 (a)와 (a-1)이 서로 비교된다. 사료 (A)는 기록의 맨 앞에서 "돌궐은 대체로 흉노의 다른 갈래로 성은 아사나씨였다. 〔흉노와〕 달리 부락을 이루었다"고 하고, 마지막 부분에서 "〔그들이 살던〕 금산의 모습이 투구兜鍪와 비슷했는데, 그들은 투구를 '돌궐'이라 했기 때문에 이로 인해 마침내 이름을 〔돌궐로〕 했다"라고 했다. 이것은 돌궐 지배 세력의 성과 명칭이 무엇인가를 분명히 보여준다는 점에서 아사나를 설명하는 가장 기본적인 내용이다.

이에 비해 사료 (A-1)에서는 사료 (C)의 내용에서 설명했기 때문에 사료 (A)에 있었지만 여기에 다시 넣을 필요가 없는 부분을 뺐다. 다만 사료 (A-1)에서 원주지를 '서해'라고 한 점만 다른데, 이것은 이후에 사료 (a)에서 "돌궐은 그 조상이 서해의 서쪽에 살았는데, 독자적인 부락을 이루었으며 대체로 흉노의 다른 갈래였다. 성은 아사나씨였다"라고 통합 기술했고, 사료 (c-1)에서는 더 나아가 사료 (c)의 내용과 연결시켜 "돌궐의 조상은 평량, 즉 지금의 평량군의 잡호로 대체로 흉노의 다른 갈래였다. 성은 아사나씨였다"라고 했다. 이것은 시대가 내려가면서 달리 편집된 사료 (a-1)에서 앞선 사료 (A)와 (A-1)에 비해 좀 더 사실적으로 기록하려 했음을 보여준다.

그리고 중요 줄거리인 패망 이후 버려진 아이와 암이리의 결합, 고창국 서북쪽에 위치한 산지에 있는 분지로의 이주와 그 뒤 아사나의 탄생과 성장, 금산으로 가서 유연에 복속한 것 등은 사료 (A)와 (A-1)이 모두 같다. 이렇게 사료 (A)와 (A-1)은 상호 보완적이지만 사료 (A-1)에서 아사나의 추장으로 동굴을 빠져나온 아사나 샤드에 대한 기록을 추장의 계보를 설명한 사료 (B)의 내용으로 보충하고 있다. 즉, 조상의 계보를 설명한 사료 (B)의 기록이 빠진 상태에서 사료 (A)로 이 부분을 보충해야만 했던 것이다. 따라서 이런 사료 (A-1)의 기록 방식은 사료 (a)와 (a-1)로도 이어졌는데, 이것은 이후에도 이 내용이 사실로 받아들여졌음을 보여준다.

다음으로 사료 (A)와 이리 신화소神話素를 매개로 연결되면서 내용을 보충해주는 사료 (B)는 사료 (A)에 비해 훨씬 구전된 이야기로서의 성격이 강할 뿐만 아니라 더 허구적이다. 이런 특징을 가진 사료 (B)는 사료 (b)와 기록상 거의 차이가 없다가 사료 (b-1)에 와서야 계보를 제외한 다른 내용들이 많이 축약된다. 이것은 시대가 내려가면서 그 사실성에 대한 의문이 강해졌음을 보여준다. 그리고 다른 내용이지만 상대적으로 짧은 사료 (B-1)은 사료 (B)에 없는 내용을 보충한다는 점에서 둘의 차이점을 확인할 수 있다.

내용적으로도 사료 (B) 계열에서 사료 (A)와는 달리 돌궐의 조상이 색국에서 나왔다고 한 것은 서해 인근이라고 한 기록과 다른데, 이는 기존의 연구에서 원류와 원주지에 대한 새로운 해석을 가능하게 했다. 그리고 돌궐의 핵심 세력인 아사나가 어떤 과정을 거쳐 형성되었는가를 설명함으로써 군장의 계보를 분명히 하려고 한 점도 주요 내용이었다. 여기서 이길 니샤 초르, 누르 투르크 샤드, 그리고 아사나 샤드로 이어지는 계보를 나열한 것은 신화에서 조상이 나오기까지 천지창조 이래로 계보가 어떠했는가를 설명했다는 점에서 신화의 구조를 완결시켜주는 내용이었다.

이와 함께 이길 니샤 초르의 네 아들 가운데 흰기러기로 변해 계절 이동한 사실과 북방의 예니세이 강 지역에서 세력화한 계골契骨(키르기스, Qïrghïz의 음사), 처절수(안가라 강의 지천支川으로 동부 사얀 산맥에서 발원해 북쪽으로 흘러가 예니세이 강의 본류와 합류하는 추누Chunu 강으로 추정)로 이동한 집단, 그리고 산지로 이동한 아사나의 조상과 관련된 집단의 개별적인 형성 과정 등도 다루었다. 이것은 아사나의 형성만을 설명한 것이라기보다 이들과 긴밀한 관계를 가졌던 '투르크계 유목 부락'[12], 즉 사서에서 시기에 따라 정령丁零, 칙륵敕勒, 고차高車, 철륵鐵勒 등으로 달리 표기된 투르크 유목 집단들의 형성과 이주, 그리고 유목화 과정을 설명한 것과 연결된다.[13] 또한 사료 (B-1)의 내용을 통해 세 아들이 소를 따라 초원의 유목민이 되어가는 과정을 이야기처럼 설명한 것 역시 사료 (B)에서 세 아들이 산지로 이동해 유목민이 되었다고 한 것과 관련시켜볼 수 있다.

이는 사료 (B) 계열의 내용들이 돌궐의 중추 세력을 형성한 아사나가 자신들의 존재를 과거 북아시아에 존재했던 여러 다른 종족과 직접 연결

---

12) 중앙아시아에 광범위하게 분포했던 '투르크계 유목 부락'들은 중국 사서에서 적력狄歷, 정령丁零, 칙륵敕勒, 고차高車, 철륵鐵勒 등으로 시대에 따라 달리 표기되어 혼돈을 일으키기 쉽다. 이들 중 적력, 정령, 칙륵, 철륵은 모두 투르크의 음사이고, 고차는 음차가 아니라 바퀴가 크고 높은 수레(高輪車)를 타고 다니는 유목민을 의미했다. 이에 대해 앞 시대의 것을 제외하고 이 책에서 다룰 시기에 해딩하는 『위서魏書』에서는 고차로 표현했고, 이후 『수서』에서는 철륵이라고 했다(段連勤, 『丁零, 高車與鐵勒』, 桂林: 廣西師範大學出版社, 2006). 그리고 당대唐代에 들어가면 철륵이라는 표현은 사라지고, 개별 유목 부락을 구분하는 명칭이 사용되었다. 이 책에서는 일반적으로 사서에서 각 시기에 따라 달리 표현된 것은 바꾸지 않고 그대로 표기했는데, 이것은 모두 '투르크계 유목 부락'을 지칭한다.

13) 이에 대해서는 다음 장에서 보다 구체적으로 다룰 예정이다.

시키기 위해 설정한 이야기임을 보여준다. 이것은 아사나가 자신에 관한 신화와 직접 연결되면서도 이와는 다른 맥락을 가진 북아시아 신화의 요소들을 첨가했을 수도 있다는 추정을 가능하게 한다. 그리고 이것을 아사나 자신의 것처럼 만들기 위해 전혀 연결 관계가 없어 보이지만 북아시아 신화에서 과거부터 중요한 신화소로 자리매김했던 이리 신화소를 가져와 사료 (A) 계열의 내용과 연결시켰을지도 모른다는 가정도 가능하게 한다. 즉 이것 모두 전혀 다른 맥락의 신화 내용에 이리 신화소를 덧붙여 (A)를 부연함으로써 내용을 보다 풍부하게 만들려는 목적을 가졌을 것이라고 생각하게 한다.

반면 사료 (C) 계열의 내용은 양적으로 적으면서 사료 (A)와 (B) 계열처럼 이야기적인 색채가 강하지 않다. 이것은 마치 실제 역사적 사실을 기록한 것처럼 보이는데, 이에 따르면 439년 북위가 저거씨를 멸망시킨 뒤 아사나의 시조가 고창국 북방에 위치한 산지로 이동했다가 이후 유연의 대장장이로 봉사했음을 알 수 있다. 이것은 모두 사료 (A)와 (B) 계열의 기록에서 아사나의 조상을 낳았다고 묘사된 암이리가 고창국 북방에 위치한 산지로 실제 이주한 배경과 그 시점, 그리고 이들이 금산[14]으로 이주하기 이전과 이후의 상황을 짐작하게 해주기에 충분하다.

이런 아사나가 원래 유연의 대장장이로 일했다고 한 것 또한 이후 유연의 군주 칙련두병두벌 카간敕連頭兵豆伐可汗(이름은 욱구려아나괴郁久閭阿那瓌인데, 줄여서 '아나괴'라 함. 재위 520, 525~552)이 돌궐을 건국한 튀멘

---

14) 이상의 사료에 나오는 '금산金山'은 모두 알타이Altai 산맥이다. 금산이라는 중국 기록은 그것의 번역이고, 지금은 알타이 산阿爾泰山이라고 음사된다. 이 산맥은 몽골 초원의 서부 경계이며 중가리아Jungharia의 북부 경계이고, 북서부는 서시베리아의 저지로 이어진다. 러시아, 몽골, 중국에 걸쳐 있으며 전체 길이는 약 2000킬로미터로 러시아(소비에트) 알타이, 몽골 알타이, 고비 알타이의 세 부분으로 크게 나뉜다. 이 산맥에서 시베리아를 가로지르는 이르티시 강과 오비 강, 그리고 몽골 초원을 가로질러 바이칼 호로 들어가는 셀렝게 강이 발원하는 등 아시아 중앙부에 위치한 가장 큰 산맥의 하나이다.

(Tümen으로 추정. 토문土門. 의미는 만호장萬戶長)[15)]을 "대장장이에 불과한 놈(鍛奴)"이라고 부른 것과 연결된다.[16)] 이는 국가를 건설하기 이전의 활동 내용을 짐작하게 할 뿐만 아니라 본 기록 내용의 신빙성을 강하게 드러낸다. 또한 앞의 기록에서 금산의 모습이 투구와 같아 여기서 돌궐이라는 명칭이 유래했다고 한 것 역시 사료 (A)의 기록과 연결되는데, 이는 돌궐의 유래를 설명한 것이라는 점에서 정확한 기록으로 볼 수도 있다. 아울러 사료 (C)와 (c)의 내용은 별다른 차이가 없으나 사료 (c-1)의 내용이 조금 더 자세하게 남은 것은 사료 (a-1)과 (b-1)에서 내용을 축약한 것과는 달리 편자가 본 내용에 더 큰 비중을 두었음을 반영하는 것이다.

한편 앞에서 다룬 내용과 달리 좀 더 신비로운 사료 (D)의 내용은 동일한 신화 구조를 반영한 사료 (A)와 (B) 계열의 내용보다 더욱 허구적인 이야기의 특징을 보여준다. 다만 주목되는 부분은 사료 (A)와 (B) 계열이 모두 이리를 모티프로 한 것과 달리 신화소가 황금 뿔을 가진 하얀 사슴(白鹿)과 관련된 점이다. 이는 신화 내용에 대한 다른 접근을 가능하게 할 뿐만 아니라 여기에 기록된 조상 신화는 본래 자신들 것이 아니라 서방에서 전래된 태양신 신화가 돌궐에 맞춰 변용된 것이라는 이해도 가능하게 했다.[17)] 특히 여기에 나오는 하얀 사슴이 이리와 함께 몽골제국의 건국 신화에서 중요한 신화소로 등장한다는 점 역시 주목되었다.[18)]

이런 이야기가 서방에서 전래된 내용과 비슷하다는 점은 돌궐 자체의 것이 아닐지도 모른다는 의심을 갖게 한다. 하지만 이것이 아사나와 다

---

15) 돌궐 카간의 명칭 전사는 고대 투르크어로 복원이 가능하면 그에 따라 기록했지만, 복원이 불가능한 경우 한자음을 사용했다. 이에 따른 혼란은 독자들의 양해가 필요한데, 정확한 카간의 명칭은 부록의 'II. 돌궐 군주 세계표' 내용 참조.

16) 『周書』 권50 「異域傳」 下, p. 908.

17) 芮傳明, 「古突厥先祖傳說考」, 『西域研究』 1994-2, pp. 51~58.

18) 那木吉拉, 「蒙古, 突厥語民族狼鹿神話傳說: "蒙古先民以 '鹿' 爲圖騰, '狼' 是突厥人的圖騰" 說質疑」, 『中央民族大學學報』 2004-3.

른 집안들과의 관계를 신화적으로 설명한 것으로 본다면, 사마와 사리해 신의 관계를 통해 초기 아사나가 사리 집단과 혼인을 맺었다는 점과 이들이 갈라선 이유 등을 확인할 수 있다. 즉, 이는 이후 제2제국 시기에 반족 牛族 집단을 이룬 아사덕과 달리 아사나는 다른 집단과도 긴밀한 관계였음을 보여준다. 또한 '아사덕굴'이라는 표현에서 사리뿐 아니라 아사덕의 존재도 확인된다는 점에서 내부 씨족 단위 집단 간의 관계를 추정해볼 수 있다.

이상의 정리를 통해 돌궐 신화는 여러 계통의 내용이 각 사서에 다양한 묶음 형태로 기록되면서 나름 하나의 이야기 구조를 갖게 되었음을 알 수 있다. 먼저 전반적인 형성 과정을 보여주는 사료 (A) 계열의 내용을 기본으로 그 연원이 된 사료 (B) 계열의 내용을 붙여 선조의 계보를 설명했다. 이것은 시간적 전개라는 측면에서 보면 사료 (B)가 사료 (A)에 비해 먼저 일어난 것처럼 여겨지지만, 사료 (B)의 내용은 사료 (A) 이전 시기에 벌어진 일을 보충하며 다른 한편으로는 과거 북아시아 유목민들의 신화를 통해 이들과의 관계를 설정하기 위한 장치로 활용되었음을 보여준다. 즉, 아사나의 형성 과정을 보여준 사료 (A)에 그의 외연에 있던 여러 세력을 주도하는 세력으로 성장한 과정을 설명하려고 사료 (B)를 붙였던 것이다.

반면 사료 (C) 계열의 내용은 아사나가 금산으로 이주해 세력을 형성하기 전에 벌어진 역사적 사실을 주로 다루고 있다. 특히 아사나가 언제 금산의 남쪽에 거주했으며, 또한 어떻게 돌궐이라는 이름을 갖게 되었는지를 설명했다. 이것은 사료 (C) 계열의 내용이 사료 (A) 계열과 (B) 계열의 내용보다 돌궐을 구성한 아사나의 실체를 이해하는 데 더 중요한 기초임을 보여준다. 따라서 이런 특징을 가진 신화 기록이 중국 사서에 어떻게 하나의 신화로 정착될 수 있었는가를 고려하면서 내용을 새롭게 재배열해봄으로써 건국 이전의 역사상을 복원해내는 기초를 마련할 수 있을 것이다.

먼저 신화 기록 내용을 재배열할 때 가장 중요하게 다루어야 할 것은 기존 연구에서도 계속 쟁점이 되었던 아사나의 원류와 관련된 내용이다. 이를 해명하는 데 중요한 기록은 가장 허구적인 사료 (D)를 제외하고 당 초에 편찬된 『주서』의 사료 (A)·(B)와 『수서』의 사료 (C)·(A-1)이다. 물론 이 내용을 묶어 엮은 『북사』와 『통전』의 경우에는 차이가 있는 일부 내용만 여기에 보충한다. 즉 사료 (a)에서만 사료 (A)와 (A-1)의 내용을 묶은 다음 '서해의 서쪽'이라고 달리 기록한 것과 고창국의 북쪽이 아니라 서북쪽에 산이 있고 그 산이 서해의 동쪽에 위치한다고 한 점, 그리고 사료 (c-1)과 사료 (A)에서 '흉노의 다른 갈래'라고 한 것을 내용 구성상 맨 앞으로 옮긴 것과 '금산의 남쪽'이라고 한 것을 줄여서 '금산'이라고 한 것 등이 참고 대상이다.

따라서 이 같은 기록을 토대로 사료 (A)-(B)-(C)의 순서로 아사나의 원류를 정리할 수 있다. 사료 (A)를 통해 '흉노의 다른 갈래'이고 '고창국의 [서]북 산에 있는 동굴'에 살다가 이후에 '금산의 남쪽'에 이주해 살았다는 점과 사료 (A-1)을 통해 '서해 부근(서쪽)'에 살았는데 그 동쪽에 동혈이 있는 산이 있다는 점, 사료 (B)를 통해 그들이 '색국'에서 나왔는데 '흉노의 북쪽'에 살다가 옮겨와서 살았던 산이 '천사처절시산[(b)에는 발사처절시산]'이라고 불렸다는 점, 사료 (C)를 통해 '평량의 잡호'였다는 점을 알 수 있다.

반면에 이것을 다시 시간 순서인 (B) 계열 → (A) 계열 → (C) 계열로 배열해서 아사나의 원류를 정리하면, 아사나의 조상은 원래 '색국'에서 나와 '흉노의 북쪽'에 살았는데 그곳이 서해 부근 또는 서쪽이었고, 그 일부가 이곳에서 암이리의 도움을 받아 동쪽에 위치한 '고창국의 [서]북 산에 있는 동굴' 안에 도망쳐 와 낳은 열 명의 아들이 그곳 현지 여인들과 결혼해서 열 개의 부락으로 발전했다가 이후에 그중 하나인 아사나가 추장이 되었으며, 점차 부락이 늘어나자 저거씨의 영향력 아래 있는 '평량의 잡호'로 불렸고, 이유는 모르지만 그 뒤에 '금산의 남쪽'으로 이주해 유연에 복속되었다고 설명할 수 있다.

　이 같은 두 가지 다른 배열 모두 자연스런 내용의 연결을 보여주지만, 둘 다 허구적인 면이 강하고 논리적 비약 등이 보여 좀처럼 역사적 느낌을 갖기 어렵다. 기존 연구에서도 이상과 같은 배열을 통해 아사나의 원류에 대한 논의를 전개했음에도 오히려 혼란만 야기했음은 이미 지적한 바 있다. 따라서 앞서 사서의 성격에서 확인한 것처럼 당 후기 돌궐에 대한 중국인들의 인식이 심화되면서 내용의 중요도에 따라 정리한《통전》의 기록 순서인 (c-1)·(a-1)·(b-1), 즉 사료의 집성 과정, 다시 말해 '**시간적 변용**'에 초점을 맞춰 재배열을 시도해볼 필요가 있다. 이것은 아사나의 원류 문제를 해명하는 데 필요한 구체적인 실마리를 찾기 위해 (C) 계열 → (A) 계열 → (B) 계열의 순서로 내용을 재정리하는 것이다.

　그런데 이상과 같은 기록 내용의 재배열을 통해 가장 기본적인 문제인 아사나의 원류를 설명하려면, 그 전제로서 기존 연구에 대한 재검토가 먼저 이루어져야 한다. 왜냐하면 이것 역시 기록 자체의 신빙성 여부를 확인하기 위한 출발점이기 때문이다. 특히 기록 내용 가운데 무엇을 어떤 순서로 배열한 다음 사실에 가깝다고 판단되는 내용을 어떻게 선택하느냐에 따라 다른 결론이 도출될 수밖에 없다. 따라서 기존 연구에서 이를 어떻게 인식하고 처리했는가 여부를 전체적으로 확인함으로써 구체적 사실을 추출하는 전제를 마련해보려고 한다.

# 아사나 원류 연구에 대한 재검토와
# 신화 내용의 재구성

## 1. 아사나 원류 연구에 대한 재검토

아사나의 원류에 대한 기존의 논의에서 가장 중요한 문제는 북아시아 초원에 아사나가 등장하기 전부터 존재했던 색Saka(塞), 정령, 오손烏孫, 흉노, 선비鮮卑, 칙륵(고차와 철륵) 같은 족속들과 아사나의 조상이 어떻게 연결되었느냐였다. 이와 관련해 초기에는 구체적인 증거도 없이 돌궐을 선비와 연결시키려는 시도가 있었지만 별다른 반향을 얻지 못했다.[19] 이보다는 6세기를 전후로 세력을 가졌던 투르크계 유목 부락의 조상으로 추정되는 정령이 그 원류일 것이라는 입장이 주류를 이루었다.[20] 즉 진한 시대

---

19) 딩첸丁謙이 초기에 이상과 같은 입장을 제기했는데(丁謙,「周書異域地理考證」,『蓬萊軒地理學叢書』5, 浙江: 浙江圖書館, 1915), 이와 달리 류이탕劉義棠은 색국索國을 선비鮮卑의 음으로 시베리아를 가리킨다고 보아 돌궐을 선비의 일종으로 보려 한 딩첸의 입장을 비판하면서 정령丁零과 동일한 집단이라고 보았다(劉義棠,「突厥的始原及其興起」,『中國邊疆民族史』,臺北: 中華書局, 1971, p. 221).

20) 王日蔚,「丁零民族考」,『史學集刊』1936-2(林幹 編,『突厥與回紇歷史論文選集』上, 北

의 중국 기록에 몽골 초원 서부로부터 중앙아시아 초원에 걸쳐 살던 유목민의 총칭인 정령이 이후 위진남북조 시대에 칙륵 내지는 고차, 수당 시대에 철륵이라고 기록된 존재와 연결되고, 돌궐 역시 이와 같은 종류라고 보았던 것이다.[21]

이를 뒷받침하기 위해 논자들은 정령, 칙륵, 철륵 등이 돌궐과 동일한 Tür(ü)k의 음사라고 주장하기도 했다. 그리고 사료 (A)의 이리 신화소를 중심으로 한 내용과 고차의 이리를 소재로 한 신화 기록이 유사하다는 점을 들어 설명했는데, 이것은 상대적으로 설득력이 있었다. 왜냐하면 아사나의 조상이 이리 신화소를 매개로 고차와 연결될 뿐만 아니라 고차의 신화 내용을 통해 흉노와 연결된다고 한 점이 결국 흉노의 후예 내지는 다른 갈래라고 한 기록과 연결되었기 때문이다.[22] 또한 이와 관련해 돌궐이 정령의 후손인 철륵과 동일한 투르크계 유목 부락의 하나라는 입장을 논증하기 위해 고대 투르크 비문의 기록을 이용하기도 했다.[23] 따라서 이런 입장은 돌궐과 철륵의 연관 관계를 바로 확인시켜준 것은 아니었지만 범칭인 철륵이 돌궐을 포괄할 개연성이 높다는 점에서 타당성이 있었다.

물론 이런 입장에 집착함으로써 아사나를 정령의 후예로 보는 입장과

---

京: 中華書局, 1987, pp. 25~54).

21) 馬長壽, 『突厥人和突厥汗國』, 上海: 上海人民出版社, 1957; 松田壽男, 『古代天山の歴史地理學的研究』, 東京: 早稻田大學出版部, 1970, p. 229; 內田吟風, 『北アジア史研究: 鮮卑柔然突厥編』, 東京: 同朋舍, 1975, pp. 430~431.

22) 韓儒林, 「突厥蒙古之祖先傳說」, 『穹廬集: 元史及西北民族史研究』, 上海: 上海人民出版社, 1982, p. 275.

23) 위구르 유목제국 시기의 〈시네 우수 비문〉에 나오는 '토쿠즈 오구즈Toquz Oghuz'가 구성철륵九姓鐵勒 또는 철륵을 지칭한다고 보는 것은 일반적인 견해다. 그런데 이와 관련해 이 비문 기록에서 "토쿠즈 오구즈는 나의 백성"이라고 한 문구를 잘못 해석해 "토쿠즈 오구즈는 나의 동족이다"라고 논증하는 오류를 보이기도 했다(林幹, 『突厥史』, 呼和浩特: 內蒙古人民出版社, 1988, p. 8). 이는 잘못된 해석으로 돌궐이 토쿠즈 오구즈를 복속시켰음을 나타내는 것일 뿐 돌궐과 철륵의 연관 관계를 보여주는 것은 아니다. 다만 철륵, 즉 투르크계 유목 부락을 범칭하는 개념이 돌궐을 포괄할 수 있다는 점에서 이와 연관된다는 지적은 개연성을 갖는다.

배치되는 사료 (C)에서 '평량의 잡호'라고 한 기록마저 『수서』 편찬 과정
에서 철륵과 돌궐의 연결 관계를 분명히 알지 못해 잘못 기록한 것이라고
지적하는 오류를 보이기도 했다.[24] 즉, 이런 입장은 사료 (A)와 (B)의 내용
에 치우쳐 원류를 설명하려는 한계를 보임에 따라 다른 기록에 비해 좀 더
구체적인 시점을 적시摘示한 사료 (C)의 내용을 기록의 혼동 정도로 치부
했던 것이다. 더욱이 후대에 돌궐이 정령과 관련되었다고 한 관용적인 표
현을 기초로 이들 간의 관계를 바로 연결시킨 것[25] 역시 쉽게 받아들이기
어려운 면이 많다.

---

24) 林幹,「近六十年(1919-1981)國內突厥與回紇研究的回顧」, 林幹 編, 앞의 책, 1987, pp.
4~7.
25) 린언셴林恩顯은 〈퀼 테긴 비문〉의 한문 면에 있는 "고비 장성 너머의 나라는 정령이 살던 곳
이다(沙塞之國, 丁零之鄕)"라는 기록이 정령과의 관계를 나타내는 중요한 자료가 될 수 있다
고 보았다(林恩顯, 『突厥研究』, 臺北: 臺灣商務印書館, 1988, pp. 44~45). 이는 북적北狄
을 가리키는 관용적 표현으로 정령을 표기한 것이라고 이해할 수 있다는 점에서 직접적 관
계를 반영하는 증거라고 보기 어렵다.

| | 돌궐 이전 정령丁零(철륵鐵勒)의 역사 | | | | 돌궐 등장 이후의 역사 | | |
|---|---|---|---|---|---|---|---|
| 연대 | 춘추시대春秋時代 | 기원전 3세기 (한대漢代) | 3~4세기 (후한後漢, 진대晉代) | 5세기 (485.6) | 5세기 (439, 북위北魏) | 5~6세기 (439~552) | 6세기 (552, 서위) ~8세기(744) |
| 족속칭호 | 적狄 | 정령丁令, 정령丁零, 정령丁靈 | 정령, 칙륵(철륵) | 고차(정령) | 돌궐 | 돌궐 | 돌궐 |
| 거주지 | 시베리아 중부 | 바이칼 호 → 텐산 산맥 天山山脈 | 대부분 몽골 초원에 거주, 일부 화북華北 및 장성長城 지역에 거주 | 몽골 초원에서 독립했다가 서쪽으로 이주해 알타이 산맥(金山) 서남부에서 일시 건국 | 간쑤성甘肅省 장예군張掖郡 | 텐산 산맥 → 중가리아 → 알타이 산맥 | 무칸 카간 木汗可汗 시기에 제국으로 확대 |
| 수도 | · | · | · | · | · | · | 항가이 산지 (외튀켄 산지) |
| 주요 세력과의 관계 | · | 흉노에 복속 | 모용수慕容垂에 복속했다가 독립 | 여여(유연)와 북위北魏에 복속 | 흉노 (북량 저거씨) 에 복속 | 여여(유연)에 복속 | 독립 |

또한 돌궐이 정령에서 유래했다는 입장에서 그의 발상지도 정령들이 거주했던 중가르 분지 북방의 예니세이 강 상류라고 설명했다. 이를 증명하기 위해 아사나의 조상이, 사료 (A)의 기록처럼 나라가 망하자 남쪽에 있는 고창국의 〔서〕북쪽 산으로 옮겨갔다가 5세기 중엽 유연이 고창을 정복하자 그를 피해 금산 남쪽으로 옮겨가 성장했다고 설명했다. 하지만 정령의 거주지가 진한 시대에 북아시아 초원에 걸쳐 아주 광범위했다는 점에서 이들이 반드시 예니세이 강 상류 지역에 살았다고 볼 수 있는 구체적인 증거가 없다. 아울러 이곳에서 아사나의 조상이 이주했다는 기록 역시 허구적일 뿐만 아니라 오히려 아사나가 다른 족속들의 이야기를 차용한 사료 (A)와 (B)에 지나치게 의존했다는 점도 문제였다. 하지만 이상과 같은 한계에도 불구하고 아사나가 정령의 후예로 철륵과 관련되었다는 지적은 현재까지도 적절한 설명으로 받아들여지고 있다.

두 번째는 '흉노의 다른 갈래' 내지는 '흉노의 북쪽에 살았다'는 기록을 토대로 돌궐의 조상을 흉노와 연결시켰던 량치차오梁啓超의 주장[26]을 그대로 이어받아 정령의 후예라고 한 설명을 부정한 것이다.[27] 이런 입장에서 아사나의 원주지로 추정한 알타이 남쪽 지역에 대한 고고학적 발굴 성과를 기초로 코카서스 인종에 속했던 아사나의 조상이 기원전 1세기경에 고대 북아시아에 존재했던 흉노 계통인 몽골리안 인종과 융합해 혼혈 집단을 형성했다고 설명했다. 즉 초기 돌궐의 조상이 정령과 유사할 수도 있지만, 이와는 다른 집단에서 아사나를 비롯한 돌궐이 비롯되었다고 보았던 것이다.[28]

---

26) 梁啓超,「中國歷史上民族之硏究」,『飮氷室全集』42, 臺北: 中華書局, 1972, p. 42; 曾問吾,『中國經營西域史』, 上海: 商務印書館, 1936; 張起鈞,『中國民族誌』, 臺北: 臺灣商務印書館, 1969, p. 2.

27) 畢濤,「突厥語民族神話槪述」,『突厥語言與文化硏究』第2輯, 北京: 中央民族大學出版社, 1997, p. 302.

28) 周連寬,「丁零的人種和語言及其與漠北諸族的關係」,『中山大學學報』1957-2(林幹 編,

또 이런 입장에서 그의 발상지를 비정比定하기 위해 사료 (A-1)의 '서해'를 중가르 분지 동북쪽에 있는 에비 노르Ebi nor로 보기도 했다. 하지만 사료 (A-1) 자체가 현실을 반영한 것이 아니라는 점에서 '서해'가 실재하는 것이 아니라 관념적인 것이라는 반론도 제기되었다.[29] 이것 역시 입론을 증명할 만큼 충분한 증거가 없고, 중국 사서의 관용적인 표현을 그대로 사실이라고 받아들여버린 한계가 있다는 점에서 별다른 주목을 끌지 못했다.

세 번째는 오손의 후예로 본 입장으로, 이것은 아사나의 원음인 아스나 Asna가 오손의 음인 '우순usun'의 변형에 불과하다는 간단한 설명에 의거했다. 그리고 그의 발상지 역시 '고창의 (서)북쪽에 있는 산'이라는 기록을 토대로 현재 신장위구르 자치구 우루무치Urumchi(烏魯木齊) 동쪽에 있는 동부 톈산 산맥의 한 연봉인 보그드 울라Boghd Ula 주변에 있었다고 추정했다. 또 한대漢代 이래로 오손의 후예들이 톈산 산맥을 따라 유목한 것 역시 돌궐의 움직임과 연결 지었다. 이와 관련해 사료 (C)의 '평량의 잡호'라는 기록을 톈산 산맥 주변 지역에 거주했다가 투르크계 유목 부락인 철륵과 결합해 하나의 집단을 형성한 사실을 설명한 것이라고 보았다. 즉 인도유럽계 종족의 하나로 추정되는 오손의 한 지파였던 아사나가 이후 알타이계의 투르크 계통 족속과 결합해서 돌궐을 형성했다는 것이다.[30]

이런 입장은 사료 (A)와 (B)에서 이리 신화소를 기반으로 한 내용이 한대 오손의 신화 기록에서 처음 이리가 신화소로 나오는 것과 맥락을 같이한다는 점[31]이 가장 중요한 근거였다. 이 내용 가운데 나라가 망한 다음 사내아이가 버려졌다가 이리의 도움을 받아 자랄 수 있었고, 이후에 성장해

---

앞의 책, 1987, pp. 55~85); 朱伯隆, 「丁零新證」, 『華東師範大學學報』 1958-1, 林幹 編, 앞의 책, 1987, p. 843).

29) 內田吟風, 앞의 책, 1975, p. 430.

30) 錢伯泉, 「突厥族名, 族源傳說和初期史實考」, 『西北民族文叢』 1984-1.

31) 『漢書』 권61 「張騫傳」, pp. 2691.

서 다시 나라를 회복했다는 내용이 돌궐과 유사한 점은 이리를 중심으로 오손과 돌궐의 신화가 관계를 맺고 있다고 본 중요한 근거였다.[32] 왜냐하면 이리 신화소가 현존하는 신화 기록에서 아사나의 과거 기억 일부를 담고 있다고 이해되었기 때문이다.

네 번째는 기존의 연구 성과를 체계적으로 정리, 비판하면서 돌궐이 인종이나 풍습 면에서 독자적이었다는 입장이다.[33] 이는 고고학적 발굴 성과를 기초로 한 것으로 돌궐의 발상지를 그 나름의 독특한 문화적 특징인 석인 석관묘石人石棺墓들이 분포하는 중가르 분지로 비정했다. 이것 자체는 고고학적 발굴 성과를 기초로 주장을 폈다는 점에서 설득력이 있어 보이지만, 신화의 기록 내용과 이것이 어떻게 연결될 수 있는가는 구체적으로 설명하지 못했다.

다섯 번째는 사료 (A), (B), (C), (D)의 기록이 모두 사실이라는 전제하에 그 내용을 시간 순서대로 나열해 원류와 발상지를 밝혀내려고 한 것이다.[34] 이를 위해 모든 기록을 정리했는데, 아사나의 발원에서부터 이후 유연에 복속되기에 이르는 전 과정을 하나의 흐름으로 파악하고 이것을 일곱 단계로 구체화했다.[35] 이에 따르면, 돌궐의 원류를 가장 오래된 기록으

---

32) 韓儒林, 앞의 책, 1982, p. 275.

33) 吳景山, 「突厥的族屬, 發祥地及其社會分期」, 『西北民族硏究』 1989-1, p. 111.

34) 쉐쭝정薛宗正은 돌궐의 신화 내용을 네 가지로 유형화하고, 그 등장 시기를 다음과 같이 규정했다(薛宗正, 『突厥史』, 北京: 中國社會科學出版社, 1992, p. 44).

| 전설 종류 | 탄생 연대 | 발상지 | 방위 |
|---|---|---|---|
| 해우유려설海右遺黎說 | 기원전 7세기~기원전 3세기 | 서해의 서쪽西海之右 | 서쪽 |
| 막북색국설漠北索國說 | 기원전 2세기~2세기 | 막북 색국漠北索國 | 북쪽 |
| 평량잡호설平凉雜胡說 | 4세기 | 평량平凉 | 남쪽 |
| 고창북산설高昌北山說 | 4세기~5세기 | 고창 북산高昌北山 | 서북쪽 |

35) 쉐쭝정은 신화의 내용에 따른 돌궐 선조의 변천 과정을 다음과 같이 정리했으며, 이를 통해

로 보여주는 사료 (B)의 기록에 기초해 사카로부터 비롯되었으며, 그 뒤 여러 차례의 이주를 통해 변신하다가 끝내 알타이 산맥 남쪽에 거주하게 된 '투르크화한 사카인'이 바로 아사나의 조상이 되었다. 이는 이야기의 성격이 강한 사료 (A)와 (B), 그리고 사료 (D)마저 하나의 틀로 연결한 다음에 좀 더 사실적인 사료 (C)의 내용을 붙여 돌궐 군장들의 계통 관계를 증명한 것이다.[36] 이처럼 기록을 시간에 따라 배열한 것은 높이 평가할 만하나 사료 (A)와 (B), 그리고 사료 (D)의 내용을 비판 없이 모두 사실로 받아들여 정리한 것은 문제가 아닐 수 없다.

다른 한편으로 기록 자체의 문제에 주목한 다음 신화 내용을 검토해 허구적 성격이 강한 기록에서 역사적인 사실을 추출해내려는 노력도 있었

---

시간의 변화에 따른 돌궐의 성장과 이주 과정 등을 체계적으로 보여주고자 했다(薛宗正, 앞의 책, 1992, pp. 83~84).

| 탄생 연대 | 발상지 | 방위 |
|---|---|---|
| 기원전 7세기~기원전 3세기 | 서해 색인西海塞人 | 해우유려설:『북사』 99 |
| 기원전 3세기~기원전 2세기 | 막북 색국(호갈)<br>漠北索國(呼揭) | 막북색국 1설:『주서』 50<br>막북색국 2설:『유양잡조』 16<br>해신윤예설海神胤裔說:『유양잡조』 4 |
| 기원전 49년~3세기 | 흉노 자호匈奴貲胡 | 『위략魏略』「서융전西戎傳」 |
| 4세기 | 평량 잡호<br>平涼雜胡 | 평량잡호설:『수서』 84,<br>『십육국춘추十六國春秋』 |
| 439~460년 | 저거 고창(흉노) 잡호<br>沮渠高昌(匈奴)雜胡 | 평량잡호설:『십육국춘추』 |
| 460~516년 | 고창 북산의<br>아사나씨阿史那氏 | 고창북산설:『주서』 50 |
| 516~552년 | 금산金山의 돌궐 | 평량잡호설:『북사』 99 |

36) 쉐쭝정은 신화의 내용을 기초로 아사나의 계보를 다음과 같이 정리했다.

서해 아사나씨-막북 색국추장索國酋長 아방보阿謗步-막북 색국추장 이질니사도伊質泥師都-막북 색국추장 눌도육설訥六設-막북 색국추장 아현설阿賢設-흉노 자호 아사나씨-평량 잡호 아사나씨-저거북량沮渠北涼 부곡部曲 아사나씨-고창속부高車屬部 고창 북산 아사나씨-금산 아사나씨 추장 아현설-대엽호大葉護-토문土門(薛宗正, 앞의 책, 1992, p. 85).

다.[37] 이를 위해 먼저 사료 (A-1)에 나오는 서해를 근거로 아사나가 서방에서 기원했으며, 사료 (A)의 이리 신화소 역시 이란계 문화로부터 영향을 받았다고 보았다. 또한 사료 (B)를 통해 모계에서 유래한 아사나 역시원래 그곳에 거주하던 토하라 계통의 주민들이 '가치 있는 또는 고귀한'으로 쓰는 '아사나āṣāna'와 관계된 것이라고 보았다.[38] 이것은 돌궐이 바로인도유럽계 어족과 관련되었다고 보는 입장인데, 이를 보강하기 위해 돌궐 문자가 이란계 주민인 소그드인들의 영향을 받아 만들어졌다는 점을근거로 들었다. 하지만 이것만으로 돌궐과 이란계 주민의 관계를 연관 지을 수는 없었다.[39]

또 기록의 문제점에 주목해 원래 기원이 같은 것으로 추정되는 동일한사료 (A)와 (B)의 내용을 다른 연대의 작가가 기록했기 때문에 착종되었다고 보았다. 오히려 사료 (C)를 좀 더 역사적인 기록이라고 보고, 이를 기초로 돌궐의 원류가 처음에 흉노 혁련씨赫連氏의 지배를 받던 하국夏國에속해 있었으며 그 후 서방 저거씨의 북량이 통치하는 하서河西에 있다가439년에 멸망하자 고창으로 이주해 460년 유연의 공격을 받아 그 지배하에 놓였다고 했다. 이와 관련해 돌궐이 투르크어를 사용한 흉노의 일파로평량에 있다가 다른 집단과 혼혈을 이루면서 잡호라 불렸다고 했다.

이렇게 아사나가 하서에서 기원했다고 보는 입장에서 신화에 나오는서해를 거연해居延海(지금의 네이몽골 자치구內蒙古自治區 아라산맹阿拉善盟에치나기額濟納旗 북쪽에 위치)로 비정했다. 또한 사료 (A)와 (B)의 내용에

---

37) С. Г. Кляшторный, *Древнетюркские рунические памятники как истолник по истории средней азии*, Москва, 1954; 李佩娟 譯, 『古代突厥魯尼文碑銘: 中亞細亞史原始文獻』, 哈爾濱: 黑龍江教育出版社, 1991, pp. 108~116.

38) 內田吟風, 앞의 책, 1975, p. 430.

39) 야마다 노부오山田信夫는 사료 (A)와 (B)의 내용을 서방과 북방에서 유래한 두 가지의 다른신화 계열로 이해했다(山田信夫, 「突厥に關する 2章」, 『北アジア遊牧民族史研究』, 東京: 東京大學出版會, 1989, p. 90).

서 공통으로 추출되는 '멸망'과 '이주'라는 키워드를 중심으로 아사나가 간쑤甘肅 지역에서 고창으로, 그다음에 금산으로 이주했다고 보았다.[40] 이 것은 좀 더 사실적인 사료 (C)의 내용을 토대로 역사상을 정리해냈다는 점에서 높이 평가할 수 있으나 다른 내용을 자의적으로 해석했다는 비판 을 받기도 했다.[41]

또한 가장 기본적인 사료 비판과 관련해 사료를 체계적으로 교감하고 정리하면서 다른 족속을 기록할 때 상투적으로 쓰는 '별종' 내지는 '잡호' 라는 단어에 너무 집착해서는 안 되며, 이를 기초로 종족의 특징을 확인하 는 것은 어렵다는 지적이 주목된다. 이것은 바로 돌궐의 조상에 대해 중국 의 기록에서 '흉노의 별종' 내지는 '평량의 잡호'라고 한 것을 통해 원류를 논의한 것은 신뢰할 수 없다는 입장과 연결되었다.[42] 왜냐하면 이런 표현 은 중국에서 다른 족속을 기록할 때 잘 모르거나 구분하기 어려운 경우에 사용하는 용어로 구체적인 실체를 반영한 것이 아니었기 때문이다.

따라서 여전히 혼란스런 신화 기록 자체에 대한 체계적인 검토가 필요 한데도 중국에서 비문에 기록된 관용적인 표현에 얽매여 돌궐의 조상이 중원에서 비롯되었다거나,[43] '평량의 잡호'라는 기록에 의거해 원래 중국 내지에 살았다고 한 것 등은 전혀 근거 없는 허무맹랑한 주장을 한 것이 다.[44] 이것은 주변 세계의 여러 족속을 모두 중국의 시조와 관련시키려는

---

40) 內田吟風, 앞의 책, 1975, p. 430.

41) 護雅夫, 『古代遊牧帝國』, 東京: 中央公論社, 1976, p. 51.

42) 岑仲勉, 『突厥集史』下, 北京: 中華書局, 1958, pp. 962~964.

43) 당대唐代에 내지에 들어와 거주했던 돌궐인 묘지명 모두冒頭에 자신들이 중국에서 비롯되었 다는 비문의 상투적인 기록(『藝文類聚』 권76 「京師突厥寺碑」와 「大唐故右驍衛大將軍薛 國貞公阿史那府君之碑」, 岑仲勉, 앞의 책, 1958, p. 779)과 함께 중국에서 제작해준 〈퀼 테 긴 비문〉과 〈빌게 카간 비문〉 한문 면에서 역시 돌궐이 중원에서 비롯되었다고 한 중국 방식 의 기록에 의거해 황당한 주장을 펴기도 했다.

44) 白壽彝, 「關于中國民族關係史上的幾個問題」, 『中國民族關係史研究』, 北京: 中國社會 科學出版社, 1984.

한문 사료 나름의 특성[45]을 간과한 자의적인 해석에 불과할 뿐 실제로는 논의할 가치도 없다. 더욱이 이런 맥락에서 중국의 기록에 보이는 상투적인 표현 내용을 기초로 이들이 중원에서 비롯되었다는 식의 황당한 논의를 전개한 것 역시 문제였다.

물론 이상과 같은 황당한 주장만 있는 것은 아니고 신화 기록을 여타 민속학 내지는 종교학 등의 연구 성과와 연결 지어 초기 돌궐의 모습을 형상화해내려는 시도도 있었다. 먼저 돌궐이 '단철에 종사했다'는 내용을 기초로 돌궐과 키르기스契骨가 서로 재료의 공급과 생산을 담당했다는 연구가 있었다.[46] 그리고 단철과 관련된 불이나 신령스런 나무 숭배 등의 내용을 통해 돌궐 나름의 풍습[47]이나 샤머니즘적인 세계관[48] 등을 설명해 그들의 문화적 특징을 새롭게 이해하려고 했다. 이런 연구는 신화 기록에 대한 다른 해석을 가능하게 했을 뿐만 아니라 신화에 대한 새로운 접근이었음이 분명하다.

그럼에도 이상의 정리에서 알 수 있는 것처럼 불충분한 고고학적 자료나 신화의 기록만 가지고 돌궐을 정령(이후에 철륵), 흉노, 선비, 오손 등과 같은 북아시아 유목 족속 내지는 국가들과 연결시켜 그의 후예 또는 이들 간의 혼혈로 이해하려는 입장은 현재까지 정립되지 못했다. 이것은 중국에서 북아시아 족속을 기록한 경우 정치적 집합인지 인종적 집합인지 구

---

45) "아사나씨는 하후씨의 후예로 연두모산에 살았는데, 사람들이 이곳을 돌궐굴이라고 했다. 위진 십대에 걸쳐 군장이 되었는데, 이후에 연연에 속해 있다가 아사나가 가장 높은 수령이 되었다(阿史那氏 夏后氏後, 居涓兜牟山, 人呼爲突厥窟, 歷魏晉十代爲君長, 後屬蠕蠕, 阿史那最爲首領)."(『元和姓纂』권5「七哥」)

46) 護雅夫, 앞의 책, 1976, pp. 53~65.

47) 松田壽男, 앞의 책, 1970; 護雅夫, 「突厥の卽位儀禮」, 『古代トルコ民族史研究』 2, 東京: 山川出版社, 1992, pp. 384~413; 護雅夫, 「突厥の卽位儀禮補論」, 위의 책, 1992, pp. 414~438.

48) 護雅夫, 「突厥の信仰: とくにシャ―マニズムについて」, 위의 책, 1992, pp. 233~255; 박원길, 『유라시아 초원제국의 샤머니즘』, 서울: 민속원, 2001, pp. 161~168.

분하기 어려울 때가 많아 하나의 동일한 인종적 특징을 가진 존재들로 보기가 아주 곤란하기 때문이다. 즉 정치적 집합인 경우에 동일한 인종적 특징을 갖고 있었다고 보기 어려울 뿐만 아니라 다양한 원류를 가질 수 있었다는 점을 간과하면 안 되었던 것이다.

또한 어떤 국가가 해체된 뒤 그의 후예라고 한 것 역시 후대에 이념적으로 정통성을 계승했거나 자신들의 부족한 위상을 보충하기 위해 수사修辭한 것일 수도 있다는 점을 무시할 수 없다. 더욱이 신화 자체가 과거에 대한 고유의 기억일 수도 있지만 자신들의 정통성을 강화하기 위해 여타의 내용을 차용해 만들어질 수도 있다는 점에서 신빙성이 떨어지는 신화 기록만으로 그들의 구체적인 실상을 증명하기 어렵다.[49] 이런 특징 모두가 신화 내용을 기초로 역사상을 재구성해내려고 많은 연구를 축적했음에도 사실에 근접한 정확한 설명이 제대로 이루어지지 못한 이유였던 것이다.

반대로 이것은 신화 기록에 대한 보다 신중한 접근과 사료에 대한 비판적 검토가 더욱 중요함을 다시금 환기시켜준다. 따라서 이상과 같은 기존 연구에 대한 검토를 통해 신화 기록의 신빙성을 판단할 수 있는 단서를 확보하고, 이를 바탕으로 아사나의 원류와 원주지 등과 관련된 사실을 새롭게 추출해내려고 한다. 이를 위해 앞서 지적한 것처럼 '시간적 변용'에 따른 사료 자체의 집성 과정이 반영된 사료의 중요도를 염두에 두고 기존의 다양한 기록 내용을 다시금 재구성해볼 필요가 있다.


## 2. 이리 신화소로 연결된 사료 (A)와 (B)의 내용 재구성

아사나의 원류를 확인하기 위한 신화 기록의 재배열은 이리 신화소를 매

---

49) 조현설, 앞의 책, 2003, p. 454.

개로 연결된 사료 (A)와 (B)에 남아 있는 아사나의 등장 및 계보 등과 관련된 내용에 대한 검토에서 시작할 수 있다. 하지만 그에 대한 전제로 두 기록의 연결 고리이며 아사나의 뿌리를 설명하는 신화소일 뿐만 아니라 이후 모든 투르크 유목민 공동의 조상으로 여겨지는 신령스런 동물(神獸) '이리狼'에 대한 검토가 반드시 이루어져야만 한다. 왜냐하면 이리 신화소에 대해 구체적으로 이해해야만 비록 이야기의 색채는 강하지만 이를 매개로 연결된 사료 (A)와 (B)의 내용으로부터 역사적 사실을 재구성해낼 수 있는가 여부를 확인할 수 있기 때문이다.

북아시아에서 '이리'가 돌궐 이전부터 중요한 신화소였다는 점은 오손의 군장君長 곤막昆莫의 탄생과 관련된 신화에서 확인된다. 장건張騫(?~기원전 114)은 흉노에 대항해 연합하려고 오손에 갔던 상황을 한 무제武帝(기원전 156~기원전 87, 재위 기원전 141~기원전 87)에게 설명하는 과정에서 다음과 같은 신화를 소개했다. 이 내용을 논의의 편의를 위해 사료 (E)라고 했다.

(E) 소신이 흉노에 〔억류되어〕 있을 때, 오손의 왕을 곤막이라 부른다고 들었습니다. 곤막의 아비 난두미難兜靡는 본래 대월지大月氏와 함께 치렌산祁連山과 둔황敦煌 사이에 있는 작은 나라의 〔왕〕이었습니다. 대월지가 난두미를 공격해서 죽이고 그의 땅을 뺏으니 백성들이 흉노로 도망했습니다. 〔이때〕 아들 곤막이 태어났는데, 아버지를 도왔던 포취흡후布就翕侯가 그를 안아 풀숲 속에 두고 먹을 것을 구하러 다니다 돌아오니 **이리가 젖을 주고 또한 까마귀가 고기를 물고 와 그의 옆에 깃들어 있음을 보고 신령스럽게 여겼습니다.** 마침내 그를 데리고 흉노로 돌아갔습니다. 선우單于가 그를 아껴 길렀습니다. 〔그가〕 자라자 그 아비의 백성을 곤막에게 주어 군대로 삼으니 여러 번 공을 세웠습니다. (강조는 인용자)[50]

---

50) 『漢書』 권61 「張騫傳」, p. 2691.

앞의 내용에 따르면, 오손의 임금 난두미가 대월지의 공격을 받아 죽고 난 다음에 태어난 아들 곤막은 흉노로 도망갈 때 이리의 젖과 까마귀烏가 물고 온 고기를 먹고 살아났다. 이는 나라가 망한 뒤 흉노의 도움을 받아 곤막이 다시 세력을 회복하는 데 하늘(천天 또는 신神)의 도움이 있었다는 점을 설명한 것이다. 곤막은 장건에게 자신이 젖을 준 암이리와 고기를 물어다준 까마귀로부터 도움을 받았다고 함으로써 그가 다른 집단과 달리 최고의 신인 하늘의 도움을 받은 성스런 존재라는 점을 자랑했다. 비록 흉노의 도움을 받아 세력을 유지하고 그 권위를 인정할 수밖에 없는 입장에 있었음에도 이런 얘기를 통해 은연중에 자신이 하늘로부터 인정받은 존재임을 드러내려고 했다. 또한 곤막은 당시 장건을 매개로 한나라와 접촉해 독자적인 세력을 형성하는 과정에서 그 자신 역시 하늘과 같은 초월적 존재로부터 도움을 받았다는 점을 강조함으로써 한나라와 동맹을 맺으려는 의도를 갖고 있었다.

여기서 곤막이 정말 최고의 신인 하늘과 인간 세상을 연결하는 영매, 즉 신령스런 짐승으로 여겨지는 이리와 까마귀의 도움을 받았는가는 중요하지 않다. 이것은 신화의 논리 구조를 가져와 자신을 미화하기 위해 늘어놓는 이야기적 묘사에 불과했다. 따라서 그것보다는 하늘의 권위를 대리해서 축복qut을 전달해주는 존재로 이리와 까마귀 같은 소재가 신화에 나타난 것이 중요하다.[51] 백성들에게 통치자의 권위를 받아들이도록 이야기를 이끌어가는 매개로 이리나 까마귀가 매우 중요한 상징체계였던 것이다. 그렇지 않다면 이야기의 개연성은 크게 약화되고, 그 뒤에 이리 신화소가 다른 신화에 등장하기 어려웠을 것이다.

이처럼 이 기록은 이리가 일찍부터 중요한 신화소였다는 사실을 드러낼

51) 那木吉拉, 「中亞狼和烏鴉信仰習俗及神話傳說比較研究: 以阿爾泰語系烏孫和蒙古等諸族事例爲中心」, 『中央民族大學學報』 2006-4, pp. 78~85.

〈그림 1〉 기원전 4세기경의 금관식에 보이는 낭용狼龍

뿐만 아니라 그 줄거리가 돌궐과 유사하다는 점에서 오손과 돌궐의 신화 내용이 일정한 관계가 있음을 보여준다. 또한 신화 기록은 남아 있지 않지만 〈그림 1〉에서 제시한 것처럼, 오르도스Ordos(河套) 지역(지금의 네이몽골자치구 오르도스시鄂爾多斯市 항가이기杭錦旗 아르치딘阿魯柴登)에서 출토된 기원전 4세기경(전국 시대戰國時代 말기로 추정) 금관 장식의 정수리를 덮는 부분에 이리가 양을 잡아먹는 도안과 머리 둘레 부분에 이리 머리를 한 용(狼龍)의 모습이 새겨진 것에서도 흉노가 초원을 통일하기 전부터 이리가 중요한 요소의 하나였음을 확인할 수 있다.[52] 이런 양상은 이후로도 이어져 북중국을 통일한 북위를 세웠던 선비 탁발씨도 이리를 중요하게 여겼다.[53]

그중에서도 특히 이리 신화소가 하늘의 권위를 상징하는 매개로 본격

---

52) 張景明,「匈奴金銀器的造型藝術與文化象徵」,『藝術考古』2006-2, p. 77; 張景明 · 王晶,「匈奴的動物造型藝術與圖騰文化」,『大連大學學報』2005-6, p. 54.

53) 탁발拓跋 선비鮮卑가 세운 북위 태무제의 본명으로 기록된 불리佛釐 또는 불리벌佛狸伐(뵈리 벽으로 추정)이 알타이제어에서 이리를 의미하는 뵈리böri와 비슷하다는 점 역시 이리狼와 관련된 것이라고 설명되었다(羅新,「北魏太武帝的鮮卑本名」,『民族研究』2006-4, pp. 71~74).

등장한 것은 3세기경 흉노의 권위가 완전히 붕괴된 뒤 5세기경에 몽골 초원에 등장한 고차의 신화였다. 당시 고차는 몽골 초원에서 유목 생활을 하며 여러 부락이 느슨한 하나의 연합체를 이루고 있었다. 이들은 5세기 초몽골 초원의 패권을 차지했던 유연의 지배를 받기도 하고 독자적인 세력을 유지하기도 하면서 북위와 교섭했다.[54] 이런 과정에서 그들의 신화 내용이 북위에 기록되었는데, 이것은 북위가 특히 유연에 대해서는 악의적이라고 할 정도로 편파적이었던 데 비해 고차에는 상대적으로 호의적이었던 것과도 연결시켜볼 수 있다.[55]

『위서』에는 파편적이고 부정적으로 기록된 유연과 달리 고차의 신화에 대해서는 다음과 같이 자세한 기록이 남아 있다. 이것 역시 논의의 편의를 위해 사료 (F)라고 했다.

(F) 그 땅 사람들의 얘기에 따르면 흉노 선우가 두 명의 딸을 낳았는데, 자태와 용모가 아주 예뻐서 그 나라 사람들이 모두 신기롭게 생각했다. 선우는 "내게 이런 딸들이 있는데 어찌 하늘이 배필 될 사람을 주지 않는가?"라고 말했다. 이에 나라 북쪽의 사람이 살지 않는 땅에 높은 대를 쌓고 두 딸을 그 위에 둔 다음 "하늘이 스스로 맞이하기를 청합니다"라고 했다. 3년이 흘러 그의 어미가 〔그들을〕 맞이하고자 하니 선우가 "안 된다. 통했다는 것을 듣지 못했다"라고 했다. 다시 1년이 지나니 **한 마리의 늙은 이리가 낮과 밤으로 대를 지키면서 울부짖고 대 밑에 굴을 판 다음 시간이 흘러도 가려고 하지 않았다. 그곳에 있던 소녀가 "나의 아비는 나를 이곳에 두어 하늘에 주려고 했으나 지금 이리가 왔다. 이것은 신령스런 일이니 하늘의 사자일 것이다"**라고 했다. 그런 다음에 아래로 내려갔다. 그의 언니가 크게 놀라 "이것은 짐승인데 〔그에게 시집가서〕 부모를

54) 段連勤, 앞의 책, 2006.
55) 동북아역사재단 편, 『譯註 中國 正史 外國傳 7: 魏書外國傳 譯註』, 동북아역사재단, 2010, p. 23.

욕보이려고 하는가!"라고 말했다. 동생은 **따르지 않고 내려가 이리의 아내가 되어 아들을 낳으니 이후에 그 수가 점점 늘어나 나라가 되었다. 그 나라 사람들은 소리를 끌어 긴 노래 하기를 좋아하니, [이것은] 이리의 울음소리와 비슷했다.**[56] (강조는 인용자)

위의 내용에서 늙은 이리가 하늘의 권위를 지상에 전달하는 영매라는 점은 오손의 신화와 별다르지 않다. 하지만 오손의 신화에서는 젖을 준 이리가 군주의 탄생을 보호해주고 돕는 보조적인 존재였다면, 고차의 신화에서는 시조를 낳은 부계로 묘사되었다. 여기서 수컷 이리는 단순히 하늘의 은총을 전해주는 대상이 아니라 신성성을 띤 하늘의 변신이었다. 대체로 신화에서는 신이 지상에 내려와 인간과 결혼하기 위해 인간에게 쉽게 받아들여질 수 있는 이리의 모습으로 자신을 변신시키는 것이 통례였다. 또 늙은 이리라는 설정은 현인의 이미지로 지도자로서 중요한 덕목을 지녔다는 비유였다.

이런 하늘의 권위를 전달하는 역할을 하는 이리는 지상의 실제 권위를 상징하는 흉노와 연결시키기 위한 기본 전제로 이용되었다. 이를 통해 이미 멸망해 초원에서 사라진 과거 흉노의 권위를 다시금 살려내려고 했다. 이것은 과거의 전통과 자신을 직접 연결함으로써 당시 초원의 지배자였던 유연의 권위를 부정하기 위함이었다. 이와 같이 고차는 이리로 변신해 지상에 내려온 하늘의 절대적인 권위와 지상의 최고 지배자였던 흉노 선우의 권위 모두를 자신의 것으로 만들어낼 수 있었다. 아울러 과거 흉노의 권위를 일부 인정하고 이와 연계하기 위한 장치로 둘째 공주와의 결혼을 설정함으로써 흉노의 전통과 연결된 두 집단 가운데 하나로 자신을 자리매김하고자 했다. 이것은 자신이 분명히 밝히지 않은 또 다른 집단과도 긴

---

56) 『魏書』 권103 「高車傳」, p. 2307.

밀함을 유지하고 있었다는 점을 설명한 것이다.

고차가 이처럼 하늘의 신성한 권위와 흉노의 세속적인 전통을 하나로 묶어내려고 한 것은 몽골 초원에 널리 흩어진 여러 부락의 연합체였던 당시 자신들의 입장과 관계가 있었다. 그 당시 고차는 강력한 하나의 국가 체제를 형성하지 못했을 뿐만 아니라 몽골 초원을 차지한 유연의 압박과 남쪽에서 약탈을 벌이던 북위의 틈바구니에 끼어 있었다. 따라서 느슨한 연합체를 하나로 통합하기 위해서는 최고신인 하늘과 과거 초원의 전통을 만들어냈던 흉노의 권위를 모두 받아들여 새로운 신화를 창조해내는 수밖에 없었다. 즉 북아시아에서 가장 원초적 신앙 대상인 하늘을 숭배하던 초원의 다양한 유목민들이 쉽게 받아들일 수 있는 보편적인 정서를 반영한 신화 체계로 시조를 설정했던 것이다.

이상에서 확인한 것처럼, 이리 신화소는 오손에서 고차로 연결되어 돌궐로 이어졌음을 알 수 있다. 이는 이리 토템의 연계를 기초로 한 아사나의 원류를 탐구할 수 있게 하는데, 과거의 기억 일부가 신화에 그대로 남아 연결되었음을 보여준다.[57] 이런 영향 관계는 푸른 이리(青狼 또는 蒼狼)와 하얀 사슴(白鹿) 등이 중요한 신화소였던 몽골제국의 신화에도 연결된다. 그것을 소개하면 다음과 같으며, 편의상 사료 (G)와 (H)로 정리했다.

(G) 칭기스 카한의 뿌리: 지고하신 하늘의 축복으로 태어난 **부르테 치노**(잿빛 푸른 이리, 청랑青狼)가 있었다. 그의 아내는 **코아이 마랄**(흰 암사슴, 백록白鹿)이었다. 그들이 텡기스를 건너와 오난 강의 발원인 보르칸 성산에 터를 잡으면서 태어난 것이 바타치 칸이다.[58]

---

57) 護雅夫, 「古代一トルコ族(高車)の始祖說話について: イオマンテの研究によせて」, 앞의 책, 1992, pp. 291~323.
58) 『몽골비사』 권1 1행, p. 23(유원수 역주, 『몽골비사: 몽골의 비밀스러운 역사(元朝秘史)』, 서울: 사계절, 2004).

(H) 모든 몽골 종족은 에르게네 쿤Ergene Qûn으로 갔던 두 사람의 후손들이라고 한다. 거기서 밖으로 나온 무리들 가운데 중요한 수령이 하나 있었는데, **그는 몇몇 종족의 지도자였던 부르테 치나Bôrte Chîna라는 이름을 갖고 있었다.** 알란 코아의 남편인 도분 바얀과 일부 종족들이 그에게서 나왔으며, 그에게는 많은 부인과 자식들이 있었다. 그의 첫째 부인은 코아이 마랄Qôi Marâl이었다. 그의 자식들 가운데 가장 뛰어나고 군주의 지위에 이른 아들이 하나 있었는데, 그 이름은 바타치칸Batachîqân이었다.[59]

이상의 기록은 이리 신화소가 북아시아 신화를 관통하는 중요한 소재로 전승되며 유목 국가의 정통성 계승 관계를 보여주는 중요한 상징임을 확인시켜준다.[60] 흉노 이전부터 오손, 탁발, 고차 등에서도 북아시아의 중요한 신화소로 자리 잡았던 이리는 돌궐만의 상징이 아니라 아주 보편적인 상징이었던 것이다. 이리를 신화소로 한 로마의 건국자 로물루스Romulus의 신화 역시 시간이나 공간적 거리에도 불구하고 여러 곳에서 확인된다.[61]

이리만이 아니라 까마귀가 하늘의 사자로 등장하고 이로부터 도움을 받았다는 이야기, 이리가 버려진 어린아이에게 젖을 먹여 길렀다는 이야기, 아이를 포유한 다음 그와 결혼해 시조를 낳았다는 이야기, 태어난 시조가 나무를 뛰어넘는다든가 불을 구하는 등의 신령스러운 능력을 갖추어 지도자가 되었다는 이야기 등은 돌궐만이 아니라 다른 신화에서도 쉽게 발견된다.[62]

---

59) 『集史』紀1「칭기스칸기」제1장, p. 16(라시드 앗 딘, 김호동 역, 『칭기스칸기: 라시드 앗 딘의 집사 02』, 사계절, 2003).

60) 韓儒林, 앞의 글, pp. 279~281; 姚大力, 「‘狼生’傳說與早期蒙古部族的構成: 與突厥先世史的比較」, 『元史論叢』 제5집, 北京: 中國社會科學出版社, 1993, pp. 257~259.

61) 那木吉拉, 「中亞狼和烏鴉信仰習俗及神話傳說比較研究: 以阿爾泰語系烏孫和蒙古等諸族事例爲中心」, 『中央民族大學學報』 2006-4, p. 83.

62) 사료 (B)에 반영된 신목神木 숭배에 관한 내용 역시 위구르와 거란의 신화에 영향을 미

또한 사료 (D)에서는 돌궐 나름의 특징이 반영되는 것처럼 보이지만 그 주제 자체는 서방에서 유래한 '태양신 신화'의 변용으로 설명되었다.[63] 이것은 신화라는 것 자체가 인류가 아주 오래전부터 비슷한 경험을 교류하거나 아니면 나름 비슷하게 만들어낸 이야기들이 광범위한 지역에 퍼지면서 조금씩 다른 형식으로 존재했다가 문자화된 것임을 드러낸다.[64] 즉, 신화는 인간의 오랜 기억을 표현하는 이야기의 하나였던 것이다.

한편 돌궐의 경우는 이런 공통적인 면을 가지고 있을 뿐만 아니라 이전부터 내려온 북아시아 신화와도 맥락이 닿아 있다. 먼저 사료 (F)의 내용 가운데 아이가 이리의 자손이라는 점이 돌궐의 시조인 이길 니샤 초르의 출생 배경에서 확인되고, 늙은 이리가 흉노의 딸과 결혼한다는 내용이 이길 니샤 초르가 여름 신과 겨울 신의 딸과 결혼하는 것과 줄거리 전개에서 일맥상통한다. 그리고 나무를 뛰어넘는 능력을 갖춘 아사나 추장이 보여준 샤먼으로서의 모습 등이 전형적인 다른 북아시아 건국 신화와 맥을 같이한다.[65]

또 사료 (A)에서는 이리 소재를 오손의 신화 내용과 비슷한 줄거리 구조로 아사나가 등장하는 배경을, 사료 (B)에서는 이리와의 관련성을 기록하면서도 고차의 신화에 보이는 두 여인의 결혼을 통해 형성된 열 개의 족속, 그리고 그 내부에서 추장을 추대하는 과정을 다루었다. 이것은 이리 신화소가 신화 속에 수용된 배경을 잘 설명해주며, 현존 신화 기록이 왜 착종되면서 복잡하게 남았는지 그 이유를 짐작하게 한다. 즉, 돌궐 역시 자신들의 신화를 만드는 과정에서 과거로부터 다양한 소재와 주제를 차

---

졌다는 셈에서 주목된나(楊富學,「契丹族源傳說借回鶻論」,『歷史硏究』2002-3, pp. 150~153).

63) 芮傳明,「古突厥先祖傳說考」,『西域硏究』1994-2, pp. 51~58.

64) 殷國明,「狼與西方文明的起源」,『華東師範大學學報』2002-6, p. 40.

65) 護雅夫,「突厥の信仰: とくにシヤ-マニズムについて」, 앞의 책, 1992, pp. 233~255; 박원길, 앞의 책, 2001, pp. 161~168.

용했던 것이다.

이런 양상은 돌궐만이 아니라 이를 적극 받아들인 몽골의 신화에서도 나타난다. 몽골 역시 이리가 자신들의 조상임을 강조했다는 점에서 기존의 신화들과 궤를 같이한다. 하지만 몽골은 이를 수용하면서 버려진 사내아이와 암컷 이리가 결합하는 구조를 갖는 돌궐과 달리 수컷의 푸른 잿빛 이리와 암컷의 하얀 사슴을 결합시킴으로써 두 신화를 연결시켰다.[66] 조상의 기원을 모계로 보고 부계는 외래 내지는 신격으로부터 온 것으로 설명하는 일반적인 구조에서 보면, 돌궐에서는 이리가 모계지만 몽골에서는 부계다. 이것은 이리로 상징되는 돌궐의 신화 체계가 이미 몽골의 모성을 상징하는 사슴과 결합해 새로운 정통성 확보를 보증하는 장치의 하나로 작용했음을 보여준다. 몽골 신화는 여기서 더 나아가 그 나름의 구성 체계를 강화하기 위해 햇빛을 받아(日光感應) 다시 조상을 임신하는 내용을 첨가해 보다 중층적인 구조를 만들어냈지만, 이런 구성 양상 또한 돌궐과 별다른 차이가 없다.[67]

돌궐의 신화도 이후 몽골의 신화와 마찬가지로 자신들의 이야기만이 아니라 다양한 구전의 서로 다른 속성들을 하나의 체계 속에 녹여내 그들의 다양한 특징을 해체하고, 나아가 이를 구성하는 요소들을 융합했다. 특히 돌궐 신화에서 혼란스럽게까지 보이는 중층적인 구조는 모두 과거의 신화 전통을 자신들의 틀 속에 집어넣고자 하는 과정에서 비롯되었다. 이

---

66) 滿都呼, 陳崗龍 譯,「蒙古, 突厥語族民族族源傳說比較凡說」,『民族藝術』1998-2, pp. 71~82; 那木吉拉,「蒙古, 突厥語族狼鹿神話傳說: "蒙古先民以 '鹿'爲圖騰, '狼'是突厥人的圖騰"說質疑」,『中央民族大學學報(哲學社會科學版)』2004-3, pp. 86~92; 那木吉拉,「額爾古涅-昆傳說的神話原型-蒙古·突厥語民族狼圖騰神話傳說探討」,『中央民族大學學報(哲學社會科學版)』2005-1, pp. 126~131; 蘇魯格,「蒙古, 突厥之圖騰崇拜再檢討: "蒙古先民以狼爲圖騰"說質疑」,『蒙古學信息』1995-4, pp. 1~7; 蘇魯格,「再論蒙古, 突厥之圖騰崇拜: 兼與那木吉拉商榷」,『內蒙古社會科學』, 2006-4, pp. 34~37.

67) 조현설, 앞의 책, 2003, pp. 81~152; 原山煌,『モンゴルの神話·傳說』, 東京: 東方書店, 1995.

것은 중요한 이리 신화소 역시 자신들의 상징이 아니라 다른 계통의 신화에서 수용한 것일 수도 있다는 가정을 가능하게 한다.

하지만 돌궐이 이리 신화소를 본래 갖고 있었는지, 아니면 차용했는지는 현존하는 신화 내용만으로 확인하기 어렵다. 왜냐하면 이리가 돌궐 이전의 여러 신화에도 존재했을 뿐만 아니라 몽골 시대에도 과거로부터 구전되는 다양한 속성들을 하나의 체계 속에 녹여내 국가 건설의 '정당성'을 보다 강화해주는 소재였기 때문이다. 따라서 이를 더 분명하기 밝히기 위해서는 과연 이리가 돌궐과 어떤 관계를 가졌는가 하는 점을 구체적으로 재검토하지 않을 수 없다.

현재 이리가 돌궐을 대표하는 상징이라는 점은 주지의 사실일 뿐만 아니라 의심의 여지가 없다.[68] 이것은 마치 단군신화 내용에 근거해 우리를 '곰의 후예'라고 당연하게 생각하는 것과 같다. 현재 터키공화국도 〈그림 2〉에 예시한 것처럼 자신들이 이리로부터 비롯되었다는 사실을 당연하게 받아들이고,[69] 여타 투르크계 족속들인 위구르나 카자흐 등도 모두 이와 관련된 신화나 전설을 갖고 있다.[70] 이런 인식은 신화만이 아니라 돌궐 시대에 대한 기록에서 "그의 오르두Ordu(카간이 머무는 조정이 있는 천막. 아장牙帳이라고 함) 문에 이리狼 머리 모양을 한 기치纛를 세워 근본을 잊지 않는다는 것을 보였다"고 한 것이나 "기치 위에 금으로 된 이리 머리(金狼頭)를 달았다"[71]고 한 것에서도 확인된다.

---

68) 김효정, 「돌궐족의 기원신화에 나타난 이리(Kurt) 모티브 小考」, 『韓國中東學會論叢』 22-2, 2002, pp. 241~258; 「튀르크 문학에 나타난 신화적 상징으로서의 이리 모티브 연구」, 『韓國中東學會論叢』 23-2, 2002, pp. 85~102.

69) Bahaeddin Ögel, *Türk Mitoloji* I, Ankara: Türk Tarih Kurumu Basimevi, 1993, pp. 13~57.

70) 姜崇論 主編, 『哈薩克族歷史與文化』, 烏魯木齊: 新疆人民出版社, 1998, p. 153; 김선자, 『중국 소수민족 신화기행』, 서울: 안티쿠스, 2009; 何星亮, 「維吾爾族的早期信仰」, 『民族研究』 1995-6, p. 39.

71) 『周書』 권50 「異域傳」 下, p. 909.

〈그림 2〉 터키 초등학교 교과서에 나오는 이리(삽화)

이것은 군주가 자신을 상징하는 기치를 이리 머리 모양으로 형상화함
으로써 권위를 내세웠음을 보여준다. 이뿐만 아니라 카간을 호위하는 무
사를 이리를 의미하는 '뵈리böri'라고 한 것 역시 이리를 중요하게 여긴 예
의 하나로 볼 수 있다.[72] 특히 〈그림 3〉에서 확인할 수 있는 것처럼, 현존
하는 제1제국 시기의 유일한 비문으로 소그드 문자로 만들어진 마한 테긴
Mahan tegin의 기공비인 〈마한 테긴 비문〉(발견된 지명에 따라 〈부구트 비문〉
이라고도 함) 상부에 암컷 이리가 사내아이에게 젖을 빨리는 모습이 새겨
져 있는 것도 돌궐이 이리를 자신들의 상징으로 여겼음을 보여주는 좋은
증거의 하나라고 생각된다.

그러나 이에 대해 좀 더 심층적인 이해가 필요한 것은 아사나의 상징이
이리가 아닐 수도 있다는 증거가 있기 때문이다. 이것은 일반적으로 유목
민들이 자신들이 속한 집단을 표현하는 상징인 탐가tamgha(문장紋章)를 통

---

72) 앞과 같음.

〈그림 3〉〈마한 테긴 비문〉의 비두碑頭에 있는 수유하는 이리 조각

해 추정해볼 수 있다. 탐가는 달리 마인馬印이라고도 하는데, 원래 가축을 기르는 유목민들이 자신이 소유한 가축을 확인하기 위한 표식으로 사용하다가 여타 집단과 자신을 구분하는 문장으로도 기능했다. 아사나를 비롯한 돌궐 여러 부락 내지 집안의 탐가는 『당회요』권72 「제번마인諸蕃馬印」의 기록에서 확인된다. 이것은 당조가 7세기 중반 돌궐을 비롯한 여러 유목민을 기미지배하면서 기록한 것인데, 아사나는 兲 모양의 탐가를 갖고 있었다.[73] 대부분의 탐가는 자신들이 신성하게 여기는 동물의 모양이나 사물의 형상을 상징화한 것이다. 그 가운데 아사나의 탐가는 현재 남아 있는 것만으로는 정확하게 무엇을 형상화했는지 알기 어려우나 대체로 네 발 달린 짐승의 모양이었다고 추정된다.

아사나가의 문장이 무엇이었는지는 제2제국 시기에 만들어진 비문을 통해 알 수 있다. 대표적인 비문의 하나인 〈퀼 테긴 비문〉, 즉 731년 퀼 테

---

73) 『唐會要』권72 「諸蕃馬印」, p. 1308.

〈그림 4〉〈퀼 테긴 비문〉 투르크문 면의 문장(위)과 한문 면의 비명(아래)

긴Kül tegin(퀼특근闕特勤)이 죽은 뒤 그의 형 빌게 카간Bilge qaghan(비가가한 毗伽可汗, 재위 716~734)이 당조의 도움을 받아 732년에 묘역을 조성하면 서 세운 비문에 잘 나타나 있다. 비문에는 돌궐의 간단한 역사와 퀼 테긴 의 생애가 한문과 고대 투르크 문자로 기록되어 있어 그 시대를 이해하는 가장 결정적인 자료의 하나가 된다. 그런데 비문 상단을 보면 〈그림 4〉에 서 알 수 있듯이, 고대 투르크문 면에는 아사나를 상징하는 일종의 문장이 새겨져 있고, 한문 면에는 '고퀼특근지비古闕特勤之碑'라고 쓰여 있다. 투 르크문 면에 새겨진 모양은 한문 면의 내용과 대응하는 것이라기보다 군 장이 속한 집안을 상징하는 표식으로 이해되는데, 그 모양은 앞서 중국의 기록에 남아 있는 아사나의 关 모양 탑가와 확연하게 다르다.

　이것이 무엇을 나타낸 것인지는 현재 몽골 지역에서 많이 발견되는 다 양한 암각화에 묘사된 동물을 통해 쉽게 추정할 수 있다(〈그림 5〉 참조). 탐 가는 어떤 모양을 간략하게 형상화해서 만드는 것이 일반적인데, 그 원형

〈그림 5〉 몽골 암각화의 다양한 산양山羊 모양

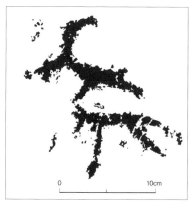

〈그림 6〉 암각화의 산양(위)과 이리(아래) 모양 탁본

들은 대부분 암각화에 그려진 모양과 매우 유사하다.[74] 먼저 암각화에서 산양과 이리의 모양을 동시에 나타내는 〈그림 6〉을 보면, 비문에 보이는

---

74) 동북아역사재단·몽골과학아카데미 고고학연구소 편, 『몽골 고비 알타이의 암각화』, 동북아 역사재단, 2008, p. 83·155.

<그림 7> <일 에트미쉬 야브구 비문> 탁본에 보이는 산양 변형 문장

군주 집안의 문장은 산양을 형상화한 것이지 일반적으로 돌궐의 상징이
라고 여겨지는 이리를 형상화한 것이라고 보기 어렵다.[75] 왜냐하면 이리
와 산양의 모습은 뿔을 확연히 다르게 표현하기 때문이다. 즉 아사나 집안
의 문장은 <그림 5>와 <그림 6>에서도 확인할 수 있는 것처럼 산지에 사는
'큰 뿔을 가진 산양'의 날렵한 모습을 상징화한 것임이 분명하다.

　또한 아사나 집안이 <퀼 테긴 비문>과 마찬가지로 산양 문장을 갖고 있
었다는 사실은 빌게 카간의 삼촌으로 추정되는 인물의 비문인 <일 에트미
쉬 야브구 비문>(발견된 지명에 따라 <옹긴 비문>이라고도 함)에서도 확인된
다. 즉 <그림 7>에서 확인할 수 있듯이, 탐가는 같은 집안 안에서 약간의
변형을 추가하는 정도만 차이가 있을 뿐 산양을 기본 모양으로 했다는 점
에서는 별 차이가 없다.[76] 다시 말해 현재 남아 있는 자료를 통해 아사나

---

75) 앞의 책, p. 147.

의 상징이 산양이었고, 이것을 자신들의 문장으로 사용했다는 사실을 분명히 알 수 있다.

일반적으로 한 집단의 상징은 자신들과 원래부터 긴밀하게 연결되면서 신성한 숭배의 대상이 되는 동물과 관련이 있는데, 아사나의 상징이 산양이었다는 점은 의미하는 바가 많다. 산양은 원래 높은 산지에 거주하는 동물로 이런 특징을 아사나가 유연의 지배하에 들어가기 전에 고창국의 〔서〕북쪽 산에 있는 동굴 속 분지 안에 살았다는 기록과 연결 지어 보면, 아사나가 유목민이 되기 전 톈산 산맥에 있는 삼림 속 어딘가에 살 때 쉽게 접했던 동물인 산양을 숭배했다고 추정할 수 있다. 또 산양도 이리와 마찬가지로 원래 북아시아에서 하늘에서 내려온 신성한 동물이며 태양의 신격을 상징하는 중요한 신화소로 산지에 살던 주민들의 주요 숭배 대상이었다는 점[77]에서 이후 아사나의 문장으로 자연스럽게 자리를 잡았다고 추정하는 것 역시 가능하다.

아사나는 본래 산지 초원의 주민으로 자신에게 친숙한 산양을 문장으로 갖고 있었음에도 신화에서 이를 전혀 언급하지 않았다. 오히려 신화에서는 자신의 조상이 이리에서 비롯되었으며 건국 이후에도 이런 사실을 잊지 않기 위해 군주의 천막 밖에 이리 모양의 기치tugh(독纛)를 세우거나 비문에 이와 관련된 내용을 부조로 장식했다. 그렇다면 이런 차이로부터 돌궐이 건국한 뒤 자신들의 조상과 관련된 신화를 정리하면서 정통성을 확보하기 위해 이리 신화소를 차용한 것일 수도 있다는 의심을 갖게 된다. 또한 이리 숭배를 보여주는 낭두독 역시 이후 위구르에서도 계속 군주의 상징으로 존숭되었다는 점[78]에서 그 자체가 꼭 돌궐만의 것이 아니었

76) 澤田勳, 「オンギン碑文譯解」, 『駿台史學』 61, 1984, p. 94.
77) 林梅村, 「毗伽可汗寶藏與中世紀草原藝術」, 『松漠之間 : 考古新發現所見中外文化交流』, 北京 : 三聯書店, 2007, p. 227.
78) 『新唐書』 권217上 「回鶻傳」 上, p. 6115.

을 수도 있다는 추정도 가능하다.

이는 이리 신화소를 중심으로 한 사료 (A)와 (B)의 내용이 돌궐 본래의
것이었다기보다 앞선 다른 신화 중에서 자신들에게 유리한 내용을 수용
한 결과일 수도 있다는 추정을 하게 한다. 즉 산양을 아이콘으로 하는 아
사나가 이리 신화소로 자신의 신화를 윤색하면서 원래 갖고 있던 것을 감
추거나 다르게 설명했고, 이로 인해 현존하는 신화 내용이 복잡하고 중층
적인 양상을 띠게 되었다는 것이다. 그렇다면 이를 구체적으로 확인하기
위해 두 사료의 내용에 이상과 같은 점이 어떻게 반영되고 정리되었는가
를 알아볼 필요가 있다.

먼저 아사나 출신 최초의 추장인 아사나 샤드(Ashana shad로 추정. 아현설
阿賢設)[79]에 대해, 사료 (B)에서는 천사처절시산으로 '이주'해온 누르 투
르크 샤드가 현지에서 열 명의 여인과 결혼해 낳은 열 명의 아들 가운데
하나로 아주 뛰어난 능력을 갖춘 인물이었다고 했다. 이와 달리 사료 (A)
에서는 아사나 샤드라고 적시摘示하지는 않았지만 아사나가 패망한 후 버
려진 사내아이와 암이리가 교합한 뒤 이리가 고창국의 서북쪽에 있는 톈
산 산맥의 동굴로 '이주'한 다음 열 명의 아들을 낳고, 이들이 밖에서 얻은
열 명의 여자와 결혼해 낳은 열 명의 아들 중 하나라고 했다.

이상의 두 기록은 크게 차이가 나는 앞부분의 서사와 달리 후반부에서

---

79) 아사나 샤드는 전설적인 영웅의 하나였다. 그는 아사나 출신의 추장인데,『주서』에서만 눌도
육설의 아들이었다고 했을 뿐『수서』를 통해서는 계보를 알 수 없다. 이것은 신화의 기록이
원래 계보 관계를 불분명하게 기록했을 뿐만 아니라 성姓 자체가 모계에서 비롯된 아사나가
자신의 정통성을 강화하기 위해 눌도육설의 후손이라고 주장한 것과 관련시켜볼 수 있다. 또
한 그의 관칭으로 보이는 샤드shad(설設)는 유목 세계를 다스리는 군주인 카간의 위상에는
미치지 못하나 주로 군정대권軍政大權을 장악하면서 카간이 직접 통치하지 않는 독자적인
영역(분봉지分封地)을 관할하는 '군사령관' 내지는 '부족장'의 위상을 갖는 고위 관리였다
(護雅夫, 앞의 책, 1967, p. 358). 여기서 이런 고위 관칭은 원래 그가 이 같은 지위를 갖고 있
었다기보다 돌궐이 건국한 후에 튀멘이 자신의 조상을 추존하는 과정에서 붙인 것이라고 이
해하는 편이 더 타당할 것이다.

모두 아사나를 낳은 인물이 산지로 '이주'했다는 점과 여자 열 명과 결혼해 아들을 낳았으며, 이들 가운데 아사나가 동굴을 나와 무리를 이끌고 금산 남쪽으로 옮겨가 살았다고 한 부분에서 일치한다. 이런 공통된 부분은 아사나의 발생과 관련해 적어도 이것이 사실을 반영한 내용이라는 추정을 가능하게 한다. 즉 분지에서 나와 열 명의 여자와 결혼했고, 그 사이에서 낳은 열 명의 자식 중 하나가 아사나였던 것이다.

여기서 아사나의 조상이 결혼을 해서 발전하기 전에 동굴의 큰 분지 속에 살았다고 한 것은 그가 산지에 거주하던 주민으로서 아주 작은 집단에 불과했다는 것을 나타낸다. 이는 모계에 대해 전혀 언급하지 않았던 것에서도 추정할 수 있다. 왜냐하면 자신에게 불리한 내용에 대해서는 침묵함으로써 좋지 않은 과거를 감추려는 것이 일반적인 기술 방식이기 때문이다. 이와 달리 신화에서 부계를 지나칠 정도로 중층적이고 복잡하게 설명한 것은 아사나가 성장하자 조상을 포장해야만 하는 절실한 필요를 느껴보다 많은 정통성을 부여할 수 있는 내용을 신화에 차용하려고 했기 때문일 것이다.

아울러 사료 (A)에서 아사나의 부계와 이어주는 매개로 나오는 암이리가 낳은 아들과 사료 (B)에서 이리가 낳은 이길 니샤 초르伊質泥師都의 네 아들 중 하나인 누르 투르크 샤드訥都六設가 모계가 살던 전사처절시산으로 '이주'했다는 기록을 통해 이리를 매개로 두 이야기를 묘하게 연결시키고 있다. 이에 대한 부연 설명을 보면 사료 (A)에서는 이름을 알 수 없는 아사나의 아버지를 이리의 아들로, 사료 (B)에서는 손자로 기록했다. 이렇게 두 사료 모두 이리와 깊은 관련을 가질 뿐만 아니라 아사나의 부계가 모계와 만나는 과정 역시 둘 다 '이수'를 통해 모계가 살던 곳으로 들어와 결혼했다는 방식으로 설명했다.

여기서 주목할 점은 이리의 움직임을 '이주' 내지는 '결혼'이라고 설명한 사실이다. 아사나의 부계는 모두 과거에 다른 곳에 살다가 공간 이동을 통해 현지 주민, 즉 열 개의 부락으로 이루어진 삼림 초원의 주민들과 결합했다. 그리고 이렇게 된 이유를 사료 (A)에서는 '패망'이라고 설명했고, 사료 (B)에서는 구체적으로 네 형제가 각 지역으로 다르게 '이주'했다고 설명했다. 하지만 모두 부계가 자신의 원주지를 떠나 산지에 정착했음을 공통으로 말하며, 사료 (B)에서는 부계의 이주를 더 구체적으로 설명했다.

이상의 내용이 실제 역사적인 사실인가를 확인하려면 신화의 일반적인 내용 구성 방식과 이것을 다시 연결시켜보아야 한다. 이것은 여타 신화 구조와 마찬가지로 아사나가 하늘로부터 이후 건국을 할 수 있는 명령(천명天命, 고대 투르크어로 qut로 표현)을 받았다는 정당성을 설명하기 위한 서사 구조를 반영했는가에 대한 타진이다. 즉 그의 검토 방식은 예를 들어 우리에게 익숙한 단군신화가 환인桓因-환웅桓雄-단군檀君으로 구성된 것처럼, 그 기능에 따라 파견자-중개자-실현자의 형식을 띠는 일반적인 서사 구조[80]에 돌궐의 내용이 얼마나 부합하느냐인 것이다.

돌궐의 경우에도 실현자에 해당하는 아사나가 암이리가 낳은 아들 또는 누르 투르크 샤드를 중개자로 패망한 국가의 귀한 존재로 여겨지는 사내아이 내지는 색국에서 나온 이길 니샤 초르, 즉 파견자와 연결된다. 이런 구성은 공간적으로 실제 '이주'했다기보다 신화에서 현지의 모계 집단이 신의 계시 또는 신의 중개자를 통해 파견자와 연결되고, 그 사이에서 태어난 존재가 건국자의 조상이 되는 신화의 일반적인 구조를 그대로 빌려왔음을 보여준다.

또한 돌궐 신화는 하늘의 명령을 전달해주는 매개자인 샤먼shaman의 역할을 한 이리가 중개자를 낳는 형식을 취하고 있다. 이를 통해 돌궐의 아사나는 이리 신화소를 매개로 자신을 하늘의 명령이나 권위를 전달해주는 존재로 신화 속에 그려낼 수 있었다. 이것은 아사나가 북아시아에서 내

---

80) 조현설, 앞의 책, 2003, p. 451.

려오는 정통성을 계승한 존재가 되었음을 은유적으로 설명한 것이었다. 게다가 아사나는 자신이 정통성을 계승했음을 직접적으로 표현하지 않고 '이주' 내지는 '결혼'이라는 표현을 통해 신화의 서사 구조를 완성시키려고 했다. 이 과정에서 이리는 하늘과 지상의 세계를 연결해 그 축복qut을 전달하는 영매로서 아사나에게 정통성을 제공해주는 역할을 할 수 있었다. 그리고 이를 통해 이리는 원래 소규모 세력인 아사나의 상징이었던 산양을 대신해 권위의 상징으로 자리매김할 수 있었던 것이다.

따라서 원래 미미한 존재에 불과했던 아사나는 사료 (B)의 구성을 통해 열일곱(또는 칠십)[81] 형제 가운데 하나인 이길 니샤 초르가 여름 신과 겨울 신의 딸과 결혼해 네 아들을 낳았는데, 그중 한 명은 흰기러기가 되고, 다른 하나는 아보수(지금의 예니세이 강 상류에 있는 큰 켐 강을 의미하는 울루그 켐Ulugh Kem의 서쪽 아바칸Abakan 강의 지천으로 추정)와 검수(예니세이 강 상류의 지천인 울루그 켐으로 추정) 사이에 나라를 세워 키르기스契骨라 불렀으며, 또 다른 한 명은 처절수에 나라를 세웠고, 아사나의 조상이 되는 누르 투르크 샤드는 전사처절시산(예니세이 강의 지천인 안가라 강과 추누 강 등이 발원하는 동부 사얀 산맥을 가리키는 것으로 추정)에 옮겨가 살았다고 했다.

여기서는 돌궐의 성수聖數인 '일곱七'을 매개로 '아주 많다'는 의미[82]인 '열일곱(또는 칠십)'이라는 표현을 사용해 모든 세력을 아우르게 되었음을 나타냈다. 그리고 이들이 아사나의 부계로 연결시키고자 했던 이길 니샤 초르가 유목을 은유하는 여름 신과 겨울 신의 딸과 결혼해 형성된 네 집단의 하나를 이끌었고, 아사나를 비롯한 주민들이 살던 산지로 이동한 다음 일찍이 열일곱(또는 칠십) 개로 이루어진 집단의 우두머리였던 아방보阿謗

---

81) 『주서』「이역전」에는 '열일곱', 『북사』「돌궐전」에는 '칠십'이라고 기록되어 있다. 이 두 숫자는 모두 7진법을 쓰는 돌궐의 성수聖數라는 점에서 차이가 없다.

82) 薛宗正, 앞의 책, 1992, pp. 741~742; 畢樺, 「關于突厥語民族的神秘數目」, 『突厥語言與文化研究』第1輯, 北京: 中央民族大學出版社, 1996, pp. 238~252.

步, 즉 아바 벡(Aba beg으로 추정)의 족류에게 불을 가져다주어 그들을 어려움에서 구원해주는 등 뛰어난 능력을 갖고 있었다고 설명했다.

아사나는 이상과 같은 신화 내용의 재구성을 통해 자연스럽게 북아시아의 정통성을 계승함과 동시에 여타 세력들과도 형제 관계를 맺고, 뛰어난 능력을 바탕으로 국가를 건설해 다른 세력을 지배할 수 있었다는 논리를 조작해냄으로써 북아시아 세계를 통합할 정당성을 만들었다. 또한 중개자로부터 권위를 전달받아 실제 건국의 실현자가 될 수밖에 없는 당위성도 설명했다. 아울러 조상이 '패망'한 경험을 갖고 있다고 설정해 심지어 국가를 '재건'한 것이라는 주장을, 사료 (A-1)에서 이들이 원래 '서해' 부근에 살다가 '패망'해서 산속에 들어갈 수밖에 없었다고 설명했다. 특히 이를 보다 극적으로 묘사하기 위해 이리 신화소를 동원해서 아사나가 하늘의 축복을 받아 국가를 건국하고 북아시아의 유목 세계를 통합한 것이 과거의 정통성을 회복한 것이라는 주장도 하려고 했다.

이것을 통해 신화의 서사 구조가 강하게 반영된 사료 (A)와 (B) 계열의 기록이 아사나의 정통성을 확립하기 위해 기존의 신화 내용과 상징을 차용했음을 확인할 수 있다. 여기서 아사나는 산지에 살던 미미한 존재에 불과했던 자신의 과거 역사를 미화하기 위해 사료 (A)와 (B)에서 강한 신화적 서사를 구사하려고 했다. 또한 아사나가 당시 유력한 유목 세력이었던 투르크계 유목 부락인 고차(이후 철륵)를 포괄할 수 있을 정도의 위상을 지녔다고 설명하려 했다. 특히 자신을 이전에 지배했고 540년대 말에 몽골 초원을 지배하던 유연을 공격하는 데 가장 중요한 군사적 기반이 될 수 있었던 고차를 통합하기 위해 이상과 같은 수사적 조작 과정이 더욱 중요했던 것이다.[83]

건국 과정에서 아사나는 아주 단기간에 폭발적으로 성장한 다음 자신

---

83) 段連勤, 앞의 책, 2006, p. 258.

이 초원을 지배하게 된 당위성을 마련하기 위해 하늘의 매개자로서 권위를 전달해줄 수 있는 이리 신화소를 자신의 신화에 수혈했다. 즉 과거 흉노, 오손 이래 북아시아의 정통성 계승을 상징해주던 이리 신화소를 적극 받아들여 하늘의 권위가 자신들에게 이어졌음을 강조했다. 이것은 미미한 집단에 불과했던 아사나가 자신의 한계를 극복하고 새로운 권위를 확보해 다른 세력마저 아우를 수 있는 이념적 기반이 되었다. 그리고 이것을 예하의 족속들이 쉽게 받아들이게 하려고 사료 (A)와 (B) 계열의 기록 같은 보편적인 이야기 형식을 빌려왔다.

이 과정에서 서사 구조에 따라 자신의 권위를 강화하고 건국의 정당성을 설명하기 위해 이리 신화소를 매개로 연결된 사료 (A)와 (B)의 내용을 더욱 복잡하게 짜깁기할 수밖에 없었다. 따라서 이상의 두 기록에 모두 녹아들어 있는 부계와 관련된 다양한 서사적 장치와 이 과정에서 부가된 다양한 은유적 표현을 걷어내야만 산양 문장을 상징으로 갖고 있던 아사나 집단이 형성된 산지 속의 분지, 즉 원주지와 함께 본래부터 이곳에 살다가 아사나를 낳은 모계 집단의 정체를 밝혀낼 수 있다. 이것은 특히 고창국 북쪽 산지 동굴 속에 위치한 분지에서 발생한 아사나가 세력을 키운 뒤 언제, 어떤 이유로 이곳을 떠나 금산[84] 남쪽으로 이주했는가 하는 점에 대한

---

84) 최근 리수휘李樹輝는 송대宋代 이전 사료의 기록을 검토해 아사나가 이주한 '금산金山'을 톈산 산맥이라고 비정했다. 또한 아사나를 오구즈Oghuz의 음사로 보고, 그의 발생지를 한대漢代의 차사車師, 즉 지금의 짐사르Jimsar라고 여겼다(李樹輝, 「突厥原居地 '金山' 考辨」, 『中國邊疆史地研究』 2009-9, pp. 111~123). 이는 금산을 알타이 산지로 보았던 기존의 논지와 상충된다는 점에서 주목되나 원주지를 짐사르 지역으로 비정한 점은 기존의 연구와 맥을 같이한다. 그가 송대 이전 사료에서 서역西域과 관련된 금산의 용례가 대부분 톈산 산맥을 가리킨다고 증명한 점이나 아사나와 연결되는 오구스가 이곳을 중심으로 발원했나고 한 것 등은 참고할 만한 부분이 있다. 그럼에도 아사나의 의미를 오구즈와 직접 연결시켜 해석한다거나 아사나가 고창高昌 서북쪽에 있는 산속의 동혈洞穴에서 나와 '금산' 또는 '금산지양金山之陽'으로 갔다고 한 기록을 톈산 산맥 남쪽 투루판 분지로 이주했다고 해석한 부분 등은 문제가 있다. 특히 돌궐이 6세기 유연의 지배를 받을 때 톈산 산맥 주변에 있던 고차가 그와 적대 관계를 유지했다는 점에서 투루판 분지로 이주했다고 한 설명은 정황적으로 맞지

정확한 해명과 관련된다. 나아가 아사나의 원주지에 대한 새로운 접근을 통해 기존 연구의 한계를 극복하고자 하는 노력과도 관련될 것이다.[85]

## 3. 사료 (C)와 (A)의 내용 재구성 및 아사나의 원주지 비정

아사나의 원주지가 어디였는가 하는 점은 앞서 세 가지 내용에 대한 검토에서 확인한 것처럼 사실로 받아들이기 어려운 사료 (B)와 (D)의 내용[86]이 아니라 사료 (A)와 (C)의 내용을 연결시켜 새로운 가능성을 찾아볼 수밖에 없다.[87] 그리고 이것은 내용의 '중요도'에 따라 좀 더 역사적인 사실에 근접한 사료 (C)를 앞에 두고 이야기적 색채가 있는 사료 (A-1)의 기록을 보충한 『수서』의 기록 방식에 따라야 한다. 이 점은 앞에서 이미 여러 차례 지적한 바 있는데, 이하에서는 『수서』의 두 가지 내용에 사료 (A)의 내용 일부를 보충해 재구성함으로써 아사나의 원주지를 새롭게 비정해보려고 한다.

---

않다. 이런 점은 금산을 톈산 산맥으로 비정한 그의 주장에 의구심을 갖게 하기에 이 책에서는 금산을 기존의 입장과 동일하게 알타이 산지로 상정했다.

85) 아사나의 원류와 원주지에 대한 기존의 연구 성과는 林恩顯, 앞의 책, 1988, pp. 44~45 참조.

86) 허구적인 이야기 구조를 보여주는 사료 (D)에는 아사나의 조상들이 살았던 장소에 대한 구체적 기록이 없다. 다만 사료 (B), (b), (b-1)에서는 정확한 위치를 알 수 없는 전설의 산으로 기록된 천사처절시산踐斯處折施山에 아사나의 조상이 살았다고 했다. 이상의 기록에서 아사나의 조상이 산지에 살았다고 한 점으로 보아 그의 원주지가 산과 관련 있다는 잠정적인 추정을 할 수 있다.

87) 원주지와 이후의 이주지에 대한 사료 (A)와 (C) 계열의 관련 기록을 다시 정리해보면 다음과 같다.

사료 (A) '고창국의 북산에 있는 동굴' / '여여에 신속해 금산의 남쪽에 거주'

사료 (A-1) '바다 동쪽 고창 서북에 있는 산의 동굴'

사료 (a), (a-1) '서해의 동쪽 고창국 서북쪽 산에 있는 동굴'

사료 (C), (c) '연연에 신속해 대대로 금산의 남쪽에 거주'

사료 (c-1) '연연에 신속해 대대로 금산에 거주'

먼저 사료 (C)의 기록에 근거해서 아사나의 발생과 이주 과정 등을 정리해보면, 439년에 지금의 간쑤甘肅 장예張掖에 있던 북량이 멸망한 뒤 아사나의 조상은 5세기 초부터 몽골 초원을 통일하고 중반 이후 톈산 산맥 주변으로 세력을 확장하던 유연에 복속되어 금산의 남사면인 중가르 분지 동부 지역 어디에선가 철 만드는 일을 했다. 또 이와 관련된 다른 사서의 기록을 보면, 439년경 북위의 공격을 받아 저거씨의 북량이 멸망한 뒤 그 일부 집단이 서쪽으로 이주했으며, 이를 이끌던 저거무휘沮渠無諱(재위 443~444)가 고창국의 함상闞爽 정권(435~442)을 무너뜨리고 정권을 차지했다가 460년에 유연의 공격을 받아 망했다.[88]

이것은 아사나의 조상이 저거씨가 세웠던 북량과 모종의 관계를 맺고 있었으며, 북량이 멸망한 뒤 유연과 북위가 톈산 산맥 지역을 차지하기 위해 경쟁적으로 세력을 확장하는 과정에서 금산 남쪽으로 이주해 유연의 지배를 받았음을 보여준다. 물론 이것만으로 아사나 추장이 5백 가를 이끌고 금산 남쪽으로 가서 언제부터 유연의 지배를 받았는지는 알 수 없다. 이는 그의 세력화 과정을 설명하는 데 있어 가장 중요한 부분이라는 점에서 해명을 필요로 한다. 특히 이주 시점, 즉 저거씨가 멸망한 후 바로 금산으로 갔는지, 아니면 그사이에 어떤 다른 일이 있었는지를 분명히 확인해야만 한다.

이와 관련해 시점을 알 수는 없지만 사료 (A-1)에서 "아현설이 부락을 이끌고 동굴을 나와 대대로 여여에 신속했다"고 한 것과 사료 (A)에서 "동굴에서 나와 여여를 섬겼다. 금산의 남쪽에 살면서 여여를 위해 대장장이로 부려졌다"고 한 이주 관련 기록을 통해 사료 (C)의 내용에 보이는 시간적 공백을 메울 실마리를 찾을 수 있다. 이를 위해 사료 (A)의 기록 내용을 연결시켜보면, 사료 (C)에 이어진 사료 (A-1)에서 저거씨의 붕괴 이후

---

88) 蓋金偉,「沮渠氏高昌政權性質考論」,『西域硏究』2005-3, pp. 49~57.

2장 아사나 원류 연구에 대한 재검토와 신화 내용의 재구성   99

아사나의 조상은 고창국의 서북쪽에 있는 산속에 위치한 동굴 안의 분지로 피난해 들어갔고, 그 뒤 이곳에서 결혼을 한 다음 아사나가 형성되었다고 설명할 수 있다.

이것은 사료 (A-1)의 내용이 비록 일부 허구적이라도 아사나가 유연의 지배를 받으며 금산의 남쪽으로 이주하기 전에 원주지가 있었다는 점과 함께 아주 짧게 기록된 사료 (C)에는 빠진 저거씨의 멸망과 그 이후 금산으로의 이주 사이에 있는 시간적 공백을 메워줄 단서가 될 수 있음을 보여준다. 따라서 사료 (A-1)의 내용을 전제로 사료 (C)의 기록에서 빠진 조상의 이주와 아사나의 발생, 그리고 원주지에서 이후 금산으로 이주한 과정 등을 다음과 같이 다시 정리해볼 수 있다.

아사나라고 불리는 집단의 추장은 저거씨가 멸망한 다음 바로 유연의 지배하에 들어간 것이 아니라 조상으로 추정되는 인물이 정확하게는 알 수 없으나 439년 내지는 460년경에 고창국의 서북 또는 북쪽에 있는 산지의 동굴 속 커다란 분지 안으로 피난해 들어갔다가 열 개나 되는 현지의 세력들과 결합해서 발생했다. 그 뒤 어느 정도의 시간 흘러 그들 중 하나로 아사나 군장인 아사나 샤드가 어떤 이유인지 불분명하나 5백 가 정도 되는 자신의 족속을 이끌고 이곳에서 나와 금산 남쪽으로 이주해 유연의 지배를 받았다. 또 여기에 다시 사료 (A)의 내용을 보충하면, 아사나는 동굴 안에 위치한 분지에서 나온 다음에 금산 남쪽으로 이주해 유연을 위해서 대장장이 일을 했음을 알 수 있다.

그런데 이와 같이 정리한 내용이 모두 역사적 사실이 되려면 이야기적인 느낌이 있어 일부 허구적으로 보이는 사료 (A)와 (A-1)의 내용에서 아사나 등장 이전 조상에 대한 묘사를 어느 정도까지 수용할 수 있는가 하는 점을 고민하지 않으면 안 된다. 왜냐하면 사료 (A)와 (A-1)의 일부 내용 가운데 자신들이 살던 곳에서 세력을 가지고 있다가 망한 저거씨가 마치 자신의 조상과 관계가 있는 것처럼 기록한 부분은 아마도 아사나가 자신의 부족한 정통성을 보충하기 위해 가져온 내용일 거라고 추정해볼 수 있기 때문이다.

또한 아사나의 조상이라고 추정되는 망국 이후 버려졌던 사지四肢가 절단된 사내아이와 북아시아에서 흉노 이래로 신성한 신화소의 하나로 여겨지는 암이리 사이에서 열 명의 아들을 낳았다고 한 것 역시 과거 흉노의 정통성을 아사나와 연결시키려는 의도가 담긴 신화적 표현이라고 볼 수 있다. 즉 아사나가 자신의 정통성을 강화하고자 감행한 논리적 조작이나 내적 통합을 위해 차용한 부분이라는 점은 의심의 여지가 없다. 실제로 모든 신화가 이런 방식으로 쓰였고, 돌궐의 경우도 예외라고 볼 수 없다.

하지만 사료 (C)의 시간적 공백을 채워줄 사료 (A)의 일부 내용에는 다른 접근이 필요하다. 그중에서도 특히 아사나 샤드로 불린 아사나 추장이 금산 남쪽에 살며 유연의 지배하에 들어가기 전 고창국의 서북 또는 북쪽에 위치한 산에 있던 동굴 안의 분지에 자신의 원주지가 있었다고 한 기록 자체는 일부 사실을 반영했다고 볼 수 있다. 왜냐하면 실제 내세울 것이 없을 정도로 작은 집단에 불과했던 모계로부터 발생한 아사나가 중첩된 신화의 논리 구조를 통해 자신들의 입지를 강화하려고 했음에도[89] 모계가 살았던 곳에 대한 기억은 원주지를 찾게 하는 실마리가 될 수 있기 때문이다. 따라서 암이리가 낳은 열 명의 아들과 결혼했던 열 개의 모계 집단이 살았던 곳을 추적함으로써 아사나의 원주지를 확인할 수 있을 것이다.

이를 구체화하기 위해 사료 (A)와 (A-1)의 내용을 다시 살펴보면, 아사나 모계 집단은 고창국 서북 또는 북쪽에 있는 산지 동굴 안에 위치한 땅이 좋고 평평하며 풀이 무성하면서 크기가 사방 200리 내지 수백 리 정도 되는 분지에 살았다. 여기서 고창국의 서북 내지 북쪽에 있는 산지는 동부 톈산 산맥, 즉 현재 신장위구르 자치구 중동부를 가로지르는 연봉을 끼

---

89) 조현설, 앞의 책, 2003, p. 454.

고 발달한 지역의 어느 한 곳을 가리킨다. 그리고 '동혈'(앞에서는 '동굴'로 번역)이라는 표현은 아마 입구가 좁은 협곡을 지나 들어가야 하는 지형을 말한 것이라고 추정되고, 크기가 주위 사방 200리 내지 수백 리 정도였다고 한 것은 산으로 둘러싸인 분지 형태로 보인다. 또한 그 안의 땅이 평평하며 풀이 무성했다고 한 것은 톈산 산맥 안에 위치한 산지 초원을 표현한 것으로 추정된다. 따라서 이와 같이 묘사된 지형적 특징을 가진 곳을 현지에서 확인해보면 다음과 같다.

먼저 고창의 북쪽 내지는 서북쪽에 있다고 한 산은 동부 톈산 산맥 외에는 다른 곳이 없다. 이곳은 동쪽 끝(東端)에 치우친 최고봉인 5445미터의 '보그도 울라博格達峰'에서 동쪽으로 뻗은 일련의 연봉들로 구성되어 있다. 산맥은 현재 신장위구르 자치구의 성도인 우루무치로부터 동쪽으로 1000킬로미터 정도 뻗어 있고, 폭도 넓은 곳이 거의 400킬로미터에 이르는 거대한 산악지대를 형성하면서 동쪽 끝에서 알타이 산맥과 만난다. 산맥의 서부 지역은 상대적으로 폭이 좁은데, 만년설이 쌓여 있는 고봉들로부터 발원한 많은 하천이 산지를 끼고 소규모의 초원을 형성하기도 하나 대부분 건조한 사막으로 흘러들면서 그 주변에 오아시스가 발달해 있다. 따라서 신화 기록처럼 협곡 안에 있는 사방이 200리 내지는 수백 리 정도 되는 분지는 고창국의 북쪽, 즉 동부 톈산 산맥의 서쪽 부분에서는 찾기 어렵다.

이에 비해 동부 지역은 산지의 폭이 넓어지며 갈라져 두 개의 산지에 둘러싸인 고위 평탄면에 큰 규모의 산지 초원이 형성되어 있다. 그중에서도 특히 지금의 바르콜 카자흐 자치현[90]을 중심으로 한 지역은 동부 톈산

---

90) 현재 바르콜 카자흐 자치현Barköl Qazaq aptonom nahiyisi(巴里坤哈薩克自治縣)의 크기는 약 38만 445.3제곱킬로미터인데, 동서 길이가 276.4킬로미터, 남북 길이가 180.6킬로미터 정도다. 그 가운데 산지와 사막(고비) 등이 전체의 66퍼센트 정도를 차지하고, 나머지 34퍼센트 정도는 초지 내지는 농지다. 행정 구역은 4개의 진鎭과 8개의 향鄕, 1개의 장場, 2개의 개발구로

산맥의 연봉이 이어져오다가 둘로 갈라지면서 사이에 생긴 제법 큰 규모의 분지인데, 그 중심부에 바르콜(한문 기록에 따르면 한대부터 포류해蒲類海로 음사)이라는 큰 호수와 그 주위를 끼고 널따란 초원이 펼쳐져 있다.[91] 이곳은 고도 1600미터 정도의 고위 평탄면인데, 분지의 남쪽으로도 북쪽으로도 약 4000미터에 가까운 톈산 산맥의 연봉들이 둘러싸고 있다. 둘러싼 봉우리로부터 발원한 소규모의 하천들이 흘러들면서 주변에 풍요로운 산지 초원이 형성되어 있다는 점은 바르콜 분지가 사방 200리 내지는 수백리 정도의 크기로 땅이 평평하고 풀이 무성했다고 한 신화의 기록과 가장 잘 어울린다.

그럼에도 기존의 연구에서는 지형적 접근보다는 돌궐 사람들이 성산 숭배 신앙을 갖고 있었다는 점과 고창국 북쪽에 있는 산의 동혈 안에 살았다는 기록, 그리고 유연의 지배 아래서 단철鍛鐵을 했다는 기록에 근거해 원주지를 비정하려고 했다. 기존 연구는 신화의 기록 내용과 현지에 대한 발굴 성과를 연결시켜 톈산 산맥 북방에 있는 오아시스 짐사르Jimsar(길목살이吉木薩爾. 서돌궐 시기에는 가한부도성可汗浮圖城, 수당 시대에는 북정北庭, 그리고 투르크어로는 베쉬 발릭Besh balïq이라고 불렸던 곳)에서 남쪽으로 80여리 정도 떨어진 신디거우新地溝(수이시거우水西溝의 남쪽)를 그의 원주지로 비정했다.[92] 이는 톈산 산맥의 고봉에서 흘러 내려오는 하천을 따라 발달

이루어져 있다. 자치현의 중심부에 있는 호수와 초지草地로 이루어진 바르콜 분지가 위치한다. 현재 카자흐어로 Barköl로 표기되어 바르쾰 또는 바리쿤이라고 읽기도 하나, 여기서는 관용적 표기인 '바르콜'로 통일한다.

91) 李樹輝,「巴里坤地名考」,『語言與翻譯』1999-2, pp. 52~54; 蘇北海,「蒲類, 蒲類海, 婆悉海考」,『西域歷史地理』, 烏魯木齊: 新疆大學出版社, 1988, pp. 179~193.

92) 薛宗正,『北庭歷史文化研究: 伊, 西, 庭三州及唐屬西突厥左廂部落』, 上海: 上海古籍出版社, 2010, pp. 49~51; 戴良佐,「新疆古代冶煉遺址與突厥, 蒙古族的冶鐵, 鍛鋼」,『西北民族研究』1994-1, pp. 256~258; 昌吉回族自治州文物局,「昌吉回族自治州文物調查資料」,『新疆文物』1989-3, p. 77; 李樹輝,「突厥原居地'金山'考辨」,『中國邊疆史地研究』2009-9, pp. 117~121.

한 계곡 주변에서 돌궐 시대의 유적으로 보이는 석인石人과 적석묘積石墓, 그리고 아사나가 철공이었다는 기록과 관련된 양질의 철광과 야철冶鐵 유적 등이 발견되었기 때문이다.[93]

그런데 이곳의 야철 유적이 적석과 석인이 남아 있는 유적과 인접해 있다는 점을 기초로 아사나의 원주지라고 비정한 것은 재검토가 필요하다. 아사나가 금산 남쪽으로 이주하기 전에 야철에 종사했다는 기록이 없다는 점에서 야철 유적의 존재를 바로 연결시키기는 곤란하다. 먼저 아사나가 유연의 지배 아래서 철을 다루기 전부터 종사했다는 기록이 있어야 한다. 대장장이를 했다고 한 것은 분명 금산 남쪽으로 이주한 뒤의 상황을 말한다. 또한 야철 유적 역시 정확한 연대 비정을 하기 어렵다는 점에서 금산 남쪽에서 대장장이가 된 것과 유연의 군주 칙련두병두벌 카간(아나괴)이 돌궐 추장을 "대장장이에 불과한 놈"이라고 불렀다는 사실만으로 원래부터 철을 다루었다고 단정하고 이곳과 돌궐의 유적을 바로 연결시킨 것은 논리적인 비약일 수도 있다.

또 일련의 적석 무덤 유적은 돌궐 시기의 것임이 분명하나 건국 이전 것이라기보다는 이후 서돌궐 시기의 것으로 보는 편이 더 타당하다. 돌궐 건국 이후 몽골 초원으로 진출한 집단에서 떨어져 독자적인 세력을 확보했던 서돌궐은 6세기 중반부터 지금의 짐사르에 있는 고성古城 유적지에 가한부도성을 건설하고 톈산 산맥 북방의 중가르 분지 전체를 통할하는 과정에서 많은 유적을 남겼다.[94] 이 무렵의 유적은 이곳만이 아니라 짐사르 남쪽의 톈산 기슭 여러 곳에 걸쳐 존재하는데, 이것은 본 유적 역시 서돌

---

93) 마츠다 히사오松田壽男는 짐사르 남쪽 수이시거우를 아사나의 원주지로 추정했는데, 이곳은 위에서 제시한 신디거우와 동일한 지역이다(松田壽男, 「突厥勃興史論」, 앞의 책, 1970, p. 235).

94) 孟凡人, 「可汗浮圖城略考」, 『北庭史地硏究』, 烏魯木齊: 新疆人民出版社, 1985, pp. 55~63.

궐 지배층의 무덤 내지는 이와 관련된 유적이었을 것이라는 추정을 가능하게 한다.

게다가 이 지역을 답사해보면, 유적은 아주 좁은 계곡 안에 있다. 이곳은 아주 협소해 소규모의 집단이 겨우 살 수 있을 정도여서, 아사나가 발생했다고 한 분지의 모습과는 판이하다. 즉 "동혈 안은 평평한 땅에 풀이 무성했으며 그 주위가 수백 리로 사면이 모두 산으로 둘러싸여 있었다"고 한 곳은 짐사르를 중심으로 한 동부 톈산 산맥의 서부에서는 찾기 어렵다. 다만 고창국의 서북쪽 내지는 북쪽에 있었다고 한 기록으로 인해 짐사르 지역이 가장 유력하지만, 지형적으로 바르콜 분지에 있는 산지 초원이 더 유사하다는 점에서 기록 과정에서 나타난 방위상의 혼돈이라고 볼 수도 있다.

더욱이 아사나가 동혈 안에 머물면서 주변의 집단과 결혼을 하고 그 뒤에 열 개의 부락으로 발전했다고 한 내용을 5세기 후반부터 6세기 중반까지 톈산 산맥 북방의 정치적인 변동 과정과 연결시켜보면, 짐사르 주변을 원주지로 비정하는 것은 불가능하다. 기록처럼 아사나의 조상이 저거씨가 몰락한 후 고창국에서 쫓겨난 다음 북쪽으로 도망쳐 와 짐사르 주변에 잠깐 동안 머물렀을 수도 있다. 하지만 이곳에 머물면서 현지 집단과 결혼을 하고 이후 부락이 번성할 만큼의 시간적 여유를 갖는다는 것은 거의 불가능한 일이다.

당시 정황으로 볼 때 한대 이래 동부 톈산 산맥 북쪽에 있던 오아시스 도시를 지칭했던 산북육국山北六國의 하나로 차사국車師國이라고 불리던 지금의 짐사르 지역은 동부 톈산 산맥 북변에 위치한 오아시스로서 대규모 교역의 거점이었다. 이곳은 남쪽으로 톈산을 넘어 고창국으로 연결되고, 북으로는 중가르 분지에서 알타이 산지, 그리고 몽골 초원으로 연결되는 교통의 요충지[95]로 이곳을 장악하기 위한 쟁탈전이 끊임없이 벌어졌

---

95) 王素, 『高昌史稿·交通編』, 北京: 文物出版社, 2000, pp. 334~410.

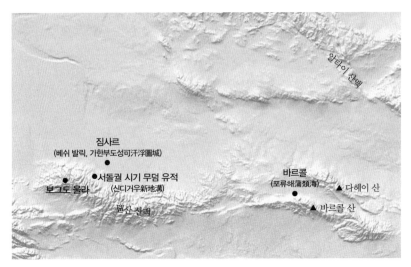

〈그림 8〉 동부 톈산 산맥 북방에 위치한 짐사르 유적과 바르콜 분지의 모습

다.[96] 따라서 이곳을 둘러싼 다양한 세력들의 대결이 펼쳐지는 상황에서 안전하게 자신을 지키며 세력을 회복할 수 있을 정도로 오래 머무는 것은 불가능했다. 그보다는 좀 더 멀리 떨어진 동부의 산지 초원 지역인 바르콜 분지로 숨어 들어가 비옥한 초원을 기반으로 현지 목축민들과 관계를 맺는 과정에서 아사나가 형성되었다고 보는 편이 더욱 타당할 것이다.

이상의 검토 결과 짐사르 주변에 있는 돌궐 시대 유적이 아사나의 원주지일 가능성이 적다는 점에도 불구하고 지형적으로 신화 기록과 일치한다고 해서 바르콜 분지가 아사나의 원주지라고 단정하기는 어렵다. 이것을 설명하려면 아사나가 원주지에서 금산 남쪽으로 이주했다는 기록

96) 이 무렵 짐사르에는 기존의 오아시스에 살던 세력과 서방에서 진출한 소그드 상인들이 살고 있었을 뿐만 아니라 주변의 세력들, 즉 남쪽의 고창국과 서북방의 유연, 서방으로부터 세력을 확대하던 에프탈과 몽골 초원에서 서쪽으로 들어와 세력화한 고차(철륵), 그리고 중국의 남북조 두 왕조 등 다양한 세력들이 이곳을 차지하거나 차지하고 있던 세력과 연계해 나름의 세력 균형을 이루기 위해 첨예하게 충돌을 벌이고 있었다(薛宗正, 앞의 책, 2010, pp. 33~43).

의 사실 여부를 논증해야만 한다. 이것은 원주지라고 잠정적으로 추정할 수 있는 바르콜 분지를 둘러싼 지역의 6세기 전후 정치 상황에 대한 정리를 통해 설명할 수 있다. 왜냐하면 당시 이 지역의 정치적 변동이 아사나의 등장과 관련된 가장 중요한 변수가 될 수 있었기 때문이다. 따라서 이와 같은 주변 상황의 변화 과정을 정리함으로써 아사나가 바르콜로 추정되는 원주지에서 나와 금산 남쪽으로 이주한 이유와 시점을 알 수 있는데, 이것은 결국 아사나의 원주지가 바르콜 분지에 있었다는 논증으로 연결될 수 있을 것이다.

# 3장

# 6세기 전후 톈산 산맥 주변 정세와
# 아사나의 등장

## 1. 톈산 산맥 주변 세력들의 충돌과 아사나의 형성

6세기를 전후로 한 시기 아사나의 원주지가 있던 톈산 산맥 주변 지역은
중국이 남북조로 분열되어 서로 경쟁하면서 중원의 왕조들만이 아니라
몽골 초원과 서방 세력까지 자신들의 이익을 위해 적극 진출하려고 함에
따라 그 어느 때보다 격동의 소용돌이에 빠져들었다.[97] 몽골 초원에서 서
방으로 진출한 유연과 이를 견제하려던 북위, 그리고 그 틈바구니에서 세
력을 확대하던 유목 부락 연합체인 고차만이 아니라 서방에서 중국 방향
으로 진출하려던 에프탈Ephtalites(또는 Heftal, 언달嚈噠) 등이 각축을 벌이
면서 복잡하게 얽혀 있었다.

그만큼 톈산 산맥 주변 지역은 전략적으로 하서河西에서 둔황을 지나

---

97) 李豔玲, 「遊牧勢力在塔里木盆地的角逐及其對交通的影響: 以柔然, 吐谷渾, 高車, 嚈噠
爲中心」, 『西域研究』 2009-4, pp. 27~36.

타림 분지에 점점이 흩어져 있는 오아시스 도시로 이어지는 교통 노선이 지나가는 곳으로, 동서 교역로의 확보라는 경제적 측면뿐만 아니라 북위를 견제하려는 몽골 초원의 유연과 남조가 연결되는 지정학적인 중요성이 있었다. 또한 이곳에서 5세기 중반에 벌어진 저거씨의 멸망과 도주, 이후 아사나의 발생과 성장, 그리고 아사나 샤드가 부락을 이끌고 금산 남쪽으로 이주해 유연에 복속되는 과정 모두는 아사나의 원류 및 원주지 문제에 대한 해명과 긴밀하게 맞물려 있었다.

원래 화북華北을 통일한 북위가 하서회랑河西回廊으로 진출해 439년에 지금의 간쑤성甘肅省 장예張掖에 있던 저거씨의 북량을 붕괴시키면서 톈산 산맥 주변 지역은 새로운 정치적 소용돌이 속에 빠져들었다. 왜냐하면 패망한 저거씨의 일부가 동부 톈산 산맥 남쪽의 중요한 거점인 고창국으로 도망쳐 와 정권을 세웠다가 이후 유연의 초르 카간處可汗(고대 투르크어 Chor qaghan의 음사로 추정. 재위 444~464)에게 또다시 패했으며, 이로 인해 고창에 다시 함씨闞氏 정권(460~488)이 성립되었기 때문이다. 이것은 바로 신화에서 '이주'했다고 기록한 내용으로, 패망하고 도망갔던 아사나 조상의 움직임과 관련된 중요한 사건의 전말이었다.

당시 몽골 초원 세력이었던 유연은 서방 진출을 통해 지금의 짐사르에서 고창국으로 이어지는 남북 연결망을 장악하고, 나아가 우전于闐(지금의 신장위구르 자치구 호탄和田)까지 세력을 확대하려고 했다. 이것은 북위가 문성제文成帝(재위 452~465)와 태무제太武帝(재위 424~452) 시기에 벌였던 서방 경략經略에서 잠시 후퇴한 틈을 타 유연이 그를 견제하기 위해 타림 분지로 진출해서 남조와 교섭하려고 했던 전략과도 연결되었다. 이때 유연은 북위 태무제의 대규모 공격으로 타격을 입은 뒤 수세적 상황에 있던 자신의 처지를 반전시키려고 했다.[98] 따라서 아사나의 조상은 이런 강

---

98) 周偉洲, 『勅勒與柔然』, 桂林: 廣西師範大學出版社, 2006, p. 101.

대 세력이 벌인 갈등의 틈바구니에서 벗어나기 위해 패망 이후 어디론가 '이주'를 해야만 했던 것이다.[99]

또한 유연의 예성 카간予成可汗(재위 464~485) 역시 타림 분지에 대한 영향력을 확대해 남조의 제나라와 적극 교류하며, 다른 한편으로 북위에 청혼해 관계를 회복하기 위해 노력하면서 북위에 투항했던 고차마저 초무招撫해 다시 확보하려고 하는 등 적극적으로 움직였다. 이와 동시에 유연은 서쪽으로 나아가 고창국에 대한 정치적 간섭을 강화하기 위해 고차의 추장인 아복지라阿伏至羅를 이곳으로 파견했다.[100] 이런 유연의 진출은 파미르 이서以西 지역까지 영향을 미쳤으며, 서쪽의 에프탈과 우호 관계를 맺으면서 동서 교역을 활성화시켰다.

하지만 예성 카간이 사망한 뒤에 등극한 두륜 카간豆崙可汗(재위 485~492)이 기존의 유화책을 버리고 남쪽의 북위에 대한 공격을 시작하면서 상황이 복잡해졌다. 먼저 그는 내적으로 자신의 권력을 강화하기 위해 북위에 대한 공격을 반대하는 세력을 모반으로 몰아 제거했고, 그로 인해 내분이 일어났다.[101] 이 무렵 고차 부복라부副伏羅部의 추장 아복지라는 486년 북위의 삭주朔州(지금의 네이몽골 자치구 호린게르和林格爾 북방)를 도발한 것에 반발해 동원을 거부하고 지금의 낭산狼山(네이몽골 자치구 항긴후기杭錦后旗 서쪽과 우라드후기烏拉特后旗 서남쪽에 위치) 서북쪽에 있는 자신들의 거주지로 돌아가버렸다. 그는 487년에 다시 북위에 대한 공격을 반대하다가 뜻을 이루지 못하자 관할하의 열두 부락 10여 만 락落을 이끌고 서쪽으로 도망가 차사국이 있던 짐사르에 와서 이른바 '아복지라국(이후 고차국)'을 세우고 지금의 우루무치 동남부와 서북부를 중심으로 세력화

---

99) 『魏書』 권103 「西域傳」, p. 2265; 榮新江, 「闞氏高昌王國與柔然·西域的關係」, 『歷史研究』 2007-2, pp. 4~14.

100) 『魏書』 권103 「蠕蠕傳」, p. 2296.

101) 위와 같음.

<그림 9> 톈산 산맥 지역을 중심으로 한 고차국과 유연의 대결 관계

하는 데 성공했다.[102]

　이후 아복지라는 유연의 통제를 받던 고창국의 함씨 정권마저 무너뜨리고 자신이 조종할 수 있는 장씨張氏 정권(488~496)을 세웠으며,[103] 492년에 다시 남쪽의 차사국까지 세력을 확장했다. 그리고 493년에는 언기焉耆(카라샤르Qarashahr. 지금의 신장위구르 자치구 엔치후이족 자치현焉耆回族自治縣)에서 선선鄯善(지금의 신장위구르 자치구 투루판지구吐魯番地區 피찬현鄯善縣)까지 진출해 이곳의 교통로마저 장악했다. 따라서 이제까지 유연의 영향력 아래 있던 톈산 산맥 주변 지역은 독자적으로 세력화한 고차가 북위와 교섭하면서 유연을 견제하는 양상으로 바뀌었다.[104] 이는 기존의 역학 관계를 바꾸는 것에서 그치지 않고, 나아가 남북조의 관계에도 큰 영향을 미쳐 고

---

102) 『魏書』 권103 「高車傳」, p. 2310.

103) 王素, 앞의 책, 2000, pp. 384~386.

104) 段連勤, 앞의 책, 2006, pp. 182~183.

창국을 매개로 한 유연과 남조의 연결을 약화시키는 결과를 초래했다.

그러나 급작스런 고차의 확장은 기존 세력들의 반격으로 바로 제동이 걸렸다. 먼저 496년에 유연과 에프탈의 공격을 받은 고차는 차사국에서 언기로 물러나야만 했다.[105] 이 과정에서 고창국의 장씨 정권이 몰락하고, 마씨馬氏 정권(496~501)이 성립되었다.[106] 그리고 현재 파키스탄, 인도 북부 등지에서 세력을 형성하고 있던 에프탈이 언기를 점령하자 고차는 중심부를 상실한 채 일부는 북위로, 나머지는 유연으로 투항할 수밖에 없었다. 더욱이 정확한 시점은 알 수 없으나 칭하이青海에서 북상한 토욕혼吐谷渾이 중요한 교통로에 위치한 오아시스 도시인 선선, 차말且末(지금의 신장위구르 자치구 바얀골 자치주巴音郭楞蒙古自治州 체르첸현且末縣)까지 차지하자 고차는 어쩔 수 없이 이곳에서도 물러나야 했다.[107] 이것은 타림 분지의 기존 질서에 큰 충격을 주었던 고차의 진출을 일시 멈추게 했을 뿐만 아니라 5세기 말 동서의 교통과 몽골 초원에서 남조로 이어지는 남북의 연결에도 큰 장애가 되었다.[108]

더욱이 이 무렵 고차는 내분까지 일어나면서 그 세력이 더욱 약화되었다. 아복지라는 자신의 아들을 죽였으나 그 또한 502년경 발리연跋利延에게 죽임을 당하는 등 내부에서 서로 다툼을 벌였다. 고차의 왕이 된 발리연 역시 에프탈의 압박 아래서 죽임을 당하자 505년경에 미아돌彌俄突이 다시 고차의 왕이 되었다. 이후 겨우 세력을 수습한 미아돌은 에프탈의 종주권을 인정하는 것을 전제로 자신의 지위를 지키면서 다른 한편으로 남쪽의 토욕혼과 우호 관계를 유지하며 북위에 사신을 보내 세력을 회복하

---

105) 고차가 차사국을 점령하고 있다가 496년에 철수한 내용은 『위서』 기록에는 없고 『원화군현도지元和郡縣圖志』(권40, p. 1033)에만 남아 있다.

106) 王素, 앞의 책, 2000, pp. 386~388.

107) 『魏書』 권103 「高車傳」, p. 2310; 周偉洲, 『吐谷渾史入門』, 西寧: 青海人民出版社, 1988.

108) 段連勤, 앞의 책, 1988, p. 184.

려는 노력을 기울였다.

그 뒤 세력을 만회한 고차는 508년에 북위와 연합해 유연과 포류해의 북쪽에서 일전一戰을 벌여 유연의 타한 카간他汗可汗을 대파하고 중가르 분지에 대한 패권을 다시 차지했다.[109] 이는 503년 이후 에프탈이 페르시아와 대결을 벌임에 따라 더 이상 영향력을 행사하지 못한 데다가 북위와의 유기적 관계가 잘 이루어지는 등 상황이 고차에 유리하게 돌아갔기 때문에 가능했다.[110]

그런데 여기서 주목되는 점은 고차와 유연이 508년에 포류해의 북쪽, 즉 아사나의 원주지로 추정한 바르콜 분지의 북쪽에서 대규모의 전투를 벌인 사실이다. 두 세력이 이곳에서 대결을 벌여 고차가 승리를 거둔 것과 아사나가 원주지를 떠나 금산 남쪽으로 이주해서 고차와 대결을 벌이던 유연에 복속된 이유가 연결되기 때문이다. 이와 관련해 사료 (A-1)에서 "아현설이라는 사람이 있었는데, 그가 부락을 이끌고 동혈 밖으로 나와 대대로 여여에 신속했다"고 한 것과 사료 (A)에서 "몇 세대가 지나자 무리가 서로 더불어 동굴에서 나와 여여를 섬겼다. 이들은 금산의 남쪽에 살면서 여여를 위해 대장장이로 부려졌다"고 한 것, 그리고 사료 (C)에서 "아사나가 5백 가를 이끌고 여여에 도망가 대대로 금산에 살면서 철을 만드는 일을 업으로 삼았다"고 한 이주 상황 기록을 모두 508년 바르콜 분지에서 벌어졌던 두 세력의 대결과 연결해볼 수 있다.

이 같은 기록만 보면, 아사나가 원주지를 떠나 금산 남쪽으로 간 다음 유연에 복속된 사정을 확인할 수 없다. 다만 당시 고차와 적대적인 유연으로 도망갔다는 사실로부터 이곳을 차지한 고차와 불편한 관계였을 것이라는 가정을 할 수 있다. 그렇지 않았다면 아사나 집단이 원주지를 떠나

---

109) 『魏書』 권103, 「高車傳」, p. 2311.

110) 余太山, 『嚈噠史研究』, 北京: 齊魯書社, 1986, p. 83.

유연의 영향권 아래 있는 금산 남쪽으로 도망갔을 리가 없다. 즉 508년에 바르콜 분지에서 벌어진 전투가 이곳의 주민들에게 위협이 되었고, 이곳에 살던 아사나 역시 고차의 공격을 피해 도망갈 수밖에 없었던 피치 못할 사정이 있었던 것이다.

또한 아사나 샤드가 금산 남쪽으로 이주한 시점과 508년 바르콜 분지에서 벌어진 전투의 연결은 돌궐이 세력화하기 시작한 540년대 돌궐의 추장이었던 튀멘과 동혈에서 나와 이주를 이끌었던 아사나 샤드의 관계를 통해서도 설명할 수 있다. 다른 기록에 따르면, 아사나 샤드가 동혈에서 나와 금산으로 이주한 다음에 등장하는 아사나의 추장 이름은 튀멘(Tümen으로 추정. 토무吐務. 이 명칭은 동일한 음차로 보이는 튀멘土門과 구분하기 위해 한자 병기)인데, 그는 중국의 기록에 따르면 대엽호大葉護[111]라는 관칭을 갖고 있었다.[112] 다른 기록에 나오는 튀멘吐務과 돌궐을 건국한 튀멘土門의 관계를 정확하게 확인하기는 어렵다.

하지만 '이주'와 관련된 6세기 전반기의 시간적 흐름으로 볼 때 둘은 표기상 약간의 차이에도 불구하고 비슷한 음사로 기록된 동일인으로 추정된다. 왜냐하면 튀멘吐務의 대엽호, 즉 울루그 야브구Ulugh yabghu라는 관칭 역시 건국 이전 튀멘이 세력화하는 데 성공해 군주가 되기 직전의 칭호로 볼 수 있기 때문이다. 아사나의 추장 튀멘吐務은 552년 건국하기 전 과거 금산 남쪽으로 이주한 아사나 샤드 때보다 집단의 규모가 커짐에 따라

---

111) 대엽호는 고대 투르크어 울루그 야브구Ulugh yabghu의 음사로 '위대한 또는 큰 야브구'라는 의미다. 이런 지위는 일반적으로 카간 바로 아래 있는 가장 고위의 관직인데, 주로 서방 통치자의 명칭으로 쓰였다. 원래 고대 쿠샨이나 인도-스키타이계 종족들이 쓰던 칭호였다가 투르크계 종족들에게로 넘어간 것으로 추정된다. 즉 월지月氏의 수령인 흡후翕侯(Yabghu)와 다른 음사로 보는데, 이 말은 원래 토하라어에서 '땅 또는 지방'을 뜻하는 'yapoy' 혹은 'ype'라는 말과 연관된 것이라고 한다. 여기서 사용된 대엽호는 튀멘土門이 카간이 된 다음에 몽골 초원 서부 지역을 차지했던 자신의 지위를 격상시키기 위해 사용한 관칭으로 추정된다.

112) 『隋書』 권84 「北狄傳」, p. 1863.

만호를 지휘할 정도의 수준으로 발전해 튀멘, 즉 만호장이라 불렸으며, 이에 걸맞게 '샤드shad(설設)'보다 높은 '울루그 야브구'라 불림에 따라 중국 측 기록에 '대엽호' 또는 '튀멘吐務'이라는 두 가지 방식으로 기록되었다. 그리고 아사나 샤드도 원래 '샤드'라는 관칭을 갖고 있었다기보다 돌궐이 건국한 뒤에 추존된 것이고, 튀멘 역시 군주인 카간으로 즉위하기 전 그 아래 지위인 '야브구'보다 높은 관칭으로 추존되었다고 추정해볼 수 있다.

여기서 그의 관칭이 이후에 추존된 것이냐 아니냐와 관계없이 울루그 야브구가 튀멘이 카간으로 즉위하기 전의 관칭이었다는 점은 의심할 여지가 없다. 따라서 아사나 샤드가 508년경 바르콜 분지에서 나와 동북쪽에 위치한 알타이 산맥 남쪽으로 이주했으며, 그의 아들 튀멘, 즉 울루그 야브구 시기에 세력화에 성공했다고 보면, 아사나 샤드와 튀멘은 부자 관계가 된다. 이로부터 아사나 샤드가 알타이 산맥 남쪽으로 이주한 시점이 508년경이었으며, 그의 이주가 바르콜에서 벌어진 고차와 유연의 전투와 깊은 관계가 있었다고 추론할 수 있다.

또한 아사나가 바르콜 분지로부터 알타이 산맥 남쪽으로 이주한 것도 지형적인 측면에서 이동 가능성을 충분히 설명해볼 수 있다. 서쪽에서 톈산 산맥을 따라 동진東進해오던 고차로부터 공격을 받을 경우, 바르콜 분지에서 도망가기 위해 밖으로 빠져나가는 길은 북쪽과 동쪽 방향으로 가는 두 가지 방법밖에 없다. 두 방법 중 먼저 북쪽으로 톈산 산맥 틈 사이로 분지를 빠져나가면 지대가 낮아지면서 사막이 펼쳐졌다가 알타이 산맥과 만나 다시 초원이 형성된다. 이것이 주로 바르콜 분지에서 알타이 산맥을 넘어 몽골 초원으로 이어지는 노선이다.[113]

---

113) 『원화군현도지』의 '정주조庭州條'에는 짐사르, 즉 당대 정주庭州(돌궐은 이곳을 베쉬 발릭이라고 함)에서 위구르의 오르두가 있는 카라발가순까지 이어지는 노선에 대한 설명이 남아 있다. 여기에 기록된 당대의 교통로 역시 그 전의 것과 별다른 차이가 없다. "정주 동쪽 80리 떨어진 곳에 포류현이 있다. 포류현(바르콜)에서 동북쪽으로 학차진·염천진·특라보자를

반면에 동쪽으로 바르콜 분지를 빠져나가면 바로 이오伊吾(지금의 신장 위구르 자치구 하미지구哈密地區 이우현伊吾縣. 현재 하미Hami시 북방 톈산 산맥 북쪽 기슭에 위치)로 이어지는 초원이 나오고, 이곳을 빠져나가면 그다음에 사막을 지나 알타이 산지 남쪽에 도착한다. 이곳에서 다시 산맥을 넘어가면 사막을 지나 몽골(지금의 네이몽골 자치구)로 이어진다.

이와 같은 두 노선 가운데 아사나가 이후 긴밀한 관계를 가졌던 유연의 영향권 안으로 이주하려면 바르콜 분지에서 동북쪽 방향으로 이동하는 것 외에 다른 가능성은 없다. 즉 당시 유연의 지배를 받으며 적대적이었던 고차의 영향권에서 벗어나려면 동북쪽에 있는 알타이 산지로 이주하는 것이 최선이었다.

따라서 소략한 신화 기록에서 정확한 시점과 이유에 대한 설명 없이 아사나 샤드가 5백 가를 이끌고 금산 남쪽에 가서 살게 되었다고 한 것은 508년경 아사나 샤드가 바르콜 분지로부터 동북쪽 알타이 산지 방향으로 이주한 기억과 바로 연결된다. 당시 아사나 샤드가 이끄는 아사나 집단은 고차와 유연의 충돌이 벌어진 바르콜 분지에 더 이상 살 수 없게 되자 고차의 성장과 확장을 피해 유연의 영향권이었던 알타이 산맥 남쪽으로 이주할 수밖에 없었다. 이런 고차와 돌궐의 불편한 관계는 아사나가 유연의 통제 아래 있던 동안 지속되었는데, 이는 고차와 유연의 대결이 계속되었기 때문이다.

한편 아사나가 508년 이후 알타이 산맥 남쪽으로 이주해 유연에 복속된 다음에도 고차와 유연 두 세력은 어느 한쪽이 지속적으로 우위를 점하지

---

지나 다시 3000리를 가면 위구르의 수도가 있다(庭州東八十里爲蒲類縣, 從蒲類縣東北行, 經郝遮鎭·鹽泉鎭·特羅堡子, 東北三千里至回鶻牙帳)."(『元和郡縣圖志』 권40, pp. 1033~1034) 이 것을 통해 정주, 즉 북정北庭에서 몽골 초원으로 이어지는 교통로가 바르콜 분지의 북쪽에서 알타이 산지를 거쳐 몽골 초원의 중심부인 카라발가순으로 이어졌음을 알 수 있고, 이 경로를 따라 아사나가 이주했다고 추정해볼 수 있다.

못했다. 508년 이후에 유지되던 고차의 우위는 516년 바르콜 내지는 이오의 서쪽 지역에서 벌어졌을 것으로 추정되는 유연과의 대결에서 패배함에 따라 역전되었다. 이때 고차는 카간이 죽임을 당하자 일부가 에프탈의 지배하에 있던 언기焉耆 이서 지역으로 도망쳤다. 하지만 고차를 밀어내고 톈산 산맥 이북의 지배 영역을 회복한 유연 역시 이곳을 오래 지키지 못하고 521년에 발생한 내분으로 인해 다시 고차에게 빼앗기고 말았다.

심지어 유연은 고차의 공격을 받아 몽골 초원의 중심부까지 빼앗기는 상황에 처하기도 했다. 더욱이 내분으로 둘로 나뉘었던 유연의 두 카간은 모두 북위에 귀부歸附해 파라문婆羅門은 거연해居延海 주변에, 칙련두병두벌 카간은 고양현固陽縣(지금의 네이몽골 자치구 부구트시包頭市 북방)에 거주하기까지 하는 어려운 상황에 봉착하기도 했다. 이때 북위는 이들을 살게 함과 동시에 고차를 위무慰撫하고 추장을 카간으로 책봉하는 등 지원을 통해 양자를 견제하고자 했다.[114]

그러나 523년 유연의 칙련두병두벌 카간이 몽골 초원으로 귀환해 세력을 회복한 다음 고차를 공격해서 패배시키고 카간 일 벡(Il beg으로 추정. 이복伊匐)마저 죽임으로써 다시 우위를 확보했다.[115] 더욱이 유연은 524년 '육진六鎭의 난'으로 북중국이 혼란 속에 빠져들자 세력을 확장할 수 있는 반전의 기회를 얻어 발전의 발판을 마련하기도 했다.[116] 이와 동시에 고차 역시 북중국이 분열된 가운데 유연에 대항해 동위東魏(534~550) 정권과 긴밀한 관계를 맺었으며, 서위西魏와 관계를 강화했던 유연과 대결을 벌이면서 대치했다. 이런 경쟁 관계는 결국 유연이 539~542년 내지는 540~541년경에 고차를 대대적으로 공격해 무너뜨림으로써 힘의 균형이 깨져버렸나.[117]

---

114) 『魏書』 권103 「高車傳」, p. 2311.
115) 『魏書』 권103 「蠕蠕傳」, p. 2302.
116) 『魏書』 권103 「高車傳」, p. 2311.

그런데 이후 유연은 541년 고차국이 붕괴된 뒤 분열되어 약화된 북중국에 대한 공세를 강화하면서 톈산 산맥을 중심으로 한 지역으로 진출하지 않았다. 이것은 중국으로의 진출이 가장 중요한 문제가 되었기 때문이다. 따라서 그동안 여러 세력이 충돌했던 톈산 산맥 주변은 고차 또한 지속된 상쟁相爭으로 약화됨에 따라 일시적인 정치적 진공 상태가 되었다. 이는 이 같은 틈을 타 견제를 받지 않으면서 새로운 세력이 등장할 수 있는 가능성을 열어주었고, 두 세력 사이에 끼어 있던 아사나가 중심이 된 '돌궐'이 540년대 중반 이후 갑작스럽게 유목 세계의 판도를 뒤바꿀 세력으로 등장하면서 현실화되었다.

## 2. 아사나의 세력화 과정: 대장장이에서 카간으로

'돌궐'이 중국 사서에 처음 등장한 것은 540년경으로 서위의 장군이었던 우문흔宇文欣이 이들을 격퇴한 것에 대한 기록이다.[118] 이렇게 540년경부터 돌궐의 움직임이 나타난 사실은 주목되나 여기에 기록된 돌궐이 과연 유목 국가를 건설한 아사나와 관련이 있는지는 정확하지 않다. 또한 542년경 우문측宇文測이 수주綏州(지금의 산시성陝西省 수이더현綏德縣)를 약탈한 돌궐을 물리친 것에 대한 기록[119] 역시 우문측이 활동했던 수주가 오르도스의 동남쪽으로 황허黃河에 인접한 곳이라는 점에서 아사나의 활동 무대인 몽골의 서부 지역과 거리가 있다. 이런 오류가 생긴 것은 수당 대에 북방의 유목민을 모두 돌궐이라고 부른 뒤 우문흔과 우문측의 활동을 전부 돌궐과 관련된 것으로 보고 열전에 기록했기 때문이다. 따라서 돌궐과 관

---

117) 앞의 책, p. 2312.
118) 『册府元龜』 권356 「將帥部 立功 9」, p. 4220
119) 『周書』 권27 「宇文測傳」, p. 454; 『册府元龜』 권365 「將帥部 機略 5」, p. 4330.

련된 최초의 기록은 아사나 출신 돌궐의 추장인 튀멘이 545년 서위에 사신을 보내 우호 관계를 맺으려고 한 것이라고 보는 편이 타당할 듯하다.

처음 튀멘이 등장해 중국에 포착되기 시작한 이후 서위 역시 적극적으로 사신을 보내 관계를 맺는데, 이것은 당시 돌궐이 북중국과 통교할 만큼 성장했음을 보여준다. 이에 대해 "돌궐 튀멘의 부락이 점차 늘어나 중국과 교통하기를 원하자 황제가 마침내 주천酒泉(지금의 간쑤성甘肅省 주취안시酒泉市)의 소그드인胡人 안락반타安諾槃陁(부하라 출신 나나이 반탁Nanai Vantak으로 추정)를 사자로 보냈다. 그 나라에서 모두 기뻐하며 서로 말하기를 '지금 대국의 사신이 오니 우리나라가 일어날 것이다'라고 했다"[120]고 기록했다. 이는 당시 서위의 우문태宇文泰(507~556, 뒤에 태조太祖로 추존)가 동위와 대결하는 상황에서 서몽골에서 세력을 형성하려고 한 돌궐의 요구를 받아들여 유연을 견제하려고 했기 때문이었다.

이후 서위의 지원을 받게 된 돌궐은 서쪽으로 진출해 550년에 톈산 산맥 북방의 짐사르 주변 지역에 있던 투르크계 유목 부락인 철륵(이전에 고차)을 공격해서 대파하고 5만 가를 항복시켰다.[121] 이는 바로 돌궐이 중가르 분지에서 세력을 확장할 수 있는 결정적인 기초가 되었다. 이제까지 자신들과 계속 적대적이었을 뿐만 아니라 강력한 상대했던 철륵을 일부 장악한 것은 서방의 안정을 도모하고, 새로운 군사적 기반을 획득하는 결정적 계기가 되었다. 이와 관련해서는 단지 이들을 둘러싼 세력 관계의 변화를 정리하는 수준의 기록이 있을 뿐이지만, 아사나의 급속한 발전과 건국 과정이 당시 주변 세력의 급격한 약화와 긴밀하게 연관되어 있었음은 분명하다.

5세기부터 북위의 공세에 밀려 서방으로 진출하려던 유연과 이로부터 이탈해 톈산 산맥 주변에서 세력화를 도모하던 고차(이후에 철륵)의 지속

---

120) 『周書』 권50 「異域傳」 下, p. 907.
121) 『隋書』 권84 「北狄傳」, p. 1863.

적인 대결은 결국 두 세력을 약화시키고 말았다. 이로 인해 쇠약해진 철륵(이전의 고차)은 돌궐의 공격을 받고 너무나 쉽게 무너졌다. 또한 북위의 견제로 크게 성장하지는 못했지만 초원의 맹주였던 유연 역시 고차를 격파한 뒤 몽골 초원에서 분열된 북중국을 상대로 세력을 넓히려 했으나 중국의 지원보다는 견제로 인해 세력을 확장하는 데 성공하지 못했다. 이로써 돌궐은 두 유목 세력의 약화와 서위-북주 정권의 강력한 지원을 받아 오히려 유연을 공격할 수 있었다.

이때 튀멘은 비록 유연을 위협할 만큼 성장했지만 아직 큰 세력은 아니었다. 이전에 유연의 칙련두병두벌 카간이 튀멘을 "대장장이에 불과한 놈"이라고 한 것이나 그의 아버지인 아사나 샤드가 유연의 대장장이로 일했다고 한 것처럼, 이들은 제철과 관련된 특수한 직능 집단의 하나였다고 추정된다. 또한 아사나 집단은 6세기 초 고차에 밀려나 금산 남쪽으로 이주했을 때 아사나 샤드가 이끄는 5백 가 정도의 집단에 불과했다고 할 만큼 소규모였다. 따라서 아사나의 갑작스런 부상은 원래부터 유력한 세력이 확대된 것이 아니라 미미한 세력의 새로운 등장이라는 특징을 갖고 있었다.

이 같은 사실은 아사나 집단이 508년 고차의 공격을 받아 금산의 남쪽 지역으로 이주한 지 겨우 40여 년이 지난 뒤에 어떻게 강력한 세력으로 성장할 수 있었는가 하는 점에 대한 구체적인 설명을 요구한다. 왜냐하면 이것은 돌궐의 건국 과정을 정리하는 데 가장 중요한 사실인 동시에 향후 국가의 건설 방향을 확인하기 위한 전제이기 때문이다. 그런데 이에 대해서는 별다른 기록이 없어 돌궐이 성장하는 과정에서 초원의 여타 족속들을 통합하고 세력을 키워나가며 어떤 체제를 만들었는지는 정리하기가 어렵다. 하지만 기록의 부재를 극복하고 건국 과정을 복원하기 위해 앞서 분석한 신화에 나오는 아사나를 중심으로 한 돌궐 내부의 족적 결합과 그 변화 양상을 고대 유목 국가의 일반적인 성장 과정과 연결 지어 그 일단을 확인해보고자 한다.

유목 사회는 지착적地着的 성격이 강한 정주 농경 사회를 기반으로 강력한 지배력을 행사했던 전통 시대 중국의 지배 체제와 전혀 달랐다. 이런 차이는 초원이라는 특수한 자연환경에 적응하는 방식이 달랐기 때문이다. 즉 초원은 지역이 광범위한 데 반해 주민이 희소하고 자연환경이 열악했다. 이곳 주민은 자신들의 어려움을 극복하는 과정에서 발달한 생산 양식인 유목을 생활의 기초로 삼았다. 알다시피 유목은 특히 자연환경에 크게 영향을 받았고, 항상성이 취약하다 보니 심한 계급 분화보다 공동체를 유지하기 위한 지도자의 혜시가 그 사회를 유지하는 데 중요한 역할을 했다. 따라서 지도자를 중심으로 공동체 생활을 유지할 수 있는 단위가 결성되었는데, 이것이 생활 단위이고 이동의 단위가 될 수밖에 없었다.

유목 사회의 가장 기본적인 단위는 부부와 미혼 자녀로 구성된 핵가족이었다. 왜냐하면 유목민의 생활은 이동을 전제로 하므로 농경 정주 사회에서 나타나는 복합 가족 형태는 어울리지 않았기 때문이다. 유목민들은 주기적, 계절적으로 이동을 하는 생활방식으로 인해 필요에 따라 생활 단위를 바꾸기도 했다. 핵가족 단위의 생활을 계속 유지할 수 없었던 것이다. 특히 유목민들의 생활 자체가 겨울을 보내기 위한 준비라고 할 정도로 어려운 겨울나기를 하려면 다양한 공동 작업이 필수적이었다. 따라서 공동 노동이 필요한 동절기에는 개별 생활을 하던 핵가족 간에 유기적인 결합이 이루어졌고, 유목민들은 이런 개별적 협업 단위를 기초로 혹독한 겨울부터 봄까지의 힘든 생활을 견뎌냈다.

또한 유목민들은 정치적 필요에 따라 몰이사냥이나 계절적 이동 내지는 공동 행사 등을 위해 보다 큰 단위를 형성하기도 했다. 이것이 유목 사회의 가장 중요한 사회적 단위[122]로, 이른바 '바그bagh'라고 불렀다. 그 내

---

122) 몽골 시기에도 『몽골비사』의 기록에 따르면, 기본적인 친족 집단인 '아일ayil', 이것이 모여 동일한 조상을 갖는 씨족 정도 크기의 집단인 '오보그obogh', 그리고 하나의 이동 단위이며

부에는 씨족clan 정도의 규모를 가진 '보드bod'라는 작은 단위가 여러 개 묶인 '보둔bodun'이 있었다. 보드는 대가족 내지 친족 정도를, '보둔'은 그것의 복수로 여러 개의 친족 집단이 모인 단위 안에서 '지배를 받는 백성' 또는 구성원 정도의 의미를 가졌다.[123]

아울러 '바그'의 구성원인 '보둔'에는 약탈이나 전쟁 등으로 인해 그 내부에 다른 족속도 포함될 수 있었지만 기본적으로 동족 집단의 성격이 강했다. 이것은 공동의 조상을 가진 동족들로 구성된 씨족 정도 크기의 단위거나 아니면 그에 부용附庸을 하는 다른 족속이 일부 포함된 하나의 연합체로 행동하는 단위였다. 따라서 개별적인 유목 범위, 즉 분지가 이를 중심으로 정해졌고, 그 내부의 최상위에는 '벡beg'이라 불리는 자연 발생적인 지도자가 존재했다. 이런 정도 규모의 단위가 신화에서 아사나의 원주지에 살던 동일한 부계를 가진 열 개의 집단이었을 것이라고 추정된다.

이들은 같은 지역에 거주하면서 비록 모계는 달랐지만 동일한 부계를 가졌다는 동족의식을 지닌 집단이었다. 그런 의식이 확고했음을 드러내기 위해 사료 (A)에서 자신들이 분지로 이주해 들어온 암이리가 낳은 열 명의 아들이라고 한다거나, 사료 (B)에서 이길 니샤 초르가 결혼해서 낳은 네 명의 아들 중 큰아들인 누르 투르크 샤드를 아버지로 둔 열 아들이 하나의 집단이었다고 했던 것이다. 이처럼 신화의 기록은 씨족 정도 크기의 집단이 처음에 열 개 정도였음을 보여준다. 이후의 기록에 따르면 아사나를 비롯해 사리舒利, 아사덕阿史德, 소농蘇農, 발연拔延 등 열두 개가 씨족

대규모의 단위인 '쿠리옌küriyen'이 있었다. 쿠리옌은 수백에서 1000여 개의 유목 가구가 하나의 단위가 되어 야영할 때 바퀴 모양으로 커다란 원형의 진을 쳤던 것에서 유래했으며, 이것이 이동의 단위였다. 이런 쿠리옌이 모여 '울루스ulus' 또는 '이르겐irgen'이라는 부족 연합 정도의 집단을 형성했다. 울루스의 개념은 보다 확대되어 이후 국가의 개념이 되었다.

123) Sir Gerard Clauson, *An Etymological Dictionary of Pre-Thirteenth-Century Turkish*, Oxford Univ. Press, 1972, p. 306; Д. М. Наделяев, *Древнетюркские Словарь*, Ленинград, 1969, p. 108; İbrahim Kafesoğlu, *Türk Bozkır kültürü*, Ankara, 1987, pp. 18~21.

정도의 크기로 이루어진 집단[124]으로, 열 개가 아니라 열두 개인 이유는 후에 숫자가 늘어났기 때문이라고 추정된다.[125]

씨족 정도 크기의 단위인 '바그'의 상위에 이런 단위 몇 개가 모인 연합체인 '일il'[126]이 있었다. '일'은 개별 친족 집단인 '바그'가 여러 개 모인하나의 연합이라 이른바 '부족部族(tribe)' 정도의 규모라고 할 수 있다. 아사나는 자신을 포함한 열 개의 집안을 중심으로 '돌궐'이라는 '일'을 형성했다. 돌궐이라고 불린 '일'에 소속된 구성원들은 제천행사祭天行事에 참석해 서로 간의 결속을 다지며 관계를 유지하기도 했지만, 사안에 따라 내부의 개별 단위들이 독자적인 활동을 하거나 단결하기도 했다.[127] 이런 부족 단위 크기의 정치적 집단은 5세기경 유연과 대립하던 고차 역시 "각각의 개별 군장이 있었지만 그를 아우르는 대추大酋가 없다"[128]고 한 것처럼아직 정치적인 결속력이 강한 연합체를 형성하지 못했다. 또한 이들 사이

---

124) 『唐會要』 권73 「安北都護府」, p. 1315.

125) 위구르의 경우에도 한문 기록에 따르면 야글라카르Yaghlaqar(약라갈藥羅葛)를 비롯해 호돌갈胡咄葛, 홀라물啒羅勿, 맥가식흘貊歌息訖, 아물적阿勿嘀, 갈살葛薩, 곡올소斛嗢素, 약물갈藥勿葛, 해사물奚邪勿 등 9개의 씨족 크기 정도의 집단으로 구성되어 있었음이 확인된다(『舊唐書』 권195 「回紇傳」, p. 5198). 그리고 비문 자료에서도 구체적인 세부 명칭은 남아 있지 않지만 자신을 가리켜 '온 위구르On Uyghur', 즉 '열 개로 이루어진 위구르'라고 한 것은 열 개의 '바그'로 구성된 하나의 일이 바로 위구르였다는 사실을 증명해준다.

126) 고대 투르크 비문에는 iL² 또는 L²으로 기록되어 있기 때문에 il 또는 el로 전사되는데, 그 사전적 의미는 독립적 지도자가 통치하는 정치 단위의 총칭이다. 이 일과 비슷한 개념으로는 어떤 정치 단위가 차지한 지리적 범위를 의미하는 울루스ulus가 있는데, 몽골제국 시기에 사용되었다(Sir Gerard Clauson, 앞의 책, 1972, pp. 121~122; Д. М. Наделяев, 앞의 책, 1969, pp. 168~169; İbrahim Kafesoğlu, 앞의 책, 1987, pp. 21~34). 이것은 제국 또는 국가라는 의미만이 아니라 채읍采邑의 성격을 갖는 분봉지分封地, 그리고 그 내부의 개별 부족장과 씨족장들이 지배하는 단위인 부족部族, 씨족氏族을 모두 가리키는 등 다양하게 사용되었다. 이 개념은 '토지'보다는 '인구'를 중심으로 한 개념이라는 점에서 정주 농경 지역의 국가개념과 근본적 차이가 있다(정재훈, 「古代遊牧國家의 社會構造」, 『韓國古代史講座』 3, 서울: 가락국사적개발연구원, 2003).

127) 『魏書』 권103 「高車傳」, p. 2309.

128) 위의 책, p. 2307.

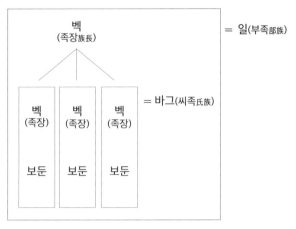

〈그림 10〉 씨족 규모 정도의 '바그'와 부족 규모 정도의 '일' 구조

에는 국가를 건설해 그의 일원이 지배 집단으로 성장하기 전까지 개별 부락 간에 서열이 정해지는 강력한 지배·피지배 관계도 형성되지 않았다. 하지만 느슨한 연합 관계 내부에 하나의 '바그' 내지는 그 외연을 싸고 있는 '일'이 서서히 세력을 확대하면서 내부에도 서열 관계가 형성될 수밖에 없었다.

'일' 내부의 서열을 구축해낼 수 있는 지도자 역시 '벡'이라 불렸는데, 그는 이른바 부족 정도 규모의 구성원들을 거느렸다. 원래 '벡'은 '바그'의 장이었는데, 이는 '단위의 크기가 정해지지 않은 지도자'를 의미했다. 이 용어가 씨족이나 부족 단위의 규모를 가리지 않고 지도자를 의미하는 보통명사로 사용된 것은 '벡'이 국가 권력이 임명하지 않은 '자연 발생적인 존재'였기 때문이다.[129] 그는 '바그' 또는 '일' 내부의 분쟁을 조절하고

---

129) Sir Gerard Clauson, 앞의 책, 1972, p. 322; Д. М. Наделяев, 앞의 책, 1969, pp. 91. 이것은 사전적 의미로 귀족으로 번역되기도 하는데, 이후 13세기 몽골제국이 건국되기 전에 등장했던 '노얀noyan'처럼 사회적 분화가 진행되어 빈부의 차이가 발생함에 따라 출현한 정치 군사적 지배층과 대응되기도 한다(李玠奭, 「蒙古帝國 성립기 商業에 대한 一考」, 『慶北史

항상성을 유지하는 역할을 했다. 특히 분지分地라는 유목 경계가 분명한 상태에서 초지草地를 우선적으로 사용한다든가 무단 침범해서 생긴 분쟁을 해결하는 일이 매우 중요했다. 왜냐하면 이것은 생존과 직결되는 중요한 사안이었기 때문이다.

아울러 '벡'은 여타 부락들로부터 가축이나 목민의 약탈 같은 위협을 받을 경우 '일'을 보호해야 했으며, 반대로 약탈전을 벌였을 때는 획득해낸 것을 참여한 부락민들에게 분배해야만 했다. 이와 함께 법률을 정해 판결을 내릴 뿐만 아니라 내부 구성원의 결속력을 강화하는 모임, 이를테면 제천행사 같은 모임도 주재했다. 대가로 '보둔'들로부터 공납을 받거나 군사를 징발할 수 있는 권리를 가졌다. 반면에 유목민들의 권익을 침해할 수도 있어 '벡'은 이에 상응하는 반대급부도 제공해야만 했다. 개별적·경제적 독자성을 일정 정도 유지하고 있는 목민들의 기득권을 인정하지 않으면 오히려 반발과 저항에 부딪칠 수도 있었다.

따라서 '벡'은 유목 경제의 취약성 때문에 일어날 수도 있는 유목민들의 이탈을 막고 자신의 '바그'나 '일'의 항상성을 유지하기 위해 재화의 분배 내지는 공급자로서 적극 노력하는 '자기 부정적인 면모'도 보여야 했다. 또한 이를 위해 지도자로서의 기본적인 능력, 즉 '현명함賢(bilge)' 과 '용맹함勇(alp)' 같은 덕목을 갖춰야 했다. 이것은 신화 내용에서 누르투르크 샤드가 특이한 기운을 느껴 바람과 비를 부를 수 있을 뿐만 아니라 불을 피워 사람들을 살게 해주었다고 한 것이나 아사나 샤드가 열 명의 아들 가운데 나무를 향해 가장 높이 뛰어 지도자가 되었다고 한 기록처럼 '능력이 있는 존재'였다는 묘사와도 연결된다. 이런 능력을 가진 아사나의 지도자가 '돌궐'이라고 부르는 단위를 이끌어갔기 때문에 열 개 정도의 '바그'를 거느린 부족 단위 크기의 '일'을 만들고, 그 내부에 자신을 중

學』9, 1986, pp. 93~124).

심으로 한 서열 관계를 구축할 수 있었던 것이다.

'돌궐'의 '벡'은 이런 과정을 거치면서 성장해 유목 세계 안에 새로운 부족 정도 크기의 연합 체제를 만들고, 이들 상호 간의 갈등을 해소하기 위해 권위를 강화하려고 했다. 이것의 성공을 통해 전보다 결합력이 더욱 강한 '부족연합체部族聯合體(tribe confederation)', 즉 더 큰 규모의 새로운 '일'을 만들어낼 수 있었다. 이는 기존의 일을 대표하는 추장들보다 상위의 지도자인 '대추大酋'[130]의 등장으로 이어졌다. 이후 부족연합체 정도 크기의 '일'을 이끄는 지도자는 자신을 중심으로 세력을 통합해 유목 국가를 만들려고 했으며, 실제 상쟁 과정을 거치면서 새로운 유목 국가가 출현하기도 했다.

이 과정에서 유목 지도자는 새로운 부족연합체 정도의 단위를 구성한 다음 이것을 보다 발전시키기 위해 '일'을 초부족적인 구조로 전환시키려고 했다. 이 초부족적인 구조는 여러 지도자가 병립할 수밖에 없는 느슨한 부족연합체를 극복한 강력한 존재의 등장을 요구했다. 이런 과정을 거치면서 '대추'는 이제 자연 발생적인 추장의 명칭인 '벡'이 아니라 '샤드'라든가 '야브구' 같은 관칭을 가져야만 했다. 그의 위상은 정치적인 성격을 띠면서 다양한 유목 집단을 거느리는 존재였으며, 그 기초는 유목 부락들을 군사적으로 강력하게 제압하는 것이었다.

대추에게는 부락민들의 자발적인 참여를 유도하기 위해 정주 지역으로부터 획득한 고부가가치의 재화를 혜시惠施하는 일도 중요했다. 이와 관련해 기존의 유목 지도자와는 차원이 다른 대외 교섭이 필요할 수밖에 없었다. 그리고 이것은 자연 발생적인 권위에 기초한 '벡' 정도의 위상으로

---

130) 대추大酋는 '큰 추장'을 의미하는 고대 투르크어 울루그 벡Ulugh beg의 한자 표기로, 중국에서 추장들의 층차를 구분하기 위해 만들어진 번역 명칭이라고 추정된다. 유목 세계에서는 실제 관칭이 아닌 자연 발생적인 추장을 의미하는 '벡'이 규모와 상관없이 모두 일정한 규모를 가진 부락의 지도자 명칭으로 사용되었다.

감당할 수 있는 일이 아니었다. 특히 재화를 획득하고 자신의 위상을 합법적으로 승인받을 수 있는 거대 정주 국가인 중국과의 관계를 고려하면 그의 위상 변화는 매우 중요했다. 왜냐하면 '대추'가 자신의 권위를 중국으로부터 인정받거나 오히려 중국에 압력을 가할 수 있을 정도의 능력과 위상을 갖추면 경제적 이익을 독점하며 유목 세계 내에서 패권도 장악할 수 있었기 때문이다. 따라서 '대추'는 중국에 압력을 가하거나 자신의 권위를 보여줄 군사적 기반을 확보하기 위해 가능하면 자신에게 협조할 수 있는 '일', 즉 부락들을 확보해야만 했다.

이는 기존의 느슨한 부족연합 정도가 아니라 이들을 강력하게 묶어낼 수 있는 새로운 권위를 확립한 '일', 즉 강력한 부족연합체의 건설로 이어졌다. 이것이 바로 고대 유목 국가로 발전하기 위한 기초였으며 대외 관계를 설정하는 토대가 되었다. '대추'는 중국과의 관계를 유지하기 위해 '초부락적超部落的'인 권위를 확보함과 동시에 확보한 재화를 자기가 차지하지 않고 이타적으로 나누어주려는 모습도 보여주었다. 이렇게 부락 구조를 '초부락적'인 것으로 전환시킨 '대추'는 이를 바탕으로 유목 세계 내의 기존 권위를 해소하고, 자신을 중심으로 한 내적 결속력을 확보하기 위해 개별 구성원인 '보둔'을 새롭게 재편하려고 했다. 이를 기초로 대외적 우위를 확보해 내부에 존재할 수도 있는 원심적인 경향을 극복한 초부락적 질서를 확립함으로써 유목 세계를 대표하는 군주인 '카간'으로 발돋움할 수 있었다. 이상과 같은 다양한 방식을 관철시켜 얼마나 성공적으로 이루어내느냐에 따라 고대 유목 국가 건설의 성공 여부가 결정되었다.

'대추'로서의 위상을 갖게 된 튀멘은 실제로 550년에 자신보다 강력한 세력이었던 철륵을 복속시켜 과거 아사나를 중심으로 형성된 '돌궐'이라고 하는 작은 단위가 아닌 '초부락적인 단계'로의 발전을 도모하려고 했다. 이는 특히 이제까지 자신에게 강력한 위협이었던 서부의 철륵을 복속시켜 군사적 기반을 마련함으로써 부족연합체를 만들어내기 위한 노력으

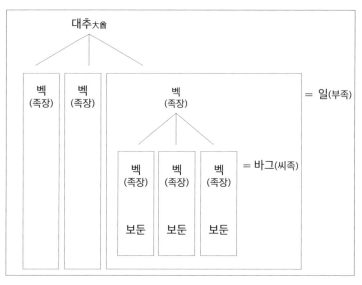

〈그림 11〉 부족연합체 규모 정도의 '일' 구조

로 이어졌다. 튀멘이 이에 성공함에 따라 돌궐이라고 불리는 '일'의 규모
는 확대되고 그에 편제된 구성원 역시 다양해졌으며, 동시에 아사나는 과
거보다 더욱 강력한 지배 집단이 될 수 있었다. 또한 튀멘은 이제까지 자
신과 병렬적 관계였던 여타 집단과 함께 새롭게 복속된 집단을 재편함으
로써 새로운 '일'로의 발전을 꾀하려 했다.

　이상과 같은 단계를 밟았을 튀멘의 초기 세력 구축 과정은 기록이 없어
정확히 밝혀내기 어려우나 이를 보다 쉽게 이해하기 위해 기존의 연구에
서 제시한 분석틀인 고대 유목 국가의 구조 도식화를 원용해 다음과 같이
정리해볼 수 있다. 이에 따르면, 고대 유목 국가 내부에는 피라미드형으로
이루어진 구조의 최고 상위에 '핵심(중핵中核) 집단'이 있으며, 그 아래에
'연맹聯盟 집단'과 '종속從屬 집단' 그리고 '부용附庸 집단' 등이 존재한다
고 한다.[131] 다만 이것은 유목 국가가 건설된 뒤 다양한 집단이 하나의 체
계를 갖추었을 때 보여주는 기본 모식이니 건국 이전에 튀멘이 만들어낸

'일'은 그보다 규모도 작고 체계적이지 않았을 것이다.

이런 일반적인 모식을 기초로 아사나의 성장 과정을 단계적으로 정리해보면, 아사나의 추장은 신화 내용에서 확인할 수 있는 것처럼 추위에 떠는 백성에게 불을 가져다준다거나 나무를 뛰어넘는 남다른 능력과 대장장이로서의 특수한 기능을 갖추어 이른바 열 개의 '바그'로 이루어진 '돌궐'이라고 하는 '일'의 핵심 집단 관리자인 '벡'이 될 수 있었다. 아사나는 그 내부에서 자신과 반족半族인 인척 집단과 결혼했을 것으로 짐작되는데, 이는 정확한 기록이 없어 알 수 없다. 다만 사료 (D)의 기록에 따르면 사리 집안 출신이었다고 추정된다. 왜냐하면 이와 같은 신화 기록을 통해 양자의 관계가 아주 긴밀했으며, 그 결합이 돌궐이 발전하는 데 중요한 역할을 했다는 추정을 할 수 있기 때문이다.

여기서 중요한 점은 세력을 확대하는 과정에서 보여준 인척 집단의 역할이다. 과거 흉노처럼 군장인 선우를 배출한 혁련제씨虛攣鞮氏와 그 배우자 연지閼氏를 배출한 외척 집단인 호연씨呼衍氏, 난씨蘭氏, 구림씨丘林氏 등이 주로 감찰 등의 임무를 담당했다고 한 것[132]이나 이후 제2제국 시기에 아사덕이 아사나와 연합 정권을 형성하는 등의 양상에서 확인할 수 있듯이 인척 집단이 군주를 배출하는 집단과 가장 밀착해서 군주가 세력을 확대하는 데 결정적인 역할을 했음이 분명하나 아직 정확하게 밝혀진 것은 없다.

또한 돌궐의 세력이 확대되어 부족연합체 정도의 규모를 갖춘 '일'이 등장하자 이제까지 어느 정도 병렬적이었던 일 내부에도 층위가 발생하면서 핵심 집단을 제외하고 이제까지 하나의 '돌궐'을 형성했던 여타 집단들이 연맹 집단으로 변모했다. 이들은 같은 부계에서 나왔다는 인식을

---

131) Omeljan Pritsak, "Stammesnamen und Titulaturen der Altaischen Vöker", *Ural Altaische Jahre bücher* 24-1·2, 1952, pp. 52~53; 金浩東, 앞의 논문, 1989, pp. 270~271.

132) 護雅夫, 앞의 책, 1992, p. 19.

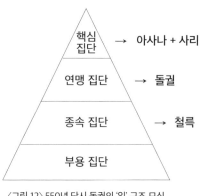

핵심
집단 → 아사나 + 사리

연맹 집단 → 돌궐

종속 집단 → 철륵

부용 집단

〈그림 12〉 550년 당시 돌궐의 '일' 구조 모식

바탕으로 강력한 유대의식을 공유하며 하나의 세력인 '돌궐'로 발전했기 때문에 핵심 집단과 자신들이 공동 운명체라고 여겼다. 따라서 이들을 기초로 다른 족속들을 포섭하면서 부족연합체가 형성되었고, 핵심 집단의 지도자인 아사나의 추장 튀멘 역시 자신을 자연 발생적인 의미의 추장인 '벡'이 아니라 '샤드'라든가 '야브구' 같은 관직명으로 칭할 수 있었다.

이렇게 튀멘은 새로운 부족연합체를 구성하고 자신을 만호장이라는 자연 발생적인 칭호와 함께 '울루그 야브구'라고 칭했다. 울루그 야브구가 되었다는 것은 앞에서 지적한 것처럼 건국 이후에 추존한 것일 수도 있으나 이 무렵 그가 서위와 본격적인 교섭을 시작할 만큼 상당한 세력으로 성장했음을 반영한다. 또한 튀멘은 550년에 유연을 공격하러 가던 숙적 철륵을 기습 공격해 격파하고, 그의 5만 가를 사로잡아 종속 집단으로 편제했을 뿐만 아니라 군사적으로도 동원했다. 튀멘은 이런 과정을 거치면서 아직 유목 국가까지는 아니지만 기존 체제를 하위 집단을 가진 좀 더 확대된 부족연합체로 한 단계 도약시켰으며, 자신은 이전과 달리 '대추' 정도의 위상을 가진 존재가 되었다.

이처럼 아사나를 배경으로 성장한 튀멘은 자신의 지배력을 보다 확대하기 위해 기존 부족연합체 규모의 단위를 해체해야만 했다. 그리고 종실,

즉 핵심 집단의 일원을 그 통치자로 삼아 병렬식 체제에서 벗어나 수직 체계를 갖는 국가 조직을 만들었다. 이와 함께 다른 유목 부락들을 복속시켜 확대된 종속 집단을 그의 하위에 편입시키고, 이들에 대한 강력한 지배를 관철시킴으로써 느슨한 부족연합체가 아니라 이를 뛰어넘는 강력한 유목 국가를 건설할 수 있었다. 튀멘은 이를 위해 반드시 기존의 권위인 유연을 무너뜨리고 몽골 초원의 패권을 빼앗아야만 했으며, 이는 552년 몽골 초원으로의 진출과 유연에 대한 공격으로 이어졌다. 따라서 돌궐이 몽골 초원의 패자인 유연과의 대결에서 어떤 승부를 거두느냐는 몽골 초원만이 아니라 나아가 유라시아 초원 전체의 운명도 바꿀 수 있는 중요한 전환점이 될 수밖에 없었던 것이다.

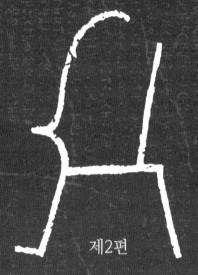

제2편

# 돌궐 제1제국
## 552~630

- 거대 유목제국으로의 발전과 한계 -

# 1장

# 지역 단위 유목 국가에서
# 거대 유목제국으로의 발전(552~579)

## 1. 몽골 초원 장악과 아사나 중심 국가의 성립

551년 중가리아에서 철륵을 병합하는 데 성공해 자신감을 갖게 된 아사나의 추장 튀멘은 그 직후 바로 유연에 청혼을 했다. 이는 모두 자신의 위상을 높이려는 것이었는데, 유연의 칙련두병두벌 카간(아나괴)은 파견된 사신에게 "너희는 나의 대장장이에 불과한 놈(鍛奴)인데, 어찌 나에게 이런 말을 할 수 있단 말이냐?"라고 화를 내며 단호하게 거절했다. 이에 튀멘 역시 화를 내며 자신을 방문한 유연의 사신을 죽여버리고 관계를 단절한 다음 서위에 청혼을 해 우문태가 보낸 장락공주長樂公主를 아내로 맞아들였다.[1] 이것은 튀멘이 몽골 초원에 진출하기 위해 청혼을 빌미로 유연을 도발한 것이었으며, 다른 한편으로 유연과 대결을 벌이는 북중국의 서위를 확실하게 자기편으로 끌어들이려는 책략의 결과였다.

---

1) 『周書』 권50 「異域傳」 下, p. 908.

이 일로 서위의 전폭적인 지원을 받게 된 튀멘은 이를 발판으로 552년 정월 몽골 초원에 대한 원정을 감행해 회황진懷荒鎭(지금의 허베이성河北省 장베이현張北縣) 북쪽에서 유연을 대파하고 칙련두병두벌 카간을 자살하게 만들었다. 그 뒤에 튀멘은 자신을 유목 세계 최고의 지배자인 카간, 즉 일릭 카간(Ilig qaghan으로 추정. 이리가한伊利可汗, 재위 552~553. 나라의 임금을 의미)이라고 일컬었다. 그리고 자신의 나라를 '돌궐', 곧 '푸른 또는 신성한 투르크'라는 의미[2]를 가진 '쾩 투르크Kök Türk'라고 칭하며 건국을 공식화했다.[3]

이를 통해 톈산 산맥의 북쪽 바르콜 분지에서 발생해 금산 남쪽으로 이주한 다음 유연의 지배하에 있던 아사나라는 집단은 이제 몽골 초원을 무대로 '돌궐'이라고 불리는 유목 국가를 건설한 새로운 '황금씨족'으로 발돋움할 수 있었다. 유연의 갑작스런 붕괴와 스스로 돌궐이라고 칭한 새로운 유목 국가의 출현은 5세기 이후 유연을 중심으로 펼쳐졌던 초원의 질서에 변화를 가져다주는 변수가 될 수밖에 없었다.

이런 움직임은 완전한 대체가 아니라 유연의 일부만을 격파한 것일 뿐이기에 찻잔 속의 소용돌이 같은 작은 변수에 그칠 수도 있었다. 하지만 이후 그의 성공 여부에 따라 초원이 새로운 질서로 재편되는 소용돌이에 휩싸일 수도 있었다는 점에서 그의 행보는 매우 중요했다. 이 같은 건국 과정은 일릭 카간이 돌궐을 과거 아사나 집단을 중심으로 열 개의 부락이 모인 자연 발생적인 '일' 내지는 많지 않은 종속 집단을 일부 포괄한 부족 연합체 정도의 '일'이 아니라, 정치적 성격이 강한 초부족적인 국가 규모의 '일'로 변모시키려는 노력과 맞물려 있었다.

---

2) 그는 산스크리트어梵語로 '광대한' 또는 '부유한'이라는 의미를 갖는 '부만Bhuman'과 관련 있다고 추정되는, 고대 투르크 비문에 '부믄 카간Bumïn qaghan'이라고 기록된 인물과 동일인으로 여겨지나 이런 의미는 정확하게 알 수 없다.
3) 『周書』 권50 「異域傳」, p. 909.

이와 관련해 신생 국가의 군주인 일릭 카간은 자신의 권력을 공고화하기 위해 가장 먼저 국가 체제를 갖추는 일을 추진했다. 그는 아사나 종실 자제들에게 '테긴tegin(특근特勤)'을 주고, 그 가운데 군대를 통솔하는 지휘관에게는 '샤드shad(설設)'라는 칭호를 부여한 다음 그 아래에 필요한 관제를 설치했다.[4] 이는 모두 아사나 종실 권력을 강화함으로써 병렬적인 체제를 수직적 계통을 갖는 국가 조직으로 재편하려는 것으로, 과거 흉노 이래 계속된 지배 집단의 강화를 통한 지배력 확대라는 일반적인 양상과 궤를 같이하는 일이었다.[5]

또한 일릭 카간은 아사나를 중심으로 한 유목 국가 체제를 확립한 것에서 그치지 않고 이를 바탕으로 유목 부락들을 통합하는 데 온 힘을 기울였다. 지배 영역을 확보해서 범위를 설정하는 정주 국가와 달리 유목 국가에서는 일정 영역을 차지하는 주민인 '보둔(백성)'을 장악하는 것이 중요했다. 따라서 일릭 카간은 몽골 초원으로, 그의 동생인 이스테미(Ishtemi로 추정. 실점밀室點密, ?~575)는 서부 톈산 산맥 북방에 위치한 율두즈Yulduz 계곡에서 서방으로 진출해 '보둔'을 확보하기 위해 노력했다. 이 자체가 바로 유목 국가를 건설하는 과정이었는데, 이때 가장 우선해야 할 일은 유연의 잔여 세력을 완전히 제압하고 몽골 초원에 대한 지배력을 확립해 유일한 지배자로서 위상을 확인받는 것이었다. 나아가 이를 바탕으로 중국을

---

4) 『資治通鑑』 권164 梁簡文帝 承聖 元年(552), p. 11684.

5) 흉노의 관제는 유목 국가의 기본형이 되어, 좌우 구분과 24등급은 이후에도 원용되었다. 관련 내용을 소개하면 다음과 같다. "선우單于 밑에 좌우左右 현왕賢王, 좌우 곡려왕谷蠡王, 좌우 대장大將, 좌우 대도위大都尉, 좌우 대당호大當戶, 좌우 골도후骨都侯를 두었다. 흉노에서는 '어질다賢'는 말을 도기屠耆라고 했으며, 그래서 늘 태자太子를 좌도기왕左屠耆王이라고도 불렀다. 또 우현왕左賢王과 우현왕 이하 당호當戶에 이르기까지 크게는 만 명에서 몇천 명을 거느리는 통솔자가 모두 24장長 있었는데, 이들을 만기萬騎라 불렀다."(『史記』 권110 「匈奴傳」, p. 2890; 護雅夫, 「北アジア古代遊牧國家の構造」, 『岩波講座 世界歷史』 6, 東京: 岩波書店, 1971; Omeljan Pritsak, "Die 24 Ta-ch'ên: Studie zur Geschichte des Verwaltungsaufbaus der Hsiung-nu Reidie", *Oriens Extremus* 1, 1954.)

압박하거나 아니면 위상을 인정받을 만한 수준에 올라가야 했다.

그런데 552년 당시 돌궐의 초기 국가 건설 과정에 대해서는 북중국의 상황과 일부 직접 관계가 있던 유연의 몰락 과정 정도만 알려졌을 뿐 별다른 기록이 없다. 즉 돌궐의 세력이 확대되면서 유연을 대신해 몽골 초원의 유목 세력들을 장악해가는 과정을 알 수 있는 초원 내부의 동향 내지는 건국 초기에 종실 자제들에게 분봉分封하는 등 국가 체제 정비와 관련된 기록이 전혀 없다. 이 무렵인 553년에 일릭 카간이 사망하고 그를 이어 카라(Qara로 추정. 과라科羅)가 아이 카간(Ay qaghan으로 추정. 아일가한阿逸可汗, 재위 553)[6]으로 즉위한 것 정도만 알 수 있을 뿐이다.[7] 게다가 아이 카간마저 즉위한 뒤 유연에 대한 공세를 펼치다 바로 사망해버렸기 때문에 돌궐이 어떤 과정을 거쳐 초기의 상황을 수습하면서 세력화할 수 있었는지는 더

---

6) 『주서』에는 을식기가한乙息記可汗, 『북사』에는 아일가한阿逸可汗과 을식기가한, 『수서』에는 일가한逸可汗으로 달리 기록되어 있다. 그의 공식 명칭은 『북사』의 '아일가한'이 정확한 것으로 추정된다. 왜냐하면 아일가한은 고대 투르크어 아이 카간Ay qaghan의 음사로 돌궐에서 첫 번째 카간을 '태양日(kün)'의 화신으로 이해하고, 두 번째 카간을 '달月(ay)'의 화신으로 이해했던 것과 연결 지어 볼 수 있기 때문이다(薛宗正, 앞의 책, 1992, p. 89). 그리고 다른 기록에 나오는 을식기가한은 고대 투르크어로 '두 번째 카간'을 의미하는 이킨지 카간Ikinci qaghan의 음사로 추정된다.

7) 돌궐 초기에 카간의 계승은 이리가한伊利可汗과 아일가한이 부자 관계인가 아니면 형제 관계로 계승된 것인가 하는 점이 불분명해 논쟁거리가 되었다. 왜냐하면 둘의 관계에 대한 기록이 분명하지 않을 뿐만 아니라 기존에 남아 있는 한문 자료에 대한 해석 여하에 따라 관계가 달라질 수 있기 때문이다. 『주서』에는 아일가한이 이리가한의 아들이며, 아일가한이 사망한 뒤에 그의 동생인 목한가한木汗可汗이 즉위했다고 되어 있다. 반면 『수서』에서는 이리가한, 아일가한, 목한가한, 타발가한他鉢可汗이 모두 형제 관계였다고 했다. 이를 기초로 많은 연구가 이루어졌는데, 대표적으로 모리 마사오는 전자의 입장에 동조하고(護雅夫, 앞의 책, 1967, pp. 235~250), 쉐쭝정과 이세 센타로伊瀨仙太郎는 후자의 입장에 동조했다(薛宗正, 앞의 책, 1992, p. 89~91; 伊瀨仙太郎, 「突厥初期の可汗系譜について」, 『東洋學報』 38-4, 1956). 돌궐의 초기 계승 문제는 이 외에도 비슷한 논쟁이 계속되었다는 점에서 중요하다. 이상의 문제는 보다 체계적인 분석이 요구되고, 또한 기존 사료의 채택 여부에 따라 연구자의 입장이 달라질 수 있다는 점에서 신중한 이해가 필요하다. 그럼에도 이후의 서돌궐 카간 계승 문제와 연결 지어 볼 때 『주서』와 『북사』의 기록에 의거해 이리가한과 아일가한을 부자 관계로 보는 것이 더 타당하다고 여겨진다.

욱 알기가 어렵다.

　이상과 같은 건국 초기 군주의 잦은 교체는 신생 돌궐에 분명 심각한 타격을 줄 만큼 중요한 변수였다. 대체로 유목 군주의 교체는 새로운 건국을 반복한다고 할 정도로 중요한 과정이었는데, 권력이 안정화되지 않은 상태에서 이런 일이 반복되었다면 어려움이 더 클 수밖에 없었다. 이에 대해서도 역시 전혀 알려진 바가 없는데, 이것은 자체 기록이 없는 상황에서 중국의 관심 사항이 아니었기 때문이다. 한문 사서의 경우 돌궐 자체의 기본적인 특징과 자신들과의 관계 정도만 남기는 것이 일반적인 서술 방식이었다.[8] 따라서 건국 이후 두 차례에 걸쳐 군주 교체가 있었던 돌궐이 내적으로 어떤 상황에 처해 있었고, 그것을 처리하면서 어떻게 외부적인 발전을 이루어나갔는가 하는 점은 더욱 알기가 어렵다.

　초기 기록이 전무하더라도 돌궐의 카간들이 이런 어려움을 잘 수습하고 새로운 유목 권력을 확립했다는 점에서 이에 대한 연구는 무엇보다 절실하다. 왜냐하면 카간이 어떤 과정을 거쳐 권위를 확립하면서 유목 국가 체제를 구축할 수 있었는가 하는 점은 돌궐 건국과 그 후의 발전을 이해하는 기초이기 때문이다. 특히 이것은 초부족적인 국가 규모의 '일'을 건설하는 과정에서 어떤 '보둔(백성)'을 확보해 어떻게 재조직하고 통제해냈느냐에 관한 구체적인 확인 과정이다. 따라서 이하에서는 돌궐의 비문 자료에 남아 있는 건국 초기에 대한 회상 기록과 한문 자료에 남아 있는 투르크계 유목 부락(철륵)에 관한 내용을 엮어 초기의 실상을 확인해보려고 한다.

　먼저 제2제국 시기(682~745)에 빌게 카간이 죽은 동생을 애도하면서 732년에 세운 〈퀼 테긴 비문〉[9]을 보면, 일릭 카간(비문 자료에는 부믄 카간으

---

8) 동북아역사재단 편, 『譯註 中國 正史 外國傳 8: 周書 · 隋書 外國傳 譯註』, 동북아역사재단, 2010, pp. 21~24.

9) 이 책에 인용된 고대 투르크 비문의 소개와 전사, 번역 등의 연구에 대해서는 부록 내용 참조. 이 책에서 인용한 고대 투르크 비문 가운데 〈퀼 테긴 비문〉은 KT, 〈빌게 카간 비문〉은 BQ,

로 표기)의 업적과 함께 사후에 열린 장례식과 거기에 참가했던 조문 사절에 관한 내용이 남아 있다. 이를 통해 건국 초기 돌궐에 복속된 초원의 유목 부락들과 국제 관계에 대해 정리해볼 수 있다.

(KT: 동:01) 위로 푸른 하늘이 아래로 누런 땅이 만들어졌을 때 둘 사이에서 사람의 아들이 만들어졌다고 한다. 사람의 아들 위에 **나의 조상이신 부믄 카간과 이스테미 카간이 앉으셨다고 한다. 그분들께서 앉아 투르크 보둔의 일과 퇴뤼**[10] **를 잡아주셨다고 한다.** 가지런하게 하셨다고 한다. (동:02) 〔이 무렵 그분들을 둘러싼〕 네 곳이 모두 적이었다고 한다. 그분들께서 군대를 몰아 네 곳에 있는 보둔들을 모두 얻으셨다고 한다. 모두 복종하게 만드셨다고 한다. 그분들께서 머리가 있는 자들을 숙이게 만드셨다고 한다. 그분들께서 무릎 있는 자들을 꿇게 만드셨다고 한다. 그분들께서 **동쪽으로는 카드르칸 이쉬까지, 서쪽으로는 테미르 카프그까지** 〔보둔을〕 자리 잡게 하셨다고 한다. **그분들께서 이 둘 사이에서** (동:03) **전혀 묶이지 않았던 퀵 투르크를 그렇게** 〔하나로〕 **있게 만드셨다고 한다.** 그분들께서는 **현명**한 카간이셨으며, **용감**한 카간이셨다고 한다. 그분들의 부의룩(대신)도 현명했다고 한다, 분명히! 용감했다고 한다, 분명히! 그분들의 벡(관리)도 보둔도 어울렸다고 한다. 때문에 그분들께서는 일(나라)을 그렇게

---

〈톤유쿠크 비문〉은 TN 등으로 약칭했다. 비문의 번역문에서 고유한 성격을 띤 용어는 가능하면 고대 투르크어를 그대로 사용하고 괄호 안에 해당되는 번역을 넣었으며 고유명사의 전사는 가능하면 비문 자체의 표기에 따라 기록하는 것을 원칙으로 했는데, 이미 통용되어 관습적으로 굳어진 용어는 괄호 안에 전사와 관용적으로 사용되는 표현을 병기했다.

10) 퇴뤼törü는 사전적으로 국가를 통치하는 데 기본이 되는 '조법祖法'이라는 소극적 의미와 '조상으로부터 물려받은 유무형有無形의 전통'이라는 적극적인 의미가 있다(Sir Gerard Clauson, 앞의 책, 1972, pp. 531~532; Д. М. Наделяев, 앞의 책, 1969, p. 581; İbrahim Kafesoğlu, 앞의 책, 1987, pp. 34~36). 이 개념은 돌궐이 국가를 건설하는 가장 중요한 기준이자 후손이 지켜야 할 규범 같은 것인데, 경우에 따라 중층적 개념으로 사용되기 때문에 정확하게 하나의 대응 개념으로 번역하기가 어렵다는 점에서 이를 번역하지 않고 그대로 사용했다. 왜냐하면 이것 자체가 고대 유목 국가의 성격을 잘 보여준다고 판단했기 때문이다.

잡으실 수 있었다고 한다, 분명히! 그분들께서는 [위에서 말한 것처럼] **일을 잡으시고 퇴뤼를 엮으셨다고 한다.** [당신들] 자신은 그렇게 [많은 일을] 하시고 (동:04) 돌아가셨다고 한다. **문상객으로 앞으로는 해가 뜨는 곳에 있는 뵉클리, 췰뤽 엘, 타브가치, 퇴퓌트, 파르, 푸룸, 크르크즈, 위취 쿠르칸, 오투즈 타타르, 크탄, 타타브, 이만큼의 보둔이 와서 울었다고 한다. 조문했다고 한다.** 그분들께서는 그렇게 할 만큼이나 유명한 카간이셨다고 한다. (강조는 인용자)

이상의 내용은 180여 년이 지난 뒤 후손이 나라를 건국한 두 카간의 위업을 찬양한 것이다. 따라서 위의 내용은 조상의 영광에 대한 기록이라 사실을 그대로 반영했다고 보기는 어렵다. 내용의 일부는 후손들이 과거의 역사를 과장 내지는 미화한 것일 수도 있다. 그럼에도 이 가운데 역사적인 사실로 인정할 만한 부분들이 있는데, 그중 하나는 초기 돌궐의 발전을 보여주는 영역 판도에 대한 기록이다. 즉 건국 초기의 상황을 적시한 것은 아니나 최대의 판도를 차지했던 시점의 양상과 일치한다. 다른 한편으로 나열한 조문 사절을 통해 당시 복속되었던 '보둔'과 그 밖에 위치한 인접 국가를 확인시켜준다는 점에서 '일'의 구조와 외연을 파악하게 한다.

이를 위해 나열된 조문 사절에 대한 이해가 필요한데, 위에 나열된 순서만으로는 그 성격을 분명하게 알기가 어렵다. 따라서 필자가 정한 기준에 따라 이들을 둘로 나누어 뵉클리Bökli · 타브가치Tabghach · 퇴퓌트Töpüt · 파르Par · 푸룸Purum 등을 하나로 묶고, 췰뤽 엘Chöllüg el · 크르크즈qïrqïz · 위취 쿠르칸Üch Quriqan · 오투즈 타타르Otuz tatar · 크탄Qïtañ · 타타브Tatabï 등을 다른 하나로 묶을 수 있다. 이런 구분은 여타 비문의 기록에 의거해 명칭 다음에 카간을 병칭하는 등 돌궐이 하나의 국가로 상정하고 쓴 용례가 발견된다는 점에 기초했다. 이에 따르면 전자는 외교 관계를 맺고 있어 조문을 위해 사절을 파견할 만한 국가이고, 후자는 그런 국가들과는 달리 돌궐에 복속된 작은 세력 내지는 족속들이다.

이렇게 둘로 구분된 집단 중에서 돌궐의 초기 국가 건설 과정을 해명하기 위해 우선적으로 검토해야 할 대상은 국가 체제를 확대하는 과정에서 편제된 종속 집단과 부용 집단인데, 이들은 후자로 열거된 것들이다. 이 가운데 가장 주목받은 것은 '칠뢱 엘'인데, 이에 대해서는 이미 다양한 연구가 이루어졌음에도 아직 실제가 정확하게 밝혀지지 않았다. 하지만 이를 '초원의 부락'이라고 번역할 수 있다는 점[11]에서 어떤 특정한 유목 부락을 지칭한 것이라기보다 몽골 초원에 있던 유목 부락들의 통칭 정도로 보인다. 즉 이들은 몽골 초원에 있던 유목 족속들을 모두 포괄하는 것으로 국가 내에서 가장 중요한 종속 집단을 구성하는 대상이었다.

이 외에 크르크즈, 위취 쿠르칸, 오투즈 타타르, 크탄, 타타브 등은 이들과 달리 거주 위치로 볼 때 몽골 초원의 외곽에 자리했다. 한문 기록에 따르면 키르기스를 가리키는 크르크즈는 계골契骨, 세 개의 집단으로 이루어졌던 위취 쿠르칸은 삼성 골리간三姓骨利幹, 30개의 집단으로 이루어진 오투즈 타타르는 삼십성 달단三十姓達靼, 크탄은 거란契丹, 그리고 정확한

---

11) 최초의 번역자인 톰센V. Thomsen은 처음에 '동쪽의 힘센 이방인'이라고 새겼다가 그다음에는 '먼 뵉클리Bökli 민족'으로 고쳤다(Vilhelm Thomsen, *Inscriptions de l'Orkhon déchiffrées*, 1896, p. 98; V. Thomsen, "Gammel-Tyrkiske Indskrifter fra Mongoliet", *Samlede Afhandlinger* III, 1922, pp. 465~516). 이와 달리 라들로프W. Radloff는 '스텝에 사는 이'라고 새겼다. 톰센과 번역 경쟁을 했던 라들로프는 '칠'은 '사람이 살지 않는 땅, 스텝, 황무지로 사람이 살기 어려운 곳'이며, '칠뢱'은 '스텝을 가진 자, 스텝에 사는 자'라는 뜻이라고 주장했다(Wilhelm Radloff, *Versich eines Wörterbuches der Turk-Dialecte*, St. Petersburg 1888-1911, 1905, pp. 2043~2044). 이 책에서는 이런 주장의 연장 선상에서 테킨T. Tekin이 čöl(사막)+ig(소속의 토씨)를 '초원의', '초원에 있는'이라는 뜻이라고 설명했는데, 이에 따라서 번역했다(탈럇트 테킨, 이용성 역, 『돌궐어 문법』, 서울: 한국학술성보, 2012, p. 113). 이 부분은 뵉클리와 연칭되어 이것을 어떻게 해석하느냐에 따라 의미가 달라질 수 있다는 점에서 신중한 접근이 필요한데, 역사적 측면에서 당시 돌궐 내부의 상황을 고려해보면 이들을 초원의 부락으로 해석하는 것이 타당하다고 판단해 이와 같이 번역했다. 여기서 '엘'은 앞서 필자가 부족연합체 내지는 나라 등으로 번역한 '일'과 동일한 것인데, 유목 족속을 가리킨다는 점에서 '부락部落'이라고 번역했다.

대음은 안 되지만 타타브는 해奚와 대응된다. 이들 모두를 한문 기록과 연결시키면 크르크즈와 위취 쿠르칸은 북방에, 오투즈 타타르와 크탄과 타타브는 동부에 거주했다는 점에서 몽골 초원이 아니라 돌궐이 주변으로 확장되면서 부용 집단에 편제된 존재들이었다. 이와 달리 몽골 초원의 유목 부락들로서 초기에 돌궐에 복속되어 국가 체제를 확립하는 과정에서 가장 중요했던 것은 '초원의 부락Chöllüg el'이었다.

이들이 어떤 과정을 통해 편입되었는가를 살피는 것이 중요한데, 그 전제로 먼저 돌궐이 초기에 여전히 세력을 유지하던 유연의 권위를 어떻게 소멸시키며 대체해낼 수 있었는가를 살펴보아야 한다. 왜냐하면 돌궐이 그때까지 유연의 지배하에 있던 몽골 초원의 유목 부락들에 대한 통제력을 확보하는 것 자체가 유연을 무너뜨리는 것과 연관될 수밖에 없었기 때문이다. 이런 노력은 건국 직후 돌궐의 최대 현안이었던 유연에 대한 효과적인 공세와 함께 몽골 초원의 유목 부락들을 장악하는 데 초점이 맞추어질 수밖에 없었다.

먼저 552년 정월 돌궐의 기습을 받아 패배하면서 칙련두병두벌 카간이 죽은 뒤 유연의 주력이었던 그의 아들 암라진庵羅辰과 사촌 동생 등주사리登注俟利, 그리고 사촌 동생의 아들 고제庫提 등이 부락을 이끌고 동위東魏로 도망갔다. 이때 몽골 초원의 유연 잔여 세력들은 등주사리의 둘째 아들 철벌鐵伐을 카간으로 추대하고 재기를 도모했다. 하지만 유연은 세력을 확보하지 못하고 약화되었는데, 이는 철벌 카간이 553년 2월 동위의 도움을 받아 초원으로 돌아간 직후 거란에 의해 피살되었기 때문이다. 다시 그의 아버지 등주사리가 카간에 즉위했지만 그마저 바로 죽었다. 이어서 등주사리의 아들인 고제가 다시 카간으로 추대되나 약화된 유연의 권위는 회복되지 못했다.[12] 외부의 압박과 카간의 잦은 교체, 그리고 내부의

---

12) 『北史』 권98 「蠕蠕傳」, p. 3266.

분열로 유연은 다시 힘을 얻지 못한 채 급속히 해체될 수밖에 없었기 때문이다.

돌궐의 경우 553년 2월 일릭 카간이 사망한 뒤에 즉위한 아이 카간이 어떻게 내적인 체제 정비를 해나갔는지에 대해서는 이미 지적한 것처럼 기록이 별로 없다. 다만 그가 즉위한 후 동위와 대치하면서 유연에도 대응해야 했던 서위에 5만 필의 말을 보내 기존의 우호 관계를 확인한 것 정도가 기록으로 남아 있다.[13] 이는 유연의 잔여 세력이 동위에 들어가자 돌궐이 이를 견제하기 위해 서위와의 관계를 강화하려 노력한 것이었다. 이와 함께 아이 카간이 3월에 스스로 카간이라고 칭한 칙련두병두벌 카간의 숙부 등숙자鄧叔子를 옥야진沃野鎭(지금의 네이멍골 자치구 바얀누르시巴彦淖爾市 덩커우현磴口縣) 북방에 있는 목뢰산木賴山(지금 네이멍골 자치구 인산 산맥陰山山脈 서쪽 부분에 있는 낭산狼山)에서 격파한 것에 대한 기록이 남아 있을 뿐이다.[14]

이런 미미한 기록에도 불구하고 돌궐이 고비 남부까지 내려온 유연을 공격해 완전히 궤멸시키려고 한 점은 당시 유연에 대한 돌궐의 대대적인 공세를 잘 보여준다. 하지만 이 자체가 유연의 잔여 세력에 타격을 주었음은 분명하나 아주 결정적이지는 못했다. 왜냐하면 돌궐도 직후에 아이 카간이 사망하면서 내적인 문제가 생겨 공격을 멈추었기 때문이다. 이후 유연에 대한 돌궐의 대대적인 공세와 국가 체제의 확립은 차기 계승자 으둑(iduq으로 추정. 연도燕都)이 무칸 카간(Muqan qaghan으로 추정. 목한가한木汗可汗, 재위 553~572)[15]이라 칭하며 즉위한 11월에 들어서야 본격화되었다.

---

13) 『周書』 권50 「異域傳」 下, p. 909.

14) 위와 같음.

15) 『주서』에는 목한가한木汗可汗, 『수서』와 『북사』에는 목간가한木杆可汗이라고 기록되었는데, 이는 'q'의 음이 한汗 또는 간杆 모두로 음사될 수 있기 때문이다. 원래 이름은 관칭으로 보이는 이르킨Irkin(사근俟斤)이고, 다른 이름인 연도燕都는 고대 투르크어 으둑iduq의 음사로 추정되며 '성스럽다'는 의미다. 반면에 『통전』에는 연윤燕尹으로 쓰여 있는데, 이것은 잘못

이는 군주의 교체로 인한 내적 동의를 새롭게 구축하는 데 일정한 시간이 필요했음을 보여준다. 특히 건국 초기에 이런 요구가 더욱 컸을 것이라는 짐작을 해볼 수 있다.

이후 무칸 카간은 유연의 잔여 세력에 대한 공세를 폈고, 고제가 이끄는 집단은 크게 패한 뒤 고비를 넘어 북제北齊(550~577)로 대거 투항했다. 이때 이들을 받아들인 북제는 진양晉陽(지금의 산시성山西省 타이위안시太原市)까지 유연을 추격해 내려온 돌궐을 막아내고, 투항한 유연 세력을 자신의 통제 아래 둠으로써 북변의 안정을 확보하려고 했다. 이는 유연을 약화시키면서 동시에 돌궐을 막고자 한 것인데, 이를 위해 투항한 고제를 폐위시키고 대신 암라진을 카간으로 세워 마읍馬邑(지금의 산시성山西省 쉬저우시朔州市)에 살게 하고 위무했다.[16] 하지만 북제는 곧 암라진 역시 자신을 견제한다는 사실을 알아챘고, 결국 암라진이 554년 5월에 반기를 들자 문선제文宣帝(529~559, 재위 550~559)가 친정親征을 감행했다. 패배한 암라진은 다시 북쪽 초원으로 도망가야만 했다.

북제는 그 뒤에도 연이어 네 차례에 걸쳐 북벌을 벌여 555년 7월 유연의 잔여 세력 2만여 가를 사로잡았다. 이 과정에서 암라진이 이끄는 세력이 크게 약화되었는데, 이는 유연의 주력主力이 소멸했음을 의미했다. 별개로 할거하던 등숙자 역시 무칸 카간의 공격을 받아 패망했다.[17] 심지어 서위에 투항해 와 있던 유연 항호降戶 3000여 명이 돌궐의 요청으로 556년에 죽임을 당하기도 했다.[18] 유연은 이런 일련의 과정을 거치면서

---

된 기록으로 보인다. 그의 공식 명칭은 『예문유취藝文類聚』 권76 「경사돌궐사기京師突厥史記」에 '돌궐대이니온목한가한突厥大伊尼溫木汗可汗'으로 기록되어 있는데, 이는 고대 투르크어 '투르크 울루그 일 우란 무칸 카간Türk ulugh il uran muqan qaghan'의 음사로, 의미는 '투르크의 위대한 나라를 다스리는 현명한 카간'이었다고 추정된다.

16) 『北齊書』 권4 「文宣帝本紀」, p. 58.

17) 『北史』 권98 「蠕蠕傳」, pp. 3266~3267.

18) 위의 책, p. 3267.

더는 위협적인 존재가 되지 못하는 처지에 내몰렸으며, 결국 5세기 초부터 유지해왔던 몽골 초원의 패자로서의 지위를 완전히 잃은 채 영원히 소멸되어버렸다. 반면에 유연을 몰아낸 돌궐은 몽골 초원을 중심으로 한 유목 세계의 패권을 차지했다. 이는 돌궐에 유연의 지배 아래 있던 유목 집단들을 자신이 중심인 새로운 질서 속으로 편입시켜야만 하는 과제를 남겨주었다.

이 무렵 돌궐은 과거에 유연이 북위의 지속적인 약탈과 공격을 받아 제대로 발전하지 못했던 것과 달리, 북중국의 분열로 별다른 견제 없이 초원 내부의 안정을 확보할 수 있는 유리한 상황에 놓여 있었다. 삼국 시대가 전개됨에 따라 대결을 벌이던 북중국의 정권들은 모두 내부 문제로 인해 몽골 초원의 유목 정권을 전혀 견제할 수 있는 처지가 아니었다. 오히려 동위·북주와 대항해 열세에 있던 서위·북주 정권이 돌궐과 긴밀한 관계를 유지하려고 했다. 따라서 돌궐은 서위·북주 정권의 지원을 받아 내적인 안정을 확보할 수 있었다.

비록 구체적인 기록이 남아 있지 않아 분명하지 않지만, 이후 돌궐은 이런 여건을 바탕으로 유연을 무너뜨린 기세를 몰아 몽골 초원의 유목 부락들을 통합해 '일' 하위에 있는 종속 집단과 부용 집단을 확대했던 것으로 추정된다. 당시 유목 부락을 확보하는 정도는 실제 '보둔'을 구성하는 가장 중요한 전제로서 그 양적, 질적인 규모가 국가의 발전을 결정했다. 이런 예는 돌궐이 건국하기 전 자신보다 강력했던 중가리아의 투르크계 유목 부락(철륵)을 통합해 초보적인 국가 단계로 가기 위한 종속 집단을 구축했던 것에서도 확인된다. 즉 돌궐은 이미 550년에 투르크계 유목 부락 5만 가를 복속시켜 동원 가능한 군사적 기반으로 삼아 552년에 유연을 격파했던 것이다.[19]

---

19) 『周書』권50 「異域傳」下, p. 908.

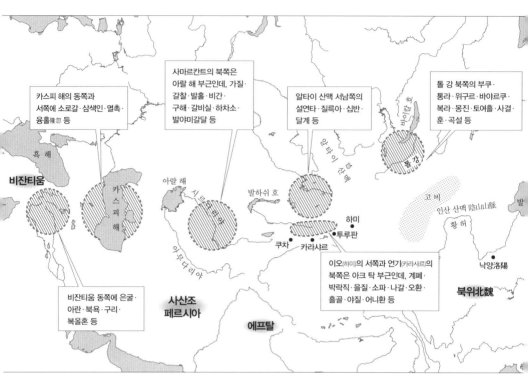

〈그림 1〉 『수서』에 기록되어 있는 철륵의 분포

　　돌궐 초기 국가 체제의 핵심이 된 보둔(백성), 즉 새로운 종속 집단은 이
상의 과정을 통해 확보되었고, 이에 대응되는 '초원의 부락Chöllüg el'의 실
제 구성은 『수서』에 남아 있는 유라시아 대륙 중앙부 초원에 거주했던 투
르크계 유목 부락의 총칭인 '철륵'에 대한 다음의 기록을 통해 확인해볼
수 있다.

　　철륵鐵勒의 선조는 흉노의 먼 후예인데, 종족이 가장 많았다. 서해西海[20] 동

---

20) 서해는 선진 시대先秦時代 기록에 서방西方에 있는 바다를 나타내는 범칭으로 사용되었는

쪽으로부터 산과 골짜기에 의지해 사는 부락들이 곳곳에 끊이지 않았다. 〔몽골 초원에 있는〕톨 강獨洛河 북쪽의 부쿠僕骨·통라同羅·위구르韋紇·바야르쿠拔也古·복라覆羅 등의 추장을 모두 이르킨俟斤이라 칭했고, 몽진蒙陳·토여흘吐如紇·사결思結·훈渾·곡설觚薛 등 여러 부락은 정예 병사가 2만 명이었다. 이오의 서쪽과 언기의 북쪽은 아크 탁白山 부근인데, 계폐契弊·박락직薄落職·을질乙咥·소파蘇婆·나갈那曷·오환烏讙·흘골紇骨·야질也咥·어니환於尼讙 등이 있었으며, 그들의 정예 병사는 2만 명을 헤아렸다. 알타이 산맥金山 서남쪽의 설연타薛延陁, 질륵아咥勒兒, 십반十槃, 달계達契 등 여러 부락에 1만 명의 병사가 있었다. 사마르칸트康國의 북쪽은 아랄 해阿得水 부근인데, 가질訶咥·갈찰曷嶻·발홀撥忽·비간比干·구해具海·갈비실曷比悉·하차소何嵯蘇·발야미갈달拔也未渴達 등 여러 부락에 3만여 명의 병사가 있었다. 카스피 해得嶷海의 동쪽과 서쪽에는 소로갈蘇路羯·삼색인三索咽·멸촉蔑促·살홀薩忽 등의 여러 부락이 있었으며, 8000여 명의 〔병사가〕 있었다. 비잔티움拂菻 동쪽에 바로 은굴恩屈·아란阿蘭·북욕北㖞·구리九離·복올혼伏嗢昏 등이 있는데, 〔병사가〕 거의 2만 명이었다. 바이칼 호北海 남쪽에 투바都波 등이 있었다. 비록 성씨는 각자 달랐지만 철륵이라 통칭했다. 모두 군장이 없고 동돌궐과 서돌궐에 나뉘어 속했다.[21] (강조는 인용자)

이 기록에 따르면 철륵은 유라시아 대륙 가운데 위치한 초원 전체에 걸쳐 아주 넓게 분포하는데, 이들이 모두 이 책에서 번역한 투르크계 유목 부락이었다고 단정하기는 어렵다.[22] 왜냐하면 한문 자료에서 이들을 모

___

데, 구체적으로 어디를 말하는지는 알 수 없다. 실제 지명으로의 비정은 거연해居延海(지금의 네이멍골 자치구에 위치), 바그라쉬 호博斯騰湖(지금의 신장위구르 자치구에 위치), 청해靑海(지금의 칭하이성靑海省 시닝시西寧市에 위치), 이식 쿨熱海(지금의 키르기스스탄에 위치), 발하쉬 호(지금의 카자흐스탄에 위치), 아랄 해咸海(지금의 우즈베키스탄에 위치), 카스피 해里海(지금의 이란과 투르크메니스탄, 러시아에 둘러싸인 내륙해), 페르시아 만의 아랍해, 인도양, 홍해 등 다양했다. 돌궐과 관련해 주로 아랄 해나 카스피 해 등으로 비정되었다.

21) 『隋書』 권84 「北狄傳」, pp. 1879~1880.

두 철륵이라고 했지만 이는 정확한 정보 없이 초원의 주민들을 하나로 묶은 것에 불과했기 때문이다. 그의 내원來源에 대한 구체적 검토가 필요하나 현실적으로 어려운 일이고, 여기서 다루어야 할 문제도 아니다. 그러므로 돌궐의 초기 국가 체제 내에 편입되었을 것으로 보이는 대상을 중심으로 검토해보면 다음과 같다.

이 가운데 당시 돌궐에 복속되어 국가 체제에 편제될 유목 집단들은 크게 톈산 산맥 주변과 중가리아, 그리고 몽골 초원에 있었다. 먼저 톈산 산맥 주변에 있던 존재들, 앞의 인용문에서 이오의 서쪽과 언기의 북쪽 아크탁Aq tagh(백산白山) 부근에 있던 계폐, 박락직, 을질, 소파, 나갈, 오환, 흘골, 야질, 어니환 등은 당시 서방의 통치자였던 이스테미의 통제 아래 있었다. 그리고 이들보다 더 동쪽인 알타이 산맥 서남쪽에 있던 설연타, 질륵아, 십반, 달계 등은 이곳이 원래 돌궐의 원주지 부근이었다는 점에서 건국 과정에서 포섭된 대상이었다. 또한 지금의 톨 강 북쪽에 있었다고 한 부쿠, 통라, 위구르, 바야르쿠, 복라와 이들보다는 작은 몽진, 토여흘, 사결, 훈, 곡설 등은 돌궐이 유연을 격파하고 몽골 초원을 차지한 뒤에 지배한 대상이었다. 이들 외에 이른바 '철륵'에 속하는 유목 부락들은 당대唐代에 가면 더 많이 기록되나 이 무렵에는 더 이상 다른 족속에 대한 기록이 없다.

따라서 위에 열거한 종족 가운데 돌궐이 몽골 초원을 차지하면서 포섭

---

22) 이 책에서는 철륵을 '투르크계 유목 부락'이라고 번역했는데, 『수서』에 나와 있는 족속들에 대해서는 구체적인 내원과 족적인 배경을 알 수 없어 모두 하나의 묶음으로 번역하기가 어렵다. 이것은 당대唐代의 사서史書들이 정확하게 하나의 족속으로 묶을 수 있는가에 대한 고민 없이 유라시아 대륙에 흩어진 유목 부락을 철륵이라고 범칭했기 때문이다. 위의 인용문에서는 이런 점을 고려해 철륵이라는 표현을 그대로 두었다. 필자는 다만 돌궐 시대에 몽골 초원에 있던 유목 부락들의 경우는 하나로 묶을 수 있다는 생각에서 '투르크계 유목 부락'이라는 용어를 사용했다. 개별 유목 부락들의 명칭 음사는 비문 자료 등의 기록을 통해 확인이 가능한 것도 있고 불가능한 것도 있다. 족속의 명칭 가운데 음사가 불가능한 것은 한자음을 그대로 쓸 수밖에 없었다.

한 대상은 열 개 정도의 부락으로 추정된다. 이런 숫자는 이후 기록에서 "돌궐이 강성한 이래로 투르크계 유목 부락(철륵)의 여러 부락이 흩어져 백성이 점차 줄어들고 약해졌다. 당나라 초기인 무덕武德 연간(618~624)에 이르러 설연타, 계필, 위구르Uyghur(韋紇), 투바Tuba(都播), 쿠르칸 Qurïqan(骨利幹), 다람갈, 부쿠Buqu(僕骨), 바야르쿠Bayïrqu(拔野古), 통라 Tongra(同羅), 훈Hun(渾), 이즈길Izgil(思結), 곡설, 해결, 아즈Az(阿跌), 백습白霫 등 대체로 열다섯이 고비 북쪽에 흩어져〔살고〕있었다"[23]라고 한 것과 비교된다. 후대에 족속의 숫자가 늘어난 것은 시대가 내려감에 따라 초원의 유목 부락들에 대한 중국의 이해가 깊어지면서 증감이 나타난 것으로 설명할 수 있다.

이런 두 기록을 비교해보면 동일한 것은 부쿠, 통라, 위구르, 바야르쿠, 이즈길, 훈, 곡설의 일곱 개뿐이다. 이와 달리 복라, 몽진, 토여흘 등은 이후에 없어지는데, 세력 재편 과정에서 해체되어 다른 부락에 편입되면서 사라졌다고 추정된다. 이후에 새롭게 기록된 여덟 개 중에서 건국 초기 서방에 있던 설연타와 계필 등은 동돌궐과 서돌궐이 갈등하는 가운데 세력화를 노리며 수말 당초隋末唐初에 몽골 초원으로 이주했기 때문에 기록될 수 있었다. 반면에 쿠르칸, 다람갈, 투바, 해결, 아즈, 백습 등은 이후 돌궐의 외연이 확대되면서 복속된 존재들로 대부분 몽골 초원의 중심부가 아니라 그 주변에 살았다. 이들은 7세기 중반 당조唐朝에 조공租貢하고 기미 지배를 받으며 알려진 것으로 보인다.[24] 따라서 '초원의 부락'이라고 한 것 가운데 돌궐 초기 몽골 초원에 있던 부락은 위에 나열한 부쿠, 통라, 위구르, 바야르쿠, 이즈길, 훈, 곡설, 복라, 몽진, 토여흘 등 열 개의 부락 정도로 추징할 수 있다.

---

23) 『舊唐書』 권199下 「北狄傳」, p. 5343.
24) 이들의 당대 이후의 움직임과 당조의 대응에 대해서는 제3편에서 자세히 다룰 것이다.

이들이 모두 당시에 어떻게 존재했는지는 알 수 없지만, 이후 세력화에 성공한 위구르 같은 경우에는 다음과 같은 기록이 남아 일부 모습을 추측해볼 수 있다.

"북위 시대에 철륵 부락[의 하나]로 불렸다. [원래] 그 무리는 아주 작았으나 **그 습속이 용맹하고 강했는데,** [이전에] 고차(이후의 철륵)에 의탁했다가 [이후에] 돌궐에 속하면서 근래에는 특륵特勒의 하나가 되었다고 한다. [원래 고차에 속했을 때는] 군장이 없고 주거가 일정하지 않으며 물과 풀을 따라 옮겨 다녔는데, **사람들의 성정이 흉악하고 잔인하나 말 타고 활 쏘는 것은 잘했으며 탐욕이 아주 심해 도둑질하는 것을 생업으로 삼았다. 돌궐이 나라를 건국한 이래로 동쪽과 서쪽을 정벌할 때 모두 그의 힘을 밑천으로 삼아 북방의 땅을 제압할 수 있었다"** 라고 했다.[25] (강조는 인용자)

위구르에 대해서는 시간이 흘러 당 초기가 되면, "셀렝게Selenge 강 부근에 살았는데 장안長安(지금의 산시성陝西省 시안시西安市)으로부터는 6900리 떨어져 있었고, 물과 풀을 따라다니면서 생활했으며 정예 병사가 5만, 인구가 10만 명이나 되었다"[26]라고 그들의 발전에 대해 기록한 내용을 확인할 수 있다. 이것은 몽골 초원에서 유목 생활을 하던 부락 중 하나였던 위구르가 원래 투르크계 유목 부락인 고차('특륵'은 철륵을 잘못 기록한 것)의 일원이었으며, 돌궐에 복속된 다음에도 그들의 종속 집단으로 군사적 목적에 동원되어 중요한 역할을 했음을 분명하게 보여준다. 이런 위구르의 양상은 비슷한 처지에 있던 다른 유목 부락들의 경우를 이해하는 참고 자료가 된다.

---

25) 『舊唐書』 권195 「回紇傳」, p. 5195.
26) 위와 같음.

그럼에도 부쿠, 통라, 위구르, 바야르쿠, 복라 등이 어느 정도의 병력을 보유했는지는 알 수 없다. 다만 몽진, 토여홀, 이즈길, 훈, 곡설 등의 병사가 2만 명이었다고 한 것보다는 많았을 것이라고 짐작해볼 수 있는 정도다. 이는 앞의 기록에서도 이들을 나누어 기록했을 뿐만 아니라 당대의 기록을 보아도 이 다섯 부락은 몽골 초원에서 가장 중요한 유목 세력이었다는 점에서 충분히 짐작된다. 또한 당 초기에 위구르의 규모는 병사가 5만, 인구가 10만 명이었다고 하니 돌궐이 강성한 이래 투르크계 유목 부락(철륵)의 여러 부락이 흩어져 백성이 점자 줄어들고 약해졌다고 하더라도 초기의 규모는 이 정도 이상이었을 것이다.

돌궐은 몽골 초원을 장악함과 동시에 이상과 같은 여러 유목 부락을 직접 통제할 수 있었으며, 이는 기마궁사로서 뛰어난 능력을 가진 유목 군단을 확보했다는 의미였다. 이들은 과거 철륵 5만 가를 이용했던 것과 마찬가지로 종속 집단에 편제되어 군사적으로 동원되었을 것이다. 비록 구체적인 기록은 없지만 서방의 통제하에 있던 투르크계 유목 부락들도 이들과 마찬가지로 종속 집단의 일원이 되어 군사적 기능을 담당했을 것이다. 이처럼 돌궐은 대규모의 기병 부대를 조직할 수 있을 만큼 많은 유목민을 복속시킴에 따라 유연에 대한 전면적인 공격뿐만 아니라 이후 주변 세계로 신속하게 원정을 떠날 수 있는 실력을 갖추어나갔다.

유목 국가 내에서의 군사적 동원은 반드시 피지배 계층을 강제로 동원하거나 약탈하는 방식으로만 이루어지지 않았다. 원정을 떠나면 이와 관련해 약탈이 벌어졌는데, 획득한 물자를 지배 집단이 독점할 수도 있었지만 그보다는 참여한 유목민들에게 분배하는 것이 일반적이었다.[27] 돌궐이 건국 이후 원정을 계속했음에노 신생 국가이면서 내적인 안정성에 별 문제가 없었다는 것은 지배 세력과 그들의 동원 대상이었던 종속 집단 간의

---

27) 김호동, 앞의 논문, 1993, p. 137.

갈등이 격화되지 않을 만큼 항상성이 유지되었다는 뜻이다.

또한 이는 원정이 지배 집단과 종속 집단의 이해관계가 합치되는 방향으로 전개되었음을 의미한다. 일반적으로 유목민에게 군사적 동원은 승리를 거두었을 때 많은 전리품을 획득할 수 있는 기회를 제공해준다는 점에서, 건국 초기 활발하게 전개된 돌궐의 원정은 참여한 많은 유목 집단의 경제적 이익을 제고시키는 등 긍정적인 측면이 있었다. 따라서 돌궐이 초기에 폭발적으로 발전할 수 있었던 것은 이런 내적인 이익 분배 과정이 제대로 이루어졌기 때문이라고 볼 수도 있다.

이런 경제적 측면뿐만 아니라 정치적으로도 종속 집단을 체제 내에 묶어두기 위해 유목 군주가 자신과 종속 집단이 동족이었다는 점을 설명하는 데 성공한 것과도 연결해볼 수 있다. 이미 제1편에서 돌궐의 신화가 종속 집단을 지배 집단인 아사나와 일체화시키기 위한 도구로 사용되었음을 확인할 수 있었다. 이와 관련해 새로운 황금씨족이 된 아사나는 사료 (B)의 내용을 통해 초원의 공동 조상인 아바 벡의 열일곱 형제 중 하나로서 이리의 소생인 이길 니샤 초르가 여름 신과 겨울 신의 딸과 결혼해 네 아들을 낳았다는 점을 강조했다. 또한 가장 뛰어난 큰아들 누르 투르크 샤드의 열 아들 중 하나가 자신의 조상이라고 계보도 조작했다.

이런 신화 조작을 통해 아사나는 본래 자신과 전혀 관계가 없는 투르크계 유목 부락(철륵)과 자신이 모두 이리를 매개로 한 이길 니샤 초르의 후예로서 같은 조상을 둔 동족임을 강조했다. 이것은 아사나를 중심으로 여타 투르크계 유목 부락민 모두를 동질화하기 위한 노력이었음을 이미 지적한 바 있다. 이로써 아사나를 중심으로 새롭게 편제된 유목 집단은 경제적 이해만이 아니라 같은 족속이라는 인식을 통해 결합할 수 있었다. 나아가 카간은 이를 보다 성공적으로 구체화하기 위해 자신의 상징을 투르크계 공통의 신화소인 이리로 교체하려는 노력을 벌이기도 했다.[28]

따라서 이런 신화 조작은 아사나에 종속된 유목 부락들을 모두 '돌궐'

이라는 하나의 틀 속에 녹여 넣기 위한 노력의 일환이었다. 이와 관련해 제2제국의 빌게 카간 역시 "(KT: 동:03) **전혀 묶이지 않았던 쾩 투르크를 그렇게 [하나로] 있게 만드셨다고 한다**"라는 표현을 통해 투르크 유목 세계의 통합을 회상했다. 이렇게 만들어진 인식 체계가 후손들에게 굳어지면서 실제라고 확신하는 단계로 진행됨에 따라 향후에 이른바 '투르크'라고 하는 정체성이 확립되었던 것이다.

이후 아사나를 중심으로 한 지배 집단은 이들을 동원해 지속적으로 활발한 원정을 전개했다. 이런 움직임은 아사나의 권위를 내적으로 강화하는 수단이자 소속된 다양한 집단에 많은 이익을 가져다주어 국가를 폭발적으로 발전시킬 수 있는 동인이 되었다. 이상과 같은 노력을 통해 아사나는 몽골 초원에 대한 안정적인 지배를 이루어냈다. 따라서 건국 직후 두 카간이 사망한 뒤에 등극한 무칸 카간은 이 같은 과정을 거치면서 유연을 완전히 격파하고 동시에 초원을 지배하기 위한 내적 체제를 정비함으로써 큰 성공을 거둘 수 있었다. 이런 초기 돌궐의 성장은 종속 집단의 확대, 즉 일을 구성하는 새로운 보둔의 확대를 통해 활성화되고 더욱 가속화되어 향후 그 하위에 있는 부용 집단의 확대로도 이어지는 토대가 되었다.

이 같은 일들을 통해 돌궐은 이제 더 이상 몽골 초원의 작은 유목 국가가 아니라 유목제국으로의 발전을 도모했는데, 이를 위해서는 유목 세계를 강력하게 통제할 수 있는 권력 중심부를 안정적으로 확보하는 일이 중요했다. 이는 체제의 정점에 위치한 카간이 자신을 중심으로 지배 체제가 작동하는 기반을 확보할 수 있는 공간, 바로 정치적 중심을 확보하는 것과 관련되었다. 초기 돌궐의 정치 중심지인 이른바 수도首都가 어디에 있었는지는 정확히 알 수 없으나 유목 군주로서의 위상을 보여주기 위해 과

---

28) 정재훈, 「突厥 初期史의 再構成: 建國 神話 硏究의 再檢討를 중심으로」, 『중앙아시아연구』 14, 중앙아시아학회, 2009.

거 흉노와 마찬가지로 몽골 초원의 중심에 이런 시설을 갖추었음이 분명하다. 이와 관련해 돌궐 시기 초원의 중심지를 고대 투르크 비문이나 한문 기록 등에서 모두 '외튀켄 산Ötüken(어도근산於都斤山)'[29]이라고 지칭한 것에 주목할 필요가 있다. 왜냐하면 "카간이 늘 외튀켄 산에 머물렀다"[30]고 한 것처럼 이곳에 돌궐의 정치적 중심지가 위치했기 때문이다.

돌궐에 있어 외튀켄이 몽골 초원의 정치 체계를 확립하고 통치하는 데 얼마나 중요했는지는 빌게 카간이 〈퀼 테긴 비문〉에서 "(KT: 남:04) **외튀켄 산지보다 더 좋은 곳은 전혀 없는 것 같도다! 나라를 다스릴 곳은 외튀켄 산지인 것 같도다!**"라고 한 것에서 잘 알 수 있다. 빌게 카간이 이 같은 말을 하며 외튀켄을 가장 중요한 터전이라고 중시할 만큼 이곳은 몽골 초원의 중심이었다. 무칸 카간이 정확하게 언제 이곳을 국가의 중심으로 개발했는지는 확인하기 어렵지만,[31] 몽골 초원에 대한 지배권을 확보하면서 이곳을 중심으로 통치를 시작했을 것이라는 점은 쉽게 짐작할 수 있다.

---

29) 몽골 초원의 중심지에 대해서는 고대 투르크 비문에 '외튀켄 이쉬ötüken yïsh'라고 기록되어 있는데, 경우에 따라 '외튀켄 땅'을 의미하는 '외튀켄 에르Ötüken yer'라고 표현되었다. 이는 산지만이 아니라 일정한 범위의 지역을 의미하는 것으로 보인다. 왜냐하면 유목하는 몽골 초원의 해발 고도가 높아 대부분이 넓은 범위의 산지이기 때문이다. 중국 기록에도 이에 대해 아주 다양한 음사가 있었는데, 비교해보면 어도근於都斤(『주서』,「돌궐전』, 『통전』 권196, 『북사』 권99, 『통지通志』 권200), 도근都斤(『수서』,「돌궐전』,『신당서』,「돌궐전』,『자치통감』 권175, 『태평환우기太平寰宇記』 권194), 도근도斤(『수서』,「돌궐전』, 『자치통감』 권197), 오덕건烏德鞬(『신당서』,「회골전回鶻傳」,『구당서』,「이적전李勣傳」), 오덕건烏德健(『구당서』,「회흘전回紇傳」,『당회요』 권98, 『태평환우기』 권199), 위도건尉都健(『구당서』,「북적전」, '철륵'), 오특륵烏特勒(『당회요』 권72), 오도건烏都鞬(『당회요』 권73), 울독군鬱督軍(『당회요』 권73), 오라덕건烏羅德鞬(『당회요』 권96), 오덕건烏德建(계필명비契苾明碑), 오덕건烏德建(『자치통감』 권215), 걸독군乞督軍(『자치통감강목資治通鑑綱目』), 덕건德建(『책부원구册府元龜』 권986) 등이 있다.

30) 『周書』 권50 「異域傳」 下, p. 910.

31) 돌궐이 몽골 초원의 중심인 외튀켄에 수도를 설치한 시점에 대해서는 다른 견해가 있다. 슈에쫑쩡은 처음에 여전히 중가리아에 있다가 서서히 동진해 타스파르 카간 시기에 외튀켄으로 이동했다고 보았다(薛宗正, 앞의 책, 1992, pp. 131~132). 하지만 수도가 어느 시점에 외튀켄에 설치되었느냐 하는 문제는 국가 체제의 확립 및 몽골 초원에 대한 지배력의 확대와 관련된 것이라는 점에서 무칸 카간 시기가 더 타당하다.

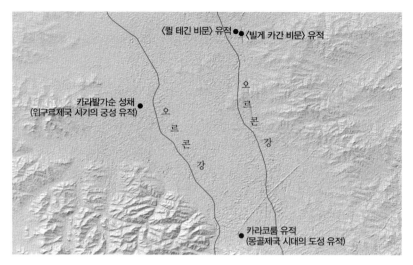

〈그림 2〉 오르콘 강 주변 유적의 위성 사진

그런데 유목 국가의 정치 중심인 '외튀켄 땅' 또는 '외튀켄 산지'라고 기록된 이곳의 구체적인 위치는 다양한 논의에도 불구하고 현재까지 정확하게 알려진 것이 없다. 기존에는 이곳이 돌궐의 성산聖山으로 과거부터 유목 세계의 중심 지역이었다는 점에서 그 위치 역시 숭배의 대상으로 보는 측면이 강했다.[32] 이와는 달리 유목 군주의 계절 이동로 추적을 통해 몽골공화국 타미르Tamir 강과 오르콘Orkhon 강이 발원하는 항가이Hangai 산맥의 어느 지역 내지는 항가이 산맥에 있는 최고 봉우리의 하나로 추정해보기도 했다. 이것 또한 위구르 초기의 양상에 대한 검토라는 점에서 즉자적으로 돌궐에 적용하기는 어렵다.[33] 그럼에도 수도라는 관점에서 초원

32) 吉田順 ,「ハンガイと陰山」,『史觀』102, 早稻田大學史學會, 1980, pp. 48~61; 山田信夫,「テユルクの聖地ウトユケン山」,『北アジア遊牧民族史研究』, 東京: 東京大學出版會, 1989, p. 64; 護雅夫,「突厥の國家構造」, 앞의 책, 1967, pp. 24~29; С. Г. Кляшторный, 앞의 책, 1954, p. 34.

33) 정재훈,「위구르 카를룩 카간(747~759)의 季節的 移動과 그 性格」,『중앙아시아연구』11, 중앙아시아학회, 2006.

의 교통로 내지는 대규모의 시설이 필요한 오르두(아장牙帳)가 설치될 수 있는 모든 입지 조건 등을 고려해보면 항가이 산맥 북사면에 위치한 하천 유역의 넓은 초원이라는 점에는 이의가 없다.

이런 점에서 몽골 초원의 정치적 중심지는 항가이 산맥 북쪽에 형성된 초원 어딘가에 있었다고 볼 수 있다. 흉노 시기에는 아직 분명하지는 않지만 하누이Hanui 강 주변이 현재까지 큰 무덤군이 존재한다는 점에서 중심으로 비정되기도 하나,[34] 그 이후 시대 초원의 중심은 대부분 오르콘 강 유역의 초원지대였다. 이곳에 남아 있는 유적으로는 〈그림 2〉에서 보듯이 오르콘 강 동쪽에 제2제국 시기 추모 시설이 있는 호쇼 차이담Qosho Chaidam과 몽골제국의 수도 카라코룸Qara qorum이 있으며, 그 건너편인 서쪽에는 위구르 유목제국의 수도 카라발가순Qara balghasun과 이를 이어 다시 만들어졌던 거란 시기의 조복왕부阻卜王府(위구르 시기 카라발가순의 왕성을 재건축해 사용) 등이 있다. 그러므로 논자에 따라서는 단순하게 현재 돌궐 제2제국 시기 빌게 카간과 퀼 테긴의 추모 시설이 남아 있는 오르콘 강 동안東岸의 호쇼 차이담을 돌궐 시대의 중심지였다고 추정하기도 한다.

하지만 이곳은 실제 거주 시설의 흔적보다 주로 추모 내지는 무덤 관련 시설만 확인된다는 점에서 거주 구역이었다고 보기는 어렵다.[35] 또한 호쇼 차이담이 있는 오르콘 강 동안의 경우 거주 지역을 포괄할 만큼의 넓은 초원이 발달하지 못한 범람원이었고, 또 동쪽을 숭상하는 돌궐의 관습에 비추어볼 때 사후의 공간으로 여겨졌을 것이라고 추정된다. 지금까지 돌궐

---

34) 흉노 시대의 거대 고분이 하누이 강 유역에서 발굴되었는데, 대표적인 것은 골모드 고분이다(국립중앙박물관, 『몽골 흉노무덤 자료집성』, 국립중앙박물관, 2008).

35) 2000년대 초 터키와 몽골 합동으로 빌게 카간의 추모 시설을 중심으로 퀼 테긴의 추모 시설에 대한 전반적인 발굴과 조사가 이루어져 유적이 복원되고 호쇼 차이담 박물관이 건설되었다. 현재까지의 조사 결과에 따르면 호쇼 차이담 주변에서 거주와 관련된 시설이 발견된 것은 없다(Alyılmaz, "2010 Yılı İtibariyle Höşöö Tsaidam Bölgesi ve Orhun Vadisi", *Dil araştırmaları uluslararası hakemli dergi 7*, 2010, pp. 1~59).

과 관련된 구체적인 거주 시설이나 궁성 같은 유적은 확인되지 않았다. 하지만 오르콘 강 서안의 초원지대에는 오르콘 강을 끼고 넓고 좋은 초원이 발달해 있으며, 이곳에 지금까지도 위구르 유목제국 시기에 만들어진 거대한 주거 유적과 궁성 등이 남아 있어 주목된다. 이른바 '카라발가순'이라고 불리는 약 25제곱킬로미터에 걸쳐 펼쳐진 도시 유적으로, 현재까지 간단한 조사와 일부 지역에 대한 시굴 조사[36]만 이루어져 아직 과거의 구체적인 양상이 어떠했는지는 전면적으로 밝혀진 바가 없다.

그럼에도 돌궐 시대에도 카간을 도와 국가 운영에 참가하기 위해 초원에 와서 지냈던 정주민이 아주 많았다는 기록에 비추어볼 때 카라발가

---

36) 카라발가순 유적에 대한 조사는 여러 차례 있었지만 도시 전체에 대한 종합적인 발굴은 아직까지 이루어지지 못했다. 먼저 19세기 말 라들로프와 클레멘츠D. Klementz가 유적을 발견하고 보고서를 냈다(Wilhelm Radloff, *Arbeiten der Orchon Expedition: Atlas der Alterthümer der Mongolei*, St. Petersburg, 1892; В. В. Радлов, *Атрас древностей Монголин*, Сант-Петербург, 1892; Д. А. Клемец, "Археологический дневник поездки в Среднюю монгорию в 1891 г.", *Сборник трудов Орхонский экспедиции*, II, Сант-Петербург, 1895, pp. 48~59). 이상의 현지 조사와 함께 야드린체프N. M. Yadrintsev와 코트비즈W. Kotwicz가 쓴 답사 보고가 있다(Н. Ядринцев, *Отчет и дневник о путешествии по Орхону и в 1891 году*, *Сборник трудов Орхонский экспедиции*, V, Сант-Петербург, 1901, pp. 1~54; В. Л. Котвич, *Поездка в дорину Опхона летом 1912 года.*(и допорнрние А. Н. Самойловича), *Записки Восточного Отбеления Императорского Русского Археорогического Общества 22*, вып. 1-2, Сант-Петербург, 1914, pp. V-VII). 1949년에는 몽골과 키셀레프Sergei V. Kiselev의 구소련 발굴대가 본격적인 조사를 해 그 실상의 일부가 밝혀졌다(С. В. Киселев, "Древний город Монголии", *Советская Археология* 1957-2, p. 93). 그 뒤 1980년대에 후댜코프Iu. S. Hudiakov, 그리고 1990년대 후반 일본 중앙유라시아학연구회 등이 조사함으로써 그에 대한 이해를 심화시킬 수 있었다(Ю. С. Худяков, *Керамика Орду-Балыка*, *Апхеология Северной Азии*, Новосибирск, 1982, pp. 85~94; Ю. С. Худяков, *Памятники уйгурской культуры в Монголии*, *Центральная Азия и соседние меппимории в средние века*, Новосибирск, 1990, pp. 84~89; 森安孝夫・オチル 編, 『モンゴル國現存遺蹟・碑文調查研究報告』, 中央ユーラシア學研究會, 1999, pp. 199~208). 아울러 최근 독일 본대학에서 몽골과 연합해 카라발가순에 대한 조사를 벌여 제사 시설 터와 성채 내호부의 사원에 대한 발굴이 이루어졌다(Hans-Georg Hüttel and Ulambayar Erdenebat ed., *Karabalgasun und Karakorum: Zwei spätnomadische Stadtsiedlungen im Orchon-Tal*, Ulaanbataar, 2009).

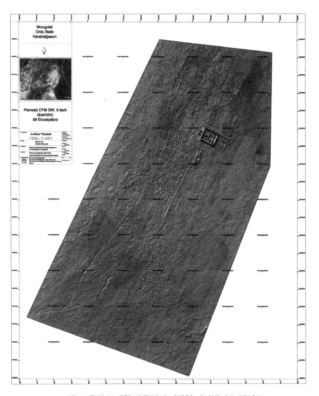

〈그림 3〉 독일 본대학 발굴팀이 제작한 카라발가순 평면도

순에 현존하는 거대한 규모의 거주 시설이 반드시 위구르 유목제국 시기
(744~840)에 한정되어 조성된 것이라고 보기는 어렵다. 오히려 이전부터
사용되었던 시설이 위구르 유목제국 시기에 보다 확대되면서 카라발가순
유적이 지금까지 남아 있을 정도로 발전했다고 보는 것이 타당할지도 모
른다. 따라서 발굴을 통해 아직 구체적 증거가 나오지 않았지만 오르콘 강
서안에 위치한 위구르 유목제국의 수도 카라발가순을 중심으로 한 도시
유적이 과거 돌궐의 수도와 중첩될 수도 있다고 추정해볼 수 있다.[37] 이는

---

37) 정재훈, 앞의 논문, 2003, pp. 20~25.

뒷받침할 만한 자료가 발굴되지 않은 상태에서 결론을 추단推斷한 것이지만, 고래古來로부터 이곳이 몽골 초원의 중심이었다는 점에서 돌궐 역시 예외가 아니었을 거라는 상식적인 판단에 기초한 것이다.[38)]

또한 유목 국가의 수도는 정주 국가와 달리 한곳에 고정되지 않고 계절 이동을 하는 습속에 따라 바뀔 수 있어 고정 건물이 아니라 대체로 군주가 거처하는 천막인 아장, 즉 오르두가 설치된 곳에 위치했다. 경우에 따라 군주의 조정에서 봉사를 하던 정주민 내지는 중국에서 온 공주의 거처로 사용할 시설들이 만들어지기도 했지만, 이것은 주로 겨울을 보내기 위한 목적이었다. 따라서 돌궐 초기에 고정된 거주 시설이 본격적으로 만들어졌다고 보기는 어렵고, 점차 체제가 안정되어가면서 건설했을 것이라고 여기는 편이 타당할 것이다.

이와 관련해 '이동성'을 띤 수도의 존재를 확인할 필요가 있는데, 현재까지 돌궐 시대 군주의 계절 이동에 관한 기록이 전혀 없어 알기가 더욱 어렵다.[39)] 다만 여름에 고비 북쪽에 있다가 겨울에 고비 남쪽으로 내려왔다는 후대의 기록에 의지할 수밖에 없는데, 이 또한 실제 초기 군주의 계절 이동과는 무관하며 후대에 돌궐이 고비 남쪽에 있을 때의 상황을 기록한 것에 불과하다. 초기에 외튀켄을 중심으로 거처를 마련했다는 점으로

---

38) 흉노 시대에 고비 북방 몽골 초원에 설치되었던 오르두(가한정可汗庭, 아장牙帳) 역시 현재 카라코룸 인근 지역에 있었다. 이곳이 대체로 돌궐, 위구르 시대에 외튀켄 산지로 불리던 지역이다(內田吟風, 앞의 책, 1975, pp. 97~102).

39) 북위나 거란과 몽골 시기 군주의 계절 이동에 대해서는 많은 연구가 이루어졌다(최진열, 『북위황제 순행과 호한사회』, 서울대학교출판문화원, 2012; 佐藤智水, 「北魏皇帝の行幸について」, 『岡山大學文學部紀要』 5, 1984, pp. 39上~53; 尤李, 「遼金元捺鉢研究評述」, 『中國史研究動態』 2005-2, pp. 9~16; 吉田順一, 「モンゴル帝國時代におけるモンゴル人の牧地と移動」, 『史觀』 102, 1980, pp. 233~253; 김호동, 「몽골帝國 君主들의 兩都巡幸과 遊牧的 習俗」, 『중앙아시아연구』 7, 중앙아시아학회, 2002, pp. 1~23; 本田實信, 「イルハンの冬營地.夏營地」, 『モンゴル時代史研究』, 東京: 東京大學出版會, 1991, p. 376). 이렇게 유목 국가에서 군주의 계절 이동은 통치에서 중요한 의미를 지녔음에도 돌궐에 대해서는 자료가 부족해 별다른 연구가 이루어지지 못했다.

보아 대체로 오르콘 강 유역의 초원지대에서 여름에는 북방 내지는 남방에 위치한 고지로 갔다가 겨울이 되면 다시 저지로 내려오는 방식의 이동이 이루어졌을 것이다.[40]

아울러 이동의 주요한 무대에 대해 비문 자료에서 '외튀켄 산지'라고 표현했다는 점에서, 존재했다면 이곳에 체제의 안정과 관련해 유목 군주에게 봉사하는 정주민들 내지는 중국에서 온 공주의 거처를 위한 정주 시설이 갖추어졌을 것이다. 이것은 주로 동영지冬營地를 중심으로 건설되었을 텐데, 앞에서 열거한 위구르나 몽골 시대의 도성 유적들이 대부분 동영지에 건설되었던 것과 맥을 같이한다. 반면에 하영지夏營地는 이곳보다 여름을 보내기 좋은 산지 초원으로 이동해서 임시로 천막을 설치하고 지냈으므로 고정적이지는 않았지만[41] 계절 이동의 범위는 앞서 외튀켄이라고 한 초원의 중심을 벗어나지 않았을 것이다.

돌궐 역시 유목 국가의 중심을 오르콘 강 유역을 중심으로 한 초원지대에 둔 것은 이곳이 주변의 다양한 유목민들을 효과적으로 통제하고 동원해서 주변으로 세력을 확대하는 데 용이했기 때문이다. 또한 초원을 가로지르는 교통로의 중심에 위치해 주변 국가들과 외교 관계를 유지하거나 교섭을 벌이기도 좋았다. 이와 함께 일정 규모의 범위에서는 농경도 가능할 만한 습윤한 초원 환경은 국가 운영에 필요한 다양한 기능을 담당했던 정주

---

40) 위구르 초기 국가의 중심이었던 외튀켄 산지는 동쪽으로 오르콘 강이 흐르고, 서쪽으로는 하누이 강, 남쪽으로는 타미르 강이 흘러가는 중간에 위치한 삼각형 모양의 산지 가운데 해발 2294미터의 칭겔테이Chingeltei 봉을 중심으로 여러 봉우리가 이어진 산지로 추정되기도 한다. 이 봉우리를 중심으로 한 지역은 약간 높은 서북쪽에 비해 동남쪽으로 구릉이 나지막이 뻗었고, 그 사이사이에 오르콘 강의 많은 지천이 동쪽과 동남쪽으로 흐르며 그 남쪽으로는 항가이 산맥 북사면이 넓게 펼쳐져 유목민들이 계절 이동을 하면서 살기에 적합한 입지 조건을 갖추고 있었다(정재훈, 앞의 논문, 2006, p. 12).

41) 吉田順一,「モンゴルの遊牧における移動の理由と種類について」,『早稲田大學大學院文學研究科紀要』28, 早稲田大学大学院文学研究科, 1982, pp. 327~342; B. Chinbat, *The nomadic movement of Mongolian herdsmen*, Ulaanbaatar, 1989.

지역 출신 주민이 거주하기에도 좋은 여건을 제공했다. 이처럼 비록 정확한 위치와 규모 등을 확인할 수는 없지만 돌궐은 초기부터 외뤼켄 산지로 표현된 초원의 중심에 유목 국가로서의 국가 체제를 마련했다고 볼 수 있다.[42]

유목 군주가 이와 같이 초원의 중심지에 수도를 정하는 근거지 구축은 모두 자신을 도와 실제 정치를 하는 관리들의 조직 체제인 관제의 설치와 운영을 기초로 한 것이었다. 왜냐하면 군주를 돕는 관리들의 활동 공간이 바로 수도의 가장 중요한 기능이었기 때문이다. 하지만 이 또한 돌궐 초기 관제에 대한 짧은 기록[43]만이 한문 사서에 남아 있어 밝혀내기가 쉽지 않다. 그럼에도 이것은 초기 국가 체제의 구조를 확인하는 데서 그치지 않고 고대 유목제국 체제의 원형을 이해할 수 있다는 점에서 중요한 의미를 갖는다. 즉 국가 운영의 핵심 역할을 담당했던 조정 내부의 모습과 체제를 구축하는 과정에서 가장 중요한 문제였던 분봉의 실제 양상에 대한 이해 역시 이와 맞물려 있을 수밖에 없었다.

따라서 이를 해명하기 위해 기록이 상대적으로 좀 더 남아 있는 위구르 초기의 양상과 함께 비문 자료에 남아 있는 제2제국 시기 오르두(아장) 내

---

42) 항가이가 '시원한 기후, 부드러운 토양, 많은 하천과 호수, 풍부한 풀과 삼림이 있는 산악 지역'을 뜻하는 것처럼, 항가이 산맥의 북사면 지역은 몽골 초원에서 가장 비옥한 산악 삼림 초원이다. 항가이 산맥 북쪽에 위치한 오르콘 강을 비롯한 여러 개의 셀렝게 강 지류 유역은 산지로 둘러싸여 있지만 건조한 남쪽의 고비(사막)보다 습윤해 가축의 밀집도 역시 다른 초원에 비해서 상대적으로 높아 목축과 사냥 등을 하는 데도 아주 유리했다. 또한 산지에서 흘러내린 하천과 이것이 모인 호수를 둘러싸고 발달한 초원과 삼림이 잘 어우러져 목민들은 이를 따라 계절 이동을 할 뿐만 아니라 초원의 중심 역할도 할 수 있었다(吉田順一, 앞의 논문, 1980, p. 49).

43) 돌궐의 관명은 『주서』나 『수서』 같은 초기 기록에서 28등급이 있었다고 했는데, 『통전』에서는 『주서』의 기록과 달리 초기에 10등급의 관직이 있었다고 했다. 그리고 그 명칭은 모습, 연령, 얼굴, 피부, 술과 고기, 짐승 등을 차용해 정했다는 내용이 보충되어 있다. 이런 변화는 초기에 10등급이었다가 뒤에 28등급으로 정비되었을 거라는 추정을 하게 한다(『通典』 권197 「邊防」 13 '突厥' 上, pp. 5403~5404).

부의 구조에 대한 기록을 원용援用해 초기의 상황을 일부 복원해보려고 한다. 왜냐하면 유목 국가의 조정 구조가 시대나 족속의 변화에도 불구하고 흉노와 돌궐 이후에 등장한 위구르에서도 기본적으로는 별 차이가 없고, 제2제국 시기의 경우 이전에 비해 위축된 상태였지만 그 양상이 이전과 차이가 많지 않았을 것이기 때문이다.

먼저 제2제국 시기 조정 내부의 관리들에 대해서는 다음의 첫 번째 기록을 통해 정리해볼 수 있다.

> "(KT: 남:01) 나의 말을 온전히 들어라! 먼저 나의 동생들, 나의 아들들, 하나가 된 나의 우구쉬(무리), 보둔(백성), 오른쪽으로 샤다프트 벡들, 왼쪽으로 타르칸들, 부의룩, 벡들, 오투즈〔……〕(남:02) 토쿠즈 오구즈의 벡들과 보둔들아! 나의 이 말을 잘 들어라! 단단히 들어라!"

두 번째 내용은 다음과 같다.

> (BQ: 남:13) 나의 아버지 투르크 빌게 카간이 왕좌에 앉으셨을 때 투르크 벡들, 서쪽으로 타르두쉬 벡들, 퀼 초르를 비롯한 샤다프트 벡들, 동쪽으로 될리스 벡들, 아파 타르칸을 (남:14) 비롯한 모든 샤타〔프트〕 벡들, …… 아트만 타르칸, 톤유쿠크 보일라 바가 타르칸, 부의룩 …… 이취 부의룩인 세비 퀼 이르킨을 비롯한 모든 부의룩, 이렇게 충성스런 벡들이 나의 아버지 카간에게 무척 (남:15) 지속적으로 칭송했다.

이 같은 두 기록에서 먼저 "나의 동생들, 나의 아들들, 하나가 된 나의 우구쉬, 보둔"이라고 한 것은 자신의 통제 아래 있는 모든 존재, 즉 '일' 전체를 말한 것인데, '우구쉬'는 대체로 아사나 정도의 친족 범위 내지는 좀 더 확대되어 과거 열 개 정도의 부락으로 이루어진 돌궐을 지칭한 것이고,

'보둔'은 그 외 종속 집단을 포괄해 국가를 구성하는 백성을 일컫는다. 그리고 "오른쪽으로 샤다프트 벡들, 왼쪽으로 타르칸들, 부의룩, 벡들"이라고 한 것은 오르두 내의 관리들을 보여준다. 또한 샤다프트 벡들과 두 번째 내용에서 "서쪽으로 타르두쉬 벡들, 퀼 초르를 비롯한 샤다프트 벡들, 동쪽으로 퇼리스 벡들, 아파 타르칸을 (남:14) 비롯한 모든 샤타[프트] 벡들"이라고 한 것을 연결시키면 아샤나 종실의 왕자들에게 분봉된 두 지역 관리의 존재를 알 수 있다.

한편 국가 체제를 구축하는 데는 분봉이 가장 중요했는데, 이는 일반적으로 흉노 이래로 지배 대상이 되는 부락들을 크게 세 부분으로 구분한 다음, 군주의 직할지를 제외하고 좌우의 두 범위를 종실의 자제들에게 분봉해 직접 통제하게 하는 방식이었다. 앞에서 소개한 것처럼 흉노에 좌현왕과 우현왕이 있어 각기 독자적인 하나의 세력을 구축했던 것과 맥을 같이한다. 돌궐의 경우에도 이를 계승해 테긴으로서의 지위를 갖던 종실의 자제들이 실제 병력을 통솔하는 관직인 샤드를 맡아 자신에게 분봉된 병력들을 독자적으로 통제했다. 이는 앞서 튀멘이 일릭 카간으로 즉위한 다음 체제를 정비하면서 자제들에게 테긴과 샤드라는 관직을 주며 국가 체제를 정비한 것에서도 확인된다.[44]

이와 함께 첫 번째 기록에서 "왼쪽으로 타르칸들, 부의룩, 벡들"이라고 한 것은 실제 군주를 보좌하는 오르두 내부의 관리들을 말한다. 또한 두 번째 기록을 통해서도 비록 일부 마모磨耗가 있음에도 카간에게 봉사했던 관직의 존재를 확인할 수 있다. 예를 들면 "아트만 타르칸, 톤유쿠크 보일라 바가 타르칸, 부의룩 …… 이쉬 부의룩인 세비 퀼 이르킨" 등이 바로 그것이나. 즉 타르칸과 부의룩으로 분류되는 관리들이 조정 내에서 군주를 보좌하며 실제 국가를 운영하는 데 참여했음을 분명하게 알 수 있다. 하지

---

44) 『資治通鑑』 권164 梁簡文帝 承聖 元年(552), p. 11684.

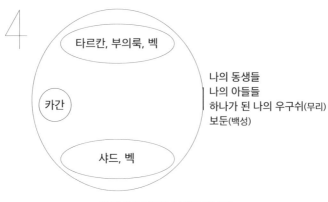

<그림 4> 오르두(아장) 내부 구조 모식

만 이들의 위상과 역할을 이것만으로 확인하기는 어렵다는 점에서 한문
기록의 관제 설명과 이를 연결시켜 설명해볼 필요가 있다.

한문 기록에 따르면 돌궐의 관제는 28등급인데, 가장 높은 야브구葉護
에서 샤드設, 테긴特勤, 일테베르俟利發, 토둔바르吐屯發와 그 아래 소관小
官 등으로 이루어졌다고 되어 있다.[45] 이와 다른 기록에서는 카간의 동생
과 아들을 테긴이라 하는데, 이들 중 따로 군대를 거느리는 사람을 샤드라
고 했으며, 그 밖에 큰 관리(大官)는 퀼 초르屈律啜, 다음에 아파阿波, 일테
베르頡利發, 토둔吐屯, 이르킨俟斤 등이 있었다고 했다.[46] 이상의 내용 역시
관제를 총괄적으로 기록한 것이라 각각의 역할과 위상 등을 구체적으로
보여주지 못할 뿐만 아니라 비문 기록에 나오는 것처럼 군주를 보조해 실
제 정무를 보던 중앙의 관리가 누구였는지를 정확하게 알 수 없다.

그럼에도 이에 대해서는 기존의 연구를 통해 그 역할을 확인할 수 있는
데, 정리해보면 다음과 같다.

45) 『周書』 권50 「異域傳」 下, p. 909.
46) 『通典』 권197 「邊防」 13 '突厥' 上, pp. 5403~5404.

먼저 최고위에 위치한 종실의 자제들이 테긴의 지위를 차지했으며, 그가운데 군대를 통솔하는 실질적인 역할과 권한을 가진 경우에 야브구 내지는 샤드라는 관칭을 가지고 있었다.[47] 앞의 비문에 기록된 내용은 후대의 상황이라 야브구에 대한 언급이 없고 모두 샤드로 통일되었지만, 위구르 시기에도 타르두쉬Tardush(달두達頭. 서쪽 지역의 분봉 단위를 가리키는데, 달리 서면西面이라고도 함)에 야브구를, 퇼리스Tölis(돌리突利. 동부 지역의 분봉 단위를 가리키는데, 달리 동면東面이라고도 함)에 샤드의 관직을 주었다[48]고한 것처럼 모두 오래전부터 분봉된 두 곳의 통치자를 지칭하는 것임을 알수 있다.

이들은 카간의 권력을 뒷받침하는 가장 중요한 존재로서 종실의 자제들이 모두 자신이 통솔할 수 있는 부락들을 갖고 이들을 동원하는 체제를마련한 것과 관련이 있다. 기존에는 이런 점 때문에 국가의 구조를 핵심집단에 대한 분봉을 통해 만들어진 이른바 '봉건적封建的 채읍采邑'이라고 말하면서 국가 자체를 군주 집안의 재산 내지는 전체의 공동 재산이라고 말하기도 했다.[49] 하여간 그 성격이 어떠했는가와 상관없이 이는 돌궐이 아사나 종실을 중심으로 강력한 지배 체제를 구축함으로써 향후 유목제국으로 성장할 수 있는 기초를 마련했음을 분명히 보여주는 것이다.

일테베르ilteber(또는 엘테베르elteber, 사리발俟利發 또는 힐리발頡利發)는 이른바 부족 정도의 크기를 가진 집단의 추장들에게 주는 칭호로서 다양하게수여되었다. 이보다 규모가 작거나 아니면 종속 집단에 속함으로써 규모에 비해 위상이 낮은 집단의 추장은 이르킨irkin(사근俟斤)이었다.[50] 또한 토둔바르todunbar(토둔발吐屯發)는 토둔todun(吐屯)의 복수로 보이는데, 초원

---

47) 護雅夫, 앞의 책, 1967, p. 358.
48) 〈시네 우수 비문〉(동:07).
49) 護雅夫, 앞의 책, 1992, p. 40.
50) 護雅夫, 위의 책, 1992, p. 398~438.

이나 외곽에 있는 집단에 대한 감국監國 내지는 징세徵稅 등을 담당하는 감시관이었다.[51] 이 밖에도 퀼 초르Kül Chor(굴률철屈律啜)는 앞의 비문에 나오는 것처럼 타르두쉬 영역을 지휘하는 야브구 내지는 샤드에 속한 관리로 높은 관리라고 번역한 것에서 알 수 있듯이 조정 내에서 중요한 위치를 차지했다. 그리고 아파Apa(阿波)는 아파 타르칸Apa tarqan(아파달간阿波達干)을 생략한 것으로 추정되는데, 타르칸 중에서 가장 높은 지휘관이었다.[52]

분봉과 관련된 관직 외에 다른 것들은 모두 군주를 직접 보좌한 것으로 보인다. 이들 가운데 가장 핵심은 빌게 카간의 왼쪽에 있는 타르칸 tarqan(달간達干), 부의룩buyïruq(매록梅錄)이다. 먼저 타르칸은 비문에 복수 형태인 타르카트tarqat로 쓰여 있다. 이들은 주로 군사적인 업무를 담당하는 지휘관인데, 아파 타르칸 내지는 보일라 바가 타르칸 등과 같은 다양한 구분이 있었다.[53] 이들은 문무의 구분이 불분명하다고 하더라도 유목 국가 내에서 주로 군사와 관련된 역할을 맡았던 주요 사령관들로 군주 측근에 있던 최고직의 하나였음을 보여준다. 또한 종실만이 아니라 군사 동원에 편제된 다양한 추장들의 관직이기도 했다. 그리고 이것은 이후 8세기 중반 위구르 유목제국 시기에 당조의 영향을 받아 타이 셍귄tay sengün(대장군大將軍) 또는 셍귄sengün(장군將軍)과 같은 명칭으로 바뀌는데, 구체적 역할은 차이가 없었다.[54]

부의룩은 타르칸과는 조금 다르게 조정 내부의 사무 등을 담당했던 관리로 추정된다. 기능에 대한 마흐무드 카쉬가르Mahmud al-Kashgari의 『투르크어 사전Divanü Lûgat-it-Türk』 설명에 따르면, 원래 buyur('명령하다'를

---

51) 『新唐書』 권219 「北狄傳」, p. 6172

52) 『舊唐書』 권194上 「突厥傳」 上, p. 5167.

53) 정재훈, 「突厥 第二帝國時期(682~745) 톤유쿠크의 役割과 그 位相: 〈톤유쿠크 碑文〉의 分析을 中心으로」, 『동양사학연구』 44, 동양사학회, 1994, p. 41.

54) Hilda Ecsedy, "Old turkic titles of Chinese origin", Acta Orientalia Hungaricae 18, 1965.

의미)+uq(명사형 어미)이 결합한 것으로 '전령관傳令官'이라는 의미를 갖고 있었다.[55] 즉 이들은 늘 카간의 신변身邊에서 명령을 출납하는 조정 내의 관리로, 주로 행정 업무를 담당했던 것이다.[56] 이 관청은 위구르 유목제국 시기에도 비슷한 역할을 담당하면서 존재했는데, 이를 한문 사서에서는 재상宰相이라고 했다. 초기에 조정 내에 아홉 명 정도가 있었다고 하는데, 여섯 명은 외재상外宰相, 세 명은 내재상內宰相이었으며, 음사를 해 대매록大梅錄, 소매록小梅錄이라고 했다.[57]

두 번째 기록의 내용을 통해 타르칸과 부의룩의 구체적인 실명과 함께 이들이 다양하게 존재했음을 확인할 수 있다. 다른 관청의 경우 모두 복수로 다수가 있었음을 정확하게 표현한 것과 달리 부의룩은 단수로 기록되어 하나만 있었다고 할 수도 있다. 하지만 내재상을 의미하는 이취 부의룩이 다른 기록에서 확인된다[58]는 점에서 돌궐 시기에도 후대와 동일한 구분이 있었음을 알 수 있다. 이들의 역할은 단순히 행정적인 것에만 한정되지 않고 문무가 구분되지 않은 유목 국가 내부에서 군사적인 부분도 일부 담당했을 것으로 보인다. 그리고 이상의 두 가지 관직을 담당한 것은 종실만이 아니라 다양한 부족 출신의 존재들이었다. 이취 부의룩이 세비 퀼 이르킨이라는 다른 관청을 갖고 있다는 점에서 이르킨 정도의 위상을 지닌 추장이 발탁되어 조정 내에서 관리로서 역할을 했음을 알 수 있다.

이러한 기록에서 확인할 수는 없지만 위구르 시기에 조정 내에는 이상의 고관들을 보좌하기 위해 부의룩을 보좌하는 하위 관리로서 500장 정도의 위상을 지닌 존재와 함께 군주의 권위를 상징하는 깃발인 툭tugh을

55) Mahmud Kashgari, Bcsim Atalay(tr.), *Divanü Lûgat-it-Türk Tercümesi*, Ankara: Türk Tarih Kurumu, 1992, p. 186.

56) Sir Gerard Clauson, 앞의 책, 1972, p. 387.

57) 『舊唐書』 권127 「源休傳」, p. 3575.

58) 이취 부의룩ich buyïruq(내재상內宰相)이라는 명칭은 〈타리아트 비문〉의 서면 6행과 〈빌게 카간 비문〉 남면 14행에서 확인된다.

관리하는 존재, 그리고 그를 호위하는 경호 담당으로 900장 정도의 위상을 갖는 존재 등이 있었다. 이들은 부의룩을 보좌하거나 군주를 호위하는 일을 담당하는 하급 관리[59]였는데, 앞의 비문에서는 이들을 일반 관리 내지는 추장을 지칭하는 '백'이라고 통칭했다. 이것은 비록 기록이 남아 있지 않지만 조정 내의 관리 구성이라는 면에서 위구르와 돌궐 시기에 명칭은 달라졌어도 이상과 같은 기능을 하는 관리가 동일하게 존재했을 가능성을 보여준다.

또한 국가 체제를 정비하는 과정에서 카간은 연맹 집단과 종속 집단의 추장인 '백'들에게 기존의 자연 발생적 관칭인 '백'이 아니라 정치적 의미를 갖는 관직인 '일테베르'와 '이르킨'을 준 것이 주목된다. 원래는 부락의 규모에 따라 씨족장 정도의 '백'에게 '이르킨', 부족장 정도의 '백'에게 '일테베르'를 주었다. 하지만 후에는 규모에 따른 구분보다는 핵심 집단인 아사나와 긴밀한 관계를 가지며 건국 과정에서 핵심 집단을 적극적으로 도운 연맹 집단의 추장에게도 '엘테베르'를 주었다. 이들은 주로 신화에서 바르콜 분지에서 살았던 열 개의 부락 가운데 자신을 제외한 추장들이나 자신에게 협조적이었던 부락의 추장들이었음이 분명하다.

반면 이에 비해 작거나, 아니면 크더라도 적대적이었던 집단의 추장에게는 이르킨이라는 관칭을 주어 견제했다. "톨 강 북쪽의 부쿠, 통라, 위구르, 바야르쿠, 복라 등의 추장을 모두 이르킨이라 칭했다"[60]라고 한 것처럼 대상은 투르크계 유목 부락(철륵)의 추장들이었다. 특히 강력한 세력을 가졌던 위구르의 추장도 이르킨 정도의 지위를 받았다.[61] 이렇게 돌궐 카간은 국가 체제를 정비해가면서 기존에 유연이 준 관칭을 갖거나 자연 부

---

59) 정재훈, 「古代遊牧國家의 社會構造」, 『韓國古代史講座』 3, 2003.

60) 『隋書』 권84 「北狄傳」, pp. 1879~1880.

61) 당 초唐初 위구르 추장의 이름이 테긴 이르킨(tegin irkin으로 추정. 특륵사근特勒俟斤)이었다는 사실에서 그의 위상을 짐작할 수 있다(『舊唐書』 권195 「回紇傳」, p. 5195).

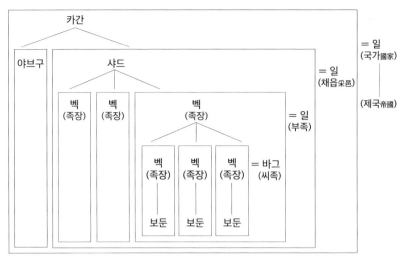

〈그림 5〉 국가 규모 정도의 '일' 구조

락의 추장들에게 새 관직을 부여함으로써 돌궐이라는 새로운 틀에 이들을 편입시켜 봉사하게 만들고자 했다. 하지만 정복된 다양한 유목 부락들이 실제로 어떻게 분봉이 되어 국가 체계 속에 편제되었는가에 대해서는 정확한 기록이 없어 제대로 구체화할 수 없다는 점이 한계다.

이상과 같이 아사나는 초원의 새로운 황금씨족이 되어 유목 군주로서 '외튀켄'을 중심으로 한 지역에 오르두, 즉 조정을 설치하고 그 내부에 다양한 관제를 만들었다. 이를 통해 자신을 중심으로 한 행정 체계를 구축함과 동시에 외연을 동서로 구분해 종실인 아사나의 자제들에게 백성인 '보둔'을 나누어 통제하게 함으로써 돌궐 국가인 '일'을 새롭게 조직해냈다. 초기에는 그의 지배 범위가 빌게 카간의 회상에 나오는 "동쪽으로는 카드르칸 이쉬興安嶺까지, 서쪽으로는 테미르 카프_L鐵門까지" 미친 것이 아니라 단지 중가리아와 몽골 초원을 아우르는 정도에 불과했다. 당시 돌궐은 아직 몽골 초원을 중심으로 한 유목 국가에 지나지 않았고, 그 권위 역시 유연을 격파했다고 하더라도 완전히 대체할 만큼 강력한 것은 아니었다.

당시 아직 신생 유목 국가에 불과했던 돌궐은 이후 더 많은 투르크계 유목 부락을 복속시켜 이를 안정화함으로써 체제를 더욱 공고하게 함과 동시에 자신의 외연인 종속 집단과 부용 집단을 확대해 보다 강력한 유목 국가로 발전하기 위한 노력을 기울여야만 했다. 이것은 대외 원정을 통한 '보둔' 확보에 그치는 몽골 초원과 중가리아에 한정된 '일'이 아니라 더 넓은 범위의 유목 세계와 그 주변의 정주 지역까지 확장하는 것으로, 결국 제국 단위의 '일'을 건설하려는 지향과 맥을 같이했다. 그리고 돌궐이 초기에 몽골 초원을 장악하고 아사나 중심의 국가 건설을 마무리한 것은 자신을 둘러싼 외연 세력들과의 대결을 촉발하는 새로운 세력 재편의 시작을 의미했다. 따라서 이후 돌궐이 보여준 엄청난 대외 확장은 유목 국가에서 거대 유목제국으로의 전환 내지는 향후 유라시아 대륙 중앙부에 위치한 초원의 향배를 결정하는 중요한 출발점이었다.

## 2. 급속한 대외 팽창과 거대 유목제국으로의 발전

무칸 카간의 몽골 초원에 대한 지배력 확립은 유연을 소멸시킨 것에 그치지 않고, 나아가 초원 주변 지역에 대한 영향력의 확대를 통해 확인할 수 있다. 이것은 과거 흉노의 경우와 마찬가지로 몽골 초원을 중심으로 동과 서, 그리고 북과 남으로 진출해 주변에 대한 영향력을 행사함으로써 종속 집단과 부용 집단을 확대하기 위한 노력과 관련이 있다. 이 무렵 돌궐은 처음에 알타이 산맥의 남록에서 세력을 형성한 다음 동쪽에 있는 몽골 초원으로 진출했던 일릭 카간을 이은 무칸 카간과 서쪽으로 진출한 이스테미의 대약진을 통해 유라시아 대륙 중앙부에 위치한 초원을 장악해가면서 거대한 유목 국가로 성장하기 시작했다.

확대된 국가의 규모는 역시 후대 빌게 카간의 회상을 통해 짐작해볼 수 있다. 그는 관념적으로 과거의 영광을 회복하기 위해 자신이 확보해야 할 범위를 "(KT: 남:02) 앞(동)쪽으로 해가 뜨는 곳에, 남쪽으로는 낮의 한가운데를 향해, 뒤(서)쪽으로는 해가 지는 곳에, 북쪽으로는 밤의 한가운데를 향해 그 안에 있는 보둔(백성)이 모두 나에게 들어왔다. 그만큼의 보둔을 (남:03) 내가 모두 묶었도다"라고 설명했다. 이것은 모든 세계의 지배자가 되겠다는 구상에 불과할 뿐 구체적인 범위는 제한적이었다. 실제로 자신이 되찾아야만 하는 과거 조상들이 확보한 영역에 대해 "(KT: 동:01) 투르크 보둔의 일과 퇴뤼를 잡아주셨다"라고 하면서 "(KT: 동:02) 동쪽으로는 카드르칸 이쉬까지, 서쪽으로는 테미르 카프그까지 [보둔을] 자리 잡게 하셨다고 한다. 그분들께서 이 둘 사이에서 (동:03) 전혀 묶이지 않았던 쾩 투르크를 그렇게 [하나로] 있게 만드셨다고 한다"라고 설명했다.

이렇게 후손이 자랑스럽고 영광스럽게 과거를 회상할 수 있을 정도로 무칸 카간은 북아시아 초원의 동단인 싱안링興安嶺으로부터 중앙아시아 초원이 끝나는 우즈베키스탄의 철문鐵門[62]에 이르는 거대한 국가를 실제로 건설해냈다. 이를 통해 만들어진 중앙아시아 초원을 거의 망라한 거대한 유목제국의 등장은 전대미문의 사건이었을 뿐만 아니라 아주 급속도로 진행된 눈부신 성과였다는 점에서 더욱 놀랍다. 이런 가공할 만한 성취에 대해 빌게 카간은 일릭 카간과 그의 동생 이스테미가 이루어냈다고 회상했다. 하지만 이만큼의 성공을 누가 이루어냈는가에 대한 기록상의 오류에도 불구하고 중요한 것은 이 무렵 돌궐의 성공이 엄청났다는 점이다.

새로운 보둔의 확보와 이를 바탕으로 한 외연의 확대는 앞서 나열했던 조문 사절에 대한 기록을 통해서도 확인해볼 수 있다. 여기에 따르면 당시

---

62) 철문鐵門(Iron gate)이라는 지명은 지금 우즈베키스탄에 있는 협곡을 말하는데, 발흐Balkh와 사마르칸트Samarkand 사이에 위치한다. 히사르 산맥Mt. Hisar의 남록이 아무다리야로 내려간 방향이 절단되면서 형성된 협곡이었다. 과거에는 박트리아Bactria와 소그디아나Sogdiana를 가르는 구분점이었다.

돌궐의 복속 대상은 몽골 초원을 중심으로 거주하던 투르크계 유목 부락인 '초원의 부락Chöllüg el'과 그 외곽에 살던 '크르크즈, 위취 쿠르칸, 오투즈 타타르, 크탄, 타타브' 등이었다. 이들은 바로 무칸 카간이 몽골 초원에 거주하던 투르크계 유목 부락(철륵)의 강력한 군사력을 기반으로 초원밖으로 나아가 동쪽으로 싱안링 주변 지역과 북쪽으로 사얀 산맥 북방의 예니세이 강 유역, 그리고 바이칼 호수 남부까지 원정을 벌여 확보한 부용집단의 구성원이었다.

먼저 무칸 카간이 동몽골 지역에 공세를 가한 것은 과거 흉노가 몽골 초원의 주인공이었던 월지月氏를 격파하고 난 다음 동호東胡마저 휘어잡아 초원에 대한 장악력을 확대했던 양상과 비슷했다.[63] 무칸 카간의 거란 원정은 패망한 뒤 동쪽으로 도망간 유연의 잔여 세력 일부를 뒤쫓는 과정에서 시작되었다. 이 무렵 북제의 변경을 약탈하다 북제의 강력한 대응에 패배할 수밖에 없었던 거란은 돌궐의 공격까지 받자 일부는 북제로 도망쳤고, 다른 일부마저 고구려高句麗에 투항해야만 했다.[64] 원주지에 있던 거란의 일부마저 돌궐의 통제 아래 들어가자 싱안링 산맥 주변의 해奚, 실위室韋, 지두우地豆于 등의 부락도 투항했다. 이런 동부 족속들의 투항 사실과 비문 기록을 연결시켜보면 거란은 크탄,[65] 해는 타타브,[66] 실위는 오투즈 타타르[67]라고 지칭한 것과 일치한다.

63) 『史記』 권110 「匈奴傳」, pp. 2889~2890.

64) 李在成, 「6세기 후반 突厥의 南進과 高句麗와의 충돌」, 『북방사논총』 5, 동북아역사재단, 2005.

65) 李在成, 『古代 東蒙古史硏究』, 서울: 法仁文化社, 1996.

66) 禹惠燦, 「고대투르크비문에 전하는 종족명 타타비Tatabi에 대한 연구」, 『역사와 경계』 33, 경남사학회, 1997.

67) 오투즈 타타르는 한문 사료에서 달단達靼 내지는 실위室韋로 통칭되던 몽골계 족속으로 추정되는데, 당대唐代 동몽골 북부 지역에 거주하던 삼림민森林民이 주류를 이루었다(『新唐書』 권219 「北狄傳」, p. 6176). 이에 대한 연구는 孫秀仁, 『室韋史硏究』, 北方文物雜誌社, 1985, pp. 87~90; 張久和, 『原蒙古人的歷史: 室韋·達靼硏究』, 北京: 高等教育出版社,

| 크르크즈Qïrqïz<br>(계골契骨) | 위취 쿠르칸Üch Qurïqan<br>(삼성 골리간三姓骨利幹) | 오투즈 타타르Otuz tatar<br>(삼십성 달단三十姓達靼<br>또는 실위室韋) |
|---|---|---|
| 칠뢱 엘Chöllüg el(구성철록九姓鐵勒) || 크탄Qïtañ(거란契丹) |
| || 타타브Tatabï(해奚) |

〈그림 6〉 비문 자료에 남아 있는 돌궐 초기 유목 부락(종속 집단, 부용 집단)의 구조

동부의 거란과 해(이전에는 고막해庫莫奚)는 인접한 족속으로 동부 몽골 초원을 배경으로 유목 생활을 했기 때문에 그보다 서쪽에 있던 몽골 초원 중앙부의 유목민들과 큰 차이가 없다. 하지만 투르크계가 아니라 몽골 계통이라는 점에서 언어에 차이가 있어 이른바 동호의 후예로 오환烏桓에서 갈라져 나왔다고 본다. 북위 시대에도 이곳에서 나는 명마名馬와 문피文皮(호랑이나 표범의 가죽) 등을 공납으로 바쳤다는 기록에서 알 수 있듯이,[68] 좋은 모피와 말의 생산지였음이 분명하다. 그리고 '삼십성 달단' 내지는 '실위'로 전사된 오투즈 타타르는 중국 사서에 싱안링 삼림지대에 사는 다양한 족속들을 총칭하는 명칭이었다. 이곳은 삼림 지역 특성에 맞게 특산물로 담비 가죽이 많이 생산되어 교역을 했다는 기록에서 알 수 있듯이[69] 복속된 뒤에 돌궐에도 많은 공납을 했을 것이다.

동부 원정에 성공해 지배력이 확대됨에 따라 돌궐은 국가 체제에서 종속 집단의 중추를 차지한 몽골 초원의 투르크계 유목 부락과 함께 부용 집단이 될 수 있는 다른 유목민 내지는 반농반목半農半牧, 수렵 등에 종사하는 다양한 족속을 확보할 수 있었다. 즉, 몽골 초원의 외연을 싸고 있는 지역을 확대하는 것은 새로운 경제적 기반을 마련하는 일이었다. 이것은 이

---

1998, pp. 134~138·140~145 등이 있다.

68) 『北史』 권94 「契丹傳」, p. 3127.

69) 『北史』 권94 「室韋傳」, p. 3129.

들을 국가 체제의 최하위에 해당하는 부용 집단으로 편제시킨 다음 기존의 부락 위에 이들을 감독하는 관리를 보내 국가에 필요한 물자 등을 징발하는 방식이었다. 그리고 이들은 군사적 동원과 분봉을 통한 직접 통제 대상이었던 종속 집단과 달리 간접 통제 대상으로 토둔이라고 불리는 징세관徵稅官을 파견했다.

한편 돌궐은 몽골 초원의 북방 예니세이 강 유역에 살던 키르기스 Qïrqïz(結骨)와 바이칼 호수 남쪽에 살던 위춰 쿠르칸에 대해서도 원정을 벌였다. 먼저 한문 사서에 결골結骨 또는 거물居勿(한대에는 견곤堅昆) 내지는 힐알사黠戛斯 등으로 기록된 키르기스는 몽골 초원 북방 예니세이 강 상류를 무대로 강력한 세력을 갖고 있었다. 원래 키르기스는 좋은 철광을 생산해 이를 몽골 초원에 공급했는데, 이는 "금·철·주석 등과 같은 광물이 나서 비가 오면 이들을 구할 수 있어 '가사迦沙'라고 불렸으며, 이것으로 만들어진 무기는 아주 예리해 늘 돌궐에 수출했다"[70]라는 기록으로 확인할 수 있다.

이런 키르기스의 광물 수출과 관련해 아사나가 건국 이전 철을 다루는 대장장이 역할을 했던 것과 연결시켜 양자가 긴밀한 관계를 가졌다는 주장도 있다.[71] 하여간 그 여부와 관계없이 돌궐은 이들로부터 획득한 광물을 통해 향후 원정을 지속해나가는 데 필요한 군사 물자를 획득했음이 분명하다. 또한 광물을 기초로 한 무기뿐만 아니라 "노랑가슴담비貂鼠와 푸른 담비靑鼠를 부세로 내게 했다"[72]고 할 정도로 키르기스는 중요한 모피 생산지였다. 자원의 보고인 키르기스에 대한 원정과 복속은 돌궐에 교역

---

70) 『新唐書』 권217下 「回鶻傳」, p. 6147.
71) 돌궐의 건국 신화에서 아사나의 조상인 눌도육설과 계골契骨, 즉 힐알사黠戛斯의 조상이 형제 관계였다고 한 것과 관련해 알타이 산지에서 대장장이 노릇을 했던 아사나와 그에게 철 광석을 공급했던 키르기스가 긴밀한 공생 관계를 맺고 있었다는 지적도 보인다(護雅夫, 앞의 책, 1976, pp. 59~65).
72) 『新唐書』 권217下 「回鶻傳」, p. 6148.

에 필요한 엄청난 물자를 제공해주기에 충분했다.

따라서 돌궐은 두 집단의 통합을 위해 앞서 다룬 신화 사료 (B)의 내용에서 키르기스를 이리 소생인 이길 니샤 초르가 낳은 네 명의 아들 가운데 하나로 멀리 이주한 형제라고 묘사했다. "사람들은 모두 키가 크고 덩치가 우람했으며 붉은 머리털, 하얀 피부, 푸른 눈동자를 가졌고, 검은 머리털은 거의 없었다. 그중에서 눈동자가 검으면 반드시 〔한대에 이곳으로 잡혀온 장군〕 이릉의 후예라고 했다. 남자가 적고 여자가 많았는데 귀걸이로 귀를 뚫었으며, 습속은 재빠르고 강했는데 남자가 용기가 있으면 그 손에 문신을 하고 여자가 시집을 가면 목에 문신을 했다. 남녀가 섞여 살았기 때문에 아주 음란했다"[73]라고 할 정도로 자신들과 용모가 다르고 풍속마저 크게 다른데도 돌궐은 이들을 복속시켜 체제 안으로 편제하기 위해 동족의식을 강하게 드러냈다.

위치 쿠르칸은 당대의 한문 사서에 등장하는데, 그 전에는 별다른 기록이 없다. 후대의 기록에 "이들이 살던 곳은 바이칼 호수 주변으로 정예 병사가 5000명이었다. 이곳에서는 좋은 말이 생산되었는데, 머리가 낙타와 비슷하고 골격이 강하고 커서 하루에도 수백 리를 달릴 정도로 아주 뛰어났다고 한다. 당대에도 열 필의 뛰어난 천리마를 조공했다"고 한 것으로 보아 돌궐은 이들을 복속시킨 뒤에도 이곳으로부터 몽골과 다른 큰 말을 공급받았을 것이라는 추정을 할 수 있다.[74] 그러므로 이들 역시 군사적 측면에서 돌궐의 중요한 기반이었음을 의미한다.

또한 비문 기록에 따르면, 북방에 대한 지배력 확보는 몽골 초원의 안정적인 지배 체제 구축과 긴밀하게 연결되어 있었다. 그 뒤 위구르 유목제국 시기에도 키르기스에 대한 원정과 견제는 중요한 현안의 하나였을 뿐만

---

73) 앞과 같음.
74) 위의 책, p. 6144.

아니라 위구르는 결국 그들의 공격을 받아 붕괴하기도 했다.[75] 따라서 돌궐이 북방 지역을 본격적으로 복속시킨 것도 흉노의 묵특선우冒頓單于가 과거 동호東胡를 장악한 다음 북방에 있던 혼유渾庾, 굴사屈射, 정령丁零, 격곤鬲昆, 신리薪犁 등 다섯 나라를 장악했던 전례와 비슷한 것이었다.[76] 돌궐 역시 이런 과거의 전철을 그대로 밟았는데, 이것은 몽골 초원의 확보와 안정적 운영, 나아가 대외 원정에 필요한 경제적·군사적 기초를 마련할 수 있게 했다.

무칸 카간은 몽골 초원에 대한 지배력을 공고화하고 주변의 위협을 제거하기 위해 동쪽과 북쪽에 대한 원정을 성공적으로 마친 다음, 554년 유연의 잔당을 척결하기 위해 다시 톈산 산맥 방향으로 진출했다. 이 일을 위해 원주지로 복귀한 무칸 카간은 베쉬 발릭Besh balik(북정北庭)[77]이 있는 짐사르를 중심으로 세력 기반을 형성한 뒤 톈산 산맥을 넘어 남쪽으로 내려가 동서 교역로의 핵심에 위치한 고창국을 복속시켰다. 이를 통해 동서 교역로에 대한 영향력을 행사함으로써 경제적 이익을 극대화할 수 있는 기틀을 마련함과 동시에 서쪽으로 진출해 부용 집단을 더 확대하려고 했다. 이런 움직임은 교역로 장악만이 아니라 서방에 있던 강력한 유목 세력 에프탈과의 대결을 통한 중앙아시아 초원의 패권 장악이라는 문제와도 긴밀하게 연결되어 있었다.

당시 고창국은 국씨가 통치해 일반적으로 국씨鞠氏 고창국(500~640)이라고 불렸다.[78] 그때까지 고창은 동서 교역로를 장악하려는 세력이면 누구나 차지하기 위해 지속적으로 쟁탈을 벌인 곳이라 주변 세력의 동향에

---

75) 정재훈, 앞의 책, 2005, p. 328.

76) 『史記』권110 「匈奴傳」, p. 2893.

77) 孟凡人, 『北庭史地硏究』, 烏魯木齊: 新疆人民出版社, 1985.

78) 嶋崎昌, 『隋唐時代の東トゥルキスタン硏究: 高昌國史硏究を中心として』, 東京: 東京大學出版會, 1983.

따라 왕조 교체를 반복했다. 따라서 군소 오아시스로서의 숙명에 따라야 했던 고창 왕은 다시 돌궐의 영향력 아래 들어가는 수밖에 없었다. 즉 고 창 왕 국보무鞠寶茂(재위 555~560)는 돌궐의 공주와 결혼함으로써 자신의 지위를 유지할 수 있었다. 반면 무칸 카간은 자신의 사위가 된 고창 왕을 우대해 여타 종속 집단이나 부용 집단의 왕에게 주는 것보다 높은 일테베 르를 주었고, 동시에 토둔을 파견해 징세를 감독하게 했다.[79]

오아시스에 대한 통제는 이곳만이 아니라 여타 지역에서도 동일하게 적용되면서 돌궐의 영향력이 확대되었다. 이것은 정주 지역인 오아시스 에 자신에게 부용할 수 있는 세력을 유지시키면서 이들로부터 공납을 받 고 안전한 경제 활동을 보장해주는 방식이었다. 이로써 돌궐은 오아시스 를 통하는 교통로를 확보해 중국 내지는 주변의 복속 지역으로부터 획득 한 물품들을 유통시켜 안정적인 이익을 얻을 수 있는 여건을 마련했다.[80] 또한 오아시스 도시를 지원하고 공납 내지는 조세를 받아냄으로써 군주 가 더 많은 이익을 손쉽게 장악할 수 있는 체제를 구축해냈다.[81] 따라서 돌 궐이 톈산 산맥 이남에 있는 오아시스에 진출하는 일은 결국 이곳과 깊은 이해관계를 맺었던 여러 세력과의 충돌을 불가피하게 했다. 즉, 아시아 중 앙부를 중심으로 벌어진 동서 무역의 패권을 누가 장악하느냐를 결정하 는 중요한 분기점이 되었던 것이다.

이에 가장 먼저 반응한 것은 하서회랑의 통상로를 장악하고 있던 토욕 혼이었다.[82] 당시 토욕혼의 추장 과려夸呂는 후후 노르Kök nuur(칭하이青 海, 지금의 싱쑤하이星宿海)에서 45리 떨어진 복사성伏俟城(지금의 칭하이성青

---

79) 「寧朔將軍緉曹郎中鞠斌造寺碑」, 黃文弼, 『吐魯番考古記』, 北京: 中國科學院出版社, 1954.
80) 王新民, 「麴氏高昌與鐵勒突厥的商業貿易」, 『新疆大學學報』1993-3.
81) 荒川正晴, 「遊牧國家とオアシス國家の共生關係: 西突厥と麴氏高昌國のケースから」, 『東洋史研究』 67-2, 2008, pp. 34~68.
82) 周偉洲, 『吐谷渾史』, 桂林: 廣西師範大學出版社, 2006, p. 51.

海省 공허현共和縣 서북에 있는 스나이하이진石乃亥鎭 서북)을 거점으로 삼아 동서로 3000여 리, 남북으로 1000여 리에 이르는 광대한 지역을 배경으로 카간이라 칭하며 세력을 크게 확대하고 있었다. 자신들의 지리적 이점을 바탕으로 북위가 분열하기 전에도 유연과 연합해 남조와 관계를 맺으며 북조의 권력을 견제함과 동시에 동서 교역로에 직접 영향력을 행사하려고 했다.[83] 따라서 고창국을 중심으로 충돌하게 된 돌궐의 등장은 토욕혼에 심각한 위협일 수밖에 없었다.

유연을 격파한 돌궐이나 남조에 대한 대응이 필요했던 서위에도 토욕혼은 어떤 방식으로든 견제해야만 하는 존재였다. 서위는 돌궐이 세력을 떨치기 전 토욕혼과 혼인 관계를 맺는 등 관계 개선을 통해 배후의 위협을 제거하려고 했지만, 북제가 자신을 견제하며 토욕혼과 연합하자 다시 돌궐과 연합해 이에 대응하려고 했다. 특히 돌궐이 톈산 산맥 남부로 세력을 확장해 고창국을 장악한 이후 양국은 토욕혼에 대한 압박을 본격화하기 시작했다. 이를 위해 서위의 장군 사녕史寧이 이끄는 부대가 무칸 카간과 연합해 토욕혼을 공격했다.

556년 친정親征에 나선 무칸 카간은 서위의 협조 아래 양주涼州(지금의 간쑤성甘肅省 우웨이시武威市)를 지나 토욕혼을 습격해서 과려가 머물던 하진성賀眞城을 포위 공격했다. 이와 양동陽動 작전을 벌인 사녕 역시 정남왕征南王이 지키고 있던 수돈성樹敦城(지금의 칭하이성 공허현 동부)을 공격했다. 무칸 카간은 이 전투에서 하진성을 함락시켜 과려의 처자식을 사로잡았으며, 많은 전리품을 획득했다. 사녕도 수돈성을 함락하고 정남왕을 사로잡은 다음 1만 명이 넘는 사람을 죽였으며, 가축 1만 두를 빼앗았다. 승리를 거둔 두 부대는 칭하이에서 귀환했으며, 궤멸적인 패배를 당한 토욕혼의 잔여 세력은 회복하기 어려울 만큼 크게 약화되었다.[84]

---

83) 『北史』 권96 「吐谷渾傳」, pp. 3185~3186.

이를 계기로 서위는 더 이상 토욕혼의 방해를 받지 않으면서 북제에 대응할 수 있었고, 돌궐 역시 서위와 보다 돈독한 관계를 유지하며 오아시스 지역으로의 진출을 본격화할 수 있었다. 이처럼 토욕혼을 상대로 한 돌궐의 승리는 몽골의 칭기즈 칸(1162?~1227, 재위 1206~1227)이 서방 원정에 앞서 서하西夏를 제압했던 일과 연결시킬 수 있을 만큼 큰 의미를 지녔다. 이로써 돌궐은 동서 교통로의 방해 세력을 제거하고 이를 안정적으로 장악함으로써 서방 원정을 보다 적극적으로 추진할 수 있었고, 동시에 원정으로 인해 공백 상태가 될 수도 있는 몽골 초원의 안전까지 담보할 수 있었다.

이후 실제로 돌궐은 서방 원정을 본격화하는데, 그 대상은 최대 유목 세력이었던 에프탈이었다.[85] 이때 에프탈 원정을 주도한 사람이 무칸 카간인지 아니면 그의 숙부인 이스테미였는지는 분명하지 않아 많은 논의가 있었다.[86] 당시 돌궐은 에프탈을 격파한 562년까지 자신들과 긴밀한 관계였던 북주에 558년과 561년 단 두 차례 조공한 것 외에 별다른 대외 교섭이 없었다. 이 기간 동안 돌궐이 중국에 별다른 관심을 보이지 않은 것은 무칸 카간을 비롯한 돌궐의 주력 세력이 에프탈 원정에 총력을 기울였음을 반증한다. 돌궐이 서방 원정이 마무리되는 563년 이후까지 북주와 북제를 공격하지 않은 점도 이런 사실과 연결 지어 볼 수 있다. 당시 돌궐에는 그만큼 에프탈과의 결전이 중요했던 것이다.

실제로 에프탈을 무너뜨리는 것은 중앙아시아 초원과 오아시스 전역에 대한 패권을 돌궐이 차지하느냐 하지 못하느냐를 결정 짓는 문제였다. 당시 인도 북부와 중앙아시아 초원에서 막강한 세력을 가졌던 유목제국 에

---

84) 『册府元龜』 권355 「將帥部 立功 8」, p. 4217.

85) 余太山, 『嚈噠史硏究』, 齊魯書社, 1986.

86) 薛宗正, 앞의 책, 1992, pp. 99~100.

프탈은 돌궐이 자신의 배후에 있던 사산조 페르시아Sassanid(이하에서는 '페르시아'로 통칭)와 동맹을 맺고 협공하지 않으면 안 될 정도로 강력했다. 따라서 당시 에프탈이 상존尙存하는 상황에서 돌궐이 패권을 차지하는 것은 큰 의미가 없었다. 동서 교역로를 완전하게 확보하려면 돌궐은 이들과의 경쟁에서 승리해야만 했다.

돌궐은 서방 원정을 시작하고 약 3년에 걸쳐 페르시아와 연합해 에프탈을 격파하는 데 총력을 기울였다. 그 결과 페르시아와 아무다리야 Amu Darya를 경계로 국경이 맞닿을 정도로 엄청나게 팽창했다.[87] 이것은 몽골제국의 칭기즈 칸이 서방 원정을 통해 거대 국가였던 화레즘제국 Qwarezmid을 무너뜨리고 차지한 판도와 거의 비슷한 범위였다. 이에 대해 한문 사서에서도 "동쪽으로 동호의 땅에 이르고, 서쪽으로 서역西域의 땅과 멀리 떨어진 땅의 부락들을 포괄해 모두를 잡아 무너뜨렸기 때문에 모든 오랑캐百蠻 중에서 넓기가 이를 넘는 것이 없다"[88]고 평가했다. 그만큼 무칸 카간의 폭발적인 대외 발전은 서쪽으로 철문까지 차지했다고 한 빌게 카간의 회상에 나오는 범주를 뛰어넘는 것이었다.

이런 돌궐의 성공은 싱안링 산맥으로부터 아랄 해에 이르는 지역까지 분절되어 있던 초원과 오아시스를 비로소 하나의 세계로 통합한 전대미문의 거대 유목제국 건설로 이어졌다. 따라서 돌궐은 거대 제국으로 변모한 '일'이라는 광대한 판도 안에 새롭게 확보된 다양한 '보둔'을 조직해내야만 하는 숙제를 갖게 되었다. 이제 거대 유목제국으로 발전한 돌궐의 무칸 카간에게 과거 중가리아와 몽골 초원을 무대로 자신을 중심에 놓고 동부에는 샤드, 서부에는 야브구 또는 샤드를 두었던 고전적인 삼분 체제의

87) A. von Gabain, "Irano-Turkish relations in the late Sasanian period", *The Cambridge History of Iran*, vol. 3-1, Cambridge Univ. Press, 1983, pp. 613~624.

88) 許敬宗, 『文館詞林』 권644 「隋文帝頒下突厥稱臣詔」, 北京: 中華書局, 2001, p. 243.

국가 구조는 더 이상 새로운 판도를 통제할 수 있는 방식이 아니었다.

따라서 이후 제국의 확대와 함께 체제 재편이 이루어졌음이 분명하나 자체 기록이 없어 확인하기는 어렵다. 다만 한문 기록에 과거에 없던 관직이 등장한 것을 통해 변화의 일단을 엿볼 수 있을 뿐이다. 돌궐의 유목 군주를 지칭하는 카간에 구분이 생겨 이른바 대카간大可汗과 소카간小可汗이 나타났는데,[89] 이것은 지배 영역의 크기 변화에 따라 여러 층차의 카간이 등장했음을 보여준다. 이에 대해서는 기존의 국가 구조와 관련해 세 명의 카간이 있다고 한 것을 바탕으로, 대카간을 중심으로 차기 계승자인 동면(또는 동방) 카간과 서면(또는 서방) 카간이 소카간이었다고 본 것이 일반적인 이해다.[90]

반면 568년 콘스탄티노플Constantinople에 온 돌궐 사신이 나라가 네 곳으로 크게 나뉘어 있고 각각 추장이 네 명씩 있다고 한 비잔티움Byzantium의 기록을 토대로 유목제국의 구조가 네 개로 나뉘어졌다고 본 견해가 있다. 이에 따르면 대카간 한 명과 소카간 세 명으로 이루어진 이른바 네 개의 분국이 존재했다.[91] 이것을 증명하기 위해 한문 기록에 나오는 중면中面의 대카간을 중심으로 퇼리스 카간(동면 카간), 타르두쉬 카간(서면 카간), 그리고 북면 카간이 있다는 식의 설명도 있었다. 하지만 이런 논의는 모두 기록이 분명하지 않아서 생긴 문제로 구체적 양상을 확인하기 어렵다.

확인 여부와 상관없이 대카간과 소카간이 등장했다는 것 자체는 그만

---

89) 고대 투르크 비문에서는 한문 기록에 나오는 대카간大可汗과 소카간小可汗에 대응하는 표현을 발견할 수 없고, 군주 내지는 그에 상응하는 존재를 모두 카간으로 지칭했다. 이것을 고대 투르크어로 바꾸면 대카간은 울루그 카간Ulugh qaghan으로, 소카간은 퀴췩 카간Küchük qaghan으로 달리 표현할 수 있기도 하나 이런 용례는 없다. 따라시 이하에서는 한문 기록에 따라 구분이 필요할 경우 대카간과 소카간으로 통일해서 표기했다.

90) 한문 기록의 동면東面과 서면西面은 고대 투르크 비문에서 퇼리스Tölis와 타르두쉬Tardush로 표현된다. 따라서 동면가한東面可汗은 퇼리스 카간으로, 서면가한西面可汗은 타르두쉬 카간으로 표기할 수 있다.

91) 護雅夫,「突厥の國家構造」, 앞의 책, 1967.

큼 국가 규모가 커져 그에 맞는 통제 방식으로 변화했음을 반영한 것이며, 동시에 아사나 종실의 권위가 이전에 비해 상승했음을 보여준다. 기존에도 아사나를 중심으로 대카간이 소카간에게 분봉을 해준 것을 중국에 견주어 천자가 종실의 자제들에게 채읍을 나눠준 것이라고 설명하기도 했다. 왜냐하면 과거에 동면 내지는 서면의 샤드처럼 실제 분봉을 받은 소카간이 여러 족속을 전적으로 통제하는 구조를 갖고 있었기 때문이다.

여러 카간의 분포를 지역적으로 정리해보면, 몽골 초원의 중심지에서 핵심 부락들과 여타 족속들을 직할하는 대카간이 위치한 중앙부를 제외하고, 차기 계승자로서 가장 높은 지위를 갖고 있던 퇼리스 카간은 유주幽州(지금의 베이징시와 허베이성 북부) 북방에 위치한 동몽골에서 거란, 해, 습 등과 같은 부락을 통제했다. 반면 서방의 타르두쉬 카간은 현재 신장위구르 자치구의 동북부에 위치한 율두즈 초원을 중심으로 오아시스 지역과 서부 초원지대를 통제했다. 그리고 몽골 초원에서 톨 강 유역을 중심으로 흩어져 있는 투르크계 유목 부락을 통제했다는 소카간과 함께 톈산 산맥 북방 중가리아에 또 다른 소카간도 있었는데, 이들의 역할과 위상은 불분명한 상황이다.

그럼에도 이상과 같은 명칭의 변화를 보이면서 카간이 여럿으로 분화된 것은 분명 유목제국의 확대와 함께 아사나의 위상이 변화된 것을 반영하며, 제국의 체제를 정비하는 과정에서 나타날 수밖에 없는 필수 불가결한 조치였다. 이런 개편은 먼저 제국의 급속한 팽창 이후 초원 지역을 중심으로 새롭게 확보된 종속 집단을 군사적으로 동원하기 위함이었고, 동시에 경제적 공납을 내도록 해서 체제를 정비하는 등 내적인 안정을 확보하기 위함이기도 했다. 또한 공납을 통해 간접 통제를 받는 부용 집단까지 하나의 완전한 틀 속에 새롭게 편제해낼 수 있는 토대를 마련하는 일이었다.

돌궐의 발전과 관련해 가장 중요한 점은 돌궐이 에프탈을 무너뜨리고 시르다리야Sir Darya 연안까지 진출함에 따라 동서 교역로 상에 위치한 대

〈그림 7〉 무칸 카간 시기 정비된 유목제국(일)의 구조

부분의 오아시스를 부용 집단으로 확보한 것이었다. 이것은 소그디아나 Sogdiana(속특粟特) 또는 소그디아Sogdia라고 불리는 오아시스에 대한 통제와 연결되면서 단순히 기존에 몽골 초원에서 접촉했던 정도가 아니라 대부분의 국제 상인들, 이른바 소그디아나 출신 상인(이하 '소그드 상인'으로 통칭)들을 적극적으로 장악했다는 의미였다.[92] 그리고 중국에서부터 페르시아에 이르는 거대 권역이 최초로 하나의 체제로 통합된 사상 유례가 없는 상황의 출현이었다.

돌궐이 이루어낸 전무한 거대 유목제국으로의 발전은 당시 이미 동서 교역 네트워크를 구축하고 이것을 운영하면서 축적된 다양한 노하우를 갖고 있던 상인들에게 새로운 발전의 기회였다. 왜냐하면 그동안 여러 세력의 갈등으로 인해 쪼개져 있던 동서 교역로를 하나로 통합해 통상로 전반에 대한 통제권을 확립한 것이 교역의 활성화에 결정적인 작용을 할 수 있었기 때문이다.

또한 돌궐에도 소그디아나는 단순히 공납을 받는 형식의 경제적 수탈지에 그치지 않고, 나양한 능력을 갖춘 인력을 확보함으로써 제국을 더욱

---

92) Étienne de la Vaissière, James Ward(tr.), *Sogdian Traders: A History*, Brill, 2005, pp. 199~209.

발전시킬 수 있는 반등의 계기였다. 강력한 군사력을 바탕으로 막강한 권위를 갖게 된 아사나를 중심으로 한 지배 집단과 안정된 교역로를 기반으로 동서의 경제 교류를 활성화시켜 엄청난 부가가치를 안정적으로 창출해낼 수 있는 상인 관료들의 결합이 가능해진 것이다. 또 이는 결국 양자가 결합한 새로운 체제의 구축으로 연결되었다. 따라서 돌궐은 새로운 유목제국을 구축해 보다 효율적으로 운영함으로써 더 많은 경제적 이익을 창출하고, 이를 체제를 안정화시키는 토대로 만들기 위해 노력했다.

돌궐의 지향이 제대로 작동하려면 그 전제로 단순한 통상로를 확보하는 것만이 아니라 자신을 중심으로 하는 새로운 '국제 질서'가 구축되어야만 했다. 이는 돌궐의 의도대로 주변의 정주 세계를 물자 공급지와 거대 수요처로 만들어내려면 자신이 직접 질서를 선도해야 한다는 의미였다. 이런 새로운 질서를 구축하기 위해 돌궐이 새롭게 노력하는 것 자체가 바로 유목제국의 체제 정비였다. 하지만 이것 역시 직접적인 기록이 별로 없어 앞서 소개한 초기 조문 사절을 파견한 국가에 대한 회상을 토대로 복원해볼 수밖에 없다. 돌궐의 움직임과 관련해 검토할 대상을 비문 자료에서 열거한 조문 사절을 통해 다시 정리하면 뵈클리Bökli, 타브가치Tabghach, 퇴퓌트Töpüt, 파르Par, 푸룸Purum 등의 순서로 나열해볼 수 있다.

먼저, 당시 동방의 강국이었던 고구려를 가리킨다고 추정되는 뵈클리[93]는 아마도 거란을 격파한 뒤 그 일부가 고구려에 투항함으로써 관계 설정이 이루어졌을 것이라고 여겨진다. 당시 동쪽으로 진출한 돌궐은 랴오허

---

93) '뵈클리' 전사 문제는 초기부터 지금까지 중요하게 다루어졌을 뿐만 아니라 그 실체가 무엇인가 하는 점 역시 중요한 논쟁거리였는데, 그것의 자세한 전개 과정과 중요한 내용에 대해서는 김병호, 「오르혼 옛 튀르크어 비문과 한반도인의 옛 이름: 퀼 테긴 비와 빌게 카간 비에 나타나는 'Bökli' 해석」, 『동북아역사논총』 42, 2013, pp. 7~45 참조. 이것을 대체로 한반도와 만주 지역에 존재했던 6세기 후반의 국가로 비정한 것으로는 岩佐精一郎, 「古突厥碑文のbökli及びPar Purumに就いて」, 『岩佐精一郎遺稿』, 東京, 1936과 護雅夫, 「いわゆるbökliについて: 民族學と歷史學のあいだ」, 앞의 책, 1992가 대표적이다.

遼河를 건너 거란을 추격하다가 결국 신성新城(지금의 랴오닝성遼寧省 푸순시撫順市 북쪽 고이산성高爾山城으로 추정)까지 공격했으며, 이로 인해 양국은 군사적 대결을 벌였다.[94] 이런 두 나라의 충돌은 기록상의 문제로 다른 논의가 있을 수 있으나,[95] 두 차례에 걸친 군사적 대결 이후 자연스럽게 외교적 교섭이 전개되었을 것이라고 추정된다. 왜냐하면 비문 자료에 남아 있는 것처럼 고구려에서 조문 사절을 파견했다는 기록이 양국의 외교적 교섭 내용을 반영한 것이라고 볼 수 있기 때문이다.[96]

이렇게 돌궐과 고구려의 외교 관계 설정 가능성이 확인되긴 하지만 이후 양국의 교섭 관련 기록은 더 이상 남아 있지 않다. 다만 그 뒤에도 북중국의 동향과 관련해 교섭의 필요성이 상존했을 것이라고 추정할 수 있다. 왜냐하면 이후에도 외교적 교섭이 진행되었다는 사실이 확인될 뿐만 아니라 교역 질서를 확립하기 위해 돌궐이 구축하고자 하는 동서를 연결하는 통상로에 고구려가 참여했을 가능성을 배제하기 어렵기 때문이다. 또한 7세기 중반에 제작된 것으로 추정되는 사마르칸트 아프라시압Afrāsiyāb 궁전의 조우관을 쓴 사신 모습을 그린 벽화를 통해 고구려와 중앙아시아가 교섭 관계를 가졌다고 추정[97]하기도 하는데, 이런 교섭 역시 초원을 장악하고 있던 돌궐의 협조 없이는 불가능했기 때문이다.[98]

두 번째, 타브가치는 북중국의 중원 왕조를 가리키는 명칭이었다. 타브가치가 기존에 북위를 세웠던 탁발拓跋을 지칭한 것이라는 점은 주지의 사실인데,[99] 이것은 북중국을 지배하던 당시 지배 집단이 모두 이른바 탁

---

94) 『三國史記』권19 「高句麗本紀 陽原王紀」, p. 178.

95) 李在成, 앞의 논문, 2005, p. 115.

96) 盧泰敦, 「5~6世紀 東아시아의 國際情勢와 高句麗의 對外關係」, 『東方學志』 44, 연세대학교 국학연구원, 1984, pp. 49~50.

97) 동북아역사재단 편, 『중앙아시아 속의 고구려인 발자취』, 동북아역사재단, 2008.

98) 李在成, 「아프라시압 宮殿址 壁畵의 '鳥羽冠使節'에 관한 고찰: 高句麗에서 사마르칸트(康國)까지의 路線에 대하여」, 『중앙아시아연구』 18-2, 중앙아시아학회, 2013.

발선비와 연속성을 갖고 있었기 때문이다. 이런 호칭은 이후에 왕조가 교체되어도 지속되었으며, 중앙아시아 전역에 확산되어 상당 기간 사용되었다.[100] 이것은 도화석桃花石이라고 전사되기도 했는데,[101] 이후 거란Qitay을 전사한 케세이Cathay가 중국의 칭호로 사용된 것과 비슷한 예였다.

북중국의 왕조는 건국 전부터 서위에 사신을 보내 자신의 위상을 인정받으려고 노력한 것에서 알 수 있듯이 유목 군주에게 가장 중요한 우선 교섭 상대였다. 특히 돌궐은 552년 이후 유연을 격파하기 위한 공조를 도모했고, 유연을 대체한 후에는 새로운 패자로서 위상을 확인받으며 그에 걸맞은 교류 관계를 맺고자 했다. 왜냐하면 이것이 돌궐의 이익을 극대화할 수 있는 최선의 방법이었으며, 교역 질서를 창출해내는 데 가장 중요한 물자 공급원의 확보와 연결되었기 때문이다. 이는 돌궐이 서방의 에프탈에 대한 대규모 원정을 벌였던 시기를 제외하고는 대부분 적극적으로 북중국 정권과 교류하기 위해 노력한 사실에서도 확인할 수 있다.

돌궐이 등장했던 6세기 중반 북중국에서는 북위가 분열되어 동위東魏·북제北齊와 서위西魏·북주北周가 서로 대결을 벌이는 상황이 전개되었다. 이로 인해 남조의 양梁과 북조의 두 나라가 등장하는 새로운 삼국 시대가 펼쳐졌다. 이것은 오히려 돌궐이 이익을 극대화시킬 수 있는 유리한 환경이었다. 특히 장안長安을 근거로 했던 서위·북주 정권은 자신들보다 강력한 세력이었던 동위·북제와 경쟁하기 위해 우호 관계를 유지하려고 적극 노력했다. 따라서 돌궐은 이런 북중국의 상황을 유효적절하게 이용하며 유목제국 건설에 필요한 다양한 재원을 마련함으로써 자신이 지향하는 방향의 발전을 도모할 수 있었다. 이 무렵 조문 사절을 파견한 것은 우호

---

99) 羅新, 「論拓跋鮮卑之得名」, 『歷史研究』, 2006-6.

100) 芮傳民, 「Tabγač語原新考」, 『學術集林』 10, 1998.

101) Peter A. Boodberg, "Marginalia to The Histories of The Northern Dynasties", *Harvard Journal of Asiatic Studies* 3, 1938, pp. 223~253.

적인 교류를 하던 서위·북주였다.

　세 번째, 거란의 복속과 관련해 중요했던 고구려와의 관계와 달리 퇴뀌트로 기록[102]된 지금의 티베트Tibet(토번吐蕃)에 대해서는 기록이 전혀 없다. 다만 7세기에 들어와 토번이 강력한 세력의 하나로 성장하면서 이들과의 교섭도 중요했을 것이라 짐작된다. 하지만 6세기 중반까지 토번의 움직임이 부각되지 않았다는 점에서 6세기 중반의 상황을 과연 반영한 것인지는 의문스럽다. 왜냐하면 토번은 7세기 중반부터 강력한 세력의 하나로 성장해 그 뒤 지속적으로 당조를 견제하면서 몽골 초원의 유목 세력과 협력하기도 하고 경쟁하기도 한 중요한 세력으로 자리 잡기 때문이다.[103] 그럼에도 무칸 카간이 하서회랑과 칭하이를 차지하고 있던 토욕혼을 격파한 뒤 돌궐이 그를 견제하기 위해 배후에 있던 토번과 모종의 관계를 맺었던 것은 아닌가 하는 추정은 해볼 수 있다. 왜냐하면 돌궐의 입장에서 서남부에 있던 토욕혼을 견제하는 일은 건국 초기 중요한 현안의 하나로 양국 간에 모종의 관계가 형성되었을 가능성도 배제할 수 없기 때문이다.

　네 번째, 파르에 대해서는 전사의 차이로 인해 앞의 뷔클리나 칠뤽 엘과 마찬가지로 많은 논의가 있었다. 먼저 돌궐과 페르시아의 공격을 받아 에프탈이 멸망한 후 동방에서 갑자기 나타나 비잔티움을 공격하고 동유럽의 헝가리 푸스타Pusta 초원까지 들어갔던 아바르Avar와 연결시킨 것이 가장 대표적이다. 이것은 아바르와 아파르Apar가 유사한 음을 가졌다는 점과 함께 돌궐의 건국 및 확장과 관련해 아바르가 등장했던 사실과 연결시킨 것이다.[104] 왜냐하면 비잔티움과 유럽에 아바르가 등장한 것이 과거에

102) 沃爾夫岡 埃克哈特·夏利普·欣慰, 「古突厥碑銘中提到的中國和吐蕃」, 『第歐根尼』1997-1.

103) 薛宗正, 『吐蕃王國的興衰』, 北京: 民族出版社, 1997; 佐藤長, 『古代チベット史研究』上·下, 京都: 東洋史研究會, 1958.

104) 라들로프가 아바르와 유사한 아파르로 전사한 뒤 탈랴트 테킨 역시 이것을 이어 아파르로

훈이 게르만의 이동을 촉발했던 것만큼 유럽에 큰 영향을 미친 사건이라는 점에서 그의 내원에 대해 설명하려는 시도가 많았기 때문이다. 하지만 음의 유사점이나 정황 증거만으로 아파르와 아바르가 같은 집단이라고 단정하기는 어렵다. 또한 아바르와 에프탈을 연결시키려는 정황적인 측면에서 당시 지속적으로 전투를 벌이던 에프탈에서 돌궐에 조문 사절을 파견했다는 것은 수긍하기 어렵다.

또 이것은 이상과 같은 전사가 아니라 비문에 기록된 𐰯, 즉 PR[1]을 (a)p(a)r라고 전사해 '아파르'라고 읽지 않고 p(a)r로 전사할 가능성과도 연결된다. 고대 투르크 문자 𐰯은 p(ㅍ)의 음가를 갖지만 a(ㅏ)라는 모음을 머금고 있기 때문에 'ap(아ㅍ)', 'pa(파)', 'p(ㅍ)' 등으로 읽을 수 있는데, 이것을 '아파'로 읽지 않고 '파'로 읽으면 이상과 같이 전사할 수 있다. 따라서 이를 '파르'라고 전사할 경우, 아바르와 연결되기보다는 페르시아의 호칭인 '파르스Pars'와 연결된다.[105] 파르스와 연결시켜 '파르'라고 전사할 수 있는 것은 투르크어에서 끝에 s가 오는 경우밖에 없어, 이것을 생략해서 기록했다고 여겨진다는 점에서 이런 전사가 가능하기 때문이다.

당시 이른바 페르시아에서 조문 사절이 왔다고 볼 수 있는 것은 건국 초기에 에프탈을 사이에 두고 페르시아와 돌궐의 관계가 아주 긴밀했기 때문이다. 당시 돌궐과 페르시아는 에프탈이 붕괴한 후 양국 간에 영토 분쟁이 일어나기 전인 567년까지 우호적인 관계를 유지했다. 두 나라는 당시까지 공동의 적인 에프탈을 협공하면서 강력한 연대의식을 공유했다.[106] 따라서 이 무렵에 벌어진 건국자의 장례식에 페르시아에서 조문 사절을 파견한 것은 아주 자연스러운 일이었을 것이다. 더욱이 당시의 외교 관계

보았다(탈랴트 테킨, 이용성 역, 『돌궐비문연구: 퀼 티긴 비문, 빌개 카간 비문, 투뉴쿠크 비문』, 서울: 제이앤씨, 2008, p. 90).

105) 岩佐精一郎, 「古突厥碑文のbökli及びPar Purumに就いて」, 앞의 책, 1936.

106) 르네 그루쎄, 김호동·유원수·정재훈 역, 『유라시아 유목제국사』, 서울: 사계절, 1998, p. 139.

를 반영한다고 할 때 조문 사절 구성에서 페르시아가 빠졌다는 것은 상식적으로 받아들이기 어렵다.

마지막으로 페르시아 다음에 나오는 푸름은 한문 기록에 보이는 불름拂菻의 대음으로 비잔티움, 즉 동로마제국을 가리킨다.[107] 당시 돌궐은 비잔티움과 대외 교역을 확대하기 위해 사신을 교환했다. 특히 에프탈이 붕괴된 후 페르시아를 견제하고 비단 교역을 활성화시키기 위해 비잔티움과의 교류가 이루어졌으며, 그 뒤에도 비잔티움을 공격한 아바르로 인해 교류가 아주 적극적으로 추진되었다.[108] 비잔티움과 돌궐의 이런 관계를 반영한 푸름, 즉 비잔티움 조문 사절의 존재는 그 앞에 있는 '파르' 역시 돌궐의 중요한 교류 대상이었던 페르시아를 가리킨다고 이해하는 것이 타당함을 보여준다.

이상에서 정리한 것처럼, 비문 자료에 열거된 돌궐과 다섯 나라의 관계는 비록 과거의 회상이지만 6세기 중반 무칸 카간 시기에 돌궐의 발전과 함께 형성된 당시의 외교 관계를 반영한 것이라고 봐도 별 무리가 없다. 이것은 비문 자료에서 명시한 영역, 즉 "**(KT: 동:02) 동쪽으로는 카드르칸 이쉬까지, 서쪽으로는 테미르 카프그까지 [보둔을] 자리 잡게 하셨다고 한다. 그 분들께서 이 둘 사이에서 (동:03) 전혀 묶이지 않았던 쾩 투르크를 그렇게 [하나로] 있게 만드셨다고 한다**"라고 한 범주의 외곽에 있던 국가들이었다. 이 것은 동쪽 끝에 고구려로 추정되는 한반도 북부로부터 남쪽에 북중국의 선비계 국가와 서남쪽에 토번, 그리고 더 서쪽에 페르시아와 비잔티움(동로마제국)이 있었으며, 이들을 연결하는 중심부에 모두와 맞닿은 돌궐이 위치했음을 의미한다.

---

107) 岩佐精一郎, 앞의 논문.

108) 內藤みどり, 「東ローマと突厥との交涉に關する史料」, 『內陸アジア史論集』, 東京: 國書刊行會, 1979; Kund Hannestad, "Les relations de Byzance avec la Transcaucasie et l'Asie Centrale aux 5e et 6e siècles", *Byzantion* 25-27, 1955, pp. 4214~4256.

〈그림 8〉 비문 자료에 나타난 6세기 중후반 돌궐을 중심으로 한 외교 관계

　이와 같은 외교 관계의 설정은 돌궐이 앞에 열거한 거대한 국가들과 직접 외교 관계를 맺을 만큼의 위상을 가진 국가로 성장했음을 보여준다. 이것은 아사나를 중심으로 한 핵심 집단과 이를 적극 지지하는 연맹 집단, 그리고 국가의 토대가 되는 종속 집단과 그의 외연을 싸고 있는 다양한 부용 집단이 하나로 결속된 제국 규모의 '일'의 성립이었다. 특히 초원만이 아니라 이를 정치·경제·문화적으로 지원할 수 있는 오아시스 세계까지 자신의 기치 아래 하나로 통합하면서 그 주변에 위치한 거대 문명권을 보다 활발하게 연결시킬 수 있었다. 이렇게 등장한 새로운 거대한 유목제국인 돌궐은 과거와 같은 분절적인 체제가 아니라 비문 자료에서 '쾩 투르크'라고 부른 하나의 정체성을 가진 세계였다. 그리고 이를 묶어냈던 권위의 근원은 새롭게 등장한 황금씨족이 된 아사나의 성장에서 기인했는데, 이것은 중앙아시아 세계의 향후 전개 과정에 엄청난 영향을 미칠 만큼 강력한 것이었다.

　이런 전대미문의 거대 유목제국이 등장함에 따라 세계는 과거와 달리 분절되지 않고 모두 연결되면서 유라시아 대륙 동서를 가로지르는 새로운 질서를 구축했다. 이것은 이곳에 안정과 평화를 가져와 자유로운 왕래와 안전한 교역이 이루어지는 새로운 통합 체제, 이른바 '**자유무역지대**自由貿易地帶(Free Trade Area)'라고 불릴 만한 거대 통상권의 형성으로 이어졌다.

그리고 이를 매개로 돌궐과 연결된 주변의 거대한 정주 문명 세계는 과거에 경험해보지 못한 활발한 교류를 벌였다. 따라서 이런 질서를 주도한 돌궐은 이에 걸맞은 체제를 더욱 안정적으로 유지, 발전시키기 위해 노력하지 않을 수 없었다.

## 3. 교역 국가로의 지향과 제국 체제의 정비

유목 국가는 내적인 유목 경제를 운영하는 것만으로는 충분한 경제적 기반을 마련하기가 쉽지 않을 뿐만 아니라 재화 역시 한정된 부분에서만 생산되었다. 이것은 유목이라는 것 자체가 『사기』에서 기술한 이래 역대 정사에서 "물과 풀을 따라 옮겨 살았기 때문에 성곽이나 일정한 곳에 주거하며 농사를 짓지 않았으나 각자의 세력 범위만은 분명했다"[109]고 되풀이해 기록했던 것처럼, 이동을 기초로 한 생산 양식으로 안정적이지 못한 일이었다. 하지만 이것은 집시처럼 정처 없이 이동하는 유랑과는 다른 목축 pastoralism의 한 형태로, 주로 건조 지역에서 환경의 한계를 극복하기 위해 고정적인 주거나 축사 없이 가족 성원의 대부분이 기본적인 생활을 유지하는 데 꼭 필요한 자원인 가축을 사육하려고 일정하게 계절 이동을 하는 식량 생산 수단의 하나였다.

생산의 기초가 되는 계절 이동의 범위는 환경에 따라 바뀌었고, 가축 사육이 가능하면 유목민들은 계속 이동하려고 하지 않았다. 실제로 유목민들은 생업을 유지하는 데 이동이 중요했지만 수고스러운 이동을 하지 않고 정해진 범위 안에서 자신의 욕구, 즉 생존을 위한 기본적인 수단을 획득하고자 했다. 그리고 이동 범주와 상관없이 계절 이동을 통해 사용이 가

---

109) 『史記』 권110 「匈奴傳」, p. 2879.

능한 일정한 목지를 기초로 가축을 사육해서 생존에 필요한 자원을 얻으려고 했다. 이 과정에서 이동을 불가피하게 하는 초원이라는 불안정한 환경과 가축 사육에 치명적인 전염병, 자연재해 같은 환경적인 위해 요소, 그리고 전쟁과 약탈 같은 인위적인 요소들의 위협에 늘 시달려야만 했다. 이런 열악한 환경은 유목민들의 계급 분화를 심화시킬 수도 있었지만 오히려 공동체를 유지하기 위해 지배자의 호혜적 행위를 강조한 것이 부족적인 결합을 유지하게 하는 중요한 기초가 되었다.[110]

이런 유목 생활은 유목민들에게 생존에 필요한 기본적인 자원을 일정 정도만 제공할 수 있었을 뿐 생활에 필요한 물품을 완전하게 자급하기는 어려웠다. 단순히 생존하는 것으로만 만족할 수 없는 다양한 물질에 대한 욕구를 해소시켜주지는 못했던 것이다. 이런 한계를 극복하기 위해서는 필요한 물자를 제공해줄 수 있는 대상, 즉 주변의 정주 농경 사회에 의존하는 일이 불가피했다. 이들과의 관계 설정이 유목민들의 생존을 결정하는 중요한 조건이었다. 따라서 유목민들의 정주 지역에 대한 물질적인 욕구는 절대적이었고, 이것을 해소하기 위해 정주 사회로부터 물자를 원활하게 조달해내는 일이 무엇보다 중요했다.

유목민들이 물자를 얻을 수 있는 대상은 인접한 오아시스 도시들과 거대 정주 국가, 그중에서도 '땅이 넓고 물자가 풍부'한 중국이었다. 소규모의 취약한 오아시스들과 달리 강력한 거대 제국이었던 중국은 유목민들의 욕구를 쉽게 받아주는 호락호락한 대상이 아니었다. 중국은 유목 국가가 마음대로 움직일 수 없을 만큼 강력했고, 또한 조공 질서를 토대로 황제가 대외 교섭을 완전히 독점하는 쇄국 체제를 유지했다. 따라서 유목 국가는 이를 해소하고 자신들의 이익을 극대화하기 위해 다양한 노력을 보여줄 수밖에 없었다. 이때 가장 중요한 방법은 초원에 사는 주민만이 가진

---

110) Anatoly M. Khazanov, 앞의 책, 1994, pp. 152~164.

장점인 강력한 족적 결합력과 기마궁술, 그리고 기동력 같은 군사적인 능력을 십분 이용해 중국을 위협함으로써 소기의 목적을 관철시키는 것이었다. 이를테면 흉노가 한고조漢高祖를 백등산白登山(지금의 산시성山西省 다퉁시大同市 동쪽)에서 포위해 굴복시킴으로써 자신들이 원하는 조건의 화의和議를 얻어낸 것이 가장 전형적인 예의 하나다.[111]

이것은 약탈 내지는 위협을 한 다음에 협상을 벌이는 유목 국가의 가장 통상적인 협상 수단의 하나로, 중국과의 교섭에서 우위를 차지하는 데 효과적이었다. 하지만 이것은 유목 국가가 중국보다 무력적인 우위에 있어야 가능한 방법으로 기습 공격을 통한 무력시위를 벌여 중국을 괴롭히는 일이기도 했다. 반면에 중국 입장에서 보면 이른바 '오랑캐'와 화의를 맺었다는 점에서 비록 자존심이 상하는 일이었지만, 위협을 방어하기 위해 장성長城을 쌓거나 군비를 조달하는 것에 비해 원하는 재화를 세폐歲幣로 제공해주는 것이 오히려 이익일 수 있어 차선책으로 화의에 동의할 수밖에 없었다. 이런 화의는 이후 협상을 거쳐 세폐 교환에서 그치지 않고 호시互市 같은 상호 간의 물자 교환으로 이어지기도 했다.[112] 따라서 유목민들은 이런 특화된 능력을 이용해 경제적 취약성을 극복할 수 있는 하나의 강력한 실체인 유목 국가를 건설함으로써 자신들의 욕구를 충족시키려고 했다. 그리고 이것은 수적인 열세와 경제적 한계 등을 극복할 수 있는 가장 유효한 방법으로 중국과 대등하게 교섭을 벌이는 기초가 되었다.[113]

유목 국가의 건설은 유목 군주를 중심으로 한 유목 부락들의 통합만이 아니라 나아가 자신에게 도움이 되며 역시 중국과 경제적 관계를 강화하

111) 『史記』 권110 「匈奴傳」, p. 2894.
112) 林俊雄, 「掠奪·農耕·交易から觀た遊牧國家の發展: 突厥の場合」, 『東洋史研究』 44-1, 1985.
113) 金浩東, 앞의 논문, 1989.

고자 하는 욕구가 강한 오아시스 주민까지 통합하는 형식을 띠었다. 이런 결합을 통해 강력한 힘을 만들어내 중국을 압박하거나 교섭하는 것이 더 용이했다. 따라서 유목민들은 유목이라는 생산 양식의 한계에도 불구하고 그들만의 특기를 최대한 장점으로 바꾸어 국가를 건설함으로써 단순히 초원의 작은 국가가 아니라 거대한 유목제국으로의 발전도 도모해볼 수 있었다.[114]

새로운 유목 국가의 건설과 발전은 그들이 갖고 있는 유목 경제의 한계를 극복하는 것으로서 주변의 정주 국가들과는 방식이 아주 다를 수밖에 없었다. 국가의 기초는 분명 초원이라고 하는 환경에 기반을 둔 유목 경제였지만, 국가가 건설되면서 그 운영은 다른 방식으로 전개되었다. 특히 사용할 수 있는 재화가 한정된 초원에서 새로운 국가를 건설하고 운영하는 데 필요한 재화를 확보하려면, 유목 군주는 목축 또는 농경 같은 1차 산업 내지는 이것을 직접 가공하는 2차 산업에 의존할 수 없었다. 더욱이 이런 방식은 단순히 자급자족을 하기에도 부족한 수준이었다.

따라서 유목 국가에서는 자신들이 생산해낸 재화가 아니라 여타 지역에서 생산된 재화를 막강한 군사력을 바탕으로 약탈하거나 교역 내지는 조공 등으로 획득한 다음, 이것을 자신들이 확보한 교통로를 통해 유통시키는 방법, 즉 3차 산업에 종사함으로써 엄청난 이익을 창출하려고 했다. 이것은 1차 산업만 있던 유목 사회의 한계를 한꺼번에 훌쩍 뛰어넘어 엄청난 이익을 만들어낼 수 있는 가장 손쉬운 방법이었다. 그리고 이는 이제까지 한정된 재화를 토대로 자급자족의 틀에 얽매어 있던 초원의 유목민들에게 새로운 사회로 진화할 수 있는 기회를 주었다.

이를 위해 유목 군주는 원하는 재화를 얻어낼 수 있는 공급처를 확실하

---

114) T. J. Barfield, "Tribe and State Relation: The Inner Asian Perspective", Philip S. Khoury and Joseph Kostiner (eds), *Tribes and State Formation in the Middle East*, Univ. of California Press, 1990, p. 166.

게 확보함과 동시에 이것을 유통시킬 수 있는 교통로를 안정적으로 관리할 수 있는 소프트웨어 및 인적 네트워크를 구축하고, 재화를 수요처에 판매하는 전 과정을 자신의 의지에 따라 조절하려고 했다. 이런 체제를 만들어내는 것 자체가 바로 유목 국가를 건설하는 과정이었는데, 이것을 체계화하려면 초원을 장악하는 것만이 아니라 그 주변의 오아시스를 통제하고 이를 하나로 묶어 통상로를 안정적으로 구축하는 일이 전제되어야 했다. 따라서 이를 내적으로 관리하고 운영해줄 능력을 갖춘 정주 지역, 특히 오아시스 출신의 상인들을 관료로 적극 받아들였다. 이처럼 돌궐은 군사력에 기초한 권위적인 유목 권력과 상인들의 경제적인 능력이 결합해 움직이는 국가, 즉 통상을 기반으로 한 이른바 '교역 국가'를 건설하려고 했던 것이다.

나아가 이를 기반으로 물자를 공급해주고 또한 소비해주는 주변의 거대한 정주 국가들과 외교 관계를 맺어 자신들의 욕구를 원활하게 관철시키려고 했다. 특히 거대한 통상로를 운영하는 데 필요한 많은 물자를 획득하기 위해 중국과의 교섭에 적극적으로 나섰는데, 물자에 대한 수요가 증대함에 따라 그 요구는 더욱 커질 수밖에 없었다. 중국은 유목 국가의 단순한 물자 구득원求得源에 그치지 않고 상황에 따라 군사적 대치를 벌이는 등 국가의 조명祚命을 결정할 만큼 중요한 존재였다.

과거에도 중국의 초원 세력에 대한 대응 자체가 몽골 초원에 있던 유목 국가의 존립에 큰 영향을 미칠 정도로 중요했다는 것은 진한제국과 흉노, 유연과 북위와의 관계에서 확인할 수 있다. 실제로 돌궐의 건국과 향후 발전은 모두 북중국의 동향과 긴밀하게 연결될 수밖에 없었는데, 이것은 이미 누누이 지적한 깃처럼 북중국의 분열 상황이 돌궐에 너무나 유리한 국면을 조성해주었기 때문이다. 돌궐은 이런 호조건을 기반으로 건국 이후 단순하게 북중국 정권으로부터 인정과 지원을 받는 것에서 그치지 않고 나아가 자신들을 중심으로 질서를 구축하고, 이를 바탕으로 중국을 움직이려고 적극 노력했다.

건국 이전에도 540년대에 튀멘이 세력화에 성공하자마자 서위에 사신을 보내 물자를 요구하면서 이를 기초로 국가를 발전시키려는 강한 의지를 표현한 것은 그 욕구가 무엇이었는지를 잘 보여준다. 당시 그에게 중국과 우호 관계를 맺음으로써 얻어낼 수 있는 재화는 국가를 유지하고 발전시키는 데 가장 기본적인 자원이었다. 특히 유목 군주가 자신의 목적을 이루기 위해 중국과의 관계를 독점하는 것, 즉 자신을 유일한 교섭 대상으로 인정받아 여타 부락들을 제치고 교섭을 장악하는 것이 아주 중요했다. 왜냐하면 중국으로부터 인정받는 것 자체가 유목 세계 내적으로도 자신의 권위를 확인하는 가장 유효한 수단이었기 때문이다.[115]

하지만 유목 군주가 중국과의 관계를 자신이 원하는 수준까지 이루어내는 것은 쉬운 일이 아니었다. 더욱이 중국이 적극적으로 무력 공세를 가해 유목 국가를 견제할 경우 이런 소기의 목적은 제대로 이룰 수 없었다. 과거 한 무제가 흉노에 적극적으로 무력 공세를 펼쳐 유목 국가를 약화시킨 일이나 북위가 유연을 효과적으로 약탈해 제대로 발전하지 못하게 했던 일은 무력으로 우위를 유지하는 것이 유목 국가에 있어 얼마나 중요한 일이었는지를 잘 보여준다.[116] 즉 중국과 원활한 관계를 유지하거나 우위에 서지 못해 효과적으로 물자를 획득해낼 수 없으면 유목 국가는 발전에 심각한 악영향을 받을 수밖에 없었으며, 이는 결국 유목 국가 체제 내부의 권위 약화로 이어지기도 했다. 따라서 유목 군주는 어떤 방법을 써서라도 중국에 대해 우위를 유지하기 위해 노력할 필요가 있었다.

그런데 돌궐은 북위의 분열로 인해 대결 구도가 형성되고, 몽골 초원에 있던 유연이 약화되는 아주 유리한 조건 속에서 제국을 확대할 수 있었다.

---

115) 김호동, 앞의 논문, 1993.
116) 朴漢濟, 『中國中世胡漢體制研究』, 서울: 一潮閣, 1988.

특히 돌궐은 건국 전인 551년에 이미 서위 정권과 혼인 관계를 맺었는데, 초원의 신흥 세력이 중원 왕조와 혼인 관계를 맺은 것은 전무후무한 일이었다. 튀멘은 서위의 장락공주를 아내로 맞아들인 다음[117] 서위의 지원을 받아 유연을 격파하고 새로운 유목 세력으로 등장할 수 있었다. 이처럼 돌궐이 건국하기도 전에 서위와 혼인 관계를 맺었다는 것 자체가 국가를 발전시킬 수 있는 결정적 계기가 되었다. 이는 모두 당시 동위에 비해 취약한 상태에 있던 서위가 돌궐을 자신에게 위협적이었던 유연과 동위를 견제할 수 있는 수단으로 인식했기 때문이다.

원래 중국에서 유목 군주에게 화번공주和蕃公主를 보내주는 것은 관계를 확정하는 중요한 수단으로, 흉노 이래로 양국의 관계를 잘 보여주는 가장 중요한 지표였다. 중국에서 온 공주와 결혼을 했다는 것 자체가 유목 세계의 패자가 아니면 불가능한 일이라, 이는 곧 최고의 지배자임을 대내외적으로 인정받는 과정이었다. 또한 공주를 시집보내는 것은 단순히 관계를 맺는 데서 그치는 일이 아니라, 이와 연계된 많은 인적 교류와 상당한 정도의 물자를 지속적으로 지원해준다는 의미였다.[118] 다른 경우에서 확인할 수 있듯이, 중국의 공주가 파견되면 그녀가 거주할 시설의 건축 및 생활에 필요한 다양한 물자의 생산과 지원, 그리고 지속적인 물자의 공급 등 후속 조치가 이루어졌다.[119] 따라서 화번공주는 중국의 다양한 문화와 물자가 초원에 확산되는 중요한 계기가 되었을 뿐만 아니라 유목 군

---

117) 劉春玲, 「試論北周·隋與突厥的 '和親'」, 『陰山學刊』 1994-03.

118) 崔明德, 『中国古代和亲通史』, 北京: 人民出版社, 2007.

119) 위구르 유목제국의 경우에는 당조唐朝와의 화친을 통해 화번공주가 초원에 오자 수도인 카라발가순에 궁성宮城을 건설하는 등 제반 시설을 갖추었다(정재훈, 앞의 논문, 2003). 이런 흔적은 흉노 이래로 초원에 건설된 많은 정주 시설을 통해서 확인된다(林俊雄, 「匈奴における農耕と定着集落」, 護雅夫 編, 『內陸アジア·西アジアの社會と文化』, 東京: 山川出版社, 1983; 羽田明, 「遊牧民と都市: とくにトルコ民族の定住民化·都市民化をめぐって」, 松田壽男博士古稀記念出版委員会 編, 『東西文化交流史』, 東京: 雄山閣, 1975).

주의 지위를 복속된 부락 내지는 주변에 강력하게 각인시켜주는 상징이었다.

563년에도 무칸 카간은 북주와 연합 작전을 펴기 위해 대대적으로 출정하면서 북주에 공주를 시집보내기로 약속했다.[120] 이어 두 해에 걸쳐 북중국에 대한 약탈전을 전개하는 등 동맹을 과시하던 양국은 565년 2월에 북주에서 대규모 사신 일행을 보내 아사나 공주를 맞아 황후로 삼겠다고 하자 더욱 긴밀하게 접근했다. 하지만 이때 마침 북제에서도 사절을 파견해 공주와의 결혼을 요청하는 바람에 이 일은 이루어지지 못했다.[121] 왜냐하면 당시 돌궐이 북주와 연합해 공격하려고 하자 북제 역시 이를 달래기 위해 사절을 보내면서 돌궐에 아주 유리한 조건을 제시했기 때문이다. 그 뒤 돌궐은 북주에 공주를 보내지 않다가 568년 약속을 이행함으로써 양국 관계를 정상화했다.[122] 여기서 북주가 돌궐과의 관계를 아주 중시한 것은 당시 북주는 북제에 비해 상대적으로 취약한 처지[123]라 돌궐과 계속 연합하는 것이 절대적으로 중요했기 때문이다.

무칸 카간은 이런 북주의 약점을 철저히 이용해 북중국 문제에 깊숙이 간여함으로써 유목 세계 패자로서의 위상을 인정받음과 동시에 그에 따른 경제적 이익을 얻어냈다. 그는 북제에 대한 원정을 감행했는데, 이는 엄청난 전리품을 담보해주는 일이라 큰 이익을 가져다주었다. 특히 당시 북중국을 재화의 구득지求得地로 삼아 교역에 필요한 많은 물자를 얻어야 했던 돌궐에 이것은 아주 중요한 기회라 그냥 놓칠 수 없었다. 교역만이

---

120) 『資治通鑑』권169 世祖文皇帝 天嘉 4년(563) 조, p. 5236.

121) 『資治通鑑』권169 世祖文皇帝 天嘉 6년(565) 조, pp. 5249~5250.

122) 『周書』권9 「阿史那皇后傳」, pp. 143~144.

123) 당시 북주와 북제의 국력을 비교해보면, 북주가 남조南朝의 영토를 포괄해서 성장했음에도 인구가 1000만이었고, 북제의 인구는 2000만이었다고 추정한다. 사실 여부와 상관없이 북제가 지속적으로 압도적 우위에 있었다는 것은 잘 알려진 사실이다(張祥光, 「論北周武帝」, 『貴州社會科學』1981-1, p. 58).

아니라 약탈도 중국으로부터 직접 원하는 물자를 손쉽게 얻어내는 방법 중의 하나로서 중요한 구득求得 수단이었다.

특히 무칸 카간은 에프탈에 대한 원정을 마무리한 563년 이후부터 북중국에 강력한 공세를 가하기 시작했다. 무칸 카간은 먼저 20만 대군을 이끌고 장성을 훼손한 다음 항주恒州(지금의 허베이성 스자좡시石家莊市)까지 공격했다. 그리고 북주와의 정혼을 계기로 다시 564년 정월 10만 기를 이끌고 북주의 군대와 함께 장성을 넘어 북제의 중요 거점이었던 진양晉陽(지금의 산시성山西省 타이위안시太原市)을 공격했다. 이런 돌궐의 대규모 공세는 불행하게도 12월에 큰 눈이 연이어 내리면서 성공하지 못하고 회군하나, 기록에 따르면 돌궐은 귀환 도중 병주幷州(지금의 산시성 타이위안시)로 들어가 관리와 백성을 그 수를 셀 수 없을 정도로 죽이며 약탈을 자행했다.[124] 또한 564년 9월에 다시 10만 명의 군대가 유주를 공격하고 장성 안으로 들어와 노략질을 한 뒤에 돌아갔다.[125]

이상과 같이 계속된 북중국에 대한 원정은 돌궐이 비록 북제를 공격하려는 원래의 목적은 이루지 못했지만, 내지를 약탈해 이익을 얻을 수 있는 기회가 되었다. 이 일은 돌궐이 북제 원정을 통해 물자를 보다 많이 구득하기 위해 지속적인 약탈전을 감행할 만큼 물자에 대한 욕구가 많았음을 보여준다.

무칸 카간의 계속된 북중국 원정은 북주와의 원만한 관계를 바탕으로 한 것이었으나 565년 이후부터 상황이 급변하면서 다른 양상을 보여주었다. 앞서 지적한 것처럼, 무칸 카간이 그동안 유지해왔던 친북주 정책을 버리고 북제와 등거리 외교를 벌였기 때문이다.[126] 이때부터 돌궐은 북제의 강력한 요청을 받아들여 그동안 유지했던 북주와의 친선 관계를 일방

---

124) 『資治通鑑』 권169 世祖文皇帝 天嘉 4년(563) 조, pp. 5236~5237.

125) 『資治通鑑』 권169 世祖文皇帝 天嘉 5년(564) 조, pp. 5242~5243.

126) 『册府元龜』 권652 「奉使部 達王命」, p. 7810.

적으로 파기하려고 했다. 당시 돌궐은 북주보다 강력한 북제가 자신들이 강하게 원하던 물자를 공급하겠다고 약속하자 굳이 북제와의 관계를 악화시키려고 하지 않았다.

물론 북주의 요청을 받아들인 무칸 카간이 568년에 결국 북주에 아사나 공주를 보냄으로써 양국의 혼인 관계가 회복되기도 했다. 그렇다고 이일 자체가 과거와 같은 수준의 관계 회복을 의미하지는 않았다. 돌궐은 적대적인 입장을 보이지 않고 통상적인 외교 관계를 유지하는 정도에서 그쳤다. 그리고 자신에게 훨씬 유리할 수 있는 등거리 외교를 벌여 이익을 얻었는데, 이런 양상은 북주가 화북華北을 통일해 세력 균형이 무너질 때까지 지속되었다. 돌궐이 이런 태도를 보인 것은 당시 국제 질서를 이끌 만큼 강력한 세력으로 성장했음을 증명하는 단적인 예였으며, 반대로 돌궐의 눈치를 살펴야 하는 북중국의 정권들은 돌궐의 의지에 따라 움직일 수밖에 없었다.

실제로 북중국의 분열로 인해 돌궐이 상대적 우위를 갖게 된 것은 수 문제隋文帝(541~604, 재위 581~604)의 다음과 같은 과거 회상에서도 확인된다.

일찍이 〔북〕위의 도가 쇠퇴하자 재앙과 어려움이 서로 찾아왔고, 〔북〕주와 〔북〕제가 맞서 다투어 중국을 나누었다. 〔그러자 이를 이용해〕 돌궐이라는 오랑캐가 두 나라와 모두 교통을 했다. 〔북〕주 사람들이 동쪽〔의 북제〕를 걱정해 〔북〕제가 〔돌궐과〕 친해지는 것이 깊어질까 염려했고, 〔북〕제도 서쪽〔의 북주〕를 걱정해 〔북〕주와 〔돌궐의〕 교류가 두터워질까 두려워했다. 〔두 나라가〕 돌궐〔카간〕의 뜻이 어떤가에 따라 나라의 안위가 달려 있다고 여겼으니, 모두 큰 상대의 근심이 있〔음을 생각하〕지 않고 한 변방의 방어하는 〔어려움〕을 덜려고만 생각했다. 〔이로 인해〕 백성들의 힘을 쏟아 그 〔돌궐과〕 왕래하는 데 〔모든 것을〕 갖다 바쳤고, 나라 창고의 재물을 기울여 고비에 〔모든 재물을〕 허비하니 중국 땅이 실로 힘들고 어지러워졌다. 그럼에도 〔돌궐이〕 다시 봉수대와 주둔지를 침략하고 약탈해

**관리와 백성을 죽인 일이 없었던 해가 없었다.** 〔이처럼〕 악이 쌓여 큰 재앙이 된 것은 비단 오늘에 그치지 않았다.[127] (강조는 인용자)

이 내용처럼 이 무렵 돌궐은 더 이상 북주의 인정 내지는 지원을 받는 정도에서 그치지 않고, 오히려 북주와 북제를 자신의 의지대로 움직이려고 했다. 북주 일변도의 외교가 아니라 북제와도 관계를 개선하는 일이 더욱 중요했기 때문이다. 적극적으로 사신을 파견해 관계를 회복하고 돌궐의 교역 확대 요구를 받아들이겠다는 북제의 입장은 돌궐의 구미를 당기기에 충분했다. 당시 북제는 북주에 비해 규모도 컸을 뿐만 아니라 경제적으로도 발전해 있었다. 이는 돌궐의 입장에서 볼 때 자신들이 주도하는 질서 속에서 교역 국가로서의 지향을 충족시킬 수 있을 만큼의 물자를 획득하는 계기가 되었음을 의미한다.

반면 위의 내용에서 문제가 집중적으로 말하고자 한 것은 돌궐이 강성해진 이후 북중국 정권이 분열해 엄청난 고통을 당했다는 사실이다. 문제는 이런 비정상적인 관계, 즉 돌궐이 주도하는 질서 속에서 중국이 오히려 종속 변수가 될 수밖에 없는 상황을 반전시키는 길은 중국의 재통일이라는 말을 하고 싶었다. 하지만 여전히 북중국의 분열과 대립이 심화되는 상황이라 이것은 쉽게 이루어질 수 있는 일이 아니었다. 오히려 상황은 돌궐을 중심으로 한 질서를 강화하는 방향으로 전개될 수밖에 없었다.

더욱이 572년 무칸 카간에 이어 즉위한 타스파르 카간(Taspar qaghan으로 추정. 타발가한他鉢可汗, 재위 572~581)은 북제와 더 긴밀한 관계를 갖고자 했기 때문에 정국政局은 완전히 다른 양상으로 전개되었다. 그는 즉위하기 전 주로 돌궐의 동부인 퇼리스(동면) 지역을 통치하던 퇼리스 카간이었기에 자신과 인접해 있던 북제를 북주보다 우선시하는 입장이었다. 그

---

127) 『隋書』 권84 「突厥傳」, p. 1866.

는 즉위하기 전에도 무칸 카간이 북주에 공주를 보내 혼인을 맺으려고 하자 반대하면서 북제와의 교통을 주장했을 뿐만 아니라 북주와 연합해 북제를 공격하는 것도 반대했다.[128]

이것은 타스파르 카간이 북제 문선제文宣帝(529~559, 재위 550~559)와 친밀한 관계를 가졌던 것과 관련이 있다. 더욱이 그는 문선제를 '영웅 천자'라고 부르는 등 북제에 대해 호감을 표시했다.[129] 이것만이 아니라 집권 체제를 강화하기 위해 불교를 수용한 것에서도 그의 북제 경도傾倒를 확인할 수 있다. 당시 북제로부터 돌궐에 불교가 전래된 것은 북제의 승려 혜림惠琳이 납치되어 돌궐에 들어온 뒤 타스파르 카간에게 제나라가 부강한 이유가 모두 불법을 믿기 때문이라고 말한 것이 계기가 되었다고 전한다. 그의 말을 받아들인 타스파르 카간이 바로 북제에 사신을 보내『정명正名』,『열반涅槃』,『화엄華嚴』등의 경전과『십송률十誦律』등을 받아오게 함으로써 전교傳敎가 본격화되었다는 것이다.[130]

당시 돌궐의 불교 발전은 이 무렵에 만들어진 〈마한 테긴 비문〉의 내용에서도 확인된다. 이는 북제와의 관계에서 불교 수용이 그만큼 중요했음을 보여준다.[131] 그리고 비문이 소그드 문자로 되어 있다는 점은 불교 수용과 소그드 상인의 관계를 나타낸다. 즉 불교가 돌궐의 국가 체제 정비와도 깊은 관련이 있었던 것이다. 특히 당시 교역 국가로의 발전을 지향하던 타스파르 카간은 불교를 신봉하는 소그드 상인들을 적극 받아들임으로써 그들을 통해 기존에 구축되어 있던 교역 시스템을 손쉽게 장악할 수 있었다. 즉 불교 자체의 수용은 이념적인 측면만이 아니라 돌궐의 당면한 발전

---

128)『周書』권23「楊荐傳」, p. 571.

129)『北齊書』권12「范陽王昭義傳」, p. 157.

130)『隋書』권84「突厥傳」, p. 1865.

131) 護雅夫,「古代トルコ族と佛教」,『現代思想』5-14, 1977; 護雅夫,「突厥帝國內部における ソグド人の役割に關する一資料: ブグト碑文」, 앞의 책, 1992.

을 감당할 수 있는 중요한 매개였는데, 이것은 이후 위구르에서 마니교를 적극 수용했던 것과도 연결된다.[132]

한편 돌궐의 외교적 입장이 기존과 완전히 다른 방향으로 바뀐 것은 북주에 큰 위협이 되었다. 이에 북주에서는 돌궐에 바로 사신을 파견해 불리한 상황을 되돌리려고 했으나 별다른 성과를 거두지 못했다. 더욱이 572년 북주 무제武帝(543~578, 재위 560~578)가 권신인 숙부 우문호宇文護를 제거하고 권력을 장악한 다음 집권 체제를 확립하려는 움직임을 보이면서 양국 관계는 더욱 악화되었다.[133] 또한 돌궐이 북제로부터 불교를 수용한 것과 대조적으로 북주는 무제가 부국강병을 위해 비대해진 사원에 제제를 가하다 574년 5월에는 폐불廢佛을 단행하기도 했다.[134] 이처럼 관계가 소원해지는 상황에서 북주의 폐불과 돌궐의 불교 수용은 양국의 관계에도 일부 영향을 주었다고 추정할 수 있다.

불교 수용이라는 쉽지 않은 결단을 한 타스파르 카간은 그다음에는 북제에 청혼을 하는 등 북중국의 분열을 최대한 이용하려고 했다. 그리고 돌궐은 북주가 북제를 무너뜨리고 북중국을 통일하는 577년 이전까지 북제와 긴밀한 관계를 유지했다. 이에 북주 역시 북제로 기우는 돌궐을 그냥 두면 자신들의 입지에 심각한 악영향을 줄 수 있다는 점에서 이를 해소하려고 했으나 막지는 못했다. 따라서 북주는 이런 어려운 상황을 해결하기 위해 북제에 공세를 퍼부어 화북을 통일함으로써 이를 반전시키려고 했다.

당시 타스파르 카간은 기병이 수십만이라 중국이 두려워했다고 할 정도로 강력한 군사력을 가지고 있었다. 이런 능력은 당시 국제적인 역학 관계를 움직일 수 있을 만큼 돌궐의 위상이 높았음을 확인시켜준다. 실제로

---

132) 정재훈, 「위구르의 摩尼教 受容과 그 性格」, 『歷史學報』 168, 역사학회, 2000.

133) 辛聖坤, 「北周 武帝의 集權的 體制改革과 그 性格」, 『中國學報』 39, 1999.

134) 『周書』 권5 「武帝紀」 上, p. 85.

타스파르 카간이 북중국의 두 정권을 좌지우지할 정도였다는 사실은 다음과 같은 구체적인 기록을 통해 확인해볼 수 있다.

무칸 카간 이래로 그 나라가 부강해지자 중국을 능욕하고자 하는 뜻을 가지고 있었다. 조정(북주)에서 그와 화친하기 위해 매년 여러 가지 비단繪絮錦綵 10만 단을 주었으며 경사京師에 머무는 돌궐인들 역시 두터운 예로 대하니 비단옷을 입고 고기를 먹는 사람이 늘 수천이었다. 북제 역시 그의 약탈을 두려워해 창고를 기울여 제공을 하니 타스파르 카간이 다시금 오만해져 그 무리를 이끌고 와서 말하기를 **"나에게 효성스럽고 착한 아들이 둘이나 있는데 어찌 가난을 걱정하겠는가!"**라고 했다고 한다.[135] (강조는 인용자)

이 기록을 통해 돌궐을 중심으로 한 국제 질서가 구축되면서 북중국으로부터 엄청난 물자 지원이 이루어졌으며, 이 과정에서 인적 교류 역시 많았음을 확인할 수 있다. 이는 당시 타스파르 카간이 단순히 중국으로부터 인정을 받는 유목 군주가 아니라 그 위에 군림할 정도의 강력한 존재였기 때문에 가능한 일이었다. 이런 위상을 바탕으로 돌궐은 군사적 원정을 통해 중국을 약탈하는 강제적이고 큰 후유증이 남는 방식이 아니라, 원하는 물자를 손쉽게 얻을 수 있는 화친和親을 통해 엄청난 양의 비단을 확보할 수 있었다. 특히 북주에서만 매년 비단 10만 단을 세폐로 주었다는 사실에서 확인할 수 있듯이, 돌궐은 이를 통해 고부가가치의 물자인 비단을 안정적으로 확보할 수 있는 물자 공급지 중국을 얻었던 것이다.

그런데 세폐 외에 호시와 같은 교역에 관한 기록은 남아 있지 않아 그 규모나 내용은 파악할 수 없다. 하지만 돌궐에서 건국 이전부터 북중국에 조공했다는 기록이 확인되는 것처럼, 아마도 양국 간에는 중국에서 수요

---

135) 『北史』 권99 「突厥傳」, p. 3290.

가 많은 말을 초원이 제공하는 이른바 '견마무역絹馬貿易'이 전개되었을 것이다. 흉노 이래 중국과의 교역은 대체로 이런 방식으로 이루어졌고, 성격은 교역이라기보다는 유목민들의 욕구에 맞춰 중국이 물자를 공급하는 방식이었다. 후대의 경우를 보더라도 실제 교역에 나오는 말의 상태나 품질이 중국의 요구 수준을 충족시키기 어려워 중국에서는 늘 어쩔 수 없이 유목민들의 요구에 따라 교역에 응할 수밖에 없었다.[136] 결국 돌궐은 이를 통해 중국으로부터 엄청난 양의 물자를 안정적으로 획득해냈고, 중국에서 유출된 비단을 비롯한 교역품은 일부 돌궐 자체의 내수도 있었겠지만 유통을 통해 막대한 이익을 챙기는 데 사용되었다.

당시 돌궐은 싱안링 산맥으로부터 초원을 가로질러 현재 우즈베키스탄의 소그디아나에 이르는 거대한 통상로를 안정적으로 운영했기 때문에 중국에서 획득한 물자를 서방에 있는 거대 시장으로 손쉽고 안전하게 이동시킬 수 있었다. 중국이라는 물자 공급지의 확보와 함께 교통로의 안정적 경영이 가능해지면서 돌궐에는 다른 한편으로 이를 구매해줄 시장을 확대하는 일도 중요해졌다. 실제로 돌궐은 중국으로부터 획득한 물자를 유통하기 위해 서방의 소비처와 긴밀한 교섭을 벌였는데, 그 대상은 거대 시장이라고 할 수 있는 페르시아와 비잔티움이었다. 건국 이후 돌궐의 서방 진출 과정에서 충돌이 불가피했던 에프탈 역시 이전부터 돌궐과 마찬가지로 북인도를 무대로 자신들의 이익을 확보하기 위해 끊임없이 노력했음은 주지의 사실이다.

이런 상황에서 돌궐과 페르시아가 동맹을 맺은 것은 이미 언급한 것처럼 에프탈을 협공하기 위해서였다. 하지만 에프탈을 무너뜨린 다음에는 교통로 확보와 물자 유통 때문에 획득한 영토를 두고 분쟁을 벌여 틈이 벌어졌다. 특히 돌궐이 페르시아와 약속한 원래의 경계선 아무다리야

---

136) 『周書』 권50 「異域傳」 下, p. 907.

를 건너 발하나Balqana(跋賀那)를 점령하고 카슈미르Kashmir(계빈罽賓)까지 세력을 확장해 과거 에프탈의 영역을 차지하려고 하자 대립은 더욱 격화될 수밖에 없었다. 게다가 영토 분쟁이 더 심화된 것은 소그디아나 지역에 대한 돌궐의 관할권이 확립된 이후 소그드 상인들이 서방의 비단 무역을 장악했던 페르시아 상인들과 이곳을 사이에 두고 충돌을 벌였기 때문이었다. 이처럼 당시 교역에서 가장 중요한 물품이었던 비단과 관련해 심각한 분쟁이 일어나자 돌궐과 페르시아는 충돌과 교섭을 반복했던 것이다.

당시 페르시아에서도 비단 생산이 시작되면서 자국의 산업을 보호하기 위해 수입품의 유통을 금지시켰는데, 이 일은 중국 비단을 수출하고자 하는 소그드 상인들에게 엄청난 불이익을 가져다주었다. 이 무렵 중국에서 획득한 비단을 유통시켜 이익을 얻고자 했던 돌궐은 반대로 자신을 대행했던 소그드 상인들의 이익을 보호해주어야만 했다. 필요한 물자의 공급지를 안정적으로 확보한 상황에서 이를 판매할 수 있는 거대 시장을 확보하는 일은 그만큼 중요했다. 따라서 이후 돌궐에서는 이와 관련된 외교적인 노력을 집중적으로 전개하지 않을 수 없었다.

돌궐에서는 페르시아와의 통상 문제를 해결하기 위해 소그드 상인인 마니악Maniak을 파견했다.[137] 이때 현안인 금수禁輸의 철회를 요구했으나 그 담판은 페르시아가 이를 들어줄 생각이 없었기 때문에 실패로 끝났다. 그 뒤 567년 돌궐에서 다시 교섭을 하기 위해 사신을 파견했으나 그 일행의 대부분이 독살당하고 일부만 귀환하는 사건이 벌어졌다.[138] 이 일에 대

---

137) 이후 당대에 위구르와의 견마무역에서 당조唐朝를 어렵게 했던 불량마不良馬의 수입은 말들이 병에 걸렸다는 점(병영病羸)만이 아니라 중국의 토질에 맞지 않아 말이 수입된 뒤에도 약해졌다는 점(토비의土非宜) 등이 심각한 문제였다. 또한 말이 당조에 수입될 당시 피골이 상접한 것으로 기록된 점도 원거리 이동에 원인이 있었다(馬俊民, 「唐與回紇의 絹馬貿易」, 『中國史研究』 1984-1, p. 73). 이것은 유목민과의 호시互市는 중국에 일방적으로 불리한 것으로 초원에 대한 물자 공급의 성격이 강했음을 보여준다.

해 페르시아에서는 돌궐의 사신들이 풍토병으로 죽었다고 했으나 이후 양국의 관계는 완전히 파탄이 나고 본격적인 전쟁이 벌어졌다.[139] 페르시아의 입장에서는 돌궐을 배경으로 소그드 상인들이 성장할 경우 자신들에게 큰 피해를 줄 뿐만 아니라, 돌궐이 동서 무역 전체를 장악하는 것을 막지 못할 경우 자신들에게 위협이 될 수도 있었기 때문이다.

이후 페르시아와 대결을 벌이게 된 돌궐은 과거 아바르 문제로 교섭을 진행한 바 있는 콘스탄티노플로 567년에 사신을 파견했다. 돌궐의 요청을 받아들인 비잔티움은 돌궐에서 온 상인들이 페르시아를 경유하지 않고 비잔티움으로 직접 물자를 반입하는 것을 허락함과 동시에 돌궐의 이스테미에게 자마르쿠스가 이끄는 사신 일행을 파견했다. 이들은 이 무렵 돌궐이 페르시아를 공격하는 데 참가했지만, 돌궐의 공격이 실패로 끝나자 비잔티움에서 파견된 군대의 호송을 받아 귀국했다. 이후 571년에 이스테미가 보낸 사신이 다시 비잔티움에 도착해 페르시아와 맺은 화의를 파기하라고 요구하자 역시 견제할 뜻을 갖고 있던 유스티누스 2세Flavius Iustinius Iunior(520~578, 재위 565~578)가 이를 받아들였다. 이후 비잔티움과 페르시아 사이에는 전투가 벌어졌고, 이 싸움은 20여 년(571~590)이나 지속되었다.

그동안 돌궐과 비잔티움은 계속 사신이 왕래하며 우호적인 관계를 유지했으나 비잔티움의 부황제가 된 티베리우스 2세Flavius Tiberius Constantinus(540~582, 재위 574, 578~582)가 돌궐에 속해 있던 부락을 받아들이면서 양국 관계는 급속히 냉각되었다. 특히 576년 이스테미를 조문하기 위해 파견된 사신에게 돌궐이 불만을 표시하고 모욕을 가하자 관계는 결국 파경을 맞았다. 그 뒤 비잔티움에서 돌궐에 관한 기록이 보이지 않았

---

138) Carl de Boor ed., *Menandri Fragmenta. Excerpta de legationibus*, Berolini, 1903.

139) Richard N. Frye, "The political history of iran under the Sasanians", *The Cambridge History of Iran*, vol. 3-1, Cambridge Univ. Press, 1983, p. 156.

는데, 이는 이후 양국 관계가 원만하지 못했음을 의미한다.[140] 따라서 이후에 실제로 어떤 상황이 전개되었는지는 알기 어렵고, 돌궐 역시 내부 사정으로 인해 서방과의 교역에 치중할 수 없었을 것이라고 짐작해볼 뿐이다. 이는 돌궐 내부의 네트워크 유지에 이상 징후가 나타났다는 점을 통해 추정한 것으로, 비잔티움만이 아니라 페르시아와의 관계도 마찬가지였다.

이렇게 돌궐이 관계가 단절될 때까지 페르시아의 배후에 있던 비잔티움과 동맹을 맺으려고 한 것은 페르시아를 견제하면서 아시아를 가로지르는 동서 교역을 독점하기 위한 노력의 일환이었다. 돌궐은 북중국과의 관계를 통해 필요한 비단까지 독점적으로 확보해낸 것을 기반으로 거대한 유목제국으로의 발전을 추구함과 동시에 자신들의 체제를 유지, 발전시킬 수 있는 재원을 확보하려는 목적을 갖고 있었다. 특히 유통을 통한 이익 창출 자체가 모두 군주의 힘을 키우는 수단으로, 달리 부락 내지는 종실에게 분배할 필요가 없다는 점에서 유목 군주의 권력 강화와 긴밀하게 연결되어 있었다. 그 결과 당연히 경제적 이익을 극대화하는 중상주의적 교역 국가 체제를 지향하게 되었다.

이것은 직접 물자를 생산하고 유통시켜 이익을 창출하는 방식이 아니라 약탈한 재화의 독점적인 유통을 통해 엄청난 이익을 창출해내는 새로운 국가 체제였다. 이를 위해 돌궐은 먼저 통합되지 못하고 분절되어 있던 초원과 오아시스를 급속한 확장을 통해 하나로 만들었으며, 나아가 이를 독점적으로 지배함으로써 엄청난 이익을 얻을 수 있게 된 여건을 십분 활용하고자 했다. 또한 자신의 군사적 능력을 기반으로 확보한 거대한 판도를 기초로 하드웨어라고 할 수 있는 교통로의 안전을 꾀하려고 했다. 이것은 과거 통일이 되지 않아 활성화될 수밖에 없었던 '초원길'이 이른바 중

---

140) 內藤みどり, 앞의 논문, 1979.

국의 중요한 수출품인 비단이 유통되던 '비단길'로서 역할을 하는 새로운 양상이었다.

이처럼 돌궐은 물자 공급지인 중국으로부터 물자를 남북으로 이동시킨 다음, 이를 다시 자신들의 판도인 초원을 이용해 서쪽의 거대한 시장인 페르시아와 비잔티움으로 옮길 수 있었다. 즉, 물자 공급지와 시장을 연결시키는 초원의 교역로를 독점으로 장악하는 새로운 교역 체제를 만들어냈던 것이다. 또한 이를 뒷받침할 수 있는 새로운 국제 질서를 구축하고, 이를 유지하기 위해 주변과 교섭할 수 있는 외교적 협상력과 그 과정에서 이익을 극대화할 수 있는 유통망 운용 경험, 그리고 국가 내에서 이것을 통제하고 조절할 수 있는 행정 능력 등을 담보하는 관료를 적극 포섭하는 등 소프트웨어도 갖추었다.

원래 유목 국가의 권력을 장악하고 있던 관료들은 주로 군사적 역할을 담당했을 뿐 체제를 운용할 만한 충분한 능력을 갖추지는 못했다. 이와 달리 정주 지역 출신의 상인 관료들은 거대하고 다문화적인 성격을 띠는 국가를 운영하는 데 필요한 다양한 경험과 언어는 물론 경제적 실무 능력까지 갖추고 있어 유목민들을 보완해줄 수 있었다. 따라서 유목 군주는 국제 교역을 담당하던 소그드 상인들의 경제 활동을 안정적으로 보장해줌으로써 이익을 극대화하려고 했던 것이다.

앞에서 인용한 것처럼,[141] 수도인 장안에 돌궐인이 수천 명 머물고 있었다고 한 기록을 통해 당시 북주와의 교류에 관련된 인원이 많았음을 알 수 있다. 북주에 와 있던 돌궐인 대부분은 정치적인 목적을 갖고 있었겠지만, 교역과 관련된 부분 역시 중요했을 것이다. 돌궐은 건국 이후 지속적으로 북주로부터 많은 물자를 지원받았을 뿐만 아니라 그에 상응하는 물자를 제공했기 때문에 교류 과정에서 돌궐인도 일정한 역할은 했겠지만, 실무는

---

141) 『北史』 권99 「突厥傳」, p. 3290.

주로 오아시스 출신의 상인들이 맡았을 것이다. 후대에 중앙아시아에 온 상인들을 호객胡客 내지는 호인胡人이라고 부른 것에서 알 수 있듯이, 이들은 협상에 필요한 외국어 능력만이 아니라 물자를 판별하고 처리하는 등의 실무적인 능력을 갖춘 외교 사절로서 역할을 했다.

이 무렵 돌궐을 위해 일하던 상인들은 중국이나 돌궐 출신이 아니라 동서 교류를 오래전부터 생업으로 삼아오던 오아시스 출신의 원격지遠隔地 상인, 즉 대상隊商(Caravan)들이었다. 그중에서도 당시 동서 교통로를 따라 서방의 소그디아나로부터 중국에 이르는 오아시스에 식민 취락을 건설하고 교역에 종사하던 소그드 상인들이었다. 특히 이들은 에프탈이 완전히 돌궐의 지배하에 들어간 뒤 돌궐을 위해 본격적으로 봉사했을 것으로 보인다.

돌궐 초기에 어떤 소그드 상인이 활약했는지를 알 수 있는 기록은 없으나 후대의 기록을 통해 강초리康鞘利, 강소밀康蘇密, 조반타曹般陀, 사촉호실史蜀胡悉, 안축가安逐迦 같은 인물들이 확인된다. 이들의 이름으로부터 강康은 사마르칸트, 조曹는 카브탄자카트Kabudhanjakath, 사史는 케시Kesh, 안安은 부하라Bukhara 등 모두 소그디아나에 위치한 오아시스 출신들임을 알 수 있다. 이 가운데 강초리는 주국柱國이었고, 사촉호실은 일테베르[142]라고 했을 정도의 고위 관리로, 카간에게 고문顧問 등의 역할을 하는 등 아주 높은 위상을 갖고 있었다.

한문 사서에는 이들이 아주 부정적으로 기록되었는데, 이것은 이들이 실제로 중국에 많은 경제적 피해를 주었기 때문이다. 그만큼 소그드 상인들은 돌궐이 제국으로 발전해 많은 지역을 경영하는 데 필요한 다양한 기술과 실무적인 요소들을 제공하는 존재로서 유목 군주가 자신의 권력을 강화하고 집중하는 데 중요한 역할을 했다. 특히 후대의 기록에서 특기한

---

142)『隋書』권12「禮儀志」, p. 279.

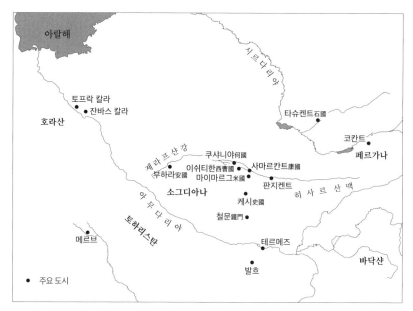

〈그림 9〉 소그디아나 주변 지도

것처럼, 소그드 상인들에게 전적으로 업무를 맡겼다고 할 정도로 유목 권력의 이들에 대한 의존은 아주 심각했다.[143] 유목 군주와 오아시스 상인의 결합을 당연한 현상으로 이해하면서 초원과 오아시스의 공생이 유목 국가를 탄생시켰다고 설명하기도 할 만큼 돌궐의 군주와 소그드 상인들의 결합은 매우 자연스러운 것이었다.

돌궐에서 활약한 소그드 상인들의 출신지인 소그디아나는 유라시아 대륙의 가장 중심부에 위치한 건조지대로 파미르 고원으로부터 서북쪽으로 흘러 아랄 해로 들어가는 아무다리야와 시르다리야에 둘러싸여 있었으며, 또한 파미르에서 발원해 사막으로 흘러들어가는 제라쁘샨Zeravshan 강과 카슈카Khashuka 강을 끼고 발달한 오아시스 도시들이었다. 이곳은 지금

---

143) 『舊唐書』 권194上 「突厥傳」 上, p. 5159.

대부분이 우즈베키스탄의 범위 안에 있으며, 동쪽 끝의 일부만 타지키스탄의 영역 내에 있다. 서쪽으로 아무다리야 유역의 비옥한 삼각주 지대인 호라산Khorasan이 위치하고, 남쪽으로는 아무다리야 중류의 중요한 거점인 토하리스탄Tokharistan(과거에는 박트리아Bactria라고 불림), 동쪽으로는 시르다리야 상류인 페르가나Ferghana 계곡이 위치하는데, 강을 낀 지역은 오아시스로 농사를 지을 수 있었으며 동쪽과 남쪽의 산지에서는 농업과 목축도 가능했다.

이곳 주민들은 대부분 동부 이란계 방언을 사용하는 인도유럽 계통이었는데, 중국에서는 '소무구성昭武九姓'이라고 불렀다. 이것은 소그디아나에 수십 개의 작은 오아시스가 있었고, 개별 도시의 이름에 따라 각각 하나의 성을 붙여 구분한 것에서 연유했다.[144] 소그디아나에 위치한 도시들은 주로 강을 낀 오아시스로서 농업이 발달했으며, 이른 시기부터 다른 도시와의 교역 내지는 이를 중개하는 도시로 발전했다. 이곳은 지리적으로 남쪽으로 인도와 서쪽으로 이란, 그리고 북쪽으로는 초원과 삼림 지역, 나아가 동쪽으로는 중국으로 이어지는 교통로의 중심지에 있었다. 소그디

---

144) 소그디아나의 중심에는 가장 큰 도시인 사마르칸트Samarkand(강국康國)가 있었으며, 그 남쪽에 토하리스탄Tokharistan의 입구인 철문Iron Gate 방향으로 케시Kesh(사국史國)가 있었다. 그 서쪽에 쿠샤니아Khushaniya(하국何國)가 있고, 그보다 서쪽으로 소그디아나 서단의 가장 중요한 도시인 부하라Bukhara(안국安國)가 있었다. 이곳에서 아무다리야를 건너 메르브Merv 방향으로는 마르기아나Margiana로 갈 수 있으며, 페르시아 방향으로는 호라산을 지나 카스피 해로 갈 수 있다. 이 노선은 러시아와 유럽으로 가는 가장 중요한 교통로의 하나였다. 또한 사마르칸트 동쪽에서 가장 중요한 도시는 샤쉬Shash(석국石國. 지금의 타슈켄트Tashkent)였는데, 시르다리야의 북안에 위치했다. 이곳은 동東으로 톈산 산맥과 알타이 산맥을 넘어 몽골로 가거나 서西로 우랄 산맥 남쪽에서 남러시아로 가는 초원의 입구였다. 북쪽으로는 카부탄자카트Kabudhanjakath(조국曹國)를 중심으로 우스 우샤나Usu Ushaya(동조국東曹國)와 이쉬티칸Ishtikhan(서조국西曹國)이 나란히 있었다. 이곳에서 페르가나를 거쳐 파미르를 넘으면 톈산 산맥 남부로 빠져나갈 수 있었는데, 이곳을 거치는 것이 소그디아나에서 중국으로 가는 가장 빠른 노선이었다. 그 밖에도 사마르칸트에서 동쪽으로 60킬로미터 정도 떨어진 마이마르그Maimargh(미국米國) 등이 중요한 오아시스로 알려져 있었다.

〈그림 10〉 당대 토용에 반영된 다양한 소그드 상인의 모습

아나의 주민들은 이런 이점을 최대한 살려 경제 발전을 이루어내기 위해 일찍부터 원격지 상업, 즉 대상의 역할을 했다. 따라서 소그디아나의 여러 오아시스 도시는 모두 상업에 종사하며 필요에 따라 서로 협조하기도 하고 경쟁하기도 하면서 이른바 '비단길'의 교역을 담당하는 중요한 존재로 성장할 수 있었다.

소그디아나의 지역적 특성에 대해서는 대표 도시인 사마르칸트에 관한 중국의 다음 기록을 통해 알 수 있다.

그 사람들은 눈이 깊고 코가 높고 수염이 많았다. 남자들은 머리를 깎거나 혹은 변발을 했다. 그 나라의 왕관은 모직물로 만든 모자에 금과 보배로 장식을 했다. 부인은 상투처럼 머리를 땋아 올리고, 두건을 덮어 썼으며, 금으로 만든 꽃으로 장식을 했다. 사람들은 술 마시기를 좋아하고, 길에서 노래하거나 춤추는 것을 좋아했다. 아들을 낳으면 반드시 돌에서 나는 꿀을 입안에 넣어주고, 손바닥에 아교를 두는데, 〔이는〕 그 아이가 성장해서 입은 항상 달콤한 말을 하고, 돈은

<그림 11> 마니교 관련 소그드 문헌

아교에 붙은 물건처럼 움켜쥐기를 원했기 때문이다. 그 습속은 소그드 문자를 익혀 장사를 잘했으며 매우 적은 이익마저 다투었다. 남자는 스무 살이 되면 멀리 이웃 나라로 가고, 중국으로 왔다 갔다 했으며, 이익이 있는 곳이라면 가지 않는 곳이 없었다.[145] (강조는 인용자)

이상과 같은 묘사를 통해 이들의 인종적 특성을 알 수 있는데, 〈그림 10〉의 토용에 묘사된 것처럼 코카서스 인종으로서 코가 높고 눈이 깊으며 얼굴이 우락부락하게 생긴 아주 강건한 모습을 하고 있었다. 그리고 상업에 필요한 능력인 문서 작성 능력을 갖추고 있었고, 실제 장사를 하는 데도 아주 뛰어났다. 또한 이들이 사용한 문자는 〈그림 11〉에서 확인할 수 있듯이, 시리아의 아람 문자를 변용해서 만든 소그드 문자로 돌궐 초기에도 돌궐의 문자로 차용될 만큼 중앙아시아에서는 중요한 문자였다. 이들

145) 『舊唐書』 권198 「西戎傳」, p. 5310.

〈그림 12〉 북주 사군묘史君墓 석곽의 수렵, 대상 행렬도 부조와 모사

은 또한 자국만이 아니라 많은 외국을 여행해야만 했기 때문에 그에 필요한 다양한 외국어 능력과 풍부한 지리적 지식을 갖추고 있었다. 이것은 향후 교통로를 확보하기 위한 원정 내지는 실제 교통로를 유지하는 데 아주 중요한 정보였다.

아울러 원격지를 왕래하는 과정에서 발생할 수 있는 다양한 위험을 감수해야 했는데, 그때 필요한 자위력을 갖춘 것 역시 그들을 단순한 상인이 아니라 뛰어난 전사로 자리매김하게 했다. 〈그림 12〉에서 확인할 수 있듯이, 실제 소그드 상인을 묘사한 벽화나 부조 등에서 뛰어난 기마궁사의 모습을 갖추고 사냥하는 장면을 그린 것은 이들의 군사적 능력을 반영한 것이다. 특히 중국에서 제작된 토용에서 소그드 상인들이 당조의 무관 복식을 입고 실제 무관으로 활약한 것처럼 묘사한 것은 이런 그들의 특징을 잘 보여준다. 따라서 소그드 상인들은 단순히 상업에 필요한 재능만이 아니라 전사로서도 유목 국가에 참가해서 활동할 수 있을 정도로 수준이 아주 높았다.

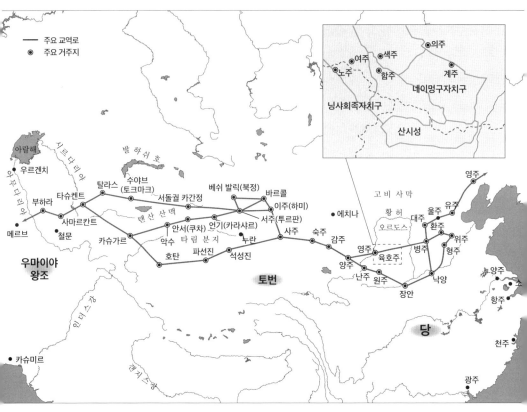

<그림 13> 당대 소그드 상인들의 이주와 식민 취락

    소그드 상인들은 이런 능력을 바탕으로 원격지 무역에 종사했는데, 이는 원주지에서 특정 지역을 왕래하는 대상에 그친 것이 아니라 중국 내지는 이웃 나라로 이어지는 교통로를 따라 각지로 나아가 거점을 마련하는 방식이었다. 이것을 '**통상을 위한 이주**trade diaspora'라고 하는데, 적극적인 이주를 통해 이른바 '**상업 식민 취락**trade colony'을 건설한 다음 이것을 근거지로 소그디아나로부터 시작된 네트워크가 중앙아시아 전체로 확대되어 멀리 중국까지 이어지게 만들었다.[146] 이런 소그드 상인들의 이주와 활동에 대해서는 투루판과 돈황, 그리고 하서회랑 내지는 중국 내지에서 발

견된 문서 또는 유적 등을 통해 확인할 수 있다.[147]

또한 소그드 상인들은 돌궐에서만이 아니라 중국 내지에도 이미 오래 전에 들어와 북주와 북제 정권 안에서 대외 교섭 업무에 종사했다. 실제로 서위와 북주 정권에서 돌궐 건국 이전 초기 교섭에 부하라 출신의 안낙반타安諾盤陀를 사절로 보낸 것에서 알 수 있듯이, 중국인들도 소그드 상인들을 적극 활용했다.[148] 이런 양상은 〈그림 14〉에서 보는 바와 같이, 중국 내지에서 발견된 소그드 상인의 무덤에서 확인되는 석곽 그림을 통해서도 알 수 있다.[149] 즉 부하라 출신의 소그드 상인인 안가安伽[150]는 북주 내에서 소그드 상인을 총괄하는 살보薩寶라는 고위 관직에 올랐던 인물로 돌궐과의 교섭에 참여했다.[151] 이는 북위 시기 이래 소그드 상인들이 북중국 정권 안에서 대외 교섭에 적극적으로 참여한 사실을 보여주는 예로, 소

---

146) Edwin G. Pulleyblank, "A Sogdian colony in Inner Mongolia", *T'oung Pao* 41, 1952; 護雅夫, 「シルクロドとソグド人」, 『東洋學術硏究』18-2, 1979; Jonathan K. Skaff, "The Sogdian trade diaspora in East Turkestan during the seventh and eighth centuries", *Journal of the Economic and Social History of the Orient* 46-4, 2003.

147) 吉田豊, 「ソグド語資料から見たソグド人の活動」, 『岩波講座世界歷史』11, 東京: 岩波書店, 1997, p. 297; 吉田豊·吉田豊·景山悅子, 「ソグド人: 典籍を補う最新の出土資料から」, 『月刊しにか-大特集 シルクロードの旅人: 東西文化交流を担いし者たち』2002-9, pp. 45~46.

148) 『周書』 권50 「異域傳」, p. 909.

149) 최근 중국에서는 안가安伽, 사군史君, 우홍虞弘, 강업康業 등 소그드인들의 무덤이 발굴되어 보고되고 있다(榮新江·張志淸, 『從撒馬爾干到長安: 粟特人在中國的文化遺跡』, 北京圖書館出版社, 2004). 발굴 결과 석곽과 묘지명 등이 발견되어 소그드인들의 중국 내 활동을 알 수 있는 귀중한 자료가 되고 있다.

150) 陝西省考古硏究所, 「西安北郊北周安伽墓發掘簡報」, 『考古與文物』2000-6; 陝西省考古硏究所, 「西安發現的北周安伽墓」, 『文物』2001 1; 陝西省考古硏究所, 『西安北周安伽墓』, 文物出版社, 2003.

151) 荒川正晴, 「北朝隋·唐代における'薩寶'の性格をめぐって」, 『東洋史苑』50·51, 1998, pp. 164~186; 榮新江, 「薩保與薩薄: 北朝隋唐胡人聚落首領問題的爭論與辨析」, 『伊朗學在中國論文集』3, 北京大學出版社, 2003, pp. 128~134; 崔宰榮, 「唐 長安城의 薩寶府 位置」, 『중앙아시아연구』10, 중앙아시아학회, 2005.

〈그림 14〉 안가의 돌궐 방문도(북주 살보 안가 묘 석곽 부조)

그디아나에서 온 다른 오아시스 출신의 상인들 역시 돌궐 내에서 이들의 상대로 활약했다는 점을 반증하는 것이다.[152] 그만큼 당시 아시아의 전반적인 원격지 무역에서 소그드 상인들의 움직임은 매우 두드러졌고, 이것은 중국에서 비잔티움에 이르는 유라시아 대륙 전반에 걸친 일로 당시 새롭게 초원을 중심으로 아시아의 중심부를 통합한 돌궐의 안정된 통제 아래서 더욱 활성화될 수밖에 없었다.

그런데 주목되는 사실은 소그드 상인들의 활동이 가장 활성화되던 시

---

152) 森部豊, 『ソグド人の東方活動と東ユーラシア世界の歷史的展開』, 大阪: 關西大學出版部, 2010.

점에 돌궐이 건국되었으며, 돌궐의 발전 과정 자체가 바로 소그드 상인들의 활동 영역 확대 내지는 안전한 교역의 중요한 전기가 되었다는 점이다. 교통로의 안전이 확보되고 유통에 필요한 물자가 안정적으로 공급되는 상황이 마련되면서 상인들의 경쟁 역시 중요했는데, 이는 일부 집단에 한정될 수밖에 없었다. 당시 돌궐과 결합한 상인 집단은 현재 그 구체적인 내원이 정확하게 밝혀지지 않은 채 단순히 소그드 상인이었다고만 알려져 있다.

하지만 이들은 모두 특정한 오아시스 도시를 배경으로 한 일부의 상인 집단이었을 것이라고 추정된다. 왜냐하면 교역에서 발생하는 이익의 독점은 다수 집단의 참가로 이루어질 수 없고, 유목 권력과 결탁할 수 있는 집단은 극히 제한될 수밖에 없었기 때문이다. 이와 관련해 유목 권력에 부용하면서 자신의 이익을 챙길 수 있는 소그드 상인을 지원하기 위해 유목 군주가 이들이 가진 배경, 예를 들어 소그드 상인들이 믿는 특정 종교를 지원할 정도였다.[153]

이익을 탐하는 속성을 지닌 상인들이 권위주의적인 성격이 강한 무력 집단인 유목 권력과 결합해 관료가 됨에 따라 국가의 성립과 운영은 그들의 이익을 극대화하는 방향으로 초점을 맞출 수밖에 없었다. 실제로 소수의 특정 소그드 상인 집단은 아사나를 중심으로 한 유목 권력과 결탁해 중국으로부터 막대한 양의 물자를 약탈식으로 획득하고 독점적으로 유통시켜 자신들의 이익을 극단적으로 추구했다. 유목제국으로 성장한 돌궐은

---

153) 돌궐이 불교 또는 조로아스터교, 위구르가 마니교, 하자르가 유대교, 카라한조를 비롯한 여러 투르크 왕국이 이슬람교, 몽골이 티베트 불교 등을 수용해 적극 지원한 것은 모두 중앙아시아 국제 상인들의 고등 종교를 받아들여 군주권을 강화하고자 하는 목적이었다(B. A. Litvinsky, Ph. Gignoux, Margarita I. Vorobyoba-Desyatavskaya, "Religions and Religious movements I, II", B. A. Litvinsky ed., *History of Civilizations of Central Asia Vol. III: The crossroads of civilizations A. D. 250 to 750*, Paris: UNESCO Publishing, 1996; Richard C. Foltz, *Religions of the Silk Road*, New York: St. Martins Press, 1999).

유목 권력과 상인 관료 집단이 서로의 장점을 바탕으로 이른바 '**정경유착**' 을 통해 최대의 이익을 창출하려는 '**중상주의적 교역 국가**'로의 지향을 보여주었다.

돌궐 중심의 국제 질서를 기반으로 한 안정적인 재화 구득과 유통 체제 구축을 통한 이익의 독점은 유목 군주와 결탁한 일부 상인 관료들의 권력을 강화하는 데 도움을 주었고, 이는 더 많은 이익을 추구하기 위한 노력으로 이어졌다. 이런 일련의 움직임은 결국 유목제국의 발전으로 이어졌다. 이후 돌궐은 부락민들을 전쟁에 참가시켜 전리품을 얻게 하거나 획득한 물자를 혜시惠施함으로써 항상성을 유지했던 유목 사회를 기반으로 한 체제가 아니라, 이익을 추구하는 상인 관료와 이익을 공유하는 유목 권력을 중심으로 재편되었다.

하지만 소수가 이익을 독점해 소외되거나 분배가 적게 이루어질 경우 내적인 불만에 봉착할 수도 있었다. 유목 사회의 항상성은 유목 권력이 이익을 독점하는 것이 아니라 내적으로 적절히 분배하는 것으로 유지되었는데, 이런 선순환이 무너지면 사회의 안정성에 문제가 생길 수 있었다. 따라서 유목 군주와 결탁한 상인 관료들이 수입원을 제한하거나 이익을 독점적으로 장악하면 이익 배분에서 배제된 종실과 여타 오아시스 출신 상인들이 이익의 공유를 주장할 수도 있었다. 또한 외부로부터 확보된 이익이 분배되지 않고 독점됨에 따라 내부적으로 종속 집단 내지는 부용 집단에 대한 착취가 발생할 여지가 커져 내적인 갈등 역시 불가피할 수도 있었다.

내부만이 아니라 대외적인 측면에서도 취약점을 갖고 있었다. 이 상인 관료와 유목 권력이 결합해 만들어진 체제를 운영하는 데 있어서 가장 기본인 물자의 공급은 자체 조달이 아니라 외부의 공급을 전제로 했다. 따라서 약탈 내지는 반강제적으로 이루어지는 물자의 조달을 정상적으로 유지하려면 유목 국가의 강력한 물리력과 조달 상대인 '**중국의 협조**'가 전제되어야만 했다. 또한 돌궐이 유통시키고자 하는 물자를 소비해줄 거대 소비 시장을 안정적으로 확보하는 일 역시 체제를 유지하는 중요한 변수임에 틀림없었다.

하지만 이런 관계가 유지되지 않고 만일 중국의 상황이 달라져 물자 조달이 원활하게 이루어지지 않거나 오히려 적대적이 되는 등 여건이 변화하면 쉽게 그 영향을 받을 수밖에 없었다. 특히 가장 심각한 상황은 강력한 유목제국으로 성장한 돌궐이 주도하는 질서를 중국이 받아들이지 않을 경우, 즉 중국이 통일되면서 주도권을 잃을 경우였다. 통일 이후 중국이 유목 세계의 질서 재편에 직접 영향을 미쳐 새로운 세력을 부식시키거나 아니면 종실을 분열시키기 위한 외교적 노력 내지는 군사적 정벌을 시도할 경우, 이것은 체제를 약화시키는 데서 끝나는 것이 아니라 붕괴시킬 정도로 강력한 파괴력을 가질 수도 있었다.

또한 갈등 관계였던 페르시아만이 아니라 거대 시장이 될 수 있었던 비잔티움과의 교섭 역시 제대로 이루어지지 않아 의도대로 교역을 할 수 없게 된다면 돌궐은 체제를 유지하는 데 심각한 악영향을 받을 수 있었다. 따라서 이런 위험성을 제거하며 통상 체제를 유지하는 것이 중요했는데, 돌궐은 자신을 중심으로 한 국제 질서를 잘 유지하면서 동시에 이를 뒷받침할 수 있는 '권위주의적 상인 관료 체제'를 구축해냈다.

그리고 비록 페르시아와의 대결이나 비잔티움과의 외교적 교섭에서 원하는 만큼의 성과를 거두지는 못했지만, 돌궐은 이를 통해 북중국에 대한 우위를 기반으로 570년대 후반 북주가 북제를 무너뜨릴 때까지 이상과 같은 체제를 잘 유지했다. 이렇게 유라시아 대륙 중앙부에서 권위주의적인 유목 권력과 이익을 추구하는 상인들이 결합해 **중상주의적 교역 국가**인 돌궐의 등장을 가능하게 했던 것이다. 그리고 이런 발전 과정을 거치면서 돌궐의 지배 집단인 아사나는 기존에 없던 거대 유목제국을 구축해낸 '황금씨족'으로서 확고한 자리를 차지했으며, 유목 세계에 지울 수 없을

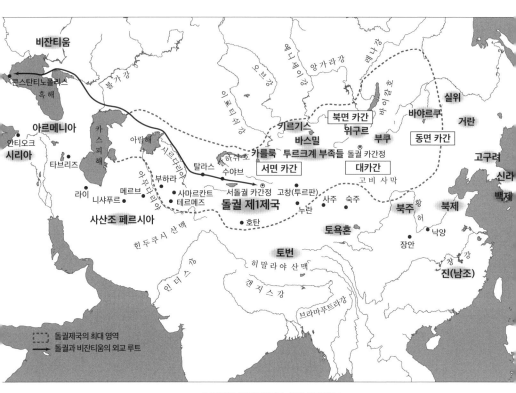

〈그림 15〉 돌궐 제1제국 시기 최대 판도

정도의 강력한 권위를 뿌리내릴 수 있었다.

　이렇게 돌궐이 중국에서 비잔티움을 바로 연결하는 동서 교류의 매개로서 그 사이의 세계를 하나로 묶어내자 이제까지 한 번도 통합된 적 없이 개별 세력들이 분절되어 갈등을 벌이던 유라시아 초원과 오아시스 세계에는 일시적으로 '투르크가 만들어낸 평화'가 찾아오기도 했다. 그것은 비록 오래가지 못하고 분열의 길을 걷지만, 초원과 오아시스 세계를 하나로 통합시킨 결과는 유라시아를 가로지르는 초원을 중심으로 한 거대한 '자유무역지대(FTA)'였다.

　이것을 기초로 돌궐은 초원의 일부를 기반으로 삼아 오아시스를 일시 장악했던 이전의 고대 유목 국가들과 달리 동서를 연결하는 통상로를 완전히 장악하고 통상을 적극 지향하는 새로운 유목제국 체제를 만들어내는 하나의 '모범'이 될 수 있었던 것이다.

# 2장

# 유목제국의 해체와 중국 의존적인 유목 국가로의 위축(579~630)

## 1. 아사나 종실의 내분과 제국의 균열

돌궐의 대외적 확장이 정점에 다다르자 그 영역 확대의 정체만이 아니라 주변의 환경 역시 급격하게 변하기 시작했다. 먼저 주변의 정주 국가들이 거대 유목제국으로 성장한 돌궐에 위협을 느끼면서 이전과 다른 대응을 보여주기 시작했다. 즉 주변의 문명권들은 더 이상 돌궐의 의지대로 물자 공급지 내지는 수요 시장으로서 움직이지 않았다. 더욱이 서방으로의 교섭과 진출이 좌절되었을 뿐 아니라 분열되었던 북중국이 577년에 통일되면서 상황은 더욱 급변했다. 이런 양상의 전개는 바로 타스파르 카간이 '중상주의적 교역 국가'로서의 지향을 관철시키는 데 가장 중요한 기초였던 돌궐 중심의 국제 질서에 심각한 균열을 가져올 수밖에 없었다.

이 같은 대외적 상황만 변한 것이 아니라 내적으로도 아사나 종실을 중심으로 한 분봉 기반의 지배 체제만으로는 모든 것을 통괄하기 어려울 만큼 다양성이 증폭되었다. 특히 아사나 종실은 건국 초기에 비해 막강한 권위를 갖게 되었지만, 광대한 영지를 바탕으로 나름의 세력을 형성한 종실 세력들은 강력한 집권을 꿈꾸는 군주와 결합한 상인 관료 집단과 확대된 이익을 차지하기 위해 서로 다투면서 관계가 느슨해지기 시작했다.

돌궐이 아시아 대륙 중앙부를 가로지르는 거대한 교역권을 기초로 통상에 초점을 맞춰 구축해낸 '**권위주의적 상인 관료 체제**'로는 거대하게 팽창한 유목제국을 계속 유지, 발전시키는 것이 쉽지 않았다. 왜냐하면 새롭게 체제의 근간을 이룬 오아시스 출신 상인 관료들이 유목 군주와 지나칠 정도로 강하게 유착함에 따라 지배층 내부의 결속 약화가 계승 분쟁과 맞물려 드러나기 시작했기 때문이다. 따라서 돌궐의 집권 세력들이 이런 대내외적인 상황 변화에 얼마나 효과적으로 대응하느냐가 그들의 이후 향배를 결정할 수밖에 없었던 것이다.

먼저 가장 중요한 문제는 북주의 무제武帝가 북제와 연합한 타스파르 카간의 계속된 견제에도 불구하고 내부의 개혁을 바탕으로 575년부터 시작된 동정을 성공시켜[154] 결국 577년에 북제를 무너뜨리고 북중국을 통합한 예기치 않은 상황이었다.[155] 왜냐하면 북주의 북중국 통일은 돌궐의 상대적 입지를 약화시킨 것에서 그치지 않고, 향후 돌궐이 중국 중심의 질서에 돌궐이 편입되어 종속 변수가 될 수도 있는 가능성을 높여주었기 때문이다. 이를 통해 이제까지 돌궐로 기울어졌던 저울의 무게 추가 서서히 북주로 기울면서 기존의 질서가 변화하기 시작했다.

이에 타스파르 카간은 북중국의 통일을 방해하기 위해 신속한 조치를 취해야만 했다. 이를 위해 타스파르 카간은 먼저 유주幽州에서 투항한 북제 문선제의 셋째 아들 정주자사定州刺史 범양왕范陽王 고소의高紹義를 받아들여 그가 주도하는 부흥 운동을 적극 지원했다. 그 결과 고소의는 돌궐

---

154) 『周書』 권6 「武帝紀」 下, p. 92.
155) 정재훈, 「西魏, 北周時期(534~581)의 對外政策」, 『中國學報』 42, 한국중국학회, 2000, pp. 283~304.

을 등에 업은 다음 영주자사營州刺史 고보녕高寶寧의 도움을 받아 나라를 세운 뒤 연호를 무평武平으로 정하고 황제로 즉위할 수 있었다.[156] 이와 함께 타스파르 카간도 그를 돕겠다며 친정에 나서자[157] 북주의 무제는 5월 15일 유주를 공격한 돌궐을 막기 위해 원정군을 조직하려고 했다. 하지만 얼마 지나지 않아 그가 병이 나서 6월 17일 원정을 포기하고 귀환하다가 21일에 사망함에 따라 돌궐에 대한 북벌은 싱겁게 끝나버렸다.[158]

한편 북주가 북벌에 실패하자 북제의 잔여 세력들은 본격적으로 저항을 시작했는데, 먼저 유주의 노창기盧昌期와 조백영趙伯英 등이 범양范陽 (지금의 바오딩시保定市와 베이징시 일대)을 점거하고 북제 부흥 운동에 참여했다. 이에 고소의는 하북河北을 석권할 정도로 성장할 수 있었다.[159] 이것은 특히 '돌궐과 중국 기병 수만 명'이라고 불릴 정도로 원정에 적극 참여해준 타스파르 카간의 지원 덕분이었다.[160] 하지만 고소의는 이후 7월 북주의 우문신거宇文神擧가 신속하게 범양의 반군을 격파하자 돌궐로 퇴각할 수밖에 없었다.[161] 그 뒤 타스파르 카간이 이들을 돕기 위해 하서회랑으로부터 유주에 걸쳐 북주에 전면적인 위협을 가했지만 별다른 성과를 거두지 못하면서 전선은 교착 상태에 빠졌다.

이상과 같이 타스파르 카간이 발 빠르게 북제의 부흥 운동을 지원한 것은 이것이 체제 유지를 결정할 만큼 그냥 넘길 수 없는 심각한 문제였기 때문이다. 만일 유목민들의 약점을 잘 아는 북주 정권에 주도권을 넘겨준다면 이제까지 구축해놓은 질서 체계 전반이 와해될 수도 있었다. 만약 북중국이 통합되면 과거 북위가 유연을 상대로 했던 것처럼 초원에 대한 군

---

156) 『北齊書』 권12 「文宣四王 范陽王 紹義」, p. 157.

157) 『周書』 권50 「異域傳」 下, p. 912.

158) 『周書』 권6 「武帝紀」 下, p. 106.

159) 『資治通鑑』 권173 宣帝 太建 11년(579) 조, p. 5395.

160) 『北齊書』 권41 「高寶寧傳」, p. 547.

161) 『資治通鑑』 권173 宣帝 太建 11년(579) 조, p. 5395.

사적 약탈을 전개해 돌궐을 강력하게 견제할 수 있었다. 이것이 성공하면 결국 과거에 계속된 약탈에 시달려 세력을 확대할 수 없었던 유연과 같은 처지에 놓일 수도 있었다.

따라서 타스파르 카간은 과거의 전철을 밟지 않기 위해 북중국이 강력하게 성장하는 것을 막아 자신이 주도하는 질서를 유지해나가고자 집중적인 노력을 기울일 수밖에 없었다. 이것은 바로 북주가 북제 영역에 대한 통치력을 확보하기 전에 북중국을 과거와 같은 분열 국면으로 환원시키려는 노력의 일환이었다. 당시 타스파르 카간에게는 이미 거대하게 성장한 유목제국을 유지, 발전시키기 위해 북중국으로부터 들어오는 물자를 확보하는 일이 너무나 중요했던 것이다.

타스파르 카간은 북제가 멸망한 뒤 부흥 운동을 지원한다는 명분으로 중국에 대한 합법적인 약탈을 벌이기도 했지만, 이것은 자신에게 별다른 도움이 되지 않았다. 단지 원정에 참여한 예하의 부락민들에게 직접적인 물자 구득의 기회를 제공해줄 뿐이었다. 타스파르 카간에게는 이보다 북제 부흥 세력 내지는 북주로부터 과거처럼 막대한 공납을 뜯어내는 일이 더욱 중요했다. 따라서 당시 교역에 초점을 맞춘 유목제국 체제를 유지하기 위해 가장 필요한 물자를 가능하면 많이 획득할 수 있는 교섭 창구를 다시금 회복하는 데 총력을 기울일 수밖에 없었다.

이후 전면적인 전쟁 상태로 돌입했던 돌궐과 북주 관계는 얼마 지나지 않아 외교적 교섭이라는 새로운 국면으로 전환되었다. 이것은 돌궐에 대한 무력 정벌을 시도했던 북주가 무제가 사망한 후 내적인 타협을 통해 안정을 찾으려고 했기 때문이다. 무제를 이은 북주의 선제宣帝(우문윤宇文贇. 559~580, 재위 578~579)는 돌궐과의 관계를 회복하기 위해 혼인 관계를 인정하고 양국의 우호 관계를 유지하자는 의사를 표명했다. 이에 타스파르 카간 역시 579년 2월 북주에 화의를 청하며 이를 적극 받아들였다. 하지만 이때 천금공주千金公主를 보내주는 대신 고소의의 소환을 요구했기

때문에 교섭은 다시 교착 상태에 빠질 수밖에 없었다.[162]

그 뒤 교섭은 고소의 송환 문제로 제대로 진척되지 못하다가 580년 2월에 다시 혼인 교섭이 시작되었다.[163] 특히 선제가 사망한 후 외척이었던 양견楊堅(이후 수 문제隋文帝로 즉위)이 정권을 장악한 다음 대내외적인 문제를 해결하기 위해 돌궐과 관계를 개선하려고 노력하면서 상황이 급변했다. 당시 양견은 자신의 권력을 강화하기 위해 선제가 사망한 사실을 숨긴 상태에서 천금공주를 돌궐에 출가시킨다는 명분을 내세워 종실 제왕들을 소환한 다음 모두 죽여버리고 권력을 장악했다.[164] 동시에 돌궐에 천금공주를 보내면서 뇌물을 주어 고소의를 송환시킴으로써 대외적인 현안마저 한꺼번에 해결했다. 그리고 580년 7월 장안에 압송된 고소의가 곧 병사함에 따라[165] 북제의 부흥 운동은 더 이상 확대되지 못하고 약화되었다.

이때 돌궐이 기존의 적대 노선을 버리고 북주와의 교섭에 적극 나선 것은 북제와의 관계를 중시하면서 북주를 압박하던 타스파르 카간이 이 무렵에 사망했기 때문이다. 타스파르 카간 이후에 즉위한 으쉬바라 카간(Ïshbara qaghan으로 추정. 사발략가한沙鉢略可汗, 즉위 이전엔 섭도攝圖. 재위 579~587)[166]은 북주로부터 인정을 받아 자신의 권위를 강화하려고 했기 때문에 약화된 북제 부흥 세력에 대한 지원보다는 가능하면 내적인 안정을 위한 북주와의 관계 개선에 집중했다. 혼인을 통한 관계 개선은 기존에

---

162) 『資治通鑑』 권173 宣帝 太建 11년(579) 조, p. 5395.

163) 『資治通鑑』 권174 宣帝 太建 12년(580) 조, p. 5404.

164) 위의 책, p. 5409.

165) 『北齊書』 권12 「文宣四王 范陽王 紹義」, p. 157; 『資治通鑑』 권174 宣帝 太建 12년(580) 조, p. 5416.

166) 일릭 퀼뤽 샤드 바가 으쉬바라 카간伊利俱盧設莫何始波羅可汗(Ilig küllüg shad bagha ïshbara qaghan)이라 기록되었는데, 줄여서 으쉬바라 카간이라고 한다. 그의 다른 명칭은 중국에서 '從天生大突厥天下賢聖天子'라고 고대 투르크어를 한자로 번역한 것이 남아 있다. 이것은 고대 투르크어로 '텡그리데 볼미쉬 텡그리텍 투르크 빌게 카간Tengride bolmïsh Türk bilge qaghan'의 음사로 추정되는데, 그 의미는 '하늘에서 생긴 하늘과 같은 투르크의 현명한 카간'이다.

도 현안懸案을 해결하는 중요한 방법 중 하나였는데, 돌궐 또한 이를 통해 물적인 공여라는 실리만이 아니라 공주가 시집왔다는 명분까지 얻을 수 있었다.

새로 즉위한 으쉬바라 카간은 북주에서 수조隋朝로 정권이 교체되는 시기에 기존의 대외적 위상을 지키며 유목제국으로서의 체제를 유지하기 위해 북주의 지원을 받아내야만 했다. 이것은 당시 돌궐이 북중국 통일이라는 엄중한 상황 변화에 능동적으로 대응하지 못하고 현상을 유지하는 데만 급급했음을 보여준다. 돌궐은 이때 북주에서 수조로의 정권 교체라는 북중국 정권의 약점을 효과적으로 파고들어 상황을 자신에게 보다 유리한 방향으로 이끌 수도 있었다. 이것이 가능했다면 자신을 중심으로 한 새로운 질서를 구축함으로써 더 강력한 유목제국으로의 발전도 도모해볼 수 있었을 것이다.

하지만 돌궐 내부에서는 카간이 교체되면서 오히려 이에 적절하게 대응하지 못했다. 이것은 내적으로 제국을 확대하는 과정에서 응축되었던 종실 내부의 갈등이 폭발한 것과 관련이 있다. 당시 타스파르 카간은 재위 10년 만인 581년 병에 걸려 죽으면서 "내가 듣기에 친한 것은 아버지와 아들만 한 것이 없는데, 나의 형이 그의 아들과 친하지 않아 지위를 나에게 맡겼으니 내가 죽으면 너는 마땅히 〔사촌 형인〕 대라편大邏便에게 양보해야만 할 것이다"라고 그의 아들 암로(Amro로 추정. 암라菴羅)에게 유언을 남기고[167] 대라편을 차기 계승자로 지명했다.

이것은 타스파르 카간이 원래 자신이 조카를 대신해 즉위하면서 지켜지지 않은 계승의 원칙을 바로잡으려 한 것이었다. 과거 타스파르 카간은 자신의 형인 무칸 카간이 사망한 후 차기 계승자인 퇼리스(동면)를 담당하던 소카간이었다가 어린 조카를 대신해 대카간이 되었던 것이다.

---

167) 『隋書』 권84 「北狄傳」, p. 1865.

돌궐에서 형제 상속은 일반적인 규범인 장자 상속의 원칙에 벗어나나 실제로 타스파르 카간의 경우는 당시 차기 계승자였다는 점에서 내적으로 별일 없이 카간이 될 수 있었다. 이런 계승 방식은 이른바 유목 국가의 안정성을 유지하기 위해 종실 내부에서 가장 능력 있는 계승자가 군주가 되는 '적임자 상속'[168]으로, 능력이 없거나 어린 군주가 등극해 유목 국가를 다스리는 것이 불가능해져 조명祚命을 단축시키는 결과를 미연에 방지하기 위한 방법의 하나로 설명되기도 한다. 따라서 이후 계승 과정에서 타스파르 카간의 유언에 따라 대라편이 후계로 결정되었다면 돌궐은 아무런 탈 없이 안정되었을 것이다.

하지만 대라편의 즉위를 놓고 그의 어미가 천하다는 이유를 들어 내부에서 반발이 일어났고, 대신에 어머니의 신분이 귀한 타스파르 카간의 아들 암로가 추대되었다. 더구나 카간을 추대하는 모임에 늦게 참가한 아이 카간의 아들이자 차기 계승자의 지위인 퇼리스 카간이었던 섭도攝圖마저 암로를 지지했다. 그는 대라편을 세우면 자기의 땅을 지키며 대적할 것이라고 위협하며 대라편을 압박해 그의 입지를 더욱 위축시켰다.

당시 암로를 적극 지지한 섭도는 비록 강한 세력은 아니었으나 계승 서열이 가장 높았을 뿐만 아니라 종실 내에서 연장자로서 뛰어난 능력을 갖추었다고 평가되었다. 이런 그가 암로를 카간으로 추대하자 사촌들 간의 계승을 둘러싼 갈등은 암로의 즉위로 결정이 나는 듯했다.[169] 하지만 강력한 경쟁자의 하나였던 대라편이 이에 불복하고 반발하자, 이를 제지할 수 없었던 암로가 스스로 물러나면서 대신에 자리를 섭도에게 양보했다. 따라서 직후에 열린 모임에서 섭도가 카간으로 추대되었고, 그는 당시 퇼리스 카간이었으며 종실 내 최연장자로서 능력을 갖추었다는 점에서 별 반

---

168) 金浩東, 앞의 논문, 1989, p. 303.
169) 『隋書』 권84 「北狄傳」, p. 1865.

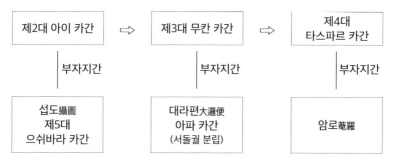

| 제2대 아이 카간 | ⇨ | 제3대 무칸 카간 | ⇨ | 제4대<br>타스파르 카간 |
|---|---|---|---|---|
| 부자지간 | | 부자지간 | | 부자지간 |
| 섭도攝圖<br>제5대<br>으쉬바라 카간 | | 대라편大邏便<br>아파 카간<br>(서돌궐 분립) | | 암로菴羅 |

〈그림 16〉 581년 타스파르 카간 사후 종실 내부 사촌 간의 대결 구도

발 없이 여러 세력의 지지를 받아 즉위할 수 있었다.

이런 우여곡절 끝에 즉위한 으쉬바라 카간은 먼저 종실 내부의 갈등을 봉합하기 위해 노력할 필요가 있었다. 특히 양위讓位를 한 암로만이 아니라 자신과 너무 불편한 관계인 대라편 등과 계승 과정에서 드러난 갈등을 무마해 종실을 안정시켜야만 했다. 이를 위해 내적으로 30여 년에 걸쳐 제국이 발전하는 데 큰 역할을 맡아 가장 강력한 세력을 유지했던 무칸 카간과 타스파르 카간의 후예인 대라편과 암로가 더 이상 갈등을 일으키지 않게 했다. 왜냐하면 두 사람 모두 비록 으쉬바라 카간에게 밀려나 대카간이 되지는 못했지만 세력의 측면에서 여타 집안에 비해 강력한 힘을 갖고 있었기 때문이다.

으쉬바라 카간은 먼저 양위를 한 암로를 이킨지 카간Ikinci qaghan(제이가한第二可汗)으로 삼았다. 이것은 카간 다음의 위치라고도 볼 수 있지만 실질적이지는 않았던 것으로 여겨진다. 당시 이에 부합하는 차기 계승자로서의 위상을 가지려면 퇼리스 카간(동면 카간)으로 북중국의 동부와 맞닿아 있는 동몽골 지역을 통제해야 했는데, 그는 몽골 초원 중앙부의 톨 강 유역에 여전히 거주했다. 원래 몽골 초원에서 투르크계 부락들의 거주지인 톨 강 유역에 대한 통제는 과거 소카간의 하나였던 이른바 북면 카간이 맡았다는 점에서, 그가 이런 과정을 거치면서 권력으로부터 배제되었음을 알 수 있다.

그 대신에 차기 계승자라고 할 수 있는 틀리스 카간은 으쉬바라 카간의 동생인 카라 초르(Qara chor로 추정. 처라후處羅侯)가 맡았다. 이것은 모두 으쉬바라 카간이 자기 형제들을 중심으로 체제를 구축해 자신의 집안을 축으로 돌궐의 새로운 체제를 수립하려는 것이었다. 이때 으쉬바라 카간은 이를 보다 효과적으로 이루어내기 위해 계승 분쟁의 후유증이 남아 있는 상황에서 암로를 차기 계승자로 지정하지 않음으로써 그를 효과적으로 견제할 수 있었던 것이다.

또한 중요한 경쟁자의 하나였던 대라편을 아파 카간(Apa qaghan으로 추정. 아파가한阿波可汗)에 임명했다. 이것은 대라편이 "저와 당신은 모두 카간의 아들인데, 각각 아버지의 자리를 이어 당신만이 지존의 자리에 앉으시고 저만 아무런 지위가 없습니다"[170]라고 으쉬바라 카간에게 강하게 불만을 터뜨렸던 것을 무마하기 위함이었다. 왜냐하면 대라편의 등극을 가장 강하게 반대해 좌절시켰던 당사자로서 그의 원망을 잘 알고 있었기 때문이다. 으쉬바라 카간은 그의 이반離叛을 걱정해 아파 카간으로 삼은 뒤 돌아가서 그의 부락을 거느리게 했다.

이후 아파 카간은 알타이 산지를 중심으로 한 초원 지역을 차지했는데, 이것은 과거 아사나의 원주지로서 무칸 카간의 영지였다고 추정된다. 이렇게 으쉬바라 카간은 그를 우대하는 척하면서도 그에 대한 견제를 늦추지 않았고, 대라편 역시 그에 맞서 세력을 형성했다. 그 뒤 아파 카간은 으쉬바라 카간의 체제에서 이탈해 사서에서 이른바 '서돌궐'이라고 부르는 정권(재위 583~587)을 건설했는데, 이것을 일부에서는 참주 정권이라고 부르기도 한다.[171] 그가 이렇게 돌궐을 분열로 몰고갔던 것은 모두 계승을 둘

---

170) 『隋書』 권84 「北狄傳」, p. 1865.
171) 위의 책, p. 1876.

러싼 종실 내부의 경쟁이 남긴 앙금이 결국 해소되지 못했기 때문이다.

또한 아파 카간은 서남부 몽골 초원에 바나 카간(Bana qaghan으로 추정. 반나가한潘那可汗)을 두었다. 그의 영지는 바나 카간이 이후 582년 으쉬바라 카간과 함께 중군을 형성해 수조를 공격하기 위해 난주蘭州(지금의 간쑤성 란저우시蘭州市) 서쪽에서 들어왔다는 기록을 통해 서부에 위치했다고 추정해볼 수 있다.[172] 아울러 그가 으쉬바라 카간과 어떤 관계였는지는 정확하게 알 수 없으나 이후 서부에 있던 대라편이 으쉬바라 카간에게 반발해 전쟁을 일으켰을 때 그에 동조했다는 점을 통해 관계를 추정해볼 수 있을 뿐이다. 이로써 그 또한 으쉬바라 카간의 경쟁자 중 하나로, 중요한 세력을 갖고 있어 다른 형제들처럼 우대해주기 위해 서방에 분봉된 존재였다고 여겨진다.

으쉬바라 카간은 이처럼 계승 경쟁자들에 대한 대응과 함께 제국 내에서 가장 강력한 세력이었던 서방의 타르두쉬 카간(서면가한西面可汗)과도 관계를 다시 정립했다. 당시 서부 지역은 건국 초기부터 일릭 카간의 동생인 이스테미가 〈퀼 테긴 비문〉 등에서 건국을 이끈 위대한 조상으로 칭송될 정도로 서방으로의 발전을 주도했다. 그는 이미 무칸 카간과 함께 서방 원정을 이끌었을 뿐만 아니라 그 뒤에도 계속 서방으로 영토를 확장하려고 노력해 페르시아와 끊임없이 전투를 벌이면서 비잔티움과도 교섭을 해 제국의 발전을 선도하는 강력한 세력으로 성장했다.

이후 그는 돌궐이 유목제국으로 재편되는 과정에서 서면, 즉 타르두쉬의 소카간으로 임명되어 타르두쉬 카간이라고 불렸다. 이것은 타르두쉬 카간이 형식적으로 대카간의 통제를 받는다고 하더라도 이미 광대하게 확대된 영역을 거의 독자적으로 통제하는 세력으로 성장했음을 보여준다. 왜냐하면 대카간은 서방 원정이 종료된 뒤 몽골 초원으로 귀환해 북중국

---

172) 『隋書』 권50 「達奚長儒傳」, p. 1350.

에 개입하는 등 서방에 대해 별다른 영향을 미치지 못하게 되면서 이 지역은 별개로 발전을 했다고 보이기 때문이다.

그리고 이스테미가 사망한 후 576년 서면의 소카간이 된 타르두쉬 카간(Tardush qaghan으로 추정. 달두가한達頭可汗, 재위 576~583~603)[173] 역시 부왕을 이어 거대 판도를 통치하며 동서 교역로를 관장하는 등 강력한 세력을 유지했다. 하지만 그는 당시 종실 내에서 강력한 세력의 하나였음에도 581년 타스파르 카간 사후에 벌어진 대카간의 계승 논의에 전혀 참가하지 못했다. 그는 종실 내부에서 가장 연장자였다고 추정할 수 있지만 일릭 카간의 적손이 아니라 계승자로서의 입지를 갖지 못했던 것이다.

이런 상황에서 대카간이 된 으쉬바라 카간이 서방을 통제하기 위해 종실들을 소카간으로 임명하자 타르두쉬 카간의 입지는 이전에 비해 약화될 수밖에 없었다. 먼저 몽골 초원에서 서쪽으로 옮겨온 아파 카간이 몽골 초원으로 이어지는 알타이 산맥 주변 지역을 차지했다. 그리고 582년 수조 원정에 참가했다고 기록된 텡그리칸 카간(Tengriqan qaghan으로 추정. 탐한가한貪汗可汗) 역시 몽골 초원에서 서방으로 나아가는 중요한 교통로 주변 지역을 새롭게 분봉 받아 지금의 톈산 산맥 북방에 위치한 베쉬 발릭(북정北庭)을 중심으로 한 중가리아 남부에 세력권을 형성할 수 있었다.[174] 이런 조치는 모두 으쉬바라 카간이 서방에 대해 영향력을 행사한 것이었는데, 타르두쉬 카간의 입지를 약화시키려는 의도와도 관련시켜볼 수 있다.

이상과 같이 으쉬바라 카간은 즉위 과정에서 발생했던 내부의 혼란을 종실 구성원들에게 분봉해주는 적극적인 체제 정비를 통해 잠재우려고

---

173) 이름은 점궐玷厥이었는데, 타르두쉬 카간이라고 한 것은 그가 아버지 이스테미를 이어 서면카간西面可汗이 되었기 때문이다. 그의 이름 자체가 타르두쉬 카간은 아니었으며, 대카간이 되자 스스로를 빌게 카간(Bilge qaghan으로 추정. 보가가한步迦可汗)이라고 칭했다. 그가 당시 어떤 다른 이름으로 불렸는지는 분명하지 않다.

174) 『隋書』 권84 「北狄傳」, p. 1868.

했다. 이는 이미 형성된 분절 영역권을 인정하며, 이것을 자신을 중심으로 유기적으로 연계시킴으로써 만일에 발생할지도 모를 도전이나 그에 따른 유목제국의 균열 가능성을 봉합하려는 노력이었다. 한문 기록에서 "으쉬바라 카간이 용맹해 많은 백성을 얻어 북쪽의 오랑캐들이 그에게 모두 복속되었다"[175]라고 한 것은 계승 과정에서 발생했던 내부 갈등을 극복하며 대카간의 위상을 공고화하는 데 일시적으로 성공했음을 보여준다. 즉 즉위 초기 북주가 북중국을 통일함에 따라 일시 위기를 맞았던 돌궐에 북주에서 수隋로의 권력 교체는 유리한 상황이 되었던 것이다.

이런 체제를 유지하는 데 가장 중요한 것은 역시 북중국을 통일한 북주와의 관계를 재정립해 자신의 위상을 제고하는 것이었다는 점에서, 으쉬바라 카간이 북주의 집권자가 된 양견의 요구를 수용한 것은 어쩌면 아주 자연스러운 일이었다. 즉위 직후 으쉬바라 카간은 권력 교체가 이루어진 북주와의 관계를 개선해 많은 물적인 공여만이 아니라 공주를 얻는 등 명분과 실리를 함께 얻음으로써 자신이 원하는 질서를 구축할 수 있었다.

이때 으쉬바라 카간은 북주와의 교섭을 통해 얻는 이익을 바탕으로 분봉된 소카간들을 통제할 수 있었다. 이와 함께 북주와의 관계에서 발생하는 이익을 자신이 독점하는 구조를 구축하고, 대외 교섭도 자신 내지는 동생인 퇼리스 카간이 장악함으로써 경쟁 관계에 있는 종실의 여타 세력이 중국의 지원을 받아 성장할 수 있는 가능성을 없애려고 했다. 이를 위해 으쉬바라 카간은 대외 교섭과 그 통로를 장악한 뒤 자신의 의도대로 분배하는 구조를 만들어내고자 했다. 이것은 모두 자신과 밀접한 관계를 맺은 상인 관료의 지원을 토대로 할 수밖에 없었다.

으쉬바라 카간은 이를 유지함으로써 자신이 구축한 체제가 지속될 수 있도록 양견이 수를 건국하고 즉위하자 곧바로 견제를 시작했다. 왜냐하

---

175) 앞의 책, p. 1865.

면 북중국의 통일에 이은 수조의 안정은 자신에 대한 압박으로 이어질 것이 자명했기 때문이다. 이미 으쉬바라 카간은 수조의 압박이 시작되기 전부터 그들의 예봉銳鋒을 약화시켜 자신이 원하는 방식으로 움직이게 만들기 위해 북중국의 안정을 원하지 않는 토욕혼, 북제 부흥 세력인 고보녕, 그리고 남쪽의 진조陳朝 등과 연계했다. 이로써 일시 화해 분위기가 조성되었던 돌궐과 북중국의 관계는 이후 화의가 깨지면서 전면적인 대결 국면으로 전환될 수밖에 없었다.

수隋를 압박하기 위해 먼저 남조南朝의 진陳이 북진北進해 강북 지역을 빼앗았고,[176] 서부의 토욕혼 역시 동서 교역로의 요충지인 하서회랑으로 진출했다.[177] 돌궐도 망국의 한을 품은 천금공주의 요청을 받아들인 으쉬바라 카간이 고보녕과 함께 직접 북변을 공격했다.[178] 으쉬바라 카간은 '자신을 대하는 예의가 가볍다'는 명분을 내세워 공격했는데,[179] 이는 돌궐에 보내던 세공歲貢을 끊어 경제적 타격을 가한 것에 대한 대응이었다. 당시 돌궐의 목줄을 죄는 세공의 정지는 중국에서 공급받은 막대한 물자를 교역해서 얻는 이익을 독점하고 있던 으쉬바라 카간에게 큰 타격을 주었을 뿐만 아니라, 이를 기초로 운영되는 제국 체제의 경제적 기초를 약화시킬 수 있었다.[180] 이에 으쉬바라 카간은 자신의 위상에 큰 타격을 가할 수 있는 상황에 특단의 조치를 취하지 않을 수 없었던 것이다.

반대로 그동안 큰 부담을 지고 있던 양견은 비록 과장이 더해진 것일 수도 있지만, 돌궐과의 관계로 인한 어려움에서 벗어났다는 점을 이후에 다음과 같이 설명했다.

---

176) 『資治通鑑』 권174 宣帝 太建 12년(580) 조, pp. 5422~5423.
177) 『周書』 권50 「異域傳」 下, p. 913.
178) 『隋書』 권49 「北狄傳」, p. 1865.
179) 위의 책, p. 1871.
180) 김호동, 앞의 논문, 1993, p. 137.

백성의 힘을 다해 돌궐과의 왕래에 가져다주고, 창고의 재물을 기울여 사막에 버리니 중국 땅이 정말로 걱정스러워졌다. 다시 봉수대를 위협하고 관리와 백성을 죽이지 않은 날들이 없었다. 나쁜 것이 쌓이고 화가 찬 것이 오늘에야 그쳤다.[181]

양견이 돌궐에 보내던 세공을 거부함으로써 그동안의 부담에서 벗어난 것은 단순히 돌궐을 견제하는 데서 그치지 않고, 다른 한편으로 향후 통일에 필요한 자원을 축적할 수 있는 계기도 되었다. 왜냐하면 이제까지 북중국 정권과 돌궐의 관계는 그만큼 엄청난 부담이었고, 이것은 모두 돌궐이 운영하는 제국 체제와 긴밀하게 연결되어 있었기 때문이다.

이후 양견은 본격적인 공세를 통해 주변의 압박에 대응했다. 먼저 가장 위협적인 돌궐과의 관계를 단절하고 장성을 수축함으로써 방위력을 증강하기 위해 노력했다. 이와 함께 상대적으로 약한 남조와 토욕혼을 공격해 자신을 둘러싼 대외적 압박을 해소하기 시작했다. 이때 양견은 여러 전선을 동시에 운영할 수 없는 상황에서 약한 것부터 하나씩 격파함으로써 포위망을 해소하고 최대의 위협인 돌궐과 북제의 부흥 세력을 제압하려고 했다. 이후 먼저 남조에 공세를 가해 9월에 강북 지역을 수복하고, 그다음해 4월 토욕혼이 양주를 공격하자 8월에 이를 공격해서 제압했다. 나아가 삭방朔方(지금의 산시성陝西省 쯔창현子長縣 일대) 동쪽에 성들을 수축하고 장군들을 각지에 파견해 방어에 힘쓰게 하면서[182] 돌궐이 간헐적으로 북변을 공격하는 것을 막아내도록 했다.

하지만 북주의 마지막 황제인 정제靜帝(우문연宇文衍, 재위 579~581)가 수 문제에게 살해되자[183] 582년 5월 으쉬바라 카간을 비롯한 다섯 명의

---

181) 『隋書』 권4 「北狄傳」, p. 1866.
182) 『册府元龜』 권990 「外臣部 備禦 3」, p. 11631.
183) 『資治通鑑』 권175 宣帝 太建 14년(582) 조, p. 5456.

카간이 이끄는 40여 만 대군이 북제의 부흥을 이끌던 고보녕과 함께 전면적으로 공격을 시작했다. 돌궐은 장성을 넘어 들어온 다음에 부대를 셋으로 나누어 동쪽에서는 퇼리스 카간Tölis qaghan인 카라 초르Qara chor가 고보녕을 배후에서 지원했고, 중앙에서는 으쉬바라 카간이 이끄는 부대가 바나 카간 등과 함께 남하했으며, 서쪽에서는 타르두쉬 카간과 텡그리 카간 등이 하서회랑을 따라 동쪽으로 쳐들어왔다.[184]

이에 6월 이충李充이 마읍馬邑에서 승리를 거두었지만, 7월부터 9월까지 돌궐의 강력한 공세로 인해 수조는 큰 어려움을 겪었다. 10월에 황태자 양용楊勇이 함양咸陽(지금의 산시성陝西省 중부)에 군대를 주둔해 돌궐의 공격에 대비할 정도로 위급한 상황이 전개되기도 했다.[185] 실제로 으쉬바라 카간이 이끄는 중군中軍이 웨이수이渭水 근방까지 진출해 장안을 위협함과 동시에 동쪽에서는 고보녕과 퇼리스 카간 카라 초르가 유주를 공격했고, 서쪽에서도 타르두쉬 카간이 난주를 함락하는 등 대대적인 공격을 벌였다.

당시의 이 상황에 대한 정확한 기록은 없지만, 이 기간 동안 돌궐의 내지에 대한 약탈이 엄청났을 것이라는 추정은 가능하다. 이는 특히 서부의 무위武威, 천수天水(지금의 간쑤성 딩시定西, 퉁웨이通渭, 징닝靜寧, 간구甘谷, 친안秦安, 장자촨張家川 등의 현縣과 톈수이시天水市와 위중楡中, 룽시隴西의 일부), 안정安定(지금의 닝샤후이족 자치구寧夏回族自治區 구위안현固原縣 일대), 금성金城(지금의 간쑤성 란저우시 서쪽과 다퉁강大通河 하류 동쪽 지역), 상군上郡(지금의 산시성陝西省 푸셴富縣, 간취안甘泉, 뤄촨洛川, 황링黃陵, 황룽현黃龍縣 일대), 홍화弘化(지금의 산시성陝西省 위린시楡林市와 헝산현橫山縣 서부, 네이몽골자치구 우선기烏審旗 남부), 연안延安(지금의 산시성陝西省 옌안延安, 안싸이安塞, 즈단志丹, 이촨宜川, 옌창延長, 옌촨延川, 쯔창子長 일대) 등지의 모든 가축이

---

184) 『隋書』 권50 「達奚長儒傳」, p. 1350.
185) 『册府元龜』 권990 「外臣部 備禦 3」, p. 11631.

다 없어졌다는 기록에서 짐작할 수 있다.[186] 이것은 모두 으쉬바라 카산만이 아니라 이제까지 중국과의 교섭에 나서지 못하던 소카간들이 대대적인 약탈을 통해 경제적 이익을 거두려고 했던 사실과 관련이 있을 것이다.

당시 수조에서는 어찌할 방법이 없어 이에 제대로 대응하지 못하다가 돌궐의 갑작스런 철수로 위기를 넘겼다. 이는 파죽지세로 기세를 올리며 장안을 향해 진격하던 타르투쉬 카간이 명령을 어기고 귀환을 해버렸기 때문이다. 그가 이때 귀환한 것은 동방 원정으로 생긴 공백을 이용해 페르시아와 에프탈의 잔여 세력, 그리고 우전于闐(지금 신장위구르 자치구의 호탄和田) 같은 오아시스 도시가 배후를 공격했기 때문이다.[187] 이렇게 타르두쉬 카간이 급거 본영으로 돌아간 것은 수조를 위협해 권위를 강화하려는 대카간을 지원하는 것보다 자신의 문제가 중요했음을 보여준다. 이 일은 수조가 초기 대외적인 어려움을 벗어나는 결정적 계기가 되었다. 하지만 반대로 돌궐은 수조를 상대로 국제 질서의 주도권을 잡을 수 있는 절호의 기회를 놓치고 말았다.

579년에 페르시아의 최고 통치자인 샤로 등극한 호르미즈드 4세Hormizd IV(재위 579~590)는 동쪽으로 돌궐만이 아니라 서쪽으로 비잔티움과 전쟁을 벌여 대외적으로 영토를 확장하기 위해 노력했다. 그에 관한 기록에 따르면 582년에 돌궐을 공격해서 승리를 거두었다고 했는데, 이것은 아마도 타르두쉬 카간의 중국 원정으로 인해 생긴 공백을 이용한 승리였을 것이다.

그는 여기서 그치지 않고 588년에 다시 돌궐과 전투를 벌여 승리를 거둔 다음, 590년에는 비잔티움과도 전쟁을 벌였다. 이것은 돌궐의 서방 원정으로 인해 주춤했던 페르시아가 다시 공세를 시작함에 따라 양국 간의

---

186) 『隋書』 권84 「北狄傳」, p. 1866.
187) 위와 같음.

대결이 이 무렵 다시 본격화되었음을 보여준다.

또한 590년에 페르시아에서 정변을 일으켜 등극한 호스로 2세Khosrau II(재위 590~628) 역시 603년 비잔티움이 혼란에 빠진 틈을 이용해 큰 승리를 거두었다. 페르시아는 이를 계기로 다시 국세를 회복하면서 이후 동방의 돌궐을 더욱 강하게 위협했다. 따라서 페르시아의 발전은 수조가 중국을 통일하는 것과 함께 돌궐을 압박하는 중요한 변수가 되었다. 이는 결국 돌궐을 중심으로 움직였던 국제 질서의 주도권이 수조와 페르시아로 완전히 넘어가 돌궐이 더 이상 이들을 압박할 수 없게 되었음을 의미한다.

한편 으쉬바라 카간도 수조에 대한 공격을 멈추고 몽골 초원으로 복귀할 수밖에 없었다. 이것[188]은 타르두쉬 카간의 갑작스런 이탈만이 아니라 몽골 초원 내부의 문제와 관련이 있다. 당시 으쉬바라 카간을 괴롭힌 것은 돌궐의 통제를 받는 종속 집단이었던 부쿠Buqu(박고薄孤. 다른 기록에서는 복골僕骨 또는 복고僕固 등으로 음사)와 통라Tongra(동흘라東紇羅. 다른 기록에서는 동라同羅로 음사) 같은 투르크계 유목 부락들의 봉기였다.[189]

이때 중국에 대한 공세로 인해 공백이 생기자 투르크계 유목 부락들이 오르두(아장)로 쳐들어왔기 때문에 으쉬바라 카간은 수조에 대한 공격을 마무리하지 못한 채 본거지로 귀환해야만 했던 것이다. 유목 부락들이 돌궐에 도전한 데 대해서는 정확한 기록이 없어 그 상황을 알기 어려우나 원정과 관련해 예하의 유목 부락들만이 아니라 복속지로부터 많은 공납을 받아낸 일과 깊은 연관이 있었을 것으로 추정된다.

이와 관련해 다른 기록에서 이 무렵인 582년에 이길 초르(Igil chor로 추정. 이계찰移稽察)가 고구려와 말갈에 크게 패하고 세빌 샤드(Sebil shad로 추정. 사비설沙毗設)가 키르기스(흘지紇支. 다른 기록에는 계골契骨로 음사)에 패

---

188) 『隋書』 권51 「長孫晟傳」, p. 1331.
189) 『隋書』 권84 「北狄傳」, p. 1867.

배했다고 한 것은 돌궐에서 뭔가 심각한 문제가 일어났음을 보여준다.[190] 먼저 고구려와의 전투는 구체적인 내용이 확인되지 않아 정확한 상황을 알 수 없으나 수조가 돌궐을 상대로 외교적 대응을 한 것과 관련시켜볼 수 있다. 키르기스의 움직임 역시 기존 부용 집단의 도전이었는데, 이 또한 수조의 경제적 지원이 막힌 뒤 원정과 관련해 부용 집단에 대한 징세를 강화하는 등 돌궐의 착취가 심해진 것이나, 아니면 수조의 외교적 공세 정도와 연결시켜볼 수 있다.

이제까지 발전을 거듭하던 돌궐이 대내외적으로 반격을 당한 것은 과거와 달리 대카간의 권위가 약화되었음을 의미했다. 특히 돌궐이 전력을 다한 수조에 대한 대대적인 원정이 성공적으로 끝나지 못하고 철수함에 따라 대카간의 위상은 더욱 약화되었다. 이처럼 수조가 돌궐의 압박에 굴복하지 않는 양상은 대카간의 권위에 타격을 주어 유목 국가의 항상성에 문제를 일으키기에 충분했다. 외부와의 관계를 독점함으로써 이익을 장악했던 유목 군주에게 중국의 경제적 지원 중단은 내적인 수탈의 강화로 이어졌고, 이것이 일정 정도를 넘어서면서 내적인 항상성에 문제를 일으켰다. 이것이 바로 종속 집단인 투르크계 유목 부락의 봉기와 공납을 바치던 부용 집단인 키르기스가 도전한 배경이었을 것이다.

내부적으로 으쉬바라 카간을 더욱 어렵게 만든 것은 유목 사회의 재생산 구조를 유지하는 데 심각한 문제를 야기하는 몽골 초원의 자연재해가 끊이지 않고 계속 발생했기 때문이다.[191] 자연재해에 대해서는 다음과 같

---

190) 『北史』 권99 「突厥傳」, p. 3292.

191) 초원에 발생하는 자연재해는 가뭄(흑재黑災), 한파寒波, 폭설暴雪(백재白災) 등이 가장 대표적이고, 그 외에 늑대의 습격(낭해狼害: 겨울철 늑대들이 가축을 공격하는 것)과 가축 전염병(역疫) 등이 있었다. 그중에서도 초지에 가장 심각한 영향을 미친 것은 여름철의 가뭄과 겨울철의 폭설, 그리고 가축 전염병이었다. 초원의 가뭄은 초지를 줄어들게 해 가축들의 생존을 어렵게 함으로써 가축들을 아사餓死시키거나 병에 걸려 죽게 만들었다. 가뭄이 들면 초원은 초지의 파괴로 인해 황무지(적지赤地)라고 할 정도로 더는 풀이 자랄 수 없어 유목민들은 재

은 기록이 남아 있다.

> 매 겨울마다 우레와 번개가 쳐서 〔벼락이〕 땅에 떨어져 불이 났다. 〔또한 이〕 족속들이 먹고사는 데 오직 물과 풀에 의존하는데도 **지난해 사계절 동안 전혀 비와 눈이 오지 않아 하천이 메마르고 메뚜기 떼가 갑자기 늘어났으며 풀과 나무가 타들어가거나 없어져 기근과 전염병으로 죽은 사람과 가축이 거의 절반이나 되었다.** 〔돌궐이〕 원래 살던 땅이 불모지(赤土)가 되어 의지할 곳이 없어지자 고비 남쪽(漠南)으로 옮겨와 가까스로 연명을 하고 있다.[192] (강조는 인용자)

이상에서 알 수 있듯이, 당시 몽골 초원에서는 계속된 가뭄으로 가축과 사람 반 정도가 기근과 전염병으로 사망할 만큼 심각한 상황이 연출되었다. 원래 초원에 발생하는 자연재해가 유목 사회에 끼치는 영향은 농경 지역의 자연재해와 동일한 맥락에서 이해해서는 안 된다. 왜냐하면 초원은 정주 농경 지역에 비해 자연환경이 생존에 훨씬 큰 영향을 미치는 열악한 상황에 노출되어 있었기 때문이다. 더욱이 유목민들은 정주 지역에 사는 사람들에 비해 환경의 변화에 적응하는 힘이 미약할 뿐만 아니라 그것을 인위적으로 예방하거나 적극적으로 대응하기도 어려웠다. 따라서 한번 자연이 파괴되면 이를 회복할 수 있는 힘이 상대적으로 약했을 뿐만 아니라 다시 복구하는 데 시간이 더 걸렸다.[193] 이것은 유목이란 것 자체가 초원

---

생산 기반 자체를 완전히 상실했다. 폭설은 겨울 내지는 겨울에서 봄으로 넘어가는 계절에 발생하는데, 많은 눈이 초지를 뒤덮어 먹을 것을 잃은 가축들을 아사시켰다. 특히 북위 41도 이북 지역에서 폭설이 자주 쏟아졌기 때문에 몽골 초원에서는 어디서든 발생할 가능성이 있었다. 게다가 폭설은 언제 발생할지 거의 예측할 수 없고, 한파나 눈보라를 동반해 어려움을 더욱 가중시켰다. 이 과정에서 가축의 면역력이 약해지고 전염병이 창궐해 가축의 폐사가 일어나기도 했다. 이런 자연재해로 인한 유목민의 기근은 유목 사회의 와해를 보다 가속시켰다(額爾敦布和,「牧區'白災'及防禦對策」, 內蒙古自治區蒙古族經濟史硏究組 編,『蒙古族經濟發展硏究』第2集, 呼和浩特, 1988, p. 146).

192)『隋書』권84「北狄傳」, p. 1867.

의 지연이 회복되기까지 시간이 필요한 생산 방식이라는 점과 관련이 있다.[193]

유목 경제는 많은 잉여 생산물을 획득할 수 없을 정도로 자연환경에 크게 좌우될 뿐만 아니라 자급 구조 역시 취약해 한순간에 몰아닥친 자연재해로 재생산 구조가 파괴될 수 있었다. 이와 같은 자연재해에 대한 기록을 살펴보면 국가의 대응 능력이 약화되어 체제 질서가 붕괴되었음이 잘 드러나 있다. 실제로 유목 사회에서는 열악한 자연환경으로 인해 일반적으로 3년에 한 번은 작은 재해, 5년에 한 번은 중간 규모의 재해, 10년에 한 번은 큰 재해가 일어난다고 할 정도로 자연재해가 자주 발생했다.[194]

그 가운데 특히 초원의 가뭄은 초지를 줄어들게 만들어 가축들, 그중에서도 가장 숫자가 많고 중요한 양들의 생존을 불가능하게 하는 무서운 자연재해였다. 먹을 것이 줄어들어 약해진 가축들은 아사하거나 병에 걸려 죽었고, 초원이 붉어진다고 할 정도로 더 이상 풀이 자랄 수 없게 되었다. 지금도 가뭄 내지는 자연적 혹은 인위적 초지 파괴로 인한 초지의 축소는 심각한 문제가 되고 있다.[195]

이런 상황에서 카간이 권위를 유지하며 예하의 유목민들을 잘 통제한다면 재해가 자주 일어난다고 하더라도 문제가 되지 않을 것이다. 신속하게 대응하지 못하더라도 주변의 위협이 없으면 어느 정도의 시간이 지나면 다시 유목 사회의 항상성이 회복될 수 있다. 즉 외부의 위협이나 내적인 붕괴가 없다면 가뭄 등과 같은 기상 현상에 따른 재해는 일정 정도의 시간이 지나면서 복구될 수도 있다. 왜냐하면 가뭄에 따른 피해가 일시적일 경우 이주를 했다가 재해가 지나간 뒤 다시 돌아오면 되기 때문이다. 또한

193) 梁景之, 「自然災害與古代北方草原遊牧民族」, 『民族研究』 1994-3, pp. 42~49.

194) 額爾敦布和, 앞의 책, 1988, p. 146.

195) 內蒙古農牧業資源編委會 編, 『內蒙古農牧業資源』, 呼和浩特: 內蒙古人民出版社, 1965, p. 36~37.

가뭄은 유목민들에게 주기적으로 일어나는 일이라 대비도 할 수 있었다.

하지만 자연재해로 인한 생산 기반 붕괴와 기근이 지속되면 방어나 공격에 필요한 기본적인 군사 동원 역시 불가능해져 제국의 약화를 가져올 수밖에 없다. 그렇게 되면 군주권의 약화만이 아니라 내분이 발생할 수도 있었다. 이것이 더 확대되면 그 정도에서 멈추는 것이 아니라 주변으로부터의 공격도 쉽게 받을 만큼 심각한 상황이 연출될 수 있었다. 또한 자연재해 등으로 생존 기반이 와해될 경우 개별 부락들은 독립적으로 생존을 모색해야만 했기 때문에 국가의 약화 정도가 아니라 결국 붕괴를 초래할 수도 있었다.[196]

당시 으쉬바라 카간도 이런 자연재해의 엄습으로 그때까지 겪어보지 못한 심각한 위기 상황에 처했던 것으로 추정된다. 돌궐의 당시 상황은 "기근이 심해져 먹을 것을 구할 수 없게 되자 뼈를 갈아 양식으로 삼았으며, 다시 재해와 전염병이 돌아 죽은 자가 아주 많았다"[197]고 할 정도로 매우 심각했다. 이는 기본적인 생활 수단마저 무너지면서, 으쉬바라 카간에게 국가의 존립을 걱정할 만큼의 위기가 닥쳤음을 의미한다.

즉위 이후 줄곧 자신을 중심으로 한 질서를 회복하려고 했던 으쉬바라 카간은 결국 중국 원정 실패에 따른 대외적 위상의 실추와 함께 내적으로 유목 사회의 취약성이 드러나면서 심각한 통제력 약화에 직면했다. 이는 그때까지 그의 통제 아래 있던 종속 집단과 부용 집단의 본격적 이탈을 초래해 거대한 유목제국 체제의 와해로 이어질 수도 있었다. 따라서 으쉬바라 카간이 이에 어떻게 적절하게 대응해 문제를 해결하며 내적인 안정을 확보하고, 나아가 대외적 질서를 확립해내느냐가 향후 그의 운명뿐만 아니라 돌궐의 존립을 결정할 수밖에 없었던 것이다.

---

196) 金浩東, 앞의 논문, 1989, pp. 304~305.
197) 『隋書』권84 「北狄傳」, p. 1867.

반면 이제까지 군사적 대결에서 수세에 몰리고 내적으로도 불안정해 방어적인 태도를 취했던 수 문제는 돌궐의 전력이 갑자기 약화되자 적극 대응에 나서 돌궐 중심의 기존 질서를 재편할 수 있는 기회를 잡았다. 이 것은 수 문제가 대외적인 위기에 적절하게 대응한 결과이기도 했지만, 다른 측면에서 보면 돌궐이 수조의 약점을 파고들지 못하고 주변 세력들 역시 조직적으로 연대하지 못한 것이 원인이었다. 당시 돌궐을 비롯한 주변 세력들은 개별적 이익을 위해 수조를 도발하다 보니 오히려 제대로 된 공격을 해보지도 못한 채 각개 격파당하면서 역량이 크게 위축될 수밖에 없었다. 그 결과 이후 수 문제는 과거 몽골 초원에 대한 지속적인 견제를 통해 북중국의 안정을 꾀하려 했던 북위와 같은 적극적인 정책을 구사할 수 있었다.

수 문제는 대외적인 위기 완화와 초기 내정內政 수습 등을 기초로 대외적으로 자신의 위상을 강화하기 위한 노력을 기울일 수 있었다. 이것은 결국 중국 전체를 통일할 수 있는 기초가 되었다. 또한 이것은 거대 유목제국으로 성장함에 따라 견제가 불가능했던 돌궐 중심의 질서를 해체하는데서 그치지 않았다. 오히려 수조가 새로운 질서를 구축해 배후에 대한 걱정 없이 통일을 강력하게 추진하는 토대가 되었다. 이로써 이후 수조는 이제까지 집요할 정도로 자신을 방해하며 이권을 지키려고 했던 돌궐을 제압할 수 있는 결정적 기회를 갖게 되었던 것이다.

이처럼 급작스럽게 상황이 변하자 으쉬바라 카간은 이를 다시 반전시켜 과거와 같은 체제를 유지하고 자신을 중심으로 하는 질서를 회복하기 위해 중국에 대한 공격을 재개했다. 583년에 재개된 돌궐의 공격은 으쉬바라 카간이 처한 어려움을 극복하는 최선의 방법일 수도 있었다. 왜냐하면 돌궐은 이전의 원정에서 수조에 강력한 인상을 남긴 바 있고, 수조의 대응 역시 돌궐을 제압할 정도는 아니라고 판단할 만큼 성공적인 부분도 있었기 때문이다. 하지만 으쉬바라 카간이 주도한 중국에 대한 원정은 이

전에 제국 전체가 하나로 움직이면서 강력한 위세를 보여주었던 것과 달리 그의 의도대로 진행되지 않았다.

먼저 서방에서 장안까지 위협했던 타르두쉬 카간이 그의 명령에 따르지 않았다. 이것은 수조가 발 빠르게 이른바 '원교근공遠交近攻'의 이간책을 구사해 타르두쉬 카간을 끌어들인 덕분이었다. 왜냐하면 타르두쉬 카간은 당시 수조로부터 물자 지원을 약속받았는데, 이는 자신이 으쉬바라 카간을 제치고 세력을 크게 확장시킬 수 있는 기회였기 때문이다. 이뿐만 아니라 배후에 페르시아가 있는 상태에서 그가 직접 중국 원정에 참여하는 것도 현실적으로 쉽지 않았다.[198] 타르두쉬 카간의 이탈을 가능하게 한 수 문제의 견제로, 원정을 주도했던 으쉬바라 카간의 역량은 크게 약화될 수밖에 없었다.[199]

이렇게 돌궐을 분열시키는 데 성공한 수 문제는 적극적인 군사 공세로 상황을 반전시키려고 했다. 이를 위해 583년 위왕衛王 왕상王爽을 원수로 삼고, 하간왕河間王 양홍楊弘, 상주국上柱國의 두로적豆盧勣, 두영정竇榮定, 좌복야左僕射 고경高熲, 우복야右僕射 우경칙虞慶則 등에게 각기 부대를 지휘하도록 했다. 먼저 서로군西路軍의 두영정이 양주에서 북상해 돌궐을 격파한 뒤 아파 카간에게 장손성長孫晟을 사신으로 보내 화의를 요청한 다음에 귀환했다. 그리고 중로군中路軍은 삭주와 마읍에서 출격해 백도천白道川(지금의 네이몽골 자치구 후흐호트시呼和浩特市와 투머드좌기土黙特左旗 등지에 펼쳐져 있는 투머드土黙特 평원)에서 으쉬바라 카간이 이끄는 주력 부대를 대파했다. 이에 으쉬바라 카간은 갑옷을 버리고 도망갈 정도로 치명적인 패배를 당하는 등 돌궐의 주력이 치명타를 입었다.

또한 동로군東路軍에서도 유주총관幽州總管 음수陰壽가 고보녕을 격파

198)『資治通鑑』권175 長城公 至德 원년(583) 조, p. 5464.
199)『周書』권50「異域傳」下, p. 912.

하고 승리를 거둔 다음 북제 부흥 운동의 중심이었던 영주營州(지금의 허베이성과 랴오닝성遼寧省 경계 일대)를 회복했다. 반면 패배한 고보녕은 돌궐의 도움을 얻기 위해 초원으로 도망갔다가 여의치 않자 다시 거란으로 달아나던 중 부하에게 죽임을 당했다.[200] 이것은 북주가 북제를 무너뜨린 뒤 돌궐의 지원을 받아 북변을 위협하던 북제 부흥 운동 세력을 완전히 소멸한 것을 의미했다. 반대로 수 문제는 이를 통해 그동안 일부 미완으로 남아 있던 북중국의 완전한 통일을 이루어냈을 뿐만 아니라 돌궐에도 치명적인 패배를 안기며 새로운 도약의 발판을 마련했다.

돌궐의 패배로 끝난 으쉬바라 카간의 남정南征은 대카간의 권력에 누수가 생기면서 발생한 내부의 독립적인 경향을 본격적으로 노출시키기에 충분했다. 이것은 타르두쉬 카간이 원정에 참여해달라는 요청을 무시하고 독자적으로 수조와의 관계를 개선한 것에서 그치지 않았다. 아파 카간 역시 귀환한 으쉬바라 카간이 패전의 책임을 물으며 자신의 어머니를 죽이자 서쪽으로 도망가 타르두쉬 카간에게 투항해버렸다. 또한 아파 카간과 친밀했던 텡그리칸 카간마저 으쉬바라 카간이 자신의 백성을 빼앗으려고 하자 반발해 타르두쉬 카간에게로 도망쳤다. 더욱이 으쉬바라 카간의 사촌 동생 테긴 초르(Tegin chor로 추정. 지근찰地勤察)도 그와 반목해 아파 카간에게 투항했다.[201] 그동안 완전히 이탈하지 않았던 타르두쉬 카간까지 이를 계기로 대카간과 확실하게 결별하고 말았다.

이렇게 으쉬바라 카간은 패배로 인한 상처를 수습한 것이 아니라 더욱 덧나게 만듦으로써 내적인 갈등을 고조시켰다. 이는 이제까지 분봉을 통해 개별적 영지를 가졌음에도 대카간의 권위 아래서 하나로 움직였던 아사나 종실의 해체로 연결되었다. 이처럼 모두가 각자의 이익에 따라 움직

---

200) 『資治通鑑』 권175 長城公 至德 원년(583) 조, p. 5463.
201) 위와 같음.

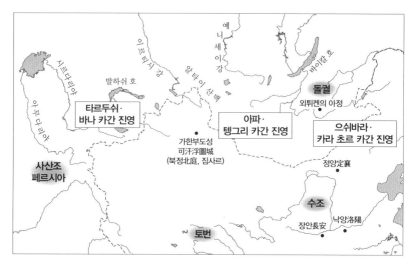

〈그림 17〉 돌궐 내전 양상

이면서 더 이상 거대한 체제를 유지하려고 하지 않았다. 이는 모두 으쉬바라 카간이 자신의 권위를 강화하기 위해 벌인 수조에 대한 원정이 실패한 사실과 직접 연결되어 있었다. 즉 타스파르 카간 사후 계승 분쟁 과정에서 잠재되어 있던 앙금이 수조에 대한 원정 실패, 몽골 초원에 있는 투르크계 유목 부락들의 반란, 심각한 자연재해, 주변 복속 지역의 이반, 그리고 종실 내부 반대파에 대한 대카간의 공격 등으로 인해 더 이상 봉합되지 못하고 한꺼번에 폭발했던 것이다.

이후 돌궐은 몽골 초원의 으쉬바라 카간을 지지하는 틸리스 카간인 카라 초르를 중심으로 한 진영과 타르두쉬 카간에게 투항한 아파 카간을 중심으로 한 진영이 대치하는 양상으로 분리되었다. 양자의 대결은 나아가 583년 아파 카간이 타르두쉬 카간의 지원을 받아 으쉬바라 카간을 공격하면서 전면적인 군사 대결로 발전했다. 이때 대카간의 권위에 도전한 아파 카간은 동부의 돌궐 본영에 대항해 이른바 '서돌궐'[202]이라고 하는 새로운 정권을 만들었다. 이로써 이후 대결로 점철된 제국 해체의 소용돌이는 서방의 타르두쉬 카간마저 깊숙이 개입함에 따라 약 20여 년에 걸쳐 복잡하고 치열하게 계속되었다.

돌궐에서 내전이 일어나자 584년 2월 돌궐 소니蘇尼 부락의 남녀 1만 여 명이 수조에 투항했으며, 서방의 타르두쉬 카간 역시 부락을 이끌고 수조에 투항하겠다는 뜻을 보냈다.[203] 이런 움직임은 으쉬바라 카간이 더는 통제력을 발휘하지 못하게 되었음을 보여주기에 충분했다는 점에서 수조 중심의 질서에 돌궐이 종속되기 시작했다는 사실을 알리는 신호탄이었다. 왜냐하면 해체 이후 할거割據하던 돌궐 종실 내부의 각 세력들에게 수조의 도움을 받는 것은 최종 승리자인 대카간이 될 수 있는 가장 손쉬운 방법이었기 때문이다. 따라서 으쉬바라 카간 또한 9월에 수 문제에게 사신을 보내 입조入朝한 다음, 수에 원한을 표출했던 북주 천금공주의 성을 양씨로 고치고 황제의 딸로 삼아줄 것을 요청하면서 화의를 청했다.

이는 그의 강력한 화의 의지를 보여주는데, 다음과 같은 굴욕적인 편지 내용에서 으쉬바라 카간의 당시 입장을 잘 알 수 있다.

"용辰의 해(584년) 9월 10일에 텡그리데 볼미쉬 텡그리텍 투르크 빌게 카간從

---

202) 아파 카간이 세운 서돌궐은 몽골 초원에 있는 대카간의 본영에 비해 서쪽에 위치해서 붙은 이름으로, 이후 동·서 돌궐이 분립되면서 등장한 동돌궐의 상대 개념은 아니었다. 서돌궐은 이후 다시 타르두쉬 카간을 중심으로 한 집단과 아파 카간을 중심으로 한 집단으로 나뉘어 대결을 벌이는데, 타르두쉬 카간 계열이 승리한 뒤 이들을 중심으로 한 집단이 분립함에 따라 비로소 동돌궐의 상대 개념으로 고정되었다. 분립 이후 서돌궐은 그를 구성하는 열 개의 성十姓(On Oq), 곧 다섯 둘룩(Duluq로 추정. 돌육咄陸)과 다섯 누시비르(Nushibir로 추정. 노실필 弩失畢)로 나뉘어 갈등을 빚는 등 통합되지 못하고 혼란스러운 상황이 지속되었다(內藤み どり, 앞의 책, 1988).

203) 『隋書』 권1 「文帝紀」 上, p. 21. 아사나점阿史那玷이 와서 항복한 것을 아사나점궐阿史那玷厥로 이해해 서돌궐의 타르두쉬 카간이 와서 복종한 것으로 이해하기도 했지만, 이것은 잘 못이다(薛宗正, 『突厥史』, 1992, p. 153). 『자치통감』에서 『수서』 「문제기」의 내용을 토대로 점玷을 점궐玷厥로 보아 타르두쉬 카간達頭可汗이 와서 항복했다고 했는데, 이것 역시 틀린 것이다(『資治通鑑』 권176 長城公 至德 2년(584) 조, p. 5473).

天生大突厥天下賢聖天子 일릭 퀼릭 샤드 바가 으쉬바라 카간伊利俱盧設莫何始波
羅可汗이 대수황제大隋皇帝에게 서신을 보내드립니다. 〔폐하께서 보내신〕 사
자 개부開府 서평화徐平化가 와서 알려주신 말씀을 〔제가〕 모두 들었습니다.
**황제는 제 아내의 부친이니 〔폐하는〕 바로 저의 장인이시고, 제가 딸의 남편이니 바
로 〔황제의〕 아들과 같습니다. 두 나라의 경계가 비록 다르나 정의는 하나입니다. 지
금 거듭 쌓은 오랜 친분을 자자손손이 만세토록 끊어지지 않게 할 것이며, 〔이를〕 하
늘을 증인으로 삼아 저버리지 않겠습니다. 이 나라의 모든 양과 말은 모두 황제 〔폐
하〕의 가축이고, 폐하께서 갖고 계신 비단(증채繒綵) 역시 모두 이와 같은 물건이니,
저것과 이것이 어찌 다르다고 말씀하십니까!**[204] (강조는 인용자)

이상의 내용은 으쉬바라 카간이 나라를 통째로 가져다바칠 정도로 모
든 것을 수 문제에게 의지하겠다는 의사를 표현한 것으로, 자신의 입지를
회복하기 위해 수조의 지원이 절실했음을 나타낸다. 이를 자신의 이익을
지키기 위한 위선적 수사라고 치부할 수도 있었는데, 수 문제는 진의를 의
심하지 않고 오히려 흔쾌히 받아들이는 모습을 보여주었다. 당시 수 문제
에게는 다양한 세력을 부식扶植해 돌궐을 약화시키는 일도 중요했지만,
일단 약해진 대카간이 강력하게 투항 의지를 밝힌 상황에서 진의를 수용
해줌으로써 북방 문제를 안정시킬 필요도 있었다. 이는 아직 중국이 통일
되지 않은 상황에서 돌궐을 자기편으로 끌어들여 문제를 일단락 지은 다
음에 통일전에 매진하려는 의도였다.

수 문제는 서평화를 사신으로 보내 북주의 천금공주를 대의공주大義
公主로 책봉해줌으로써 으쉬바라 카간의 요청에 화답했다. 이는 수 문제
와 으쉬바라 카간이 실제로 혼인 관계를 맺은 것은 아니지만 명분상 장인
과 사위가 되는 것으로, 돌궐이 수의 인정을 받았음을 보여주기에 충분했

204) 『隋書』 권84 「北狄傳」, p. 1867.

다. 또한 다시 사신으로 파견된 장손성과 우경칙 등이 공손한 태도를 보이지 않은 으쉬바라 카간을 강압해 조서詔書에 고개를 조아리고 칭신稱臣하게 함으로써 수조의 위상을 부각시키면서 돌궐의 위상을 크게 추락시켰다.[205] 당시 으쉬바라 카간은 수조의 도움을 얻지 않으면 안 될 정도로 아주 곤궁한 처지에 놓여 있었던 것이다.

으쉬바라 카간이 수조와의 관계를 개선해 위상을 제고하려고 했던 것은 아파 카간이 돌궐의 본영을 공격해 10만 명의 기병을 차지하는 등 세력화에 성공했기 때문이다. 당시 아파 카간은 한문 사서에서 585년에 "동으로는 외튀켄都斤 산지로부터 서로는 알타이 산맥을 넘어 쿠차龜玆, 투르크계 부락鐵勒, 이오伊吾, 그리고 서역의 여러 소그드(諸胡)를 모두 복속했다"고 할 정도로 세력을 크게 확장했다.[206]

이렇게 아파 카간의 공세에 패배한 으쉬바라 카간은 685년에 또다시 타르두쉬 카간에게 패하고 동부의 거란으로부터 위협을 당하는 등 세력을 회복하지 못했다. 그러자 으쉬바라 카간은 수 문제에게 다급하게 본영을 떠나 고비를 건너와 백도천에 살게 해달라고 요청했다. 이에 수 문제는 진왕晉王 양광楊廣(이후 양제煬帝로 즉위)을 보내 먹을 것과 입을 것을 제공하며 그의 정착을 도와주도록 함과 동시에 장성을 수리해 방비를 강화하도록 했다.[207]

반면에 으쉬바라 카간과의 대결에서 승리한 아파 카간은 유목 세계의 새로운 맹주인 대카간이 되었다. 수 문제는 이렇게 예상하지 못했던 방향으로 초원의 세력 재편이 이루어지자 아파 카간과의 관계 역시 설정하려고 했다. 이를 위해 5월에 상장군上將軍 원계元契를 파견해 관계를 맺음과 동시에 북변의 안정을 유지하기 위해 585년 6월 장성을 수리하게 했

---

205) 앞과 같음.

206) 『資治通鑑』 권176 長城公 至德 3년(585) 조, p. 5482.

207) 위의 책, p. 5485.

다. 수 문제가 이처럼 으쉬바라 카간을 이용해 서돌궐의 성장을 견제하려 하자 아파 카간은 587년 초에 동몽골의 튈리스 카간인 카라 초르를 공격 하기 위해 항주恒州(지금의 허베이성 정딩현正定縣 일대)와 화주化州(지금의 산시성陝西省 위린시 일대)까지 들어와 그의 거점을 빼앗았다.[208] 이로써 아 파 카간은 더욱더 강력한 위상을 갖게 되었으며, 상대적으로 으쉬바라 카 간은 더 위축될 수밖에 없었다. 이때 서방의 타르두쉬 카간도 그의 성장을 불편하게 받아들이면서 그동안 맺었던 우호 관계가 악화되기 시작했다.

한편 아파 카간이 몽골 초원에서 밀려난 자신을 압도할 정도로 성장하 자 수조의 통제 아래 들어와 지원을 받던 으쉬바라 카간도 이에 적극 대응 하지 않을 수 없었다. 하지만 그는 열세에 몰려 있었기 때문에 부용국附庸 國 번신藩臣으로서의 지위에 만족하며 매년 토산품인 말을 바치는 등 수 조와 돈독한 관계를 유지해야만 했다.[209] 또한 으쉬바라 카간은 587년 아 들을 보내 토산물을 바치며 내지인 항주(지금의 허베이성 스자좡시 정딩현 일 대)와 대주代州(지금의 산시성山西省 다이현代縣 일대) 사이에서 사냥하기를 청하는 등 우호적인 관계를 유지하려고 했다.[210] 이런 으쉬바라 카간의 투 항은 돌궐이 과거 제국으로서 보여주었던 위용을 완전히 상실하고, 중국 에 의존하기 시작했음을 의미했다.

재기를 노리던 으쉬바라 카간이 얼마 지나지 않아 사망하자 그 뒤를 이 어 튈리스 카간인 동생 카라 초르가 즉위해 바가 카간(Bagha qaghan으로 추 정. 막하가한莫何可汗, 재위 587~588)이라 칭하며, 으쉬바라 카간의 아들인 조카 옹우려雍虞閭를 야브구로 삼아 상황을 반전시키려고 했다. 그는 고비 남부에서 수조의 적극적인 지원을 받아 아파 카간에게 빼앗긴 몽골 초원 으로 복귀하려고 했다. 그의 노력은 성공적으로 이루어져 그동안 세력을

---

208) Edouard Chavannes(沙畹) 著, 馮承鈞 譯, 『西突厥史料』, 北京: 中華書局, 1958, p. 176.
209) 『隋書』 권84 「北狄傳」, p. 1869.
210) 위의 책, p. 1870.

확대하던 아파 카간이 사로잡힌 뒤 낙양洛陽에서 죽고 말았다.[211] 그러자 바가 카간은 다시 몽골 초원의 중심인 외튀켄으로 돌아가 아장을 설치하고 대카간으로서의 위상을 회복하기 위한 노력을 기울였다.

바가 카간이 수조의 지원을 받아 세력을 회복할 수 있었던 것은 수 문제가 남조를 치려는 통일 전쟁을 앞두고 돌궐의 분열과 약화를 이용해 최대의 현안인 북방 문제를 해결하려고 했기 때문이다. 당시 수 문제는 돌궐을 중국 체제 안에 편입시켜 문제를 완전히 해결하려고 한 것은 아니었다. 왜냐하면 당시 최고의 현안이었던 남조를 상대로 한 통일 전쟁을 방해하지 않는 범위 내에서 돌궐과의 관계를 타협적으로 유지하는 것이 유리했기 때문이다. 이런 관계는 이후 589년 진조陳朝를 무너뜨리고 중국을 통일하기 전까지 실제로 유효했다. 따라서 바가 카간 역시 이를 이용해 몽골 초원을 탈환하고 대카간으로서의 입지를 회복할 수 있었다.

아파 카간을 무너뜨린 바가 카간에게 그다음으로 중요한 목표는 수조와 접촉하며 이탈했던 타르두쉬 카간을 제압함으로써 과거와 같은 거대 유목제국으로 완전한 통합을 이루는 것이었다. 당시 바가 카간은 수조의 지원을 받아 대카간으로서의 권위를 회복하기는 했지만, 이것은 몽골 초원의 권위를 회복한 정도에 불과했다. 과거처럼 동서 교역로를 확보함으로써 교역을 지향하는 체제를 구축할 수 있는 상황은 아니었던 것이다. 그런데 바가 카간의 이런 구상은 몽골 초원으로 귀환한 뒤 얼마 지나지 않아 588년에 시작된 서방 원정 도중 활에 맞아 죽음으로써 실패로 끝나버렸다.[212]

바가 카간이 사망한 뒤 으쉬바라 카간의 아들인 옹우려가 즉위해 일테리쉬 초르 투란 카간(Ilterish chor turan qaghan으로 추정. 힐가시다나도람가한頡伽施多那都藍可汗, 재위 588~599)이 되었다. 그 또한 몽골 초원을 회복한 삼

211) 앞의 책, p. 1871.

212) 위와 같음.

촌을 이어 타르두쉬 카간을 제압함으로써 국가를 다시 통합하고, 나아가 수조와의 원만한 관계를 토대로 다시금 교역 국가로의 발전을 도모하려고 했다. 이것은 제국의 분열 상황을 반전시켜 유목제국으로의 발전을 꾀하는 노력의 일환이었다. 이를 위해 먼저 수조와의 관계를 강화할 목적으로 말 1만 필, 양 2만 두, 낙타와 소 각 500두 등 전무후무할 정도의 엄청난 공물을 보내는 선제 조치를 취했다.[213] 투란 카간은 수 문제로부터 인정을 받아 자신의 위상을 과시하고, 동시에 경제적 지원을 끌어내 서방의 타르두쉬 카간을 공격할 든든한 배후의 지원자를 얻고자 했다.

그런데 투란 카간은 수조의 지원을 받아내는 데 성공하지 못했다. 수 문제는 그다음 해에 남조를 멸망시키고 통일을 이루자 그의 요청을 받아들이지 않고, 다만 진조에서 획득한 보물을 주는 정도로 대우해버렸다. 그럼에도 투란 카간은 타르두쉬 카간을 공격하기에 앞서 서방으로 진출할 관문이자 동서 교역의 중요한 거점인 투루판을 공격했다. 이 같은 사실은 590년 돌궐의 공격을 받아 2000명 정도가 고창국에서 수조로 투항했다는 기록을 통해 확인할 수 있다. 이것은 톈산 산맥 주변에 위치한 오아시스 도시를 확보해 동서를 연결하는 교역로를 다시금 통제하려는 목적이었음이 분명하다.

투란 카간은 591년 그의 동생인 치누 샤드(Chinu shad로 추정. 흠우설欽羽設)의 모반으로 잠시 주춤했다가, 상황이 진압되자 본격적으로 서방 원정을 재개했다. 이때도 투란 카간은 수조의 협조를 구하기 위해 외삼촌 욕단 테긴褥但特勤을 보내 우전于闐의 특산물인 옥지팡이를 바치기도 했다.[214] 이것은 타르두쉬 카간으로부터 우전을 성공적으로 빼앗았음을 보여주는 것이며, 투란 카간은 이후 실제로 타르두쉬 카간을 계속 밀어붙여 파미르

---

213) 앞과 같음.
214) 위와 같음.

이동以東 지역까지 거의 장악했다. 당시 타르두쉬 카간은 페르시아의 공격을 받아 전력이 분산되는 바람에 제대로 대응하지 못했다. 이로써 바가 카간에 이어 투란 카간도 서방 원정에 성공함으로써 과거 영역의 일부를 회복할 수 있었다. 이는 모두 아직 과거 제국의 판도에는 미치지 못했지만 상당 부분을 회복해 교역 국가로서의 발전을 꾀하려는 노력이었으며, 이를 위해 중국을 다시 압박하려고 했다.

하지만 투란 카간의 이런 의도는 수 문제의 견제로 더 이상 진척되지 못했다. 수 문제는 통일을 이룬 뒤 과거 고비 이남으로 내려왔던 으쉬바라 카간을 지원해 북변을 안정시키려던 정책을 유지하지 않고, 오히려 성장한 돌궐을 더 이상 내버려두려고 하지 않았다. 수 문제는 돌궐이 단지 친중국적인 태도를 취한다는 사실만으로 더 이상 지원을 하려고 하지 않았다. 돌궐의 성장을 그대로 묵인했다가 더욱 강해지면 결국 수조의 이익에 도움이 되지 않을 것이라는 판단을 했기 때문이다.

통일 체제를 안정시키고, 나아가 대외적으로 수조를 중심으로 한 국제 질서를 정립하려고 했던 수 문제는 돌궐에 강하게 대응하기 시작했다. 특히 팽성공彭城公 유창劉昶의 모반 사건과 돌궐이 깊숙하게 관련되었다는 사실이 발각된 이후 수 문제는 돌궐에 대해 아주 강경한 조치를 취했다.[215] 이와 달리 수조의 지원이 절실할 수밖에 없었던 투란 카간은 이를 막기 위해 노력했다. 그럼에도 수 문제는 오히려 592년 하약의賀若誼를 영주자사 靈州刺史로 삼았으며, 삭주총관朔州總管 조중경趙仲卿에게 장성 이북에 둔전을 설치하고 장성을 수리하게 했다. 이 같은 군비 증강으로 조성된 긴장 국면은 이후 운주雲州에서 돌궐과 수조가 일시적인 군사 충돌을 일으키는 상황으로 이어졌다.[216]

---

215) 『隋書』 권40 「虞慶則傳」, p. 1174.
216) 『冊府元龜』 권395 「將帥部 勇敢 2」, p. 4695.

또한 수 문제는 593년 돌궐에서 자신을 반대하는 세력의 구심점인 대의공주를 제거함으로써 잠재적 위협을 약화시키려고 했다. 그는 북주의 대의공주가 왕조 교체 이후 자신에게 원한을 갖고 왕조의 부활을 꿈꾸며 카간들을 부추겨 중국을 공격하려는 뜻을 품었다는 사실을 잘 알고 있었다. 실제로 당시 대의공주는 알타이 남부에서 세력을 갖고 있던 아파 카간의 후예인 일릭 카간(Ilig qaghan으로 추정. 이리가한泥利可汗, 재위 603~604. 즉위하기 전에는 앙소 테긴鞅素特勤이라 불림)과 연계해 수조에 대응하려는 움직임을 보였다.

이런 움직임을 알아차린 수 문제는 투란 카간에게 사신을 보내 돌궐 내에서 일하던 "소그드와 〔대의공주가〕 사통했다"는 구실을 내세워 그녀를 폐할 것을 명령했고, 혹시 이를 받아들이지 않을까 걱정해 기장공奇章公 우홍牛弘에게 네 명의 아름다운 기녀를 데리고 가서 카간을 달래라고 했다.[217] 당시 서방의 타르두쉬 카간과 대결을 벌이려면 수조의 지원이 절실했던 투란 카간은 이를 거부하지 않고 받아들였다. 왜냐하면 멸망한 북주의 부활을 꿈꾸는 대의공주의 바람보다는 통일 제국으로 성장한 수조의 지원을 얻어내는 것이 그에게 더 중요한 일일 수밖에 없었기 때문이다.

또 수 문제는 바가 카간의 아들로 당시 퇼리스 카간이었던 에르켄(Erken으로 추정. 염간染干)에게도 사신을 보내 대의공주를 죽이면 청혼을 받아주겠다는 조건을 제시하며 돌궐 내부의 분열을 조장했다. 돌궐 내에서 가장 강력한 세력을 가진 두 존재에게 자신의 지원을 빌미로 대의공주를 제거하라는 이간책을 강력하게 추진한 것이다. 그러자 전부터 수조에 지속적으로 청혼을 하며 세력을 확보하고자 했던 에르켄은 투란 카간 앞에서 대의공주를 헐뜯었고, 이에 화가 난 투란 카간이 그녀를 죽여버렸다.[218] 결국

---

217) 『隋書』 권84 「北狄傳」, p. 1872.
218) 위와 같음.

대의공주는 수 문제의 의도대로 제거되었으며, 그녀가 서방의 일릭 카간과 연계하려던 계획 역시 실패로 끝나고 말았다. 이렇게 수 문제의 의도대로 돌궐 내부에서 북주와 연계하던 세력이 제거되면서 내적인 역량이 크게 약화되었다.

이후 수 문제는 투란 카간에게 대응할 세력을 키우고자 청혼을 빌미로 에르켄을 자신의 의지에 따라 움직이게 만들었다.[219] 그러자 투란 카간은 비록 겉으로는 수조의 지원을 받았지만, 입지가 상대적으로 약화되었다. 더욱이 594년 이후 그동안 수세에 있던 타르두쉬 카간이 자신을 괴롭히던 페르시아가 내분으로 적극 공세를 취하지 못하자 그 상황을 적극 이용해 동쪽으로 진출함으로써 투란 카간을 더 큰 곤경에 빠뜨렸다.

이런 상황은 결국 수 문제가 통일 제국을 중심으로 자신의 의지대로 돌궐을 통제하는 새로운 질서를 구축할 수 있게 해주었다. 왜냐하면 대카간으로서의 위상을 확보하려고 했던 투란 카간과 이에 도전했던 서방의 타르두쉬 카간, 그리고 독자적인 세력화를 모색해 대카간이 되고자 했던 에르켄 등 모두가 수조의 지원을 받아 자신의 지위를 확립하려고 했기 때문이다. 따라서 강력한 수조가 만들어낸 새로운 질서 속에서 여러 개로 분립된 세력들이 향후 어떤 대응을 하느냐에 따라 돌궐은 다시 통합되어 거대 제국으로 재기에 성공하느냐 아니면 완전히 해체되어 붕괴되느냐의 중요한 기로에 놓이게 되었던 것이다.

## 2. 돌궐의 분립과 수조 중심 질서로의 편입

수 문제는 주변의 다양한 세력들을 움직여 분열을 조장함으로써 자신을

---

219) 앞과 같음.

중심으로 한 질서를 더욱 강화하기 위해 597년 미루어왔던 퇼리스 카간인 에르켄과의 혼인을 허락하고 7월에 안의공주安義公主를 주어 장성 지역에 머물게 했다. 이는 동부의 퇼리스 카간을 인정해 수조에 끌어들임으로써 투란 카간과의 관계를 이간시켜 결국 대카간의 권위를 견제하려는 것이었다.[220] 하지만 수 문제의 의도와 달리 이후 몽골 초원에서는 서방에서 쳐들어온 타르두쉬 카간이 예상을 깨고 투란 카간을 무너뜨린 뒤 그를 자신의 통제 아래 두었다. 이런 생각지도 못한 상황은 돌궐이 하나로 통합되면서 다시 거대 유목제국으로 발전하는 기회가 될 수도 있었다. 타르두쉬 카간 역시 몽골 초원을 장악하자 수조를 압박해 자신의 위상을 확인받으려고 했다.

이는 대카간인 투란 카간의 약화를 의미했지만, 돌궐 자체로 보면 과거와 같은 발전을 도모할 수 있는 계기였다. 이에 수 문제는 타르두쉬 카간을 인정하지 않고 오히려 퇼리스 카간을 지원해 이들을 대항하게 만들었기 때문에 대규모의 군사적 충돌이 일어날 수밖에 없었다. 먼저 589년에 투란 카간이 내려와 공격하자 촉왕蜀王 양수楊秀가 영주도靈州道에서 북상해 이를 격퇴했으며, 영주도 행군총관行軍總管 양소楊素는 타르두쉬 카간이 이끄는 10만여 명의 기병을 격파했다. 하지만 장성 북방으로 내려와 있던 퇼리스 카간은 돌궐의 공격을 받고 장손성과 함께 도망쳐 낙양까지 들어왔다.

수 문제는 돌궐의 공세를 막은 뒤에 남하한 퇼리스 카간을 4월에 대리성大利城(달리 정양성定襄城이라고도 함. 삭주 북방으로 지금의 네이몽골 자치구 호린게르현和林格爾縣 서북쪽)으로 돌아가게 했다. 나아가 몽골 초원 돌궐 본영의 타르두쉬 카간과 대카간인 투란 카간의 권위를 부정하기 위해 589년 10월 퇼리스 카간을 일릭 퀸뒤 카간(Ilig köndü qaghan으로 추정. 의리진두계민

---

220) 앞과 같음.

가한意利珍豆啓民可汗, 재위 599~609)[221]으로 책봉해주었다. 이것이 바로 이른바 '동돌궐' 정권의 시작이었고, 이후 두 세력 간의 다툼이 격화되면서 되돌릴 수 없는 상황, 즉 돌궐의 완전한 해체로 이어졌다.

이때 수 문제는 고비 남부의 일릭 쾬뒤 카간을 지원하겠다는 뜻을 분명히 함으로써 몽골 초원을 장악한 타르두쉬 카간이 새롭게 구축하려는 질서를 와해시키려고 했다. 이는 돌궐의 분립을 고착화시켜 더 이상 돌궐이 과거와 같은 통합 체제로 돌아가는 것을 막겠다는 조치였다. 다른 한편으로는 수조에 부용하는 정권을 성립시켜 자신을 대신해 몽골 초원에 있는 돌궐에 대항하게 하려는 것이기도 했다. 여기서 그치지 않고 일릭 쾬뒤 카간을 무력으로 지원하기 위해 타르두쉬 카간에게 밀려 내려와 있던 투란 카간을 공격하려고 했다.

이를 위해 수조에서는 12월에 영주靈州(지금의 닝샤후이족 자치구 중웨이中衛, 중닝현中寧縣 이북 지역)와 경주慶州(지금의 간쑤성 시펑西峰, 칭양慶陽, 환현環縣, 허수이合水, 화츠華池 등과 산시성陝西省 즈단현志丹縣 서부), 연주燕州(지금의 허베이성 줘루현涿鹿縣, 베이징시 창핑현昌平縣 일대), 하주河州(지금의 간쑤성 린샤시臨夏市 일대로 타오강洮河, 다샤강 중하류 유역과 황수이湟水 하류와 쌍위안보桑園峽와 지스시아積石峽 사이에 있는 황허 유역)에서 군대를 출진出陣시키려고 했는데, 군대가 출발하기 전에 투란 카간이 부하에게 살해당함에 따라 출진이 중지되었다.

한편 투란 카간이 사망하자 몽골 초원을 차지한 타르두쉬 카간은 투란 카간을 대신해 대카간으로 등극한 다음 스스로 빌게 카간(Bilge qaghan으로 추정. 보가가한步迦可汗, 재위 599~603. 이하에서는 계속 타르두쉬 카간으로 통

---

221) 의리진두계민가한意利珍豆啓民可汗은 고대 투르크어로 일릭 쾬뒤Ilig köndü(意利珍豆)와 이것을 한자로 번역한 계민啓民을 연칭한 것이다. 일반적으로 일릭 쾬뒤 카간으로 통칭되나 한자로 줄여 계민가한啓民可汗으로 약칭되기도 한다. 『북사』에는 이세민李世民의 기휘忌諱로 계인가한啓人可汗이라고 되어 있다.

칭)이라고 일컬었다.[222] 이는 그동안 분열되어 있던 몽골 초원으로부터 아무다리야 북안까지 거대한 영역을 재통일한 것을 의미했다. 당시 그는 일릭 퀸뒤 카간이 차지한 고비 남부를 제외하고는 과거 돌궐의 영역을 대부분 회복해 그동안 내전으로 단절되어 있던 교역로를 다시금 연결시킴으로써 과거와 같은 제국으로의 발전을 도모했다. 하지만 돌궐이 다시 교역국가로서의 온전한 모습을 갖추려면 수조로부터 위상을 인정받고 원활한 물자를 공급받아야만 했는데, 그 전제는 고비 남부에서 수조의 비호를 받고 있는 일릭 퀸뒤 카간을 통합하는 것이었다.

타르두쉬 카간은 600년 일릭 퀸뒤 카간을 공격하기 위해 안문雁門(지금의 산시성山西省 허취河曲, 우자이五寨, 닝우寧武 등 현縣의 이북以北과 형산恒山이서以西, 네이몽골 자치구 황치하이黃旗海, 다이하이岱海 이남 일대)까지 들어와 일릭 퀸뒤 카간을 몰아내버렸다. 이에 수조에서도 4월에 진왕 양광이 양소와 함께 일릭 퀸뒤 카간을 데리고 군대를 둘로 나누어 영무도靈武道에서, 한왕漢王 양량楊諒은 사만세史萬歲와 함께 마읍도馬邑道(지금의 산시성 우자이현과 형산 이북, 네이몽골 자치구 다이하이, 황치하이 이남 지역)에서 진군했다.[223] 양소는 물에 독을 타서 돌궐의 군대를 격파했으며, 사만세 역시 돌궐을 물리치고 과거에 일릭 퀸뒤 카간이 머물던 대리성을 탈환했다. 하지만 수의 군대가 철수하자 패퇴했던 타르두쉬 카간이 일릭 퀸뒤 카간의 복귀를 막기 위해 다시 그의 동생 일테베르Ilteber(힐리발頡利發)를 보내 고

---

222) 『隋書』 권84 「北狄傳」, p. 1872.

223) 타르두쉬 카간의 공격을 격퇴한 것은 수조 내부에도 큰 영향을 미쳐 수 문제 이후의 후계 구도에 변화를 주었다. 당시 남침에 대항한 수의 두 북벌군은 모두 돌궐의 공격을 격파했으나 이후 논공행상論功行賞 과정에서 수 문제가 양소楊素만을 높이 평가하자 사만세史萬歲가 불만을 품었고, 이에 양소가 사만세를 무고해 그가 죽임을 당하는 일이 벌어졌다. 이것은 모두 양광楊廣과 양량楊諒의 후계 대결과 관련된 사건이었으며, 이때 큰 성과를 거둔 양광은 598년 고구려 원정에 실패한 양량에 비해 크게 위명威名을 떨쳐 양용楊勇을 제치고 태자가 될 수 있었다(『隋書』 권2 「高祖紀」 下, p. 45).

비 동부에서 일릭 퀸뒤 카간을 공격하게 했다. 이에 수조에서도 다시 군대를 보내 일릭 퀸뒤 카간을 보호하며 이동로를 지키자 일테베르는 결국 철수하고 말았다.[224]

타르두쉬 카간의 도발이 중국의 강경한 군사적 대응으로 인해 실패로 끝난 것은 중국 왕조가 군사적 압박에 굴복해 타협하는 것이 아니라 과거 북위가 유연을 계속 군사적으로 압도했던 방식을 구사했기 때문이다. 과거 북위에서는 지속적인 약탈전을 벌이며 물자 공급을 끊어 유연의 성장을 막았는데, 이번에 수조도 타르두쉬 카간의 군사적인 도발에 굴하지 않고 강경하게 대응했다. 또한 수 문제는 돌궐의 분열을 고착화해 돌궐이 과거와 같은 유목제국으로 돌아가 수조를 압박하려는 것을 막아내는 데서 그치지 않고, 나아가 자신을 중심으로 한 질서 속에 종속시키려고 했다. 아울러 고비 남부에 있는 일릭 퀸뒤 카간을 지원해 이를 번병藩屛으로 삼아 고비 북방의 초원 세력을 견제하며 대결하게 만드는 고전적인 방어책도 구사했다.[225] 이로써 일릭 퀸뒤 카간은 타르두쉬 카간에 대항해 고비 남부에서 다시금 세력을 회복할 수 있는 기회를 얻었다.

하지만 타르두쉬 카간의 압박이 지속됨에 따라 곤궁한 처지에 놓였던 일릭 퀸뒤 카간은 수조의 지원을 받아 다급한 상태를 타개하기 위해 다음과 같은 표를 올렸다.

위대한 수조의 성인이신 바얀 카간大隋聖人莫緣可汗[226]께서 백성을 사랑으로

---

224) 『隋書』 권84 「北狄傳」, p. 1873.

225) 한대漢代에 흉노가 남하히자 이들을 번병藩屛으로 삼아 고비 북방 초원에 있던 북흉노와 대결하게 함으로써 직접적인 위협을 완충하는 형식으로 대응했는데, 수조隋朝 역시 이런 방식을 채용해 대응했다. 이는 이후 당 태종이 돌궐을 완전히 체제 안에 집어넣어 지배함으로써 그들이 성장할 여지를 제거한 것과 비교된다.

226) 대수성인막연가한大隋聖人莫緣可汗은 돌궐이 문제文帝를 높여 부르는 명칭인데, 대수성인大隋聖人은 중국식 호칭으로 문제를 가리키는 것이고, 막연가한莫緣可汗은 고대 투르크어 '바

기르시는 것이 하늘처럼 모든 것을 덮지 않는 것이 없고, 땅처럼 모든 것을 싣
지 않는 것이 없으십니다. 돌궐의 여러 부락이 황제의 위엄과 은혜를 입어 순
수한 마음으로 돌아와 복종하고, 또한 부락을 거느리고 성인이신 〔바얀〕 카간
에게 모두 귀순해 투항해 왔습니다. 혹자가 **남쪽으로 장성 안으로 들어오거나 혹
자가 백도〔천〕에 살면 백성, 그리고 양과 말이 산과 계곡에 두루 찰 것입니다. 이렇
게 되면 저는 마치 고목나무에 새로운 가지와 잎사귀가 돋고 말라비틀어진 뼈에 다
시 가죽과 살이 생기는 것과 같아질 것이니, 천년만년 오랫동안 위대한 수나라를 위
해 양과 말을 돌보겠사옵니다.**[227] (강조는 인용자)


이상의 내용은 돌궐이 중국에 완전히 편입된 상황을 묘사한 것으로 일
릭 퀼뒤 카간이 근거지를 고비 남부 초원에 확보함으로써 자신의 입지를
강화하기 위해 수 문제에게 취한 입장을 잘 보여준다. 당시 일릭 퀼뒤 카
간은 타르두쉬 카간의 공격을 받아 고비 이남으로 내려와 중국에 투항하
지 않으면 안 되는 절박한 처지에 놓여 있었다. 이를 벗어나 다시 몽골 초
원을 회복해 대카간의 지위를 얻기 위해서는 그 어떤 것도 감수해야만 했
다. 하지만 이런 상황은 후손들에게 결코 좋은 경험이 아니었으며, 중국에
지나치게 의존한 것에 대해 제2제국의 빌게 카간은 〈퀼 테긴 비문〉에서
다음과 같이 부정적으로 회상했다.


(KT: 남:05) 〔타브가치(중국) 보둔은〕 금과 은, 비단을 어려움 없이 그렇게 우
리에게 준다. 타브가치 보둔의 말은 달콤하고 비단은 부드럽다고 한다. 달콤
한 말과 부드러운 비단으로 속여 먼 보둔을 그렇게 가까이 오게 한다고 한다.

---

얀 카간Bayan qaghan'의 음사로 '고귀한 임금'을 의미한다. 이것은 같은 의미를 두 가지로 달
리 기록한 것이다. 그리고 양제煬帝에게도 이와 비슷한 표현을 사용했으며, 당대唐代에도 천
가한天可汗이라는 칭호를 사용해 천자天子를 일컬었다.
227) 『隋書』 권84 「北狄傳」, p. 1873.

가까이 자리 잡은 뒤에 나쁜 생각을 그때서야 한다고 한다. (남:06) 좋고 현명한 사람을, 좋고 용감한 사람을 나아가지 못하게 한다고 한다. 한 사람이 잘못하면 그의 우구쉬(무리), 보둔, 비쉬크(친척)까지 죽이지는 않는다고 한다. 달콤한 말에 부드러운 비단에 속아 투르크 보둔아! 너희는 많이 죽었다. 투르크 보둔아! 너희는 분명히 죽을 것이다. **남쪽에 초가이 산맥, 퇴컬튄 (남:07) 평원에 나는 자리 잡겠어"라고 말한다면 투르크 보둔아! 너희는 분명히 죽을 것이다.** 그곳에서는 나쁜 사람들이 이렇게 일깨운다고 한다. "멀리 있으면 나쁜 비단을 준다. 가까이 있으면 좋은 비단을 준다"라고 일깨운다고 한다. 무지한 사람들아! 너희는 그 말을 믿고 가까이 가서 많은 사람이 죽었다. (남:08) 그곳에 가면 투르크 보둔아! 너희는 죽을 것이다. (강조는 인용자)

이 글은 고비를 건너 중국 장성 인근 지역으로 이주한 다음 불행했던 과거를 회상한 내용으로, 으쉬바라 카간과 일릭 퀸뒤 카간의 연이은 투항과 그 뒤 이들에게 닥쳤던 험난한 과정을 설명한 것이다. 여기서 남쪽에 있는 초가이 산맥과 퇴컬튄 평원은 인산陰山 산맥 지역과 함께 그 남부에 위치한 백도천白道川이라 불리던 초원으로 고비 남부에 있던 유목민의 주요 거주지였다.[228] 이곳에 바로 일릭 퀸뒤 카간이 머물던 대리성이 있었고, 그는 수조의 보호를 받으며 이곳에서 세력을 유지했다. 중국이 물자 지원을 이유로 돌궐을 종속시킨 것은 으쉬바라 카간이 고비를 넘어 남하한 이후 지속되었다. 실제로 일릭 퀸뒤 카간도 수조의 지원을 받아 정권을 성립시켰고, 고비 북방에 위치한 초원의 돌궐 세력이 공격해 와도 자신의 지위를 유지할 수 있었다.

그런데 이것은 일릭 퀸뒤 카간에게는 기회였으나 후손들에게는 결코 유쾌한 경험이 아니었다. 후손인 빌게 카간은 불행한 과거의 역사를 회상

---

228) Károly. Czeglédy, "Čoγai-quzï, Qara-qum, Kök öng", *Acta Orientalia Hungaricae* 15, 1962.

하는 과정에서 중국에 의존한 돌궐의 한계를 지적하며 후손들에게 과거의 전철을 밟으면 안 된다는 교훈을 주려고 했다. 인용문에서 지적한 것처럼, 과거 돌궐은 통상을 통해 국가의 발전을 추구했으므로 중국으로부터 금과 은, 비단 같은 물자를 공급받아야 했다. 하지만 이를 빌미로 중국이 자신들을 유인하고 통제하려고 한다면 절대로 거기에 현혹되어서는 안 된다는 것이 빌게 카간의 가르침이었다. 여기서 중요한 점은 중국의 물자 공급은 받아야 하지만 그렇다고 그들에게 전적으로 의존해 돌궐의 자존이 무너지는 일은 없어야 한다는 것이다.

후대의 평가에서 확인할 수 있듯이, 돌궐에는 부정적일 수도 있었지만 수 문제는 몽골 초원의 강력한 돌궐과 대응하기 위해 일릭 퀸뒤 카간을 계속 지원하고 세력을 회복시키려고 했다. 그러기 위해 601년 안의공주가 죽자 다시 의성공주義成公主를 시집보냈다.[229] 공주와의 결혼을 통해 일릭 퀸뒤 카간이 대외적으로 그의 인정을 받는 유일한 돌궐의 군주임을 보여 준 것이다. 그런데 이는 반대로 자신을 무시했다고 판단한 타르두쉬 카간의 공격이 재개되는 빌미가 되었다.

타르두쉬 카간은 일릭 퀸뒤 카간이 의성공주를 수행하는 사신을 호위하기 위해 1만 명의 군대를 파견하자 10만 명의 기병을 남하시켜 이들을 공격했다. 양측은 항안恒安(지금의 산시성山西省 다퉁시 일대)에서 전투를 벌였는데, 중과부적으로 수조의 군대 절반이 죽거나 다치는 엄청난 패배를 당했다. 이때 일릭 퀸뒤 카간은 그 예하에 있던 곡설과 설薛 등의 부락이 북방으로 원정을 떠나라는 명령에 반발하자 타르두쉬 카간에게 대리성마저 넘겨주고 황허를 건너 오르도스(하남河南)로 내려가야만 했다. 더욱이 그를 추격해온 아물사력阿勿思力이 남녀 6000명과 가축 20만 두를 노획해서 돌아갔다.[230]

---

229) 『隋書』 권84 「北狄傳」, p. 1873.

그러나 601년 12월 말, 영주도 행군원수行軍元帥 양소와 수항사자受降使者 장손성 등이 일릭 퀸뒤 카간과 연합해 타르두쉬 카간을 공격했다. 먼저 연합 부대는 하주夏州(지금의 산시성陝西省 징벤현靖邊縣 북쪽 훙류강紅柳河 유역과 네이몽골 자치구 항긴기杭錦旗, 우선기烏審旗 등지)에서 300여 리를 북상해 아물사력을 공격해서 큰 승리를 거두고 대리성을 다시 획득했다. 그다음으로 수조에서는 602년 초에 금하성金河城과 정양성定襄城을 만들어 일릭 퀸뒤 카간에게 살게 했는데, 정양성은 대리성을 수리해서 개명한 것이었다. 또한 장손성을 좌훈위표기장군左勳衛驃騎將軍으로 삼아 돌궐을 감독하게 함과 동시에 양소를 시켜 세 달에 걸쳐 북벌을 지속하게 해 큰 성과를 거두었다. 이렇게 수 문제는 과거 북위처럼 돌궐에 대한 군사적 공세를 펼쳐 세력을 약화시키는 데 전력을 기울였던 것이다.

수조가 북벌에 성공하자 몽골 초원에서 타르두쉬 카간의 통제하에 있던 투르크계 유목 부락들이 봉기를 일으켰다. 이는 타르두쉬 카간이 패하면서 자신들에 대한 통제가 약화되자 오랜 동원과 착취에서 벗어나려는 것이었다. 이때 타르두쉬 카간은 서돌궐에서 일어난 반발을 진압하기 위해 일릭 카간(Ilig qaghan으로 추정. 이리가한泥利可汗)과 투르크 야브구(Türk yabghu로 추정. 돌육엽호咄陸葉護)를 보냈으나 성공하지 못했다. 오히려 남쪽의 일릭 퀸뒤 카간이 선동하는 데 호응한 투르크계 유목 부락인 이즈길, 복리구伏利具, 훈渾, 사살斛薩, 아즈, 부쿠 등 10여 개 부락이 그에게 항복했다. 이에 타르두쉬 카간은 다시 큰 타격을 입어 칭하이에 있던 토욕혼으로 도망칠 수밖에 없었고, 그 뒤 그의 행적은 확인되지 않았다.[231]

타르두쉬 카간의 몰락은 그가 몽골 초원을 차지했지만 제대로 지배 체제를 갖출 여유를 갖지 못한 상태에서 계속 수조와 대결을 벌이며 종속 집

---

230) 『隋書』 권84 「北狄傳」, pp. 1873~1874.

231) 위와 같음.

단의 이탈을 막지 못한 결과였다. 이로써 603년 급성장했던 타르두쉬 카간의 몰락과 함께 서면兩面, 즉 타르두쉬 세력의 몽골 초원 지배는 완전히 막을 내렸다. 이는 강력한 권위를 갖고 통합된 세계를 유지할 수 있는 주체의 부재로 인해 결국 제국의 완전한 분열로 이어졌다.

이후 타르두쉬 카간이 일시 통일했던 몽골 초원을 비롯한 중앙아시아 초원은 다시금 해체의 길을 걸으면서 한동안 이들을 대체할 세력이 등장하지 못했다. 돌궐의 일시적 통합이 완전히 파탄나자 오히려 몽골 초원 서쪽에서 아파 카간의 아들인 일릭 카간이 이를 대체하려고 했다. 하지만 계승 전쟁에서 패배한 뒤 타르두쉬 카간에게 종속되었던 일릭 카간은 그를 대체할 정도로 성장하지 못하고, 다만 중가리아를 중심으로 한 세력에 머물렀다. 따라서 다시는 초원 전체를 아우를 만큼 강력한 대카간의 권위가 회복되지 못했다.

유일하게 이를 대체할 수 있었던 일릭 퀸뒤 카간은 이미 중국에 지나치게 의존하는 존재가 되어버렸다. 수 문제는 그가 다시 돌궐을 통합하는 것을 원하지 않았다. 일릭 퀸뒤 카간은 아사나의 권위가 자연스럽게 약화되고, 제국이 해체되면서 그에게 복속되었던 부락들이 이탈하는 것을 그대로 방치할 수밖에 없었다. 그는 몽골 초원으로의 복귀보다 수조와의 관계를 안정적으로 관리해 여타 세력에 비해 비교 우위를 갖고자 했다. 이로써 이제 돌궐은 수조가 구축한 질서 속에서 하나의 종속 변수로 전락해 그들의 명령에 따라 움직이는 존재로 명맥을 유지할 수밖에 없었다. 제국을 분열로 몰아간 아사나 종실의 갈등과 이어진 내전은 이들의 권위를 크게 약화시켜 새로운 전기가 없으면 재기하기가 어려웠으므로 이들은 새로운 도전을 시작해야만 했다.

먼저 몽골 초원에서 아사나 종실 세력 간의 갈등이 일어났을 때 불거진 예하 종속 집단의 반발을 주도했던 초원의 족속, 즉 '칠뤽 엘'인 투르크계 유목 부락들이 독자 세력화를 시도했다. 기존에 군사력의 중요한 근간이었던 투르크계 유목 부락들은 600년 이후부터 고비 남부에서 일릭 퀸뒤 카간의 초무招撫를 받아 타르두쉬 카간의 통제에서 이탈하려는 조짐을 보였고, 603년에 결국 대규모 봉기를 일으켜 타르두쉬 카간의 몰락을 가져왔다. 타르두쉬 카간은 처음에 이런 움직임에 적극 대응했기 때문에 크게 문제가 되지 않다가 결국 이들의 이탈로 엄청난 타격을 입고 몰락할 수밖에 없었다.

수조에서도 초원의 불안정 상태가 계속되는 것을 우려해 이들을 안정시키기 위해 장손성을 일릭 퀸뒤 카간에게 보내 남하한 부락들을 고비 입구(磧口)에 살게 했을 뿐 다른 조치를 취하지는 못했다.[232] 더욱이 타르두쉬 카간이 몰락한 뒤 이들을 통제하기가 더 어려웠는데, 그를 대체할 유일한 대안이었던 일릭 퀸뒤 카간마저 고비 남부를 무대로 세력을 유지하려고 할 뿐 이들에 대한 강력한 통제 내지는 귀환을 시도하지 않았기 때문이다. 이 무렵 일릭 퀸뒤 카간도 고비를 넘어 초원으로 복귀할 의사가 없었고, 수조 역시 이를 통해 초원에 더 이상 문제가 발생하지 않는 정도로 상황을 마무리하려고 했다. 이것은 몽골 초원의 여러 투르크계 부락에 새로운 기회가 아닐 수 없었다.

또한 동돌궐과 서돌궐 사이에 위치한 알타이 산맥 서남부의 중가리아에서도 투르크계 유목 부락들의 세력화가 본격적으로 나타났다. 601년 일릭 카간은 이미 설연타薛延陀가 주축을 이룬 투르크계 부락의 도전을 받아 패배한 적이 있었고, 그 뒤 604년에 일릭 카간이 사망한 것도 이들과의 전투에서 패배한 사실과 관련이 있다. 그를 이어 즉위한 일릭 초르 카간(Ilig Čor Qaghan으로 추정. 이리처라가한泥利處羅可汗, 재위 604~610) 역시 계속 투르크세 유목 부락들의 도전을 받아야 했다. 이후 일릭 초르 카간이 세력을 확대하려고 계필契苾 등의 부락에 과도한 부세賦稅를 부과하면서

---

232) 『隋書』 권67 「裴矩傳」, p. 1578.

부세를 내지 않는 부락을 약탈하자, 605년 이오 서쪽에 거주하던 계필이 반기를 들었다. 일릭 초르 카간은 이에 적극 대응해 군대를 파견했지만 진압에 실패하면서 중가리아에 대한 통제력을 완전히 상실했다. 반대로 이 일은 계필의 독자적인 세력화를 가능하게 했다.[233]

일릭 초르 카간을 밀어낸 아크 탁(백산白山) 주변의 계필과 알타이 서남부에 있던 설연타는 계필 추장 계필가릉契苾哥楞을 베젠 바가 카간(Bezen Bagha qaghan으로 추정. 이물진막하가한易勿眞莫何可汗)으로 추대하고 탐한산貪汗山(톈산 산맥 동쪽 줄기에 있는 최고봉 보그도 울라) 주변을 근거지로 삼아 국가 건설을 선언했다. 설연타의 추장 일테베르(Ilteber로 추정. 을실발乙失鉢) 역시 아즈 카간(Az qaghan으로 추정. 야질소가한也咥小可汗)이라고 칭하고 연말산燕末山(지금의 신장위구르 자치구 타청塔城 부근) 북쪽 지역에 근거지를 두었다.[234] 계필가릉이 초원의 황금씨족으로 자리매김했던 아사나의 권위를 무시하고 카간을 칭한 것은 돌궐의 분열과 아사나의 권위 추락을 보여주는 중요한 상징적 사건이었다. 이는 반대로 아사나의 원주지라고 할 수 있는 중가리아를 중심으로 한 오아시스 주변 지역에 대한 돌궐의 지배력이 약화되었음을 단적으로 보여주기에 충분했다.

이후 베젠 바가 카간은 돌궐을 대체하고 이오, 고창, 언기 같은 지역을 모두 영향권 아래 두었다. 이들을 통제하기 위해 고창 등지에서 관리를 파견해 왕래하는 상인들로부터 부세賦稅를 거두어들이는 등 그때까지 돌궐이 장악했던 통상권을 확보했다.[235] 비록 과거 통일 체제에 주었던 만큼 이익을 주는 것이 아니라 성장에 제한이 있었지만, 신생 계필국은 동서 교역로를 장악한 새로운 세력으로 자리매김할 수 있었다. 이는 돌궐 유목제국이 분열한 최종 결과로서 돌궐의 교역망이 완전히 붕괴되었음을 보여주

233) 『隋書』 권84 「北狄傳」, p. 1876.

234) 『新唐書』 권217下 「回鶻傳」 下, p. 6134.

235) 『隋書』 권84 「北狄傳」, p. 1880.

〈그림 18〉계필-설연타국의 영역

었다. 유라시아 대륙 중앙부에 위치한 초원의 통합이 무너지고 할거 국면이 전개되면서 교역을 지향했던 돌궐 체제는 완전히 해체될 수밖에 없었던 것이다.

한편 계필국이 성립됨으로써 일릭 초르 카간은 서방으로 밀려나 재기하기 어렵게 되었으며, 고비 남부의 일릭 퀸뒤 카간 역시 양제煬帝(569~618, 재위 604~618)가 즉위한 뒤에 상황이 더욱 어려워졌다. 그는 양제가 즉위한 직후 영주를 약탈한 거란을 기병 2만을 이끌고 공격해 남녀 4만을 획득했으며, 그중 여자와 가축의 절반을 차지하는 등 용병 역할을 했다.[236] 이는 수조와의 관계를 긴밀하게 유지하면서 다른 족속을 약탈함으로써 경제적 이익을 얻어낸 것이었다. 또한 일릭 초르 카간이 수조의 번병으로서 그 역할을 충실하게 했다는 점을 보여주는 것으로, 그는 이를 바탕으로

---

236) 『舊唐書』 권75 「韋雲起傳」, p. 2631.

세력을 성장시킬 수 있는 기반을 마련했다.

하지만 이런 역할에도 불구하고 일릭 퀸뒤 카간은 양제가 즉위하는 과정에서 벌어진 계승 분쟁에 휘말리며 견제 대상이 되었다. 왜냐하면 604년 수 문제가 사망한 뒤 양제가 등극하는 데 반기를 들었던 한왕 양량이 일릭 퀸뒤 카간에게 사신을 보내 도움을 청했다가 패배했으며, 그의 모주謀主였던 왕힐王頡마저 돌궐로 투항하려다가 사로잡혔기 때문이다. 또한 605년 계필과 설연타 등이 일릭 초르 카간에게 반기를 들고 세력화하는 과정에서 많은 투르크계 유목 부락들이 일릭 퀸뒤 카간에게 투항하자 양제는 그가 혹시 크게 성장할까 봐 우려했다. 따라서 일릭 퀸뒤 카간은 고비 남부를 벗어나 세력을 확보하기 위해 몽골 초원으로의 복귀를 쉽게 추진할 수 없었다.

그때까지 수 문제는 전국을 통일하고 체제를 안정시키기 위해 돌궐이 비록 오랑캐지만 이들을 포섭해 장성 내에 머물게 하면서 외부 세력을 견제하는 데 이용하려고 했다. 하지만 양제는 이미 통일 체제가 안정된 상태에서 오랑캐인 돌궐은 외연으로 포괄해야 할 대상이라고 보고 장성 밖으로 내보내려고 했다. 그 역시 일릭 퀸뒤 카간에 대한 지원을 멈춘 것은 아니었지만, 지원보다 견제가 필요하다는 인식을 강하게 갖고 있었다. 실제로 양제는 606년 일릭 퀸뒤 카간에게 류건지柳謇之를 보내 장성 밖으로 이주하라고 명령했다.[237] 이것은 이제까지와 달리 장성 이남의 비옥한 초지인 정양定襄과 마읍 일대에서 목축을 못 하게 하는 조치로 돌궐에 심각한 타격을 줄 수 있었다.

이런 상황 변화에 맞춰 일릭 퀸뒤 카간은 심각한 위기의식을 느끼고 그해 7월 낙양을 직접 방문해 진정을 했다. 이에 양제는 성대한 연회를 열어주었을 뿐 받아주지는 않았다. 그러자 607년 정월 일릭 퀸뒤 카간은 다시

---

237) 『隋書』 권47 「柳謇之傳」, p. 1275.

모든 신하를 거느리고 입조해 "옷을 바꾸어 입고 관대冠帶를 매겠습니다" 라고 말하며 철회를 간청했다. 이것 또한 양제가 묵살하자 다음 날 돌궐에 서 온 일행은 모두 옷을 바꾸어 입고 다시 입조했다.[238] 그는 심지어 자신 들의 습속을 버리고 수조에 완전히 동화되어도 상관없다는 의사를 표현 하면서까지 장성 안에 머물기를 원했다. 즉 일릭 퀸뒤 카간은 내지에 들어 와 있던 자신이 오랑캐가 아니라 통일 체제 내의 일원으로 '수나라의 백 성(隋民)'이 되겠다는 강력한 의지를 보여 양제의 생각을 바꾸려고 할 만 큼 당시 몹시 다급했던 것이다.

양제는 일릭 퀸뒤 카간이 이런 모습을 보인 것이 그 자신의 이익을 지키 기 위한 불가피한 행동이라는 것을 알면서도 할 수 없이 그의 요구를 받아 주었다.[239] 그리고 11월에 류건지 등이 또다시 일릭 퀸뒤 카간을 장성 밖 으로 내치자고 주장하자 받아들이지 않았다.[240] 하지만 돌궐을 그대로 방 치하지 않고 양제 자신이 구축하고자 하는 체제 질서 속에 집어넣기 위한 행동을 직접 보여주었다. 이것은 바로 전격적인 북방 순행(北巡)을 추진한 일이었다. 이런 양제의 결정은 일릭 퀸뒤 카간에게 기회이자 위기일 수 있 었다. 양제의 마음에 들어 확실한 지원을 얻어낸다면 자신이 대카간으로 복귀할 수도 있었다. 하지만 반대로 위협의 대상으로 느껴 지원을 중단하 고 강한 견제를 받을 수도 있었다.

한편 양제도 서위, 북주 이래 주요 현안이었던 돌궐을 무너뜨리고 이들 을 안정적으로 통제한다는 사실을 대내외적으로 보여 자신의 위상을 자 랑하고자 했다. 양제는 이를 구체화하기 위해 607년 3월 낙양에서 장안으 로 되돌아가 율령을 반포하고 도량형을 교체했으며, 주를 군으로 바꾸고, 관내 지역의 민심을 안정시키기 위해 3년간 부세 면제, 과거제도 실시 등

---

238) 『隋書』 권15 「音樂志」, p. 381.

239) 『資治通鑑』 권180 煬帝 大業 3년(607) 조, p. 5627.

240) 『隋書』 권15 「音樂志」, p. 381.

을 명령했다.[241] 이는 대내적 안정 기반을 확보하려는 것으로 북순北巡을 위한 준비 과정의 하나였다.

양제는 이 일을 마무리한 다음 4월 18일 약 50만 명에 이르는 대군을 이끌고 장안을 출발해 북상했다. 이런 대규모 순행 행렬은 군사적 시위를 통해 돌궐을 제압하려는 이른바 '군사 퍼레이드(진병요무陳兵耀武)'로, 자신의 위상을 과시하려는 의도였다.[242] 이것은 이미 양제가 낙양洛陽과 강도江都로 이어지는 어마어마한 규모의 남순南巡을 통해 자신의 위상을 자랑한 것과도 맥을 같이했다.[243]

양제의 이런 의도를 알고 있던 일릭 퀸뒤 카간은 양제가 순행에 앞서 장손성을 보내자 5월 9일에 아들 초르 테긴(Chor tegin으로 추정. 척특근拓特勤)을, 18일에 빌게 테긴(Bilge tegin으로 추정. 비려가특근毗黎伽特勤)을, 그리고 23일에 사신을 다시 보내 장성을 넘어오는 어가御駕를 맞겠다는 의사를 전했다. 이와 같이 일릭 퀸뒤 카간이 환심을 얻기 위해 노력을 벌였지만, 양제는 자신의 의지대로 모든 일을 추진하려고 했기 때문에 이를 받아들이지 않았다. 양제는 타이항산太行山(지금의 산시성山西省, 허베이성, 베이징시, 허난성河南省에 걸쳐 있는 산맥)에서 병주幷州에 이르는 치도馳道를 건설하게 한 다음 6월 4일에 연곡連谷에서 사냥을 했다.[244] 이는 유사시에 사용할 수 있는 군사 이동로를 건설하는 데 관심을 갖고 있었음을 보여준다. 즉 돌궐을 비롯해 북방에 문제가 생겼을 때 신속하게 군사를 배치하려고 했던 것이다.

그 뒤 6월 11일에 유림楡林(지금의 네이몽골 자치구 후흐호트시呼和浩特市 서부와 톡토흐현托克托縣 지역)에 도착한 양제가 행궁을 건설하게 하자,

---

241) 『隋書』 권3 「煬帝紀」 上, p. 67.
242) 『資治通鑑』 권180 煬帝 大業 3년(607) 조, p. 5631.
243) 정재훈, 「隋 煬帝(604~617)의 對外政策과 天下 巡行」, 『中國史硏究』 30, 중국사학회, 2004.
244) 『隋書』 권3 「煬帝紀」 上, p. 68.

20일에 일릭 퀸뒤 카간과 의성공주 일행이 이곳에 와서 조공을 했다. 일릭 퀸뒤 카간은 과거 수 문제 시기에 자신이 도움을 받아 세력을 회복한 것을 떠올리며, 양제의 신민臣民으로서 역할을 다할 것을 다음과 같이 맹세했다.

일찍이 성인이신 이전의 황제 바얀 카간聖人先帝莫緣可汗(수 문제를 가리킴)께서 살아 계시던 시절에 소신을 불쌍하게 여겨 소신에게 안의공주와 각종 다양한 물자를 부족하거나 모자람 없이 내려주셨습니다. 소신의 족속은 성인이신 이전의 황제 폐하의 사랑과 양육을 받았는데, 소신의 형제들이 이를 시기하고 미워해 모두 소신을 죽이려고 하여 소신이 그 무렵 갈 곳이 없었습니다. 위로는 단지 하늘만 쳐다볼 수밖에 없고, 아래로는 단지 땅만 쳐다볼 수밖에 없었는데, 성인이신 이전의 황제〔바얀 카간 폐하〕의 말씀을 떠올리며 목숨을 걸고 도망쳐 왔습니다. **성인이신 이전의 황제〔바얀 카간 폐하〕께서는 소신을 보시고 소신을 크게 불쌍히 여겨 죽을 목숨을 보살펴 살피시고 이전보다 나아지게 해주셨을 뿐만 아니라 소신을 다시 보내 대카간의 자리에 앉게 해주셨습니다.** 그 돌궐 백성들도 죽은 사람만 제외하고 다시 모여 백성이 되도록 하셨습니다.

지존께서도 지금 다시 이전의 황제 폐하처럼 천하 사방의 대권을 잡으셨습니다. 다시 소신과 돌궐 백성을 보살펴 살 수 있게 해주시는 데 정말로 부족하거나 모자람이 없으십니다. 소신이 지금 성인〔이신 이전의 황제 폐하〕와 지존께서 저희를 키우고 살려주신 것을 떠올리면 감사함을 모두 다 아뢸 수 없을 뿐만 아니라 지존의 성스런 마음속에 있〔는 것 역시 모두를 아뢸 수는 없〕습니다. **소신은 이제 지난날 변경 땅에 살던 돌궐 카간이 아닙니다. 소신은 바로 지존의 신민입니다. 지존께서 이렇게 소신을 가엾게 여기시니 대국의 복식과 법을 받아들여 중국과 똑같아지고자 합니다.** 소신이 지금 부락을 이끌고 감히 황제 폐하께 청하여 하늘과 같은 사랑을 엎드려 바라오니 이런 요청을 물리치지 말아주십시오.[245] (강조는 인용자)

이것은 양제가 장성 이북으로 나가라고 한 조치를 철회시키기 위한 노력의 일환이었다.[246] 일릭 퀸뒤 카간이 이렇게 양제를 설득한 것은 돌궐제국의 해체와 내분 속에서 자신이 수 문제의 지원을 받아 재기할 수 있었음을 강조하며, 이를 유지하기 위해 내지에 머물러야 한다는 점을 설명하기 위함이었다. 당시 초원이 분절화된 상황에서 수조로부터 권위를 보장받아 재확립하기 위한 노력이기도 했다. 당시 일릭 퀸뒤 카간에게는 중국 중심 질서에 편입되는 것이 선택할 수 있는 유일한 대안이었고, 이탈은 전혀 고려할 수 없었다. 양제 시기에 수조는 이미 돌궐이 범할 수 없을 만큼의 절대적 존재로 자리매김했기 때문에 일릭 퀸뒤 카간은 더욱더 그 질서 속에 남아 있으려고 했던 것이다.

공경公卿들의 반대 주청을 받아들인 양제 역시 이를 원치 않았기 때문에 다음과 같은 조서를 내려 거부했다.

선왕께서 나라를 세우셨을 때 오랑캐와 중국은 풍속이 달랐고, 군자가 백성을 가르칠 때 그 나름의 풍속을 바꾸려고 하지 않으셨다. 백월이 머리카락을 자르고 몸에 문신을 하는 것은 모두 그들의 성정에 편안한 것이고, **북방 오랑캐의 갖옷이나 남방 오랑캐의 풀로 지은 옷도 각자에게 마땅함을 숭상한 것이니, 이에 따**

---

245) 『隋書』 권84 「北狄傳」, p. 1974. 일릭 퀸뒤 카간이 양제煬帝에게 올린 상표문上表文의 형식과 내용에 대해서는 모리 마사오(護雅夫, 「突厥の啓民可汗の上表文の文章」, 앞의 책, 1967, pp. 441~476)의 연구 참조.

246) 기존의 연구에서 양제가 일릭 퀸뒤 카간이 복식을 바꿀 정도로 강력하게 중국에 들어가려고 한 요청을 받아들이지 않은 것이 대외 정책의 실패 원인은 아니었다고 평가했다(徐杰舜·韋日科, 『中國民族政策史鑑』, 桂林: 廣西人民出版社, 1992, pp. 165~173; 肯之興, 「隋唐兩朝對北方少數民族的政策」, 『中國歷代民族政策研究』, 西寧: 靑海人民出版社, 1993, pp. 121~124·152~160). 이것은 화이무격華夷無隔이라는 개명적 대외 정책이 궁극적으로 성공을 가져오게 했다는 현재 중국 정부의 정치적 입장에 따른 평가였다. 하지만 양제의 돌궐 정책은 이들을 장성長城 밖으로 밀어냄으로써 천하를 안정시키는 데 중요한 목적을 두었다고 평가할 수 있다.

라 이익이 되게 한다면 큰 도리가 널리 퍼지는 것이다. 여러 족속의 옷고름을 떼내도록 하고 고삐로 긴 갓끈을 삼도록 할 필요가 없는 것이 성정의 지극한 이치를 다하도록 하는 것이니 어찌 두루 아우를 수 있는 원대한 계획이 아니겠는가? 의복(과 같은 예의)이 달라 요복要服과 황복荒服의 순서가 정해진 것이고, 뭇 종족을 구별함으로써 천지의 성정이 드러날 수 있게 할 것이다. **고비 북쪽이 아직 안정되지 않아 모름지기 원정을 벌여 싸워야만 하니, 좋은 마음과 효순한 태도를 가지면 될 뿐 어찌 의복까지 꼭 바꾸게 할 필요가 있겠는가?**[247] (강조는 인용자)

양제는 이와 같이 돌궐을 오랑캐로 규정하고 이들이 지금 잠시 중국에 들어와 있을 뿐 원래 자신과 이들은 다르다는 분명한 인식을 보여주며, 다만 향후 이들이 중국을 위해 싸워줄 정도의 존재로 만족하기를 희망했다. 이와 함께 자신이 세계 질서의 중심에 있다는 점을 보여주어 돌궐을 위압하려고 했다. 이것이 북순의 목적이었는데, 이를 위해 유림성 동쪽의 초지에 1000여 명이 들어갈 만한 커다란 천막을 세웠다. 양제는 이를 통해 돌궐과 비교할 수 없는 권위를 실감하게 하려고 하면서도 다른 한편으로 돌궐을 포섭하기 위해 7월 7일에 이곳에서 연회를 베풀고 일릭 퀸뒤 카간에게 다음과 같은 조서를 내려 위무했다.

돌궐의 일릭 퀸뒤 카간도 품은 뜻이 깊고 굳세 대대로 번의 신하로서 임무를 잘 수행했다. 이전에 몸을 던져 어려움을 벗어나고자 발 벗고 어진 임금께 귀순하니 돌아가신 황제께서 이런 충성스러움을 가상히 여겨 봉호를 내려주셨다. 그의 싸울 수 있는 백성을 도와주었고, 패하고 망한 나머지를 거두어들이게 했으며, 망해버린 나라를 다시 나스릴 수 있게 해 잃은 땅에서 끊어진 것을 잇게 했다. 이는 진실로 고루 베풀어 자랄 수 있게 함으로써 요복과 황복까지도 은택恩澤이 점

247) 『隋書』 권84 「北狄傳」, p. 1974.

차 미치게 한 것이도다. 짐은 덕이 모자라지만 영령의 명령을 삼가 받들어 큰 생각을 멀리까지 퍼프려 후대까지도 밝게 빛나게 하고자 몸소 황량한 들판까지 순행을 해 귀순한 번속을 안무按撫하고 있다. 일릭 퀸뒤 카간이 성실한 마음을 깊게 나타내며 들어와 받들어 알현하고 그의 종족과 부락을 이끌고 조정에 머리를 조아리는데, 말과 생각이 성의가 있고 간절함을 진실로 가상하게 여긴다. 마땅히 그 영예를 높여주어, 형식을 일반 관례보다 우대해야 할 것이다. 좋은 수레, 말, 북과 나팔, 기치旗幟 등을 그에게 내려주며 천자를 배알할 때도 자신의 이름을 말할 필요 없고 그의 지위 역시 다른 제후나 왕 위에 둘 수 있도록 하라.[248] (강조는 인용자)

이상의 내용은 양제가 자신이 북순한 이유를 밝히면서 일릭 퀸뒤 카간이 번신으로서의 역할을 충실하게 계속 해줄 것을 요구한 것이다. 그는 일릭 퀸뒤 카간에게 제후나 왕보다 높은 번군藩君의 지위를 주고 수령首領 3500명에게 재물 30만 단을 내려주는 등 우대했다. 이것만 보면 양제가 일릭 퀸뒤 카간을 인정하고 그를 우대하며 고비 남부에 남게 한 것처럼 보이지만, 실제는 이와 달랐다. 왜냐하면 양제가 이후에 바로 장성을 중심으로 한 방어 체계를 확립하려고 했기 때문이다. 양제는 7월 29일에 장정 100만여 명을 징발해 유림 동쪽에 장성을 쌓았다.[249] 이것은 양제가 주변의 위협을 위무慰撫를 통해 안정시킴과 동시에 미구未久에 있을 위협에 대비해 장성을 중심으로 한 방어 체계를 공고히 함으로써 통일 체제의 안정성을 확보해 잠재적 위협 세력인 돌궐을 장성 밖으로 몰아내려던 생각을 여전히 갖고 있었음을 보여준다.

여기서 더 나아가 8월 9일에 유림을 출발해 일릭 퀸뒤 카간의 아장이

---

248) 앞의 책, p. 1975.
249) 『資治通鑑』 권180 煬帝 大業 3년(607) 조, p. 5632.

있는 대리성까지 북상한 양제는 직접 초원의 유목 부락들도 위무했다. 거기서 돌궐의 통제를 받던 거란, 실위, 습, 해 등 동부 몽골에 있던 부락의 수령들마저 접견했다. 이와 함께 양제는 일릭 퀸뒤 카간을 방문해서 그곳에 머물고 있던 고구려 사신도 만났다. 이때 일릭 퀸뒤 카간이 양제에게 고구려 사신을 소개한 것은 자신의 충성스러움을 보인 것이었다.

하지만 양국의 비밀 교섭에 크게 화가 난 양제는 고구려 사신에게 다음 해에 자신이 탁군涿郡(지금의 베이징시 남부 일대)으로 순행할 때 왕이 직접 입조할 것을 명령했다.[250] 이 사건은 일릭 퀸뒤 카간을 우대해 통제하려고 했던 양제에게 큰 충격을 주었다고 평가되었다.[251] 결국 돌궐에 대한 지원을 약속한 상태에서 생각을 바꿔 이전처럼 돌궐을 견제할 필요성을 강하게 심어주기에 충분했던 것이다.

먼저 양제는 몽골 초원 동부에 있던 거란, 해, 습, 실위 같은 부락의 추장 10여 명이 일릭 퀸뒤 카간에게는 칭신稱臣하면서 실제로 국제 질서를 주도하는 절대적 존재인 자신에게 입조하지 않은 것을 불쾌하게 여겼다. 그는 돌궐이 이처럼 동부의 세력을 통제하면 자신이 구상하는 국제 질서가 제대로 확립될 수 없을 것이라고 우려했다. 또 고구려가 사신을 보내 비밀 교섭을 벌여 수조를 견제하려고 한 것도 이들을 의심할 수밖에 없게 만들었다. 따라서 이후 양제는 북순 과정에서 일시 돌궐을 지원하겠다고 말하기도 했지만, 바로 견제로 태도를 바꿨던 것이다.

또한 양제는 서둘러 귀환하기 위해 마읍을 통해 장성을 넘어 남하한 다음, 17일에 누번관樓煩關(지금의 닝우관甯武關. 산시성山西省 닝우현甯武縣에 위치)을 거쳐 태원太原에 도착해서 진양궁晉陽宮을 건설하게 했다.[252] 이는

250) 『隋書』 권84 「北狄傳」, p. 1975.
251) 菊池英夫, 「隋朝の對高句麗戰爭の發端について」, 『中央大學アジア史研究』 16, 中央大學校東洋史學研究室, 1992.
252) 『隋書』 권3 「煬帝紀」 上, p. 70.

장성 이남을 전담해서 방어할 근거지를 확보한 것이었는데, 이후 당대에
도 이곳에 태원부太原府가 설치되어 북방 방어의 전진 기지가 되었다.[253]
그 뒤 양제가 태원을 떠나 태항산을 거쳐 9월 23일 동도 낙양으로 귀환함
으로써 북순은 종결되었다.[254] 이상과 같이 진행된 양제의 1차 북순은 표
면적으로는 장성의 방어선 구축과 돌궐 위무라는 두 가지 목적을 이루었
다. 하지만 가상의 적인 돌궐이 성장하고 있다는 사실을 확인함으로써 이
에 대한 새로운 견제의 필요성을 환기시켰다.

이에 양제는 돌궐 세력이 서서히 강화되고 있다는 것을 직접 확인하고
이에 대한 방어책을 치밀하게 준비하려고 했다. 이것은 통일 체제를 유지
하는 데 가장 중요한 현안이 바로 돌궐을 자신의 의지대로 통제하는 것이
라는 판단에 기초한 것이었다. 따라서 양제는 여전히 현안이라고 판단한
돌궐 문제를 처리하기 위해 608년 3월 또다시 북순을 시도했다. 즉 1차 북
순에도 불구하고 돌궐 문제가 아직 해결되지 않았다고 인식해 대외 문제
해결의 전제로서 돌궐의 안돈安頓을 중요하게 여겼던 것이다.

양제는 2차 북순을 위해 1차 때와 달리 낙양에서 바로 북상해 3월에 태
원을 지나 그 북방에 누번군을 설치하고 분양궁汾陽宮을 건설했다. 동시에
일릭 퀸뒤 카간을 위무하는 조칙과 함께 7월 10일 정남丁男 20만 명을 징
발해 장성을 수축했다. 이때 유림 동쪽에 있는 유곡楡谷에서 동으로 새롭
게 장성을 축조했는데,[255] 이것은 돌궐을 장성 이북에 살게 하기 위한 준비
였다. 하지만 두 차례의 북순에도 불구하고 양제의 대책은 미봉에 그치며
별다른 성과를 거두지 못했다. 왜냐하면 이것은 돌궐의 요구를 그대로 받

---

253) 태원太原은 수대隋代만이 아니라 당대唐代에도 돌궐을 상대하기 위한 가장 중요한 거점으
　　　로 개발되었다(최재영,「唐 前期 三府의 정책과 그 성격: 唐朝의 京畿强化策과 관련하여」,
　　　『東洋史學研究』77, 동양사학회, 2002, p. 67).

254)『隋書』권3「煬帝紀」上, p. 70.

255)『資治通鑑』권180 煬帝 大業 3년(607) 조, p. 5641.

아들여주는 데 그쳤기 때문이다.

한편 돌궐도 자신들의 이익을 확보하기 위해 수조와의 관계를 유지하는 상태에서 두 차례의 북순을 통해 양제가 자신들이 원하는 만큼의 지원보다는 견제에 무게를 두었다고 여겨 불만을 갖기 시작했다. 또 양제가 방어시설을 지속적으로 확충하고 보수한 것은 그들에게 결코 달가운 일이 아니었다. 아울러 608년 위운기韋雲起가 일릭 퀸뒤 카간의 통제하에 있던 거란을 원정할 때 자신들을 군사적으로 동원한 것 역시 결코 도움이 되지 않았다.[256] 그럼에도 일릭 퀸뒤 카간은 한편으로 자신의 세력을 확대하면서도 여전히 양제에게 굴종적 자세를 유지하려고 했다. 왜냐하면 당시 돌궐은 수조에 종속된 변수임을 자임하고 이를 유지하는 것이 더 이익이었기 때문이다.

하지만 이후 일릭 퀸뒤 카간이 더 큰 불만을 갖게 된 것은 양제의 옥죄기가 심해졌기 때문이다. 당시 대외 정책을 입안했던 배구裴矩는 돌궐과 관련해 분절화되어가던 유목 세계를 더욱 분열시킴으로써 개별 세력의 성장을 억제하는 대책을 제시했다. 이는 돌궐의 성장에 긴장한 양제가 이들에 대한 통제가 바로 수조의 안전을 담보한다고 인식한 것과 맥을 같이했다. 배구가 지은 『서역도기西域圖記』의 서문을 보면, 이른바 서역에 영향력을 행사하는 것이 바로 돌궐과 토욕혼을 통제하는 일과 연결되었음을 알 수 있다.

황제 폐하께서 천명을 받아서 만물을 기르시고 중화와 오랑캐를 가르지 않아 땅에 사는 모든 백성이 사랑해서 돌아오지 않는 것이 없습니다. 바람이 불어 미칠 수 있는 곳과 해가 들어가는 곳으로 직공이 모두 통하니 멀어서 이르지 못하는 곳이 없습니다. 소신이 이미 어루만져 거두어들이고 관시關市를 살펴

---

256)『舊唐書』권75「韋雲起傳」, p. 2631.

고 알아차린 것을 바로 책 속에 전하는 것을 따지며 소그드인胡人들을 찾아가 얻었으며 혹시 의심적은 것이 있으면 바로 여러 사람의 의견을 구했습니다. 그 나라의 복식과 모양새에 따라 왕에서 서민까지 각자의 얼굴 생김과 모습을 나타나도록 색깔로 비슷하게 그려서『서역도기』를 만드니 모두 세 권이 되었고, 합쳐서 마흔네 나라입니다. 아울러 달리 지도를 만들어서 그 군사적 요새 등을 나타냈습니다. 서경西頃에서 시작되어 북해北海의 남쪽에 이르기까지 가로와 세로로 통하는 거리가 2만 리가 됩니다. 정말로 부유한 상인들이 돌아 다니며 거쳐갔기 때문에 여러 나라의 일을 모두 치우치지 않게 알 수 있었습니다. …… (중략) …… 국가의 위엄과 덕, 그리고 장군과 병사들의 용맹하고 사내다움이 몽사지濛汜池를 건너 기치를 흩날리고 곤륜산崑崙山을 넘어 말을 달릴 수 있는 것은 손바닥을 뒤집는 것처럼 쉬워 어디를 가도 이르지 못하는 곳이 없습니다.

**그러나 돌궐과 토욕혼이 강과 호의 나라들을 나누어 다스리고 그들을 품고 있어서 조공이 통할 수 없습니다. 하지만 지금 상인들이 몰래 정성스런 마음을 보내오면서 목을 늘이고 머리를 빼서 신첩臣妾이 되기를 원하고 있습니다. 황제의 마음이 그들을 품어 키워주고자 하시고 은혜가 온 천지에 넘치니 따르면 어루만져주시고 힘써 살고 자 하면 편안하게 잡아주십니다. 그런 까닭에 중국이 사신을 보내면 군대를 움직이 지 않아도 여러 오랑캐가 따르게 되어 토욕혼과 돌궐을 없앨 수 있습니다. 오랑캐와 중국이 하나가 될 수 있는 방법이 바로 여기에 있습니다.** 이렇게 기록하는 것만으 로도 황제의 위엄과 교화가 멀리까지 드러날 것입니다.[257] (강조는 인용자)

배구는 향후 자신들에게 복속되어야 할 땅이라고 인식하던 서역과의 교통이 제대로 이루어지지 못한 원인이 돌궐과 토욕혼의 방해 때문이라 고 진단했다. 그리고 이들과 통교通交를 하면 자연스럽게 돌궐과 토욕혼

---

257) 『隋書』 권67 「裴矩傳」, pp. 1578~1580.

을 무너뜨릴 수 있다고 했다. 이것은 지금까지 돌궐이 독점하던 교역 체제를 수조를 중심으로 재편하려는 노력이었다. 따라서 양제는 중국으로 연결되는 새로운 교통로를 확보해 돌궐 또는 토욕혼과 연계가 없어 동서 교역에서 소외되었던 서방의 오아시스와 교통함으로써 돌궐이 주도하던 교역 체제를 손질하려고 했다. 이는 결국 한 무제의 서역 개척과 후한 시대에 반초班超(32~102)가 서역 경영을 통해 흉노의 한쪽 팔을 잘라 흉노를 약화시키려고 했던 것과 맥을 같이했다.[258]

당시 양제에게 귀순해 통제를 받던 동돌궐과 달리 토욕혼은 북조 이래 칭하이 지역을 중심으로 독자적인 세력을 유지하고 있었다. 이들은 자신에게 유리하면 중국에 조공을 했다가도 불리하면 주변과 연합해 중국으로 이어지는 동서 교역로를 가로막는 등 골칫거리였다.[259] 따라서 중국의 입장에서는 하서회랑을 통해 중국으로 오는 길목을 장악한 토욕혼을 무너뜨려야만 오아시스에 대한 통제와 나아가 돌궐에 대한 견제까지 동시에 해낼 수 있었다. 또한 일릭 퀸뒤 카간이 토욕혼과 혼인 관계를 맺는 등 두 세력이 우호적이라는 점 역시 견제의 필요성을 강화시킬 수밖에 없었다.[260] 이것은 자신이 원하는 것을 한꺼번에 해결할 수 있는 방법, 즉 양제의 역사상 전무후무한 서방 순행의 현실화로 이어졌다.

이를 통해 양제는 중국을 제외한 모든 오랑캐가 자신이 개최한 모임에 참가하게 만들어 자신이 유일한 지배자로 인정받고, 통일 군주로서 위세를 드날리려고 했다.[261] 이로 인해 실제 교역이 빈번해져 교통로에 있는 군현에서 많은 비용을 씀에 따라 큰 폐해가 발생했는데도 결코 포기하려고

---

258) 『後漢書』 권47 「班超傳」, p.1575.
259) 『隋書』 권67 「裴矩傳」, p. 1580; 伊瀨仙太郎, 『中國西域經營史硏究』, 東京: 巖南堂書店, 1955, p. 157.
260) 『隋書』 권84 「北狄傳」, p. 1877.
261) 吳玉貴, 『突厥汗國與隋唐關係史硏究』, 北京: 中國社會科學出版社, 1998, p. 123.

하지 않았다.[262] 토욕혼의 제압은 동돌궐의 일릭 퀼뒤 카간만이 아니라 이와 경쟁 관계에 있던 서돌궐의 일릭 초르 카간, 그리고 계필국의 베젠 바가 카간 등에 대해서도 영향력을 확대하려는 의도와 연관이 있다.

당시 서돌궐의 일릭 초르 카간은 605년 베젠 바가 카간에게 패배해 몽골 초원에서 쫓겨나 중가리아의 일리강 유역으로 밀려나 있었다. 그는 지금의 타슈켄트 북방에 있는 오아시스와 쿠차를 중심으로 한 주변 지역을 관할하기 위해 두 명의 소카간을 두어 예하 부락들을 안정시키고 재기를 노렸다. 하지만 당시 그의 지배 영역은 과거 몽골 초원에서 알타이 산맥 주변 초원, 텐산 산맥의 오아시스 대부분, 그리고 소그디아나의 오아시스에 이르는 거대한 판도를 차지했던 것에 비하면 크게 위축되어 있었다.

양제는 이런 그의 처지를 십분 활용해 배후에서 토욕혼에 대한 원정에 참여시키려고 608년 사신을 파견해 칭신과 군사적 협조를 요구했다. 이에 일릭 초르 카간은 떠밀리듯 칭신하기는 했으나 토욕혼에 대한 원정에는 협조하지 않았다.[263] 또한 양제는 계필국의 베젠 바가 카간과도 관계를 개선하려고 했다. 이는 베젠 바가 카간이 607년에 수조의 통제 아래 있던 둔황敦煌의 장성 지역까지 공격하자 장군 풍효자馮孝慈를 보내 격파하는 바람에 나빠진 관계를 개선할 필요가 있었기 때문이다. 베젠 바가 카간이 이후 돌궐과 토욕혼을 제압하기 위한 노력의 일환으로 양제에게 사신을 보내 사죄하며 항복을 하자 받아주었다.

처음에 군사적 도발을 통해 수조와의 교섭에서 우위를 차지하려고 했던 베젠 바가 카간은 이 일로 오히려 관계를 개선해 동돌궐의 일릭 퀼뒤 카간과 서돌궐의 일릭 초르 카간 사이에서 자신의 입지를 강화할 수 있었다. 따라서 그는 여전히 강력한 두 돌궐 사이에서 자신의 이익을 극대화하

---

262) 『資治通鑑』 권181 隋紀 5 煬帝 大業 5년(609) 조, p. 5645.
263) 『隋書』 권84 「北狄傳」, p. 1878.

는 데 꼭 필요한 중요한 물자 공급원인 수조로부터 인정과 지원을 받을 수 있었다. 또한 그는 토욕혼 원정에 참가함으로써 하서회랑을 비롯한 오아시스 지역에서 자신의 입지를 강화했다. 이를 위해 자신에게 온 배구의 말에 따라 직접 군대를 이끌고 토욕혼을 공격해 격파하고, 수조의 적극적인 지원을 얻어내려고 했다. 하지만 수조가 배후의 서돌궐과 교섭해 화의가 이루어지자 위기감을 느끼고 608년 수조의 토욕혼 원정을 적극 지원했다.[264]

이렇게 다양한 주변 세력들을 끌어들인 양제의 토욕혼 순행은 609년 3월에 비로소 시작되었다.[265] 양제는 4월 6일에 고창, 이오와 9일에 적도狄道에서 당항강黨項羌의 조공을 받는 등 토욕혼의 영향력을 거세하고 동서 교역로의 안정을 확보했다. 돌궐을 위압하려고 했던 두 차례에 걸친 북방 순행에서와 마찬가지로 50만 군대의 열병식을 통해 자신의 위세를 과시했다. 이는 발연산拔延山(지금의 마인산馬陰山, 칭하이성青海省 화룽후이족자치현化隆回族自治縣 북부에 위치)에서 했던 몰이사냥을 통한 군사 연습에서 잘 나타났다.

그 뒤 5월 14일에는 장령곡長寧谷(지금의 칭하이성 황수이강湟水 지류支流 북쪽), 16일에는 성령星嶺(지금의 위앤쉬산元朔山, 칭하이성 다퉁회주투주 자치현大通回族土族自治縣 북부), 20일에는 금산金山(지금의 다반산達坂山, 칭하이성 황중현湟中縣 북쪽 시닝시西寧市의 서북쪽)에 이르러 토욕혼의 잔여 세력을 포위해 10만 명 정도를 투항하게 만들었다.[266] 이를 통해 비로소 서방의 네 군인 서해西海, 하원河源, 선선鄯善, 차말且末 등을 차지하고 여기에 4군郡, 8현縣, 진鎮, 수戍 등을 설치해 죄수를 파견했다.[267] 그다음에 토욕

264) 『資治通鑑』 권181 煬帝 大業 4년(608) 조, p. 5641.
265) 『隋書』 권63 「樊子蓋傳」, p. 1490.
266) 劉滿, 「隋煬帝西巡有關地名路線考」, 『敦煌學輯刊』 2010-4.
267) 『隋書』 권24 「食貨志」, p. 687.

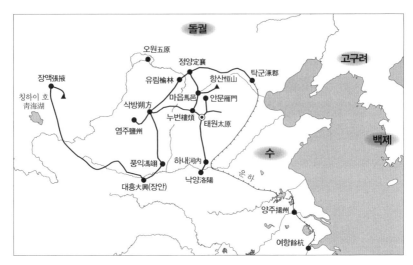

〈그림 19〉 수 양제의 순행도

혼의 잔여 세력을 카간 복윤伏允의 아들 순順을 왕으로 삼아 통솔하게 했
지만 그가 양제의 순행에 참가함에 따라 실제로 영향력을 행사하지는 못
했다.[268] 이렇게 계필국과 수조의 협공을 당한 토욕혼의 카간 복윤은 패배
한 뒤 위기를 모면하기 위해 사신을 보내 항복을 청하기도 했지만, 우문술
宇文述이 계속 추격하자 남방의 설산雪山(히말라야 산맥) 속으로 도망쳐 들
어갔다.[269]

양제는 복윤을 추격하는 데 성공하지는 못했지만 토욕혼을 무력화시켰
을 뿐만 아니라 서돌궐과의 외교적 교섭과 계필국의 원정 등을 끌어냈다.
이와 동시에 단절되었던 오아시스와 하서회랑 주변의 다양한 족속들을
아우르는 성과를 거두었다. 이렇게 토욕혼을 무너뜨린 양제는 본래의 목
표였던 하서로 가기 위해 치롄 산맥祁連山脈을 넘어 장액張掖에 도착했다.

---

268) 『隋書』 권83 「西域傳」, p. 1845.
269) 위와 같음.

양제는 이곳에 행궁을 설치하고 조공하러 온 고창왕 국백아麴伯雅, 이오伊吾의 토둔 샤드(Todun shad로 추정. 토둔설吐屯設)를 비롯해 서방 27개국의 사절들을 불러 모아 잔치를 베풀었다.[270] 이에 기존 유목 세력의 통제를 받던 고창과 이오 등에서 군주가 직접 왔고, 여타 지역에서도 많은 상인이 모여들었다. 배구의 기획 아래 이루어진 양제의 서순西巡은 이렇게 진행되면서 수조를 중심으로 한 국제 질서를 확립할 수 있었는데, 이는 돌궐의 해체 이후 새로운 세력 재편 과정이었다.

또한 양제는 배구의 진언을 받아들여 장액에 온 외국 사절을 낙양과 강도 등지로 동행시켰을 뿐만 아니라 이들이 교역 활동을 하는 데도 편의를 제공했다. 이런 파격적 조치와 함께 610년 정월 낙양에 이들을 모두 다시 불러 백희百戲를 공연했다.[271] 여기에는 엄청난 비용이 들었지만, 양제 자신의 위상을 대내외적으로 확인시켜주기에 충분했다. 따라서 돌궐이 약화된 뒤 국지적으로 이루어지던 동서 교역을 양제가 주도해 연장시킴에 따라 낙양은 북위 시대에 전개되었던 국제 무역을 재현하면서 명실공히 세계 중심으로서의 명성을 갖게 되었다.[272] 양제는 이를 통해 한 무제 시대에 영향력을 행사했던 하서회랑에서 이오와 고창에 이르는 지역을 다시 영향력 아래 두면서 한 무제를 능가하려던 자신의 소망을 이룰 수 있었다.

그런데 이런 과시적 행사는 일시적으로 성공한 것처럼 보였지만 초원 여러 세력의 생각지 않은 대응에 따라 바로 다른 양상이 전개되었다. 몽골 초원을 차지하고 있던 베젠 바가 카간은 토욕혼 정벌에 참여했음에도 별다른 이익이 없자 중국에 조공한 고창과 이오를 공격했다가 오히려 설세웅薛世雄에게 패배를 당했다.[273] 이로 인해 다시 안정을 찾아가는 듯했던

270) 『隋書』 권67 「裴矩傳」, p. 1580.
271) 위의 책, p. 1581.
272) 伊瀬仙太郎, 앞의 책, 1955, p. 164.
273) 『隋書』 권65 「薛世雄傳」, p. 1533.

서방 교통로는 생각과 달리 위협을 받게 되었다. 그러자 양제는 이에 적극 대응하기 위해 일릭 퀸뒤 카간과 일릭 초르 카간을 끌어들이려고 했으나 양측이 모두 내부의 문제로 응하지 않았다. 왜냐하면 이들 역시 자신들의 영향권 안으로 수조의 영향력이 확대되는 것에 불만을 갖고 있었기 때문이다.

이후 양제는 배구의 간언을 받아들여 타슈켄트 북방에 있던 타르두쉬 카간의 손자 야브구 카간(Yabghu qaghan으로 추정. 사궤가한射匱可汗, 재위 611~619)을 끌어들이고자 했다. 이는 일시 멈추었던 돌궐의 세력들이 다시 충돌을 벌이는 상황을 야기할 수 있었다. 왜냐하면 이제까지 별다른 움직임을 보이지 않던 타르두쉬 카간의 후손이 수조와 교섭하며 동방으로 진출할 방법을 모색했기 때문이다. 야브구 카간은 수조의 요청을 받아들여 장액으로 사신을 보냄과 동시에 610년 일릭 초르 카간을 배후에서 공격했다. 이때 갑작스런 공격을 당한 일릭 초르 카간은 서방의 영역을 상실하고 이후 체제를 정비해 재기를 도모하기 위한 노력을 기울였지만 성공하지 못하고 결국 몰락의 길을 걸었다.

따라서 그 또한 어쩔 수 없이 수조에 투항하지 않으면 안 되는 처지에 놓였다.[274] 그는 수조에서 보낸 사절이 항복을 종용하자 궁지에 몰려 611년 12월에 입조했다. 그 뒤 신의공주信義公主와 결혼하고 가즈나 카간(Ghazna qaghan으로 추정. 갈사나가한曷娑那可汗)으로 책봉되었다. 그는 이후 원래 살던 땅으로 다시 귀환하지 못한 채 계속 수조에 봉사하는 처지에 놓였다. 이것은 돌궐제국이 분열되는 빌미를 만들었을 뿐만 아니라, 그 뒤에도 줄곧 중요한 세력의 하나였던 아파 카간의 후손이 끊기는 일이기도 했다. 이로써 이후 돌궐 내부의 세력 관계는 동서로 분립된 돌궐이 직접 충돌하는 방향으로 전개되었다.

---

274) 『隋書』 권84 「北狄傳」, pp. 1878~1879.

반면 새롭게 동방으로 세력을 확장한 야브구 카간이 서돌궐의 대카간이 됨으로써 타르두쉬 카간이 사망한 뒤 약화되었던 이스테미의 후손들이 다시 재기하는 발판을 마련했다. 이때 그는 여기서 그치지 않고 계필국을 격파한 뒤 알타이 산맥에서 서西로는 아랄 해에 이르는 중앙아시아 초원만이 아니라 그 주변의 오아시스를 지배하는 거대한 제국의 지배자로 성장했다. 그리고 이를 통제하기 위해 쿠차 북방의 삼미산三彌山(서부 텐산 산맥의 봉우리) 기슭에 아장을 설치했다.

그의 이런 성공은 612년 이후의 일로 추정되는데, 결정적 계기는 중가리아를 중심으로 세력을 형성했던 계필과 설연타의 연합 세력을 복속시킬 수 있었기 때문이다. 따라서 서순 이후 중앙아시아의 초원과 오아시스는 양제의 구상과 달리 서돌궐이 다시 진출함으로써 새롭게 재편되었다.[275] 또한 칭하이에도 토욕혼의 카간 복윤이 돌아와 동서 교역로의 안정을 다시 불투명하게 만들었다.

한편 고비 남부의 일릭 퀸뒤 카간도 계필국의 세력이 약화되자 설연타, 위구르, 통라 등을 비롯한 여섯 개의 투르크계 유목 부락을 복속시켰다.[276] 그는 609년 양제가 옥문관玉門關(지금의 간쑤성 둔황)에서 이오를 공격하기 위해 군대를 파견해줄 것을 요청하자 이에 응하지 않는 등 수조의 의지대로 움직이지 않았다.[277] 왜냐하면 양제의 의도가 토욕혼과 돌궐 자체를 약화시키는 데 초점을 맞추었다는 사실을 알고 있었기 때문이다.

그럼에도 양제가 압도적으로 영향력을 확대하는 데 돌궐은 별다른 대응을 할 수가 없었다. 더욱이 609년[278]에 일릭 퀸뒤 카간이 죽고 그의 아들

275) 『舊唐書』 권199下「北狄傳」, p. 5344.

276) 위와 같음.

277) 『隋書』 권65「薛世雄傳」, p. 1533.

278) 일릭 퀸뒤 카간의 사망 연대는 쒜쭝정이 『수서』「음악지音樂志」와 『책부원구』의 기록을 기초로 614년으로 비정했으나(薛宗正, 앞의 책, 1992, p. 197) 필자는 기존처럼 609년으로 보는 것이 타당하다고 생각한다.

인 퇼리스(Tölis로 추정. 돌길세咄吉世)가 세비 카간(Sebi qaghan으로 추정. 시필 가한始畢可汗, 재위 609~619)으로 즉위한 다음에도 별다른 대응을 하지 못했다. 그 역시 아버지처럼 수조의 통제하에 있었는데, 당시 북순과 서순을 통해 확립된 양제의 권위가 너무 강력해 어떤 도전도 불가능했기 때문이다.

이런 상황은 오래지 않아 새로운 국면으로 접어들었다. 이는 모두 양제가 벌인 동순, 즉 고구려 원정의 실패와 깊은 관련이 있었다. 양제는 돌궐을 위압하고 나아가 토욕혼을 비롯한 서방의 오아시스 세계를 통제한 전무한 성과에 고무되어 자신의 말을 듣지 않는 고구려마저 위압하려고 했다. 이런 그의 의사는 이미 일릭 퀸뒤 카간의 오르두에서 고구려의 사신을 만났을 때 두 나라의 연합을 크게 우려해 고구려 왕에게 직접 조공할 것을 강하게 요구한 것에서도 확인된다. 그는 마지막 남은 고구려를 기존의 순행을 통해 위압함으로써 자신의 희망에 종지부를 찍고 싶어 했던 것이다.

양제는 실제로 611년에 동정東征을 시작해 612년 정월 전국에서 소집된 113만 3800명의 대규모 원정군을 탁군에 집결시켰으며, 이와 함께 각국의 사신들을 불러 모아 자신의 위세를 자랑하려고 했다. 이는 대규모의 동원 체제를 실험해 자기가 구현해낸 통일 체제의 완성을 보여주고자 한 것이었으며,[279] 동시에 그가 고구려를 위압하려는 의지를 얼마나 강하게 갖고 있었는지를 잘 보여주었다. 여기서 원정을 지휘한 양제는 고구려의 왕이 언제든 자신에게 와서 사죄를 하고 조공을 할 경우 용서하겠다고 했다.[280] 즉 과거의 순행과 마찬가지로 무력시위를 통해 그를 항복하게 만들려고 했던 것이다.[281]

---

279) 정재훈, 앞의 논문, 2004.
280) 『隋書』권4「煬帝紀」下, p. 81.
281) 韓昇,「隋と高句麗の國際政治關係をめぐって」,『中國古代の國家と民衆: 堀敏一先生古稀紀念』, 東京: 汲古書院, 1995, p. 368; 菊池英夫, 앞의 논문, 1992, p. 4.

하지만 고구려가 이를 받아들이지 않고 저항을 선택함에 따라 그의 의도와 달리 전면전으로 확대되었다. 고구려에서는 이때 거대한 행렬이 이동할 수 있는 교통수단이 제대로 갖추어지지 않은 요동遼東으로 이동할 경우 보급에 문제가 생겨 원정이 어려울 것이라는 사실을 잘 알고 적극 대응했다. 결국 수조의 공격은 평양에 대한 공세가 실패하고, 또한 우문술이 이끄는 30만 명의 별동대마저 을지문덕乙支文德의 유인술에 말려들어 패퇴하면서 실패로 끝났다.[282] 이제까지 쌓은 양제의 권위는 큰 타격을 입었으며, 나아가 그동안 그가 구축한 국제 질서에 적지 않은 영향을 끼쳤다.

당시 동돌궐에서는 양제에게 투항한 서돌궐의 가즈나 카간이 자신의 부락을 이끌고 고구려 원정에 적극 참여했던 것과 달리 중립적인 입장을 보였다. 이는 그가 비록 양제가 구축하는 질서 속에 들어가 있어도 더 이상은 그의 통제에 따르지 않겠다는 의사를 암묵적으로 표현한 것이었다. 이 일로 양제는 돌궐에 대해 크게 우려할 수밖에 없었고, 반대로 돌궐은 권위가 실추된 수조가 주도하는 질서에서 서서히 벗어나 새로운 질서를 모색하는 계기를 얻을 수 있었다. 이때 수조의 대외 정책을 주도했던 배구 역시 동돌궐의 이런 움직임에 강력하게 대응하려고 했다.

먼저 배구는 615년 아버지와 달리 수조에 비협조적인 세비 카간을 견제하기 위해 종실 내부의 분열을 획책했다. 그는 세비 카간의 동생인 치길 샤드(Chigil shad로 추정. 질길설叱吉設)에게 종실의 여자를 시집보내며 남면 카간으로 삼으려고 했다. 이것은 가장 강력한 종실 내의 인물을 수조에 끌어들여 세비 카간의 권위를 약화시킴으로써 결국 이들의 갈등을 극대화하려는 시도였다. 하지만 치길 샤드가 이를 수용하지 않았기 때문에 일은 실패로 끝나고 말았다. 세비 카간은 이 일로 수조에 큰 원한을 품게 되어 순종적 태도를 취해왔던 아버지와 달리 강력한 반발을 드러냈다.

---

282) 『隋書』 권81 「東夷傳」, p. 1817.

더욱이 돌궐 내에서 중요한 역할을 하던 소그드 상인 출신의 관료인 사촉호실史蜀胡悉을 유인해 죽임에 따라 양국 관계는 결정적인 파탄을 맞았다. 당시 배구는 돌궐을 약화시킬 방법이라며 다음과 같은 진언을 했다.

> 돌궐은 본래 순박하기 때문에 사이를 벌리기가 아주 쉽습니다. 다만 그 **조정 내부에 여러 명의 소그드 상인이 있는데, 대부분이 모두 뛰어나 돌궐인들을 가르치고 이끌어주고 있었습니다.** 소신이 듣기에 사촉호실은 더욱이 간사한 계책을 많이 갖추어 세비 카간의 사랑을 받고 있으니 그를 끌어들여 죽여버렸으면 합니다.[283] (강조는 인용자)

당시 돌궐의 사정에 정통했던 배구는 사국史國(케시) 출신의 소그드 상인인 사촉호실이 일릭 퀸뒤 카간 시기부터 지금 세비 카간 시기까지도 중국과의 교섭만이 아니라 정사를 논할 때 중요한 역할을 담당하며 돌궐의 발전에 기여했다고 지적했다. 이에 배구는 돌궐을 약화시키려면 그를 제거하는 일이 중요하다고 말하며, 실제로 그를 제거하기 위해 이익을 쫓아 움직이는 상인의 속성을 적극 이용해서 내지로 유인해내려고 했다.

배구는 사촉호실에게 사람을 보내 세비 카간에게 말하지 말고 부락을 이끌고 마읍에 오면 호시를 열어주겠다고 약속하고는 그를 내지로 끌어들여 죽였다. 그리고 세비 카간에게는 "사촉호실이 홀연히 그의 부락을 이끌고 이곳에 와서, 카간을 배반했으니 자기를 받아달라고 했습니다. 돌궐이 우리나라의 신하인데 그가 배반을 했으니 우리가 그를 죽이는 것이 마땅해 벤 다음에 알려드리는 것입니다"[284]라고 변명했다.

이 일은 진상을 알고 있던 세비 카간의 강한 반발을 샀고, 결국 돌궐은

---

283) 『册府元龜』 권411 「將帥部 間諜」, p. 4888.
284) 위와 같음.

그 뒤 수조에 더 이상 조공을 하지 않았다. 동돌궐 역시 이로부터 토욕혼, 고구려 등과 마찬가지로 수조 중심의 질서에서 벗어나 독자적으로 움직이기 시작했다. 이것은 수조가 이때까지 국제 질서를 형성하고 주도하는 '절대 변수'였다면, 612년 고구려 원정에 실패한 뒤 이제 '상대 변수'로 바뀐 것과 무관하지 않았다.

한편 양제도 이런 현실을 그대로 두지 않고 실패를 만회하기 위해 다시 고구려 원정을 통해서 위상을 회복하려고 했지만, 이번에도 실패로 끝났다. 왜냐하면 613년 정월에 시작된 2차 원정이 4월 들어 군량을 조달하던 예부상서禮部尙書 양현감楊玄感이 여양黎陽(지금의 허난성 준현浚縣)에서 봉기해 낙양을 압박함에 따라 실패로 끝나버렸기 때문이다. 양제는 이후 내지의 상황이 불안정해졌음에도 614년 3월에 다시 탁군에 도착해 3차 동순을 벌였다. 그는 수륙水陸으로 요동을 협공해 전과를 올리기도 했지만 결국 내지의 반란과 군량 수송 등의 한계로 2월에 고구려가 사신을 파견해 항복을 청하자 바로 철수할 수밖에 없었다. 그 뒤 낙양에 돌아온 양제는 615년 원단元旦에 공경대신과 함께 각국의 사절들을 불러들여 성대한 연회를 베풀어 자신의 위상을 과시하려고 했지만 뜻대로 되지 않았다.[285]

이 과정에서 내치內治의 와해만이 아니라 대외적 위상 또한 크게 약화된 양제는 다시 현안이 된 돌궐 문제를 해결하기 위해 3차 북순을 추진했다. 그는 북방 군사 기지로 건설된 분양궁汾陽宮에서 피서를 한 다음 8월 5일에 장성 북방으로 올라갔다.[286] 이것은 돌궐에 대한 위압이었는데, 이전과 달리 돌궐은 이에 큰 위협을 느끼고 대응했다. 세비 카간은 이를 미연에 막기 위해 6월에 이미 남성嵐城(지금의 산시성山西省 란청현嵐城縣)을 공격해 승리를 거두어 범안귀范安貴를 죽이기도 했다. 하지만 양제가 이런

---

285) 『隋書』 권4 「煬帝紀」 下, p. 88.
286) 『資治通鑑』 권182 煬帝 大業 11년(615) 조, pp. 5696~5697.

움직임에도 아랑곳하지 않고 북상을 하려고 하자, 세비 카간은 8월 13일에 10만의 기병을 이끌고 남침을 감행했다.

당시 안문雁門을 지나가던 양제 일행은 돌궐의 공격을 받아 사면으로 포위된 뒤 계속 패배하자 안문군 성채 안으로 피해 들어갈 수밖에 없었다. 세비 카간은 성을 포위함과 동시에 호응할 수 있는 안문군의 여타 41개 성을 공격해 모두 39개를 함락시켰다. 이때 안문에 포위된 양제는 이를 돌파해 도망가려고 하다가 성을 지키며 난국을 타개하기 위해 의성공주에게 몰래 편지를 보내 도움을 청했다. 의성공주는 양제를 돕기 위해 근왕병勤王兵이 곽현崞縣(지금의 산시성山西省 훈위안현渾源縣)에 오자 세비 카간에게 편지를 보내 북쪽에 위험이 있다는 소식을 알려줌으로써 군대를 철수하게 만들었다. 겨우 포위가 풀린 양제는 태원을 거쳐 10월 3일 낙양으로 돌아왔다. 거창하게 시작된 순행은 이번에도 완전히 실패로 끝나고 말았다.

이때 양제가 무리하게 북순을 추진한 것은 적대 세력화하고 있는 동돌궐을 제압해 추락한 자신의 권위를 다시금 회복하고자 함이었다. 이제까지 그 어떤 세력보다 자신의 의지대로 움직였던 동돌궐을 위압할 수 있다는 점을 대내외적으로 자랑하고자 했으나 이것은 양제의 착각이었다. 견제를 받았다고 판단한 세비 카간은 순행을 자신에 대한 공격으로 여기고 이에 강력한 군사적 대응을 했다. 북방 순행을 성공해 대내적 안정을 확보함과 동시에 주변 세력을 위압하려고 했던 양제의 구상은 완전히 무너질 수밖에 없었다.

반대로 동돌궐의 세비 카간은 대규모의 기습 공격을 펼쳐 북순에 나섰던 양제를 포위 공격함으로써 연이은 고구려 원정의 실패로 약화된 수조에 치명타를 날렸다. 돌궐은 이를 계기로 수조의 붕괴를 가져오게 했을 뿐만 아니라 일릭 퀼뒤 카간 이래 중국의 종속 변수로 저락低落했던 자신들의 처지를 반전시켜 오히려 중국을 압도할 수 있는 위치에 올라섰다. 즉 중국 의존적 유목 국가에서 벗어나 다시 독자적 질서 체제를 회복하면서 중국을 통제할 정도가 되었던 것이다. 또한 돌궐 내적으로도 제국의 분열 이후 심화되었던 유목 세계의 분절적 경향을 일시 완화시키며 종실이 분열된 뒤 약화되었던 아사나의 권위를 다시금 회복할 수 있었다.

이후 동돌궐은 혼란에 빠진 북중국의 다양한 할거 세력들과 관계를 설정하면서 이를 바탕으로 중국을 대신해 국제 질서를 주도하며 과거 거대 유목제국 돌궐의 영광을 회복하기 위한 노력을 시작했다. 돌궐은 수조가 중국을 통일한 뒤 동서의 분열과 상쟁으로 고비 남부로 내려가 중국에 의존할 수밖에 없었던 자신들의 한계를 극복하고, 동서 세계를 연결하는 교통로를 재개통해 교역을 지향하는 체제를 다시 구축해낼 수 있느냐의 시험대에 올라섰다. 이런 새로운 과제를 갖게 된 돌궐의 향후 움직임과 성공 여부는 혼란에 빠진 북중국만이 아니라 돌궐이 분열된 후 동서로 대립하고 있던 유라시아 대륙 중앙부에 위치한 초원 세계의 질서 재편에도 가장 중요한 변수가 될 수밖에 없었던 것이다.


## 3. 수말 당초 동돌궐의 질서 재편과 당조의 대응

616년부터 수조로 더는 조공 사절이 오지 않았으며, 각지의 봉기도 이어져 20여 개의 군이 조회에 참석하지 못하는 등 내적인 혼란이 심화되었다.[287] 이에 양제는 화북華北을 버리고 강남江南으로 천도해 난국을 타개함과 동시에 이를 바탕으로 다시금 자신의 권위를 회복하려고 했다. 하지만 타고 갈 용선이 불타버렸기 때문에 배가 다시 건조된 7월이 되어서야 남하할 수 있었다. 남하해 상도江都로 간 양제는 방비防備에 효과적인 단양丹陽(이전의 건강建康, 지금의 장쑤성江蘇省 난징시南京市)에 새로운 수도를

---

287) 『資治通鑑』 권183 煬帝 大業 11년(616) 조, p. 5702.

건설할 준비를 하라고 지시했다.[288]

   화북을 황자들에게 맡기고 강남을 중심으로 체제를 정비하려던 구상은 관중關中 출신들의 불만을 야기했고, 우문화급宇文化及이 양제를 살해함에 따라 실패로 끝나버렸다.[289] 이처럼 돌궐의 의지와 상관없이 수조가 자멸의 길을 걸으면서 유리한 방향으로 진행되자 통일 체제만이 아니라 외적으로 구축되었던 국제 질서마저 완전히 해체되었다.

   반면 화북의 혼란이 심화되면서 돌궐은 약화된 수조를 대신해 국제 질서를 주도할 수 있는 위치에 올랐다. 이것은 양제가 화북을 포기하기 전부터 변경 지역에서 봉기한 세력들이 모두 돌궐과의 연계에 부심했기 때문에 가능한 일이었다. 이후 돌궐은 혼란에 빠진 북중국의 분열 상태에 직접 개입했을 뿐만 아니라, 이 과정에서 쉽게 내지를 약탈할 수 있었다. 또한 할거 세력들로부터 공납 등을 받아 물자의 구득만이 아니라 자신들에게 의탁하는 북중국의 할거 집단들을 통제할 수 있었다.

   돌궐에 개입의 여지를 준 화북의 할거 상황은 복잡하게 전개되었다. 먼저 615년에 상곡上谷(지금의 베이징시 옌칭현延慶縣 일대) 출신의 왕수발王須拔이 만천왕漫天王이라고 칭하며 국호를 연燕이라고 했다. 또 위도아魏刀兒도 역산비歷山飛라고 칭하며 각각 10여 만 명을 이끌고 조정에 대적했다. 이들은 모두 돌궐과 연계해 산서 지역을 공격했다.[290] 이때 왕수발은 반격을 당해 패배한 다음 돌궐에 투항해서 남면 카간南面可汗으로 책봉되었다.

   그리고 위도아가 전사하자 그의 부장副將 견적아甄翟兒가 그의 무리를

---

288) 『資治通鑑』 권185 高祖 武德 원년(618) 조, p. 5776.
289) 양제가 관중關中 본위의 정책을 강남江南 중시의 용인 정책으로 바꾼 것이 북방계의 불만을 일으켜 양현감楊玄感의 반란과 우문화급宇文化及의 양제 살해로 이어졌다(韓昇, 「論隋朝統治集團內附鬪爭對隋亡的影響」, 『廈門大學學報』 1987-2, p. 93; 김용범, 「隋의 南朝出身 仕人에 관한 檢討」, 『忠南史學』 3, 충남사학회, 1988, p. 90).
290) 『隋書』 권4 「煬帝本紀」 下, p. 89.

이끌고 돌궐과 관계를 맺었다.[291] 이후 616년 양제가 강도로 내려가면서 월왕越王 양동楊侗을 낙양에 남겨 감국監國을 하도록 했고, 숙장宿將 이연李淵을 태원태수太原太守, 왕인공王仁恭을 마읍태수馬邑太守로 임명해 북변의 방어를 강화했다. 이들은 군대를 이끌고 견적아와 돌궐의 공격에 대응했지만 정세는 불리하게 돌아갔다.

617년이 되자 북변의 여러 군에서 조정을 상대로 본격적인 봉기를 시작했다. 2월에 삭방군관朔方軍官 양사도梁師都가 삭방군승朔方郡丞 당종唐宗을 살해한 다음 대승상大丞相을 칭하고 돌궐에 칭번稱藩하며 항복했다. 이에 세비 카간이 상징인 낭두독狼頭纛을 내려주고, 그를 타르두쉬 빌게 카간(Tardush bilge qaghan으로 추정. 대도비가가한大度毗伽可汗)이라고 불렀다. 양사도는 그 뒤 하남까지 들어와 있던 돌궐 군대를 끌어들여 염천군鹽川郡(지금의 산시성陝西省 딩볜현定邊縣과 닝샤후이족 자치구 옌츠현鹽池縣 일대)을 공격했다.[292]

이와 동시에 마읍교위馬邑校尉였던 유무주劉武周가 태수 왕인공을 죽이고 돌궐과 연계하자 안문군승雁門郡丞 진효의陳孝意가 호분랑장虎賁郎將 왕지변王智辯과 연합해 상건진桑乾鎭(지금의 허베이성 위현蔚縣)을 포위 공격했다가 돌궐로부터 원군이 오자 대패했다. 이후 유무주는 성가聲價를 올리며 안문, 누번樓煩 등을 함락한 다음 분양궁의 관인들을 잡아 돌궐에게 넘겨주고 군마軍馬의 지원을 받아 정양을 함락한 뒤에 마읍으로 귀환했다. 이에 세비 카간이 유무주를 정양 카간定楊可汗으로 임명하고 역시 낭두독을 내려주었다.[293]

금성부교위金城府校尉 설거薛擧 역시 조정의 명을 어기고 자립한 다음 양사도와 연계하면서 동시에 돌궐에 뇌물을 주어 말을 공급받았다. 또한

---

291) 앞의 책, p. 90.
292) 『舊唐書』 권56 「梁師都傳」, p. 2280.
293) 『隋書』 권4 「煬帝本紀」 下, p. 92.

승주의 곽자화郭子和가 주성州城을 탈취한 뒤 남쪽에 있는 양사도와 연계하고, 북쪽으로 돌궐에 아들을 인질로 보냈다. 이에 세비 카간이 그를 평양 카간平楊可汗으로 삼으려고 했으나 그가 받지 않자 우루그 샤드(Ulugh shad로 추정. 옥리설屋利設)라고 했다.[294] 게다가 이석離石 출신 소그드인이었던 유계진劉季眞도 그의 동생 유육아劉六兒와 함께 유무주를 끌어들여 석주石州(지금의 산시성山西省 리스현離石縣, 중양현中陽縣, 류린현柳林縣, 린현臨縣, 팡산현方山縣 일대)를 함락하고 자사 왕검王儉을 살해한 뒤에 스스로 퇼리스 샤드(Tölis shad로 추정. 돌리가한突利可汗)라고 했다.[295]

이렇게 북중국에서 여러 집단의 할거가 확대되자 군현을 지키던 관리들 역시 자신들의 지위를 보전하기 위해 돌궐과 관계를 맺었다. 먼저 오원태수五原太守였던 장장손張長孫은 돌궐에 투항해 바가투르 샤드〔Baghatur shad로 추정. 막하돌설莫賀咄設, 이후에 일릭 카간Ilig qaghan(힐리가한頡利可汗)으로 즉위)와 형제 관계를 맺고 자신을 보존하려고 했다. 이에 돌궐에서는 그를 일릭 테긴(Ilig tegin으로 추정. 할리특근割利特勤)이라고 불렀다.[296] 이 외에 건단建壇 악수樂壽의 두건덕竇建德, 유주幽州의 나예羅藝, 연지燕地의 고개도高開道 등도 돌궐의 지원을 받아 세력화를 꾀했다.[297]

세비 카간도 이런 움직임에 적극 반응했는데, 이는 수조를 약화시키는

---

294) 『舊唐書』 권56 「梁師都傳」, p. 2282.

295) 『舊唐書』 권56 「劉季眞傳」, p. 2282.

296) 『舊唐書』 권57 「張長孫傳」, p. 2301.

297) 당시 설거薛擧는 금성金城에서 서진西秦의 패왕霸王 또는 황제, 두건덕竇建德은 하남河南 동도東都(지금의 뤄양洛陽)에서 하왕夏王, 왕세충王世充은 낙양洛陽에서 정제鄭帝라고 칭했다. 마읍馬邑의 유무주劉武周는 돌궐로부터 정양 카간定襄可汗으로 책봉되었고, 삭방朔方의 양사도梁師都는 양제梁帝라 칭하며 돌궐에서 타르두 빌게 카간(Tardu bilge qaghan으로 추정. 대도비가한大度毗伽可汗)으로 책봉되었으며, 무위武威의 이궤李軌는 양왕涼王, 하북河北의 고개도高開道는 연왕燕王이라 칭했다. 이들은 이때 모두 칭제稱帝하면서도 다른 한편으로 돌궐에 칭신稱臣해 도움을 받음으로써 천하의 패권을 도모하려고 했다. 당조唐朝를 세운 이연李淵 역시 돌궐에 칭신한 다음 세력화하는 데 성공했다(변인석, 「隋末唐初 中國의 突厥에 대한 '稱臣事'의 學說史的 考察」, 『東方學誌』 80, 연세대학교 국학연구원, 1993).

<그림 20> 수말 당초의 할거 세력

것뿐만 아니라 이들로부터 많은 재화를 공납 받아 다시금 과거와 같이 교역을 지향하는 국가 체제를 회복할 수 있는 기틀을 마련하는 것과 관련되었다. 이제까지 돌궐은 중국의 지원을 받았지만 그것은 양제가 구축한 체제 안의 일원에 불과했으므로, 이를 극복하고 새로운 질서를 창출해내기 위해서는 재화를 구득하는 일이 중요했다. 따라서 향후 돌궐의 움직임은 이에 부합하기 위해 중국의 할거 세력을 여럿으로 만들어냄으로써 경제적 이익을 극대화하는 데 초점이 맞추어질 수밖에 없었다.

　이와 함께 돌궐은 군마軍馬만이 아니라 실제로 병력을 지원받는 것이 할거 세력들에게 중요했기 때문에 그 위세가 더욱 강력해질 수밖에 없었다. 이를 토대로 돌궐은 "그 족속이 힘 있게 성장함에 따라 동으로는 거란, 실위로부터 서로는 토욕혼, 고창 등 여러 나라가 모두 신하가 되었다. 기마궁사가 100여 만이라고 하니 북적의 융성함이 이제까지 이런 적이 없었다"[298])라고 평가할 정도로 엄청난 발전을 보였다. 이는 돌궐이 새로운 반전의 계기를 통해 다시 강력한 세력으로 회복되었음을 보여주기에 충분했다.

또한 이후 당조를 건국하고 중국을 통일하는 데 성공했던 이연, 즉 당 고조(재위 618~624) 역시 돌궐의 북변에 대한 영향력이 강해지자 태원유수太原留守의 지위를 버리고 조정에 반기를 들었다. 이것은 그가 토벌에 별다른 공을 세우지 못해 강도로 송환될 처지에 놓인 상황을 돌파하려는 궁여지책이었다. 그는 617년 정월 돌궐이 태원을 공격하자 대적할 능력이 없다는 사실을 알고 공성계空城計를 써서 돌궐을 물러나게 만들기는 했지만, 이를 추격하던 부대가 패배하자 이탈했다.

이때 그는 돌궐에 몰래 사절을 보내면서 그를 감시하던 왕위王威와 고군아高君雅를 죽였다. 그 뒤에 독립한 이연은 이 무렵 화북에서 이밀李密이 이끄는 농민군이 월왕 양동과 왕세충이 이끄는 관군과 낙양을 둘러싸고 공방전을 벌이자 그 틈을 타서 관중에 들어가 세력화를 시도했다. 이것은 과거 한 고조高祖 유방劉邦(재위 기원전 202~기원전 195)이나 서위 우문씨宇文氏 정권의 경우처럼, 관중을 차지함으로써 향후 북중국의 패권을 장악할 수 있는 근거지를 확보했던 것과 비슷한 전략이었다.[299])

이연도 돌궐에 사신을 보내 뇌물을 바치고 연합을 요청하면서 관중을 공격했다. 이연은 돌궐에 칭신하고, 동시에 자신이 노획하는 것을 모두 주겠다는 약속을 함으로써 그들의 지원을 얻어낼 수 있었다. 돌궐 역시 요청을 적극 받아들여 소그드 상인으로 추정되는 강초리康鞘利와 이질 시르테긴 타르칸(Izil sir tegin tarqan으로 추정. 급실열특근달관級失熱特勤達官) 등을 시켜 말 1000필을 태원에서 교환하게 함으로써 군마를 지원해주었다.

298)『舊唐書』권194「突厥傳」上, p. 5153.
299)『舊唐書』권58「長孫順德傳」, p. 2308.

그러자 이연은 유문정劉文靜을 세비 카간의 아장에 보내 비단을 바치면서 원병援兵을 주면 땅은 자신이 갖고 획득한 재화는 모두 돌궐의 세비 카간에게 주겠다고 약속했다.[300] 이는 이연도 당시 북중국의 여타 세력들처럼 돌궐의 도움을 받지 않으면 세력을 확장하지 못하는 상황에 놓여 있었음을 말해준다.

이후 돌궐의 지원을 받은 이연은 8월 펀허汾河를 따라 남하했다가 바로 수나라 방어군의 강력한 저항에 부딪쳤다. 하지만 어려운 상황에서 유문정이 돌궐 군대의 도움을 받아 한성韓城(지금의 산시성山西省 샹위안현襄垣縣 북쪽)을 함락한 다음 서쪽으로 진출할 수 있었다. 그리고 마침내 11월에 장안을 함락하고, 이곳에 남아 있던 대왕代王 양유楊侑를 공제恭帝로 추대한 뒤 연호를 의령義寧이라고 정했다. 이렇게 이연은 관중을 배경으로 수조의 회복을 선언함으로써 하나의 독자적 세력화를 도모했다.[301]

하지만 618년 2월 양제가 시해되고, 5월 낙양에서 월왕 양동이 추대되면서[302] 두복위杜伏威, 두건덕, 심법흥沈法興, 주찬朱粲 등 유력한 할거 세력들이 그에게 칭신하자 이연은 공제를 폐위하고 자립했다. 그는 연호를 무덕武德이라고 정하고 황제에 즉위함으로써 당을 건국하기는 했지만, 아직 관중을 차지한 할거 세력 중 일개 세력에 불과한 처지였다. 이러한 이연(당 고조)의 칭제와 동시에 농우隴右의 설거 또한 대진황제大秦皇帝라고 칭하고 자립한 다음 유주 북방에 있던 바가투르 샤드(Baghatur shad로 추정. 막하돌설莫賀咄設)와 연계해 관중으로 진출하려고 했기 때문에 이연은 어려운 상황에 놓였다.[303]

이후 당군을 대파한 설거가 절척折墌(지금의 간쑤성 징찬현涇川縣 동북

---

300) 『舊唐書』 권57 「劉文靜傳」, p. 2292.
301) 『舊唐書』 권1 「高祖本紀」, p. 4.
302) 위의 책, p. 6.
303) 『舊唐書』 권200下 「朱泚傳」, p. 5388.

쪽)을 함락하자 고조는 곤경에 빠졌고, 이를 타개하기 위해 이세민李世民
[598~649. 이후 당 태종太宗(재위 626~649)으로 즉위]을 보내 방어를 도모했
다. 이와 동시에 그의 배후에 있는 하서河西의 이궤李軌와 동맹을 맺어 협
공하면서 다른 한편으로 세비 카간에게도 사신을 보내 화친을 청하고, 바
가투르 샤드에게도 사신을 보내 설거와의 동맹을 단절해줄 것을 요청했
다.[304] 고조는 이런 노력으로 돌궐과의 관계를 회복하면서 다급한 위기를
모면했다.

고조는 이전에 돌궐에 칭신했던 오원태수 장손성이 자신에게 항복하자
세비 카간에게 사신으로 보내 유주楡州(지금의 산시성山西省 위서현楡社縣과
허순현和順縣 서부 일대)를 할양하는 대신 오원五原(지금의 네이몽골 자치구 우
라드전기烏拉特前旗 일대)을 자신에게 귀속시킬 것을 요구했다. 이는 고조
에게만이 아니라 돌궐에도 하주夏州(지금의 산시성陝西省 딩볜현 북부와 네이
몽골 자치구 항긴기杭錦旗, 우선기烏審旗 일대)의 양사도와 연결하는 데 중요
한 제안이라 쉽게 타결되었다. 이것은 세비 카간에게도 좋은 목초지대를
넘겨받는 것이라 큰 이익이 되었다. 이 일을 계기로 세비 카간은 위즈 샤
드(Yüz shad로 추정. 욱사설郁射設)에게 1만여 가를 이끌고 황허를 건너 남쪽
으로 들어가 살 수 있게 했다.

오원까지 세력을 확대하게 된 당조 역시 명마 수백 필을 답례로 보냈
다.[305] 그리고 9월에 당조에 파견된 돌궐 사신이 비록 무례하게 굴기도 했
지만 고조는 이들을 극진하게 대접함으로써 원만한 관계를 지속하고자
했다. 이 일은 고조에게 세비 카간과 당조에 위협적인 설거와의 관계를 단
절시켜 불리한 형세를 반전시키는 계기가 되었다. 나아가 8월에 고조는
사망한 설거를 대신한 설인고薛仁杲를 공격해 대파함으로써 이후 농우 지

---

304) 『舊唐書』 권57 「張長孫傳」, p. 2301.
305) 『舊唐書』 권69 「劉蘭傳」, p. 2524.

역에서 관중을 위협하던 설인고의 세력을 약화시켰다.[306] 이때 고조는 돌궐의 지원을 받아야만 했기 때문에 자신들의 취약한 처지를 극복하기 위해 돌궐에 번례藩禮를 갖추는 낮은 자세를 취했다.

이 과정에서 그동안 관동의 농민군을 이끌었던 이밀이 618년 10월에, 설인고가 11월에 당조에 투항했으며, 하서의 이궤도 619년 5월에 투항함에 따라 고조는 서부 지역 대부분을 차지할 수 있었다.[307] 이를 통해 당조는 비로소 낙양의 왕세충과 하서의 두건덕 같은 강력한 세력들과 대항할 정도로 성장했다. 더욱이 수조의 정통성을 지키며 가장 강력한 세력을 유지하던 낙양의 왕세충마저 황제를 폐하고 자립해 정鄭을 건국하자 많은 세력이 당조로 넘어갔다.[308]

수말隋末에 등장한 여러 할거 세력을 통제하고 지원함으로써 자신들의 입지를 강하게 유지하려고 했던 돌궐은 이런 당조의 성장에 강하게 대응할 수밖에 없었다. 특히 세비 카간은 자신과 경쟁 관계에 있던 가즈나 카간이 강도에서 양제가 붕어崩御한 뒤 우문화급을 따라 북상하다가 618년 12월에 당조에 귀의한 것을 용납하지 않았다. 그러나 이미 가즈나 카간의 예하에 있던 테긴 아사나대내史大奈, 퀼 타르두쉬 샤드(Kül tardush shad로 추정. 궐달도설闕達度設) 등이 고조의 환대를 받으면서 장안에 머물며 조정 내에서 중요한 역할을 맡고 있었다. 이에 세비 카간은 이들을 포함해 가즈나 카간을 제거하기 위해 당 고조에게 사신을 보냈다. 하지만 고조가 거절함에 따라 이후 두 나라의 관계는 심하게 악화될 수밖에 없었다.[309]

619년 2월 세비 카간은 군대를 이끌고 황허를 건너 하주까지 와서 양사도와 연합해 약탈할 계획을 세웠다. 그리고 마읍의 유무주에게 기병

306) 『舊唐書』 권2 「太宗本紀」, p. 23.
307) 『舊唐書』 권198 「吐谷渾傳」, p. 5298.
308) 『舊唐書』 권1 「高祖本紀」, p. 9.
309) 『新唐書』 권215下 「突厥傳」下, 6056.

500기를 주어 구주산句注山(지금의 산시성山西省 다이현代縣 서북쪽에 있는 시징산西陘山)으로 들어가게 한 다음 군대를 모아 태원을 공격하려고 했다. 이런 군사적 압박과 함께 4월 당조에 다시 사신을 보내 가즈나 카간을 제거해줄 것을 요청했다. 그러나 고조가 또다시 받아들이지 않자 4월에 유무주가 군대 2만 명을 이끌고 병주를 공격할 때 돌궐도 그에 호응해 개주介州(지금의 산시성山西省 제슈시介休市와 핑야오현平遙縣 일대)를 함락했다. 하지만 619년 6월 이후 돌궐의 공세는 이어지지 않았는데, 이는 세비 카간의 갑작스런 사망과 관련이 있었다.[310]

이에 고조는 돌궐과의 관계를 회복하기 위해 조문 사절을 보내면서 비단 3만 단을 주는 등 적극적인 움직임을 보였다.[311] 먼저 중국이 아직 통일되지 않은 상황에서 돌궐과 적대 관계를 유지하는 것이 그에게 결코 유리한 상황이 아니었다. 또한 당조가 향후 통일전을 추진하기 위해 전력을 투입하려면 돌궐의 위협으로부터 벗어나는 것이 무엇보다 중요했다. 따라서 이런 상황에서 우연찮게 벌어진 갑작스런 세비 카간의 사망은 당조가 세력을 강화할 수 있는 결정적 계기가 되었다.

수말 당초 북중국의 할거 세력을 지원하며 통제력을 강화하던 세비 카간이 619년 6월에 갑자기 사망하자 일릭 퀸뒤 카간의 둘째 아들인 일테베르 샤드(Ilteber shad로 추정. 사리불설俟利弗設)가 즉위했다. 그는 자신을 카라 카간(Qara qaghan으로 추정. 처라가한處羅可汗, 재위 619~620)이라 칭한 다음 내적인 안정을 확보하려고 했다. 그의 왕위 계승은 당시 세비 카간의 적자인 으둑 샤드(Iduq shad로 추정. 이보설泥步設)가 어려서 직접 정치를 맡을 수 없는 처지라 숙부가 대신한 것인데, 그동안의 관례로 볼 때 별다른 문제는 없었다.[312] 돌궐은 내적으로 적임자 계승을 통해 순조롭게 상황을 정리한

310)『舊唐書』권194上「突厥傳」上, p. 5154.

311)『資治通鑑』권187 高祖 武德 2년(619) 조, p. 5858

뒤 자신들의 이익을 극대화하려고 했다.

카라 카간은 양제가 피살된 후 우문화급을 따라 북상하던 소황후蕭皇后를 적극 받아들였다. 이 일은 619년 2월에 두건덕이 우문화급을 격파한 다음 같이 북상하던 소황후와 제왕齊王 양간楊暕의 유복자인 양정도楊正道를 잡자 4월에 의성공주가 사신을 보내 소황후와 남양공주南陽公主를 돌궐로 맞아들임으로써 가능했다. 이때 두건덕은 자신이 돌궐에 칭신한 상태에서 도움을 받아야만 했기 때문에 돌궐의 요청을 받아들여 우문화급의 수급首級과 소황후를 보내주었다. 이에 의성공주는 수조의 부흥을 꿈꾸며 9월에 양정도를 황제로 책립册立했다.[313]

이 무렵 돌궐은 소황후를 맞이해 무너진 수조를 다시 회복시킬 수 있었을 뿐만 아니라 북중국의 여러 세력을 지원할 만큼 성장했는데, 이는 다음의 설명을 통해 짐작해볼 수 있다.[314]

수나라 말기에 〔나라가〕 어지러워져 찢어지자 **중국인 중에서 돌궐에 귀부한 사람이 아주 많았고, 마침내 크게 강성해 그 세력이 중국을 능가하게 되었다. 소황후를 맞이해 정양에 두었고, 설거·두건덕·왕세충·유무주·양사도·이궤·고개도 등의 무리가 비록 황제를 참칭僭稱했음에도 모두 〔돌궐에〕 북면해 신하라 칭했으며, 돌궐의 카간 칭호를 받았다.** 왔다 갔다 하는 사신이 길에서 서로 보일 정도였다.[315] (강조는 인용자)

이상과 같이 돌궐이 수조를 복벽復辟시킨 것은 이전과 달리 돌궐이 내

---

312) 『舊唐書』 권194上 「突厥傳」上., p. 5154.

313) 위와 같음.

314) 石見淸裕, 「突厥の楊正道擁立と第一帝國の解體」, 『早稻田大學大學院文學硏究科紀要』別冊10 哲学·史学編, 1983.

315) 『隋書』 권84 「北狄傳」, p. 1876

지 문제에 직접 참여하려고 했음을 강하게 보여준다. 돌궐이 수조를 다시 부흥시켜 자신들의 의지대로 움직이려고 한 것은 과거와 같이 자신들의 의지가 우선되는 중국과의 관계를 형성할 수 있을 것이라는 구상과 관련이 있었다. 또한 수조가 무너진 다음 돌궐이 북중국의 할거 세력들을 통제할 수 있게 됨에 따라 자신들을 중심으로 한 다자적多者的인 관계를 형성하려 했음을 나타낸다. 이는 반대로 아직 수조를 대체할 만큼 강력한 세력이 부각되지 않았음을 의미했다.

그런데 돌궐 카라 카간의 부인, 즉 카툰인 의성공주의 강력한 복벽 의지는 그동안 돌궐의 지원을 받아 세력을 확장하려고 했던 마읍의 유무주에게 심각한 문제였다. 왜냐하면 유무주는 관중을 차지하고 있던 당조를 압박해 자신의 세력을 확장하려고 했는데, 돌궐이 배후에서 자신의 의지에 반하는 정책을 취했기 때문이다. 즉 당시 관중의 당조를 위협하기 위해 군사 작전을 벌이고 있던 유무주에게는 큰 압박일 수밖에 없었다. 실제로 유무주의 부장副長 송금강宋金剛이 당조를 공격해 큰 성과를 거두었지만, 619년 9월이 지나면서 전세가 역전된 것[316]도 돌궐의 지원이 없어진 사실과 밀접하게 관련되었다.

또한 돌궐은 8월에 유무주에 대한 지원 여부를 구실로 당조로 사신을 보내 가즈나 카간의 처분을 다시 요구했다. 이것은 유무주와의 대결에서 어려움을 겪고 있는 당조를 압박해 자신들의 의지를 관철시키고자 한 것인데, 이번에는 당조도 어쩔 수 없이 가즈나 카간을 죽여버릴 수밖에 없었다. 고조는 이때 이 제안을 수용함으로써 유무주의 위협 속에서 전쟁의 성패를 결정할 수도 있는 돌궐의 지원을 막아내고 반전의 기회를 얻으려고 했다. 이것은 당시 고조가 암묵적으로 돌궐이 유무주를 지원하지 않을 것이라는 의사를 확인할 수 있어서 가능했다.

---

316) 『舊唐書』 권1 「高祖本紀」, p. 9.

이후 당조는 전세를 뒤엎어 호주浩州(지금의 산시성山西省 펀양汾陽, 샤오이孝义, 평요平遙, 제슈介休, 링스현靈石縣 등지)에서 이중문李仲文이 11월에 기세를 올리던 송금강을 격파했다. 그 뒤에도 양편의 군사는 대치를 벌였지만 620년 봄에 송금강이 노주潞州(지금의 산시성山西省 창즈시長治市, 우샹현武鄕縣, 친현沁縣, 샹위안현, 리청현黎城縣, 툰류현屯留縣, 루청현潞城縣, 핑순현平順縣, 장쯔현長子縣 일대)를 함락하는 데 실패함에 따라 호주에 대한 공격 역시 실패했다. 4월 들어 양식이 떨어진 송금강이 다시 패배하면서 기세가 완전히 꺾였다. 따라서 태원에 있던 유무주 역시 철수할 수밖에 없었으며, 유무주가 송금강과 함께 태원을 회복하려다 패배함으로써 이후 상황은 더욱 악화되었다.[317]

유무주의 실패는 돌궐이 그를 지원하지 않고 오히려 당조를 도왔던 것과 관련이 있었다. 당시 카라 카간의 동생이었던 뵈리 샤드(Böri shad로 추정. 보리설步利設)가 당조를 돕겠다고 2000기를 이끌고 왔으며, 이때 카라 카간도 진양晉陽까지 와서 이곳을 점령하고 약탈했다. 이렇게 돌궐은 당조가 혈전을 벌여 빼앗은 병주를 차지하고 윤 테긴倫特勤을 머물게 함으로써 이곳에 대한 지배권을 유지하려고 했다.[318]

돌궐이 당조에 대한 견제 의사를 밝혔음에도 유무주의 성장을 막기 위해 이와 연계한 것은 모두 수조의 복벽, 즉 양정도에 대한 지원과 연결되어 있었다. 또한 돌궐은 유무주가 몰락한 다음에도 북중국의 잔여 할거 세력들과 연계해 강력하게 성장하고 있던 당조를 견제하려고 했다. 하서의 두건덕, 하주의 양사도, 그리고 유무주가 파멸한 뒤에도 그의 부장 원군장苑君璋 등이 카라 카간에게 항복해 마읍에 웅거雄據하고 있었으며, 낙양에서도 왕세충 등이 여전히 세력을 유지하고 있었다. 따라서 돌궐은 이들과

---

317) 앞의 책, p. 9.
318) 『舊唐書』 권194上 「突厥傳」 上, p. 5154.

관계를 강화하면서 당조를 견제하기 위해 620년 5월 왕세충에게 말을 보내주고 혼인 관계를 맺으며 호시를 열기도 했다.

한편 돌궐의 견제 움직임에 반발한 당조는 자신들을 옥죄는 움직임을 묶어두기 위해 사신 일행을 공격하고 물자를 약탈했다.[319] 이것은 당조가 돌궐의 압박 때문에 굴종적 태도를 보였던 관계를 끝내고 전면 대결을 벌이겠다는 선언이었다. 또한 이것은 당조가 그동안 주변 세력들을 포섭하는 데 성공한 것과도 무관하지 않았다. 먼저 620년 8월에 양사도의 부장인 장거張擧, 9월에 다른 부장인 유민劉旻이 당조로 투항했다. 그리고 10월에 돌궐에 의부倚附해 있던 곽자화郭子和가 카라 카간과 마찰을 빚으면서 관계가 위축되었고,[320] 더욱이 병주에 내려와 있던 돌궐을 몰아내고 장성 이남을 장악하는 등 눈부신 발전을 했다.

이에 위협을 느낀 양사도가 돌궐에 사신을 보내 당조를 공격할 것을 요구하자 카라 카간 역시 이를 적극 받아들였다. 그는 "나의 아버지는 나라를 잃고 수나라에 의지해 다시 일어설 수 있었는데, 이런 은혜를 잊을 수 없도다"[321]라고 말하며 자신의 원정이 과거의 은혜를 갚는 것이라는 점을 강조했다. 당시 돌궐이 당조에 강력한 압박을 가하려고 한 것은 여러 할거 세력이 대등하지 않고 특정 세력이 너무 강해지면 수조를 부활시킨 뒤에 '다자적 질서'를 재구축하려는 자신의 의지를 관철시킬 수 없었기 때문이다.

당조 원정 부대는 넷으로 이루어졌는데, 서로에서는 바가투르(Baghatur로 추정. 막하돌莫賀咄)가 원주原州(지금의 닝샤후이족 자치구 구위안현과 간쑤 성 핑량시平涼市 일대)에서, 중로에서는 으둑 샤드(Ïduq shad로 추정. 이보설泥步設)와 양사도가 연주延州(지금의 산시성陝西省 옌안, 옌창, 옌촨, 쯔창, 안싸이, 즈단과 우치吳旗 동남부)에서, 동로에서는 퇼리스 카간(여기서는 바가투르 샤

319) 『舊唐書』 권1 「高祖本紀」, p. 11.
320) 『舊唐書』 권56 「李子和傳」, p. 2282.
321) 『資治通鑑』 권188 高祖 武德 3년(620) 조, p. 5896.

드를 지칭)이 해·습·거란·말갈 등을 이끌고 유주에서, 그리고 다른 쪽에서는 두건덕이 부구澂口(지금의 허베이성 우안시武安市 남쪽 28리에 있는 타이항산을 넘는 고개)에서 공격해 들어왔다.[322] 고조는 돌궐을 중심으로 한 공세가 향후 그의 운명을 결정할 만큼 심각한 위협이라 여기고 돌궐에 사신을 보내 재물을 제공하며 막아보려 했지만 성공하지 못했다.

그런데 당조에 정말로 다행스럽게 돌궐의 공세가 여기서 또다시 멈추었다. 이번에도 우연인지 원정을 지휘하던 카라 카간이 갑자기 사망했다. 그리고 카라 카간을 이어 일릭 쿤뒤 카간의 세 번째 아들로 바가투르 샤드라고 불렸던 그의 동생 투비(Tubi로 추정. 돌비咄苾)가 즉위했다. 그는 이전에는 오원 북방에 오르두를 두고 고비 동남부 지역에 대한 지배권을 갖고 있었는데, 형이 사망하자 일릭 카간(Ilig qaghan으로 추정. 힐리가한頡利可汗, 재위 620~630)이라 칭하고 즉위했다. 그의 계승 역시 형제 상속으로서 국가를 운영할 능력이 있는 종실의 형제가 군주가 되는 관례에 따른 것이었다.

일릭 카간은 즉위한 뒤 세비 카간의 장자로 적자였던 으둑 샤드 으쉬바라 빌게(Ïduq shad Ïshbara bilge로 추정. 십발필什鉢苾)를 동방을 담당하는 튈리스 카간(돌리가한突利可汗)으로 임명했다.[323] 그리고 북방에 자신의 동생인 욜룩 샤드(Yollug shad로 추정. 욕곡설欲谷設)를, 서방에 카라 카간의 둘째 아들인 타르두쉬 샤드(Tardush shad로 추정. 척설拓設), 곧 아사나사이阿史那社爾를, 그리고 남방에 카라 카간의 장자인 위즈 샤드를 각각 분봉함으로써 종실 내부의 세력을 안정시켰다.[324] 이와 같이 일릭 카간이 자신의 동생과 조카들을 중심으로 한 종실을 우대한 것은 모두 자신을 중심으로 권력을 강화하기 위한 포석이었다.

별다른 문제 없이 체제 정비를 마친 일릭 카간은 현안인 당조에 대한 군

322) 『舊唐書』 권56 「李子和傳」, p. 2280.
323) 『資治通鑑』 권188 高祖 武德 3년(620) 조, p. 5895.
324) 『舊唐書』 권109 「阿史那社爾傳」, p. 3288.

사적 압박을 본격화하기 시작했는데, 당시 상황에 대해서는 다음과 같은 기록이 남아 있다.

**일릭 카간이 즉위한 지 얼마 되지 않았을 때, 아버지와 형의 자산을 이어받아 병마兵馬가 강성하자 중국을 침범하고자 하는 야망을 갖게 되었다.** 고조는 중원을 안정시킨 지 얼마 되지 않아 밖을 도모할 수 없는 상황이어서 매번 우대하며 받아주어 돌궐에 물자를 셀 수 없이 주었기 때문에 일릭 카간의 말은 오만 방자해졌으며, 요구해 청한 것이 과도해도 만족하지 않았다.[325] (강조는 인용자)

형을 이어 일릭 카간도 강력한 당조를 제압해 자신들이 원하는 다자적 질서를 회복하려고 한 점에서 차이가 없었다. 그 역시 화북 지역의 분열을 철저히 이용해 자신의 이익을 확대함으로써 주도적인 체제를 유지하려고 했다. 하지만 이런 움직임은 돌궐을 더욱 중국 지향적인 유목 국가의 늪에 빠지게 하면서 당조와의 충돌을 심화시킬 수밖에 없었다. 반면에 당조는 카라 카간의 공세를 막으면서 강해져가는 돌궐의 위협을 무마시키기 위해 노력했는데, 이는 내지의 통일이 우선이었기 때문이다. 따라서 당조의 부담은 더욱더 가중될 수밖에 없는 상황이었다.

더욱이 북중국의 여타 할거 세력들 역시 강력한 세력으로 성장한 당조에 대항하기 위해 돌궐과 연합해서 군사적 공세를 강화하려고 했다. 이것은 당조의 중국 통일을 막는 가장 심각한 위협이었다. 그리고 이 문제를 해결하는 것 자체가 바로 돌궐과 당조 모두의 운명을 결정하는 중요한 전환점이었다. 하지만 당조에 대한 돌궐의 군사적 공세가 장기화되고 전투가 상시화됨에 따라 일릭 카간의 의도는 앞에서 적시摘示한 것만큼 관철되지 못했다. 왜냐하면 돌궐은 자신들이 원하는 방향으로 질서를 이끌어

---

325) 『舊唐書』 권194上 「突厥傳」 上., p. 5155.

가려고 했지만 대외적인 문제가 생기면서 일이 제대로 이루어지지 못했기 때문이다.

당시 대외적 환경의 변화는 고조가 동돌궐을 견제하기 위해 외교적 교섭을 벌여 서돌궐을 자기편으로 끌어들이면서 이루어졌다. 서돌궐 역시 신흥 세력인 당조와 연합함으로써 중국과의 관계를 회복하고 나아가 이를 기초로 유목 세계의 패자가 되려는 생각을 갖고 있었다. 이와 관련해 이미 620년에 톤 야브구 카간Ton yabghu qaghan(통엽호가한統葉護可汗, 재위 618~630)이 당조에 사신을 보내 조지국條支國(지금의 시리아 지역)의 거란 巨卵을 공물로 바치며 우호 관계를 맺으려고 했다.[326]

고조 역시 외교적 교섭을 통한 원교근공 전략을 구사해 동돌궐을 견제하기 위해 이를 적극 받아들였다. 이로써 서돌궐은 동방으로 진출할 수 있는 기반을 마련해 유목 세계의 질서를 자신을 중심으로 재편할 수 있었으며, 당조 역시 손쉽게 일릭 카간을 견제할 수 있었다. 왜냐하면 강력한 서돌궐이 배후에서 공격할 경우 동돌궐은 치명적인 위험에 빠질 수 있었기 때문이다.

고조는 일릭 카간의 실질적인 위협에 맞서기 위해 군사적 대응도 적극 추진했다. 먼저 마읍에서 남하하는 공격을 방어하기 위해 621년 정월 두건덕 휘하에 있다가 투항한 호대은胡大恩을 대주총관代州總管으로 임명했다. 그는 투항한 다음 정양군왕定襄郡王으로 봉해져 이씨李氏 성을 받았다가 안문으로 이동해 미평정 지역을 토벌하는 데 참여했다.[327] 이로부터 시작된 당조의 군사적 공세에 돌궐도 맞대응해 일릭 카간이 3월에 석주를 공격했다. 4월에는 직접 1만여 기를 이끌고 마읍의 원군장苑君璋이 거느린 장병 6000명과 함께 안문현으로 쳐들어왔지만 패배했다. 이에 고조는

---

326) 『舊唐書』 권194下 「突厥傳」 下, p. 5181.
327) 『舊唐書』 권1 「高祖本紀」, p. 11.

병주대총관幷州大總管 두정竇靜의 청에 따라 태원에 둔전屯田을 설치하고 돌궐의 공격을 막기 위해 석령石嶺(지금의 산시성山西省 양취현陽曲縣 동북쪽에 위치한 고개)을 잘라 요새를 구축했다. 이후 당조는 이와 같이 안문을 중심으로 한 북변의 방어 체계를 확립하면서 이전에 비해 돌궐의 공격을 쉽게 막아낼 수 있었다.[328]

양국의 군사적 충돌로 대치 국면이 조성되었지만 일릭 카간이 당조가 자신을 속이고 서돌궐과 적극 교섭을 벌여 협공을 모의했다는 사실을 알고 난 뒤에 화의를 청했다. 그리고 이제까지 대치 국면 속에 사신으로 왔다가 억류되었던 한양공漢陽公 이괴李瑰와 태상경太常卿 정원숙鄭元璹, 좌효위대장군左驍衛大將軍 장손순덕長孫順德 등을 풀어주었다. 이와 함께 어교魚膠 수십 근을 보내면서 두 나라가 아교처럼 단단해지기를 바란다는 화해 의사를 표현했다.[329] 이는 일릭 카간이 가장 우려하는 사태가 바로 서돌궐과 당조가 연합해 자신을 공격하는 것이었음을 의미한다.

고조 역시 아직 관동을 평정하지 못한 상태라 동돌궐과의 관계를 악화시키지 않기 위해 그들의 요구를 받아들여 사신으로 온 열한 테긴熱寒特勤과 아사덕 등에게 금과 비단을 내려주었다. 그 뒤 양국 관계는 군사적 대치 상황에서 일시적 화해 국면으로 전환되었는데, 이것은 당조가 관동에 공세를 가할 수 있는 기회를 주었다. 고조는 이후 621년 7월에 낙양의 왕세충을 공격해 그를 도우려고 내려온 두건덕을 먼저 제압했다. 당조가 승리를 거두자 두건덕 예하에 있던 유흑달劉黑闥이 다시 세력을 규합해 대장군이라 칭한 뒤에 돌궐에 사신을 보내 연합을 도모했다.[330]

일릭 카간도 이에 호응해 그를 지원하기 위해 원군장과 함께 원정을 감행했다. 돌궐과 연합한 원군장은 621년 8월에 안문을 공격해서 승리를 거

---

328) 『舊唐書』 권194上 「突厥傳」 上, p. 5155.
329) 위와 같음.
330) 『舊唐書』 권55 「劉黑闥傳」, p. 2259.

둔 뒤 이대은李大恩을 포위하고 있다가 남하해 9월에 병주를 압박했다. 더 나아가 양주梁州, 영주靈州 등을 약탈하는 등의 성과를 올렸지만 바로 패 배하자 철수할 수밖에 없었다.[331] 이때 유흑달도 당조에 적극 공세를 가해 과거 두건덕의 세력 범위를 재탈환했다. 고개도 역시 연왕이라 칭하면서 세력화한 다음에 돌궐, 유흑달과 연합했고, 유흑달도 622년 정월에 한동 왕漢東王이라고 칭하며 세력화했다.[332]

이를 좌시할 수 없었던 당조는 하주에 대한 원정과 함께 유흑달을 공격 해 굴복시키고 관동을 다시 탈환했다. 이를 발판으로 원군장을 약화시켜 돌궐과 연계된 세력들을 제압하려고 했다. 이를 위해 아직 복속되지 않은 북변의 군현에 회유책을 썼는데, 이것은 622년 봄 마읍에 양식이 부족해 졌기 때문이다. 이때 당조에서는 군사 작전을 벌이면서 다른 한편으로 원 군장에게 참가한 자의 죄를 모두 용서해준다는 조서를 내려 그를 위기에 몰아넣었다. 동시에 이대은은 전내소감殿內少監 독고성獨孤晟과 함께 군대 를 지휘해 원군장을 토벌하려고 했는데, 이것은 계획대로 되지 못하면서 일릭 카간이 보낸 수만의 기병과 유흑달의 포위 공격을 받아 사로잡히고 말았다. 당조에서도 다시 그를 구원하기 위해 이고천李高遷을 보내려고 했 으나 그 역시 도착하지 못해 실패로 끝나자, 이고천도 흔주忻州(지금의 산 시성山西省 신저우시忻州市와 딩샹현定襄縣 일대)로 철수할 수밖에 없었다.[333]

따라서 당조의 북벌 시도는 실패로 끝나고, 오히려 돌궐의 공세에 시달 릴 수밖에 없었다. 이후 돌궐의 공세가 아주 본격화되는데, 622년 6월에 유흑달이 다시 돌궐 기병 1만여 명을 끌어들여 하북河北을 노략질하자 일 릭 카간 역시 직접 5만 명의 기병을 이끌고 분주汾州까지 쳐들어왔다. 이 와 동시에 수천 기를 보내 영주와 원주까지 쳐들어가 약탈했다. 이런 움직

---

331) 앞의 책, p. 2261.
332) 위의 책, p. 2259.
333) 『舊唐書』 권194上 「突厥傳」 上, pp. 5155~5156.

임에 당조에서는 태자 이건성李建成이 빈주도豳州道(지금의 산시성陝西省 산현杉縣, 융서우현永壽縣, 창우현長武縣, 쉰이현旬邑縣 일대)로 갔으며, 이세민이 포주도蒲州道(지금의 산시성山西省 융지현永濟縣, 완룽현萬榮縣, 린이현臨猗縣, 루이청현芮城縣 일대) 등에 가서 대응했다.

일릭 카간은 이 무렵 병주를 포위 공격하면서 다른 한편으로 군대를 나누어 분주와 노주潞州까지 들어가 당의 백성 5000여 명을 사로잡는 등 큰 성과를 올렸다. 하지만 이세민의 당군이 포주까지 왔다는 소식을 듣고 군대를 물려 장성 밖으로 물러갔다. 일릭 카간의 약탈은 여기서 그치지 않고 그 뒤 8월에 직접 1만 5000기를 거느리고 안문까지 쳐들어와 당군을 격파하고 병주를 압박하기도 했다. 이것은 당조의 주력을 자신에게 돌려 이와 연계된 유흑달이 낙양을 공격하는 데 유리한 상황을 만들어주려는 계획 아래 진행된 도발이었다.

돌궐은 이처럼 군사적으로 유리한 국면에 있었음에도 갑자기 당조에 사신을 보내 화해를 요구했다. 이런 동돌궐의 갑작스런 태도 변화는 모두 서돌궐의 톤 야브구 카간이 당조의 요청을 받아들여 동쪽으로 대군을 보내 공격한 것과 관련이 있다고 추정된다.[334] 이로 인해 이후 일릭 카간의 공세는 크게 위축되었고, 반대로 당조는 전세를 반전시킬 수 있는 기회를 얻었다. 이에 적극 나선 고조는 유흑달과 돌궐을 이간시키기 위해 사신 정원숙鄭元璹를 파견했다. 그는 일릭 카간이 당조가 배신했다고 힐책하며 자신을 압박하자 이에 굴하지 않고 오히려 돌궐이 자신들을 배신했다고 꾸짖으면서 다음과 같이 말했다.

중국漢과 돌궐은 풍속이 각기 달라 중국이 돌궐을 얻어도 신하로 삼을 수 없고, 돌궐이 중국을 얻는다고 한들 어디에 쓸 데가 있겠습니까? 또한 물자와 재물을 약탈하면

---

334) 『舊唐書』 권194下 「突厥傳」 下, p. 5181.

모두 장군과 병사들이 갖게 되니 카간께서는 아무것도 얻는 것이 없으십니다. 이것은 빨리 기병 부대를 거두어들이고 사신을 보내 화친을 하면 나라에서 반드시 많은 재물을 드리니 포목과 비단이 모두 카간에게 들어가 힘든 수고를 없애고 앉아서 이익을 얻는 것만 못합니다. 당나라가 이전에 천하를 차지할 즈음 카간과 형제가 되기를 약속해서 사람들이 서로 왕래한 것이 끊인 바가 없습니다. 카간께서 이제 선한 마음을 버리고 미워하는 것을 따르시면 많은 것을 버리고 적은 것을 쫓아가는 것이 아니고 무엇이겠습니까?[335] (강조는 인용자)

이 글을 통해 일릭 카간이 원한 것이 무엇이며, 이것을 충족시켜줌으로써 돌궐의 공세를 막고자 했던 당조의 입장 역시 정확하게 알 수 있다. 여기서 정원숙은 일릭 카간이 자신을 중심으로 한 집권 질서를 구축하는 데 필요한 많은 물자를 얻는 방법은 군사적 약탈이 아니라 당조와의 외교적 교섭을 통한 물자 구득에 있다는 점을 지적했다. 실제로 군사적 기동機動은 군주 자신에게는 별다른 이익을 주지 못하는 것으로, 중국으로부터 제공된 물자를 독점하고 이것을 유통시킴으로써 많은 부가 이익을 창출하려던 유목 군주의 입맛에도 맞지 않았다.

특히 일릭 카간이 자신의 권력을 강화하기 위해 내부적으로 소그드 상인들을 적극 지원했던 것과도 부합하지 않았다. 당시 일릭 카간은 이후에 그의 몰락 원인에 대한 평가에서 지적한 것처럼, **"매번 여러 소그드인胡人에게 정사를 맡겨 자신의 족속들을 멀리했다. 소그드인들은 이익을 탐하고 성정이 대부분 변덕스러워 법령이 날로 번잡해졌는데, 매년 군대마저 움직이자 국인國人들이 걱정하며 여러 부락이 떨어져나갔다"**[336]라고 할 만큼 소그드 상인들에 대한 의존이 심했다.

---

335) 『册府元龜』 권660 「奉使部 敏辨 2」, p. 7900.
336) 『舊唐書』 권194上 「突厥傳」 上, p. 5159.

이는 일릭 카간이 과거처럼 권위주의적인 상인 관료 체제를 확립하고 북중국으로부터 많은 물자를 획득해 교역을 지향하는 유목제국을 회복하고자 하는 강력한 욕구를 갖고 있었음을 보여준다. 따라서 고조가 일릭 카간의 이런 욕구를 정확하게 파악하고 이에 맞는 조건을 제시한 것은 이를 통해 당조에 대한 공세를 누그러뜨리기 위함이었다. 당시 고조에게 유흑달을 격파하고 관동을 차지한 뒤 중국을 통일하려면 돌궐을 자기편으로 끌어들여 개입을 차단하거나, 아니면 최소한 지원을 하게 만드는 일이 절실할 수밖에 없었다.

하지만 화북에서 계속 전투가 벌어지는 상황이라 일릭 카간은 단순히 외교적 교섭을 통해 이익을 얻으려고만 하지 않았다. 그에게는 대결이 지속적으로 벌어져 자신이 원하는 방향으로 중국 내에 세력 균형이 이루어지게 만든 다음 자신이 주도할 수 있는 외교적 질서를 형성시키는 것도 몹시 중요했다. 따라서 일릭 카간은 당조의 화의 요구를 받아들여 군사적 개입을 멈추기보다 유흑달에 대한 군사적 지원을 더욱 강화했다. 이와 관련해 10월에 유흑달의 요청을 받고 병력을 지원했으며, 11월에도 양사도의 요청을 받아 영주를 공격했다.

하지만 고조가 유흑달에 대한 대대적인 공세를 펼쳐 623년 정월 마침내 그를 사로잡았다.[337] 이것은 당조에 향후 통일을 향한 중요한 전기가 되었지만, 반대로 일릭 카간에게는 당조를 견제해 자신의 이익을 극대화시킬 수 있는 환경 조성에 실패했음을 의미했다. 실제로 이후 당조가 관동에서의 승리를 바탕으로 마읍의 원군장을 초무招撫하자 623년 5월 원군장의 부장이었던 장천명張天明이 당조에 투항했다. 고만정高滿政도 원군장을 마읍에서 몰아낸 다음 당조에 투항하는 등 상황이 역전되자 일릭 카간은 원군장을 도와 다시 마읍을 탈환하려고 하는 등 군사적 개입을 할 수밖

---

337) 『舊唐書』 권1 「高祖本紀」, p. 13.

에 없었다.[338]

이후 일릭 카간은 더 공세를 가하지 않고 갑자기 마읍을 넘겨주면서 화의를 청했다. 당시 당조를 견제하기 위해 군사 개입을 멈추지 않았던 일릭 카간이 태도를 바꾼 것은 또다시 서돌궐의 공격 징후가 있었기 때문이다. 일릭 카간은 당조에 마읍을 넘겨줄 만큼 화의를 할 수밖에 없었던 것으로 추정된다. 실제로 일릭 카간은 12월에 당조에 사신을 보내 조공을 했고, 그다음 해인 624년 2월에도 사신을 보냈다.[339]

하지만 624년 2월 유주에 있던 고개도의 부하 장금수張金樹가 배반한 뒤 그를 축출하고 당조에 투항하자, 일릭 카간은 다시 군사적 개입을 했다.[340] 그 뒤 일릭 카간이 원군장과 고개도의 잔여 세력을 이끌고 5월에 삭주를 공격하자 당조에서는 6월 장성을 수리하는 등 방어시설을 갖춰 공세에 대비했다. 그리고 7월에 돌궐이 대주, 원주, 농주隴州, 음반陰盤(지금의 간쑤성 핑량시平涼市 동남쪽) 등을 거쳐 병주 경내까지 쳐들어와 원주와 농주까지 공격하자 당군이 이를 막아냈다. 그럼에도 8월에 일릭 카간은 조카 튈리스 카간과 함께 남하해 병주, 수주를 공격하면서 관중까지 압박하는 등 공세를 늦추지 않았다.[341]

이것은 당조에 엄청난 위기의식을 불러일으켜 조정에서 천도 논의가 벌어질 정도였으며, 결국 후계를 둘러싼 내부 갈등으로 번지기도 했다. 논의 과정에서 태자를 중심으로 한 천도 주장에 진왕秦王 이세민이 반대하며 장안을 고수할 것을 주장했다. 그리고 고조가 이를 받아들여 이세민을 북쪽으로 보내 돌궐을 막게 했다. 하지만 이세민은 관중에 장맛비가 내려 군량 운송이 두절됨에 따라 더 이상 나아가지 못하고 빈주豳州에 주둔해

---

338) 『舊唐書』 권55 「苑君璋傳」, p. 2255.
339) 『冊府元龜』 권109 「帝王部 宴享 1」, p. 1300.
340) 『舊唐書』 권55 「高開道傳」, p. 2257.
341) 『舊唐書』 권194上 「突厥傳」 上, p. 5156.

있어야만 했다.

마침 성 서쪽에 일릭 카간과 툴리스 카간이 1만여 기병을 이끌고 나타나 지대가 높은 곳에 진영을 갖추자, 이세민은 이를 막기 위해 직접 100명의 기병을 이끌고 나아가 이들을 위압했다. 이 과정에서 이세민은 툴리스 카간에게 사신을 보내 형제가 되기를 약속함으로써 일릭 카간과의 사이를 이간하려고 했다. 이는 모두 이세민이 자신의 취약한 상황을 돌궐 내부의 권력 투쟁을 야기함으로써 해결하려고 하는 책략의 일환이었다. 실제로 툴리스 카간이 이를 받아들여 형제 관계를 맺자 일릭 카간은 할 수 없이 군대를 철수시켰다.

일릭 카간은 바로 당조에 화친을 청하며 으쉬바라 테긴(Ïshbara tegin으로 추정. 협필특근夾畢特勤) 아사나사마阿史那思摩를 당조에 보냈다. 고조 역시 그를 크게 환대하며 화순왕和順王으로 봉해주었는데,[342] 모두가 종실 내부의 세력들을 이간시키려는 노력의 성과였다. 따라서 툴리스 카간과 연합해 당조를 공격하려고 했던 일릭 카간의 의도는 오히려 이세민의 이간책으로 내부의 갈등을 노출시키며 실패로 끝났다. 일릭 카간이 물러난 것은 툴리스 카간을 비롯한 종실 내부의 입장을 무시하고 단독으로 군사 작전을 전개할 수 없었기 때문이다.

그 뒤에도 일릭 카간은 화친 요구와 군사적 개입을 반복적으로 구사하며 당조로부터 보다 많을 것을 얻어내고자 했다. 이에 당조에서도 625년 정월 돌궐의 호시 요구를 허가해 욕구를 들어주면서 당조도 필요한 가축을 구득했다.[343] 이것은 군사적 원정을 통한 약탈이 아니라 당조와의 교섭을 통해 일릭 카간의 개인적인 이익 획득 욕구를 받아들여줌으로써 그의 도발을 무마하려고 한 것이었다. 하지만 일릭 카간은 자신의 이익을 더 극

---

342) 앞과 같음.
343) 『資治通鑑』 권191 高祖 武德 8년(625) 조, p. 5995.

대화하기 위해 군사적 약탈을 통한 압박을 줄이지 않았는데, 이런 그의 시도에 또다시 제동을 건 것은 서돌궐의 압박이었다.

고조는 일릭 카간의 도발을 견제하기 위해 이번에도 서돌궐과 교섭을 벌였다. 그는 625년 4월에 정식으로 혼인을 허락한 다음 8월에 혼사에 관해서 협의하기 위해 고평왕高平王을 톤 야브구 카간에게 파견했다.[344] 그 뒤 서돌궐과의 외교 관계를 강화하는 대책을 마련하고, 북변을 방어하기 위한 준비를 마친 다음 7월에 돌궐을 적대시하는 조칙을 내렸다. 이에 일릭 카간 역시 강력하게 대응해 상주相州(지금의 허베이성 츠현磁縣, 청안현成安縣, 네이황현內黃縣, 탕양현湯陽縣, 린저우시林州市 일대)까지 약탈해 들어왔다. 그 뒤 돌궐의 공세가 본격화되면서 11월까지 공격이 이어져 영주, 수주, 병주, 유주, 난주, 선주鄯州, 원주 등 북변 전체에 걸쳐 전투가 벌어졌다.

돌궐의 대대적인 공세에 당군이 패배하자 고조는 악화된 국면을 전환하려고 626년 3월 돌궐에 남해공南海公 구양예歐陽裔를 사자로 파견했다. 그런데 오히려 그가 일릭 카간의 오르두를 몰래 범하려다 붙잡혀 분노를 사고 말았다.[345] 이 일은 이후 돌궐의 공세를 더욱 강하게 만들었으며, 626년 7월 2일에 '현무문玄武門의 변', 즉 이세민의 정변이 일어나자 당조에 대한 공세를 원하는 양사도의 요청을 받아들여 일릭 카간이 공격을 가했다.

일릭 카간은 8월에 직접 10여 만 기를 이끌고 무공현武功縣(지금의 산시성陝西省 시안시)으로 쳐들어와 장안을 위협했다. 그 뒤 고릉현高陵縣(지금의 산시성 시안시)을 노략질하자 당의 행군총관行軍總管 좌무후대장군左武候大將軍 위지경덕尉遲敬德이 경양현涇陽縣에서 돌궐을 대파했으며, 이르

---

345) 『資治通鑑』 권191 高祖 武德 8년(625) 조, p. 6000.

킨俟斤 아사덕오몰철阿史德烏沒啜을 잡고 1000명을 참수했다. 이로 인해 돌궐의 공격이 주춤하자 일릭 카간은 심복인 집실사력執失思力을 조정에 보내 정탐하며 허장성세虛張聲勢를 부림으로써 위협하려고 했다. 그러나 오히려 이세민이 집실사력을 제압해 문하성門下省에 잡아두고는 직접 가서 말로써 제압하려고 했다.

이렇게 일릭 카간은 당조가 내분으로 자신에게 대적할 수 없음을 알고 이를 틈타 제압하려고 했다. 하지만 오히려 이세민이 자신을 설득하며 화친을 청하자 다음 날 성의 서쪽 편교 부근에서 백마白馬를 잡아 동맹을 맺고 철수했다.[346] 따라서 일릭 카간은 당조 권력 교체기의 혼란을 이용해 대대적인 원정을 벌였음에도 뜻을 이루지 못했다.

이와 같이 이세민이 일릭 카간의 욕구를 채워주기로 약속함에 따라 화의가 성사되어, 호시가 열리거나 조공 등을 통해 물자를 교환함으로써 발생하는 이익을 카간이 장악할 수 있었다. 이는 카간을 제외한 여타 세력들에게는 불만일 수밖에 없었다. 이세민은 이에 대해 정확하게 이해했는데, 이것은 그가 일릭 카간과 대치하면서 신하들에게 한 다음과 같은 말에서 확인해볼 수 있다.

짐이 돌궐의 군대를 보니 백성은 많으나 잘 정비되어 있지 않고, 군신들의 생각은 오직 재물의 이익만을 따지고 있다. 일릭 카간만이 홀로 강 서쪽에 있는데, 여러 추장이 모두 와서 짐에게 인사하니 짐이 이를 틈타 그 백성들을 습격하면 기세가 썩은 가지를 부러뜨리는 것과 같았을 것이다. 그래서 짐이 이미 장손무기長孫無忌와 이정李靖에게 유주에 복병을 두고 기다리라고 명령을 해두니, 돌궐이 만일 도망해 돌아간다면 복병이 그 앞을 요격邀擊하고 대군이 그 뒤를 쫓는 것은 손바닥을 뒤집는 일과 같이 쉬울 것이다.

346) 『舊唐書』 권194上 「突厥傳」 上, p. 5157.

짐이 싸우지 않은 것은 즉위한 지 며칠 되지 않았고 나라를 다스리는 도리를 행하고 안정에 힘써야 하기 때문이고, 한 번 돌궐과 싸우면 반드시 죽고 다치기 마련이며 또한 돌궐이 패한다면 그들은 당연히 두려워하며 덕을 닦아도 우리에게 원한을 품어 근심이 적지 않을 것이기 때문이다. 짐이 **지금 군대를 거두어 싸우지 않고 옥과 비단으로 그들을 유혹하면 우둔한 돌궐의 교만함과 방자함이 반드시 이로부터 시작될 것이니 그들이 멸망하는 점진적인 과정이 여기에 있다!** 장차 그들을 취하고자 한다면 반드시 한결같이 대해야 한다고 한 것은 이를 말하는 것이다.[347] (강조는 인용자)

이세민은 일릭 카간을 비롯한 돌궐의 추장들이 모두 자신들의 이익만을 위해 노력한다고 지적했으며, 이들을 재물로 끌어들이면 쉽게 제압할 수 있을 것이라고 했다. 이것은 반대로 돌궐 내부에서 일릭 카간과 여타 세력들의 관계가 재물로 인해 해체될 수도 있다는 점을 시사한다. 왜냐하면 일릭 카간은 화의를 통해 당조와 관계를 독점함으로써 발생하는 이익을 분배하지 않는 것으로 보이기 때문이다. 이는 내분으로까지 발전하지는 않는다고 하더라도 일정 정도는 카간의 입장에 반감을 갖게 할 수 있었다. 일릭 카간이 자신의 이익을 위해 정변 직후 취약해진 이세민의 상황을 이용해서 화의를 한 것은 분명 그에 동원된 여타 추장들의 이익에 반했기 때문이다.

그 뒤 돌궐 내부에서 실제로 불만이 터져나왔던 것은 일릭 카간 시기에 오아시스 도시에 과세한 것을 참지 못했다는 기록이나 튈리스 카간의 지배하에 있던 해와 습 등의 부락이 당조로 귀부한 것 등을 통해 알 수 있다.[348] 이는 당조 원정과 관련해 부용 집단에 대한 착취가 엄중했음을 보여

---

347) 앞의 책, p. 5158.
348) 『舊唐書』 권199下 「北狄傳」, p. 5350.

준다. 카간에 대한 반발은 종속 집단만이 아니라 부용 집단까지 확대되면서 유목 국가의 근간을 흔들 만큼 심각한 사태로 연결되었다.

이때 몽골 초원에서 욜룩 샤드의 통제 아래 있던 투르크계 부락인 설연타, 위구르, 바야르쿠 등이 일릭 카간에게 반발했다. 이것은 원정에 동원될 경우 그와 관련된 징세 내지는 원정에 참여한 다음 이익 분배가 가능한 약탈 또는 재화의 분배 등에서 배제되었기 때문이다. 더욱이 일릭 카간이 **"매년 군대마저 움직이자 국인들이 걱정하며 여러 부락이 떨어져나갔다"**[349]라고 한 것처럼 해마다 원정에 동원되었음에도 그에 따른 이익 분배가 제대로 이루어지지 않자 내부에서 반발이 일어났던 것이다.

이것은 일릭 카간이 자신과 결탁한 소그드 상인들의 이익을 확대함으로써 자신의 권력을 강화하자 유목 부락들이 이탈했음을 보여준다. 즉 일릭 카간이 원정을 통해 얻은 이익을 독점했으며, 이와 관련된 다양한 징세를 예하의 부락들로부터 거두어들였음을 의미한다. 따라서 일릭 카간이 자신의 권력을 강화하기 위해 벌인 내적인 통제의 강화는 반대로 종속 집단 같은 유목 부락들의 이반을 가져왔다. 그리고 이것은 결국 국가의 내적인 결속력을 약화시켜 원심적遠心的인 경향을 강화하는 방향으로 진행되었던 것이다.

돌궐에 반기를 든 투르크계 유목 부락은 고비 남부를 중심으로 중국 북변에 대한 원정을 지속하던 일릭 카간의 배후에 있었다. 이들은 자신들에 대한 통제가 느슨해지고 착취가 강화되자 이탈하려고 했다. 그중에서도 원래 서돌궐에 복속되었다가 잠시 세력화를 시도하기도 했던 설연타는 서돌궐의 공세를 받아 세력이 약화된 뒤에 몽골 초원으로 이주해 와 있었다. 이때 추장 으난(İnan으로 추정. 이남夷男)이 타르두쉬 샤드, 즉 아사나사이와 퇼리스 카간이 이끄는 기병들을 격파함으로써 세력화에 성공할 수

---

349) 앞과 같음.

〈그림 21〉 설연타 유목 국가의 범위

있었다.

또 설연타와 연계한 위구르의 추장 보살(Bosal로 추정. 菩薩) 역시 욜룩 샤
드가 이끄는 1만 명의 토벌대를 마렵산馬獵山에서 대파한 다음 설연타에
들어가 퀼 일테베르(Kül ilteber로 추정. 활힐리발活頡利發)라는 관직을 받았
다. 이후 으난은 몽골 초원의 투르크계 유목 부락들을 통합하고 카간이 되
어 유목 국가를 건설했다.[350] 따라서 일릭 카간은 몽골 초원을 설연타에 빼
앗기면서 단지 고비 남부를 차지한 세력으로 위축될 수밖에 없었다.

게다가 627년에 "**큰 눈이 내려 양과 말 등 가축들이 모두 죽었**을 뿐만 아니
라 중국인들 가운데 이곳에 살고 있던 사람들마저 산속에 들어가서 도적
이 되었으며, 인심이 아주 흉흉해졌다"고 한 것이나 "[마침] 그 나라에 큰
**눈이 와서 평지에 쌓인 눈이 몇 척이나 되어 양과 말이 모두 죽고 사람들은 크게**

---

350) 앞의 책, p. 5344.

**굶주렸다"**[351]는 등의 기록에서 확인할 수 있듯이, 초원의 자연재해 역시 일릭 카간에게 심각한 타격을 주었다. 초원에 닥친 폭설을 피하는 방법은 다른 곳으로 이주하는 것 외에는 별다른 방도가 없었기 때문에 일릭 카간도 삭주까지 내려와 지낼 수밖에 없었다.

돌궐이 재해를 피해 남하하자 당조에서는 이것을 도발로 여기고 신하들은 태종에게 "오랑캐들은 믿을 수 없으니 먼저 스스로 의심이 생겨 동맹을 맺은 다음에도 군대를 이끌고 홀연히 변경을 넘어옵니다. 〔그들은〕자신들의 편함만을 위해 여러 번 약속을 어겼기 때문에 토벌해야 합니다"[352]라고 강력하게 주청했다. 이에 대해 태종은 다음과 같이 말하며 주청을 받아들이지 않았다.

> 필부의 한마디도 모름지기 신용을 지켜야 하는데, 어찌 천하의 주인인 짐이 어떻〔게 어길 수 있〕겠는가! 어찌 친하다고 화해를 했는데, 그의 재난을 이용해 위험함을 틈타 〔그들을〕 없앨 수 있겠는가? 여러분이 그렇게 하자고 해도 짐은 그렇게 할 수 없다. **돌궐 부락이 반란을 일으켰다가 다 없어지고 모든 가축六畜이 죽어도 짐은 끝까지 신의를 보여줄 것이니** 망령되게 토벌하지 않고 무례〔하게 잘못하는 것〕을 기다려 바야흐로 〔군대를 내어 그들을〕 잡아야 할 것이다.[353] (강조는 인용자)

이상과 같이 이후 사가史家들은 태종이 약속을 지켜야 한다는 명분을 들며 돌궐을 토벌하지 않은 것이 신의를 중시하는 그의 고매한 덕망 때문이라고 평가했다. 하지만 사실은 태종 역시 등극 초기에 돌궐을 공격하는 일이 부담스러웠던 것과 깊은 관련이 있었다. 왜냐하면 태종은 이 무렵 돌

---

351) 『舊唐書』 권194上 「突厥傳」 上, p. 5159.
352) 『册府元龜』 권655 「奉使部 智識」, pp. 7847~7848.
353) 위와 같음.

궐을 직접 공격하기보다 내적인 안정을 확보하기 위해 노력해야만 했기 때문이다.

한편 과거 으쉬바라 카간의 몰락 과정에서 확인한 것처럼, 이 무렵 당조의 공격이 없었다고 해도 초원의 엄중한 자연재해는 일릭 카간에게 심각한 타격을 줄 수밖에 없었다. 더욱이 이에 대한 일릭 카간의 대처는 오히려 내부의 강력한 반발을 불러일으켰다. 그는 이때 어려운 상황을 극복하기 위해 은혜를 베풀어 부락들을 포용하기보다 오히려 착취를 늘렸다. 이것은 이후 일릭 카간을 비난하기 위한 기록이라 볼 수도 있지만, "연이어 몇 년 동안 많은 눈이 내려 모든 가축이 대부분 죽어 나라에는 큰 기근이 들었지만 일릭 카간은 **쓸 만큼 주지 않고 다시 거듭 여러 부락으로부터 부세賦稅를 거두어들였기 때문에 부하들이 명령을 감당하지 못하고 안팎으로 대개 반발을 했다**"[354]라고 한 것에서 알 수 있듯이 내부의 반발을 야기했다.

이것만이 아니라 해, 거란, 습 등이 모두 몽골 초원 투르크계 유목 부락들의 반발에 영향을 받아 당조에 투항해버리자 동부의 퇼리스 카간도 심각한 타격을 입었다. 더욱이 퇼리스 카간은 복속 부락들의 이탈로 자신의 근거를 상실한 것에서 그치지 않고, 일릭 카간에게 설연타에 대한 공격 실패의 책임을 추궁 받는 처지에 있었다. 왜냐하면 일릭 카간이 다시 당조 원정에 필요한 동원을 요청하자 그가 이를 거부했기 때문이다. 이와 같은 내적 갈등은 결국 아사나 종실의 해체를 의미했다. 실제로 남면에 있던 위즈 샤드 아사나모말阿史那模末 역시 황허 남쪽에 있다가 당조의 이간책으로 카간에게 의심을 받자 이탈했다.[355]

내지에서도 마읍의 원군장이 당조에 항복해 들어왔으며, 하주의 양사도 역시 당조의 대대적인 공격을 받아 소멸되었다.[356] 이로써 북중국의 할거

354) 『舊唐書』 권194上 「突厥傳」 上, p. 5159.
355) 위와 같음.

세력은 대부분 당조를 중심으로 완전히 정리되었는데, 이는 이제까지 돌궐을 중심으로 형성되었던 다자적 질서의 완전한 해체를 의미했다. 더욱이 아사나 종실의 이반과 종속 집단의 이탈 등으로 집권 질서가 완전히 해체되자 일릭 카간은 단지 인산 산맥을 중심으로 한 고비 남부 초원 지역을 차지한 세력의 하나로 격하되는 한심한 처지에 놓였다.

태종은 돌궐이 신의를 지키지 않는 경우에만 공격할 것이라는 앞서의 언급을 구실 삼아 628년 퇼리스 카간이 사신을 보내 일릭 카간과 틈이 벌어졌다며 공격을 주청했음에도 받아들이지 않았다. 다만 조칙을 내려 진무통秦武通에게 병주의 병마를 거느리고 상황에 따라 대처하라고 했을 뿐이다. 반면 신생 설연타에 대해서는 조공을 하자 적극 받아주며 으난을 빌게 카간Bilge qaghan(비가가한毗伽可汗)으로 책봉해 돌궐을 협공하기 위한 준비를 했다.[357] 또한 629년에 일릭 카간이 신하를 칭하며 공주와 결혼해 사위의 예를 갖출 것을 원하자 이것 역시 받아주는 척하면서 하주의 양사도를 도왔다는 사실을 빌미로 대대적인 원정을 했다. 이런 태종의 공격은 629년 8월에 대주도독代州都督 장공근張公謹이 일릭 카간은 더 이상 회복할 수 없는 상태에 있다고 주장한 데 따른 것이다.[358]

그 뒤에 이어진 일릭 카간에 대한 공격은 629년 11월 병부상서兵部尙書 이정李靖의 지휘 아래 대주도독 장공근이 정양도定襄道에서, 이적李勣과 우무후장군右武候將軍 구행공丘行恭이 통한도通漢道에서, 좌무위대장군左

---

356) 『舊唐書』 권56 「梁師都傳」, p. 2282.
357) 『舊唐書』 권194上 「突厥傳」 上, p. 5158.
358) 장공근張公謹은 '돌궐가취지상突厥可取之狀'을 태종에게 올렸다. 그는 여기서 일릭 카간을 무너뜨릴 수밖에 없는 여섯 가지 이유를 다음과 같이 예시했다 ① 일리 카간의 폭정, ② 돌궐의 지배를 받던 몽골 초원 투르크계 유목 부락들의 반발, ③ 돌궐의 유목 부락 봉기 진압 실패와 종실 내부의 갈등, ④ 천재지변으로 인한 기근, ⑤ 일릭 카간 주변에서 그를 돕는 소그드 상인 관료들의 배반, ⑥ 몽골 초원에 있는 한인漢人들의 내응 가능성 등을 들었다. 이는 627년 이후 일릭 카간이 겪고 있던 어려움을 잘 파악한 것으로 태종의 무력 정벌을 가능하게 하는 이유가 되었다(『舊唐書』 권68 「張公謹傳」, p. 2507).

武衛大將軍 시소柴紹가 금하도金河道에서, 위효절衛孝節이 긍안도恆安道에서, 설만철薛萬徹이 창무도暢武道에서 시작되었다. 이에 12월에 일릭 카간과 불화를 겪던 퇼리스 카간과 위즈 샤드, 인니 테긴(Yini tegin으로 추정. 음내특근陰奈特勤) 등이 예하의 부락을 이끌고 당조로 도망쳐 들어왔다.

630년 정월에 이정이 악양령惡陽嶺(지금의 산시성山西省 핑루현平魯縣 서북쪽에 위치한 고개)에 주둔해 있다가 밤을 틈타 일릭 카간의 본거지가 있던 정양을 습격했다. 이에 일릭 카간이 놀라 두려워하며 오르두를 고비 쪽으로 옮기자, 여기서 이탈한 소그드인 추장 강소밀이 소황후와 양정도 등을 데리고 당조에 들어와 항복했다. 이때 일릭 카간은 철산鐵山(지금의 허베이성 린청현臨城縣 서남쪽)에서 아직 수만의 군대를 거느리는 등 세력을 유지하고 있었다. 그는 국면 전환을 위해 2월에 집실사력을 시켜 조정에 들어와 사죄하고 나라를 바치며 항복하겠다고 간청했다.

하지만 태종은 홍려경鴻臚卿 당검唐儉과 장군 안수인安修仁을 보내 안무하는 척하면서 이정을 시켜 그를 급습해 격파했다. 이에 대패한 일릭 카간은 조카 으쉬바라 샤드(Ïshbara shad로 추정. 사발라설沙鉢羅設)의 부락으로 도망갔다가 3월에 행군부총관 장보상張寶相에게 사로잡혀 장안으로 끌려왔다.[359] 이후 일릭 카간을 비롯한 아사나 등 동돌궐의 핵심 집단은 대부분 당조로 내려와 통제하에 들어갔다. 그 뒤 장안에 잡혀온 일릭 카간의 세력만이 아니라 이전부터 당조에 투항해 들어와 있던 많은 돌궐 주민들도 중국 내지로 잡혀 들어와 통제를 받으면서 살아가야만 했다.

630년 고비 남부에 웅거하던 동돌궐의 몰락은 결국 수말 당초에 수조에 대항한 다양한 할거 세력들을 통제하고 다시 패권을 장악한 당조를 중심으로 한 국제 질서를 구축하게 해주었다. 반면 동돌궐은 공교롭게도 결정적인 시점에 카간이 교체되면서 당조의 성장을 제대로 견제하지 못하

---

359) 『舊唐書』 권194上 「突厥傳」 上, p. 5159.

고 오히려 실패했다. 따라서 동돌궐은 할거 세력 가운데 하나에 불과했던 당조가 자신을 견제함과 동시에 효과적으로 여러 세력을 통합해내며 중국을 통일해나가는 것을 그냥 지켜볼 수밖에 없었다. 더욱이 당 태종이 즉위하는 과정에서 주어진 결정적 기회마저 제대로 이용하지 못하고 오히려 얼마 지나지 않아 당조의 역공을 받아 붕괴되어버렸다.

이는 동돌궐이 수말 당초 과거의 영광을 회복하기 위해 중국을 그냥 약탈 내지는 공납의 대상 정도로 설정하는 등 계속 눈앞의 이익을 확대하는 데만 급급했기 때문이다. 이때 동돌궐은 중국 내지에 적극 간섭해 자신들의 이익과 위상을 확보하면서 이를 보다 쉽게 만들기 위해 심지어 양제 사후에 수조를 다시 복벽시켜 괴뢰 정권을 세우기도 했다. 하지만 양정도 정권이 제대로 성장할 수 있는 근거를 마련한 상태에서 이루어진 것이 아니라는 점에서 별다른 성과를 거두지 못했다. 그리고 동돌궐이 주도한 복벽이 오히려 기존 북중국 여러 할거 세력과의 갈등을 유발했을 뿐만 아니라 명분에서도 수조를 원하지 않던 상황을 고려해보면 정당성조차 얻지 못하는 역효과를 가져오기도 했다.

게다가 북중국에 대한 약탈을 계속 벌인 것 역시 중원 세력과의 갈등을 촉발하면서 여러 세력 중 하나에 불과하던 당조가 급속하게 성장하는 것을 도왔다. 당시 경제적 이익에 초점을 맞춘 동돌궐의 내지에 대한 간접적인 영향력 행사 방식은 결정적 한계를 갖고 있었다. 이런 움직임은 모두 돌궐이 중국에 대한 간섭을 기초로 내적으로도 카간과 결탁한 소그드 상인 출신 관료들이 중국에서 물자를 뜯어내 이를 통해 보다 많은 이익을 창출하기 위한 체제를 재구축하는 데만 초점이 맞추어져 있었다. 따라서 일시적으로 카간의 권력이 강화되어 체제가 안정된 것처럼 보일 수도 있었지만, 이것은 오래갈 수 없는 한계를 지니고 있었다.

오히려 일릭 카간이 이익을 쫓아 계속 북중국 원정에 몰두하면서 유목 사회를 유지할 수 있는 기반을 약화시켰을 뿐만 아니라 종실 내부의 결합

역시 와해시켜 체제가 약화되었다. 그리고 교역 국가로의 지향은 교통로를 확보하지 못해 소기의 성과를 거두지 못함에 따라 발전에 큰 제약을 받았다. 이런 지향은 특히 대결 관계를 유지하던 서돌궐의 계속된 견제로 제대로 이루어질 수 없었다. 또한 유목민 전체에게 심대한 위협이었던 자연재해마저 겹친 상황에서 당조를 견제하기 위해 계속된 원정에 동원되거나 부담을 지게 된 많은 유목 부락들의 강력한 저항에 직면해 자신을 지탱했던 종속 집단과 부용 집단의 이탈까지 지켜봐야만 했다.

일릭 카간이 이와 같은 상황을 초래한 것은 동돌궐 정권이 그동안 수조의 지배 아래서 지나치게 중국에 의존하다가 수말 당초의 결정적 계기에도 불구하고 북중국에 단순하게 간섭하며 '다자적 관계'를 유지하고 통제하는 데만 집착한 것과 무관하지 않았다. 더욱이 당장 중국으로부터 얻어낼 이익이라는 단맛에 빠져 권위주의 체제를 기반으로 한 유목제국의 복원이라는 구현하기 어려운 지향도 성취할 수 있다는 착각에 빠져 있었던 일릭 카간은 중국의 수렁에 빠져들어가 헤어나오지 못하면서 당조에도 효과적으로 대처하지 못했다.

따라서 일릭 카간은 충분한 능력이 있었음에도 당초 심각한 혼란에 빠져 있던 북중국 정권을 대체해 과거 북위 또는 이후의 이른바 '정복 왕조'처럼 보다 안정적으로 내지를 직접 지배하고 수취하는 체제를 만들어낼 수 없었다. 만일 초기 절대적 우위를 차지했을 때 동돌궐 정권이 내지에 적극 개입해 새로운 체제를 만들어내려고 했다면, 이후 정주 지역마저 아우르는 유목제국이었던 몽골 같은 사적 전개 과정을 보여줄 수 있었을지도 모른다.

하지만 돌궐은 이런 지향을 보여주지 못했을 뿐만 아니라, 과거와 같은 교역을 기반으로 한 거대 유목제국으로 발전해 아시아 중앙부의 초원을 하나로 묶는 교역 국가를 재현하는 데도 실패했다. 오히려 당조에 패배한 일릭 카간과 투항한 아사나 종실 세력들은 이후 황금씨족으로서의 권위를 상실한 상태에서 자신들의 몰락으로 야기된 초원 유목 세계의 세력 재편 과정을 거쳐 당조가 만든 새로운 질서 속에서 어떻게 생존할 것인가를 고민해야만 하는 어려운 처지에 놓이고 말았다. 이는 아사나의 향후 운명을 결정할 긴박한 상황이었다는 점에서 그의 대응이 더욱더 중요할 수밖에 없었던 것이다.

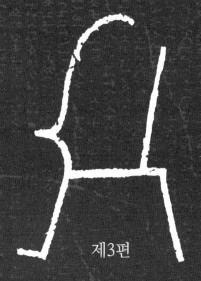

# 제3편

# 당조의 기미지배
## 630~687

- 당조의 유목 세계 질서 재편과 돌궐의 대응 -

# 1장

# 패망 이후 돌궐의 존재 양상(630~646)

## 1. 돌궐의 대규모 투항과 당조의 지배 구조

630년 동돌궐의 붕괴라는 생각지도 않았던 돌발 상황은 태종에게 새로운 고민을 안겨주었다. 이것은 기존의 중원 왕조들처럼 장성 이내의 내지를 안정시키는 데 초점을 맞출 것인가, 아니면 이를 기반으로 유목 세력들을 통제해 대외적으로도 안정적 질서를 확보할 것인가에 그치지 않았다. 왜 냐하면 실패로 끝나버린 돌궐의 숙제가 이제 중원을 통일한 태종의 몫이 되었기 때문이다. 그는 이제 단순한 중국의 황제가 아니라 과거 돌궐이 중 앙아시아까지 통합한 거대 제국으로 성장, 발전했던 경험을 어떻게 공유 할 것인가를 고민해야 할 위치에 섰다.

그런데 태종이 과거 돌궐 유목제국과 같은 거대한 세계, 이른바 '세계 제국世界帝國'을 구축해 돌궐의 재등장을 원천적으로 봉쇄함과 동시에 전 무한 역사적 위업을 이루어내는 것은 당장 현실적으로 가능한 일이 아니 었다. 당시 태종에게는 통일 직후에 필요한 내적 안정과 함께 당장 투항해

온 돌궐, 그리고 새롭게 몽골 초원에서 세력화한 설연타와 기존의 서돌궐 세력 등에 대한 대응 등 수많은 현안이 가로놓여 있었다.

따라서 태종은 북방의 위협을 해소하는 과정에서 투항해 내려온 유목 민들을 안정시키기 위한 대책을 수립해야만 했다. 이것은 궁극적으로 바로 앞서 지적한 최종 목적을 이루기 위한 출발점이었다. 왜냐하면 태종이 이 문제를 성공적으로 해결하고, 나아가 거대 유목제국을 세웠던 돌궐의 유산을 받아들여 적극 활용한다면 새로운 숙제 역시 해결해낼 수 있을 것이기 때문이다.

한편 투항한 동돌궐에도 태종의 대책은 고민스러운 상황을 초래했다. 왜냐하면 이것은 이들에게 재기의 기회가 되느냐 아니면 당조에 봉사하는 종속적인 존재로 전락해 그동안 자신들이 구축했던 강력한 권위가 완전히 소멸되느냐의 기로였기 때문이다. 또한 이것은 당조와 동돌궐 둘만의 문제에서 끝나지 않고 당시 신흥 세력이었던 설연타를 비롯해 주변 여타 유목 세력들의 향배와도 맞물려 있었다. 이처럼 돌궐의 갑작스런 붕괴가 가져온 돌발 상황은 주변 세계를 크게 요동치게 만들어 심각한 후유증을 남길 만큼 여파가 컸다. 따라서 이와 관련해 향후 당조를 비롯한 다양한 주변 세력들의 움직임 역시 주목해볼 필요가 있다.

태종은 이미 일릭 카간을 공격하기 위한 선제 조치로 629년 11월 무력 정벌을 시작하기 전부터 돌궐의 종실인 아사나를 비롯한 많은 유력 추장들의 투항을 적극 받아들였는데, 이는 돌궐에 대한 견제의 일환이었다.[1] 이에 대해서는 "일릭 카간이 망한 뒤 그의 부하들이 설연타로 도망하기도 하고, 서역으로 들어가기도 했으며, 또한 와서 항복한 자가 여전히 10여만 명이나 되었다"[2]라고 한 것과 아사나소니실阿史那蘇尼失이 일릭 카간

---

1) 한문 기록에서는 돌궐을 포함해 당조에 투항해 들어온 많은 유목 부락민들을 항호降戶라고 표현했다.

2) 『舊唐書』 권194上 「突厥傳」 上, p. 5162.

을 사로잡아 당조에 들어오자 "고비 남부의 땅이 모두 비었다"[3]고 한 기록에서 확인된다. 이처럼 엄청난 규모로 이루어진 돌궐의 투항과 함께 630년 봄 일릭 카간을 사로잡음으로써 동돌궐에 대한 본격적인 통제를 시작할 수 있었다.

동돌궐이 붕괴할 무렵 경쟁 관계에 있던 서돌궐에서도 톤 야브구 카간이 사망함에 따라 새로운 상황이 전개되었다. 그동안 하나로 통합되어 세력을 확대하던 서돌궐 역시 타르두쉬 카간의 후예를 중심으로 한 누시비르(Nushibir로 추정. 노실필弩失畢)와 아파 카간의 후예를 중심으로 한 둘룩(Duluq으로 추정. 돌육咄陸)이 분열되면서 동서의 대결을 벌였다.[4] 누시비르는 주로 서돌궐 서부에서, 둘룩은 동부 영역을 중심으로 세력을 확보해나 갔다.[5] 따라서 서돌궐의 분열로 동돌궐에 반기를 든 뒤 세력화를 시도해 당조의 인정을 받은 설연타가 더욱 부각할 수 있었다. 설연타는 초원의 권력 공백을 이용해 몽골 초원을 무대로 투르크계 유목 부락들을 통일한 다음 하나의 세력을 형성했다.

630년을 전후로 한 동돌궐의 붕괴와 서돌궐의 분열, 그리고 설연타의 부상 등으로 유목 세계는 크게 요동쳤다. 이런 정세는 통일 제국으로 부상한 당조에는 기회였지만, 반대로 패망한 뒤 당조의 통제를 받게 된 아사나에게는 치명적인 어려움을 주었다. 따라서 그 후손들은 자신들의 조상이

---

3) 『資治通鑑』 권193 太宗 貞觀 4년(630) 조, p. 6073.

4) 『舊唐書』 권194下「突厥傳」下, p. 5181.

5) 두 영역으로 나뉜 서돌궐을 통합해 보통 열 개의 부락을 의미하는 십성十姓이라고 했다. 이는 고대 투르크어로도 '온 오크On oq', 즉 열 대의 화살(십전十箭)이다. 동부의 퇼리스 샤드(좌상左廂)에는 다섯 개의 돌육咄陸(또는 돌육咄六) 부락의 추장인 처목곤율철處木昆律啜, 호록옥궐철胡祿屋闕啜, 섭사제돈철攝舍提暾啜, 돌기시하라시철突騎施賀邏施啜, 서니시처반철鼠尼施處半啜이 있었다. 서부 타르두쉬 샤드(우상右廂)에는 다섯 개의 노실필弩失畢 부락의 추장인 아실결궐사근阿悉結闕俟斤, 가서궐사근哥舒闕俟斤, 발새간돈사발사근拔塞幹暾沙鉢俟斤, 아실결이숙사근阿悉結泥孰俟斤, 가서처반사근哥舒處半俟斤이 있었다고 한다. 이들은 수얍Suyab(쇄엽碎葉. 지금의 키르기스스탄 토크막 부근)을 중심으로 동서로 나뉘어 살았다고 한다.

겪은 뼈아픈 경험을 다음과 같이 기억했다. 100여 년 뒤 제2제국 시기의 〈퀼 테긴 비문〉에서 빌게 카간이 630년 동돌궐의 멸망 이유를 설명한 글을 통해 그의 생각을 살펴볼 수 있다.

> (KT: 동:05) 그 뒤에 그분들의 남동생들은 형들처럼 만들어지지 못했다고 한다, 분명히. 그분들의 아들들은 아버지들처럼 만들어지지 못했다고 한다, 분명히. 어리석은 카간(임금)들이 자리에 올랐다고 한다, 분명히. 나쁜 카간들이 자리에 올랐다고 한다, 분명히. 그들의 부의룩(대신)들도 어리석었다고 한다, 분명히. 나빴다고 한다, 분명히. (동:06) 그들의 벡(관리)들과 보둔(백성)이 어울리지 못했기 때문에 타브가치(중국) 보둔들이 잘 속이기 때문에 사기꾼이기 때문에, 남동생들과 형들을 서로 부추겼기 때문에 벡과 보둔들을 서로 다치게 했기 때문에 **투르크 보둔은 자기들이 세운 일(나라)을 잃어버렸다고 한다.** (동:07) **자기들이 앉힌 카간을 잃어버렸다고 한다.** (강조는 인용자)

위의 내용에 따르면, 건국 초기 뛰어난 카간들이 다스리던 시대를 지나고 난 다음 카간들이 제대로 역할을 하지 못했을 뿐만 아니라 갈등까지 벌여 나라가 분열되었음을 알 수 있다. 실제로 이는 분열을 거치면서 중국에 투항해 들어가 명맥을 이어가던 돌궐이 수말 당초에 제국을 부활시킬 수 있는 절호의 기회를 얻었음에도 실패한 것에 대한 뼈아픈 회고였다. 즉 빌게 카간은 혼란에 빠진 북중국을 포괄하는 국가로 발전하지 못하고 결국 종실에 대한 이간책으로 돌궐이 해체되어 자멸의 길을 걸었던 상황에 대한 반성을 말하고자 했던 것이다.

또한 그는 이를 통해 과거의 잘못을 반성하며 다시 과거와 같은 전철을 반복하면 안 된다는 절절한 바람을 드러내고자 했다. 그에 따르면 630년 패망을 전후로 투항한 아사나는 640년 고비 남부 초원으로 이주한 다음 680년대에 부흥할 때까지 이곳에서 지내야만 했던 일련의 과정 역시 힘들었다. 이에 빌게 카간은 당시 상황을 압축적으로 다음과 같이 회상했다.

(KT: 동:07) 타브가치(중국) 보둔(백성)에게 벡(관리)이 될 만한 그들의 아들이 사내종이 되었다. 에시(귀부인)가 될 만한 그들의 딸이 계집종이 되었다. **투르크 벡들은 투르크 칭호를 버렸다. 타브가치 사람들에게 봉사하는 벡들은 타브가치 칭호를 받아들여 타브가치 카간(임금)에 (동:08) 예속되었다고 한다. 그들은 50년 동안 봉사했다고 한다.** (강조는 인용자)

빌게 카간은 자신의 조상이 어려운 처지에 떨어진 이유가 몽골 초원의 중심인 외튀켄을 벗어나 고비 남쪽으로 내려갔기 때문이라고 지적했다. 이는 계승 분쟁으로 으쉬바라 카간 이후 돌궐의 지배 집단이 수조의 지원을 받기 위해 고비 남부 내지는 황허 북쪽의 초원지대로 내려와 거주했고, 중국에 대한 이런 강한 의존이 결국 패망의 길로 접어들게 만들었다는 진단이었다. 따라서 빌게 카간은 이런 경험을 바탕으로 자신의 보둔(백성)에게 다음과 같은 경고를 했다.

(KT: 남:05) 〔타브가치(중국) 보둔은〕 금과 은, 비단을 어려움 없이 그렇게 우리에게 준다. 타브가치 보둔의 말은 달콤하고 비단은 부드럽다고 한다. 달콤한 말과 부드러운 비단으로 속여 먼 보둔을 그렇게 가까이 오게 한다고 한다. 가까이 자리 잡은 뒤에 나쁜 생각을 그때서야 한다고 한다. (남:06) 좋고 현명한 사람을, 좋고 용감한 사람을 나아가지 못하게 한다고 한다. 한 사람이 잘못하면 그의 우구쉬(무리), 보둔, 비쉬크(친척)까지 죽이지는 않는다고 한다. 달콤한 말에 부드러운 비단에 속아 투르크 보둔아! 너희는 많이 죽었다. 투르크 보둔아! 너희는 분명히 죽을 것이다. **남쪽에 초가이 산맥, 퇴귈튄 (남:07) 평원에 나는 자리 잡겠어"라고 말한다면 투르크 보둔아! 너희는 분명히 죽을 것이다.** 그곳에서는 나쁜 사람들이 이렇게 일깨운다고 한다. "멀리 있으면 나쁜 비단을

준다. 가까이 있으면 좋은 비단을 준다"라고 일깨운다고 한다. 무지한 사람들아! 너희는 그 말을 믿고 가까이 가서 많은 사람이 죽었다. (남:08) 그곳에 가면 투르크 보둔아! 너희는 죽을 것이다. (강조는 인용자)

이것은 만일 돌궐이 다시 당조의 꾐에 빠져 고비 남부로 내려간다면 또다시 과거와 같은 어려운 상황에 처할 것이라는 강력한 경고의 메시지였다. 이는 계속된 당조의 공세를 막고자 하는 빌게 카간의 강한 의지를 보여준 것이었다. 하지만 한편으로 태종 이래 당조가 일관되게 보여주었던 돌궐 억압 정책에 대한 강한 반발이기도 했다.

돌궐 후손들에게 이상과 같이 기억되었던 당조의 돌궐 대책은 태종이 '과거의 잘못을 반복하지 말라(殷鑑不遠)'고 한 신하들의 간언에 따라 수대의 전철을 밟지 않으려고 한 것과 깊이 연관되어 있었다. 태종은 돌궐의 종실 아사나 가운데 가장 유력한 퇼리스 카간이 투항해 들어오자 630년에 그를 우위대장군右衛大將軍에 제수하고 북평군왕北平郡王으로 봉해 700호의 식읍을 주었다. 그리고 그 휘하의 병사와 백성을 순주順州(지금의 랴오닝성 차오양시朝陽市 일대)와 우주祐州(지금의 네이멍골 자치구 중가르기準格爾旗 일대) 등에 살게 하고 부락을 거느리게 했다. 이것은 당조가 수대와 비슷한 체제로 성립되었지만 기존의 관제를 인정해주던 전례와 달리 태종이 카간을 인정하지 않았다는 점에서 주목된다. 태종은 그 이유를 다음과 같이 말했다.

너의 할아버지 일릭 퀼뒤 카간이 깨져 망하자 수나라가 바로 〔나라를〕 되살려주었는데도 딕을 버리고 보납하지 않았으며, 너의 아비 세비 카간은 오히려 수나라의 적이 되었다. 네가 지금 궁핍해져 짐에게 귀순을 했지만 **너를 세워 카간으로 삼을 수 없는 까닭은 이전의 잘못을 알고 있기 때문이다. 짐이 중국을 안정시키고자 너희 족속을 없애지 않고 너에게 도독을 제수할 것이니 서로 침략해 노략**

질하지 말고 오랫동안 짐의 북쪽 울타리(北藩)가 되도록 하여라.[6] (강조는 인용자)

이것은 그의 목적이 과거와 달리 돌궐이 다시 세력을 회복하는 것을 어떻게든 막아내 적대 세력화할 여지를 없애려는 데 초점이 맞추어져 있었음을 보여준다. 이를 위해 태종은 튈리스 카간을 비롯한 종실 세력을 당조의 관제에 편입시켜 기존 돌궐의 체제를 대체하려고 했다. 이는 앞에서 빌게 카간이 "(KT: 동:07) **자기들이 앉힌 카간을 잃어버렸다고 한다**"라고 한 것과 맥락을 같이한다.

하지만 이는 단지 돌궐의 관제를 부정한 것이었을 뿐 번병으로서의 역할 자체를 부정한 것이 아니었다는 점에서 한계가 분명했다. 여기서 태종이 이들을 번병으로 인정하면서도 당조의 관직을 주어 포섭한 것은 만일 이들을 수대와 똑같이 대할 경우 동일한 결과를 가져올 수도 있다는 우려와 관련이 있다. 왜냐하면 돌궐은 수조의 통제를 받으면서 자신의 기존 체제를 유지했기에 언제든 기회가 오면 유목 세계로 복귀해서 세력화에 성공할 수 있었기 때문이다. 실제로 과거에 계승 분쟁의 여파로 패배한 으쉬바라 카간이 직접 투항해 수조의 경제적 지원을 받아 세력을 회복한 것[7]이나 일릭 퀴뒤 카간이 장성 남부까지 들어와 목축을 하고자 한 것 등을 용인해 다시 세력을 회복한 것[8]은 주지의 사실이다.

이를 잘 알고 있던 태종은 자신이 이들을 지원하더라도 궁극적으로 과거처럼 다시 재기해 중국을 위협하는 사태를 막으려고 했다. 당시 태종은 정세情勢가 돌궐에 유리한 방향으로 전개되는 것을 막으면서도 다른 한편으로 그들을 당조에 잘 편입시켜 더 이상 위협적이지 않은 존재로, 즉 주요 현안이던 설연타 등에 대항할 수 있는 번병으로 삼는 것이 중요했던 것이다.

---

6) 『舊唐書』 권194上 「突厥傳」 上, pp. 5160~5161.

7) 『隋書』 권84 「北狄傳」, p. 1867.

8) 위의 책, p. 1872.

그런데 태종의 대책은 돌궐의 붕괴 직후 바로 시행되어 돌궐이 재생할 수 없을 만큼 강력하게 통제가 이루어진 것은 아니었다. 태종이 강력한 통제가 필요하다는 인식을 했다는 것은 확인되나 이것을 어떻게 구체화할 것인가에 대해서는 체계적으로 대안을 마련하지 못했음이 분명하다. 왜냐하면 돌궐의 붕괴가 생각보다 손쉽게 이루어진 데다 생각지 않은 대규모 투항으로 유효적절하게 대응할 만큼의 충분한 여유가 없었기 때문이다. 따라서 태종에게 이때 가장 시급한 문제는 무엇보다 대규모로 투항한 돌궐이 살 터전을 마련하는 일이었다.

먼저 일릭 카간이 패망하기 전에 적극 투항해 온 추장들에 대한 처우가 중요했다. 이들은 대부분 황제의 은덕에 감읍感泣해 중국에 자발적으로 들어온 존재들이었다는 점에서 패전한 포로와 신분이 달랐다. 특히 투항한 돌궐 추장들은 자신의 행동에 상응하는 우대를 원했고, 태종 역시 이들의 요구를 받아줄 수밖에 없었다. 당시 태종 스스로가 약속의 중요성을 강조하고 또한 자신이 후덕한 황제임을 과시하고자 했기 때문에 이들에 대한 특별한 대우는 중요했다. 따라서 태종은 〈퀼 테긴 비문〉에서 "(KT: 동:07) **투르크 벡들은 투르크 칭호를 버렸다. 타브가치 사람들에게 봉사하는 벡들은 타브가치 칭호를 받아들여 타브가치 카간(임금)에 (동:08) 예속되었다고 한다**"라고 한 것처럼 투항한 추장들에게 틸리스 카간과 마찬가지로 당조의 관직을 주었던 것이다.

이와 관련해 3월에 아사나사마를 우무후대장군右武候大將軍에 제수하고 5월에는 회화군왕懷化郡王에 봉하면서 북개주도독北開州都督으로 삼았다.[9] 그리고 5월에 아사나소니실을 회덕군왕懷德郡王에 봉하고 6월에는 북녕주도독北寧州都督[10]으로, 6월에 사선응史善應을 중랑장中郎將에 제수

---

9) 『舊唐書』 권194上 「突厥傳」 上, p. 5163.
10) 『舊唐書』 권109 「阿史那蘇尼失傳」, p. 3290.

하고 북무주도독北撫州都督으로, 6월에 강소밀康蘇密을 우효위장군右驍衛將軍에 제수하고 북안주도독北安州都督으로, 6월에 사대내史大奈를 우무위대장군右武衛大將軍에 제수하고 하주도독夏州都督으로 삼았다.[11] 이상에 열거한 추장들은 모두 종실인 아사나가 대부분이었고, 강소밀만이 일릭 카간의 총신寵臣으로 중요한 역할을 맡았던 소그드 상인 출신의 관료였다.

태종이 이와 같이 630년 5월과 6월경에 기미주羈縻州를 설치하고 투항한 추장들을 도독에 임명한 것은 먼저 이들이 이끄는 부락의 '병사와 백성들'을 집단적으로 관리하기 위함이었다. 하지만 이런 조치가 체계적이지 않고 임시방편이었음은 실제 기미주가 설치된 곳이 대부분 투항한 돌궐의 거주지와 거의 일치한다는 점에서 확인된다. 실제로 퇼리스 카간이 도독이었던 순주의 치소治所가 영주 남쪽 오류성五柳城(지금의 랴오닝성 차오양시 남쪽)에 위치했다는 점[12]은 그의 본거지인 동몽골 초원의 남부에 그가 여전히 살았음을 나타낸다.

다음으로 일릭 카간을 사로잡아온 아사나소니실도 원래 거느린 부락이 5만 장이며 근거지가 영주 서북쪽이었다. 그에게 제수된 북녕주도독의 치소 역시 장택현長澤縣(지금의 네이몽골 자치구 오톡전기鄂托克前旗 동남 청치엔향고성川鄉古城)에 있었다. 또한 일릭 카간의 세력을 통치했던 아사나사마의 북개주도 이후 화주化州로 개칭되었다. 그의 치소 역시 덕정현德靜縣(지금의 산시성陝西省 위린楡林 서쪽 경계), 즉 황허가 활 모양으로 굽은 오르도스의 동쪽에 있었다.[13] 그 밖에 북무주와 북안주의 경우는 정확하게 위치를 알 수 없으나 역시 그 인근에 위치했을 것이라고 추정된다. 게다가 서돌궐에서 투항해온 뒤 오르도스 서북단에 위치한 하주도독이 된 사대내도 어떤 집단을 통제했는지는 불분명하나 비교적 큰 단위의 부락을 통

11) 『資治通鑑』 권193 太宗 貞觀 4년(630) 조, p. 6078.
12) 『舊唐書』 권39 「地理志 2」, p. 1520.
13) 『舊唐書』 권38 「地理志 1」, p. 1414.

제했음이 분명하고, 그 또한 내지에 들어와 있지 않았던 것만은 확실하다.

이렇게 태종은 초기에 투항한 돌궐 추장들의 본래 위상을 인정해주면서 그들을 본거지 인근에 거주하게 했다. 하지만 가시적으로는 당조의 체제 안에 집어넣어 모두를 자신의 시위侍衛로 삼았다. 이는 관직을 주어 이들을 위무慰撫하고 황제와 긴밀한 관계를 형성함으로써 이탈을 방지하려는 목적이었다. 이를 통해 태종은 황제 금군禁軍의 장군將軍이며 지방 도독都督으로서의 지위를 겸임하게 했다. '천자의 북문', 즉 궁성과 함께 천하의 북방을 수호한다는 이중적인 역할을 맡게 한 것이다. 이는 앞서 '북쪽 울타리(藩屛)'로 삼는다고 한 것과 맥을 같이했다. 곧 태종은 광의의 금군으로 본래의 거주지에 살면서 당조의 관리로서 북방의 위협을 방어하게 하고자 했던 것이다.[14]

이와 함께 629년 9월에 이르킨俟斤 아홉 명이 이끈 기병 3000[15]과 630년 2월에 대추장大酋長 등이 투항한 것[16]에서 확인되듯이 돌궐 유목민들에게도 비슷한 방식의 조치를 취했을 텐데, 이에 대해서는 구체적인 기록이 없다. 이것이 바로 10만 명이 넘는 돌궐인이 남하해 투항하자 '고비 남부가 비었다'고 당조에서 허풍을 떨 만큼 상당한 규모를 가졌던 돌궐에 대한 태종의 대처였던 것이다.

반면 이들과 달리 끝까지 저항한 일릭 카간에게는 다른 대우를 했다. 태종은 4월 장안에 잡혀 온 일릭 카간에게 다섯 가지 죽을죄[17]를 지었다며

---

14) 이기천, 「7세기 唐의 諸衛將軍號 수여와 蕃將의 대응」, 『東洋史學硏究』 120, 동양사학회, 2012, p. 72.

15) 『資治通鑑』 권193 太宗 貞觀 4년(630) 조, p. 6065.

16) 위의 책, p. 6072.

17) 다섯 가지 죽을죄는 ① 아버지와 형을 이어 음탕하고 사나워 재물을 뺏고 사람을 죽인 죄, ② 여러 차례 나와의 약속을 배반한 죄, ③ 강함을 믿어 싸우기를 좋아한 죄, ④ 우리가 농사짓는 밭을 유린하고 우리 아들과 딸을 뺏은 죄, ⑤ 죄를 용서해 너의 사직을 있게 했음에도 도망가서 오지 않은 죄였다(『資治通鑑』 권193 太宗 貞觀 4년 조, p. 6074).

꾸짖었다. 하지만 이전 편교便橋에서의 약속을 지켜 크게 쳐들어오지 않았다는 점을 인정해 사면했다. 이와 함께 그에게 자신의 가구家口를 돌려주고 태복시太僕寺에 두어 관청에서 먹을 것을 제공하도록 했다. 그 뒤 그가 우울해하자 괵주자사虢州刺史에 제수해 그곳에서 사냥을 하며 지내게했다. 하지만 일릭 카간이 이런 조치마저 원하지 않자 우위대장군右衛大將軍에 제수하고 땅과 저택을 하사하는 등 지속적으로 우대했다.[18]

한편 그가 거느렸던 부락은 함께 잡혀와 투항한 아사나사마에게 맡겨다스리게 한 다음 그곳에 북개주를 설치했다.[19] 이는 일릭 카간이 태종에게 강력한 통제의 대상이었음을 보여준다. 이처럼 태종은 저항을 했던 일릭 카간에게 겉으로는 큰 은사恩賜를 베푸는 것처럼 하면서 다른 한편으로는 강력하게 견제했던 것이다.

태종은 특히 631년에 시신侍臣들에게 과거에 세비 카간이 615년 이후양제를 배신한 사실을 지적하면서 더는 과거와 같은 일이 반복되지 않아야 한다는 점을 다음과 같이 누누이 강조했다. 이 글을 보면 그의 속내를알 수 있다.

하늘의 이치는 착한 사람에게는 복을 주고 음탕한 자에게는 화를 주니 일에
영향을 받는다. 예전에 일릭 퀸뒤 카간이 나라가 망해 수나라에 도망쳐 오자
문제가 곡식과 비단을 아끼지 않고, 군사와 백성을 크게 일으켜 위衛를 만들
고 편하게 해주자 비로소 살 수 있어 바로 강성해져서 대대손손 은덕에 보답
하려고 생각했다. 그런데 얼마 지나지 않아 세비 카간의 시대에 이르러 군대를
일으켜 안문에서 양제를 포위했고, 수나라가 장차 어지러워지자 또한 그 강함만을
믿고 깊이 쳐들어와 결국 전에 그 가족과 나라를 안전하게 세워주도록 한 사람 자신

18)『舊唐書』권194上「突厥傳」上, p. 5159.
19) 위의 책, p. 5163.

과 그 자손마저 모두 일릭 카간의 형제에게 죽임을 당했다. 지금 일릭 카간이 깨져서 망한 것은 어찌 은혜를 배신하고 이를 망각해 초래한 일이 아니라고 할 수 있겠는가![20] (강조는 인용자)

이상의 내용은 태종이 배신할지도 모를 일릭 카간에 대한 통제를 강화하려 했음을 잘 보여준다. 그의 이런 생각은 일릭 카간에게만 한정된 것이 아니었다. 왜냐하면 당시 돌궐의 대거 투항은 명목뿐이었고, 실질적으로는 과거의 기득권을 거의 그대로 유지한 상태였기 때문이다. 따라서 태종은 이에 상응하는 후속 조치들을 추진할 수밖에 없었다. 이것은 앞서 정리한 것처럼 630년대 중반에 집단적으로 투항한 추장들의 본거지에 여섯 주를 설치해 원주지에 살 수 있게 한 임시 대응을 해소하는 후속 조치였다.

이런 당조의 정책 결정에 따라 투항한 돌궐의 처지가 향후 달라질 수밖에 없었다는 점에서 그에 대한 논의 과정은 중요했다. 더욱이 현존 사료의 기록 문제로 대책이 한꺼번에 정리되어 마치 630년 4월 논쟁을 통해 정책이 바로 결정된 것처럼 이해된다는 점에서 이에 대한 정리가 더욱 필요하다.[21] 하지만 실제 논의 과정은 온언박溫彦博이 "위징魏徵 등과 쟁론爭論이 벌어져 수년 동안 결판이 나지 않았다"[22]고 한 것처럼, 시간이 꽤 소요된 뒤에야 비로소 정책이 추진되었다는 다른 기록도 남아 있다. 그러나 그 결정 과정은 정확하게 밝혀져 있지 않다. 따라서 논의 과정에 대한 정리를 통해 돌궐 대책의 결정 과정과 함께 그 내용을 확인해볼 필요가 있다.

실제로 631년 조정에서 태종의 하명을 받은 신하들이 '변경을 안정시

---

20) 앞의 책, p. 5161.
21) 『자치통감』과 『당회요』 등에서는 논의 내용을 하나로 묶어 630년 4월에 돌궐 대책이 모두 결정되어 기미부주가 설치된 것으로 기록했지만, 실제 논의 과정과 정책 시행에는 수년이 걸린 것으로 보인다. 이와 관련된 사료는 설치 시기 문제를 다룰 때 자세히 정리할 것이다.
22) 『舊唐書』 권61 「溫彦博傳」, p. 2321.

키는 대책(安邊之術)'에 대해 벌인 논의 내용은 『당회요』에 잘 정리되어 있다.[23] 내용은 크게 세 가지 정도로 이루어졌는데, 첫 번째는 이른바 '강남'으로 이주시키자는 주장이었다. 이는 돌궐을 내지로 이주시켜 완전히 편호화編戶化함으로써 환란의 근원을 제거하자는 것이었다. 이것은 현실적으로 쉽지 않은 이상적 접근이었는데, 구체적 내용은 다음과 같았다.

> 돌궐이 중국을 어지럽힌 지 오래되자 지금 하늘이 망하게 했는데, 결코 올바름을 따라와 스스로 귀부한 것이 아니니 청컨대 **항복한 포로를 모두 호적에 넣어** [하남도에 있는] 연주兗州(지금의 산둥성山東省 지닝濟寧, 취푸曲阜, 타이안泰安, 라이우萊蕪, 원상汶上, 닝양寧陽, 쓰수이泗水, 쩌우청鄒城 등의 지역)와 예주豫州(현재의 화이허淮河 이북 푸뉴산伏牛山 동쪽의 허난성 동부와 안후이성安徽省 북부)의 빈 땅에 살게 하고 농사와 길쌈을 배우게 한다면 **100만의 돌궐을 제나라 사람(齊人)으로 바꿀 수 있으니, 이는 중국에는 호구를 늘리는 것이고 장성 북쪽을 비우는 것입니다.** (강조와 보충은 인용자)

두 번째는 이른바 고비 이남의 초원, 즉 '황허 이북(河北)'에 거주하게 하자는 주장이었다. 이것은 과거 오랑캐를 장성 내부로 데리고 들어와 교화시키지 못했던 경험에 기초해 이들을 내지에 들이지 말고 고유의 습속을 그대로 유지시켜주자는 입장이었다. 이와 관련해 중서시랑中書侍郎 안사고顏師古는 과거처럼 고비 남부 초원에 항호들을 남겨두어 기미羈縻하자고 했다.

> 오랑캐들은 말하는 것이 확실하지 않고 오고 가는 것이 일정하지 않습니다. 배부르면 날아가버리고 배고프면 들러붙어 들어옵니다. 지금 그들의 성정을

---

23) 당조 내부에서 벌어진 아래 인용한 논쟁 내용은 『당회요』 권73 「안북도호부安北都護府」, pp. 1311~1314에 자세히 정리되어 있다.

바꾸고자 하여 이것을 중국처럼 만드는 것은 어렵고 이치 또한 가능하지 않습니다. 그 습속에 따라 부리고 몰아야만 합니다. 신의 아둔한 생각으로는 **돌궐과 철륵은 모름지기 황허 이북에 살게 하고 추장들을 나누어 두어 그 부락을 통제하게 해야 할 것입니다.** 등급의 높고 낮음과 땅의 많고 적음에 따라 결정하실 것을 기다리겠습니다. (강조는 인용자)

하주도독夏州都督 두헌竇憲 역시 안사고처럼 오랑캐를 짐승이라고 보고, 이들은 결코 인의로써 교화할 수 없으니 황허 이북의 고비 남부 초원에 두어 분치分置해야 한다고 했다.

만약에 그들이 깨져서 죽지 않고 없어지지 않게 할 수 있는 복을 주려면 **어진 임금(賢王)의 호칭을 주고 종실의 딸과 결혼을 시킨 다음 그 땅을 나누고 부락을 갈라 힘을 약하게 하고 세력을 나누면 쉽게 제어할 수 있습니다.** 이렇게 하면 스스로 영원히 변경의 장성을 지킬 것이니 그들이 대대로 번신이 될 수 있습니다. 이것이 그들을 실로 오랫동안 기미羈縻할 수 있는 방법입니다. (강조는 인용자)

또한 급사중給事中 두초객杜楚客마저 황허 이북에 둘 경우에 생길 문제점을 지적하자 예부시랑禮部侍郎 이백약李百藥은 분치를 통해 세력을 약화시키기 위해서 통제기구를 설치할 것을 다음과 같이 주장했다.

돌궐이 내부來附해서 모두 신하가 되었습니다. 개벽한 이래 들어본 바가 없는 일입니다. 그렇지만 종류를 구분해 각각 통제하는 것에 대해서는 폐하의 생각을 여쭙고자 합니다. 또한 그들이 찢어져 흩어지면 그 본래의 군장을 임명해줌으로써 서로가 다른 것들을 신속臣屬하지 못하게 하면 됩니다. 아사나 종실을 서로 대립하게 하더라도 오직 일족만은 신하로 삼아두어야 합니다. **나라가 작으면 그 힘과 세력이 나누어지고, 세력이 상대가 되면 서로 잡아먹기 어려워져 각**

자가 스스로를 지킬 수 있게 됩니다. 이것이 분명 중국에 대적하지 못하게 하는 이치 입니다. 이것이 진정 변경을 안정시키는 상책이고, 길게 그들을 부릴 수 있는 좋은 생각입니다. **이에 정양성定襄城에 도호부都護府를 두고 그들을 통제하게 하면 됩니다.** 이런 정책 하나를 반드시 시행하지 않으면 안 됩니다. (강조는 인용자)

세 번째는 '황허 이남(河南)'에 두어야 한다는 주장이었다. 중서령中書令 온언박은 한대漢代의 흉노에 대한 대응을 예로 들어 이상과 같은 조치들 이 모두 그들의 본성을 어그러뜨리는 것이라는 점에 문제가 있다고 다음 과 같이 반대했다.

광무제光武帝 건무建武 연간(22~56) 같으면 항복한 흉노를 오원새五原塞(지 금의 네이몽골 자치구 부구투시包頭市 서북쪽으로 추정)에 머물게 해 그 **부락을 보 전하게 함으로써 울타리로 삼았고, 그 습속을 바꾸지 않고 다독여 비어 있는 땅을 채 움으로써 역시 전혀 의심하지 않음을 보여주었습니다.** 만일 그들이 연주와 예주 로 들어온다면 그 본성을 어그러뜨릴 뿐만 아니라 거두어 기른 도리에도 맞 지 않습니다. (강조는 인용자)

그러자 비서감秘書監 위징이 다시 황허 이북으로 이주해야 한다고 주장 하면서 그와 논쟁을 벌였다. 그는 황허 이북으로 돌려보내 내지에 둘 경우 에 생길 수도 있는 위험을 없애야 한다고 했다.

돌궐은 대대로 중국을 침범해 백성들에게 원수가 되었습니다. 폐하께서는 그 들을 우리나라로 돌아오도록 만드셨는데, 그들을 죽여 없앨 수 없다면 마땅 히 황허 이북으로 돌려보내야만 합니다. 그 옛 땅에 살던 돌궐은 짐승처럼 나 쁜 마음을 갖고 있어 강하면 반드시 도둑질을 하고 약하면 비굴하게 엎드립 니다. 어찌 은혜와 의리를 돌아보겠습니까? 그들의 천성이 바로 이렇습니다.

진한의 걱정거리가 이와 같았습니다. 그래서 날랜 병사와 용맹한 장군으로 공격해 황허 북쪽의 땅을 얻어 군현으로 삼았습니다. **폐하께서는 어찌하여 내지에 살게 하려고 하십니까? 또한 항복한 자들이 10만 명이나 되는데 몇 년이 지나면 늘어나 100배가 될 것입니다. 우리의 중심에 살아 경기를 압박할 수도 있으니 장차 후환이 될 것입니다. 하남(오르도스) 땅에 두어서는 안 됩니다.** (강조는 인용자)

이에 대해 온언박은 내지 또는 황허 이북에 두자는 두 주장을 절충해 돌궐의 본래 습속을 유지시키면서 교화도 할 수 있다는 낙관적 판단 아래 황허 남부에 그대로 두자고 했다.

그렇지 않습니다. 천자께서는 사방의 오랑캐들에게 마치 하늘과 땅이 만물을 기르며 덮어주시고 담아주심으로써 온전하게 해주시는 분이셔서 우리에게 귀순한 자들은 반드시 어루만져주셔야 합니다. 지금 돌궐이 망해 나머지 부락들이 귀순을 하니 안타깝고 어여쁘게 여기지 않을 수 없습니다. 버리고 받아들이지 않는 것은 하늘과 땅이 입히고 덮어주는 뜻을 거스르는 것이며 사방 오랑캐들의 뜻을 막는 것입니다. 소신은 그렇게 하면 안 된다고 말씀드리고자 합니다. **그들을 보내 황허 남쪽에 살게 하면 처음부터 걱정거리가 없어지는 것으로 죽은 것을 다시 살게 하자는 것이고 없어진 것을 있게 만드는 것입니다. 이렇게 하면 우리의 덕과 은혜를 마음속에 품게 되니 끝내 반란이 일어나지 않을 것입니다.** (강조는 인용자)

이에 위징은 역사적으로 이민족들이 중국 내지에 들어왔을 때 일어났던 위험성을 다시 한 번 강조하면서 온언박의 주장을 다음과 같이 강하게 반대했다.

그렇지 않습니다. 조위曹魏 시기에 흉노 부락(胡落)을 내지의 군 근처에 살게 했고, 서진이 오吳나라를 평정함에 **곽흠郭欽과 강통江統이** 〔서진〕 **무제武帝에게 그들을 쫓아낼 것을 권했으나 그의 건의가 받아들여지지 않았습니다. 그러다가 유연劉淵과 석륵石勒이 반란을 일으키자 마침내 중국中夏이 무너졌습니다.** 과거의 교훈이 이와 같은데 폐하께서 온언박의 말을 받아들이셔서 그들을 보내 하남에 살게 한다면 호랑이를 길러 자신에게 걱정거리를 만드는 것과 같습니다. (강조는 인용자)

온언박이 여기에 다시 반론을 제기했는데, 이것은 태종의 입장에도 부합했다.

그렇지 않습니다. 성인의 도는 통하지 않는 것이 없기 때문에 공자께서 "가르침에는 구분이 없다(有敎無類)"고 했습니다. 그들은 손상당하고 남은 것에 불과해 궁핍해져서 우리나라에 귀부했으니 **우리가 돕고 보호해 거두어 내지에 살게 하면 예법을 가르칠 수도 있고 농사를 업으로도 삼게 할 수 있을 뿐만 아니라 추장들의 아들을 뽑아 숙위宿衛로 삼을 수 있는데, 어찌 걱정거리가 될 수 있겠습니까?** 또한 광무제가 남선우南單于를 두었는데, 결코 반란을 일으킨 적이 없었습니다. (강조는 인용자)

이상과 같은 논의를 거친 다음 태종은 돌궐 대책이 시급한 현안이었음에도 돌궐의 추장들을 숙위로 삼고 동시에 지방 도독으로 임명해 당조에 편입시키고자 했던 자신의 생각과 부합한 온언박의 주장을 받아들였다.

태종이 이런 입장을 선택한 것은 돌궐로 인해 위험이 발생할 수 있다고 하더라도 과거 일릭 퀸뒤 카간이 양제에게 굴종적 모습을 보이면서까지 떠나지 않으려고 했던 예도 있고, 이후 "좋은 풀과 아름다운 샘이 목축에 이로워 백성들이 날로 늘어났다"[24]고 한 황허 남부의 비옥한 목축지에

---

24) 『新唐書』 권215上 「突厥傳」 上, p. 6036.

돌궐을 그대로 살게 하더라도 이들이 결국 당조의 일원이 될 것이라는 낙관적 생각에 기초한 것이었다. 이는 당조가 이미 강력한 우세를 점한 이상 복속된 돌궐을 원주지에 살게 하면서 위무하는 편이 자신들의 위상을 더욱 높일 것이라는 태종의 '**무모한 자신감**'과도 무관하지 않았다.[25] 더욱이 태종만이 아니라 다른 조정 중신들도 대부분 온언박의 의견에 동조하자 이를 적극 추진하도록 했다.

그런데 투항한 돌궐을 황허 남부로 이주시키는 정책을 결정한 뒤 이와 관련된 주도독부의 설치 시기와 과정에 대해서는 관련 기록이 혼란스럽고 사서마다 달라 정리하기가 쉽지 않다. 더욱이 이에 대한 정확한 기록이 없다 보니 기존에 많은 논의가 있었음에도 구체적 양상을 제대로 밝혀내지 못했다.[26] 따라서 이를 해결하기 위해 문제가 된 사료를 정리하는 일과

---

25) 『資治通鑑』 권193 太宗 貞觀 3년(629) 조, p. 6067.

26) 기미부주羈縻府州의 설치와 관련된 논의의 발단은 『자치통감』에서 630년 퇼리스 카간의 지배 지역인 영주靈州와 유주幽州 사이의 지역을 순순順·우우佑·화化·장장長 주州로 나누어 도독부를 설치하고, 일릭 카간의 지배 지역에 정양定襄과 운중雲中 도독부를 두어 지배하도록 했다는 기록이었다(『資治通鑑』 권193 太宗 貞觀 4년 조, p. 6077). 이에 대해 일찍이 이와사 세이이치로는 정양과 운중 도독부를 설치한 시기를 의심하고 630년에 순주順州 등 4개의 도독부를 둔 것일 뿐 정양·운중 도독부로 정비된 것은 아사나사마阿史那思摩가 고비 이남으로 돌아간 뒤인 640년이라고 논증했다(岩佐精一郎, 「突厥の復興に就いて」, 앞의 책, 1936, pp. 79~91). 이 외에 나가노 준코는 6개의 기미주가 설치되어 운중·정양 도독부에 예속된 것이 640년이라고 보았으며(中野醇子, 「辺境都市としての唐代前半の雲州」, 『史朋』 22, 北海道大學東洋史談話會, 1988, p. 9), 이와미 키요히로는 633~634년경에 당조의 돌궐 대책이 종결되면서 새외塞外에 정양과 운중 도독부가 설치되었고, 이후 고비 북방에 문제가 생기면서 다시 649년에 정양·운중 도독부가 11주로 재편성되었다는 의견을 제시했다(石見淸裕, 「唐の突厥遺民に對する措置をめぐって」, 『中國社會·制度·文化史の諸問題: 日野開三郎博士頌壽記念論集』, 福岡: 中國書店, 1987, pp. 15~16). 김호동은 630년에 설치한 수늘은 모두 내지에 속한 것이고, 기미부주가 설치된 것은 설연타가 붕괴된 뒤 고비 이북에 설치된 투르크계 유목 부락에 대한 것이 최초였다고 했다(김호동, 「唐의 羈縻支配와 北方 遊牧民族의 對應」, 『歷史學報』 137, 역사학회, 1993, p. 143). 아이총은 630년에 운중, 정양 두 도독부와 북개주北開州, 북녕주北寧州, 북안주北安州, 북무주北撫州가 설치되었는데, 북개주가 화주로, 북녕주가 장주로, 북무주가 우주로, 북안주가 순주로 재편되었다고 보았다(艾沖, 「唐前期東突闕羈縻都督府的置廢與因革」, 『中國歷史地理論叢』 2003-6, pp.

---

함께 이를 기반으로 한 기존의 논의 내용을 검토함으로써 새로운 이해의 가능성을 열어볼 필요가 있다.

먼저 『자치통감』에는 "태종이 온언박의 주장을 받아들여 돌궐을 영주와 유주 사이에 살게 했는데, 먼저 틸리스 카간의 땅을 나누어 순주, 우주, 화주, 장주에 네 개의 주도독부를 설치하고, 일릭 카간의 땅을 여섯 개의 주로 나누어 왼쪽에 정양도독부定襄都督府를, 오른쪽에 운중도독부雲中都督府를 두었다"고 기록되어 있다.[27] 이것은 시기적으로 630년 4월에 이 논의가 일단락되면서 조치가 취해진 것처럼 설명했다는 점에서 분명 설치 시기 설정이 잘못되었다.

『당회요』에서도 "630년 3월 3일에 일릭 카간의 땅을 여섯 개의 주로 나누어 정양도독부와 운중도독부를 두었다"[28]고 한 기록 다음에 앞서 정리한 돌궐에 대한 대책 논의를 631년의 일로 기록해 시간상의 혼동이 보인다. 또한 대책을 시행한 시점에 대해 정확하게 밝히지 않고『구당서』와 『신당서』의「돌궐전」에서도 "태종이 온언박의 주장을 받아들여 삭방의 땅에 유주에서 영주에 이르기까지 순주, 우주, 화주, 장주의 네 주에 도독부를 두고, 일릭 카간의 땅을 여섯 개의 주로 나누어 동쪽에 정양도독부, 서쪽에 운중도독부를 설치해 부락의 백성을 통솔하게 했다"[29]고 모두를 하나로 모아 기록했다.

이상과 같은 중요한 기록 모두에 논의를 벌인 시점과 추진 시점이 정확하게 밝혀져 있지 않다. 다만 논의가 631년에 시작되어 북개주를 바꾸어 634년에 화주를 설치했다고 한 『신당서』「지리지地理志」의 기록을 통해

---

136~141). 채지혜 역시 630년을 기미부주의 창설기로 보았지만 이에 대해 구체적으로 논증한 것은 아니다(채지혜,「唐 前期 北方 羈縻府州의 設置와 變化」,『東洋史學研究』125, 동양사학회, 2013, pp. 137~168).

27) 『資治通鑑』 권193 太宗 貞觀 4년(630) 조, p. 6077.

28) 『唐會要』 권73「安北都護府」, p. 1311.

29) 『舊唐書』 권194上「突厥傳」上, p. 5163;『新唐書』 권215上「突厥傳」上, p. 6038.

구체적 시행 시기를 추정해볼 뿐이다. 그러나 이 또한 『신당서』「지리지」에서 기미부주 설치와 관련해 "순주順州 순의군順義郡: 630년 돌궐을 평정하고 그의 부락으로 순·우··화·장 주 등 네 주도독부를 유주와 영주 사이에 두었다. 또한 북개, 북녕, 북무, 북안 등의 네 도독부를 두었다"[30]고 한 것이 위의 기록과 상반된다는 점에서 믿기 어렵다.

기존의 연구에서는 돌궐의 옛 땅 가운데 운중 같은 중요 지역에 그 추장을 세워 다스리게 하는 잠정적 조치를 한 다음, 투항한 돌궐을 처리하는 문제에 대한 격론이 끝난 633~634년 무렵에 네 개의 주를 두었다는 점에 대체로 동의하고 있다.[31] 이는 초기에 투항한 추장들을 거주시키기 위해 임시로 설정했던 순주, 북개주, 북안주, 북녕주, 북무주 등과 같은 도독부가 정책 논의를 거쳐 633~634년경에 순주, 화주, 장주, 우주 같은 내지의 공식적인 주에 상응하는 기미주 도독부로 변경되었다는 점에 대체로 따르는 것이다. 즉 돌궐에 대한 본격적인 대책이 이 무렵에 비로소 수립되었으며, 이를 통해 돌궐이 당조의 일원으로 편제되었다고 이해하는 것이다.

먼저 북개주에서 화주로 변경된 사실은 「지리지」의 기록[32] 외에 아사나사마가 처음에 북개주도독이었다가 640년 황허 이북으로 돌아갈 때 화주도독이었다고 한 기록을 통해서도 확인된다.[33] 북녕주가 장주로 바뀐 것역시 처음 도독에 임명되었던 아사나소니실이 죽은 뒤 그를 이어 도독이된 아들 아사나충阿史那忠의 묘지명에서 아버지가 사망한 636년에 검교장주도독이었다는 기록을 통해서도 알 수 있다.[34] 그리고 북무주와 북안주는 어떤 과정을 거쳐 바뀌었는지 알 수 없으나 이와 비슷한 시기에 개편

---

30) 『舊唐書』 권39 「地理志 2」, p. 1520.

31) 石見淸裕, 『唐の北方問題と國際秩序』, 東京: 汲古書院, 1998, p. 119.

32) 『舊唐書』 권38 「地理志 1」, p. 1414.

33) 『舊唐書』 권194上 「突厥傳」 上, p. 5163.

34) 岑仲勉, 「阿史那忠碑」, 『突厥集史』 下, 北京: 中華書局, 1958, p 779.

되었을 것으로 추정된다.[35]

또한 『자치통감』에서 개편된 네 개의 정식 주가 퇼리스 카간의 영역이었다고 한 기록을 다른 곳에서 확인할 수 없다는 점에서 네 곳이 투항 초기에 설치된 것이 아니라 개편 대상이었다는 점을 알 수 있다. 이것은 실제 퇼리스 카간의 영역이 순주로만 한정되었음을 보여준다. 이는 기록의 착오라고 추정되는데, 여기서 주목해야 할 것은 일릭 카간의 땅을 여섯 개의 주로 나누었다고 한 기록이다. 이것은 다른 지역의 구분을 반영한 것일 수도 있다는 추정을 가능하게 한다. 따라서 일릭 카간의 땅을 여섯 개의 주로 나누어 왼쪽에 정양도독부를, 오른쪽에 운중도독부를 두었다고 한 것과 네 개의 정식 주를 설치한 것은 별개의 내용이며, 기록 정리 과정에서 시차가 있는 다른 두 기록이 합쳐지면서 마치 동시에 이루어진 것처럼 기록되었을 수도 있다는 추정을 하게 한다.

또한 여기서 더욱 심각한 문제는 630년에 설치된 도독부 아래 있던 여섯 개 주의 실체를 모른다는 점이다. 이에 대해 기존 연구에서는 구체적 내용은 확인되지 않지만 네 개의 정식 주로 개편되는 시점에 장성 밖에 위치한 일릭 카간의 영역에 여섯 개의 주를 두고 그 위에 다시 두 개의 도독부를 설치해 황허 이남과 이북에 이중 체제를 형성했다고 설명하기도 했다.[36] 이와 함께 여섯 주를 포괄하는 두 개의 도독부가 649년에 설치되었다는 점에서 여기에 나오는 여섯 개와 정식으로 개편되었다고 하는 순주, 화주, 장주, 우주 같은 네 개의 주도독부가 병립할 수 없다고 보았다.

이와 달리 여섯 주는 네 개의 정식 주로 개편되기 전에 존재했던 순주, 북개주, 북안주, 북녕주, 북무주, 풍주豊州를 가리키는 것이고, 실제로 정양과 운중 도독부가 설치된 것은 649년의 일이라 637년 이전에는 정양과

---

35) 김호동, 앞의 논문, 1993, p. 139.
36) 石見淸裕, 앞의 책, 1997, pp. 509~516.

운중 도독부 밑에 여섯 주가 없었다고 보기도 했다. 이런 지적은 630년에 처음으로 여섯 개의 주를 설치한 것은 사실인데, 이것이 논의 과정을 거쳐 다시 633년부터 637년까지 개편하면서 네 개의 정식 주로 축소되었다는 추론으로 이어졌다.[37] 이 내용이 정확하다면 630년 멸망하는 과정에서 돌궐이 당조에 대규모로 투항해 오자 태종이 이들을 본거지에 정착시켰다는 사실을 다시 한 번 확인할 수 있다.

여기서 중요한 점은 실제로 여섯 개 주의 설치 여부와 상관없이 여러 추장이 일릭 카간을 배신하고 당조에 투항해 과거 일릭 쾬뒤 카간이 낙양까지 와서 양제에게 자신의 복장을 중국식으로 바꾸겠다고 간청할 정도로 굴종적 태도를 보였을 때와 비슷한 모습을 보였다는 사실이다. 이때 돌궐의 추장들은 이런 모습을 보이면서까지 자신들의 비옥한 목초지를 유지하려고 했던 것이다.[38]

이들의 이런 요구가 관철되었다는 것은 630년에 태종이 돌궐이 거주하는 곳에 임시 주도독부를 설치해 이들을 당조의 지배 체제 안에 형식적으로 편입시켰음에도 생활 자체에 별다른 변화가 없었다는 사실에서도 확인된다. 이와 함께 630년 투항한 직후에 "돌궐의 높은 추장(酋豪)들 가운데 장군, 중랑장으로 뽑은 자가 500명이었고 조정을 받들고자 청한 자가 또한 100명이라 5품 이상 관원의 절반을 차지했다. 이들 중에서 장안에 들어와 스스로 호적에 편제된 집이 1000호나 되었다"[39]고 할 정도로 장안에 돌궐 지배층이 한꺼번에 쏟아져 들어왔다는 점에 주목할 필요가 있다.

이때 태종은 이들에게 고위 관직을 주는 등 크게 우대했지만 이후에 점차 부담을 느껴 본거지에서 가까운 황허 이남의 목초지로 되돌려보내려고 했다. 이를 동해 일릭 카간은 장안에 사로잡혀 왔지만, 그와 경쟁 관계

---

37) 김호동, 앞의 논문, 1993. pp. 142∼143.
38) 『隋書』권15 「音樂志」, p. 381.
39) 『新唐書』권215上 「突厥傳」上, p. 6038.

에 있었거나 당조에 투항해 순종적 모습을 보였던 다른 지배층들은 황허 이남에서 자신들의 기득권을 계속 유지할 수 있었다.

이는 그동안 일릭 카간으로부터 소외되었던 돌궐의 여타 추장들에게는 당조에 투항하는 것이 오히려 자신들의 세력이나 위상을 제고할 수 있는 기회였음을 보여준다. 이런 양상은 계승 분쟁으로 인해 남하했던 흉노의 호한야선우呼韓邪單于나 유연의 아나괴, 그리고 돌궐의 으쉬바라 카간이나 일릭 퀸뒤 카간 등이 중국의 지원을 통해 자신들의 위상을 다시 회복했던 전례에서도 확인된다. 이런 조치는 양제가 장성 내부에 들어와 있던 돌궐을 끝내 통제하지 못했던 것과 별반 다르지 않은 결과로 이어질 수밖에 없었던 것이다.

그럼에도 태종은 처음에 변경의 안정을 유지하고자 돌궐을 적극 받아들인 다음 이들의 위험성을 제거하기 위해 일단 관직을 중국식으로 바꾸는 조치를 취했다. 630년 5월에 서둘러 퇼리스 카간 등을 순주도독으로 삼아 그 부하를 이끌고 부락으로 돌아가게 했을 뿐만 아니라 다른 추장들에게도 주도독부를 임시로 설치해주었다. 이는 630년을 전후로 한 상상을 초월한 대규모 투항 사태에 쉽게 대응하기 어려웠던 것과 관련이 있다. 당시 태종은 예상 밖의 상황에 대응하기에 급급할 수밖에 없었던 것이다.

이후 이런 상황을 개선하기 위해 시간을 두고 조정 내에서 다양한 논의 과정을 거친 뒤에야 태종은 구체적 대응 방법을 도출해낼 수 있었다. 논의 과정에서 처음에 강남 이주 내지는 하북 이주 등이 주로 토의되었지만, 결국 임시로 설치된 주도독부를 내지에 소속된 주로 변경시키는 형식적 개편을 통해 돌궐을 황허 남부에 거주하게 했다. 태종이 돌궐의 추장들에게 숙위의 직위와 지방 장관인 도독의 지위를 주어 당조의 체제 안으로 끌어들이는 온언박의 제안을 채택했기 때문이었다. 이것은 과거처럼 돌궐을 다시 회복시켜주되 당조의 통제 체제에 들어와 있는 번병으로 만들려는 입장이었다. 왜냐하면 당시 태종에게는 자신의 이익을 확대하기 위해 당조에 투항해 들어온 추장들의 다양한 욕구를 만족시켜주는 일이 중요할 수밖에 없었기 때문이다.

반대로 태종이 추장들의 바람을 채워주지 않고 장성 밖으로 내보냈다면, 저항이 일어날 가능성이 아주 많았다. 왜냐하면 황허 이남은 앞서 일릭 퀸뒤 카간이 계속 머물기 위해 많은 노력을 기울인 것처럼 중국의 지원과 보호를 받으며 세력을 키우는 데 아주 유리해 돌궐의 유력 추장들이 결코 포기하려고 하지 않는 곳이었기 때문이다. 이런 욕구를 잘 알았던 태종은 대규모로 투항해 들어와 비옥한 지역에서 계속 거주하기를 원하는 돌궐의 추장들에게 많은 지원을 해줄 수밖에 없었다.

이런 약속을 지키지 않고 북방으로 내보내는 것은 신의를 중요시 여기는 황제의 면모를 각인시키려고 했던 태종의 입장과도 배치되었다.[40] 또한 돌궐이 붕괴된 뒤 몽골 초원에서 세력을 확대하고 있던 설연타와의 관계를 고려하더라도 이들을 장성 밖으로 보내는 것은 큰 부담이었다. 따라서 태종은 이상과 같은 조치를 통해 위험을 회피함으로써 막 안정된 북변의 상황을 다시 악화시키지 않고 내정을 안정시킬 여유를 얻을 수 있었다.

이렇게 된 것은 처음에 태종이 현상적으로 동돌궐이 붕괴하고 이들이 대규모로 투항하는 예기치 않은 상황이 연출되자 그들에게 많은 이익을 보장해주어도 된다는 자만심에 빠져 있었기 때문이라고 추정된다. 이는 634년 태종이 상황上皇과 미앙궁未央宮에서 잔치를 베풀 때 일릭 카간에게 춤을 추게 하고 남만南蠻의 추장 풍지대馮智戴에게 시를 읊조리게 하면서 "중화와 오랑캐가 한 가족을 이룬 것(華夷一家)은 처음 있는 일입니다"라고 자랑한 일[41]에서도 확인된다.

성공에 대한 이런 자신감은 진시황제秦始皇帝도 한 무제도 이루지 못한

40) 『册府元龜』 권655 「奉使部 智識」, pp. 7847~7848.
41) 『舊唐書』 권1 「高祖本紀」, p. 18.

일을 자신이 해냈다고 주장한 것에서도 확인된다. 기존 연구에서는 이를 태종이 부족한 자신의 정통성을 외치外治의 성공을 통해 정당화하려 한 것이라고 평가하기도 했다.[42] 즉 정변을 통해 즉위한 태종에게는 일릭 카간을 사로잡아 돌궐을 무너뜨리고, 곧이어 추장들이 대거 투항한 사실 자체가 중요했던 것이다.

따라서 태종은 이런 유례없는 상황을 즐기기 위해 먼저 투항한 돌궐의 욕구를 만족시켜주었다. 이를 통해 표면적으로 자신의 위업을 드러냈으며, 그의 지배가 마치 돌궐에 관철되는 것처럼 보일 수 있게 했다. 이로써 태종은 표면적으로 '중화와 오랑캐가 한 가족'을 이룬 통합된 세계의 지배자인 '텡그리 카간Tengri qaghan(천가한天可汗)',[43] 즉 돌궐만이 아니라 장성 밖의 모든 족속을 아우르는 존재가 되었던 것이다.

한편 태종의 조치는 투항한 돌궐 추장들의 입장에서도 비옥한 초지를 무대로 당조의 우대를 받으며 안정된 생활을 누릴 수 있는 토대였다. 그들은 태종이 자신들의 기득권을 보장해주자 그의 지배에 적극 순응하는 것처럼 행동하려고 했다. 따라서 630년대 돌궐의 붕괴 이후 장성을 둘러싼 북변의 혼란은 태종의 과시 욕구와 투항한 돌궐 추장들의 이익이 절묘하게 합치하면서 별문제 없이 해결될 수 있었던 것이다.

이런 조치는 돌궐이 세력을 회복할지도 모른다는 우려를 낳았지만 이후 상황은 태종에게 아주 유리하게 돌아갔다. 왜냐하면 투항한 종실 가운데 가장 유력했던 퇼리스 카간이 세력화하지 못하고 631년 조정에 오기 위해 병주를 지나다가 스물아홉의 나이로 병사했기 때문이다. 이어 돌궐에서는 그의 어린 아들인 카라 퀼(Qara kül로 추정. 하라골賀邏鶻)이 그의 지위를 계승했지만[44] 구심점이 되지 못했을 뿐만 아니라 다른 유력한 추장

---

42) 박한제, 「七世紀 隋唐 兩朝의 韓半島進出 經緯에 대한 一考」, 『東洋史學研究』 43, 동양사학회, 1993, p. 27.
43) 『舊唐書』 권2 「太宗本紀」, p. 39.

인 아사나소니실마저 사망했다. 따라서 태종은 동돌궐의 갑작스런 붕괴와 대규모 투항이라는 상황에 미처 준비가 되지 않아 견제 속도를 조절할 수밖에 없는 입장에서 벗어나, 자신을 중심으로 한 체제를 더욱 강하게 고착화시키기 위한 노력을 기울일 수 있게 되었다.

이와 관련해 태종은 633년에 퇼리스 카간이 통제하던 순주를 영주營州 남쪽에 있는 지오류수之五柳戍로 옮기고, 사농思農 부락에 연연현燕然縣을 설치해 양곡陽曲으로 옮겼으며, 이즈길思結 부락에 회화현懷化縣을 두어 수용秀容으로 옮겼다.[45] 이는 모두 순주도독인 퇼리스 카간 집안에 대한 견제로 임시로 설치된 주도독부를 내지의 정식 주로 바꾸면서 네 개로 축소시켰던 조치로 연결되었다. 그리고 이것은 결국 638년 순주의 철폐로 이어졌는데, 이런 과정 모두가 궁극적으로 돌궐에 대한 견제의 시작이었다.

이 무렵이 되면 태종은 화이를 구분하지 않는다는 표면적 강조에도 불구하고 돌궐을 강하게 견제해나갔다. 이것은 중국에 귀부해 들어와 있던 돌궐이 다시 성장해서 과거 중국을 위협했던 수말 당초와 같은 상황이 재현되는 것만은 막겠다는 일관된 생각을 기초로 한 것이었다. 왜냐하면 태종에게 돌궐은 과거 수말 당초의 혼란 과정과 당조의 건국 과정에서 보여준 것처럼 여전히 언제든 태도를 바꿔 적대 세력화할 수 있는 집단으로 결코 신뢰할 대상이 아니었기 때문이다.

또한 톈산 산맥 북방 베쉬 발릭北庭에서 세력을 갖고 있던 아사나사이 阿史那社爾가 636년 영주에 들어와 투항하자[46] 태종은 이를 돌궐 통제를 보다 강화하는 기회로 삼으려고 했다. 당시 아사나사이는 630년 패망한 이후 남아서 독립했던 동돌궐의 종실 세력 가운데 가장 강력한 인물 중 하나였다. 카라 카간의 둘째 아들인 그는 능력이 뛰어난 인물로 이제까지 세

---

44) 『舊唐書』 권194上 「突厥傳」 上, p. 5161.

45) 『新唐書』 권43下 「地理志 7」 下 , p. 1125.

46) 『舊唐書』 권109 「阿史那社爾傳」, p. 3288.

력화를 꿈꿔왔을 뿐만 아니라 언제든 돌궐을 부흥시킬 구심점이 될 수 있는 중요한 존재였다. 그는 이미 열한 살이라는 어린 나이에 능력을 인정받아 타르두쉬 샤드(Tardush shad로 추정. 척설拓設)로 임명된 뒤 몽골 초원의 투르크계 부락들을 관리하는 등의 역할을 했다. 그러다 628년 설연타가 봉기하자 패배해 서방으로 쫓겨났다가 과거 서돌궐의 오르두가 있던 베쉬 발릭을 중심으로 톈산 산맥 주변의 오아시스에 영향력을 행사하면서 성장했던 것이다.

그는 일릭 카간이 패망한 뒤 유일하게 독립 세력을 구축한 종실의 일원으로 톱 카간Tup qaghan(도포가한都布可汗)이라 칭하며 돌궐의 부흥을 위해 노력했다. 하지만 이후 서돌궐과 설연타 사이에서 세력을 확대하고 몽골 초원을 회복하기 위해 634년 설연타를 공격했다가 패배했다. 이어 서돌궐 으쉬바라 일테리쉬 카간Ishbara Ilterish qaghan(사발라질리실가한沙鉢羅咥利失可汗, 재위 634~639)의 압박을 받자 당조에 투항할 수밖에 없었다. 태종은 그를 좌효위대장군으로 삼아 장안에 머물게 하면서 그의 부락을 영주 북쪽에 살게 했는데, 이 또한 그를 억류하면서 부락과 격리시키려는 의도였다.

태종은 이를 계기로 이들이 적대 세력화하거나 다시 동돌궐을 부흥하려는 움직임을 제약하려고 했다. 태종의 이런 입장 변화는 양자의 이해 합치를 바탕으로 한 태종의 눈부신 성과를 무너뜨릴 수도 있고, 반대로 돌궐의 세력을 확대시킬 수도 있는 양면성을 가졌다. 만일 태종의 견제가 성공한다면 돌궐이 완전히 약화되어 더는 당조를 위협할 수 없게 만들 수 있었다. 반대로 실패한다면 당조를 위협할 새로운 유목 국가가 등장할 수도 있는 위험성 역시 갖고 있었다.

더욱이 비옥한 황허 남부의 목초지를 배경으로 일릭 퀸뒤 카간 이래 세력을 키워나가려고 했던 여러 추장과 이를 견제하려고 했던 태종의 정책이 충돌한다면 이것은 어떤 방향으로든 결국 양자 관계의 전환점이 될 수밖에 없었다. 왜냐하면 당시 종실 내부의 유력한 돌궐 추장들이 일릭 카간을 배반한 다음 자신들의 부락을 이끌고 당조에 투항한 것은 태종이 자신들의 이익을 적극 보장해주었기 때문이다. 그런데 만일 이것이 어그러진다면 돌궐 추장들은 반발을 시작할 수밖에 없었다.

태종이 돌궐에 대한 견제를 강화해나간 것은 북변의 안정이 그만큼 중요했음을 의미한다. 이것은 단순히 돌궐이 반기를 들지 못하도록 안정시키기 위한 대책만이 아니라 당시 중요한 변수였던 설연타의 성장을 제어해야 하는 상황과도 깊은 관련이 있었다. 이들을 모두 제대로 통제하는 것 자체가 동돌궐이 붕괴한 뒤 국제 질서를 자기 주도로 되돌리려고 했던 태종에게 아주 중요했다. 삼자의 새로운 관계 형성을 목표로 태종이 돌궐에 새롭게 대응해나감에 따라 당조에 투항한 돌궐 내부에도 커다란 변화가 생길 수밖에 없었던 것이다.


## 2. 돌궐의 고비 남부로의 이주와 실패

황허 이남에 거주하던 돌궐에 대한 당조의 강력한 견제가 이들의 재기와 세력화를 막기 위함이었다는 점은 이미 지적한 바 있다. 특히 가장 강한 권위를 갖고 있던 툄리스 카간 집안에 대한 견제가 중요했다는 사실도 확인할 수 있었다. 이것은 그가 패망한 일릭 카간 다음으로 강력한 존재라 그의 향배 자체가 돌궐의 움직임을 결정할 수 있었기 때문이다. 태종의 계속된 견제 노력은 한동안 예상 밖으로 잘 진행되었는데, 이는 631년 툄리스 가간의 갑작스런 병사 이후 _ㄴ를 이은 아늘 카라 퀼이 어렸다는 사실과 무관하지 않았다. 따라서 돌궐 내부적으로 분열되고 약화된 부락들을 결집할 수 있는 구심점인 아사나 종실 출신의 추장들은 한동안 권력을 회복하지 못하는 상황에 처하고 말았다.

또한 태종은 퇼리스 카간의 동생인 아사나결사솔阿史那結社率 역시 형이 급사하기 전부터 형이 모반을 한다고 무고誣告한 것을 이유로 박대하는 등 견제의 끈을 놓지 않았다. 결사솔은 당조의 집중적인 견제 대상이라 투항한 이후 겨우 중랑장의 지위를 받았을 뿐 승진도 제대로 하지 못했다. 그러다가 결사솔이 반발하는 사태가 일어나면서 상황이 일변했다. 그가 당조에 저항한 배경에 대해서는 형과 사이가 좋지 않아 태종에게 퇼리스 카간을 무고했으나 태종이 받아들이지 않자 이에 원한을 품고 벌인 행동이라는 설명이 있었다.[47] 하지만 이것이 사실인지 여부는 확인하기 어렵고, 그가 639년 4월 21일 여름 휴양지인 구성궁九成宮에 와 있던 태종을 공격한 사건의 원인을 감추기 위한 꾀일지도 모른다는 설명 역시 가능하다.

결사솔의 모반을 두고 승진을 시켜주지 않아 원한을 가졌다는 식의 개인적 이유만을 든 것은 같은 맥락에서 의심스럽다. 왜냐하면 그가 태종을 공격한 사건은 개인적 문제보다는 투항한 뒤 상당한 시간이 흘러 돌궐에 대한 당조의 통제가 강화된 상황에서 나타난 불만의 폭발과 연결될 수 있기 때문이다. 이것은 아버지를 이어 순주도독으로 있던 퇼리스 카간의 아들 카라 퀼이 이끄는 부락이 그의 모반에 적극 동참한 것에서도 확인된다. 당시 태종을 죽인 뒤에 그 여세를 몰아 다시 카간이 될 수 있을 정도로 중요한 인물이었던 카라 퀼은 자신에 대한 견제가 노골화된 상황에서 삼촌의 요구를 거부할 이유가 없었던 것이다.

결사솔은 조카인 카라 퀼과 함께 부락민 40여 명을 불러 진왕晉王 이치李治가 사경四更(새벽 1시~3시)이 되어 출궁할 때 궁성 문이 열리고 의장대가 나간 틈을 타서 말을 몰아 궁문을 돌파한 다음 황제의 천막을 공격해 태종을 죽이자고 모의했다. 그런데 거사 당일 바람이 심하게 불고 너무 어

---

47) 『新唐書』 권215上 「突厥傳」 上, p. 6039.

두워 이치가 궁 밖으로 나가지 않았다. 결사솔은 모의가 탄로 났다고 생각하고 행궁으로 바로 쳐들어가 네 번째 장막將幕을 넘어 중군영中軍營에 화살을 난사해서 위사衛士 수십 명을 죽였다. 이에 절충도위折衝都尉 손무개孫武開 등이 병사들을 모아 공격에 나서자 결사솔은 한참을 버티다 궁지에 몰려, 황제의 마구간으로 달려가 말 20필을 훔쳐서는 웨이수이강渭水을 건너 부락으로 도망가려다 사로잡혀 죽임을 당했다. 거사가 실패로 끝난 뒤 삼촌과 일을 도모했던 카라 퀼은 태종에게 용서를 받지만 결국 영남嶺南으로 쫓아나는 처지가 되었다.

이상과 같이 결사솔의 모반 사건은 싱겁게 끝나고 더는 확산되지 않은 상태에서 마무리되었다. 하지만 태종은 이 일을 계기로 돌궐에 대한 새로운 정책을 수립했다. 즉 돌궐 대책을 논의하는 과정에서 황허 이남에 두는 것을 반대한 의견 가운데 경사京師에서 너무 가까워 반기를 들었을 때 대응하기 어렵다는 지적이 다시 의미를 갖게 된 것이다. 태종은 이처럼 돌궐의 위협을 받을지도 모른다는 우려가 현실화되자 과거 온언박의 주장을 받아들여 황허 이남에 거주하게 했던 정책을 번복했다.

이는 과거에 태종이 위징을 비롯한 대신들의 주장을 받아들이지 않고 '중화와 오랑캐는 한 가족(華夷一家)'이라고 하면서 돌궐을 위무한 일이 그의 자아도취적 대응이었음을 보여준다. 본디 태종은 돌궐을 불신하면서 강하게 견제해야 한다는 생각을 했음에도 동돌궐의 붕괴로 만들어진 국면에 취해 당시 돌궐이 전혀 위협적 존재가 되지 못한다고 인식했다. 이후 돌궐의 위험성을 없애기 위해 점차 견제를 강화하다가 결국 통일 체제 유지 내지는 당조 체제의 안정을 위협하는 문제가 발생하자 입장을 바꿀 수밖에 없었던 것이다.

태종은 그 뒤의 논의 과정에서 시신들에게 자신의 기존 입장을 반성하며 **"중국은 뿌리와 줄기이고 사이四夷는 가지와 잎사귀다. 뿌리와 줄기를 잘라 가지와 잎사귀에게 준다면 나무가 어찌 자랄 수 있을 것인가? 짐이 위징의 말을**

**받아들이지 않아 낭패를 보았구나"**라고 했다.[48) 태종은 과거 위징의 말을 듣지 않은 것을 후회하면서 이상과 같이 중화와 오랑캐의 구분을 분명히 했다. 그는 돌궐에 대해 불신과 견제의 대상으로 자신의 힘에 완전히 굴복해야만 하는 집단에 불과하다고 설명했다. 태종은 돌궐에 대한 정책 결정 과정에서 '중화와 오랑캐의 구분이 없다(華夷無隔)'와 '중화와 오랑캐의 구분이 있다(華夷區分)'는 상충되는 태도를 동시에 보일 수밖에 없었다.[49) 이

---

48) 태종의 이상과 같은 언급은 『자치통감』(권195 太宗 貞觀 4년 조, p. 6148)에만 나오고 『신당서』나 『구당서』에는 빠져 있다. 이 기록이 『자치통감』에만 있는 것은 원래 없던 부분을 후대에 덧붙인 것인지, 아니면 이 부분의 기록이 그의 다른 입장과 충돌된다고 생각해서 생략한 것인지 정확하게 알기 어렵다. 하지만 태종의 이런 언급은 다음 주에서 정리한 것처럼 그의 민족 정책에 대한 상반된 의견을 설명하는 중요한 논거로 이용되었다는 점에서 기록 자체에 대한 다각적인 검토가 필요하다.

49) 기존의 연구에서 태종이 돌궐을 포용하려고 했는가 아니면 내치려고 했는가 하는 점을 판단하기 어려웠던 것은 현재 중국의 다민족 국가 체제의 이념을 설명하기 위한 기반으로 태종의 태도를 이용하려고 했던 것에 기인한다. 태종이 포용적이었다는 의견이 중국 학계의 주류적 입장이기도 했지만, 이에 대한 반론도 제기되었다(熊德基, 「唐代民族政策初探」, 『歷史研究』 1982-6; 熊德基, 「從唐太宗的民族政策試論歷史人物的局限性: 與胡如雷同志商榷」, 『中國史研究』 1985-3; 熊德基, 「對胡如雷同志 『再論唐太宗民族政策』 一文的答復」, 『中國史研究』 1987-4; 胡如雷, 「唐太宗民族政策的局限性」, 『歷史研究』 1982-6; 胡如雷, 「再論唐太宗的民族政策: 兼答熊德基先生」, 『中國史研究』 1987-4). 또한 정관지치貞觀之治와 관련해 성군聖君의 이미지를 가졌던 태종의 정책이 일관성이 있었다는 설명과 연결시켜 태종이 추진했던 민족 정책의 성격을 설명하기도 했다(徐杰舜, 『中國民族政策史鑒』, 桂林: 廣西人民出版社, 1992; 田繼周, 『中國歷代民族政策研究』, 西寧: 青海人民出版社, 1993). 이와 같은 태종 시대의 민족 정책에 대한 현재 중국의 관심은 현재적 관점에 과거의 정책을 짜 맞추려고 한 것이 문제였다. 이와 동시에 태종이 돌궐을 포괄하는 주변 민족들에 대해 화이무격華夷無隔이나 화이구분華夷區分 중 꼭 어떤 것을 일관적으로 갖고 있었다고 설명한 것도 문제였다. 이런 설명보다는 7세기 전반의 태종이 4세기 민족 이동기와 이후 남북조 시대를 거치면서 단순히 장성 이남의 천하통일天下統一만이 아니라 그 외연을 포괄하는 '대일통大一統'을 이룬 중국을 하나의 대상으로 인식했으며, 이를 정책적으로 추진해가는 과정에서 상황에 따라 어떤 입장을 보였는가 하는 점을 설명하는 편이 더 중요할 것이다. 즉 태종의 대책에 어떤 구체적인 방향성이 있었다기보다 상황에 따라 움직이며 적대세력화할 수 있는 돌궐을 제어해야 한다는 당위를 전제로 황제로서 교화의 대상인 오랑캐를 포괄한다는 명분을 유지함과 동시에 다른 한편으로 주변 족속들의 이익도 존중함으로써 신의 있는 천가한天可汗으로서의 모습을 보여주려고 했다고 설명하는 편이 더 타당할 것이다.

후 태종은 자신의 기존 입장을 바꿔 돌궐을 고비 이남으로 이주시켜야 한다는 주장을 다시금 받아들였다.

당시 중국이 갖고 있던 현실적 힘에 비례해 돌궐을 포괄할 것인가 아니면 분리시켜 내보낼 것인가 하는 고민은 단순히 태종만의 것은 아니었다. 과거 수 문제와 양제 또한 이런 고민을 했는데, 다만 이들을 받아들여 번병으로 만들려고 한 대응의 결과가 실패로 나타남에 따라 전자와 평가가 달라졌을 뿐이다. 태종만이 유독 이민족들을 포용하는 입장을 보였다고 후대에 높이 평가된 것은 결과론적 설명에 불과하다. 또한 성공했다는 이유만으로 태종의 입장이 돌궐에 대한 정책 결정에 일관되게 반영되었다고 볼 수도 없다. 결국 태종 역시 과거 수 문제나 양제의 정책과 맥을 같이 하는 정책을 구체화할 수밖에 없었던 것이다.

태종이 이런 결정을 내린 것은 결사솔의 반발에서 알 수 있는 것처럼, 돌궐이 자신에게 직접적 위협을 가할 수 있다는 가정이 현실화되었기 때문이다. 이뿐만 아니라 당시 "항복한 돌궐의 부락 등을 모두 하남에 두고 가축을 풀어 키우게 하자 오늘날 인구와 양, 말 등이 날로 크게 늘어났다"[50]고 평가한 것에서 확인할 수 있듯이 더는 이들을 그대로 두면 안 된다는 강한 우려와도 연결되었다. 실제로 당시 돌궐은 현상적으로 별문제가 없는 것처럼 보였지만 언제든지 이탈할 수 있는 존재였다. 나아가 다른 부락 간의 전쟁을 야기해 새로운 유목 국가의 등장이라는 연쇄 반응을 가져올 수도 있었다. 따라서 태종은 이들을 황허 이남에서 고비 이남의 초원으로 이주시켜 이상과 같은 우려를 불식시켜야만 했던 것이다.

한편 태종은 이로 인해 발생할 수 있는 다른 위험도 감수해야만 했다. 돌궐을 장성 밖으로 내보내려면 먼저 이들이 다시 고지로 복귀할 수밖에 없는 유인책을 제시해야만 했다. 이런 조치가 수반되지 않으면 황허 이남

---

50) 『新唐書』 권215上 「突厥傳」 上, p. 6036.

의 비옥한 초지를 배경으로 잘 지내던 돌궐이 순순하게 이곳을 떠나 장성 밖으로 나가려고 하지 않을 것이 틀림없었다. 그래서 태종은 돌궐이 고지로 되돌아가는 데 수긍할 수 있도록 절대로 양보하지 않았던 과거 돌궐의 국가 체제로 복귀하는 것을 인정해주었다.

이와 관련해 7월 9일 아사나사마를 일 에트미쉬 으둑 빌게 카간(Il etmish ïdugh bilge qaghan으로 추정. 을미니숙사리필가한乙彌泥孰俟利苾可汗)으로 삼아 이씨李氏 성을 내리고 오르두(아장)를 고비 이남에 세워주었다. 이와 함께 좌둔위장군左屯衛將軍 아사나충阿史那忠을 좌현왕左賢王(튈리스 카간)으로, 좌무위장군左武衛將軍 아사나 으둑(Ïduq으로 추정. 아사나니숙阿史那泥孰)을 우현왕右賢王(타르두쉬 카간)으로 삼아 새로운 돌궐의 카간을 보좌하게 했다.

이렇게 태종이 내지의 안전을 위해 돌궐의 구체제를 회복시킨 다음 장성 밖으로 내보내려고 한 데는 다른 한편으로 당시 불거지고 있던 초원의 위협을 해결하려는 목적도 있었다. 이 무렵에는 몽골 초원에서 설연타의 성장이 두드러져 이에 대한 구체적 대응 역시 절실했다. 설연타는 이미 630년 돌궐이 붕괴된 뒤부터 과거 유목 국가들처럼 당조와 긴밀한 관계를 유지하면서 다른 한편으로 국가를 발전시키기 위해 서방 진출을 도모하고 있었다. 이와 관련해 631년에 서돌궐의 아즈 야브구 카간(Az yabghu qaghan으로 추정. 사엽호가한肆葉護可汗)을 격파했을 뿐만 아니라 634년에는 베쉬 발릭北庭을 중심으로 세력을 갖고 있던 툽 카간 아사나사이를 격파해 톈산 산맥 주변의 오아시스에 지배력을 행사할 만큼 성장했다.[51]

태종은 설연타의 성장을 새로운 위협으로 인식했고, 이를 본격적으로 견제하기 위해 돌궐을 고비 이남으로 이주시켜 번병으로 삼아 대적하게 함으로써 자신의 부담을 줄이고자 했다. 이렇게 돌궐을 복귀시켜 이들과

---

51) 『舊唐書』 권199下 「北狄傳」 下, p. 5344.

대응하도록 하면서 다른 한편으로 640년에 고창국(지금의 투루판)을 전격적으로 공격해 복속시켰다. 이는 유목 세력이 서방으로 진출하는 통로를 막고 오히려 당조가 진출할 수 있는 교두보를 확보함으로써 동서 교역로를 장악하기 위함이었다. 태종은 여기서 그치지 않고 이곳에 안서도호부安西都護府를 설치했을 뿐만 아니라, 곧바로 주를 설치해 내지內地로 바꾸는 조치까지 취했다.[52]

이것은 모두 서방을 강력하게 통제함으로써 몽골 초원의 설연타가 서방으로 진출하는 것을 막기 위함이었다. 다른 한편으로 과거 돌궐이 구축했던 동서 교역을 대신 장악하려는 목적도 있었다. 또한 여전히 서방의 강력한 세력으로 남아 있던 서돌궐을 제어하려는 의지와도 관계가 있었다. 왜냐하면 당시 서돌궐의 상황 역시 당조에 큰 부담이 되었기 때문이다.

당시 서돌궐 지역에서는 내부의 갈등이 폭발하면서 639년에 일릭 빌게 둘룩 카간(Ilig bilge Duluq qaghan으로 추정. 을비돌육가한乙毗咄陸可汗, 재위 638~642)이 세력을 통합하자 이로부터 밀려난 둘룩 카간(Duluq qaghan으로 추정. 돌육가한咄陸可汗) 아사나미사阿史那彌射가 부락을 이끌고 당조에 투항했다.[53] 이러는 과정에서 많은 부락이 대거 당조로 들어오자 태종은 이들을 안정시키기 위해 장성 밖으로 내보낼 수밖에 없었던 것이다.

하지만 구체제를 복원하고 돌궐을 고비 이남으로 이주시키려면 중요한 전제가 있어야만 했다. 그의 주구走狗인 아사나사마가 비록 카간이 되어 돌궐을 재건한다고 하더라도 당조에는 결코 위협이 되면 안 되었다. 실제로 태종이 선택한 아사나사마는 결코 당조에 반기를 들지 않는 합당한 인물이었다. 그는 일릭 카간의 친척으로 아버지가 둘룩 샤드(Duluq shad로 추

---

52) 『舊唐書』 권198 「西戎傳」, p. 5296.
53) 『舊唐書』 권199下 「北狄傳」 下, p. 5188.

정. 돌육설㕡六設)였던 종실의 일원이었다. 또한 일릭 쿤뒤 카간이 수나라로 도망치자 몽골 초원에 남아 있던 부락들이 그를 카간으로 받들 정도로 신망을 얻고 있었다. 하지만 그는 카간이 돌아오자 물러나 그에게 다시 복종했을 정도로 충성심이 아주 강했다.

이처럼 그는 성정이 올곧고 영리하며 대담하는 데 뛰어났다. 따라서 세비 카간과 카라 카간 시기에도 능력을 인정받아 당조에 여러 차례 사신으로 파견되는 등 중요한 역할을 맡았다. 그는 이렇게 능력이 있었음에도 생김새가 소그드인과 비슷해 아사나의 족류가 아니라는 의심을 받았다. 그래서 일릭 카간 시기에도 신임을 받아 으쉬바라 테긴(Ïshbara tegin으로 추정. 협필특근夾畢特勤)이 되었지만 결코 병력을 통솔할 수 있는 샤드에는 오르지 못하는 등 차별을 당했다.

이와 같은 그의 경력은 당시 그가 종실의 일원으로 능력이 출중했는데도 내부적으로 권력에서 소외되어 별다른 비중이 없었음을 보여준다. 또한 그는 당조에 사신으로 파견되어 태종과 안면이 있었을 뿐만 아니라 630년 일릭 카간이 사로잡힐 때도 함께 행동하는 등 충성스러운 모습을 보여 태종에게 대안으로 선택되기에 충분했다. 그래서 태종은 그가 당조에 투항하자 우대해 우무후대장군 화주도독에 제수한 다음 당조에 들어온 일릭 카간의 부락을 대신 통솔하게 할 만큼 큰 신뢰를 보여주었던 것이다.[54]

이를 통해 아사나사마는 당시 돌궐 내에서 가장 유력한 존재로 부각되었을 뿐만 아니라 이후에도 다시 회화군왕으로 봉해지는 등 당조의 전폭적 지지를 받았다. 이렇게 그는 종실 내에서 소외되어 있던 상황을 반전시켜 당조에 투항함으로써 입신에 성공할 수 있었다. 즉 그는 당조로 투항해 일종의 기회를 얻었으며, 태종 역시 자신에게 아주 충성스러운 그를 적극 이용해 돌궐을 쉽게 통제할 수 있었던 것이다.

---

54) 『舊唐書』 권194上 「突厥傳」 上, p. 5159.

고비 남부로 복귀하는 아사나사마를 보좌해 좌현왕이 된 아사나충은 아사나소니실의 아들이었다. 그 또한 아버지와 함께 일릭 카간을 사로잡아 온 공으로 당조에 투항해 좌둔위장군이 되었으며, 종실의 딸 정양현주定襄縣主와 결혼도 했다. 그는 이후 태종의 우대를 받아 48년간 숙위宿衛로서 계속 봉사했다. 특히 그는 당조에 들어온 아사나 종실 가운데 가장 대표적 이민족의 장군(蕃將)으로 충성스러운 인물이었다고 평가되었다.[55] 이런 그의 이력은 아사나사마와 같은 성향을 갖고 태종을 위해 노력했음을 보여준다. 이런 태도는 태종에게 돌궐 체제를 회복시킨다고 하더라도 결코 그들이 적대적이지 않을 것이라는 확신을 주기에 충분했던 것이다.

또한 우현왕으로 임명된 아사나 으둑 역시 비슷한 성향을 가지고 있었을 것으로 보이나 그가 정확히 누구인지는 알 수 없다. 그에 대해 "우현왕 아사나 으둑은 아사나소니실의 아들로 처음에 나라에 들어와 종실의 여자와 결혼을 하고 충忠이라는 이름을 받았다"[56]라고 했다. 이에 따르면 그는 아사나충과 동일인이며, 이 기록이 정확하다면 좌현왕과 우현왕 역시 동일인이어야 하는데, 이것은 상식적으로 불가능하다. 그 밖의 다른 기록에서도 그의 실체를 밝히지 않아 누군지 불분명하다. 다만 기존의 연구에서 당시 정황으로 보아 아사나 으둑이 639년 당조에 투항한 서돌궐의 아사나미사일 것이라는 가능성이 제기되기도 했다.[57]

---

55) 『舊唐書』 권109 「阿史那忠傳」, p. 3290.
56) 『新唐書』 권215上 「突厥傳」 上, p. 6041.
57) 두 사람의 동일인 여부는 ① 639년에 아사나미사阿史那彌射가 당조에서 들어온 이후 고구려 원정에서 공을 세우는 645년까지 그의 행적에 대한 기록이 없는 것은 아사나사마阿史那思摩와 같이 장성 밖에 나가 생활했기 때문이라는 점, ② 아사나사마가 카간으로 임녕될 때 서방에 위치한 우현왕右賢王으로 임명될 인물이 당시 막 당조에 투항한 아사나미사라 태종 역시 그를 아사나사마와 같이 장성 밖에 살게 했다는 점, ③ 아사나사마가 643년 당조에 귀환한 다음 645년 고구려 원정에도 아사나미사가 같이 참가했는데, 그때도 그가 아사나사마의 지휘를 받았다는 점, ④ 관작의 경우에도 아사나 으둑阿史那泥孰이 우무위대장군右武衛大將軍이었는데, 아사나미사 또한 우무위대장군이었다는 점 등을 이유로 제시했다(薛宗正, 「阿史

이것 역시 양자를 동일인으로 볼 수 있는 결정적 근거는 아닐 수 있다. 하지만 639년에 서돌궐의 아사나미사를 하남에 두지 않고 장성 밖으로 내보내기로 결정한 상황에서, 그를 다른 돌궐인 등과 같이 처우해 우현왕으로 임명한 다음 부락을 데리고 장성 밖으로 내보내는 것이 가장 효과적이었다는 점에서 동일인일 개연성이 크다. 특히 다른 기록에서 이를 확인할 수 없는 상태에서 당시 상황에 비추어보면 아사나미사 외에 이런 역할을 맡을 수 있는 인물은 없다. 당시 고비 이남으로 이주시키는 가장 중요한 이유의 하나였던 설연타에 대한 대응에도 그만큼 효과적 인물은 없었다. 왜냐하면 당시 태종에게는 과거 동돌궐의 아사나사마와 아사나충, 그리고 새롭게 투항한 서돌궐의 아사나미사를 고비 이남으로 이주시켜 번병으로 삼아 설연타의 확장을 막는 것이 가장 효과적이었기 때문이다.

반면 돌궐이 고비 이남으로 복귀하는 것은 설연타에 대한 선전포고였다. 따라서 이는 불가피하게 대결 국면을 야기할 수밖에 없었다. 이에 태종은 향후 벌어질 수 있는 불의의 상황에 대비해야만 했다. 특히 "설연타를 무서워해 이들이 돌아가지 않으려고 했다"는 기록에서 알 수 있듯이, 설연타를 제어할 대책을 추진해야만 했다. 이에 태종은 사농경司農卿 곽사본郭嗣本에게 부절符節을 들려 보내며 설연타를 위무하려고 했다.

태종은 편지를 보내 으난추 빌게 카간(Ïnanchu bilge qaghan으로 추정. 진주비가가한眞珠毗伽可汗)에게 다음과 같이 말했다.

돌궐의 일릭 카간이 망하기 전에 스스로 강성함을 믿고 중국을 노략질해 그에게 살해된 백성이 수를 셀 수 없을 정도로 많았다. 짐이 군사를 일으켜 그를 격파하자 여러 부락이 모두 짐에게 돌아왔다. 짐이 **그들의 과거 잘못을 가볍**

---

那彌射生平釋義」,『民族研究』1985-1). 이렇게 그가 기존 사료의 잘못을 지적하면서 이상과 같은 이유로 당시 우현왕으로 기록된 아사나 으둑과 아사나미사가 동일인일 수도 있다고 본 것은 타당성이 있다.

게 여기고 그들이 선함에 따른 것을 가상하게 여겨 모두에게 벼슬과 작위를 내려주어 짐의 모든 신하와 같게 대했으며 그들이 차지한 부락들을 마치 자식처럼 아낀 것이 짐의 백성과 다르지 않았다. 그리고 중국이 예의가 있어 너희 나라를 없애지 않고 앞서 돌궐을 격파한 것은 오직 일릭 카간 한 사람만이 백성에게 해가 되어 폐하고 내쫓은 것일 뿐 실제로 그의 땅을 탐내지도 않고 도리어 돌궐 사람과 말을 이롭게 하고자 한 것이었다. **일릭 카간을 내쫓은 다음부터 늘 다시 카간을 세우고자 했고, 이 때문에 항복한 부락 등을 모두 황허 남쪽에 두고 가축을 풀어 키우게 해서 오늘날 인구와 양, 말 등이 날로 크게 늘어났다.** 처음에 책립冊立을 허락하자 믿음을 잃지 않았으니 돌궐을 바로 보내 황허를 건너 다시 그들의 땅을 회복하게 하고자 했다.

짐이 너희 설연타를 책봉한 날짜가 그보다 앞서고 지금 돌궐을 처리한 것은 그 뒤의 일이니 짐이 일을 이렇게 처리한 것은 **돌궐을 작게 여기고 설연타를 크게 여기기 때문이다. 너희는 고비 북쪽에 있고 돌궐은 고비 남쪽에 살아 각자 영토의 경계를 지키면서 부락을 누르고 어루만지도록 해라. 만일 그를 뛰어넘어 고의로 상대방을 노략질한다면 짐이 바로 군대를 이끌고 각각의 죄를 물을 것이다.** 이런 약속이 이미 정해지면 너희 몸이 편안해질 뿐만 아니라 너희 자손들에게도 이런 약속이 전해진다면 오랫동안 부귀를 누릴 수 있을 것이다.[58] (강조는 인용자)

태종이 사신을 보내 이와 같이 위무하면서 돌궐과 원만한 관계를 설정하려고 하자 설연타 역시 이런 제안을 막무가내로 거부할 수 없었다. 그럼에도 으난추 빌게 카간은 돌궐이 북쪽으로 돌아올 경우 그들이 고비를 건너올까 걱정해 경기병을 대기시킨 다음 귀환하는 것을 기다렸다 공격하려고 했다. 그는 돌궐의 복귀가 자신에게 심각한 위협일 수밖에 없는 상황이라 보고 그대로 두려고 하지 않았다. 이에 태종이 칙서를 내려 형법에

---

58) 『舊唐書』 권194上 「突厥傳」 上, p. 5164.

따라 징벌한다고 하자 비로소 받아들인 다음에야 군대를 거두어들였다. 왜냐하면 당시 설연타도 당조와 우호 관계를 유지하는 일이 향후 자신의 발전과 긴밀하게 연결될 것이라고 여겼기 때문이다.

이처럼 대내외적인 위상을 유지하는 데 당조의 지원이 무엇보다 중요했던 으난추 빌게 카간 역시 다음과 같이 사죄의 편지를 보내 관계를 유지하고자 했다.

천자께서 조칙을 내려 서로 침략하지 말라고 하시니 삼가 머리를 숙여 조칙을 받들겠나이다. 그러나 돌궐이 마음대로 어지럽히고 뒤집었으며 그들이 망하기 전에 중국 사람을 쉽게 죽여 폐하께서 그 나라를 멸망시키니 신하들이 말하기를 응당 거두어들인 종족 부락을 모두 노비로 삼아 당나라 사람들에게 배상을 해야만 한다고 했습니다. 그리고 **돌궐을 아들처럼 기르셨음에도 결국 아사나결사솔이 반란을 일으킨 것은 이들을 믿을 수 없다는 사실을 분명히 보여줍니다. 이후에 반란이 일어난다면 청컨대 폐하를 위해 이들을 베어버리겠습니다.**[59] (강조는 인용자)

설연타의 이런 요청은 자신들이 유목 세계의 패자로서 위상을 인정받기 위해 먼저 돌궐을 타도하는 일이 중요하다는 점을 보여준다. 이는 당장 이루어지지 않는다고 하더라도 언제든 기회가 된다면 돌궐을 타도하겠다는 의사의 표현이었다. 당시 그에게는 이것이 돌궐이 소멸된 뒤에 자신이 초원의 새로운 패자로서 위상을 완전하게 확보하는 길이었다. 특히 으난추 빌게 카간이 당조의 요구를 받아들일 수밖에 없었던 것은 당조가 투루판에 안서도호부를 설치해 서방으로의 진출이 막혀버린 상황에서 관계를 개선하는 일이 아주 절실했기 때문이다. 이상의 과정을 거치면서 으난추

---

59) 앞과 같음.

빌게 카간을 달래는 데 성공한 태종은 아사나사마 또한 위무해 고비 이남으로 이주시킬 수 있었다.

이를 위해 태종은 예부상서 조군왕趙郡王 이효공李孝恭, 홍려경鴻臚卿 유선인劉善因 등을 보내 황허 가에 제단을 쌓고는 책문에 절하고 받게 하면서 북과 기치를 내려주는 의식을 벌이게 했다. 아사나사마가 장안을 떠나기에 앞서 태종이 연회를 베풀어 그를 위무하며 "한 포기 풀과 한 그루의 나무도 심어 그것이 무성해지는 것을 보면 기쁜데, 어찌 짐이 너의 부락 사람을 기르고 너의 말과 양을 기르는 것을 이전보다 줄일 수 있겠느냐! 너의 부모 묘소가 황허 이북에 있고 지금에 다시 옛 조정을 회복하니 잔치를 열어 가는 것을 위로하고자 하노라!"라고 했다. 이에 아사나사마는 "죽어 남은 것을 폐하가 옛 고향에 뼈를 묻을 수 있게 해주시니 자손만 대로 당나라를 섬겨 두터운 덕에 보답하고자 합니다"[60]라고 말하며 태종의 의사에 따랐다.

돌궐의 새로운 카간이 된 아사나사마는 641년에 백성 10만여 명과 정예병사 4만 명, 말 9만 필을 거느리고 황허를 건너 옛 정양성에 오르두(아장)를 설치했다. 이곳은 남쪽으로 황허에 접하고 북쪽으로는 백도천에 닿았는데, 초원이 넓어 북쪽 땅에서도 최고의 땅으로 고비 남부의 중심이었다.[61] 돌궐의 복귀로 패망했던 동돌궐은 10여 년 만에 역사의 무대에 다시 등장했지만 당조의 책립을 받은 카간 아사나사마가 부락민들을 모두 통합하고 이끈 것은 아니었다. 이는 카간이 부락민들 전체의 이익을 위해 이주한 것이 아니라 당조의 명령에 따라 어쩔 수 없이 이루어진 일이었다. 더욱이 그가 마치 당조의 괴뢰 정권처럼 보였으니 부락 내에서 그의 권위를 인정받기는 어려웠다.

---

60) 『新唐書』 권215上 「突厥傳」 上, p. 6040.

61) 위와 같음.

실제로 10만 명 정도의 돌궐 부락민이 황허 이북의 비옥한 초원으로 모두 돌아갔다. 하지만 그가 투항한 후에도 여전히 개별 추장의 통제 아래 있던 부락들을 모두 통합한 것은 아니었다. 당시 개별적으로 투항한 추장들은 고비 남부로 돌아가는 과정에서 당조의 지원을 받는다고 하더라고 이전에 황허 이남에 있을 때보다 결코 유리한 상황은 아니라고 인식했다. 더욱이 돌궐 체제를 형성하게 된 아사나사마를 중심으로 아사나충과 아사나미사의 관계가 체제를 유지하는 데 어떤 역할을 했는지도 불분명하다. 특히 아사나사마와 아사나미사의 관계는 서로 대결을 벌이던 집안이었다는 점에서 화학적 결합이 어려웠을 것이다.

이런 상황들은 새롭게 카간이 된 아사나사마에 대한 불만으로 이어졌음이 분명하다. 이런 내부의 움직임은 실제로 고비 이남으로 복귀한 부락민들이 아사나사마를 따르기를 거부하는 상황으로 연결되었다. 사태가 이렇게 되자 아사나사마는 결국 644년에 자신의 권위를 강화하기 위해 부락민들의 의사를 따르기보다 모든 것을 버리고 황허를 건너 승주와 하주 사이로 다시 돌아가게 해달라고 태종에게 간청했다.[62] 여기에는 내부의 문제도 중요했지만 설연타의 압력 또한 강하게 작용했다.

이때 설연타는 태종이 돌궐을 공격하지 말고 고비를 중심으로 잘 지내라고 당부했음에도 돌궐이 황허를 건너 정양성으로 귀환하자마자 공격을 감행했다. 특히 641년 태종이 낙양으로 행행行幸해 태산泰山에 봉선封禪한다는 소식을 들은 다음, 이로 인해 변경의 방비가 소홀해질 것이라고 생각하고 아사나사마를 비롯한 돌궐을 없애버릴 것을 모의했다.[63] 설연타에서는 일단 아사나사마를 제거하면 자신들의 입지를 강화하는 것뿐만 아니라 결과적으로 당조도 유목 세계의 패자로서 자신들을 인정할 수밖에

---

62) 앞과 같음.
63) 『舊唐書』 권199下 「北狄傳」 下, p. 5345.

없을 것이라고 보았다.

따라서 설연타에서는 카간의 아들인 타르두쉬 샤드(Tardush shad로 추정. 대도설大度設)가 병사 20만 명을 이끌고 백도천에 주둔했다가 선양령善陽嶺(마읍군馬邑郡에 있던 고개, 지금의 산시성山西省 쉬저우시 부근)을 넘어 아사나사마를 공격했다. 공격에 쫓겨 밀려나 삭주로 도망가야만 했던 아사나사마는 조정에 원군을 요청했다. 이에 태종은 영주도독營州都督 장검張儉이 통솔하는 부락과 해, 습, 거란으로 하여금 동쪽에서 지원하게 하면서 삭주도행군총관 이적이 이끄는 보병 6만 명과 기병 3000명을 삭주에, 영주도행군총관 이대량李大亮이 이끄는 보병 4만 명과 기병 5000명을 영무군靈武郡에 주둔시켰다. 또한 공주도행군총관龔州道行軍總管 장사귀張士貴가 이끄는 보병 1만 7000명이 운중현에서 설연타를 공격하게 했고, 양주도행군총관 이습례李襲譽 역시 같이 경략經略하게 했다. 이때 태종은 지구전을 펼 것을 요청하면서 아사나사마를 공격한 일을 놓고 조정에 와 있던 설연타 사신을 크게 책망했다.[64]

이후 아사나사마는 원군으로 온 영국공英國公 이적과 포주자사 설만철 등이 이끄는 부대와 합세해 백도천을 넘어 청산靑山(지금의 인산 산맥)에서 설연타의 타르두쉬 샤드와 몇 달간 전투를 벌였다. 그리고 이들을 추격해 낙진수諾眞水(지금의 네이몽골 자치구 다르항무밍안연합기達爾罕茂明安聯合旗 바이링먀오진百靈廟鎭 북쪽에 있는 지금의 아이부가이 강艾不蓋河)까지 가서 큰 전투를 벌여 대파하는 데 성공했다. 크게 패한 설연타는 남은 병졸들만 겨우 고비 너머로 도망갔는데, 도중에 눈까지 심하게 와 열 명 중 여덟 명은 얼어 터져 죽었다고 한다. 대승을 거둔 이적은 군대를 이끌고 정양군(지금의 네이몽골 자치구 호린게르현和林格爾縣 서북쪽 투청즈샹고성土城子鄕古城)으로 물러났다. 이에 태종은 이들을 위무하고 상을 준 다음 잡혀 있던 설연

---

64) 앞과 같음.

타의 사자를 꾸짖어 돌려보냈다.

대패한 으난추 빌게 카간은 아사나사마에 대한 공격이 무위로 끝나자 돌궐을 무력 제압하려던 기존의 입장을 바꾸었다. 대신에 당조에 청혼함으로써 자신의 지위를 인정받으려고 했다. 그는 자신을 인정해주지 않는 당조로부터 유목 세계의 대표임을 확인받기 위해 끊임없이 노력했다. 그가 이런 태도를 보인 것은 비록 무력시위에 실패했지만 당조와 혼인을 해 몽골 초원의 여타 세력들을 완전히 제압하고, 나아가 자신만이 초원의 진정한 지배자임을 대내외적으로 확인받으려는 노력의 일환이었다.

으난추 빌게 카간의 숙부인 으쉬바라 으둑 이르킨(Ïshbara ïduq irkin으로 추정. 사발라니숙사근沙鉢羅泥熟俟斤)이 와서 당조에 청혼을 했으나 거절당했다. 그럼에도 설연타는 642년에 다시 사신을 보내 청혼을 했다. 이런 집요한 요구를 받은 태종은 대책을 논의했는데, 이때 조정 안에서는 '무력 정벌론'과 '기미론'이 대립했다. 이것은 단순히 설연타에 대한 대책에서 그치지 않고 고비 이남으로 돌아간 돌궐의 존재와도 깊은 관계가 있었다.

태종은 논의를 거쳐 설연타의 움직임을 제어하는 동시에 고비 이남의 돌궐 역시 안정시키려면 무력 대결보다는 기미를 통해 안정적인 상황을 유지하는 것이 좋다는 판단을 하고, 설연타에 혼인을 허락해주었다. 왜냐하면 태종은 가능하면 무력 대응을 하지 않는 방식으로 돌궐과 설연타 모두를 안정시키려고 했기 때문이다. 또한 태종은 신흥공주新興公主를 설연타에 시집 보내겠다고 한 다음 그 대가로 으난추 빌게 카간이 친히 와서 신부를 맞이하라고 했으며, 자신도 영주까지 직접 가서 혼사를 치르겠다고 했다.

그런데 설연타에서 이를 수용하지 않아 혼인이 제대로 이루어지지 못했다. 이후에는 태종 또한 기존의 입장을 바꿔 설연타를 견제하려고 했다. 만일 혼인이 성사되었다면 초원의 맹주로서 설연타의 지위가 보다 강화되었을 것이다. 하지만 태종은 혼인을 거절해 새로 등장한 설연타 카간의 권위에 흠집을 내려고 했다. 그러자 이후 유목 세계 내부에서 설연타의 권위에 대한 도전이 나타났다. 먼저 투르크계 유목 부락인 통라나 부쿠 등이 도전했고, 아사나사마 역시 설연타와 당조의 긴장 관계가 심화되자 설연타를 공격했다. 이에 설연타도 퇼리스 카간(Tölis qaghan으로 추정. 돌리실가한突利失可汗)을 보내 정양을 공격했지만 이적에게 격퇴당함으로써 원정에 성공하지 못했다.[65]

이처럼 설연타는 자신들이 원하던 방향으로 당조와 관계를 맺어 위상을 제고하려고 했지만 성공을 거두지 못했다. 또한 이는 고비 남부 아사나사마와의 관계도 더욱 악화시켰다. 결국 계속된 설연타와의 대결에 시달리던 아사나사마가 644년 태종에게 "황제 폐하의 은덕을 입어 부락의 추장이 되었으니 대대로 당나라의 한 마리 개가 되어 천자의 북쪽 문을 지키고자 하는데, 만일 설연타가 침입을 하고 핍박을 한다면 장성 안으로 들어가 살게 해주십시오"[66]라고 말하며 남부로의 이주를 간청하는 상황으로 이어졌다. 아사나사마 역시 설연타와 계속 대결을 벌여 자신을 소모하기보다 차라리 다시 황허 이남으로 내려오는 편이 현실적으로 더 유리했던 것이다.

그런데 당시 당은 고구려 원정을 떠나야 하는 상황이었기에 조정 중신들은 돌궐이 다시 황허 이남으로 돌아오려는 것을 강력하게 반대했다. 하지만 태종은 반대에도 불구하고 이를 받아들여 아사나사마를 우무위장군으로 삼고 다음과 같이 말했다.

**오랑캐 또한 사람이라 그 정이 중국과 다르지 않다. 임금은 자신의 덕택이 미치지 않음을 걱정해야지 다른 종류를 시기해서는 안 되는 법이다. 대체로 덕택이 두루 미치면 모든 오랑캐도 한 가족처럼 만들 수 있다. 시기가 많으면 골육骨肉이 원수의**

---

65) 『舊唐書』 권199下 「北狄傳」 下, p. 5346.
66) 『新唐書』 권215上 「突厥傳」 上, p. 6040.

어지러움을 면할 수 없다. 양제가 무도無道해서 사람들의 마음을 잃은 지 오래되어 요동으로의 원정에 사람들이 모두 손발을 잘라 역役을 면하려고 했다. 양현감은 운송을 맡은 병졸들로 여양에서 반란을 일으켰다. 오랑캐라고 해서 반란을 일으킨 것만은 아니다. …… (중략) …… **돌궐이 가난하고 약해지자 짐이 그들을 거두어 먹여주어 그 은혜를 느끼는 생각이 골수에 들어가니 어떤 걱정거리가 되겠는가? 또한 저들과 설연타의 기호가 대략 비슷한데 그들이 북쪽의 설연타에 가지 않고 남쪽의 짐에게 돌아오니 그의 정을 알 수 있다.** (저수량褚遂良에게) 네가 기거랑起居郎을 맡아 나의 뜻대로 하면 지금부터 15년 동안 돌궐의 걱정이 없을 것을 보장한다.[67] (강조는 인용자)

여기서 태종은 무력을 통해 설연타를 제압했을 뿐만 아니라 고비 남부에 복귀했던 돌궐이 약화되자 이들을 받아들여 다시 하나의 세계를 만들어냈다는 점을 강조했다. 이는 돌궐을 포섭함으로써 당시 현안이었던 고구려 원정에 전력을 쏟아붓고자 하는 그의 의사를 반영한 것이었다. 당시 태종은 중신들의 우려와 달리 다시 황허 이남으로 내려온 돌궐을 군사적으로 적극 동원하려는 생각을 갖고 있었다. 왜냐하면 이 무렵 태종에게는 설연타에 대응하기 위해 돌궐을 이용해 변경에서 소란을 일으키는 것보다 그동안 해결하지 못했던 고구려 원정을 성공시키기 위해 자원을 동원하는 것이 더 중요했기 때문이다. 태종은 설연타에도 사신을 보내 고구려 원정에 병력을 동원해줄 것을 요구했을 정도였다.

한편 당조의 혼인 거절로 위축되었던 설연타 역시 이런 요구를 절호의 기회로 여겨 당조와의 관계를 재확립하려고 했다. 하지만 실제로 설연타가 당조에 원조하는 일은 이루어지지 않았다. 이는 당시 설연타에서 으난추 빌게 카간이 사망한 다음 그의 적자 아즈 야브구 카간이었던 뵈귀(Bögü

---

67) 『資治通鑑』 권197 太宗 貞觀 18년(644) 조, p. 6148

로 추정. 발작拔灼)가 카간으로 즉위하는 과정에서 권력 다툼이 벌어지며 당조에 대한 태도가 바뀌었던 것과 관련이 있었다.

당시 서방을 담당하던 뵈귀는 서자였지만 차기 계승자인 틀리스 카간의 지위에 있던 형 예망曳莽을 죽인 뒤 스스로 일릭 퀼릭 샤드 카간(Illg külig shad qaghan으로 추정. 힐리구리설사다미가한頡利俱利薛沙多彌可汗)이라고 칭했다. 이렇게 뵈귀는 권력을 장악하고 카간이 되자 입장을 바꿔 당조의 변경을 공격했는데, 이는 설연타가 당조의 요청을 거절하고 고구려 편에 서서 그를 압박하려고 판단한 것과 관련이 있었다.[68]

이와 달리 다시 황허 남쪽으로 내려간 아사나사마를 비롯한 아사나충, 아사나미사 등은 모두 태종을 시종해 고구려 원정에 참여했다. 그중에서도 아사나사마는 고구려를 정벌하는 과정에서 날아온 화살에 맞자 태종이 친히 그의 피를 빨아 독을 제거해주었다고 한 것에서 알 수 있듯이 원정에서 아주 중요한 역할을 했다.[69] 이런 기록은 태종의 인자한 풍모를 강조하기 위한 것이거나 아사나사마가 태종의 지근에서 그를 도와 원정에 참가했음을 보여준다. 아사나미사 역시 고구려 원정에 참여한 공으로 태종으로부터 평양현백平壤縣伯에 임명되었을 정도로 그 공적을 확실하게 인정받았다.[70]

하지만 당시 돌궐이 어느 정도의 규모로 원정에 참여했는지는 밝힐 수 없다. 다만 돌궐에서 아사나사마를 필두로 많은 추장이 원정에 참여했고, 그에 상응하는 대가를 받았음을 알 수 있다. 일반적으로 당시 고구려 원정에 참여하는 일은 유목 부락 추장들에게 신분 상승 내지는 전리품 획득을 통해 이익을 창출할 수 있는 기회였다. 이로써 설연타의 무력 압박을 견디지 못해 남하한 아사나사마를 비롯한 돌궐의 지배층은 부락민들의 불만

68) 『舊唐書』 권199下 「北狄傳」 下, pp. 5346~5347.

69) 『舊唐書』 권194上 「突厥傳」 上, p. 5165.

70) 『新唐書』 권215下 「突厥傳」 下, p. 6064.

을 잠재우면서 다른 한편으로는 자신들의 위상을 회복할 수도 있었다. 하지만 이 과정에서 아사나사마가 죽는 등 많은 타격을 입기도 했다는 점에서 오히려 자신들을 약화시키는 계기가 되기도 했다.

태종은 중신들의 우려에도 불구하고 돌궐을 경사에서 가까운 곳에 살게 하면서 당시 최대의 현안이었던 고구려 원정에 적극 동원함으로써 내지의 안정과 함께 원정의 효과적 운영이라는 두 가지 목적을 모두 이루었다. 이는 다른 한편으로 돌궐을 이용해 설연타를 제어하려던 정책을 수정한 것이었다는 점에서 이를 보완할 수 있는 다른 대책이 필요했다. 이와 관련해 태종은 설연타와 무력 충돌을 벌인 후 오히려 무시함으로써 이들을 제어하려고 했던 것이다.

그런데 이것은 설연타의 권위를 무시함으로써 예하 부락들의 도전을 야기하는 방식이라 반발을 초래할 수밖에 없었다. 당조의 지원을 거부한 뵈귀가 고구려 원정을 틈타 당조의 북변을 약탈했다.[71] 하지만 고구려 원정에서 돌아온 태종은 설연타가 도발하자 646년 12월 강하왕江夏王 이도종李道宗을 삭주에 주둔시키고, 대주도독 설만철과 좌효위대장군 아사나사이를 승주에 주둔시켜 이에 대비했다. 이와 함께 좌무후위대장군左武候衛大將軍 살고오인薩孤吳仁을 영주에 주둔시키고 집실사력과 돌궐로 하여금 변경 요새 주변에서 서로 호응하게 했다. 이런 당조의 강력한 군사적 대응에 따라 설연타는 바로 물러날 수밖에 없었다.

그 뒤 설연타의 아파 샤드Apa shad(아파설阿波設)는 당나라 사신을 말갈의 동쪽 변경에서 만나 약간의 전투를 벌이다 이기지 못하고 돌아갔는데, 당군이 온다고 하자 그대로 무너져버렸다. 패배한 설연타의 카간은 10여 기를 이끌고 도망가 아사나 이르킨(Ashana irkin으로 추정. 아사나시건阿史那時健)에게 의지했다가 얼마 지나지 않아 위구르의 추장인 토미도吐迷度에

---

71) 『舊唐書』 권199下 「北狄傳」 下, p. 5347.

게 죽임을 당했다.[72] 이는 설연타에서 뵈귀가 즉위하며 반대파를 제거하는 과정에서 폭발한 내부 불만이 내분으로 이어지면서 그들이 자멸한 결과였다.

이후 설연타의 잔여 세력 가운데 으난추 빌게 카간 동생의 아들인 돌마지咄摩支가 일테리쉬 카간(Ilterish qaghan으로 추정. 이특물실가한伊特勿失可汗)이라 칭하며 서방 톈산 산맥 북방에 있는 오아시스로 도망가 겨우 명맥을 유지했다. 하지만 그 역시 바로 태종에게 사신을 보내 몽골 초원으로 다시 돌아가게 해달라고 요청했다가 태종이 이를 받아들이자 귀환하려고 했다. 하지만 태종이 도중에 약속을 저버리고 공격을 하자 5000여 급級이 죽고 늙은이와 아이 3만 명이 모두 사로잡혔다. 여기서 도망간 돌마지는 소사업蕭嗣業이 위구르에 사자로 와 있다는 말을 듣고 그에게 직접 투항해 장안에 들어온 다음 우무위위장군에 제수되어 장안에 거주했다.[73] 이로써 몽골 초원에서 630년 이후 동돌궐을 대신해 당조에 대적했던 유목 권력의 소멸이 현실화되었다.

반면에 돌궐을 대신해 설연타의 통제 아래 있던 다양한 투르크계 유목 부락들이 몽골 초원에서 저마다 자신의 목소리를 낼 수 있게 되었다. 이는 이후 유목 사회가 강력한 구심체를 상실한 상태에서 다극화되고 분절화되는 것을 가속화시켰다. 또한 644년 아사나사마가 하남으로 복귀한 다음 고구려 원정에 참여했다가 사망한 뒤 고비 남부의 돌궐 내부에서도 기존 아사나의 권위가 약화되면서 당조의 영향력이 더욱 강화되었다. 이것은 다른 한편으로 돌궐 내적으로도 아사나 세력이 당조의 견제를 받으며 그 권위가 해체되자 이를 대신해 다른 집안이 자신들의 위상을 제고하려는 움직임으로 연결되었다. 더욱이 이런 상황은 당조가 자신들을 중심으

---

72) 앞과 같음.
73) 위의 책, p. 5348.

로 한 세계 질서를 새롭게 재편하면서 더욱 강화될 수밖에 없었다.

　태종은 설연타가 붕괴된 후 초원에서 새로운 유목 권력이 등장하는 것을 더는 용인하려고 하지 않았다. 이를 위해 다양한 유목 세력을 경쟁하게 만들어 세력 관계의 균형을 유지하고자 했다. 이런 그의 노력은 결국 고구려 원정 실패에 따른 위축에서 벗어나 640년 안서도호부 설치를 통한 서방 진출과 함께 설연타를 패망시킨 일을 토대로 몽골 초원에 대한 직접적인 영향력 행사로 이어졌다. 그리고 과거 거대 유목제국으로의 지향을 재현하지 못했던 돌궐이 남긴 숙제를 대신할 수 있었다. 이런 상황에서 몽골 초원 전체의 유목 부락들과 고비 남쪽에 있던 돌궐, 그리고 이곳으로 새롭게 밀려 내려온 설연타 등 모두는 초강대국으로 성장한 당조가 만들어낸 새로운 세계 질서 속에서 어떻게 생존할 것인가를 고민할 수밖에 없었던 것이다.

# 2장

# 당조의 기미지배 체제 도입과
# 돌궐의 내적 변동(646~687)

## 1. 돌궐의 기미지배 체제 편입과 아사나의 약화

몽골 초원에 국가를 건설했던 유목 권력의 소멸은 고비 남부의 괴뢰 정권 아사나사마의 약화와 646년 설연타의 붕괴로 현실화되었다. 이것은 고비 남부만이 아니라 몽골 초원에 있던 모든 유목 부락에까지 당조의 영향력이 미친 전무한 사건이었다는 점에서 엄청난 파급력을 가졌다. 더욱이 이는 향후 초원에 혼란을 야기해 새로운 유목 국가의 출현을 가능하게 할 수도 있다는 점에서 태종에게는 이를 빨리 안정시켜야만 하는 심각한 상황이기도 했다. 따라서 당조에는 몽골 초원에 대한 통제와 함께 투항해 들어왔거나 고비 이남에 남아 있던 돌궐, 그리고 패망한 설연타를 처리하는 일이 새로운 고민거리가 아닐 수 없었다.

특히 당시 최대의 현안은 설연타를 패망시키는 과정에서 적극 협조한 몽골 초원 투르크계 유목 부락에 대한 처리였다. 이들은 협조하는 대가로 당조의 관직을 얻어 자신들의 위상을 보장받으려고 했다. 따라서 태종에게는 이들을 적절하게 대우함으로써 적대 세력화하는 것을 막는 일이 아주 중요했다. 이에 태종은 설연타를 무너뜨리고 난 다음 계필 부락을 항복시키기 위해 이도종과 아사나사이 등을 보내 토벌했다. 그리고 이를 지휘하기 위해 646년 8월 태종 자신이 직접 영주까지 북상했다. 이때 이도종은 몽골 초원으로 들어가 설연타의 잔여 세력인 아파 타르칸을 공격해 1000여 급을 베고 북쪽으로 200리나 추격해 들어가는 등 큰 전과를 올렸다. 설만철 역시 북쪽으로 통하는 길을 막은 다음 위구르를 비롯한 여러 유목 부락의 추장들에게 항복을 권했다.[74]

이를 계기로 태종이 와 있던 경양현涇陽縣(지금의 산시성陝西省 징양현涇陽縣 일대)으로 바야르쿠, 통라, 부쿠, 다람갈, 이즈길, 아즈, 계필, 사결, 곡설 등 11개 부락에서 보낸 사신이 수천 명 도착했다. 이들은 모두 다음과 같이 자신들의 요구를 말했다.

> 설연타가 대국을 섬기지 않았고 포악무도해 저희가 주인으로 삼을 수 없어서 스스로 패서 죽었고 부락이 노루처럼 놀라 뛰고 새처럼 흩어져 간 곳을 알 수 없게 되었습니다. **저희는 각자가 나누어 갖고 있는 땅이 있어 설연타를 따라갈 수 없어 천자의 명에 따르기를 원하오니 가엾게 여겨주시기를 바라며 당나라 관직을 설치해서 저희를 길러주십시오.**[75] (강조는 인용자)

이상의 내용은 이제까지 설연타의 지배하에 있던 유목 부락들이 기득권을 인정받기 위해 이제 설연타가 아니라 당조의 관제 체계 속으로 편입되면서 자신들의 위상을 새롭게 확인받고자 했음을 보여준다. 왜냐하면 설연타의 몰락은 당조와의 관계에서 소외되어 있던 여러 유목 부락에 자

---

74) 『舊唐書』 권199下 「北狄傳」 下, p. 5347.
75) 『資治通鑑』 권198 太宗 貞觀 20년(646) 조, p. 6238.

신들의 위상을 제고할 수 있는 좋은 기회였기 때문이다.

사신들은 모두 태종에게 "천지존天至尊이 (텡그리) 카간이 되시니 대대로 노복이 되어 섬긴다고 해도 죽어도 한이 없습니다"[76]라고 하면서 태종이 자신들의 새로운 유목 군주로서 과거 유목 권력이 해주었던 것과 같은 역할을 해줄 것을 요청했다. 이렇게 이들이 태종에게 적극 구애한 것은 그 열망이 얼마나 컸는지를 잘 보여준다. 태종 역시 전에 설연타의 권위를 약화시키면 그 예하의 부락들이 자신에게 들어올 것이라고 예상한 바 있었는데, 그것이 현실화되었던 것이다. 당시 이들이 원하던 구체적 대가는 자신들에게 필요한 물자를 지원해주는 것과 동시에 많은 경제적 이익을 얻을 수 있는 군사적 동원에 참여하는 것이었다. 이런 기대가 없었다면 적극 참여했을 리가 없고, 이제야 비로소 이런 욕구를 실현할 수 있게 되었던 것이다.

따라서 이런 절호의 기회를 놓치지 않기 위해 몽골 초원 투르크계 유목 부락의 추장들은 대거 직접 조공에 참가했다. 646년 12월 위구르의 일테베르Ilteber(사리발俟利發) 토미도, 부쿠 일테베르 카라 바얀(Qara bayan으로 추정. 가람발연歌濫拔延), 다람갈 이르킨irkin(俟斤) 말末, 바야르쿠 일테베르 퀼 시르(Kül sir로 추정. 굴렬실屈列失), 통라 일테베르 이르킨 초르Irkin chor(시건철時健啜), 이즈길 추장 우스(Usu로 추정, 오쇄烏碎)와 훈, 곡설, 해결, 아즈, 계필, 백습 등에서 추장들이 조정에 들어왔다.[77] 또한 647년 정월에는 이제까지 한 번도 중국과 직접 교섭을 한 바가 없었던 키르기스와 최북방에 살고 있던 쿠르칸에서도 사신을 보냈다.[78] 이에 태종은 자신에게 온 유목 부락의 추장들에게 많은 재물을 내려주고 성대한 잔치를 베풀어 이들을 위무한 다음 당조의 지배 체제 아래 편제하는 조치를 취했다.

먼저 도독부가 설치된 곳은 초원에서 유력한 부락들로 과거 설연타 시

---

76) 『資治通鑑』 권198 太宗 貞觀 20년(646) 조, p. 6239.
77) 『舊唐書』 권199下 「北狄傳」 下, p. 5347.
78) 위와 같음.

대에 일테베르 정도의 위상을 갖고 있던 부락이었다. 6개의 부락에 도독부가 설치되었는데, 위구르에 한해부瀚海府, 다람갈에 연연부燕然府, 부쿠에 금미부金微府, 바야르쿠에 유릉부幽陵府, 통라에 구림부龜林府, 사결에 노산부盧山府였다. 자사주는 도독부에 비해 규모가 작은 편으로 설연타 시대에 이르킨 정도의 위상을 갖고 있던 부락이었다. 7개 부락에 설치되었는데, 훈에 고란주皐蘭州, 곡설에 고궐주高闕州, 아질에 계전주雞田州, 계필우契苾羽에 유계주榆溪州, 해결에 계록주雞鹿州, 사결의 다른 부락에 대림주蹛林州, 백습에 전안주寘顔州였다. 몽골 초원에는 이렇게 6개의 부와 7개 주 외에도 초원 북방에 있던 키르기스에 견곤도독부堅昆都督府, 쿠르칸에 현궐주玄闕州, 동북에 있던 구라발俱羅勃에 촉룡주燭龍州 등이 설치되었다.[79]

이것은 모두 유목 부락이 차지하고 있던 고유 범위에 도독부와 자사주를 설치함으로써 유목 부락의 기존 거주지에 주현을 두어 통제를 시도하면서 동시에 이들의 기득권을 보장해주는 방식이었다.[80] 그리고 유목 부락 자체의 통제 구조도 당조의 체제를 받아들여 그 예하에 당의 관제에 따라 장사長史와 사마司馬 등의 하급 관직을 갖추게 했다. 또한 이들의 위상을 확인시켜주기 위해 도독과 자사에게 현금어부玄金魚符를 주고 황금으로 문자를 새겼으며, 천자가 먼 땅의 다른 족속들을 불러 은총을 베풀기 위해 녹황색 비단 무늬 포綠黃瑞錦文袍, 보도寶刀, 진기한 그릇 등을 만들어 내렸다.[81] 이것은 물자 공여를 통해 당조가 이들을 완전히 인정해준다는

---

79) 앞의 책, pp. 5348~5349.
80) 기미부주는 원래 부락의 사회 질서를 온존시켜 통치하는 기미羈縻의 전통에 따른 것이지만, 도독부와 주현을 설치함으로써 그 추장들을 관료제 체제에 편입시킨 것이기도 했다(호리 도시카즈, 정병준·이원석·채지혜 공역, 『중국과 고대 동아시아 세계』, 동국대학교 출판부, 2012, p. 263; 譚其驤, 「唐代羈縻州述論」, 『長水粹編』, 河北教育出版社, 2000, pp. 148~151).
81) 『新唐書』 권217上 「回鶻傳」 上, p. 6113.

〈그림 1〉몽골 초원에 설치된 기미부주

표현이었고, 추장들의 위상이 공식 인정되는 순간이었다. 이를 통해 당조에 조공한 모든 부락은 전부 당조의 지배 아래 편입되었으며, 태종은 유목세계를 포괄하는 질서의 주재자라는 선언을 할 수 있었다.

몽골 초원에서 온 투르크계 유목 부락의 추장들은 여기서 그치지 않고 자신들의 이익을 더욱 확대하기 위해 다음과 같은 요구를 했다.

저희가 황량하고 더러운 땅에서 태어났으나 지금 몸을 황제의 교화에 귀의하자 천지존께서 관작을 내려주시면서 백성으로 삼아주셨으니 당나라에 의지하는 것을 부모와 같게 대할 것입니다. 청컨대 위구르와 돌궐 부락까지 큰 도로를 닦아 '참천지존도參天至尊道'라 부르며 대대로 **당나라의 신하唐臣가 되고자 합니다.**[82] (강조는 인용자)

이것은 고비 이북 몽골 초원의 유목 부락들이 당조와 원활한 교통망을 구축함으로써 원하는 물자를 손쉽게 얻어내려고 했음을 보여준다. 이를 통해 가장 유력한 위구르를 비롯한 유목 부락의 추장들은 당조로부터 물자 지원을 받아내 자신들의 세력을 확대할 수 있는 기회를 얻고자 했다.

이런 속내를 내보이자 태종 역시 고비 남쪽 벽제천의 남쪽에 68곳의 역참을 두고 말과 젖, 고기 등을 갖춰 사신을 접대하게 하고 매년 모피와 가죽으로 부(賦)를 내게 했다.[83] 여기서 태종이 실제로 특산품을 부로 내게 한 것은 그것을 상회하는 물자의 지원을 전제한 것이라는 점에서 이들의 실제 욕구를 충족시켜준 것이었다. 이처럼 태종은 당조의 인정을 받는 것이 아주 중요했던 추장들의 요구를 다 받아들여주면서 이들이 원하는 새로운 카간, 즉 텡그리 카간Tengri qaghan(천가한天可汗)이 될 수 있었던 것이다.

이와 함께 기존의 부락 체제를 당조의 틀 속에 집어넣는 방식의 기미부주를 설치하고, 이를 통제하기 위해 과거 선우대單于臺(지금의 네이멍골 자치구 구양현固陽縣 서북쪽에 있는 인산 산맥 안에 위치)에 연연도호부燕然都護府(치소는 지금의 네이멍골 자치구 우라드중기烏拉特中旗 서남부에 위치)를 두고 이소립李素立을 연연도호로 삼았다.[84] 당조는 이런 중층적인 통제 조직을 만들어냄으로써 과거와 다르게 유목 세계의 질서를 재편해낼 수 있었다. 이것이 바로 '기미지배 체제'의 시작이었다.[85]

태종은 647년 8월 이 같은 전무한 자신의 업적을 자랑하면서 다음과 같

---

82) 앞과 같음.

83) 위와 같음.

84) 위의 책, p. 6112.

85) 기미부주에서 자치 상태에 있던 부락에 도호부都護府를 설치했던 것은 도호都護의 임무가 여러 오랑캐(諸蕃)를 통솔해 위무撫慰, 정토征討, 서공敍功, 벌과罰過 등 도호부의 제반 사항을 관장하는 것이었다는 점에서 알 수 있듯이, 그 목적이 이전에 비해 주변 부락들에 대한 통제를 강화하기 위한 것과 관련되었다(『新唐書』 권49下 「百官志」, p. 1317).

이 기뻐했다.

> 그대들이 오니 마치 쥐가 굴을 얻고 물고기가 샘을 얻은 것과 같은데, 짐이 너
> 희를 위해 그것을 깊고 넓게 해주겠노라. 짐이 살아 있으니 천하의 모든 오랑
> 캐가 불안하다가도 안정될 것이고, 즐겁지 않다가도 즐거워질 것이니 마치
> 천리마의 꼬리에 파란 파리가 앉아 있는 것과 같이 하루에도 천 리를 갈 수 있
> 을 것 같구나.[86]

그러고는 백성들에게 사흘 동안 잔치를 베풀게 했다. 태종이 이렇게 자
신을 중심으로 초원의 유목 부락을 통제하는 새로운 질서를 구축한 것은
고구려 정벌의 실패를 만회했다는 점에서 아주 중요한 전환점이 되었다.

한편 기미지배를 통해 초원의 유목 부락을 통제하려고 했던 태종의 생각
과 달리 몽골 초원의 유목 부락 추장들은 이를 기회로 계속 자신들의 이익
을 챙기면서 세력을 확대해나갔다. 특히 설연타를 격파함으로써 당조의 지
원을 받게 된 위구르의 추장 토미도는 여러 부락과 연합해 설연타를 무너
뜨린 다음 그 땅을 병합하고 남쪽으로 허란산賀蘭山(달리 알라샨)을 넘어 황
허까지 진출했다.

그리고 당조로부터 회화대장군懷化大將軍 한해도독으로 임명되자 본거
지로 돌아가 마음대로 카간이라 칭하고 나름의 관리를 설치하는 등 독립
적 양상을 보이기도 했다. 마치 과거 돌궐이나 설연타의 조정 규모와 같아
외재상外宰相 6명, 내재상內宰相 3명과 함께 당조의 관직인 도독, 장군, 사
마 등도 설치했다. 이를 통해 토미도는 마치 자신이 새로운 유목 국가의 카
간인 것처럼 행세했다.[87] 이렇게 몽골 초원에 설치된 기미부와 도독이라는

---

86) 『唐會要』 권94, p. 1690의 기록에 따르면 정관 21년(647) 8월의 일이다.
87) 『新唐書』 권217上 「回鶻傳」 上, p. 6113.

관직 자체가 이들에 대한 통제보다 오히려 개별 유목 부락들의 할거割據를 가능하게 했다. 따라서 당조 역시 적극적으로 대응할 수밖에 없었지만, 아직 주변 상황이 완전히 정리된 것은 아니었다.

또한 몽골 초원의 위구르만이 아니라 설연타의 붕괴와 고비 남부의 공백을 이용해 알타이 산맥 북쪽에서 아사나곡발阿史那斛勃이 새로운 세력을 형성했다.[88] 그는 원래 퇼리스 카간 부락의 사람으로 소카간이었는데, 630년 일릭 카간이 패망한 뒤 초원에 남아 있던 일부가 그를 군장으로 추대해 받들었으나 설연타가 카간을 칭하자마자 귀순했다. 그는 사려 깊고 과단성이 있었으며 지략에 뛰어나 이후 백성들이 그에게 많이 귀부했는데, 이에 위협을 느낀 설연타가 그를 핍박해 죽이려고 하자 추격을 뿌리친 채 부락을 이끌고 알타이 산맥 북쪽으로 도망가 숨었다.

그는 그곳에서 정예병사 3만 명을 거느리고 으둑 챠비쉬 카간(Ïduq chabish qaghan으로 추정. 을주차비가한乙注車鼻可汗)이라 칭한 다음 점차 발전해 서쪽으로 카를룩, 북쪽으로 키르기스 등을 복속시키기도 했다. 때때로 몽골 초원으로도 나아가 설연타의 백성과 가축을 약탈하는 등 세력을 확대하다가 646년 설연타가 당조의 공격을 받아 약화되자 몽골 초원으로 세력을 확대했다. 또한 그는 아사나사마가 하남으로 내려간 뒤 그 땅을 차지했다고 한 것에서 알 수 있듯이, 고비 남부까지도 세력을 확대하려고 했다. 이렇게 세력을 확대하던 으둑 챠비쉬 카간은 647년에 아들 으쉬바라 테긴(Ïshbara tegin으로 추정. 사발라특근沙鉢羅特勒)을 보내 토산품을 바치며 몸소 조정에 들어오기를 청했다. 이것은 초원 권력으로서 당조의 인정을 받아 물자 지원만이 아니라 내적으로도 자신의 위상을 확인받기 위한 노력이었다.

태종은 운휘장군雲麾將軍 안조차安調遮와 우둔위랑장右屯衛郎將 한화韓

---

88) 앞과 같음.

華를 보내 이들을 맞이하려고 했지만 오르두에 도착한 이들이 조정에 들어올 뜻이 전혀 없음을 알아차린 한화가 카를룩과 모의해 이들을 공격하려고 했다가 모두 죽임을 당했다. 상황이 이렇게 되자 태종은 이들을 정벌하기 위해 649년 우효위랑장右驍衛郎將 고간高侃에게 위구르와 부쿠 군대를 이끌고 가게 했다.[89] 이에 공격을 받은 으둑 챠비쉬 카간이 패배한 뒤 사로잡혀 장안에 끌려왔고, 그의 부락 역시 모두 당조에 투항할 수밖에 없었다. 이후 고종高宗(628~683, 재위 649~683)은 그를 질책한 뒤 좌무위장군左武衛將軍에 제수하고 장안에 거주하게 했다.[90]

이런 과정을 거쳐 몽골 초원의 서쪽 중가리아 등지에 잔존했던 동돌궐의 잔여 세력 역시 완전히 당조의 통제 아래 들어갔다. 따라서 이제까지 방치되었던 돌궐에 대한 새로운 조치가 시행되었다. 왜냐하면 당조에서는 유목 부락들의 세력화를 방지하며 이들을 효과적으로 끌어들일 필요가 있었기 때문이다. 나아가 이것은 초원 유목 부락들의 고유 영역을 최대한 보장함과 동시에 이들을 물적 욕구를 충족시킬 수 있는 군사적 동원에 끌어냄으로써 최대 현안이었던 고구려와 서돌궐 등에 대한 효과적 대응책을 마련하는 일과도 관련되었다.

먼저 몽골 초원 연연도호부 예하에 새로운 부락들이 들어오자 기존에 설치되었던 6개 도독부와 7개 자사주 외에 순차적으로 647년 9월 쿠르칸에 현궐주玄闕州와 백습의 별부에 거연주居延州, 648년 3월 구라발俱羅勃에 촉룡주燭龍州, 650년 아특阿特에 고궐주를 두었다가 계락주稽落州로 개명했고, 이후 폐지했다가 652년에 다시 설치했다.[91] 그 밖에 준계주浚稽州와 선악주仙萼州는 설치한 시기가 분명하지 않으나 이 무렵에 설치되었다. 그리고 649년 으둑 챠비쉬 카간의 아들 갈만타羯漫陀의 부락에 신려주

89) 앞과 같음.
90) 『新唐書』 권215上 「突厥傳」 上, p. 6042.
91) 『新唐書』 권43下 「地理志 7」 下, p. 1121.

新黎州를, 650년 으둑 챠비쉬 카간이 붕괴한 뒤 그 예하에 있던 카를룩 좌부에 혼하주渾河州, 카를룩 우부에 낭산주狼山州를 설치했다. 이것은 모두 으둑 챠비쉬 카간이 붕괴된 뒤에 확보된 부락을 상대로 기미부주가 새롭게 설치되었음을 보여준다.

고비 남부에도 돌궐만이 아니라 붕괴 이후 새로 이주한 설연타를 통제하기 위해 5개의 도독부가 설치되었다. 649년 2월에 영주도독부靈州都督府와 하주도독부夏州都督府가 설치되었다. 영주도독부에는 고란주皐蘭州와 기련주祁連州가 속했으며, 하주도독부에는 고연주姑衍州·보흘약주步訖若州·계탄주嵠彈州·골주鶻州·저속주低粟州 등을 관할하는 달혼도독부達渾都督府와 안화주도독부安化州都督府, 그리고 영삭주도독부寧朔州都督府, 복고주도독부僕固州都督府 등 5개의 도독부가 있었다.[92] 서돌궐 지역에도 투항해 온 으둑 카라 카간(Ïduq qara qaghan으로 추정. 이궐처라가한泥橛處羅可汗)과 사대내가 거느린 부락에 풍주도독부豊州都督府가 다시 설치되었다. 마지막으로 계필을 위해 설치된 하란주賀蘭州가 속한 양주도독부涼州都督府가 설치되었다.[93]

이상에서 확인할 수 있듯이, 한 부락을 상대로 두 개의 다른 도독부를 설치함으로써 이들을 분리시켜 하나로 통합되는 것을 막고자 한 것은 모두 다시 세력을 규합할 가능성을 봉쇄하려는 목적이었다. 이런 움직임은 650년 9월 고비 남부의 기존 동돌궐 부락에 정양도독부와 운중도독부를 설치한 것에서도 확인된다.[94] 즉 두 개의 도독부를 둔 것은 설연타와 마찬가지로 하나로 뭉쳐 세력화하는 것을 원천적으로 막기 위함이었다.

이와 관련해 두 도독부 밑에는 모두 14개의 기미주가 속해 있었다.[95] 사

---

92) 앞의 책, p. 1122.
93) 위의 책, p. 1132.
94) 위의 책, p. 1120.
95) 663년에 운중도독부에서 분리되어 호연도독부呼延都督府가 설치된 다음 하로주賀魯州(하로

리주舍利州(사리토리舍利吐利)·아사나주阿史那州(아사나)·작주綽州(작綽)·사벽주思壁州(부락 명칭 불명)·백등주白登州(노뢰奴賴)의 5개 주를 삭방 경계에 두었고, 소농주蘇農州(소농)·아사덕주阿史德州(아사덕)·집실주執失州(집실)·발연주拔延州(발연아사덕拔延阿史德)의 4개 주를 영삭현寧朔縣 경계에 두었는데, 더 구체적 내용은 알 수 없다.[96]

이와 함께 당조에서는 두 도독부 위에 다시 상위의 한해도호부瀚海都護府를 설치해 효율적 관리를 시도했다. 이것이 바로 과거와 다른 당조 나름의 통제 방식으로 기미지배 체제의 핵심이었다. 이런 조치는 돌궐 내부의 다양한 씨족 집단을 하나씩 구분해 기존에 형성되어 있던 층차를 없애려는 것이었다. 특히 종실인 아사나의 권위를 해체함으로써 이를 중심으로 새로운 권력이 형성되는 것을 막고자 했다.[97]

이처럼 아사나사마가 사망한 후 해체된 돌궐의 체제를 더 이상 유지시켜주지 않은 상태에서 아사나 역시 그저 하나의 기미주로 편제시켰다. 그리고 기미주의 자사가 누가 되었는지 정확하게 알 수 없을 정도로 이들의 약화가 두드러졌다. 당시 아사나의 유력한 추장들 대부분이 장안에 내려와서 거주해 남아 있는 아사나 내지는 여타 부락에 대한 통제력이 더욱 약화될 수밖에 없었다는 점이 이런 통제를 가능하게 했다. 따라서 고비 남부의 돌궐 부락들은 개별적으로 정해진 범주인 분지 안에서 생활할 수밖에 없었던 것이다.

---

부賀魯部)와 갈라주葛邏州(카를룩葛邏祿과 읍달抱怛) 등을 관리했고, 정양도독부에서 분리되어 상간도독부桑干都督府가 설치된 다음 욱사주郁射州(욱사시부郁射施部), 예실주藝失州, 비실주卑失州 등을 관리했다.

96) 『唐會要』 권73 「安北都護府」, p. 1315. 이런 기미부주는 정확한 시기를 알 수 없지만 『신당서』에 나오는 것처럼 이후에 19주州, 5부府로 정비되었다(『新唐書』 권43下 「地理志 7」下, p. 1120)

97) 다른 씨족과 비교되는 아사나의 우월한 위상을 '계층화된 분절구조'라는 용어로 설명할 수 있다(하자노프, 김호동 역, 앞의 책, 1990, pp. 206~207).

이런 당조의 통제 의도는 실제로 정양도독을 사리舍利와 집실執失 출신이 맡았다는 점에서 잘 나타난다. 먼저 사리의 추장 사리원영舍利元英이 도독이었다는 사실은 정확하게 확인된다.[98] 그리고 번장으로 활동했던 집실봉절執失奉節의 경우에도 정확한 재임 기간은 알 수 없으나 묘비에서 자신이 정양도독이었다고 한 것에서 그의 역할을 확인할 수 있다.[99] 아사나가 속해 있던 정양도독에 아사나가 아닌 다른 집안 출신이 선출되었다는 것은 당조의 지원을 받은 부락의 추장이 그를 대신해 5개 주를 통솔했음을 의미한다. 이런 양상은 아사덕 추장이었던 아사덕추빈阿史德樞賓이 정양도독이었다는 점에서도 확인된다.[100] 즉 고비 남부 돌궐에 대한 통제가 아사나를 중심으로 이루어지지 못하면서 다른 씨족에게로 넘어갔던 것이다.

고비 남부에 산재한 돌궐에 대한 통제 방식은 고비 북방 몽골 초원 유목 부락들의 당조에 대한 반발로 새로운 변화를 맞이했다. 660년에 먼저 부쿠, 통라, 사결, 바야르쿠 등 몽골 초원의 유목 부락들이 당조에 반기를 들었으며, 661년에는 새롭게 위구르의 추장이 된 비속독比粟毒도 그에 참가했다. 이들의 움직임은 당조의 고구려 원정에도 큰 영향을 미쳐 백제를 멸망시킨 다음 고구려까지 굴복시키려고 했던 고종의 구상을 좌절시켰다.

따라서 이에 큰 위협을 느낀 당조는 위구르를 중심으로 한 유목 부락들의 저항을 평정한 다음 663년 2월에 한해도호부를 몽골 초원에 다시 설치했다. 이와 동시에 운중도호부를 선우도호부單于都護府로 개명했는데, 이것은 정양도독 아사덕추빈이 친왕親王 가운데 하나를 카간으로 삼아 통솔하게 해달라고 한 사실과 관련이 있었다. 이에 고종은 그의 요청을 받아들여 "지금의 카간은 과거 선우다"라고 말하며 664년에 선우대도호부로 개

98) 『新唐書』 권215上 「突厥傳」 上, p. 6044.
99) 石見淸裕, 「唐·突厥關係史の新史料: 碑林所藏突厥人墓誌五點をめぐって」, 『唐代史硏究會會報』 4, 唐代史硏究會, 1991, p. 8.
100) 『册府元龜』 권986 「外臣部 征討 5」, p. 11577; 『新唐書』 권3 「高宗本紀」, pp. 60～61.

칭한 다음 은왕殷王 이욱륜李旭輪을 선우도호로 삼았다. 하지만 실제로 그를 파견하지는 않았다.[101]

　이상의 과정을 거쳐 고비 북방과 남방에 두 개의 도호부가 설치되면서 당조의 유목 부락에 대한 지배 방식이 이전에 비해 강화되었다. 그리고 선우도호부에는 낭산, 운중, 상건桑乾등 세 곳의 도독부와 소농주 등 24곳의 자사주, 한해도호부에는 금미, 신려 등 7곳의 도독부와 선악주, 하란주 등 8곳의 자사주가 그 통제 아래 들어갔다. 이것은 당조에 도전했던 몽골 초원의 유목 부락들에 대한 당조의 지배를 더욱더 강화함과 동시에 고비 남부의 돌궐을 비롯한 유목 부락들에도 이를 강요함으로써 당조가 원하는 방향으로 이들을 움직이고자 했던 것이다.

　또한 고종은 유목 부락을 분리시켜 이들의 도전 내지는 결합을 방지하던 방식에서 한발 더 나아가 자신의 입장을 대변하고 잘 따를 수 있는 세력을 부식扶植시켜 자신의 지배력을 강력하게 침투시키고자 했다. 먼저 몽골 초원에서 그동안 저항했던 위구르의 추장을 제거한 다음 자신에게 충성하는 추장을 세워 부락들을 통제하려고 했다. 그리고 고비 남부의 돌궐에서는 아사나에 대적할 수 있는 아사덕 출신의 추장을 지원했다.

　이때 아사덕 출신의 추장은 일릭 카간이 패망한 직후에 정양 지역에 내려와 당조에 복속되었으며, 정양도독부가 설치되자 그 추장이 도독으로 임명되었다. 이것만이 아니라 이들은 선우도호부의 창설과 도호가 부임하는 데도 영향력을 행사했는데, 이는 당조의 지원을 받아 유력한 세력의 하나로 성장할 수 있었기 때문에 가능했다. 이상과 같이 위구르와 아사덕이 위치한 곳에 도호부를 설치한 것은 이들의 협조를 받아 몽골 초원 전체의 부락들을 통제하려고 했던 당조의 의도를 잘 보여준다.

　원래 기미부주는 "그 부락을 펼쳐 주와 현을 설치하는데, 큰 것은 도독

---

101)『新唐書』권215上「突厥傳」上, p. 6042.

부로 삼았다. 그 수령을 도독과 자사로 삼았는데, 모두가 그 자리를 세습했다. 비록 부부賦를 내기는 했지만 판적版籍은 대부분 호부戶部에 올리지 않았다"[102]라고 한 것처럼 특별한 대우를 받는 특수한 구역이었다. 여기에 편제된 주민은 내지의 편호들과 다른 차원의 대우를 받았을 뿐만 아니라 추장들 역시 당조의 인정과 지원을 받으면서 자신의 지위를 내부분 세습할 수 있었다. 이런 특혜는 이들을 당조에 복종하게 만들려는 우대책과 관련되었다는 점에서, 추장들에게는 반대로 자신의 위상을 강화할 수 있는 중요한 기반이었다. 따라서 추장들은 당조의 관직을 제수 받고 이를 세습함으로써 자신의 공식적인 위상을 자랑할 수 있게 되었다.[103]

이와 함께 더욱 중요한 것은 기미부주에 편제된 추장이 이 무렵 활발하게 이루어진 당조의 대외 확장에 중요한 행군의 일원으로 참가했다는 점이다. 고종은 유목 부락의 추장들을 선택적으로 골라 대외 확장에 적극 활용함으로써 부용 세력으로 삼는 것과 동시에 이들의 욕구를 채워주어 안

---

102) 『新唐書』 권43下 「地理志 7」 下, p. 1119.

103) 2010년과 2011년에 몽골 초원 톨 강 유역에서 발견된 묘지는 당조의 적극적인 지원을 받아 만들어졌음을 쉽게 확인할 수 있다. 특히 2010년에 묘지명이 발견되어 묘주가 복고僕固 출신의 추장인 복고돌삭야僕固乙突朔野였음이 확인된 무덤(GPS 좌표: N 47° 59' 17.51" E 104° 41' 32.23")이 있다(А. Очир, Л. Эрдэнэболд, *Эртнийй Нүүдэлчдийн Бунхант Булшны малтлага, судалгаа*, Улаанбаатар, 2013; 박아림, 「몽골 볼간 아이막 바양노르 솜 울란 헤렘 벽화묘 연구」, 『중앙아시아연구』 19-2, 중앙아시아학회, 2014). 이와 함께 묘지명이 없어 정확한 묘주를 알 수 없는 2011년에 발견된 무덤(GPS 좌표: N 47° 55' 31.55" E 104° 30' 48.24")에 대해서는 다음의 전시 도록이 발간되었다(А. Очир, Л. Эрдэнэболд, *Нүүдэлчдийурл агийн галерей-Тусгайүзэсгэлэнд зориусанкаталоги*, Улаанбаатар, 2012). 두 무덤은 지근거리에 있을 뿐만 아니라 무덤의 양식 또한 비슷하다는 점에서 정확한 묘주는 확인할 수 없지만 무덤의 크기나 벽화 등의 내용을 통해 2011년에 발견된 묘주가 전자보다 더 높은 지위에 있었음을 알 수 있어, 그것을 묘주의 할아버지로서 당조의 번장이었던 가람발연歌濫拔延의 무덤으로 추정하기도 한다. 여기서 중요한 부분은 당조의 기미지배 아래서 당조와 친밀한 관계를 가졌던 추장들이 어떤 위상과 지원을 받았는가 하는 점을 이상과 같은 분묘의 존재를 통해 짐작할 수 있다는 사실이다(楊富學, 「唐代僕固部世系考: 以蒙古國新出僕固氏墓誌銘爲中心」, 『西域研究』 2012-1, pp. 69~76).

〈그림 2〉 복고을돌삭야(僕固乙突朔野)의 묘지명(몽골 잔나바자르 미술관 전시품 촬영)

정을 유지하는 방식을 택해 이 무렵 번장의 활발한 활동을 가능하게 했다.[104] 번장은 태종이 처음에 투항한 이민족 추장들을 모두 숙위의 장군으로 임명함과 동시에 그들을 지방 군사령관인 도독으로 임명한 것에서 비롯되었다. 이를 통해 부락 배경이 없는 번장만이 아니라 부락을 거느린 추장들을 내지 또는 초원에 그대로 두지 않고 적극 동원할 수 있었던 것이다.

실제 이 무렵 당조의 대외 확장은 상당 부분이 번장이 이끄는 번부락병의 적극적인 협조로 이루어졌음은 주지의 사실이다.[105] 따라서 이를 통해 내지에서 문제를 일으키지 않게 할 수 있었을 뿐만 아니라 각 부락 간의 상쟁相爭이 새로운 권력을 창출할 가능성을 배제해버렸다. 이렇게 유목 부락을 견제하기보다는 지위를 신장시켜 '당조의 백성(唐民)'이 되었다는 자긍심을 심어주었으며, 이는 그들에게도 경제적 지원을 받거나 물자를 구득할 수 있는 기회가 되었다. 결국 이런 결합이 상승 작용을 해 당조

104) 章群, 『唐代蕃將研究』, 臺北: 聯經出版事業公司, 1986; 章群, 『唐代蕃將研究(續編)』, 臺北: 聯經出版事業公司, 1990; 馬馳, 『唐代蕃將』, 西安: 三秦出版社, 1990.

105) 다니구치 테츠야는 번장이 번부락병蕃部落兵을 이끌고 대외 원정에 참여했다고 했다(谷口哲也, 「唐代前半期の蕃將」, 『史朋』 9, 北海道大學文學部東洋史談話會, 1978, pp. 7~9). 린차오민은 기미부주의 자치적 성격을 지적하며, 이들의 군사적 동원이 중요했다고 강조했다(林超民, 「羈縻府州與唐代民族關係」, 『思想戰線』 1985-5, p. 56).

는 대규모의 원정 부대를 조직할 수 있었을 뿐만 아니라 전대미문의 대외 확장 정책을 추진해나갈 수 있었다.

당조는 이때도 유목 부락 모두를 동원한 것이 아니고 그 수혜 대상을 제한했다. 왜냐하면 당조의 지원 여부는 기존 지배층을 약화시키기 위해 새로운 세력을 키워냄으로써 이들을 당조에 부용하게 만드는 데 초점이 맞추어져 있었기 때문이다. 이런 배경 아래서 고비 남부 돌궐 사회 안에서 특히 두드러진 활약을 보인 사람은 정양도독이었던 아사덕추빈이었다. 그는 장안에 거주하면서 금군의 제위장군諸衛將軍에 제수된 것은 아니었지만 군사 동원에서 여타 번장들 못지않은 움직임을 보여주었다. 이것은 아사덕이 630년에 내려와 당조의 통제를 받으며 일찍부터 운중에 자리 잡은 다음 당조에 철저히 순응했기 때문이다.

아사덕추빈은 먼저 660년 당조의 고구려 원정 시기에 거란과 해가 당조에 바기를 들자 냉형도행군총관冷陘道行軍總管이 되어 좌무후장군左武侯將軍 연타제진延陀梯眞과 거연주도독 이함주李含珠가 거느린 돌궐, 설연타, 백습 별부 등의 부락 병사들을 이끌고 해를 공격해 항복시켰다. 그리고 다시 사전도沙磚道행군총관이 되어 자기 부락의 병사들을 이끌고 거란의 송막도독松漠都督 아복고阿卜固를 토벌한 뒤 그를 사로잡아 낙양으로 보냈다.[106]

또한 663년에는 선우도호부의 업무를 담당하던 장사長史 소사업의 통솔 아래 톈산 산맥의 오아시스 주변에 거주하던 유목 부락인 궁월弓月이 일으킨 봉기를 진압하는 데 참가했다.[107] 당시 궁월이 남쪽의 토번, 북쪽의 인면咽眄(지금의 카자흐스탄 발하쉬 호 동부 일대)과 결탁해 소륵疏勒(지금의 신장위구르 자치구 수러현疏勒縣, 카쉬가르(객십喀什) 서남부)을 공격해서 항복

106) 『資治通鑑』 권201 高宗 麟德 원년(664) 조, p. 6339.
107) 『資治通鑑』 권201 高宗 龍朔 2년(662) 조, p. 6332.

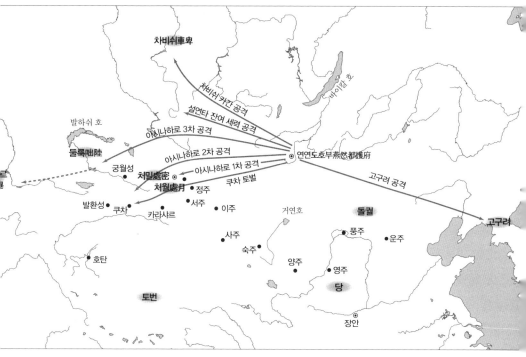

〈그림 3〉 당조 기미지배 아래서 투르크 유목 부락들의 군사적 동원

시키는 등 오아시스에 문제를 일으키자 아사덕추빈이 이끄는 돌궐의 정예 기병 역시 그 원정에 참전했다.

이후 궁월은 소사업이 온다는 소식을 듣고 바로 당조에 입조함에 따라 별문제 없이 마무리되었지만, 아사덕추빈이 여기에 참여한 것은 주목된다. 또한 그는 669년에 몽골 초원에 머물던 설연타의 잔여 부락이 반기를 들자 이를 대파하는 등 성가를 올렸다.[108] 이렇게 아사덕추빈은 당조의 군사 원정에 참여하며 자신의 위상을 제고할 수 있는 기회를 얻었다. 즉 번장들이 부락병을 이끌고 원정에 참여하는 경우가 대부분이었다는 사실에

---

108) 『唐會要』 권96 「薛延陀」, p. 1727.

서 알 수 있듯이, 그의 군사적 능력을 짐작하게 한다.

반면에 당조가 이끄는 군사 원정에 참여하는 것은 동전의 양면과 같아 오히려 부락 자체를 견제하는 수단으로 이해될 수도 있었다. 이것은 제 2제국 시기 빌게 카간이 과거 회상에서 자신의 조상들이 대외 원정에 참여한 것에 대해 다른 생각을 갖고 있었음을 다음과 같이 언급했다.

> (KT: 동:08) 그들은 50년 동안 봉사했다고 한다. 그들은 동쪽으로 해 뜨는 곳에서 **뵈클리 카간까지 나아갔다고 한다. 서쪽으로는 테미르 카프그까지 나아갔다고 한 다. 타브가치(중국) 카간(황제)을 위해 정복했다고 한다.** 투르크 카라 (동:09) 보둔 (일반 백성)이 이렇게 말했다고 한다. "나는 일(나라)이 있는 보둔이었다. 나의 일은 지금 어디에 있는가?" "나는 누구를 위해 일을 정복하는가?"라고 말했 다고 한다. "나는 카간이 있는 보둔이었다. 나의 카간은 어디에 있는가? 나는 어느 카간에게 봉사하는가?"라고 말했다고 한다. (강조는 인용자)

위의 내용은 당조에 대한 반감을 드러내기 위한 과장일 수도 있지만, 돌 궐이 630년 이후 태종 시대부터 고종 시대까지 지속적으로 문제가 되었 던 고구려(인용문에서는 '뵈클리'로 표현) 원정과 함께 서쪽으로 고창을 필두 로 한 안서도호부의 설치와 통제 범위의 확대, 그리고 이후 656년 서돌궐 의 아사나하로阿史那賀魯에 대한 원정(인용문에서는 '테미르 카프그'로 표현) 에도 참여했음을 보여준다.[109]

이것은 부흥 운동을 벌인 이유를 정당화하기 위한 의도를 가진 표현이 라고 볼 수 있다. 하지만 이것보다 중요한 것은 실제로 아사나가 당조의 기 미지배를 받으면서 계속 동원되어 크게 약화되었다는 점이다. 이것은 모두 고비 남부의 돌궐과 설연타 등을 통제하기 위해 선우대도호부를 설치해 친

---

109) 『舊唐書』권194上「突厥傳」上, p. 5187.

왕을 선우인 도호로 요구했을 뿐만 아니라 군사 동원을 지휘할 정도로 성장했던 아사덕에 비해 기존의 아사나 집단은 지위가 저락했음을 보여준다.

이에 대해 빌게 카간은 "(KT: 동:07) 타브가치(중국) 보둔(백성)에게 벡(관리)이 될 만한 그들의 아들이 사내종이 되었다. 에시(귀부인)가 될 만한 그들의 딸이 계집종이 되었다"라고 극단적으로까지 표현했다. 이것은 기미지배 아래 들어간 이후에 나타난 아사나의 약화와 여타 부락의 성장, 그리고 이들이 당조에 협조함으로써 유목 부락에 대한 강력한 통제가 이루어졌음을 보여준다. 이런 상황 전개에 대해 "대저大抵 30년 동안 북방에서 전투를 경계하는 일이 없었다"[110]고 고종 시기를 자찬한 것처럼, 이 무렵 당조가 잠재적 위협 세력인 돌궐과 설연타의 지배 집단들을 강력하게 통제했음을 확인할 수 있다.

이상과 같이 이들에 대한 걱정이 없어짐에 따라 30여 년 가까이 당조의 기미지배 체제도 별 탈 없이 잘 유지되었다.[111] 이것은 여기서 그치지 않고 체재 내에 편입된 번장과 그가 이끄는 부락병들을 적극 동원함으로써 눈부신 대외적 발전을 이루어내는 것으로 이어졌다. 따라서 당조는 이런 대외 확장의 성공을 바탕으로 이후에 이른바 '세계 제국'이라고 할 정도로 자신들을 중심으로 한 일원적 질서를 동아시아 세계에 구축해낼 수 있었던 것이다.

## 2. 아사덕 주도의 돌궐 부흥 운동과 아사나의 부활

이른바 '기미지배 체제'라고 불리는 당조의 유목 부락에 대한 통제 방식

---

110) 『新唐書』 권215上 「突厥傳」 上, p. 6042.

111) 정재훈, 「唐初의 民族政策과 西北民族의 中國 認識: 羈縻支配體制의 成立 過程과 관련하여」, 『서울大 東洋史學科論輯』 19, 서울대학교 동양사학과, 1995, pp. 1~27.

은 표면적으로 초원의 유목 족속들을 압도하고 유목민들 역시 그에 적극 동조한 것처럼 보이지만, 실제로는 중국과 주변 족속들의 상호 이해가 결합한 상태에서 유지되었다. 양자 간의 이해관계가 유지될 경우 엄청난 파괴력을 가져다줄 수 있었다는 점에서 기미지배가 실제로 당조의 대외 확장을 가능하게 했음은 이미 살펴본 바 있다.

반면에 이것이 제대로 유지되지 못하면 강력한 반발을 야기할 수도 있는 양면성이 있었다. 실제로 이런 조짐은 당조의 대외 확장이 서서히 종결되는 시점인 670년대 중반을 넘어서면서 감지되기 시작했다. 왜냐하면 당조의 확장이 한계에 이르고 더 이상 이들을 우대할 필요가 없는 시점이 되자 양자 간의 이해관계에 대한 새로운 계산법이 필요해졌기 때문이다.

평온했던 양자의 이해 합치에 균열이 발생한 것은 당조가 대외 확장 종결로 군사적 동원을 끝내면서 유목 부락들의 잠재적인 위험성을 제거하기 위해 이들에 대한 통제를 강화하고 고유한 질서를 파괴하려 했기 때문이다. 특히 기미부주를 내지와 마찬가지로 대우하려고 하면서 그동안 누리던 혜택이 없어지자 유목 부락들의 반발이 더욱 강하게 일어났다. 이는 이제까지 기존의 부락 질서를 그대로 유지한 채 중국의 도움과 지지를 통해 자신의 지위를 유지해왔던 추장들의 이익을 크게 침해해 그 지위를 유지할 수 없게 만들었다. 이처럼 유목 부락의 추장들은 자신의 입장이 관철될 경우에는 '당조의 백성(唐民)'이 되기를 원했지만 상황이 바뀌면 언제든 자신의 이익을 추구하거나 나름의 정체성을 회복하려고 했다.

실제로 670년대 후반, 당조의 관직을 받아 원정에 참여함으로써 재화나 군공軍功을 사여賜與 했던 추장들에 대한 견제가 시작되자 유목 추장들은 당조를 상대로 약탈을 꾀했다. 특히 당조에서 그동안 의도적인 지원을 받아 기득권을 유지하던 아사덕 같은 유목 세력은 아사나가 부활한 것만큼이나 새로운 위협이 될 수도 있다는 점에서 당조의 강력한 견제 대상이 되었다. 그동안 당조의 기미지배 아래서 성장해 정양도독부와 선우도호부를 주도하던 아사덕 출신의 추장들 역시 '토끼 사냥이 끝난 다음에 삶아 먹히는 사냥개(兔死狗烹)'에 불과했던 것이다.

고비 이남 돌궐의 봉기는 679년 4월 선우도호부 대추大酋의 하나였던 아사덕온부阿史德溫傅와 아사덕봉직阿史德奉職이 아사나 출신의 으둑 벡(Ïduq beg으로 추정. 니숙복泥熟匐)을 카간으로 추대하면서 시작되었다. 이는 당시 고비 남부에 있던 돌궐의 24개 부락 추장들이 모두 참여해 그 무리가 무려 10만 명에 이르렀다고 할 만큼의 대규모 봉기로 이어졌다.[112] 즉 고비 남부로 이주한 돌궐이 10만 명이었다고 한 상투적 표현과 연결시켜 보면 고비 남부에 거주하던 돌궐인 대부분이 참여했음을 의미한다. 이것이 바로 '기미지배 체제'의 붕괴를 알리는 신호탄이었다.[113]

이 무렵 당조는 678년 이경현李敬玄이 이끄는 18만 대군이 서부의 토번과 칭하이 지역에서 싸워 대패를 당하는 등 군사적 능력이 크게 약화되었음을 드러냈다. 또한 679년에 서돌궐 온오크 카간(On Oq qaghan으로 추정. 십성가한十姓可汗) 아사나도지阿史那都支와 으둑 벡(Ïduq beg으로 추정. 이차복李遮匐)이 토번과 연합해 안서도호부를 압박하자 배행검裵行儉이 이를 처리하기 위해 서쪽으로 이동하면서 북변을 방어하는 데 공백이 생긴 상태였다. 더욱이 이제까지 도호가 파견되지 않은 상태에서 선우도호부의 장사로 이 지역의 안전을 책임지던 소사업 역시 역할에 비해 지위가 너무 낮아 통제에 한계를 보이는 등 문제가 드러났다.[114] 이런 상황 전개는 돌궐에 당조의 대응이 쉽지 않을 것이라는 확신을 주기에 충분했던 것이다.

당 조정에서도 돌궐의 봉기를 심각하게 인식했는데, 더욱 심각한 문제는 그동안 당조와 그에 협조적이었던 추장들을 중심으로 안정적으로 유지되던 고비 남부에 대한 통제가 무너져버린 점이었다. 따라서 이를 진압

---

112) 『新唐書』 권215上, 「突厥傳」 上, pp. 6042~6043.

113) 谷口哲也, 앞의 논문, 1978, p. 11.

114) 『舊唐書』 권84 「裵行儉傳」, p. 2803.

| 관할 도독부 | 소속 기미주 | 족속 |
|---|---|---|
| 운중도독부<br>雲中都督府 | 사리주舍利州 | 과거 돌궐 예하 부락들 |
| | 아사나주阿史那州 | |
| | 작주綽州 | |
| | 사벽주思壁州 | |
| | 백등주白登州 | |
| 정양도독부<br>定襄都督府 | 아사덕주阿史德州 | |
| | 소농주蘇農州 | |
| | 집실주執失州 | |
| | 발연주拔延州 | |
| 호연도독부<br>呼延都督府 | 하로주賀魯州 | |
| | 갈라주葛邏州 | |
| 상간도독부<br>桑干都督府 | 욱사주郁射州 | |
| | 예실주藝失州 | |
| | 비실주卑失州 | |
| 영주도독부<br>靈州都督府 | 기련주祁連州 | 과거 설연타 예하 부락들 |
| | 서고란주西皐蘭州 | |
| 하주도독부<br>夏州都督府 | 고연주古延州 | |
| | 보흘약주步訖若州 | |
| | 계탄주嵠彈州 | |
| | 골주鶻州 | |
| | 저속주低粟州 | |
| | 안화주安化州 | |
| | 영삭주寧朔州 | |
| | 복고주僕固州 | |

〈표〉 고비 이남 선우대도호부 예하의 기미부주

하기 위해 적극적으로 나설 수밖에 없었다. 소사업이 좌령군위장군左領軍衛將軍 원대지苑大智와 우천우위장군右千牛衛將軍 이경가李景嘉를 이끌고 돌궐을 공격했다. 당군은 처음에는 몇 차례 승전勝戰을 거듭하다가 추운 날씨로 인해 당의 보병들이 돌궐 기병에게 대패하자 동부 몽골, 거란과 해 등도 당조에 반발하며 영주를 공격했다. 이에 패전한 뒤 조정에 들어온 소사업은 계주桂州로 유배되었고, 나머지는 연루되어 관직을 박탈당했다.[115]

사태를 진정시키고 서돌궐을 진압하기 위해 출정했던 예부상서 배행검이 급히 돌아와 11월에 정양도행군대총관으로 임명되었다. 그는 태복소경太僕少卿 이사문李思文, 영주도독營州都督 주도무周道務, 서군西軍 정무정程務挺, 동군東軍 이문간李文暕 등과 군졸 약 30만 명을 이끌고 돌궐을 공격했다. 이와 동시에 우금오장군右金吾將軍 조회순曹懷舜을 정경현井陘縣에, 좌무위장군 최헌崔獻을 강현絳縣과 용문현龍門縣에 주둔하게 해 거란과 해를 방어하도록 했다.

배행검은 680년 3월에 흑산黑山(지금의 네이몽골 자치구 부구투시 서북쪽에 있는 산)에서 돌궐을 크게 격파했다. 이후 패배한 으둑 벡(아사나니숙복)의 부하가 그를 죽여 머리를 갖고 항복했으며, 아사덕봉직도 잡혀왔다. 아사덕온부가 이끄는 부대는 낭산狼山(지금의 네이몽골 자치구 항가이후기杭愛後旗 서쪽과 우라드후기烏拉特後旗 서남쪽에 있는 산)에 있는 카를룩 부락에 숨는 처지에 놓였다.[116]

승전한 뒤 배행검이 철수하자 680년 3월 낭산에 숨어 있던 아사덕온부의 잔여 세력들은 다시 운주를 약탈했다. 이들의 봉기를 도독 두회철竇懷哲과 우령군중랑장右領軍中郎將 정무정 등이 막아내자 아사덕온부는 8월에 황허를 건너 도망가 하주에 있던 일릭 카간의 형 카라 카간의 아들 위

115) 『舊唐書』 권194上 「突厥傳」 上, p. 5166.
116) 『舊唐書』 권84 「裴行儉傳」, p. 2804.

즈 샤드(Yüz shad로 추정. 욱사설郁射設)의 후손 아사나 바얀(Bayan으로 추정. 아사나복념阿史那伏念)을 카간으로 추대하고 세력화를 도모했다. 아사덕 추장이 다시 한 번 아사나 일족을 카간으로 추대하고 봉기하자 이에 호응한 여러 부락이 모여 681년 정월에 원주와 경주 등지를 약탈하며 세력을 확대하는 2차 봉기가 일어났다.

우위장군 이지십李知十 등이 이를 방어하고자 했으나 사태가 심각하게 전개되자 다시 정양도행군대총관 배행검이 부총관 우무위위장군 조회순, 유주도독 이문간을 이끌고 북벌에 나섰다. 이 일은 몽골 초원에 변동을 가져올 수 있다는 점에서 안북도호부에 있던 위구르의 부대 역시 원정에 동원되었다. 이에 남하한 위구르는 북쪽에서 압박을 가했으며, 남쪽에서는 당군이 흑사성黑沙城에 있던 아사나 바얀과 아사덕온부를 공격했다.[117]

처음에 조회순을 보내 돌궐을 공격하게 했던 배행검은 군대를 대주의 경구陘口에 주둔시킨 다음 공격보다는 돌궐 내부 세력들을 이간離間하는 데 주력함으로써 이들을 약화시키려고 했다. 배행검의 작전은 주효해 결국 아사덕온부가 아사나 바얀을 공격했다. 이에 패배하고 도망가던 바얀은 오히려 조회순를 공격해 그를 사로잡은 다음 희생 재물을 잡아 결맹結盟을 하고서야 풀어주는 등 일시적인 성공을 거두기도 했다. 그럼에도 이후에 거듭 패배한 바얀은 군수 물자와 처자를 금아산金牙山(현재 인산 산맥의 한 곳으로 추정)에 둔 채 경장經裝 기병을 거느리고 조회순을 다시 공격하려고 했다.

이에 배행검의 부장이 그의 군수 물자를 빼앗아가 버려 돌아갈 곳이 없어지자 북쪽 세사細沙(인산 산맥 남부에 위치한 사막으로 추정)로 도망가서 숨었다. 그러나 배행검이 선호도호부 병사를 동원해 그를 추격하자 바얀은 투항했다. 이때 바얀이 아사덕온부를 잡아왔는데, 이들은 모두 장안에 송

117) 『舊唐書』 권194上 「突厥傳」 上, p. 5166.

환되어 681년 10월 동시東市에서 죽임을 당했다.[118] 이상의 과정을 거쳐 돌궐의 2차 봉기 역시 실패로 끝나고 말았다.

하지만 두 차례의 실패를 경험하면서 고비 남부 돌궐 사회 내부에 아사나의 권위가 여전히 살아 있음이 확인되었다. 이제까지 기미지배를 받은 아사나 종실 세력들은 장안에 내려간 집단만이 아니라 영주, 양주, 하주, 정양도독부의 아사나주 등 다양한 지역에 흩어졌다. 그리고 이들은 당조의 집중적 견제 대상이라 이후 별다른 역할을 하지 못했다. 즉 앞서 지적한 것처럼 후손인 빌게 카간이 자신들의 처지가 아주 참담한 상황에 이르렀다고 한 것은 황당한 과장이 아니었을 만큼 이들은 주도적 지위를 상실한 상태에 있었다. 하지만 비록 두 차례의 봉기가 모두 실패해 세력이 크게 약화되었음에도 향후 돌궐의 부흥을 주도할 세력은 아사나밖에 없다는 사실을 확인할 수 있었다.

그 뒤 아사나를 중심으로 또다시 봉기가 일어났는데, 이는 아사덕온부 등이 죽임을 당했고 그와 연루되었던 많은 돌궐 추장이 탄압을 받은 것에 대한 강력한 반발이었다. 기존에 당조는 돌궐을 비롯한 유목 부락들이 봉기를 일으켰다가 실패하면 이들을 죽이는 등 엄하게 처벌하지 않았다. 그런데 2차 봉기 실패 후 상황이 정반대로 전개되자 돌궐 항호들은 더 이상 당조를 신뢰하지 않고 강력하게 반발했던 것이다.

당시 돌궐 내부의 상황을 잘 알고 있던 배행검도 "지금 항복한 자들을 죽여버렸으니 이후에는 오려고 하는 자들이 없을 것이다"[119]라고 탄식할 정도로 상황을 심각하게 인식했다. 원래 배행검은 아사나 바얀이 투항하면 죽이지 않겠다는 약속을 조정에서 받아내고 그를 투항하게 만들었다. 하지만 병으로 약해진 고종 대신 무후의 권력이 강해지면서 기존의 결정이 번

---

118) 앞과 같음.
119) 『資治通鑑』 권202 高宗 開耀 원년(681) 조, p. 6405.

복되어버렸던 것이다.

이상과 같이 두 차례에 걸친 돌궐 부흥 운동이 실패하고 당조에 처참한 보복을 당하자 아사나 바얀에 이어 부흥 운동을 주도했던 빌게 톤유쿠크 Bilge Tonyuquq(돈욕곡暾欲谷)[120]는 자신의 비문에서 다음과 같이 당시 상황을 설명했다.

(TN I: 서:01) 투르크 보둔(백성)은 타브가치(중국)에 들어가 있었다. (서:02) 투르크 보둔은 자신의 칸(임금)을 찾지 못하자 타브가치에서 갈라져 나왔다. 칸이 있었다. 자기 칸을 버리고 타브가치에 다시 들어갔다. 텡그리(신)가 이렇게 말씀하셨다고 한다, 분명히. **"나는 너에게 칸을 주었다. (서:03) 너는 너의 칸을 버리고 들어갔다."** 들어갔기 때문에 텡그리께서 **"죽어!"**라고 말씀하셨다고 한다. 투르크 보둔은 죽었다. 스러졌다. 없어졌다. 투르크 시르[121] 보둔의 땅에는 (서:04) 보드(부족)가 남지 못했다. (강조는 인용자)

이상의 내용만이 아니라 실제로 빌게 톤유쿠크 자신이 보복에 연루되었음은 "아사덕원진阿史德元珍[122]"이 선우도호부에서 항호 부락의 검교檢

---

120) 빌게 톤유쿠크를 한문 기록에서는 돈욕곡暾欲谷으로 기록한 데 비해(『舊唐書』 권144上 「突厥傳」 上, p. 5174) 비문 자료에서는 계속 '빌게 톤유쿠크'라고 기록했다. 이 '빌게 톤유쿠크'는 번역자에 따라 '현명한 톤유쿠크'라고 번역하는 경우도 있지만, 빌게Bilge를 형용사로 번역하기보다는 고유명사의 일부분으로 보는 것이 타당하다(Osman F. Sertkaya, "The first line of the Tonyukuk monument", *Central Asiatic Journal* vol. 23-3·4, 1979, pp. 288~292).

121) 시르는 〈톤유쿠크 비문〉에서만 투르크와 연칭이 되는데, 필자는 이를 설연타薛延陀의 설薛과 연결시켜 족속 명칭으로 보았다. 설연타는 646년 이후 패망한 다음 고비 이남으로 이주해 당조의 기미지배를 받았는데, 680년대 돌궐의 부흥 운동 과정에서 그 일부가 고비 이북의 몽골 초원으로 돌아가 빌게 톤유쿠크의 통제를 받았던 것으로 추정된다.

122) 중국 기록의 아사덕원진阿史德元珍과 지금 몽골공화국 투브 아이막 바인 초크토에서 발견된 〈톤유쿠크 비문〉의 주인공 '빌게 톤유쿠크'가 동일인인지 여부는 비문이 발견된 이래 비상한 관심을 끌면서 연구가 진행되었다. 그 가운데 〈퀼 테긴 비문〉에서 돌궐이 기미지배 치하에서 자신의 이름을 버리고 당唐의 이름을 가졌지만 부흥한 뒤 다시 돌궐식의 이름을 갖게

校 역할을 하는 사람으로 있었다. 일찍이 사건에 휩쓸려 들어 선우장사 왕본립王本立에게 구금되었다"라고 한 것에서도 확인된다.[123] 이런 두 차례에 걸친 부흥 운동의 실패와 당조의 강력한 응징은 돌궐을 크게 약화시켰지만, 동시에 그들에 대한 저항 역시 더욱 강하게 만들어 세 번째 부흥 운동을 일으키게 했다.

당조가 돌궐을 압박하는 데 대한 강한 반발은 682년 2월 서돌궐에서 봉기가 일어난 것이 중요한 계기였다. 당시 차비쉬(Chabish로 추정. 차비시車鼻施) 감국監國 토둔todun(吐屯)의 후예였던 아사나 차비쉬(Chabish로 추정. 차박車薄)가 삼성三姓 인면咽麵, 튀르기쉬Türgish(돌기시突騎施), 처목곤處木昆 등의 부락과 연합해 궁월성弓月城(지금의 신장위구르 자치구 훠청현霍城縣 일대)을 공격했다. 이들의 반발은 당조를 아주 어렵게 만들 수밖에 없었기 때문에 이를 진압하기 위해 4월 배행검이 또다시 금아도행군대총관이 되어 장군 염회단閻懷旦 등과 함께 출정하려고 했다.

그런데 배행검이 출정도 하지 못하고 병사함에 따라[124] 그동안 유지되었던 당조의 중요한 대외 억지력抑止力이 약화되었다. 이는 주변 세력의 도전을 방어하는 데 심각한 문제를 노출했다. 이에 고비 남부의 돌궐 사회에서 일릭 카간의 일족이며 운중도독부에 속해 있던 부락의 추장으로 토둔이었던 아사나 쿠틀룩Qutlugh(아사나골돌록阿史那骨咄祿)이 3차 봉기를 주도했다.[125] 그가 아사나 일족이며 도독부에서 토둔이었다고 한 것은 그

---

되었다는 기록을 바탕으로, 처음에는 원진으로 기록되었지만 이후에 톤유쿠크로 기록되었을 것이라고 설명했다. 그 이유로 Tonyuquq=ton+yuquq의 합성어로 ton은 '최초' 또는 '첫 번째'를, yuquq는 '존중하는' 또는 '귀중한' 같은 의미를 갖는 것이어서 ton은 원과 yuquq는 진에 상응해 Tonyuquq=元珍이라고 논증했다(Сергей Г. Кляшторный, 앞의 책, 1954, pp. 300~301).

123) 『舊唐書』 권194上, 「突厥傳」 上, p. 5167.
124) 『舊唐書』 권84 「裴行儉傳」, p. 2804.
125) 『舊唐書』 권194上, 「突厥傳」 上, p. 5167.

의 지위가 높지 않았다는 것을 의미한다. 하지만 그가 아사나 바얀이 실패한 뒤 아주 힘든 처지에 놓여 있었음에도 다시 부흥 운동을 일으킨 것은 돌궐 사회 내부에 그만큼 당조에 대한 반감이 고조되었기 때문이다.

당시 봉기를 주도한 쿠틀룩이 큰 세력을 갖지 못하고 어려운 처지에 놓여 있던 상황에 대해 그의 아들인 빌게 카간은 다음과 같이 회상했다.

> (KT: 동:10) 투르크의 텡그리(하늘)와 투르크의 신성한 예르(땅), (동:11) 숩(물의 정령)이 이렇게 말했다고 한다. 그들은 "투르크 보둔(백성)이 없어지지 않게 하라!"라고 말하고, "보둔이 되게 하라!"고 말하면서, **나의 아버지 일테리쉬 카간(쿠틀룩)을, 나의 어머니 일빌게 카툰을 텡그리의 가장자리에서 잡아 위로 들어 올렸다고 한다**, 분명히. 나의 아버지 카간이 17명과 함께 [밖으로] 나아갔다고 한다, 분명히. "밖으로 (동:12) 나아간다"는 것을 듣고, 도시에 사는 사람들이 산으로 올라갔다. 신에 있는 사람이 내려갔다. 모여 70명이 되었다고 한다. 텡그리가 힘을 주어 내 아버지의 군대는 이리 같았다고 한다. 그들의 적은 양 같았다고 한다. 그들은 동쪽으로 서쪽으로 나아가 모았다고 한다. 모두 (동:13) 700명이 되었다고 한다. **700명이 되어 일(나라)이 없는, 카간이 없는 보둔을, 계집종이 된, 사내종이 된 보둔을, 투르크의 퇴뤼(조법)를 잃어버렸던 보둔을, 나의 조상의 퇴뤼에 따라 묶었다고 한다. 틸리스와 타르두쉬[로 구분된 땅에] (동:14) 야브구와 샤드를 주었다고 한다.** (강조는 인용자)

여기에 적극 참여했던 빌게 톤유쿠크도 당시의 어려웠던 상황을 위의 기록과 비슷하게 다음과 같이 말했다.

> (TN I: 서:04) 숲과 돌투성이 땅에 흩어져 살아남은 사람이 모여서 700명이 되었다. 그중에 두 부분은 말을 탔고, 한 부분은 걸었다. 700명의 사람을 (서:05) 이끄는 우두머리가 샤드였다. 그가 "모여라!"라고 말했다. 가까이 간

사람이 나, 빌게 톤유쿠크였다. "카간을 세우리라!"라고 내가 말했다. 나는 생각했다. "마른 소와 살찐 소가 멀리서 (서:06) 서로 발길질을 한다면 어느 것이 살찐 소인지 마른 소인지 알아볼 수 없다"고 나는 그렇게 생각했다. 하지만 **그 후에 텡그리가 지혜를 주었기 때문에 나 자신이 바로 카간을 만들었다.** 빌게 톤유쿠크가 보일라 바가 타르칸[126]과 (서:07) 함께 **"일테리쉬 카간이 되리라!"** 라고 말했다. 남으로 타브가치(당조唐朝)를, 동으로 크탄(거란)을, 북으로 오구즈를 많이 죽였다. 그의 지혜 있는 친구, 이름난 친구가 바로 나였다. 우리는 초가이 쿠지와 카라쿰을 차지해 살았다.

이 두 내용은 서술자의 입장에 따라 전자는 일테리쉬 카간을, 후자는 빌게 톤유쿠크 자신을 중심으로 기술되어 있었다. 하지만 모두 쿠틀룩이 일으킨 부흥 운동에 빌게 톤유쿠크가 적극 가담했음을 보여주며, 돌궐의 성수인 '7'을 모티프[127]로 부흥 운동 시기에 부락민들을 규합한 장면을 묘사하고 있다.

이상의 내용은 한문 기록에서 쿠틀룩에 대해 "아사나 바얀이 패하자 바로 도망해 흩어진 부락 백성을 불러 모아 초가이 쿠지Chogai quz(총새산總材山, 인산 산맥을 가리킴)에 숨어 카라쿰Qara qum(흑사성黑沙城)을 수리했

---

126) 빌게 톤유쿠크는 부흥 초기 아파 타르칸(최고사령관 정도의 위치)이었기 때문에 여기서 연칭이 되는 보일라 바가 타르칸은 그와 다른 별개의 지휘관으로 추정된다. 하지만 비문의 다른 부분에서 빌게 톤유쿠크의 관칭을 보일라 바가 타르칸이라고 불러 혼동을 일으키기도 하나, 여기서는 다른 인물로 보인다. 대체로 이것은 처음에 아파 타르칸이었다가 이후 그가 카프간 카간의 견제를 받아 보일라 바기 타르칸으로 강등되었다고 보는 것이 일반적이다(護雅夫, 「Tonyuquq碑文に見えるbögü-, bügü-qaɣanについて」, 『東洋學報: 東洋文庫和文紀要』52, 東洋文庫, 1969, pp. 62~89).

127) 칠七(고대 투르크어로 예티yeti)은 돌궐의 성수聖數였는데, 이것은 고대 투르크 비문에서 7진법을 바탕으로 한 숫자의 계산이라든가 아니면 서돌궐의 카간이 비잔티움에 보낸 서신 등에 잘 나타나 있다(薛宗正, 앞의 책, 1992, pp. 741~742; 畢樺, 「關于突厥語民族的神秘數目」, 『突厥語言與文化硏究』, 北京: 中央民族大學出版社, 1996, pp. 238~252).

는데, 백성이 5000명으로 토쿠즈 오구즈Toquz Oghuz(九姓)의 가축과 말을 도둑질해서 점차 강하고 커져 스스로 즉위해 바로 카간이 되었다"[128]고 한 것과도 연결된다.

그리고 빌게 톤유쿠크에 대해서도 "이때 선우도호부 항호. 부락을 검교하던 아사덕원진이 장사 왕본립에게 잡혀 있었다. 마침 아사나 쿠틀룩이 와서 노략질을 하자 아사덕원진(빌게 톤유쿠크)이 부락으로 돌아가게 설득하고 자신이 죄를 대신하겠다고 청하자 왕본립이 허락했다. 그런데 아사덕원진이 가서 오히려 쿠틀룩에게 항복하고 아파 타르칸Apa tarqan(아파달간阿波達干)이 되어 모든 병력을 통솔하게 되었다"[129]라고 했다.[130]

이것은 돌궐의 봉기가 모두 쿠틀룩과 빌게 톤유쿠크 두 세력이 결합함으로써 본격화되었음을 보여준다. 쿠틀룩은 이후 일테리쉬 카간으로 즉위[131]한 뒤 국가의 체제를 정비하기 위해 자신의 동생인 뵈귀 초르(Bögü

---

128) 『舊唐書』권194上「突厥傳」上, p. 5167

129) 위와 같음.

130) 『구당서』를 보면 부흥 운동 초기에 쿠틀룩의 당조 원정은 682년부터 687년까지 계속되었다. 그런데 원진의 활동은 683년과 687년의 기록만 있다. 하지만 이런 기록을 『자치통감』의 내용과 비교해보면, 『구당서』의 경우는 동일한 원정 기록인데도 쿠틀룩만을 주인공으로 기록했을 뿐 원진은 빠져 있다. 이 점은 『구당서』의 기록이 쿠틀룩을 중심으로 이루어졌기 때문에 원진을 반복해서 기록하지 않았을 뿐이지 그가 원정에 빠졌던 것은 아니었음을 보여준다. 또한 원진이 당시 군사령관인 아파 타르칸의 지위에 있었다는 점과 관련해보면 기록은 없지만 실제로 그가 부흥 운동 초기부터 계속 원정에 참가했을 것이라는 추측을 할 수 있다(『舊唐書』권194上「突厥傳」上, pp. 5167~5168; 『資治通鑑』권203 高宗 弘道 원년(683) 조, p. 6413; 『資治通鑑』권204 則天順聖皇后 垂拱 3년(687) 조, pp. 6445~6446).

131) 묵철黙啜은 형이었던 일테리쉬 카간을 이어 즉위했다. 그의 이름에 대해서는 여러 의견이 있다. 묵철의 전사에 대해서는 클랴쉬토르느이가 Bäg Čur 또는 Bag Chor로 추정하고(Cep гей Г. Кляшторный, 앞의 책, 1954, p. 35), 세르트카야는 Bögü Çor로 추정했으며(Osma F. Sertkaya, "Muß es 'inel Kagan' oder 'Ini il Kagan' heißen?", *Materialia Turcica* 3, 1977, p. 31), 쉐쭝정도 Bugu Qur라고 했다(薛宗正, 앞의 책, 1993, p. 463). 이것은 즉위하기 전의 관칭으로 보이는데, 카간이 된 뒤에도 당조에서는 그를 계속 묵철가한黙啜可汗이라고 기록했다. 이에 모리 마사오는 〈톤유쿠크 비문〉에서 톤유쿠크가 사이가 좋지 않아 그를 부정적인 의미를 갖는 Bögü qaghan이라고 지칭했다고 설명했다(護雅夫, 앞의 논문, 1969, pp.

chor로 추정. 묵철默啜, 이후에 카프간 카간으로 즉위)와 툑리스 벡(Tölis beg으로 추정. 돌실복咄悉匐)에게 샤드와 야브구의 지위를 주었다. 이것은 돌궐식의 관제를 회복함으로써 기존의 중국식 관제로부터 벗어나기 위한 노력의 일환이었다.

따라서 아사나에 아사덕 집단이 적극 결합해 일으킨 3차 봉기는 과거와 다르게 고비 남부 돌궐 사회에 새로운 전기가 되었다. 하지만 돌궐의 부흥 운동은 앞의 기록에서 확인할 수 있듯이 초기에 말을 탄 사람이 전체의 3분의 1에 불과할 정도로 아직은 아주 취약한 상태라 인산陰山 산맥에 숨어 게릴라전으로 당조를 약탈할 수밖에 없었다. 이를 만회하기 위해 돌궐은 선우도호부의 북부를 노략질한 다음 마침내 병주를 공격해 남주자사嵐州刺史 왕덕무王德茂를 죽이는 등의 성과를 거두기도 했다. 이에 설인귀가 출전해 운주를 공격한 빌게 톤유쿠크를 격파함으로써 1만여 급을 죽이고 2만여 명을 포로로 잡는 큰 성과를 올렸다.[132]

심각하게 패배한 돌궐은 큰 타격을 받을 수밖에 없었지만 여기서 멈추지 않았다. 683년 2월에 다시 정주를 약탈했는데, 이를 북평자사北平刺史 곽왕원霍王元이 막아냈다. 이어 돌궐이 다시 규주嬀州를 공격해 선우도호부를 포위하고 사마司馬 장행사張行師를 죽이자 승주도독 왕본립과 하주도독 이숭의李崇義가 이를 구원했다. 또 돌궐은 5월에 다시 울주蔚州(지금의 산시성山西省 타이위안시 북방)까지 공격해 자사 이사검李思儉을 죽이고 풍주도독豐州都督 최지변崔智辯을 조나산朝那山에서 사로잡기도 했다. 아울러 6월에도 남주嵐州(지금의 산시성山西省 뤼량시呂梁市 란청진嵐城鎭 일대)를 약달하지만 격퇴당하고 말았다.

돌궐의 공격이 계속되자 무측천武則天(624~705, 재위 690~705)은 11월

---

62~89). 이후에 그를 뵈귀 카간이라고 지칭했다는 점에서 카간이 되기 전의 관칭인 묵철을 뵈귀 초르의 전사로 추정해보았다.
132) 『新唐書』 권215上 「突厥傳」 上, p. 6044.

에 조칙을 내려 우무위위장군 정무정을 선우도안무대사單于道安撫大使로 삼아 변경을 수비하게 했다. 하지만 돌궐은 아랑곳하지 않고 684년 7월에 삭주를 노략질해 관리와 병사들을 잡아갔으며, 685년 2월에 다시 변경을 약탈했다. 이에 좌옥금위중랑장左玉鈐衛中郎將 순우처평淳于處平이 양곡도총관陽曲道總管이 되어 격퇴했다. 하지만 3월에 돌궐이 다시 대주를 공격하자 순우처평은 이를 구원하려고 흔주忻州(지금의 산시성山西省 신저우시忻州市와 딩샹현定襄縣 일대)까지 갔다가 패배해 5000명이나 죽었다.

그러자 11월에는 천관상서天官尚書 위대가韋待價가 연연도대총관燕然道大總管이 되어 돌궐을 토벌하기 시작했다. 그리고 돌아갔던 돌궐이 686년 9월에 다시 쳐들어오자 좌응야위대장군左鷹揚衛大將軍 흑치상지黑齒常之가 이를 막고 격퇴했다. 687년 2월에도 창평현昌平縣(지금의 베이징성 창평현昌平縣 일대)에서 역시 이들을 격퇴했다. 또한 7월에 다시 돌궐이 삭주로 들어오자 흑치상시가 다시 황화퇴黃花堆(지금의 산시성山西省 잉현應縣 서북 30리 떨어진 황화링黃花嶺)에서 이들을 격퇴했다.[133]

패배한 돌궐이 10월에 고비를 넘어 도망가자 우감문위중랑장右監門衛中郎將 찬보벽爨寶璧이 공을 세우기 위해 흑치상지와 논의하지 않고 쫓아가다가 오히려 패배해 1만 3000명이 몰살당했다.[134] 이렇게 고비 이남에서 쫓겨나 북쪽의 초원으로 도망가야만 했던 돌궐은 찬보벽을 격파하고, 나아가 몽골 초원의 투르크계 유목 부락(비문에서는 오구즈라고 칭함)[135]을

---

133) 앞과 같음.

134) 위와 같음.

135) 고대 투르크 비문의 토쿠즈 오구즈는 '아홉 개의 부락으로 구성된 오구즈'라는 의미로, 몽골 초원에 살던 투르크 연합체로서 한문 사료에는 구성철륵九姓鐵勒 또는 줄여서 구성九姓이라고 기록된다. 하지만 실제로 철륵을 구성하는 부락의 숫자가 아홉을 넘고, 또한 아홉이 실수라기보다 많다는 의미로도 해석된다는 점에서 이를 '많은 투르크계 부족들'이라고 볼 수 있다. '토쿠즈 오구즈'의 구성 문제는 이후 위구르가 돌궐을 대체하고 새로운 국가를 건설하는 과정에서 나타나는 구성회흘九姓回紇과의 상관관계, 즉 위구르 유목제국 시기의 비문에 '토쿠즈 오구즈'와 같이 나오는 '온 위구르On Uyghur(열 개의 위구르)'가 어떤 관계를 갖고 있

격파함으로써 세력을 확보할 수 있었다.

하지만 당시 돌궐은 당조의 계속된 강력한 진압으로 고비 남부에서 더이상 세력을 확장할 수 없는 처지였다. 더구나 몽골 초원의 투르크계 유목 부락이 당조와 거란에 사신을 보내 동맹을 맺고 협공하려 한다는 계획을 알고 더욱 심각한 위협을 느꼈다. 당조의 공격이 강화되는 과정에서 삼면에서 자신들을 공격해온다면 이제까지 게릴라전을 벌이던 고비 남부의 근거지는 더 이상 안전할 수 없었다. 당시 위구르를 중심으로 한 투르크계 유목 부락들이 고비 남부의 돌궐을 견제하려고 한 것은 이들 자신도 돌궐의 부흥 운동에서 자유로울 수 없었기 때문이다.

빌게 톤유쿠크는 당시 너무나 어려웠던 상황에 대해 다음과 같이 자세하게 설명했다.

(TN I: 남:01) **우리의 적은 둘러싼 화덕과 같았다. 우리는 음식 같았다.** 그렇게 지내고 있을 때 오구즈(鐵勒)에서 도망자가 왔다. (남:02) 도망자 말은 이러했다. "토쿠즈 오구즈(九姓鐵勒) 보둔(백성) 위에 카간이 앉았다. 〔그가〕 타브가치(당조)로는 쿠니 셍귄(장군)을 보냈다고 한다. 크탄(거란)으로는 통라 셈을 보냈다 한다. 말을 이렇게 보냈다고 한다. '얼마 되지 않는 투르크 〔보둔이〕 (남:03) 세지고 있다고 한다. 그들의 카간은 용감하다고 한다. 그들의 참모는 현명하다고 한다. 그 두 사람이 있는 한 당신들을, 타브가치(중국)를 죽일 것이다'라고 나는 말한다. '크탄(거란)을 죽일 것이다'라고 나는 말한다. '우리 오구즈를 (남:04) 틀림없이 죽일 것이다'라고 나는 말한다. **'타브가치는 남쪽**

---

없는가 하는 점에 대해 많은 논쟁이 벌어졌다. 이 논쟁은 현재 양자가 다른 것으로, 원래 토쿠즈 오구즈의 일원이었던 위구르가 정치적으로 세력을 확대해 오히려 토쿠즈 오구즈를 포함하는 국가를 건설하면서 그 구성 내용이 변화했던 것으로 이해되고 있다(정재훈, 「위구르 初期(744~755) '九姓回紇'의 部族 構成: '토쿠즈 오구즈Toquz Oγuz'問題의 再檢討」, 『東洋史學研究』68, 동양사학회, 1999).

으로부터 공격하라! 크탄은 동쪽으로부터 공격하라. 나는 북쪽으로부터 공격하겠소. 투르크 시르 보둔이 자기 땅에서 절대로 강해지게 해서는 안 되오. 가능하면 완전히 없앱시다'라고 (남:05) 나는 말한다." (강조는 인용자)

이를 통해 그가 걱정했던 문제들을 극복할 수 있었던 것은 이때 몽골 초원의 여러 부락이 그동안 당조의 지원을 받아 안북도호부를 장악했던 위구르에 강력하게 저항했기 때문이었다. 이것은 몽골 초원의 여러 부락이 그동안 세력을 누리던 위구르에 강한 불만을 가지고 있었을 뿐만 아니라 이즈음 몽골 초원의 가뭄으로 초원의 경제 상태가 불안했던 것과도 깊은 관련이 있었다.[136) 당시 안북도호부의 위구르를 중심으로 계필, 혼, 사결 등은 당조의 지배에 충실하게 따랐지만, 통라와 부쿠 등은 그들의 통제에 반발했다. 이런 과정에서 돌궐은 자기들의 세력을 확대하기 위해 몽골 초원의 유목 부락들에 대한 이간책을 구사했다.

그러자 685년 6월 둘로 나뉜 유목 부락들이 충돌을 벌였고, 그 결과 위구르가 당조에 군대를 파견해달라고 요청하지 않으면 안 될 정도가 되었다.[137) 사태가 악화되자 당조에서는 몽골 초원의 문제를 해결하기 위해 돌궐이 부흥 운동을 벌이는 고비 남부로부터 군대를 출동시키려 했지만 여의치 않자 하서와 고비 서부에 있는 군대를 동원하려고 했다. 하서에 있던 좌표도위장군左豹韜衛將軍 유경동劉敬同과 금산도호부金山都護府 전양명田揚名 등이 나아가 위구르와 합세해서 부쿠와 통라를 쳤다. 그런데 금산도호부가 이끌던 서돌궐의 부락병들이 오히려 위구르를 공격해 엄청난 타격을 가했으며, 전양명은 그 죄로 면직을 당하고 말았다.[138)

이후 몽골 초원의 불안정한 상태는 일테리쉬 카간이 위구르 등을 격파

---

136)『陳拾遺集』권9「諫曹仁師出軍書」,『突厥集史』上, 北京: 中華書局, 1958, p. 322.

137)『資治通鑑』권203 則天順聖皇后 垂拱 원년(685) 조, p. 6435.

138) 위와 같음.

하고 초원으로 복귀하는 데 결정적인 도움을 주었다. 돌궐은 협공을 당하기 전에 투르크계 유목 부락들을 선제공격해 사태를 진정시키고자 했다. 이것은 먼저 위협을 제거하는 데서 그치지 않고 나아가 투르크계 유목 부락을 장악해 종속 집단을 확보함으로써 국가를 재건할 수 있는 군사적 기반을 마련하려는 것과 연결되었다. 특히 몽골 초원의 중심인 외튀켄 산지를 확보함으로써 당조와 거란의 위협으로부터 자유로워질 뿐만 아니라 국가 재건의 초석을 닦을 기반도 마련할 수 있었다.

실제로 이를 주도했던 빌게 톤유쿠크는 돌궐의 성공적 몽골 초원 복귀 과정에 대해 다음과 같이 자세하게 회상했다.

(TN I: 남:05) 나는 그 말을 듣고 밤에 잠을 잘 생각이 나지 않았다. 낮에 앉을 생각이 나지 않았다. 그 뒤에 나는 나의 카간에게 간청을 했다. 나는 이렇게 간청을 했다. "타브가치(당조), 오구즈(철륵), 크탄(거란) 이 셋이 뭉치면 (남:06) 남아 있을 수 있겠는가 우리가! 우리는 자기 내부〔의 군대〕로 외부〔의 땅〕을 쥔 것과 같습니다. 얄팍한 것은 뚫기 쉽다고 합니다. 가느다란 것은 꺾기 쉽습니다. 얇은 것이 두꺼워지면 뚫기 어렵다고 합니다. 가느다란 것이 (남:07) 굵어지면 꺾기 어렵다고 합니다. 동쪽으로는 크탄에서, 남쪽으로는 타브가치에서, 서쪽으로는 쿠르딘에서, 북쪽으로는 오구즈에서 2000 또는 3000명의 우리 군사, 우리에게 올 사람이 있습니까?" 나는 그렇게 간청을 했다. (남:08) 나의 카간은 나 빌게 톤유쿠크가 한 청을 들어주셨다. 그는 "당신 마음대로 보내시오!"라고 말했다. 쾩 강을 지나 **외튀켄 산지로 보냈다.** 이니게 크 호수와 토글라 강에서 오구즈가 왔다. (남:09) 그들의 군대는 6000명이 있었다고 했다. 우리는 2000명이 있었다. 우리는 싸웠다. 텡그리(하늘)께서 명하셨다. 우리는 패배시켰다. 강에 떨어졌다. 패배한 이들은 길에서도 죽었다. **그 후에 오구즈가 모두 왔다.** (남:10) 투르크 카간을, 투르크 보둔(백성)을 외튀켄 땅으로 나 자신 빌게 톤유쿠크가 데려왔다. 외튀켄 땅에 자리 잡았다고 한다는 소식을

듣고 남쪽에 있던 보둔, 서쪽에 있는, 북쪽에 있는, 동쪽에 있는 보둔이 왔다. (강조의 인용자)

이렇게 빌게 톤유쿠크가 자신의 업적을 자랑할 수 있었던 것은 몽골 초원으로 돌아갈 수 있느냐 없느냐에 돌궐의 부흥 가능성이 달려 있던 것을 자신이 성공적으로 이루어냈기 때문이다. 특히 일테리쉬 카간과 빌게 톤유쿠크가 몽골 초원의 위구르 추장 바즈 카간Baz qaghan을 격파하고 죽임으로써, 기미지배를 받으며 세력을 유지하던 위구르를 비롯한 혼과 계필 등은 하서로 남하해 당조로 들어갈 수밖에 없었다.

이때 고비 남부에 있던 선우도호부는 부흥 운동의 여파로 인해 돌궐이 북방으로 이주함에 따라 더 이상 기능하지 못하게 되었다. 또한 몽골 초원의 안북도호부 역시 위구르가 패망해 하서로 내려와서 당조에 들어감에 따라 완전히 유명무실해졌다. 이것은 이제까지 당조가 유목 부락들을 통제하기 위해 설치한 기관 모두가 완전히 해체되었음을 의미했다. 즉 안북도호부와 선우도호부를 중심으로 운영되던 이른바 '기미지배 체제'가 와해되면서 당조를 중심으로 한 질서가 무너지고 다각적인 질서가 새롭게 형성되었던 것이다.

반면에 몽골 초원으로 돌아와 국가를 부흥하는 데 성공한 아사나는 그동안 자신을 옥죄면서 약화시켰던 당조의 기미지배에서 벗어나 '돌궐', 즉 '투르크 일(나라)'을 재건할 수 있었다. 하지만 돌궐은 단지 몽골 초원으로 되돌아와 겨우 당조의 위협에서 벗어난 상태에 불과했다. 만일 부흥 운동이 한 번이라도 실패한다면 존망에 심각한 영향을 받을 정도로 어려웠다. 돌궐을 둘러싼 주변 여건 역시 녹록지 않았기 때문이다. 먼저 당조가 돌궐의 성장을 좌시하지 않았을 뿐만 아니라 기미지배를 받으며 분절화가 심화된 상태에서 성장했던 몽골 초원의 다른 유목 부락들 역시 돌궐의 등장을 달갑게 여기지 않았다.

또한 국가 재건은 오랫동안 고비 이남에서 생활해 몽골 초원이 오히려 낯선 곳이 되어버린 돌궐에도 다시 적응해야만 하는 숙제였다. 더욱이 그동안 당조에 의존하며 고비 이남으로 내려가서 보낸 시간이 길었기에 자신들을 둘러싼 이런 많은 어려움을 극복하면서 국가를 재건하는 것은 쉬운 일이 아니었다. 이런 어려움 속에서 추진된 돌궐의 재건은 당조를 비롯한 주변 세력과의 대결에서 계속 승리해야만 얻을 수 있는 험난한 과정이었다. 부흥을 주도한 일테리쉬 카간은 이를 성공적으로 이루어내 자신의 권위를 다시금 몽골 초원에 부활시켜야만 했다. 이것은 향후 유라시아 중앙부에 위치한 초원을 모두 통합해낸 거대 유목제국의 구현, 즉 과거 조상들의 일(나라)과 보둔(백성), 그리고 퇴뤼(전통)를 회복하기 위한 출발점이었던 것이다.

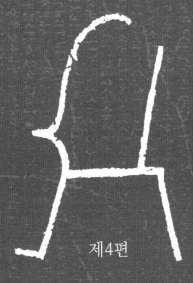

제4편

# 돌궐 제2제국
## 687~745

– 유목 세계의 분절화와 아사나의 부침 –

# 1장

# 돌궐의 유목 세계
# 재통합과 발전(687~715)

## 1. 돌궐의 몽골 초원 귀환과 아사나 중심 국가의 재건

돌궐의 세 번째 부흥 운동 역시 계속된 당조의 공격과 이에 동조한 주변 세력들이 포위망까지 구축하면서 순탄하게 진행되지 못했다. 이런 어려움 속에서도 부흥 운동을 이끌었던 일테리쉬 카간은 당조의 강력한 견제에서 벗어나 강고한 기미지배를 무너뜨리고 '투르크 일(나라)'을 재건하고자 했다. 그 지향은 그를 도왔던 빌게 톤유쿠크와 아들인 빌게 카간이 남긴 비문의 내용에서 누누이 강조한 것처럼 단순히 과거 유목제국의 수도였던 '외튀켄Ötüken'이 있는 몽골 초원으로 복귀해 체제를 안정시키는 것만이 아니라, 더 나아가 과거와 같은 거대 유목제국을 재건하는 것이었다.

이미 앞에서도 다룬 것처럼, 돌궐의 지배 집단이 '외튀켄'을 중요하게 여겼다는 사실은 빌게 카간이 〈퀼 테긴 비문〉에서 자신이 있어야 할 터전으로 "(KT: 남:04) 외튀켄 산지보다 더 좋은 곳은 전혀 없는 것 같도다! 일(나라)을 다스릴 곳은 외튀켄 산지인 것 같도다!" 또는 "(KT: 남:08) 외튀켄 산지에 앉는다면 너희는 영원히 일(나라)을 지키며 앉아 있을 것이다"라고 한 것으로 알 수 있다. 이것은 630년 패망 이후 고비 남부로 내려가 살면서 겪었던 어려움에서 벗어나 자신들을 안전하게 지켜주는 재건의 토대가 될 수 있는 몽골 초원의 외튀켄으로 돌아가 그곳에서 자리 잡는 것을 중요하게 여긴 지배 집단의 인식과 관련되었다.

이것만 아니라 빌게 톤유쿠크 역시 "(TN Ⅰ : 남:10) **투르크 카간을, 투르크 보둔(백성)을 외튀켄 땅으로 나 자신 빌게 톤유쿠크가 데려왔다. 외튀켄 땅에 자리 잡았다고 한다는 소식을 듣고 남쪽에 있던 보둔, 서쪽에 있는, 북쪽에 있는, 동쪽에 있는 보둔이 왔다**"라고 했다. 이 또한 외튀켄에 새로운 일(나라)의 중심을 확보하고, 이를 중심으로 다양한 보둔(백성)을 조직하려고 했던 그의 노력을 말한 것이었다. 그만큼 외튀켄은 돌궐이 재기하는 데 꼭 필요한 공간이었고, 돌궐의 운명 역시 이곳을 차지하느냐의 여부에 따라 결정될 수밖에 없었다. 이는 모두 외튀켄 장악이 단순히 유목 세계의 전통을 잇는 데서 그치지 않고, 과거 조상들이 이곳에서 만들었던 일(나라)과 퇴뤼(전통)를 회복하는 것이라는 의식과 관련되었다.

이를 위해 일테리쉬 카간은 빌게 카간이 "(KT: 동:14) 나의 아버지 카간은 이렇게 (KT: 동:15) 마흔일곱 번 나아갔다고 한다. 스무 번 싸웠다고 한다. 텡그리가 명령을 하셨기 때문에 일이 있는 자를 일(나라)이 없게 만들었다고 한다. 카간이 있는 자들을 카간이 없게 만들었다고 한다. 적을 들어오게 했다고 한다. 무릎이 있는 자를 꿇게 만들었다고 한다. 머리가 있는 자를 숙이게 했다고 한다"라고 한 것처럼, 죽을 때까지 47번 출정해 20번 전투를 벌일 정도로 정열을 바쳤으며, 부흥 이후에도 당조의 강력한 위협을 없애기 위해 노력했다.

이와 함께했던 빌게 톤유쿠크 역시 스스로 "(TN Ⅱ : 남:05) 타브가치와 열일곱 번 싸웠다. 크탄과 일곱 번 싸웠다. 오구즈와 다섯 번 싸웠다. 그때 참모 (남:06)도 바로 나였도다! 참모도 나였도다! 일테리쉬 카간에게"라고 한 것처럼, 일테리쉬 카간 시기에 타브가치(당조)와 17번, 크탄(거란)과 7번, 그리고 오구즈(철륵)와 5번 싸움을 하면서 자신이 늘 카간을 보좌해 원정을 성공적으로 이끌었다고 자랑했다. 이것은 모두 최대의 위협인 당조에 대한 견제와 함께 보둔(백성)이었던 거란과 투르크계 유목 부락(오구즈)을 확보하고 이들을 안정적으로 통치하는 데 계속된 승리가 그만큼 중요하고 필요했음을 보여준다.

유목 군주의 권위는 개인의 능력을 보여주는 과정이 전제되어야만 했는데, 이것은 바로 전투의 승리를 의미했다. 이것 자체가 능력, 이른바 '현명함bilge'과 '용감함alp'이라고 규정된 군주의 덕목을 확인하는 과정이었다. 이와 함께 〈퀼 테긴 비문〉에서 "(KT: 동:10) 텡그리(하늘)와 투르크의 신성한 예르(땅), (동:11) 숩(물의 정령)이 이렇게 말했다고 한다. 그들은 '투르크 보둔(백성)이 없어지지 않게 하라!'라고 말하고, '보둔이 되게 하라!'고 말하면서, 나의 아버지 일테리쉬 카간을, 나의 어머니 일빌게 카툰을 텡그리(하늘)의 가장자리에서 잡아 위로 들어 올렸다고 한다. 분명히"라고 설명한 것처럼, 이념적으로도 텡그리(신)의 가호를 받아 카간이 될 수 있었으며 조상들이 남겨준 전통인 퇴뤼(조법)에 따라 일(나라)을 조직하고 보둔(백성)을 다스렸다는 점을 누누이 강조함으로써 그만의 권위를 확립하기 위해 노력했다.

하지만 부흥 운동을 일으켜 '투르크 일'인 '쾩 투르크'를 재건하는 데 결정적 역할을 했던 일테리쉬 카간이 몽골 초원으로 복귀한 다음 몇 년이 지나 692년경[1]에 사망함에 따라 내적으로 또다시 새로운 권위 확립 과정이 필요했다. 유목 국가에서 군주의 계승은 기존 군주의 궐위闕位 이후 그

---

1) 일테리쉬 카간의 사망과 카프간 카간의 즉위 연대에 대해 천중몐은 691, 692, 693, 694년 등 다양한 기록을 정리한 다음 『계고록』에 기록된 천수天授 2년(691)이 가장 정확하다고 했다(『稽古錄』 권15 天授 2년 조, p. 517; 쑥仲勉, 앞의 책, 1958, pp. 325~327). 하지만 비문의 기록에 따르면 692년 빌게 카간이 여덟 살일 때 카프간 카간이 즉위했다고 한다. 여기서는 한문 기록보다 자체 기록이 더 정확할 것이라는 점에서 692년으로 그의 연대를 비정했다.

의 지위를 잇는 것임과 동시에 새 카간의 능력을 부락민들에게 확인시키는 새로운 시작이었다. 특히 국가를 재건한 지 얼마 되지 않아 체제가 아직 안정되지 않은 상황에서 일어난 갑작스런 군주의 교체는 안정성에 큰 위험을 가져올 수 있어 더욱 중요했다. 따라서 군주 교체를 안정적으로 이루어냄과 동시에 건국 초기의 어려움을 효과적으로 극복하면서 아사나를 중심으로 강력한 국가를 건설하는 것이 일테리쉬 카간을 이은 계승자의 당면 과제가 될 수밖에 없었다.

일테리쉬 카간의 동생인 뵈귀 초르는 692년 일테리쉬 카간의 맏아들인 조카 뵈귀(Bögü로 추정. 묵구默矩 또는 묵극연默棘連, 이후에 빌게 카간이 됨)를 대신해 스물일곱 살에 즉위해 카프간 카간Qapghan qaghan(재위 692~716)[2] 이라고 칭했다. 당시 그는 큰조카인 뵈귀가 여덟 살밖에 되지 않아 형을 이어 카간이 되었는데, 조카였던 뵈귀 역시 "(BQ: 동:14) 카간이 돌아가셨을 때 나 자신은 여덟 살이었다. 그 퇴뢰에 따라 위로 나의 숙부가 카간에 앉았다"라고 하면서 이를 아주 자연스럽게 받아들였다.

당시 카프간 카간은 종실 내에서 가장 연장자였을 뿐만 아니라 부흥 운동 과정에서도 형을 도와 타르두쉬 샤드Tardush shad[3]로 역할을 하는 등 계승자로서 손색이 없었다. 돌궐에서는 이번에도 과거처럼 적임자 상속을 통해 국가의 항상성을 유지할 수 있었던 것이다. 새로 즉위한 카프간 카간이 형인 일테리쉬 카간의 권위를 대체한 것은 유목적 습속인 형사취수兄

---

2) 〈톤유쿠크 비문〉에서는 묵철默啜을 카프간 카간(TNⅡ: 동:01)이라 칭했다. 다른 기록을 통해 정확한 이름을 확인할 수는 없지만 묵철을 카프간 카간으로 보는 것이 일반적이다(Denis Sinor, "Qapqan", *Journal of the Royal Asiatic Society of Great Britain and Ireland* vol. 86-3·4, The Royal Asiatic Society, 1954, p. 178; 澤田勳, 「オンギン碑文東面第四行の解釋について」, 『内陸アジア, 西アジアの社會と文化』, 東京: 山川出版社, 1983, pp. 80~85).

3) 『구당서』(권194上 「突厥傳」上, p. 5167)에서 묵철을 샤드로 임명했다고 한 것과 〈퀼 테긴 비문〉의 내용을 연결시켜보면 그가 타르두쉬 샤드였음을 알 수 있다. 묵철에 대한 최초의 기록은 689년에 당조를 공격한 것이다(『舊唐書』 권183 「薛懷義傳」, p. 4742).

死取嫂에 따라 형의 유산이 모두 그에게 넘어온 것을 의미했으며, 이 과정에서는 뵈귀 역시 그 자제子弟의 범위에 속하는 존재에 불과했다.

즉위 이후 카프간 카간은 빨리 국가를 안정시키려고 노력했다. 그의 성패는 주변의 위협을 해소하고 동시에 체제를 확대하는 데 필요한 종속 집단과 부용 집단을 최대한 확보하는 것에 달려 있었다. 이런 카프간 카간의 노력에 대해 뵈귀 역시 "(BQ: 동:14) 숙부가 카간에 앉았다. 앉아 투르크 보둔을 다시 묶었다. 다시 배부르게 했다. 그는 없는 자를 넉넉하게 했다. 적은 자를 많게 했다"라고 높이 평가했다. 이런 평가가 가능했던 것은 유목 군주에게 백성을 조직하고 배부르게 한 것이 그의 능력을 확인시켜주는 가장 중요한 지표였기 때문이다.

이 무렵 초원의 여러 유목 부락은 당조의 기미지배를 받으면서 돌궐과 대등할 정도로 성장해 있었다. 그리고 이런 수준까지 가지는 못하더라도 또다시 돌아온 아사나의 지배를 받으려고 하지 않을 정도로는 의식이 가성되어 있었다. 이런 유목 부락들의 각개 약진 움직임은 분절화 양상을 약화시키고 초원을 통합하려는 카프간 카간의 의지를 방해할 수밖에 없었다. 특히 당조의 지원을 받아 새로운 권위를 창출해 심지어 카간을 자칭하며 안북도호부를 장악하고 있던 위구르의 경우에는 돌궐의 초원 복귀를 끝까지 막고자 했다. 위구르는 이러다 결국 687년에 패배해 하서로 내려가 당조의 지배를 받게 되었지만, 그에 대한 도전을 멈추지 않았다.

이렇게 이탈한 위구르, 훈, 계필 등의 부락을 제외하고도 몽골 초원에 남아 있던 다른 투르크계 유목 부락, 즉 '토쿠즈 오구즈Toquz Oghuz'의 안정도 중요했다. 이를 위해 일테리쉬 카간은 과거 부흥 운동 과정부터 자신에게 동조해 기미지배 시기 위구르가 주도하던 안북도호부의 통제에 반발했던 부쿠와 통라 등을 적극 포섭하려고 했다.[4] 그리고 카프간 카간 역

---

4) 『資治通鑑』 권203 則天順聖皇后 垂拱 원년(685) 조, p. 6435.

시 이들을 적극 포용해 종속 집단으로 편제하고 동원함으로써 주변의 적대 세력에 적절하게 대응하는 강력한 물리력을 확보하려고 했다. 이를 통해 카프간 카간은 아사나의 권위를 회복함과 동시에 이를 기반으로 몽골 초원에 대한 안정적 지배를 관철시키려고 했던 것이다.

한편 이 무렵, 즉 692년에 당조에서는 왕효걸王孝傑이 적서磧西에서 반격을 가해 토번과 같이 봉기한 서돌궐의 아사나퇴자阿史那俀子를 대파하고 안서사진安西四鎭을 회복하는 성과를 거두고 있었다. 이로써 당조는 정주庭州와 하서로 이어지는 교통로를 다시 확보할 수 있었다.[5] 이런 무주武周 정권(무측천武則天이 690년에 즉위한 뒤 당에서 주周로 바뀜)의 서방 재진출은 하서로 내려와 있던 안북도호부의 위구르를 비롯한 투르크계 유목 부락들의 재기를 가능하게 하는 호조건이었다. 이에 하서로 내려와 있던 위구르, 훈, 계필 등은 무주의 지원을 받아 다시 초원으로 복귀하려고 했다. 이와 함께 무측천 역시 북방 방어를 강화하기 위해 같은 해 병주에 북도北都를 설치하는 등[6] 돌궐에 대한 강경한 의지를 드러냈다.

이에 카프간 카간은 위구르를 비롯한 유목 부락들과 무주의 대응을 무력으로 제압함으로써 국면을 자신에게 유리하게 만들려고 했다. 이것은 죄어들어 오는 무주의 압박을 약화시키고 오히려 유목 부락에 대한 강력한 지배권을 확보해 향후 돌궐의 발전을 위한 기반을 확보하려는 것과 직결되었다. 카프간 카간은 우선적으로 위구르를 공격하기 위해 하서 지역으로 갔는데, 이것 자체가 바로 무주에 대한 무력 대응의 시작이었다. 카프간 카간은 693년 9월 영주를 공격해 병사와 백성들을 많이 죽이고 잡아갔으며, 또한 694년 3월에 다시 군대를 보내 항복해 내려온 부락들을 공격했다. 이처럼 돌궐의 위구르 공격은 정확한 기록은 없지만, 이 무렵 위

---

5) 위의 책, p. 6493; 楊銘, 『唐代吐蕃與西北民族關係史研究』, 蘭州: 蘭州大學出版社, 2012, p. 117.
6) 『資治通鑑』 권205 則天順聖皇后 長壽 원년(692) 조, p. 6487.

구르의 추장 독해지가 죽었다는 사실을 통해 추정해볼 수 있다.[7]

이에 무주 역시 설회의薛懷義를 삭방도행군대총관朔方道行軍大總管, 내사內史 이소덕李昭德을 행군장사行軍長史, 봉각난대평장사鳳閣鸞臺平章事 소미도蘇味道를 사마司馬로 삼은 다음 삭방도총관 계필명契苾明, 안문도총관鴈門道總管 왕효걸王孝傑, 위화도총관威化道總管 이다조李多祚, 풍안도총관豐安道總管 진령영陳令英, 한해도총관瀚海道總管 전양명田揚名 등 대저大抵 18명의 장군과 병사를 거느리고 장성을 넘어 돌궐을 공격하게 했다.[8] 하지만 무주 군대가 보병과 기병을 섞어 반격을 가하려고 했던 계획은 돌궐이 바로 초원으로 물러나버리자 별 성과 없이 끝날 수밖에 없었다. 이에 무측천은 돌궐의 공격에 별다른 대응을 하지 못한 상태에서 왕효걸을 삭방도행군총관으로 삼아 변경을 방비하는 임무를 맡겼다.[9]

이때 카프간 카간은 무주의 지원을 받던 위구르를 비롯한 유목 부락들을 추격해 이들의 복귀 의지를 꺾음으로써 초원의 안정을 확보할 수 있었다. 이것은 초원의 안정만이 아니라 주변으로의 확장 내지는 무주와의 교섭에서 우위를 확보할 수 있는 토대가 되었다. 따라서 카프간 카간은 국가의 체제를 안정시킨 다음, 초원 주변의 세력들을 장악해 과거와 같은 판도를 다시 확보하기 위한 계획을 본격화할 수 있었다.

그 첫 번째 대상은 동부의 거란과 해였는데, 이런 지향은 과거 돌궐 제1제국 시기와 동일했다. 특히 이들에 대한 공격을 우선시한 것은 이들이 기존에 가장 중요한 부용 집단이었을 뿐만 아니라 부흥 과정에서도 포위망을 형성하는 등 돌궐의 부흥을 계속 견제했기 때문이다. 당시 거란은 돌궐

---

7) 위구르에서 추장인 독해지獨解支가 사망하고 그의 아들 복제복伏帝匐이 추장이 된 것에 대해서는 정확한 기록이 없는데, 대체로 695년경에 복제복이 아버지를 이어 추장이 된 것으로 추정된다(『舊唐書』 권195 「回紇傳」, p. 5198).

8) 『舊唐書』 권183 「薛懷義傳」, p. 4742.

9) 『新唐書』 권215上 「突厥傳」 上, p. 6045.

의 지배를 받다가 630년 이후 세력을 확보한 설연타의 통제를 받기도 했지만, 646년 설연화가 붕괴된 뒤에 당조의 기미지배를 받았다. 당조에서는 646년부터 기미부주를 설치했는데, 해에 1도독부와 5주, 거란에 1도독부와 1군, 그리고 12주를 연차적으로 두었다.[10] 이 과정에서 이들은 660년 고구려 원정을 감행할 때 반기를 들기도 했지만 성공하지 못하는 부침을 보였다. 그러다가 679년 돌궐이 부흥 운동을 시작하자 일시 그의 영향을 받기도 했지만, 바로 다시 당조의 통제를 받았다.

이후에도 거란에서는 당조에서 영주도독營州都督을 두어 통제하려고 하자 이를 받아들였다. 그러나 영주도독 조문홰趙文翽가 거란인 추장들을 위협하며 횡포를 일삼자, 696년 5월 "거란에 기근이 들었는데 진휼을 하지 않고 추장을 노복처럼 본다"고 불만을 터뜨리며 거란의 추장 송막도독 이진충李盡忠이 자신의 처남이자 귀성주자사歸誠州刺史인 손만영孫萬榮과 함께 봉기를 일으켰다.[11] 이때 이진충은 도독을 죽이고 무상 카간無上可汗이라고 자칭하며 세력화를 시도하면서 영주를 근거로 무주에 대한 공격을 전개해 단주檀州(지금의 베이징시 미원현密雲縣 일대)까지 쳐들어갔다.

이에 무측천은 우금오대장군右金吾大將軍 장현우張玄遇, 좌응야위장군左鷹揚衛將軍 조인사曹仁師, 사농소경司農少卿 마인절麻仁節, 좌위위대장군左威衛大將軍 이다조 등 28명의 장군을 보내 토벌하게 했다. 7월에 다시 춘관상서春官尚書 양왕梁王 무삼사武三思를 유관도안무대사楡關道安撫大使, 요숙姚璹을 부사副官로 삼아 토벌을 벌였지만 8월에 토벌 부대가 패배해 전군이 몰살당했다. 9월에도 거란은 숭주崇州(기미주. 지금의 허베이성 산허현三河縣 일대)를 공격하고 안동도호부安東都護府(지금의 랴오닝성 푸순시撫順市 북방 가오얼산성高爾山城)까지 포위한 다음 공격해 들어왔다. 이렇게 거란이

---

10) 『新唐書』 권43下 「地理志 7」 下, pp. 1126~1127.
11) 『舊唐書』 권199下 「東夷傳」, p. 5351.

기세를 올리는 등 토벌에 실패하자 무측천은 다시 동주자사同州刺史 무유의武攸宜를 청변도행군대총관淸邊道行軍大總管으로 삼아 토벌하려 했다. 하지만 이 또한 군사를 모집하는 일이 여의치 않아 실패로 끝나고 말았다.[12]

이 무렵 거란이 돌궐과 함께 무주의 안정을 위협하는 중요한 변수로 등장하자 이권을 챙기고자 했던 카프간 카간 역시 이에 본격 개입했다.[13] 그는 먼저 무측천이 거란을 제대로 토벌하지 못하자 사신을 보내 거란 토벌을 돕겠다고 했다. 그리고 그 대가로 청혼을 하면서 하서에 내려와 있던 유목 부락들을 모두 돌려달라고 했다. 이런 요구를 받은 무측천은 병력을 동원하는 데 어려움을 겪고 있는 상태였기에 그의 도움을 받아서라도 거란을 제압하고 영주와 안동도호부의 안전을 확보하려고 했다. 따라서 카프간 카간에게 좌위대장군左衛大將軍 귀국공歸國公을 제수한 다음 좌표도위장군左豹韜衛將軍 염지미閻知微를 돌궐에 보내 천선 카간遷善可汗으로 책봉했다.[14] 돌궐은 이를 계기로 공식적으로 동부 초원으로 진출할 수 있었으며, 하서로 남하했던 유목 부락들을 다시 확보할 수 있는 기회도 얻었다.

한편 696년 10월 이진충이 죽자 그와 함께 봉기를 주도했던 손만영이 부락을 통솔하며 계속 무주에 대항했다. 이때 손만영은 무주를 공격하기 위해 본영을 비웠다가 카프간 카간의 기습 공격을 받아 이진충과 자신의 처자가 모두 사로잡히고 물자마저 약탈당하는 등 엄청난 피해를 입었다. 이에 무측천은 염지미를 사신으로 보내 공을 치하하며 카프간 카간을 특진特進 일테리쉬 카간(Ilterish qaghan으로 추정. 힐질리시대선우頡跌利施大單于) 입공보국 카간立功報國可汗으로 책봉해주는 등 위무를 했다.[15]

---

12) 앞과 같음.

13) 전영, 「武后時期의 대외관계: 契丹의 亂에 대한 분석을 중심으로」, 『인문학연구』 35-1, 충남대학교인문학연구소, 2008.

14) 『舊唐書』 권194上 「突厥傳」 上, p. 5168.

15) 위와 같음.

그럼에도 손만영은 697년 3월 다시 거란의 잔여 세력을 규합해 기주冀
州(지금의 허베이성 헝수이시衡水市 일대)를 공격해서 함락시키고 기주자사
육보적陸寶積을 죽인 다음 청변도행군대총관 왕효걸이 이끄는 17만 대군
마저 동협석곡東硤石谷에서 격파했다. 그러자 무측천은 할 수 없이 돌궐에
다시 원정을 요청할 수밖에 없었다. 이때 카프간 카간은 무주의 허약함을
적극 활용해 자신에게 유리한 협상 조건을 이끌어내기 위해 사신 염지미
와 전귀도田歸道에게 모욕을 주는 등 우월한 입장을 취하면서 다음과 같
이 심한 요구를 했다.

그 내용은 먼저 풍주, 승주, 영주, 하주, 삭주, 대주의 여섯 주에 거주하
던 유목 부락민들[16]과 함께 과거 자신들이 살던 고비 남부 선우도호부 관
할 지역을 모두 돌려줄 것, 그리고 결혼을 허가하면서 동시에 곡식과 씨앗
10만 곡, 잡채雜彩 5만 단, 농기구 3000구, 무쇠 수만 근 등의 물자를 줄 것
등의 엄청난 조건이었다.[17] 이상과 같은 요구는 카프간 카간이 과거 돌궐
이 고비 이남에서 누렸던 이권을 다시 회복하려는 의지를 갖고 있었음을
잘 보여주었다.

이에 무측천은 돌아온 사신들에게 그것의 수용 여부를 논의하게 했다.
먼저 인각소감麟閣少監 지봉각시랑知鳳閣侍郎 이교李嶠와 사신으로 다녀
온 전귀도 등이 돌궐의 군대를 빌리는 것 자체가 도적의 병사를 빌리는 것
과 같으며 이들을 믿을 수 없으니 화친보다 이들에 대한 군사적 대비가 중
요하다는 주장을 했다. 이와 달리 염지미는 화친은 반드시 지켜야 하며,

---

16) 『구당서』의 기록에 따르면, 카프간 카간은 무측천에게 보낸 편지에서 하서河西에 있는 항호
降戶를 놀려주면 거란 원정을 하겠다고 했다. 카프간 카간이 하서라고 한 것은 위에서 애기
한 풍주豐州, 승주勝州, 영주靈州, 하주夏州, 삭주朔州, 대주代州 등을 말하는 것으로 보인다.
원래 하서는 황허 서안을 가리키는데, 여기서 하서에 해당하는 지역은 없다는 점에서 내용
상의 혼돈으로 보인다. 따라서 이전에 돌궐이 몽골 초원으로 복귀하는 과정에서 남하한 위
구르, 훈, 계필 같은 부락을 지칭한 것으로도 볼 수 있어 정확한 검토가 필요하다.

17) 『舊唐書』 권194上 「突厥傳」 上, p. 5168.

거란을 평정하려면 카프간 카간의 도움을 받아야 한다고 주장했다.

이런 두 가지 다른 입장은 내부의 격렬한 토론을 야기했는데, 무측천이 후자의 입장을 지지한 요숙 등의 의견을 받아들임에 따라 투항한 유목민들을 모두 돌궐로 돌려보내는 요청을 들어주기로 결론이 났다.[18] 무측천이 돌궐의 요청을 받아들인 것은 내지에 있는 다른 유목민들이 북방의 돌궐과 연계해 적대적으로 바뀔 수도 있기 때문에 이들을 돌궐에 돌려주는 것이 자신에게 유리할 것이라는 판단에 따른 것이다.

이후 무측천은 거란을 돌궐과 함께 협공하기 위해 697년 4월 신병도행군대총관神兵道行軍大總管 우금오위대장군 무의종武懿宗과 우표도장군右豹韜將軍 하가밀何迦密을 출정시켰다. 그리고 5월에는 누사덕樓師德을 청변도부대총관淸邊道副大總管으로, 사타충의沙吒忠義를 전군총관前軍總管으로 삼아 20만 병력을 이끌고 거란을 공격하게 했다. 이때 거란의 손만영은 이를 방어하기 위해 남쪽으로 출정하면서 영주에 있는 본영을 그의 매부인 을원우乙冤羽에게 맡겼다.

당시 을원우는 돌궐의 공격을 걱정하며 사신을 보내 칭신하고 화친을 맺어 그들의 공격을 피해보려고 했다. 하지만 카프간 카간은 그의 요청을 받아들이지 않고 신성을 포위한 다음 이를 3일 만에 함락시키고 대대적인 약탈을 일삼았다. 무주에 승리를 거두며 기주까지 들어갔던 손만영은 자신의 본영이 돌궐에 유린당했다는 소식에 동요해 결국 해에 대패하고 도망가다가 부하에게 죽임을 당하고 말았다.

이상과 같이 거란의 봉기가 완전히 실패로 끝나자 대총관 무의종은 남은 거란을 비롯한 동부 부락들을 수습하는 일을 맡았다. 하지만 그는 거란을 안무하지 않고 보복을 가해 반발을 샀다.[19] 이로써 거란만이 아니라 해

---

18) 앞의 책, pp. 5168~5169.
19) 『資治通鑑』 권205 則天順聖皇后 神功 원년(697) 조, p. 6522.

| 카프간 카간 |  |
| :---: | :---: |
| (묵철黙啜) |  |
| 타르두쉬 샤드 | 퇼리스 샤드 |
| 우상찰右廂察 | 좌상찰左廂察 |
| (묵구黙矩) | (돌실복咄悉匐) |

<그림 1> 카프간 카간 즉위 초 일(나라)의 구조

와 습 등 동부 부락 모두가 돌궐에 항복해버렸다. 그리고 거란의 본영을 차지한 카프간 카간 역시 기병을 보내 무주의 철군을 압박했다. 따라서 무주는 승리를 거두었음에도 아무런 소득 없이 돌궐에 거란, 해, 습 등을 넘겨주고 철수해야만 했다.

반면 돌궐은 이를 통해 싱안링 산맥 너머까지 영역을 확대했으며, 원정 과정에서 거란으로부터 많은 재화를 약탈했다. 또한 무주와의 합의에 따라 고비 남부 초원과 여섯 개 주의 유목민들까지 넘겨받았다. 이는 돌궐이 내적인 발전을 기할 수 있는 기회였으며, 자신들의 요구를 강요할 수 있을 만큼 상대적 우위에 섬으로써 **"카프간 카간이 더욱 강성해졌다"**는 평가도 할 수 있게 되었다.[20]

따라서 카프간 카간은 이를 기초로 체제를 정비해 투르크 일을 안전하게 함과 동시에 자신의 위상을 강화하고자 했다. 그는 기존에 카간을 중심으로 동과 서로 분봉하는 방식에 따라 자신의 아우 퇼리스 벡을 퇼리스 샤드Tölis shad(좌상찰左廂察)로, 일테리쉬 카간의 아들 뵈귀를 타르두쉬 샤드Tardush shad(우상찰右廂察)로 삼았다. 그리고 이들에게 각각 병마 2만 정도를 관장하게 함으로써 종실 내부의 세력 관계를 성리해 자신의 권위를 뒷받침하도록 했다.[21] 이를 통해 카프간 카간은 아사나를 중심으로 한 '투르

---

20) 『唐會要』 권94 「北突厥」, p. 1691.

크 일'을 재건하고 안정시킬 수 있는 기틀을 마련했던 것이다.

또한 카프간 카간은 발전에 필요한 물적 토대를 마련하기 위해 거란 원조 과정에서 약속한 혼인을 맺자고 무주에 강요했다. 카프간 카간이 무주와 혼인을 하려고 한 것은 그들에게 공식적으로 인정받았다는 명분을 확보함으로써 유목 세계의 패자임을 대내외적으로 과시하고, 동시에 부가적으로 경제적 이익을 챙기기 위함이었다. 그만큼 돌궐에는 부흥 이후 단절된 무주와의 경제 교류가 중요했고, 이를 빨리 회복함으로써 군주의 권위를 강화할 수 있는 경제적 기반을 확대해야 했다. 이것이 제대로 이루어질 수만 있다면 카프간 카간의 권력을 더욱 빨리 안정시킬 수 있었다.

그런데 698년 5월 9일 무측천이 선우도호부를 안북도호부로 개칭하며 그동안 유명무실했던 두 도호부를 하나로 통합하는 조치를 취하자 북변의 상황은 급변했다.[22] 이것은 몽골 초원을 차지한 돌궐의 독립을 완전히 인정해 더는 존재 의미가 없어진 안북도호부를 고비 이남으로 이동시켜 선우도호부와 합치는 형식적인 것이라 초원에 대한 영향력을 상실한 무주에는 별다른 의미가 없었다. 하지만 도호부의 완전 폐쇄가 아니라 이동 배치였다는 점에서, 고비 남부에 대한 통제력을 유지함으로써 돌궐에 대응하려는 의지를 여전히 갖고 있음을 돌궐에 확인시켜주었다. 결국 이 일은 카프간 카간의 불만을 야기했고, 이후 두 나라의 관계는 거란 원조 뒤에 형성된 평화 국면이 경색梗塞되면서 대치 국면으로 전환될 수밖에 없었다.

더욱이 카프간 카간은 무주가 혼인을 위해 딸을 보내주기로 약속했음

---

21) 699년에 카프간 카간이 체제를 정비했다고 했는데(『舊唐書』 권194上 「突厥傳」 上, p. 5169), 이와 달리 비문에는 빌게 카간이 열네 살 되던 해에 했다고 되어 있다. 일테리쉬 카간이 사망했을 때 빌게 카간이 여덟 살이라고 한 것에 따르면 체제 정비는 697년에 이루어져야 한다. 또한 빌게 카간이 타르두쉬 샤드로서 698년 무주 공격에 참여했다고 한 기록과 관련지어 보면 체제 정비가 그 전에 이루어졌음을 알 수 있다.

22) 『唐會要』 권73 「單于都護府」, p. 1309.

에도 698년 7월까지도 보내지 않자 불쾌한 감정을 표현했다. 이를 알아차린 무측천은 돌궐에서 오래 지낸 경험이 있으며 그 언어에도 능한 무연수武延秀를 보내 결혼을 성사시킴으로써 상황을 무마하려고 했다. 이에 무연수는 7월 화친대사인 염지미, 화친부사인 어사대부御史大夫 배회고裴懷古, 그리고 사빈경司賓卿 우무위위랑장右武威衛郎將 양란장楊鸞莊 등과 함께 대규모의 사절단을 이끌고 돌궐로 갔다.

하지만 카프간 카간은 무연수를 비롯한 사절이 인산 산맥 북방에 위치한 흑사성에 도착하자 이들을 포위해 구금한 다음 항복하라고 위협했다. 이는 혼인 관계를 맺는 것이 의미가 없다고 판단한 카프간 카간이 이것보다 동부 초원을 장악해 무주에 더 강한 무력 공세를 가함으로써 고비 남부로의 진출을 본격화하겠다는 강한 의지를 보여준 사건이었다. 실제로 카프간 카간은 파견된 화친대사 염지미가 자신에게 항복하자 그를 남면 카간南面可汗으로 책봉하고 선봉으로 삼아 무주를 대대적으로 공격했다.[23]

이때 무주를 공격하는 이유를 다섯 가지로 들었는데, 그 내용은 ① 제공된 씨앗이 발아하지 않은 것, ② 제공된 금은기가 모두 진품이 아니라는 것, ③ 돌궐 사신들이 입고 있던 붉은 비단옷을 모두 빼앗은 것, ④ 제공된 비단의 품질이 나쁜 것, ⑤ 천자의 아들과 결혼하려고 했는데 그에 걸맞지 않은 무씨를 보내 결혼하려고 한 것 등이었다.[24] 이는 표면적으로 거란 원조와 관련해 카프간 카간의 요구가 제대로 이행되지 않은 데 대한 불만을 나타낸 것이었지만, 단순한 명분 제시에 불과했다.

그 뒤에 전개된 카프간 카간의 무주에 대한 대대적인 공격은 거란을 진입하는 과정에서 확인한 부수 군사력의 허약함을 파고들어 자신의 이익

---

23) 『舊唐書』 권194上 「突厥傳」 上, p. 5168.
24) 『資治通鑑』 권206 則天順聖皇后 聖曆 원년(698) 조, p. 6531.

을 극대화하기 위함이었다. 그리고 이것은 원조의 대가로 요청한 여섯 주에 살던 유목민들과 선우도호부가 관할하는 고비 남부 지역을 완전히 장악하는 데 초점이 맞추어져 있었다. 왜냐하면 카프간 카간에게 고비 남부 초원은 당조의 기미지배 아래서 오랫동안 지냈던 곳이라 몽골 초원의 중심인 '외퇴켄'의 안정을 보장하는 중요한 거점이며, 장성을 넘어 들어가 언제든지 무주를 압박할 수 있는 중요한 군사적 교두보였기 때문이다. 더욱이 이곳은 중국과 몽골 초원을 연결할 뿐만 아니라 당조를 견제하며 동서로도 교통이 연결되어 언제라도 주변과 교류하면서 확장할 수 있는 이점도 있었다.

따라서 카프간 카간은 이곳을 차지하기 위해 장성을 넘어 들어가 무주를 무력화시키려고 했다. 실제로 그는 이런 중국 내지에 대한 대규모 약탈을 통해 많은 물자를 획득했으며, 향후 무주와 교섭하는 과정에서 우위에 설 수 있었다. 이렇게 기선을 제압함으로써 당조를 무너뜨리고 새롭게 등장한 무주의 권위를 부정하려는 인상을 주기 위해 무씨와의 결혼도 거부한 것이었다. 이는 무주를 중심으로 한 질서 속에 자신이 포함되는 것이 아니라, 오히려 자신을 중심으로 한 질서를 새롭게 구축하려는 시도의 일환이었다. 카프간 카간은 이를 통해 향후 교역 국가로의 발전을 추구해 자신이 의도하는 국가, 즉 중국의 압박으로부터 완전히 벗어난 과거와 같은 거대 유목제국의 위상을 다시 확보하려고 했던 것이다.

마침내 남하를 시작한 카프간 카간을 비롯한 10만여 명에 이르는 돌궐 기병 부대는 정난군靜難軍, 평적군平狄軍, 청이군淸夷軍 등을 습격해 승리를 거두었다.[25] 이에 정난군사靜難軍使 좌옥검위장군左玉鈐衛將軍 모용현즉慕容玄崱이 병사 5000명을 이끌고 와서 항복했다. 이어 돌궐이 규주와 단주까지 진출하자 무측천은 사속경司屬卿 무중규武重規를 친병중도대총

25) 『舊唐書』 권194上 「突厥傳」上, p. 5169.

관天兵中道大總管, 우무위위장군右武威衛將軍 사타충의를 천병서도전군총관天兵西道前軍總管, 유주도독幽州都督 장인단張仁亶과 이다조를 천병동도총관天兵東道總管으로 각각 임명해 군사 30만 명을 이끌고 가서 상대하게 했다. 동시에 우우림위대장군右羽林衛大將軍 염경용閻敬容을 천병서도후군총관天兵西道後軍總管으로 삼아 군사 15만 명을 이끌고 그 뒤를 돕게 했다.

이런 무주의 강력한 군사적 대응에도 불구하고 카프간 카간은 긍악도恆岳道에서 나와 울주蔚州(지금의 허베이성 위현蔚縣 일대)를 약탈하고 비호현飛狐縣(울주에 소속된 현. 지금의 허베이성 쉬수이현徐水縣)까지 함락한 다음 정주定州로 나아가 자사 손언고孫彦高를 죽이고 약탈을 벌이는 등 계속 승리를 거두었다. 이런 돌궐의 파상 공세를 막아내지 못하자 무측천은 크게 노해 698년 9월 카프간 카간(원사료에는 뵈귀 초르默啜로 지칭)을 참하는 자를 왕으로 봉하겠노라고 상을 걸었으며, 그를 참 초르斬啜로 바꿔 부르게 했다.

이후에도 돌궐이 조주趙州(지금의 허베이성 스자좡시 자오현趙縣 일대)를 포위해 함락하자 무측천은 여릉왕廬陵王 이현李顯(이후 중종中宗)을 황태자로 삼고 하북도행군원수河北道行軍元帥를 맡게 했다. 하지만 무주의 진압 군대가 출발하기도 전에 돌궐은 이미 조주와 정주 등지의 남녀 8000~9000명을 잡아가버렸다. 돌궐은 여기서 그치지 않고 다시 오회도五回道(지금의 허베이성 이현易縣 서쪽 만청현滿城縣)를 따라 가면서 곳곳마다에서 엄청난 약탈을 했다.

이렇게 돌궐의 약탈이 전개되는 가운데 이들을 상대하러 출전했던 사타충의와 후군총관 이다조 등은 모두 중병을 거느렸음에도 적들과 대치할 뿐 감히 싸우려 하지 않았다. 다만 하북도원수河北道元帥 납언納言 적인걸狄仁傑만이 병사 10만 명을 이끌고 돌궐을 계속 추격했을 뿐이다. 하지만 그 또한 별다른 성과를 거두지 못했다.[26]

---

26) 앞과 같음.

카프간 카간의 조카인 뵈귀와 빌게 톤유쿠크 모두 비문의 내용에서 이 때의 전과를 자신들의 중요한 업적으로 다루었다. 이것은 당시 무주 원정에 카프간 카간을 비롯한 돌궐 전체가 동원되었음을 보여준다. 이에 대해 뵈귀는 자신의 비문에서 시점을 적시하지는 않았지만 숙부인 카프간 카간과 함께 "(BQ: 동:15) 동쪽으로 야실 강(황허)과 산퉁(타이항 산맥 동쪽) 평원까지[27] 나아갔다"라고 했다. 빌게 톤유쿠크 역시 자신의 비문에서 "(TN I : 동:01) 투르크 보둔(백성)이 [만들어진 이래] 투르크 카간이 앉은 이래 산퉁의 도시들에, 바다에 이른 적이 없었다고 한다. 나는 나의 카간에게 요청해 군대를 보냈다. (동:02) 나는 산퉁 [도시들에], 바다에 이르게 했다. 23개의 도시를 잡았다"라고 자신의 업적을 자랑했다.

또한 중국 기록에서도 카프간 카간이 당시 승리를 통해 "40만 명의 군대를 거느리고 땅이 천 리가 넘어 서북의 여러 오랑캐가 모두 항복하니 더욱 중국을 가볍게 여기는 마음을 갖게 되었다"[28]라고 한다거나 "중국에 가볍게 이긴 것에 힘입어 교만스런 생각이 드니 과거 일릭 카간 시기와 대체로 비슷했고, 땅의 넓이가 만 리나 되니 여러 오랑캐가 모두 와서 그 명령에 따랐다"[29]고 할 정도로 평가했다. 이것은 고비 이남과 이북을 아우르는 몽골 초원의 통치자로서 완전히 자리매김했음을 의미했다. 반대로 무주는 이를 계기로 더 이상 고비 남부 초원을 통제할 수 없게 되었던 것이다.

이런 승리 뒤에 "이로부터 고구려 호구를 가진 자로 안동安東에 있던 자들이 점차 줄어들어 나뉘어 돌궐과 발해渤海에 투항했다"[30]라고 한 것처

---

27) 루이촨밍芮傳明은 이때 동정東征한 야실 강이 시라무렌('누런 강'을 의미)이라고 한 것에 근거해 697년에 있었던 돌궐의 거란 원정이라고 주장했다(芮傳明, 「後突厥政權 '東征' 考」, 『中華文史論叢』 47, 1991, pp. 57~65). 하지만 이 야실 강은 황허를 가리키고, 산퉁은 타이항 산맥太行山脈 너머에 있는 지금의 허베이성 지역을 일컫는 것으로 보는 것이 더 타당하다.

28) 『資治通鑑』 권206 則天順聖皇后 聖曆 원년(698) 조, p. 6535.

29) 『新唐書』 권215上 「突厥傳」 上, p. 6046.

30) 『舊唐書』 권199上 「東夷傳」, p. 5328.

럼 안동도호부 역시 완전히 약화되면서 그 일부가 돌궐에 들어갔다. 이 때 이후로 돌궐과 직접 연결이 가능해진 발해의 대조영大祚榮(?~719, 재위 698~719) 역시 사신을 보내 교류를 시도함으로써 무주에 대응하기도 했다.[31] 발해의 입장에서는 돌궐과 통교함으로써 무주를 견제하기 위함이었으며, 돌궐로서는 그들의 눈부신 성장을 증명하는 것이었다.

이렇게 카프간 카간은 '야실 강'과 '산퉁山東'을 넘어간, 즉 지금의 허베이성 지역에서의 승리를 바탕으로 무주의 압박에서 벗어나 명실상부하게 강력한 세력으로 등장했다. 그는 이후에도 무주를 간헐적으로 약탈하며 압박을 가함으로써 자신을 중심으로 한 주도권을 유지하려고 했다. 또한 이를 바탕으로 이후 서방으로의 진출을 도모하려고 했다.

이 같은 계획은 당시 서돌궐의 일부가 카프간 카간에게 투항함에 따라 본격화되었다. 즉 과거 서돌궐에 속해 있던 처목곤處木昆 등 온 오크十姓의 기병 4만여 명이 돌궐에 복속되었던 것이다. 카프간 카간은 이를 본격적으로 추진하기 위해 자신의 아들인 뵈귀(Bögü로 추정. 복구匐俱)를 소카간小可汗으로 임명해 척서 카간拓西可汗이라 칭하고, 이들의 통제와 진출을 담당하도록 했다.[32]

당시에는 몽골 초원을 차지한 뒤 동부를 장악하면 그다음에는 서방으로 진출하는 것이 일반적 양상이었다. 카프간 카간 역시 고비 남부를 차지하자 서부 초원과 오아시스로의 진출을 본격적으로 시도했다. 이 과정에서 그는 서방으로 나아가 새롭게 확보된 백성들을 종실에 분배하지 않고 자신의 아들에게 주는 방식으로 카간의 기반을 더욱 강화하려는 특징을 보였다. 이는 자신의 아들을 카간으로 삼아 동생인 퇼리스 샤드나 조카인 타르두쉬 샤드 뵈귀보다 상위에 둔 점에서도 분명히 확인된다.

---

31) 『舊唐書』 권199下 「北狄傳」, p. 5360.
32) 『舊唐書』 권194上 「突厥傳」 上, p. 5170.

| | 카프간 카간<br>(묵철黙啜) | |
|---|---|---|
| 척서 카간拓西可汗인<br>이넬 카간<br>(이열가한泥涅可汗, 복구匐俱) | 타르두쉬 샤드<br>(묵구黙矩) | 퇼리스 샤드<br>(돌실복咄悉匐) |

〈그림 2〉 카프간 카간이 재구축한 일(나라)의 구조

　이것은 카프간 카간이 초원 동부에 대한 확고한 지배력을 구축하고 나아가 서부 초원, 즉 과거 서돌궐 영역까지 통합하자 과거와 같은 제국의 영광을 재현하려고 한 것과 연결되었다. 이를 위해서는 자신이 확보한 영역을 기반으로 교역 국가 체제로 발전시키기 위한 기반을 마련할 필요가 있었다. 즉 가장 중요한 기반의 하나가 바로 서방으로의 진출과 교통로를 확보하는 것이었다.

　돌궐의 서방 진출은 제국으로 발전했다가 도중에 동서로 분열해 붕괴되었던 과거 경험을 극복하고 새로운 영광을 재현하기 위한 시작이었다. 따라서 몽골 초원을 회복하는 반쪽의 부활이 아니라 과거와 같은 완전체로서 돌궐을 되살려낸다는 명분을 가질 수 있었던 것이다.

　당시 서돌궐 영역에서는 토번과 무주가 평화 협정을 맺어 안서사진을 둘러싼 오랜 공방전이 휴전 상태에 들어가 큰 전투가 없었다. 이곳은 금산도호부金山都護府가 철수하고, 기미지배를 위해 설치된 곤릉도호崑陵都護 흥석망 카간興昔亡可汗 아사나원경阿史那元慶과 몽지도호蒙池都護 계왕절 카간繼往絕可汗 아사나곡슬라阿史那斛瑟羅 등 모두가 장안으로 돌아가 거의 통제가 되지 않는 등 무주의 지배력이 크게 약화된 상태였다.

　따라서 무주는 계속 대결을 벌이던 오크의 두 집단인 호록옥胡祿屋의 감국監國 토둔吐屯 아사나충절阿史那忠節(퀼 초르Kül chor, 권철충절闕啜忠節)과 튀르기쉬의 추장 오구르(Oghur로 추정. 오질륵烏質勒)의 대결 역시 통제할 수 없었다. 왜냐하면 당시 이들은 모두 아사나의 서돌궐 지배가 약화되었을 때 무주를 도와 공을 세워서 자신의 영역에 관한 지배력을 인정받은 다음, 무측천의 화해 지시와 상관없이 계속 다투고 있었기 때문이다. 무측천은 이를 해결하기 위해 아사나곡슬라를 되돌려보내기도 했지만 내분은 수습되지 않았다.[33] 카프간 카간은 이를 적극 이용해 서방 진출을 시도하기 위해 척서 카간인 자신의 아들 이넬 카간Inel qaghan(이열가한泥涅可汗)을 서방으로 보냈다.

다른 한편으로 조카 타르두쉬 샤드 뵈귀와 퀼 테긴 등을 시켜 무주를 공격하게 했다. 이것은 혹시 있을지도 모를 무주의 공격에 대비해 기선을 제압하고 약탈을 통해 주도권을 유지하기 위함이었다. 서돌궐에 진출하는 것과 관련해 〈빌게 카간 비문〉 동면 24행에 따르면, 당시 열일곱 살이었던 뵈귀는 남쪽으로 가서 탕구트Tangut(당항黨項)를 공격해 승리를 거둔 다음 사람과 재물을 약탈했다. 그 뒤 농우隴右〔지금의 간쑤성 경계에 있는 리우판산六盤山(과거 농산隴山) 서부 지역〕 지방에 있던 제감諸監의 말 1만여 필도 약탈해서 돌아갔다.[34] 이것은 뵈귀가 거둔 최초의 승리에 대한 기록인데, 그의 목적이 무주의 중요한 군사적 기반을 약화시키기 위한 것에 맞추어져 있었음을 알 수 있다.

돌궐이 이렇게 군사적 도발을 하자 무측천은 우숙정대어사대부右肅政臺御史大夫 위원충魏元忠을 영무도행군대총관靈武道行軍大總管으로 임명해 침입에 대비하게 했다. 동시에 안북대도호安北大都護 상왕相王 이단李旦을 천병도대원수天兵道大元帥로 삼아 돌궐을 토벌하려고 했으나 출발하기도 전에 돌궐이 철수해버려 별다른 성과를 거두지 못했다.[35] 그만큼 돌궐의 기습은 효과적이었고, 이에 대한 무주의 대응은 효과적이지 못했다.

---

33) 『舊唐書』 권194下 「突厥傳」 下, p. 5189.
34) 『舊唐書』 권194上 「突厥傳」 上, p. 5170.
35) 위의 책, p. 6047.

그다음 해 열여덟 살이었던 뵈귀는 동생 퀼 테긴과 함께 이른바 '알트 춥 소그닥altï chub Soghdagh', 즉 육호주六胡州를 공격했다. 원래 육호주는 679년 돌궐이 부흥 운동을 일으키자 당조가 자신들에게 투항한 소그드 상인들을 영주 남쪽 오르도스에 있던 노주魯州, 여주麗州, 함주含州, 새주塞州, 의주依州, 계주契州 등지에 성을 건축하고 거주하게 했던 곳이었다.[36] 이때 이곳의 소그드 상인들은 무주의 통제를 받으며 양마養馬와 기병의 주요 공급원으로 중요한 역할을 담당하고 있었다.[37]

돌궐이 이곳의 소그드 상인을 약탈한 것은 무주의 군사력에 타격을 줄 뿐만 아니라 이들의 활동에 제약을 가하려고 한 일이었다. 이들이 국제 상인으로서 무주에 협조하는 것은 돌궐의 이익에 반하는 일이었으며, 다른 한편으로는 이들을 확보하는 것이 당시 서방으로 진출해 교역 체제를 회복하려던 돌궐에도 매우 중요했기 때문이다.

뵈귀는 이 전투에서 왕도독이 이끄는 5만 명의 군대를 으둑 바쉬에서 물리쳤다고 자신의 업적을 자랑했다. 실제로 701년에 벌어진 전투에서 죽은 사람은 승주도독勝州都督 왕선王詵으로 추정되는데, 그의 묘지명[38]에 따르면 당시 승주도독으로 돌궐의 공격을 막다가 죽었다고 한다. 그리고 뵈귀는 여기서 더 남하해 염주鹽州와 하주夏州 등지를 약탈했으며, 다시 석령을 거쳐 병주까지 들어갔다. 나아가 그는 석령을 지키던 한사충韓思忠

---

36) 『舊唐書』 권38 「地理志 1」, p. 1462. 육호주六胡州의 위치는 지금의 네이몽골 자치구 오톡 전기鄂托克前旗와 닝샤후이족 자치구 옌츠현鹽池縣 일대에 있는 싱우잉興武營이 육호주 가운데 노주성魯州城에 해당하고, 현존하는 바랑먀오고성巴郎廟古城·아오러샤오치고성敖勒召其古城·우란다오펑고성烏蘭道崩古城·차간바라가수고성査幹巴拉嘎素古城·수리디고성蘇力迪古城·바얀흐르후고성巴彦呼日呼古城 등의 유적이 육호주 중 여주, 함주, 새주, 의주, 계주의 성지와 일치하는 것으로 볼 수 있다고 추정했다(王乃昻 等, 「六胡州古城址的發現及其環境意義」, 『中國歷史地理論叢』 21-3, 2006, p. 42).

37) 朴漢濟, 「唐代 六胡州 州城의 建置와 그 運用」, 『中國學報』 59, 한국중국학회, 2009.

38) 「大周故檢校勝州都督左衛大將軍前節縣開國公上柱國王君墓誌銘」(羅振玉·畢沅 輯, 『芒洛冢墓遺文三編』, 新文豐出版公司, 1854, p. 96).

을 격파했으며, 병주도독 장사 천변도대총관 위원충이 있던 병주를 포위한 다음 대주와 흔주 등도 약탈했다. 무측천은 이를 막기 위해 옹주장사雍州長史 설계창薛季昶을 충산동방어군대사充山東防禦軍大使로 삼아 방어하게 했지만 반격이 시작되기도 전에 뫼귀가 귀환해버려 별다른 성과를 거두지 못했다.[39)]

뫼귀가 주도한 무주에 대한 약탈은 돌궐의 우위를 확인시키기에 충분했다. 또한 이것은 카프간 카간이 유목 국가의 위상을 회복했음을 실증해주었다. 아사나는 비록 부흥 과정에서 아사덕의 지원을 받기도 했지만, 약화되었던 자신의 권위를 부활시켜 자신을 중심으로 국가를 재건할 수 있었다. 특히 카프간 카간은 대외 확장 정책의 성공을 통해 체제를 안정시키면서 다른 한편으로 확보된 백성을 토대로 자신을 중심으로 한 체제를 구축했다.

돌궐은 이제 몽골 초원에서 고비를 넘어 남부 초원까지 나아가 이곳의 유목민들을 되찾고 흑사성黑沙城 주변에 오르두(아장)를 설치해 무주를 위협할 만큼 성장한 것이었다. 이 무렵 돌궐의 이런 발전은 과거 동돌궐이 630년 붕괴되기 전 일릭 카간이 당조를 상대로 위세를 떨칠 때와 비슷하다고 평가될 정도였다. 하지만 이런 발전이 서방의 오아시스를 비롯한 서돌궐 지역에까지 진출해 과거와 같은 거대한 유목제국의 재건으로 이어진 것은 아니었다.

그럼에도 카프간 카간이 다시금 몽골 초원을 차지하고 유목 세계의 질서를 이끌게 된 점은 괄목할 만한 일이었다. 왜냐하면 이것은 일존적一存的 당조 중심의 기미지배 체제가 해체되면서 돌궐이 새로운 질서를 형성해낼 주체가 될 수도 있음을 보여주었기 때문이다. 따라서 카프간 카간은 여기서 더 나아가 과거처럼 초원을 완전히 통합한 유목제국의 위상을 회

---

39) 『新唐書』 권215上 「突厥傳」 上, p. 6047.

복하기 위해 다각적인 노력을 기울이려 했던 것이다.

　반면에 무주에는 고비 남부 초원을 돌궐에 넘겨줌에 따라 황허를 사이에 두고 실질적 위협이 된 이들을 어떻게 해서든 제어해야만 하는 커다란 숙제가 생겼다. 돌궐의 부흥을 인정하지 않고 계속 무력 대응을 통해 이들을 굴복시키려고 했던 무주의 정책에 엄청난 차질이 생긴 것이다. 이후에 더욱 심화된 양국의 대결 국면은 필연적으로 더 강한 전면적 군사 대결을 야기했다. 즉 돌궐의 공세가 강화될수록 무주의 대응 역시 더욱 강경해질 수밖에 없었던 것이다.


## 2. 카프간 카간의 대외 확장과 대결 구도의 심화

카프간 카간이 서방에 진출하기 위해 노력을 기울이던 무렵 서돌궐에서는 먼저 서부 지역인 누시비르弩失畢 영역에서 튀르기쉬의 영향력이 크게 확대되고 있었다. 그리고 동부의 둘룩咄陸 영역에서도 703년 새롭게 북정도호北庭都護가 된 아사나헌阿史那獻이 곤릉도호로 돌아와 이 지역을 안정시키는 등 세력 변화가 나타났다.[40] 이것은 돌궐에 불리한 상황이라 카프간 카간의 서방 진출을 막아버렸다. 그럼에도 카프간 카간은 남쪽으로 무주에 대한 압박을 강화하면서 척서 카간을 시켜 서방으로 진출했다고 보이는데, 관련된 구체적인 정황은 알 수 없다. 왜냐하면 한문 자료에 이에 관한 정확한 기록이 남아 있지 않고, 비문 자료에도 별다른 기록이 없기 때문이다.

　또한 〈빌게 카간 비문〉 동면 25행에서 뵈귀가 703년에 바스밀에서 카라반을 보내지 않자 바스밀의 으둑 쿠트를 공격해 예속시켰다고 한 내용

---

40) 『舊唐書』 권194下 「突厥傳」 下, p. 5189.

을 통해 몽골 초원에서 일어난 심상치 않은 움직임을 확인할 수 있다. 이 또한 카프간 카간의 서방 진출을 막는 요인으로 작용했음이 분명하다. 이 것은 그 직후 카프간 카간이 공세를 계속하다가 아무런 이유 없이 무주와 관계를 개선하려고 한 것을 통해서도 추정할 수 있다. 카프간 카간의 이런 움직임은 내부의 혼란을 안정시키고, 이후 서방 진출을 도모하기 위한 준비에 필요한 시간적 여유를 갖기 위해 물자 공급원을 확보하려고 한 사실과 연관이 있었다.

카프간 카간은 703년 6월에 바가 타르칸Bagha tarqan(막하달간莫賀達干)을 보내 자신의 딸을 황태자의 아들에게 시집보내겠다고 청하며 무주와 화해를 시도했다. 그동안 대응하는 데 어려움을 겪던 무측천은 이 같은 제안을 받아들이고, 태자의 아들인 평은왕平恩王 이중준李重俊과 의흥왕義興王 이중명李重明을 돌궐 사자와 만나게 했다. 이렇게 두 나라의 혼사가 성사되자 카프간 카간은 11월에 다시 대신 일릭 타르칸(Ilig tarqan으로 추정. 이력탐한移力貪汗)을 보내 말 1000필과 토산품을 바치며 화친을 허락한 데 대해 감사의 뜻을 표했다. 이에 무측천 또한 이들을 치하하고 잔치를 베푼 다음 물자를 주어 돌려보냄으로써 양국의 대치 관계가 해소되면서 화해 국면이 조성되었다.[41]

하지만 705년 정월 무측천이 정변을 통해 권좌에서 물러나고 중종中宗 (656~710, 재위 705~710)이 즉위하는 당조 복벽 이후 양국 관계는 전혀 다른 방향으로 전개되었다.[42] 중종은 즉위하자마자 이전의 결과를 무시하고, 고비 남부 초원을 차지하고는 계속 장성을 넘어 내지를 약탈하는 돌궐을 방어하는 일을 최우선으로 추진했다. 이는 돌궐을 방치하면 향후 더욱 심각한 어려움에 처할 수밖에 없다는 인식을 반영한 것이었다. 이후 중종

41) 『舊唐書』 권194上 「突厥傳」 上., p. 5170.
42) 史曉雲, 『唐中宗·唐睿宗』(唐帝列傳), 長春: 吉林文史出版社, 1995.

은 돌궐에 대한 강력한 조치를 구상하는데, 이는 고비 남부를 돌궐에 넘겨 준 상황에서 그에 따른 방어를 강화해 통제력을 확보하는 것이었다.

중종은 먼저 705년 6월 영무군대총관靈武軍大總管에 좌효위대장군左驍衛大將軍 배사량裵思諒을 임명했다가 다음 해에 거란 출신의 장수인 사타충의로 교체했다.[43] 이는 북변의 사정에 밝고 기병 전술에 능한 번장을 등용해 돌궐에 대한 방어력을 강화하기 위함이었다. 이와 함께 중종은 서돌궐 지역에 대한 기미지배가 약화되고 난 뒤에 강력한 세력을 갖게 된 튀르기쉬와도 관계를 맺으려고 했다. 이를 위해 706년 정월 튀르기쉬의 추장 오구르를 회덕군왕懷德郡王으로 책봉함으로써 공식적으로 인정해주었다.[44] 이는 명목뿐이었지만 이제까지 서돌궐의 서부에 몽지도호부를 설치하고 아사나 후예를 카간으로 계속 책봉하던 방식을 완전히 포기하는 대전환이었다. 이것은 당시 서돌궐에 대한 기미지배가 붕괴되어버린 상황에서 튀르기쉬를 이용해서라도 돌궐의 서방 진출을 막는 것이 매우 중요했음을 보여준다.

서돌궐 지역에 대한 기미지배 와해는 이미 2대 몽지도호 아사나곡슬라가 카프간 카간의 공세로 쇄엽碎葉(지금의 토크막Toqmaq 주변)을 포기하고 도망쳐 온 것에서 확인된다. 튀르기쉬의 오구르가 다시 쇄엽을 탈환하자 곡슬라는 고지로 되돌아갔다가 703년에 쫓겨났다. 곡슬라의 아들 아사나회도阿史那懷道도 704년에 3대 몽지도호로 책봉되었지만 토착 세력인 아사나충절阿史那忠節과 대립하다가 약화되었다.[45] 그 뒤에 결국 튀르기쉬의 오구르가 서돌궐 서부를 완전하게 차지할 수 있게 되었던 것이다.

이것은 카프간 카간에게 서돌궐을 회복함으로써 완전한 '돌궐의 부흥'을 이루어야 한다는 명분을 주기에 충분했다. 또한 서방에서의 세력 회복

---

43) 『新唐書』 권4 「中宗本紀」, p. 106.
44) 『新唐書』 권215下 「突厥傳」 下, p. 6066.
45) 위의 책, p. 6065.

을 도모하는 당조를 견제할 필요가 생긴 카프간 카간은 다시금 아들인 척서 카간을 시켜 서방 진출을 도모했다. 이와 동시에 706년 12월 조카 뵈귀에게 장성을 넘어 황허를 따라 내려와 영주에 속해 있던 명사현鳴沙縣(지금의 닝샤후이족 자치구 중닝현中寧縣 동북 밍사진鳴沙鎭)을 공격하게 했다.[46] 돌궐의 도발은 무엇보다 당조를 견제해 자신들의 서방 진출을 막지 못하게 하기 위함이었다. 또한 이제까지 계속해왔던 당조에 대한 무력시위를 통해 협상 등에서 누리던 우위를 계속 유지하려는 목적도 있었다.

양군의 전투가 벌어졌던 명사鳴沙는 수대에 환주環州라고 할 정도로 강이 산을 휘감아 도는 요해지로서 영주 방어의 중요한 거점이었다. 만일 여기가 뚫리면 경사까지 위험할 정도로 심각한 상황이 벌어질 수 있었다. 그런데 방어에 나섰던 사타충의가 돌궐의 공격을 막아내지 못하고 어이없게 대패하고 말았다. 이때 사타충의는 8만 명이나 되는 병력을 갖고도 싸우지 않고 자신이 먼저 도망갔다. 쉽게 이겼다는 기록에서 확인할 수 있듯이[47] 돌궐은 싱겁게 승리를 거두었다.

하지만 비문 자료에 따르면 당시 전투 상황은 아주 치열했는데, 이 점은 그때 선봉에서 공격을 지휘했던 퀼 테긴의 활약에 대한 뵈귀의 기록에서도 확인된다.

(KT: 동:32) 스물한 살에 우리는 **차차 셍귄沙吒將軍과 싸웠다.** 맨 처음에 타드크 초르의 잿빛〔말을 타고 공격했다. 그 말이 그곳에서〕 (동:33) 죽었다. 그는 두 번째로 으시바라 얌타르의 잿빛 말을 타고 공격했다. 그 말이 그곳에서 죽었다. 그는 세 번째로 예겐 실리그 벡의 치장한 밤빛 말을 타고 공격했다. 그의 말이 그곳에서 죽었다. 그들은 그의 갑옷과 카프탄을 100여 개의 화살로

---

46) 許震,「唐中宗神龍二年唐與突厥鳴沙之戰考」,『重慶科技學院學報』2012-8.
47) 『舊唐書』권194上「突厥傳」上, p. 5171.

쳤다. 하지만 그의 얼굴, 머리에 하나도 맞지 않았다. (동:34) **그가 공격한 것을 투르크 벡(관리)들 너희 모두가 안다. 우리는 그 군대를 거기서 없앴다.** (강조는 인용자)

이 전투에서 돌궐이 대승을 거둔 것에 대해 뵈귀 역시 "(BQ: 동:25) **나는 스물두 살에 타브가치로 (동:26) 군대를 이끌고 갔다. 나는 차차 셍권의 8000명과 싸웠다. 그의 군대를 그곳에서 죽였다**"라고 했다. 이것 또한 구체적 장소를 정확하게 기록하지는 않았지만 적장이 사타충의였다는 점에서 명사에서 승리했음을 분명히 보여준다. 이렇게 북변 방어를 책임진 사타충의를 격파한 돌궐은 명사성을 함락하고 11월 11일에 원주原州(지금의 닝샤후이족 자치구 구위안시固原市 일대)와 회주會州(지금의 간쑤성 징위안현靖遠縣 일대) 등지를 공격해 약탈한 다음 농우隴右에서 사육하던 말 1만여 필까지 몰고 돌아가버렸다.[48] 따라서 이때 돌궐이 거둔 승리는 당조에 더욱더 큰 두려움을 안겨주기에 충분했다. 돌궐은 이제 단순히 변경을 도발하는 위협 대상이 아니라, 중종 자신을 위험에 빠뜨릴 수도 있는 존재로 각인되었던 것이다.

이에 중종은 707년 정월 11일 돌궐과의 청혼을 없던 일로 돌려버렸다. 그리고 용맹한 군사들을 모아 돌궐에 대응할 수 있는 병력을 확보하고, 동시에 카프간 카간을 참해 목을 가져오는 사람을 국왕에 봉하고 제위諸衛의 대장군으로 임명하며 재물 2000단을 주겠다는 상을 거는 제制를 내렸다.[49] 이것은 돌궐의 도발에 대한 대책으로, 일단 방어를 강화하기 위해 군사를 모집하고 돌궐 공격과 관련된 포상 의지를 표명함으로써 공격을 독려하고자 한 것이었다. 그만큼 돌궐에 대한 위기감이 극대화되어 중종이

---

48) 『舊唐書』권194上 「突厥傳」上, p. 5170.
49) 위와 같음.

더욱 강하게 대응하지 않으면 안 된다는 의식을 갖게 된 것이다.

중종이 특히 엄청난 포상을 하겠다고 한 것은 단순히 카프간 카간을 공격해 죽였으면 하는 바람도 있었지만, 그보다 돌궐 예하에 있는 유목 부락 추장들 내지는 그 주변의 여러 세력이 돌궐을 도발하도록 유도하려는 목적이었다. 다시 말해 이런 조치는 유목 부락 추장들의 이반과 공격을 충동질해 돌궐을 무너뜨리기 위함이었다. 실제로 당조는 과거 630년에 동돌궐, 646년에는 설연타를 모두 예하의 부락만이 아니라 주변의 다양한 족속들을 끌어들여 무너뜨린 경험을 갖고 있었다.[50]

중종은 여기서 그치지 않고 보다 근본적 해결책, 즉 돌궐을 완전히 '파멸'시킬 수 있는 방책을 구체화했다. 이를 위해 모든 관리에게 돌궐을 무너뜨릴 방법을 궁리해 올리라고 했다. 그리고 의견들 가운데 우보궐右補闕 노보盧備가 올린 다음의 방안을 채택했다.

신이 듣건대 …… (중략) …… **변방의 황량한 땅은** 흉악하고 사나운 습속이 있기 때문에 덕으로도 부드럽게 만들기 어려워서 **위엄으로만 제압을 할 수 있습니다.** 그래서 삼대三代 이래로 이것보다 나은 상책을 들어본 바가 없습니다. 지금 돌궐이 신속하지 않고 우리의 정장亭障을 소란스럽게 만들어 황제께서 노여워하시니 장차 **군대를 정비**해야만 할 것입니다. 신이 듣건대 …… (중략) …… 만 리 밖에서 적의 창끝을 막아 지키는 것은 **장수를 고르는 데 달려 있습니다.** 『춘추春秋』에서 원수를 논할 때 『예기禮記』와 『악경樂經』을 말할 수 있는 사람과 『시경』과 『서경』에 능한 사람을 얻었습니다. …… (중략) …… 그런 변장인 사타충의 등은 몸은 비록 강하고 단단하지만 심원한 전술에 뜻을 두지 않았는데, 이는 기병 장수의 재목에 불과할 뿐 본래의 큰 임무를 감당할 수 없었기 때문입니다. 또한 군사가 출정할 때는 군율에 따라야 하기 때문에 군대가 패배해 물

---

50) 段連勤, 앞의 책, 2006, p. 287·326.

러난다면 장수는 마땅히 벌을 받아야 합니다. …… (중략) …… 가까이로는 **명사의 전투에서 주장이 먼저 달아나 나라의 위신이 쉽게 꺾였으니 마땅히 국가의 법률로 바로잡아야 합니다.** 또한 그 중군이 이미 패해 진영이 어지럽고 화살이 다해 궁한데도 불구하고 의롭고 용맹한 병사가 오히려 능히 목숨을 버리면서까지 전쟁에 임하니 그 공을 기록함으로써 전쟁을 독려할 수 있는 것처럼 **상과 벌이 명확해야만 장수와 병사들이 절개를 다할 것이니, 이것이 적을 잡을 수 있는 방법인 것입니다.**[51] (강조는 인용자)

앞에서 정리한 것처럼 노보는 먼저 명사에서 패배한 원인을 진단했다. 그에 따르면 첫 번째 문제가 주장主將을 잘못 선택한 데 있었다. 특히 패전한 사타충의가 번장으로 기마 전술에만 능할 뿐 여타 전술 능력은 부족했으며, 전투가 벌어지자 싸우기보다 먼저 도망을 가는 등 자질이 부족했음을 지적했다. 이는 강력한 돌궐과 대결을 하려면 단순하게 전투력만 가지고는 불가능하고 장기적 대응이 필요함을 강조한 것이다. 따라서 주장은 반드시 유가적 교양을 갖춘 장수를 골라 적을 막는 것과 동시에 군사들의 사기를 높여 잘 싸우도록 신상필벌信賞必罰을 엄격하게 할 수 있어야만 한다고 했다. 이것은 향후 돌궐에 대적할 장수의 자격을 설명한 것으로, 북벌을 주도할 삭방도행군대총관의 중요한 발탁 기준이 되었다.

이어서 그는 돌궐을 무너뜨릴 수 있는 장기적이고 구체적 대안을 제시했다.

신이 들건대, **오랑캐가 오랑캐를 공격하게 하는 것이 중국의 좋은 계략입니다.** …… (중략) …… 신이 들건대 옛날에 신진중新秦中을 설치해 장성 부근을 충실하게 한 것처럼 마땅히 옛 **법도에 따라 사람들을 모집해 변경으로 이주시키고**

51) 『舊唐書』 권194上 「突厥傳」 上, p. 5171.

그 정예 병사를 가려 뽑아 행군의 역을 면제시켜주며 군대로 편입해 머물게 하면서 교령敎令을 밝게 한다면 전쟁에 관한 일들을 바로잡고 익힐 수 있으며, 평탄함과 험함을 숙지하게 해 그 사로잡은 것으로 상을 받게 할 수 있을 것입니다. …… (중략) …… **변방의 주 자사는 신중히 고르지 않을 수 없으니 그에 맞는 사람을 얻어 일을 맡겨야만 합니다.** …… (중략) …… 땅의 이로움과 하늘의 때를 살펴 경작과 수확에 힘쓰게 하고, 가을과 겨울에 사냥하라고 명령해서 전쟁의 진법을 가르쳐야 합니다. 그렇게 하면 수년 후에 용맹하고 지혜로운 방책이 생기며 창고의 재물이 산처럼 쌓여 병기兵器와 갑주甲冑가 견고해지고 날카로워질 수 있습니다. 그런 뒤에 모든 군대를 정비해 고비에서 막아낸다면 벼락은 만 리까지 치고, 바람은 두 아정牙庭를 쓸어버릴 수 있을 뿐만 아니라 돌궐의 추장을 죽여 장안의 저택에 머리를 매달아 모든 오랑캐를 놀라게 해서 모든 무기를 거두어들일 수 있다면 위로는 하늘의 이치에 부합하고 아래로는 사람의 일에 따르는 것입니다.[52]

(강조는 인용자)


이 같은 내용에서 이른바 '오랑캐를 오랑캐로 공격하는 것(以夷制夷)'을 통해 돌궐을 약화시키려고 한 것은 앞서 중종이 유목 추장들에게 현상금을 걸어 돌궐을 공격하게 한 것과 맥을 같이한다. 이것은 당조가 군비를 갖추기 전에 부락의 추장들을 충동질해 돌궐을 공격하게 하거나 이탈하게 함으로써 약화시키려는 전형적 전술이었다. 또 이제까지 돌궐로 인해 당조와의 관계를 간절히 원하면서도 지원을 받지 못했던 다양한 세력들을 끌어들여 돌궐의 권위를 해체하려고 한 것이었다. 즉 유목 사회의 내적인 이반을 충동해 돌궐을 무너뜨리고 자신에게 동조하는 유목 부락들을 끌어들이는 방법이었다.

또한 노보는 돌궐을 무너뜨릴 장기적 계획을 이끌어갈 수 있는 유능한

---

52) 앞과 같음.

자사(주장)를 골라 변방에 파견한 다음 그곳에 내지의 백성들을 이주시키고 둔전屯田을 설치해 군사적 기반을 마련하자고 했다. 그는 이런 생활 기반을 토대로 변방 지역에 돌궐을 방어하기 위한 근거지를 마련해 돌궐이 차지한 황허 주변의 초원지대를 회복하려고 했다. 나아가 여기에 방어 체제를 구축해 돌궐의 준동蠢動을 없앤 다음, 최종적으로 몽골 초원의 중심인 외튀켄까지 공격해 들어가 이들을 완전히 제압하고자 했다. 이것은 '기미羈縻'나 '화친和親' 등의 방법으로 돌궐을 위무해 복속시키는 것이 아니라 단계적 준비 과정을 거쳐 결국 돌궐을 무력 정벌해 무너뜨리는 데 초점을 맞춘 북벌北伐 계획이었다.

중종이 북벌을 추진해 돌궐을 제압하려고 한 것은 당조를 중심으로 한 일존적 질서가 해체되면서 발해, 돌궐, 튀르기쉬, 토번 등이 자신을 위협하는 현실을 해소하고, 동시에 다시 과거 기미지배 시기와 같은 질서를 회복하려는 구상과 무관하지 않았다. 복벽復辟에 성공한 중종에게는 그만큼 고종 시기의 이른바 '기미지배 체제'를 복구해 당조의 영광을 되살리려는 강한 의지가 있었다고 추정된다. 이런 바람을 갖고 있던 그로서는 이것을 구체적으로 실현하기 위해 먼저 최대 현안인 북벌을 성공적으로 추진해야만 했다. 상황이 이렇지 않았다면 북벌은 중종의 강한 지지 속에서 신속하게 진행될 수 없었을 것이다.

중종은 5월 1일 북벌에서 가장 중요한 역할을 맡는 주장인 삭방도대총관에 낙주장사洛州長史 좌둔위대장군左屯衛大將軍 장인원張仁愿을 임명했다.[53] 그는 무측천 시기에 토번과 돌궐의 전투에 여러 차례 참가해 능력을 인정받았고, 703년 돌궐의 대공세 시기에 유일하게 빌게 톤유쿠크의 공격을 물리친 바 있었다. 중종이 즉위한 뒤에는 낙주洛州(지금의 허베이성 융녠현永年縣 일대)에서 장사長史로서 곡가穀價를 유지하기 위해 법을 엄격하

---

53) 『舊唐書』 권7 「中宗本紀」, p. 144.

게 적용해 큰 성과를 올리는 등 능력을 인정받았다.[54] 장인원은 노보가 주청한 것처럼, 이미 변경에서 많은 전투 경험을 갖고 있었을 뿐만 아니라 규율을 엄격하게 준수하는 인물로서 돌궐에 패배한 기병 장군 사타충의를 대체할 수 있는 강력한 지도력을 갖춘 인물임에 틀림없었다.

장인원 열전에 따르면, 그는 행군을 이끌고 출전하자마자 바로 당조를 공격하기 위해 내려왔다가 돌아가던 돌궐 부대를 추격해 밤에 대파했다. 이 기록은 시점이 분명하지 않아 정확하게 어떤 상황을 기록한 것인지 알기 어렵다. 왜냐하면 이전에 명사를 공격했던 돌궐 부대가 5월까지 남아 있었을 리가 없으며, 혹시 공격을 했다면 그 시점에 또 다른 기록이 남아 있어야 하는데 별다른 기록이 없기 때문이다. 더욱이 5월 그가 대총관으로 임명되기 전 돌궐에 갔던 사신 가홍려경假鴻臚卿 장사언臧思言이 살해된 것[55]과 이상의 공격 사실이 시기적으로 맞지 않는다는 점에서 대총관으로 임명된 뒤에 돌궐을 추격해 승리한 사실을 기록한 것으로 보인다. 그가 승리를 했다고 한 것은 돌궐에 대해 우위를 점하면서 북상했다는 점을 증명하고 있다.

실제로 장인원은 이후에 노보의 상소 내용처럼 단계적으로 북벌 계획을 진행시켰는데, 이것은 중종의 의지이기도 했다. 장인원이 이끄는 15만 명의 대규모 행군은 경사를 출발해 황허 방어선까지 돌궐의 별다른 저항 없이 도착했다. 이것은 카프간 카간이 고비 남부에 있던 병력을 모두 서방에 투입함에 따라 공백이 있었기 때문으로 추정된다. 당시 카프간 카간은 서돌궐 지역의 튀르기쉬 추장 사칼(Sakal로 추정. 사갈沙葛)이 당조의 쇄엽진수사碎葉鎭守使 주이제周以悌의 지원을 받은 퀼 초르 충절(Kül chor로 추정. 궐철충절闕啜忠節)과 갈등을 벌이다 고립되어 자신에게 원조를 요청하

---

54) 『舊唐書』 권93 「張仁愿傳」, pp. 2981~2982.
55) 『舊唐書』 권194上 「突厥傳」 上, p. 5172.

자 적극 개입했다.[56] 카프간 카간은 이를 통해 그동안 큰 성과가 없이 진행되었던 서방 진출을 재개했던 것이다. "변경의 병력을 모아서 서방을 정벌했기 때문에 고비 남부가 텅 비었다"[57]고 한 것처럼 카프간 카간에게 서방 진출은 아주 중요했다.

한편 장인원은 이를 이용해 돌궐과 맞닿은 경계였던 황허를 건너 고비 남부 초원까지 들어갈 수 있었다. 황허 이남에 방어 기지를 건설해 역량을 키울 시간적 여유도 필요 없었다. 장인원은 진대秦代 몽염蒙恬이 오르도스에 살던 흉노를 몰아내고 이곳에서 이른바 '새로운 진나라 영역인 신진중'을 건설한 것보다 더 나아가 "고비를 넘어 북쪽을 겨누고 돌궐의 말들이 남쪽으로 내려와 풀을 뜯지 못하게 하려고"[58] 황허 북쪽에 세 곳의 성채를 건설했다. 이것은 둔전을 설치하고 병력을 양성해 군사 기지를 만들어 시간을 벌며 공격하려던 계획을 앞당겨주었다. 이렇게 군사 기지를 황허 이남이 아니라 적지에 만듦에 따라 돌궐을 위압하며 바로 공격하겠다는 강한 의지를 표명할 수 있었다.

장인원은 황허 이북에 건설한 성채로부터 당시 고비 남부에 카프간 카간이 설치한 돌궐의 남쪽 오르두(아장)를 바로 공격할 수 있었다. 만일 그가 이곳을 근거로 공격을 벌여 실제로 카프간 카간을 잡을 수 있다면 과거 630년 일릭 카간을 사로잡아 돌궐을 무너뜨렸던 것과 같은 결과를 가져올 수도 있었다. 왜냐하면 이것은 굳이 몽골 초원까지 들어가 돌궐을 공격하는 번거로움조차 없는 효과적 방법이었기 때문이다. 따라서 황허 이북의 성채 건설 작업은 북벌을 추진하는 데 장기간을 소요하지 않고 바로 돌궐을 제압하게 해준다는 점에서 주목받을 수밖에 없었다.

하지만 적지에 성채를 건설하고 유지하는 것은 쉬운 일이 아니라 이와

---

56) 『舊唐書』 권150 「宗楚客傳」, p. 2972.

57) 呂溫, 「三受降城碑銘並序」, 『全唐文』 권630, 北京: 中華書局, 1983, p. 7353.

58) 위와 같음.

관련해 조정 내부에서도 찬반 논쟁이 있었다. 먼저 태자소사太子少師 당휴경唐休璟은 "한대漢代 이래 모두 북쪽을 황허로 막았는데, 지금 성을 쌓아 경계를 넘어서면 아마도 백성들을 수고스럽게 하고 비용을 써도 결국 오랑캐가 갖게 될지도 모릅니다"라고 강하게 반대했다.[59] 이것은 천연 방어선인 황허를 포기하고 성채를 새로 구축할 경우 많은 관리 비용과 함께 이후 돌궐이 복귀할 경우 뺏길 수도 있다는 현실론이었다. 이는 결국 돌궐을 공격해 굴복시키기보다 그 존재를 인정하면서 현상적인 관계를 유지하는 것이 당조의 안정에 도움이 된다는 입장이었다.

하지만 이것은 돌궐을 파멸시키기 위한 북벌에 몰두해 있던 중종의 생각과 완전히 배치되는 것이었다. 따라서 축성 계획에 대해 "오랫동안 이익이 될 것이다"[60]라고 찬성한 종초객宗楚客 등의 주장이 중종에게 더욱 설득력을 가질 수밖에 없었다. 당시 노보의 주장처럼 중종에게 돌궐은 위무가 아니라 무력 대응을 통해 무력화시켜야 할 정복 대상에 불과했다. 중종이 축성을 통해 돌궐을 공격하자는 의사를 굽히지 않은 장인원의 요청을 받아들임에 따라 성채를 본격적으로 건설할 수 있었다.

장인원은 708년 2월 오래지 않아 발생할지도 모를 돌궐의 공격을 막기 위해 논궁인論弓仁을 낙진수諾眞水(지금의 네이몽골 자치구 부구투시 다르항무밍안연합기達爾罕茂明安聯合旗 바이링먀오진百靈廟鎭 북쪽의 아이부가이 강艾不蓋河)와 인근의 초심산草心山에 보내 돌궐을 경계하게 했다. 왜냐하면 수항성受降城의 위치가 황허를 등지고 있어 방어 체제가 완비되지 않은 상태에서 공격을 받으면 치명적일 수 있었기 때문이다. 언제 올지 모를 적을 앞에 두고 공사가 진행되는 것이라 삭방도 행군 전 병력을 동원해 빠른 속도로 진행시켰다. 축성 과정에서 200여 명의 병사가 도망가자 이들을 모

---

59) 『舊唐書』 권93 「張仁愿傳」, p. 2982.
60) 『新唐書』 권109 「宗楚客傳」, p. 4103.

두 잡아 죽여 군율을 엄격하게 집행했다. 이것 역시 공사를 신속하게 진행시키기 위한 노력의 일환이었다.

이렇게 행군을 총동원한 공사를 통해 세 곳의 성채는 60일 만인 3월에 완성되었다.[61] 세 곳의 성채 건설과 함께 상호 통신을 위해 우두조나산牛斗朝那山(당시 풍주豊州에 있던 황허의 북안)에서 시작해 황허를 따라 모두 1008여 곳에 봉수대도 설치되었다. 이것은 동서만이 아니라 북쪽으로 연결되면서 돌궐의 움직임을 쉽게 파악해 후방으로 소식을 전달하는 역할을 했다.[62] 이때 건설된 수항성은 황허 북안에 모두 세 곳이 있었기 때문에 통칭 '삼수항성三受降城'이라고도 불렸다. 이 세 곳은 모두 고비 남부 초원에서 황허를 건너 오르도스로 내려오는 지점이라 전략적으로 중요해 이후에도 군사 기지나 교통로의 거점 역할을 했다.

먼저 중수항성中受降城(지금의 네이몽골 자치구 부구투시 서남쪽 혼들룬 강昆都侖江이 황허로 합류하는 곳 서쪽에 위치)은 원래 돌궐이 남침할 때 반드시 들러 축원을 하는 불운신사拂雲神祠가 있던 곳으로 황허가 활 모양으로 굽은 지점 중 가운데에 위치했다. 이곳은 황허를 건너는 중요 지점이었는데, 이곳을 중심으로 동서로 400리 떨어진 곳에 두 곳의 성채가 더 건설되었다. 동수항성東受降城(지금의 네이몽골 자치구 후흐호트시呼和浩特市 토그토흐현托克托縣 서남 황허 동쪽에 위치)은 관내도關內道 풍주豊州에 속했고, 서수항성西受降城(지금의 네이몽골 자치구 항긴후기杭錦後旗 북쪽 우자 강烏加河 북안에 위치)은 그 서방에 있었다.

현재 수항성 자체의 구조나 크기 등에 대해 기록이 남아 있지 않고 조사보고도 되지 않아 정확한 상황을 알 수 없다. 다만 처음에 성채가 완공되었을 때 옹문雍門 같은 방어 시설이 없는 구조였다는 점에서 초기 성채의

---

61) 『舊唐書』 권93 「張仁愿傳」, p. 2982.
62) 위와 같음; 李鴻賓, 「唐朝三受降城與北部防務問題」, 『隋唐五代諸問題研究』, 北京: 中央民族大學出版社, 2006, p. 116.

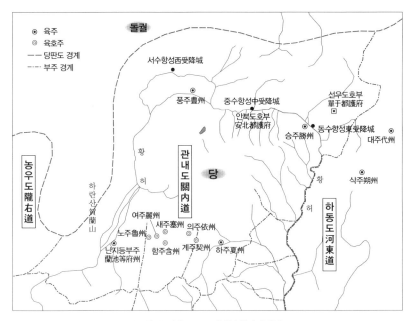

〈그림 3〉 관내도關內道와 삼수항성의 위치

성격을 짐작하게 한다. 장인원은 그 이유를 호기롭게 방어를 위해 성안으로 물러나지 않고 적이 쳐들어오면 바로 나아갈 뿐 되돌아오지 않겠다고 자랑했다.[63] 하지만 이것은 기병 돌격전에 능한 돌궐과 대응하기에 적절하지 않은 방법으로 돌궐의 위협이 실제로 없었기 때문에 가능한 얘기였다.

이런 전술적 측면을 고려한다면 60일이라는 빠른 시기에 만들어지면서 아직 충분한 방어 시설을 갖추지 못한 초기의 성채라고 하더라도 방어라는 가장 기본적 목적을 생각하지 않았을 리가 없다. 그런데 이보다 중요한 목적은 당시 15만 명 정도로 추정되는 행군 병력이 주둔하고 북벌을 할 때까지 생활할 수 있는 시설을 마련하는 일이었을 것이다. 왜냐하면 일단 이곳에 병력을 주둔했다가 북벌이 개시되면 장인원이 바로 돌궐의 남쪽

---

63) 『舊唐書』 권93 「張仁愿傳」, p. 2982.

오르두(아장)가 있는 흑사성을 타격하기 위해 세 방면에서 군대를 출동시키는 데 새로 건설된 성채가 적합했기 때문이다. 특히 삼군으로 구성된 돌궐의 군대를 효과적으로 공격하는 데도 세 곳에 성채를 건설하는 것이 효과적이었다.

따라서 장인원이 황허 이북에 전격적으로 세 곳의 성채를 건설한 것은 과거에 비해 북쪽으로 300여 리 이상의 땅을 차지하는 성과를 거두었다고 평가되었다. 이보다 더 중요한 점은 언제든지 고비 남부에 있는 돌궐을 견제할 수 있는 교두보의 마련이었다. 이에 당조에서는 "돌궐이 산을 건너 방목을 하지 못하게 되었으며 삭방이 다시 돌궐의 약탈을 받지 않아 병사 수만 명을 줄일 수 있었다"[64]고 자평했다. 수항성 건설은 그만큼 당조의 북진과 함께 돌궐에 압박을 가했던 것이다.

그런데 이 같은 일은 모두 수항성이 건설될 당시 돌궐이 고비 남부에서 철수한 상태에서 이루어진 결과였다. 따라서 돌궐이 다시 고비 남부로 돌아와 당조를 위협할 경우 이런 성과는 쉽게 사라져버릴 수도 있었다. 이 뿐만 아니라 서수항성은 황허의 홍수 등으로 인해 성채가 파괴되면서 제대로 역할을 하지 못하는 등 당조의 의지대로 움직이지 않았다. 그럼에도 중종은 이를 토대로 돌궐을 강하게 압박하려고 무측천이 698년 선우도호부가 있던 고비 남부로 이동시켰던 안북도호부를 다시 황허가 활 모양으로 굽은 서단을 건너 영주 방향으로 내려오는 길목인 서수항성으로 옮겼다.[65] 이것은 오르도스 동부에 위치한 선우도호부와 함께 이곳을 통해 고비 남부 초원의 동서부에 살고 있던 유목 부락들을 통제하는 관리 기관으로서 위상을 회복하기 위해서였다. 이를 통해 중종은 몽골 초원에 대한 기미지배 체제가 완전히 붕괴된 다음 남쪽으로 이동하면서 유명무실해진

---

64) 앞과 같음.
65) 『舊唐書』 권38 「地理志 1」, p. 1458.

안북도호부를 부활시킬 수 있었던 것이다.

이상과 같은 노력은 과거처럼 고비 북방까지 진출하지 못한다고 하더라도 일단 이곳을 중심으로 고비 남부라도 강력하게 통제하겠다는 중종의 의지를 표현한 것이었다. 또한 북벌 이후 돌궐을 와해시킨 다음 그 예하의 부락들을 포섭하고 다시 통제하기 위한 준비 작업이기도 했다. 이는 장인원이 성채의 이름을 '수항受降'이라고 한 것에서도 확인된다. 이미 중종은 북벌을 추진하면서 카프간 카간을 참해 목을 가져오는 사람을 국왕에 봉하고 제위의 대장군으로 임명하며 재물 2000단을 주겠다고 현상금을 내걸어 유목 부락 추장들을 포섭하려고 하는 등 수항에 대한 구상을 갖고 있었던 것으로 보인다. 즉 유목 부락의 추장들이 자신의 뜻대로 이탈해 당조에 투항할 경우 이들을 관리하는 데 수항성을 중추 기지로 삼고자 했던 것이다.

또한 수항성은 주둔한 행군 병력과 함께 이곳에 투항한 번부락병을 이용해 북벌을 추진하기 위한 전진 기지였다. 이와 관련해 714년 안북도호부를 황허의 홍수 등으로 인해 제 역할을 하지 못하는 서수항성을 대신해 가장 중요한 길목이던 중수항성으로 옮겨갔다. 실제로 이곳이 수항의 역할을 담당하면서 카프간 카간에게 반발한 부쿠僕固 같은 유목 부락들이 당조에서 이곳으로 내려와 삭방군의 일원이 되었다.[66] 이것은 유목 부락의 투항과 거주를 통해 중종이 의도한 대로 수항성 본래의 역할이 이루어졌음을 확인시켜준다.

이상과 같이 중종은 능력 있는 주장을 기용하고 수항성을 건설해 북벌을 위한 교두보를 확보하고, 투항한 부락들을 관리할 수 있는 기구를 마련하는 1단계 북벌 준비를 마칠 수 있었다. 이 같은 일은 돌궐의 부재로 인해

---

66) 이후 '안사安史의 난' 시기에 당조를 위해 진압 작전에 참여했던 삭방부절도사朔方副節度使 복고회은僕固懷恩은 수항성을 통해 투항한 인물의 하나였다. 그만큼 중종의 수항성 건설과 돌궐 예하 유목 부락들의 투항은 긴밀히 연결되어 있었다.

당군이 쉽게 고비 남부까지 진출하면서 신속하게 이루어졌다. 이제 남은 것은 북벌을 추진하기 위해 주변 세력들과 외교적 연대를 구축해 돌궐을 포위망에 집어넣고, 동시에 북벌을 담당할 원정군을 조직하는 일이었다.

한편 이런 당조의 적극적 움직임에도 삼수항성 건설을 전후로 한 돌궐 내부의 사정은 전혀 기록으로 남아 있지 않다. 원정 기록이 많은 비문 자료에도 당시 카프간 카간이 벌였던 서돌궐 지역에 대한 원정 내용은 없다. 이는 비문의 주인공들이 카프간 카간의 업적을 기록하는 데 인색했을 뿐만 아니라 실패한 전투에 대해서는 기록하지 않았다는 추정을 하게 한다. 다른 측면에서 고비가 비었다고 할 정도로 돌궐이 서방 원정에 전력을 투구했지만 성과를 거두지 못했다는 추정 역시 가능하다. 이것은 당시 돌궐이 당조의 북벌이라는 위협에 적극 대응하기 어려울 만큼 상황이 좋지 않았을 것이라는 추정도 하게 한다.

더욱이 중종은 709년부터 돌궐을 포위하기 위해 서돌궐 위무 정책을 본격화했다. 그동안 보여주었던 퀼 초르 충절에 대한 지지를 철회하고 충돌을 벌이던 튀르기쉬 추장 사칼을 포섭했다. 당시 당조에 저항하던 사칼이 어려워져 중종에게 도움을 청하자 중종은 수충守忠이라는 이름을 내려줌과 동시에 그를 튀르기쉬 온 되르트 카라 빌게 흠화 카간(Türgish on dört qara bilge qaghan으로 추정. 돌기시십사성하렵비가흠화가한突騎施十四姓賀獵毗伽欽化可汗)으로 추대했으며, 그의 동생인 차누르(Chanur로 추정. 차노遮弩)에게도 수절守節이라는 이름을 내려주고 우령군장군右領軍將軍으로 책봉했다.[67] 이는 사칼을 인정해줌으로써 돌궐과의 연계를 단절시키고, 다른 한편으로 당조가 주도하는 북벌에 참여시키기 위한 사전 조치였다. 중종은 이와 같은 조치로 혼란스러웠던 서돌궐 지역을 안정시켜 서방으로부터 돌궐에 압박을 가할 수 있는 여건을 만들어냈다.

---

67) 『資治通鑑』 권209 中宗 景龍 2년(708) 조, p. 6626.

또한 중종은 709년 11월에 키르기스에서 사신이 오자 이들과도 적극 교섭을 벌였다. 이들은 원래 몽골 초원의 배후인 예니세이 강 상류 지역에서 돌궐을 위협할 수 있는 전략적 위치에 있었다. 따라서 중종은 이들을 크게 환대하고 자신을 이능李陵의 후예라고 생각하는 키르기스의 추장과 자신이 같은 집안이라고 강조하면서 동맹 관계를 맺었다.[68] 나아가 몽골 초원 동부에 있는 발해, 실위 등과도 연계해 이들을 돌궐 포위망에 집어넣으려고 했다. 이를 통해 북벌에 동원할 당조의 대규모 병력을 고비 남부에 집결시켰으며, 외교적으로도 튀르기쉬와 키르기스 등을 끌어들여 돌궐을 완전히 포위할 수 있었다.

중종은 여기서 그치지 않고 최대의 현안 중 하나였던 서부의 안전을 확보해 북벌에 문제가 없도록 했다. 그동안 대결 구도를 유지해왔던 토번과 화해함으로써 돌궐 포위망에 끌어들이지는 못한다고 하더라도 최소한의 도발을 통해 북벌의 전열이 분산되는 것을 막았다. 왜냐하면 이제까지 당조를 계속 괴롭혔던 토번과 전선이 형성된다면 북벌 자체가 불가능해질 수 있었기 때문이다. 이런 점에서 이들과의 화해는 정말로 중요했다.

실제로 중종은 즉위 초부터 화친을 위해 적극 노력했다. 705년 토번에서 사신이 와 무측천 말기에 혼인하기로 했던 첸뽀贊普 두송망파걸杜松芒波杰(Dul srong mang po rje, 재위 676~704)의 죽음을 알리자 중종은 애도를 표하며 예를 거행했다. 그리고 일곱 살에 즉위한 첸뽀 적덕조찬赤德祖贊(Khri-lde gtsug-brtan, Mes Ag-tshom, 재위 704~755)의 할머니가 대신大臣 실중란悉薰然을 보내 토산물을 바치며 청혼하자 이를 받아들였다. 그다음에는 옹왕雍王 이수례李守禮의 딸을 금성공주金城公主로 봉해 시집보내기로 약속했다. 그리고 드디어 709년 11월 토번에서 대신 상찬토尚贊吐 등이 공주를 맞으려고 오자 710년 정월에 시집보냈다.[69] 이런 일들을 통해 중

68)『新唐書』권217下「回鶻傳」下, p. 6149.

종은 토번과도 안정적 관계를 확보함으로써 돌궐을 공격할 수 있는 주변 여건을 완벽하게 조성했다.

마침내 북벌 2단계 준비가 완료되자 중종은 710년 5월 15일 '북벌제北 伐制'를 반포했다.[70] 여기서 돌궐을 무력 진압하지 않으면 안 되는 이유에 대해 카프간 카간이 포악해 계속 중국을 침탈했음에도 자신이 회유를 통해 설득하려고 노력했으나 이것이 여의치 않아 결국 토벌할 수밖에 없었다고 천명했다. 이것은 공격 명분에 불과할 뿐 일찍부터 무력으로 돌궐을 무너뜨리려고 했던 강한 의지 표명이었다. 그리고 80만 명으로 이루어진 대규모의 행군을 크게 세 부분으로 구성했는데, 이는 돌궐을 사방에서 완전히 포위하는 편제였다.

먼저 서부에서는 대총관인 우령군위장군右領軍衛將軍 겸 검교북정도호쇄엽진수사안무십성檢校北庭都護碎葉鎭守使安撫十姓 여휴영呂休璟과 부대총관인 금산도행군대총관金山道行軍大總管 북정부도호北庭副都護인 곽건환郭虔瓘과 안처철安處哲 등이 이끄는 5만 기와 함께 튀르기쉬의 번부락병 25만 기가 출동하는데, 이들은 북방의 키르기스와 연합해 작전을 펼치기로 되어 있었다. 그리고 수항성이 있는 삭방에서는 삭방도행군대총관인 장인원과 부대총관 노수신魯受信이 이끄는 15만 기, 적수군대사赤水軍大使 양주도독涼州都督 사마일객司馬逸客과 우무위장군右武衛將軍 진구陳邱, 우금오위익부중랑장右金吾衛翊府中郎將 이원통李元通, 부사副使 우효기위록릉부절충右驍騎衛鹿陵府折沖 능창인能昌仁, 좌위신산부절충左衛神山府折沖 진의충陳義忠 등이 이끄는 7만 기, 풍안군대사豐安軍大使 영주도독靈州都督 견찬甄粲, 부사 장조벽張趙璧과 상원적常元寂이 이끄는 6만 기, 방어군목대사防禦群牧大使 임조군사臨洮軍使 견단甄亶이 모은 2만 기 등이 초원

69) 『舊唐書』 권196上 「吐蕃傳」 上, p. 5226.
70) 『唐大詔令集』 130 「命呂休璟等北伐制」, 上海: 學林出版社, 1992, p. 705.

을 공격하게 했다. 또한 건강군사建康軍使 감주자사甘州刺史 이수징李守徵, 옥문군사玉門軍使 숙주자사肅州刺史 탕가혜湯嘉惠, 묵리군사墨離軍使 과주도독瓜州都督 이사명李思明, 이오군사伊吾軍使 이주자사伊州刺史 이신교李脅交 등은 서방에서 오는 여휴영과 연합해 서로 돕도록 했다. 여기서 그치지 않고, 동부에서도 어떤 부대가 차출되었는지 정확하게 명시되지는 않았지만 당시 당조의 통제를 받지 않던 거란과 해 등을 제외하고 유주에 있던 설눌薛訥이 참여했다.

이와 같이 중종은 그동안 추진한 북벌에 대한 준비를 바탕으로 대규모의 연합군을 조직해 세 방면에서 몽골 초원의 돌궐을 직접 타격하기 위한 군사 작전을 개시했다. 하지만 만반의 준비를 갖춘 돌궐에 대한 공격은 중단되었다. 왜냐하면 그 직전에 중종이 암살되고 6월에 소제少帝(상제殤帝 이중무李重茂. 695~714, 재위 710)가 옹립되었다가 17일 만인 7월에 이융기李隆基(이후에 현종玄宗으로 즉위. 685~762, 재위 712~756) 등이 다시 정변을 일으켜 예종睿宗(662~716, 재위 684~690, 710~712)을 옹립하는 등의 정변이 일어났기 때문이다. 특히 새로 즉위한 예종은 그의 형과 달리 돌궐을 정벌하기보다 화친을 원했다. 이에 따라 정벌을 반대하던 대신들이 세력을 차지하면서 수항성을 건설하고 북벌을 준비하던 장인원마저 물러나야만 했다.

그 뒤 장인원을 대신해 9월에 삭방도행군대총관에 임명된 당휴경은 화친을 통해 전비戰費를 줄이려고 했다. 앞서 조정의 논의 과정에서 알 수 있듯이 수항성은 북벌에 적합하나 이것이 추진되지 않을 경우 너무나 큰 부담이 될 수밖에 없었다. 많은 군대가 한꺼번에 변경에 주둔해야 할 뿐만 아니라 성채와 그를 연결시키는 봉수 시설을 유지, 관리하는 것 역시 큰 비용을 요구했다. 따라서 북벌이 중단된 상황에 더 이상 유지해야 할 필요가 없어지자 이를 변화시켜야만 했다. 또한 대외적으로도 정변을 통해 황제가 교체되는 혼란 속에 토번의 도발이 시작됨에 따라 그에 대한 대비 역시 절실한 문제가 되었다.

이렇게 대외적 환경이 변하자 수항성의 기능도 변화를 도모해야만 하는 압박을 받았다. 당휴경은 삭방도 행군의 병력 가운데 3분의 2인 10만 명을 줄이는 등 북벌 준비에 투자되었던 군사 배치를 변경시켰다.[71] 그리고 수항성의 기능도 더는 북벌을 위한 공격 기지가 아니라 방어가 강조되었으며, 북벌이 중단되면서 장기간 주둔해야 할 필요성이 생기자 그에 따른 방어 체계를 마련하게 했다. 이 같은 사실은 이후 삭방군 총관이 된 상원해常元楷가 옹문을 설치하는 등 방어 시설을 갖추었다고 한 기록에서 확인된다.[72] 또한 교류를 위한 기능도 부가되어 이곳에서 돌궐과 호시를 여는 등 공격적 측면 이외의 다른 역할을 한 것에서도 확인할 수 있다.[73]

한편 당조의 북벌 포기는 위협을 크게 느끼던 돌궐에 반전의 기회가 되었다. 당시 포위망이 형성되고 북벌이 결정되자 심하게 걱정을 했던 돌궐의 빌게 톤유쿠크는 자신의 초조함을 다음과 같이 표현했다.

(TN I : 동:02) **타브가치 카간(중종)**이 우리의 적이었다. **온 오크(십성+姓)**의 카간이 우리의 적이었다. (동:03) 수가 많〔은 **크르크즈(키르기스)의**〕 강력한 카간이 우리의 적이 되었다. **그 세 카간이 서로 의논해 "알툰 산(알타이 산맥) 위에서 만납시다"라고 말했다고 한다.** …… (중략) …… (동:04) "셋이서 합쳐 군대를 보냅시다. 완전히 없앱시다"라고 그들이 말했다고 한다. 튀르기쉬 카간이 이렇게 말했다고 한다. "나의 보둔이 거기에 있을 것입니다"라고 그가 말했다 한다. (동:05) "투르크 보둔도 어지러이 있다"라고 말했다고 한다. "그들의 오구즈(鐵勒)도 불안하다"라고 그가 말했다고 한다. **그 말을 듣고 나는 밤에도 잠을 잘 생각이 나지 않았다. 낮에도 앉을 생각이 나지 않았다.** (강조는 인용자)

---

71) 『舊唐書』 권100 「解琬傳」, p. 3112.

72) 위와 같음.

73) 『新唐書』 권50 「兵志」, p. 1338.

빌게 톤유쿠크는 자신들에 대한 포위망이 형성되자 이를 돌파하기 위해 먼저 가장 약한 키르기스를 기습 공격하려고 했다. 또 당조가 북벌을 중단하자 카프간 카간은 북벌 의사를 완전히 약화시키기 위해 710년 12월에 해와 습 등을 시켜 당조를 공격하게 했는데,[74] 이는 당조의 대응 태세를 확인하고자 한 것이었다.

당조에서 자신과 화해하려고 한다는 사실을 확인한 카프간 카간은 711년 정월에 사신을 보냈다. 예종 역시 자신의 장자인 송왕宋王 이성기李成器(679~742)의 딸을 금산공주金山公主로 삼아 시집보낼 것을 허락하고 어사중승御史中丞 화봉요和逢堯를 사신으로 파견했다. 이때 화봉요는 카프간 카간을 만나자 당의 관모와 관대를 착용하라고 요구했는데, 이를 받아들인 카간은 다음 날 옷을 바꿔 입고 남쪽을 향해 재배再拜하고 칭신했다.

그 뒤 카프간 카간은 711년 11월에 아들 아즈 테긴(Az tegin으로 추정. 양아지특근楊阿支特勤)을 보내 혼인 성사에 답례를 했다. 이에 예종은 아즈 테긴을 우효위원외대장군右驍衛員外大將軍에 제수하고 돌궐과의 혼인을 성사시키려고 했다. 하지만 예종의 퇴위로 이 일 역시 취소되었으며,[75] 돌궐이 포위망을 와해시키기 위해 대외 원정을 진행함에 따라 관계가 다시 크게 악화되었다.

이렇게 711년 초 카프간 카간이 당조에 혼인을 청하고 칭신할 정도로 관계 개선에 강한 의지를 보인 것은 빌게 톤유쿠크의 지적처럼 당시 상황이 아직도 엄중했기 때문이다. 이것은 일단 당조를 안심시켜 위기에서 벗어난 다음 상대적으로 제압하기 쉬운 키르기스, 튀르기쉬 등을 공격하기 위한 시간을 벌려는 속셈이었다. 특히 돌궐에 대한 포위 전략이 다시 구체화될 경우 돌이킬 수 없는 위기를 맞을 상황이었기에 당시 이를 해결하는

---

74) 『資治通鑑』 권210 睿宗 景雲 원년(710) 조, p. 6659.
75) 『資治通鑑』 권210 睿宗 景雲 2년(711) 조, p. 6669.

것이 급선무였다. 따라서 돌궐은 당조가 내부 문제로 북벌을 중단한 상황에서 어떤 방법을 써서라도 신속하게 포위망을 와해시키려고 했다.

카프간 카간은 당조와 화해를 함으로써 안심을 시킨 뒤에 군사 작전이 불가능한 711년 겨울 키르기스를 전격적으로 공격했다. 이 원정에는 뵈귀와 퀼 테긴, 그리고 빌게 톤유쿠크 등이 참여해 자세한 기록을 남겼다. 당시 상황을 심각하게 인식하고 공격 계획을 수립했던 빌게 톤유쿠크는 키르기스의 본영에 도착했던 험난한 과정을 다음과 같이 회상했다.

> (TN Ⅰ : 동:05) **그때 나는 생각했다. 아!** (동:06) **"맨 먼저 크르크즈에 군대(를 보내면 더 좋을 것 같다)"라고 말했다.** "쾨그멘(사얀 산맥) 길은 하나라고 한다. 막혔다고 한다"는 말을 듣고 "우리가 이 길로 나간다면 좋지 않을 것이다"라고 나는 말했다. …… (중략) …… (북:01) **나는 말 위에 태워 눈을 헤쳤다. 나는 위로 말을 밧줄로 끌며 걸었고 나무에 매달리며 오르게 했다. 앞선 군사들을** (북:02) **눈에 뒤덮여 나가게 하고 숲으로 덮인 꼭대기를 우리는 넘었다. 우리는 구르며 내려갔다. 우리는 열흘 만에 장애를 넘어갔다.** 안내가 길을 잘못 들어 목이 잘렸다. 지루해진 카간이 "말을 전속력으로 몰아라!"라고 말했다 한다. (북:03) …… 아느 강에 이르렀다. 우리는 그 강을 따라갔다. **우리는 기어오르기 위해 군사들을 말에서 내리게 했다. 우리는 말을 나무에 매고는 했다. 우리는 말을 전속력으로 몰며 갔다.** (강조는 인용자)

이와 같이 빌게 톤유쿠크가 원정 자체의 어려움을 자세하게 토로한 것은 겨울에 북방으로 원정하는 것이 거의 불가능했기 때문이다. 그럼에도 돌궐은 도저히 갈 수 없을 것 같은 길을 헤치고 나가 키르기스를 기습 공격했다. 이에 대해서는 선봉에 섰던 퀼 테긴의 활약을 다음과 같이 묘사했다.

(KT: 동:34) 퀼 테긴이 〔스물여섯〕 (동:35) 살일 때 우리는 크르크즈(키르기스)에게로 나아갔다. 우리는 창이 빠지는 깊은 눈을 헤치고 쾨그멘 산을 넘어 나아가 크르크즈 보둔(백성)을 밤에 기습했다. 우리는 그들의 카간과 송아 산에서 싸웠다. 퀼 테긴이 바야르쿠〔의 흰 종마를〕 (동:36) 타고 돌진하며 공격했다. 그는 군사 하나를 화살로 쏘았다. 군사 둘을 뒤쫓아 창으로 찔렀다. 그 공격에서 그들은 바야르쿠의 흰 종마를 그 엉덩이를 부수어 쳤다. 우리는 크르크즈 카간을 죽였다. 그의 일(나라)을 빼앗았다. (강조는 인용자)

방심하고 있던 키르기스에 대해 불가능한 원정을 성공시킨 돌궐은 곧바로 튀르기쉬의 공격 사실을 파악하고 알타이 산맥 방향으로 내려와 다시 방향을 틀어 서쪽으로 나아갔다. 〈톤유쿠크 비문〉의 기록에 따르면, 그때까지 서방 진출에 몰두하던 카프간 카간은 카툰이 사망한 것을 핑계로 몽골 초원의 본영으로 돌아가면서 아들 척서 카간과 조카 타르두쉬 샤드 뵈귀를 대신 보냈다. 이때 10만 명에 이르는 온 오크(서돌궐)의 군대가 공격한다는 사실을 알고 퇴각하려고 했던 빌게 톤유쿠크는 이르티시 강을 건너 두 배나 많은 튀르기쉬를 기습 공격해 카간을 사로잡고 야브구와 샤드들을 죽이는 등 큰 전과를 올렸다. 그는 여기서 그치지 않고 옌취 강珍珠河(시르다리야)을 건너 테미르 카프그鐵門까지 진출해 소그디아나를 장악함으로써 그로부터 많은 공물을 받아냈다.

이에 대해 빌게 카간과 빌게 톤유쿠크 모두 비문에서 아주 자세히 자신들의 활약상을 묘사했다. 그만큼 키르기스와 튀르기쉬에 대한 원정 성공은 그의 업적 가운데 부흥 운동에 성공한 것에 못지않을 정도로 중요했다. 먼저 빌게 가산은 자신과 동생 퀼 테긴이 크게 활약한 것에 대해 다음과 같이 설명했다.

(KT: 동:36) 그해에 튀르기쉬〔에게로 알툰 산을〕 (동:37) 넘어 이르티시 강을

건너 우리는 나아갔다. 우리는 튀르기쉬 보둔을 잘 때 공격했다. 튀르기쉬 카간의 군대가 볼추에서 불처럼 회오리바람처럼 왔다. 우리는 싸웠다. 퀼 테긴은 흰 잿빛 말을 타고 공격했다. 이마가 흰 잿빛 〔말을……〕(동:38) 그가 붙잡게 했다. 그들 둘은 그 자신이 사로잡게 했다. 그는 거기서 다시 들어가 튀르기쉬 카간의 부의룩 아즈 투툭을 자기 손으로 붙잡았다. 우리는 그들의 카간을 거기서 죽였다. 우리는 그의 일을 빼앗았다. 카라 튀르기쉬 보둔 모두가 들어왔다. 우리는 그 보둔을 타바르에서 자리 〔잡게 했다……〕(동:39) "나는 소그드 보둔을 정리하겠어"라고 하며 우리는 옌취 강을 건너 테미르 카프그까지 나아갔다. (강조는 인용자)

빌게 톤유쿠크 역시 이상의 전투를 자신이 지휘했다고 설명하면서 튀르기쉬 원정에서 척서 카간을 도와 눈부신 활약으로 큰 승리를 거두어 당조를 중심으로 한 키르기스와 튀르기쉬의 포위망을 와해시켰다고 자랑했다.[76] 이것은 비록 과장되었다고 하더라도 서돌궐과 키르기스에 대한 지배력을 확보하는 등 돌궐의 발전에 결정적 기회가 되었음이 분명하다. 왜냐하면 카프간 카간은 이를 통해 과거 제1제국 시기의 최대 판도를 거의 확보했다고 할 정도로 발전했으며, 이제까지 카프간 카간이 추구했던 진정한 '돌궐의 부흥'을 완성했기 때문이다.

이와 반대로 당조는 예종이 즉위한 뒤 내부 문제와 함께 서부의 토번이 공세를 시작하자 어쩔 수 없이 이를 좌시했다. 또한 현종이 즉위하기 전인 6월에 이미 돌궐은 자신들의 통제를 받던 거란과 해를 동원해 당조를 공격했으며, 이로 인해 그동안의 화해 국면이 완전히 일신된 바 있었다. 또한 11월에도 거란과 해를 동원해 어양漁陽(지금의 베이징시 미윈현密雲縣 일

---

76) 빌게 톤유쿠크는 자신의 비문 (Ⅰ비문: 북:05)~(Ⅱ비문: 남:04)까지 20행에 걸쳐 자신이 참여한 튀르기쉬 원정에 대해 기록함으로써 그 성과를 크게 자랑했다. 이 부분은 비문 전체 62행 중 3분의 1에 해당될 만큼 큰 비중을 차지한다는 점에서 이를 얼마나 중요하게 여겼는지를 알 수 있다.

대)을 공격하고, 이어 카프간 카간 자신이 직접 황허 이남을 공격하기도 했다.[77] 이는 돌궐이 키르기스와 튀르기쉬 원정을 성공한 데 이어 오르도스 남부까지 진출하려고 했음을 보여준다.

막 즉위한 현종 역시 이런 움직임을 막기 위해 북순을 추진하려고 했다. 그런데 이것은 당시 권력을 여전히 유지하고 있던 상황上皇인 예종과 고모 태평공주太平公主(665~713)가 추진한 일이었다. 실권이 없던 현종은 그 지시에 따라 서쪽의 하주河州(지금의 간쑤성 린샤후이주 자치주臨夏回族自治州 일대), 농주隴州(지금의 산시성陝西省 바오지시寶鷄市 일대)에서 시작해 동쪽으로 연주燕州(지금의 베이징시 서남부 일대), 계주薊州(지금의 톈진시天津市 북방)까지 순행을 하기로 한 다음 유주도독幽州都督 송경宋璟을 좌군대총관左軍大總管, 병주장사幷州長史 설눌薛訥을 중군대총관中軍大總管, 병부상서兵部尙書 곽원진郭元振을 우군대총관右軍大總管으로 삼아 수행하게 하는 결정을 내렸다.[78] 이 순행은 돌궐의 공격을 막기 위한 방비를 점검하고, 가능한 경우 이들을 공격하기 위함이었다. 즉 실제 중종이 계획했던 북벌의 재현이었다.[79]

하지만 713년 정월에 계획되었던 북순은 정권을 장악한 태평공주가 추진하려고 한 것이라 당사자인 현종은 적극적이지 않았다. 조정 내에서도 장정규張廷珪가 북벌을 재개하려는 움직임에 강하게 반대하자 현종 역시 이에 적극 동조했다. 더욱이 7월에 현종이 자신을 치려고 한 태평공주를 제거한 다음 10월에 북벌의 핵심인 곽원진마저 몰아내자 북벌은 더욱 이루기 어려워져 연기될 수밖에 없었다.[80]

한편 돌궐은 당조 내부의 변동을 적극 이용해 8월에 사신을 파견해서

77) 『舊唐書』 권200下 「北狄傳」, p. 5355.
78) 『新唐書』 권5 「睿宗本紀」, p. 120.
79) 「命皇帝巡邊誥」, 『全唐文』 권19, 北京: 中華書局, p. 216.
80) 『新唐書』 권122 「郭元振傳」, p. 4365.

다시 청혼을 했다. 이에 현종도 내부의 안정을 위해 이를 수용하고 촉왕蜀王의 딸 남화현주南化縣主를 아즈 테긴에게 시집보내기로 했다.[81] 그리고는 현종이 직접 카프간 카간에게 서신을 보내 양국의 우호 관계를 확인해 주었다. 이 과정에서 돌궐은 대외 확장을 하는 데 필요한 시간적 여유를 얻을 수 있었다. 반면에 현종은 돌궐의 요청을 거부하지 못하고 받아들여 줄 수밖에 없었다. 이런 당조의 소극적 대응은 이후 돌궐의 도전을 촉발하는 빌미가 되었던 것이다.

이를 바탕으로 돌궐은 713년 다시 서방으로 진출하기 위해 바르콜이 위치한 포류현蒲類縣을 함락하고 서쪽으로 나아가 정주庭州(북정)마저 포위했다.[82] 이것은 당조의 거점을 장악함으로써 톈산 산맥 북방의 오아시스를 차지하기 위한 노력의 일환이었다. 여기에는 척서 카간만이 아니라 뵈귀도 참여했다. 이에 대해 뵈귀는 비문에서 자신이 승리를 거두었다고 기록했다. 하지만 중국 기록에 따르면, 713년 2월 정주를 포위 공격하던 돌궐의 통아 테긴(Tonga tegin으로 추정. 동아특근同俄特勤)이 죽임을 당하고, 이곳을 빠져나가 원병을 청했던 장수규張守珪 등이 공격을 당해 대패하자 카프간 카간의 사위인 퀼 일테베르(Kül iltebe로 추정. 화발힐리발火拔頡利發) 석아실필石阿失畢 등이 투항하는 등 다른 결과로 끝났다고 되어 있다. 즉 공방전 끝에 당조가 승리를 거두었음이 분명하다.[83]

정주를 둘러싼 양국의 공방전은 결국 관계 악화를 초래했다. 이에 현종마저 군사적 도발을 방지하는 것에서 그치지 않고 보다 근본적인 문제 해결을 위해 북벌 재개를 계획했다. 이를 위해 현종은 714년 2월 삭방도부대총관 왕준王晙을 대총관으로 삼아 북변 전체의 군사 업무를 총괄하며 안북도호까지 겸임하게 했다. 또한 서수항성의 파괴로 제 역할을 하지 못

---

81) 『舊唐書』 권194上 「突厥傳」 上, p. 5172.

82) 『新唐書』 권105 「褚遂良傳」, p. 4029.

83) 『舊唐書』 권194上 「突厥傳」 上, p. 5172.

하던 안북도호부를 중수항성으로 이동시키는 등 돌궐 공격에 대한 강한 의지를 표명했다.[84] 이렇게 당조의 북벌 움직임이 재개되자 카프간 카간은 다시 아사나국阿史那鞠을 보내 화친을 요구하는 방식으로 대응했다.[85]

이때 현종은 이 요구가 거짓이라고 보고 바로 거부한 뒤 병부상서 겸 영무도행군대총관인 요숭姚崇을 시켜 북벌을 지휘하게 한 다음 3월 28일에 정식으로 북벌 조칙을 내렸다. 북벌에는 영무군을 중심으로 약 16만 명이 동원되었는데, 중군·전군·좌군·우군의 네 부분으로 구성되었다. 중군에는 대총관인 요숭을 중심으로 검교선우대도호檢校單于大都護 진수군사鎭戍軍使 장지운張知運이 부총관, 전군에는 논궁인과 물부순勿部珣이 총관, 좌군에는 이흠관李欽寬이 부총관, 우군에는 영주도독 여휴영이 부총관을 맡았다.[86]

당조의 북벌이 다시 시작되자 다급해진 카프간 카간은 현종에게 편지를 보내 자신을 '건원영청대부마乾元永淸大駙馬'라고 칭하면서 청혼을 했다.[87] 카프간 카간이 현종에게 이런 요구를 한 것은 아직 당조의 북벌에 대한 준비가 제대로 이루어지지 않았다는 판단에 기초했다. 무엇보다 주장이었던 요숭이 자신의 임무를 부총관인 장지운에게 맡긴 것은 준비가 제대로 되지 않았다는 뜻이었다. 또한 714년 7월 난하灤河(지금의 허베이성 지역)에서 벌어진 거란, 해와의 전투에서 당군이 대패하면서 동부 지역에 대한 방어 역시 문제가 되었다.[88] 이것은 북벌을 견제하기 위해 돌궐이 거란과 해를 이용해 당조를 공격한 것과 관련이 있었다. 그리고 토번 역시 당조의 변경을 다시 공격하자 현종은 군대를 북쪽에만 집중시킬 수 없었

---

84) 『册府元龜』 권992 「外臣部 備禦 5」, p. 11649.

85) 『册府元龜』 권971 「外臣部 朝貢 4」, p. 11405.

86) 「命姚崇等北伐制」, 『全唐文』 권253, 北京: 中華書局, pp. 2563~2564.

87) 『資治通鑑』 권211 玄宗 開元 2년(714) 조, p. 6696.

88) 위의 책, p. 6702.

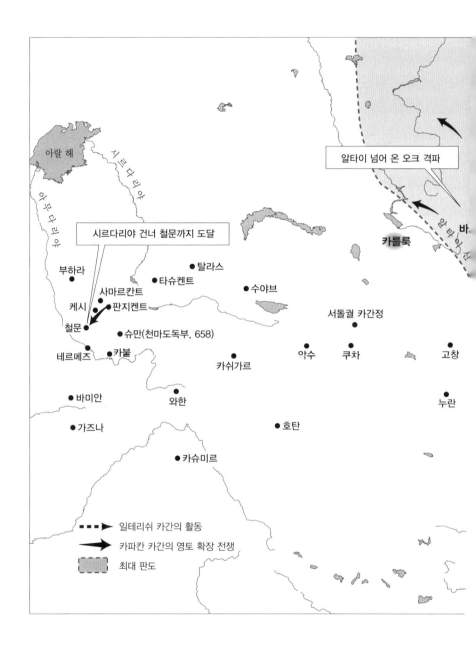

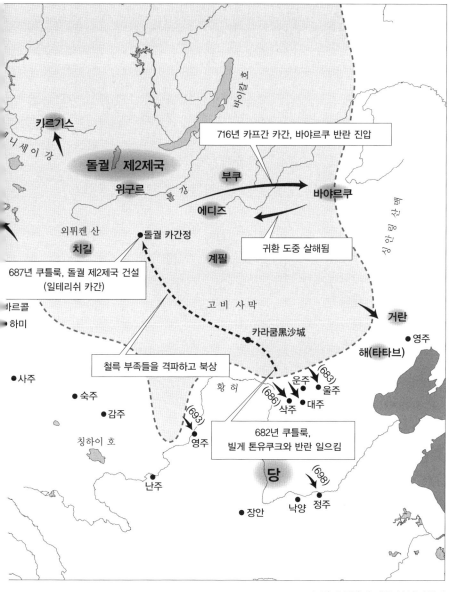

〈그림 4〉 돌궐 제2제국의 부흥과 발전

다.[89) 이렇게 북벌 시도가 좌초되면서 동부와 서부에 새로운 전선이 형성되자 현종은 10월 돌궐에 사신을 보내 공주를 보내주겠다는 약속을 할 수밖에 없었다.

돌궐이 현종의 1차 북벌 시도를 좌절시키고 오히려 당조와의 화친을 주도할 수 있었던 것은 동부와 서부에서 전략적으로 당조를 포위할 수 있었기 때문이다. 이것은 과거 중종이 돌궐을 포위하려고 했던 것처럼, 역으로 돌궐이 당조를 포위하는 전술을 구사할 정도로 국제 질서의 중심축이 되었던 사실과 무관하지 않았다. 하지만 이것 자체는 당조의 북벌 추진을 일시 멈추게 한 것에 불과할 뿐 완전히 좌절시킨 것이 아니라 언제든지 재개할 여지를 남겼다. 왜냐하면 즉위 초의 혼란을 수습하고 안정을 찾은 현종이 돌궐을 상대로 새로운 포위망을 구축해 이를 바탕으로 북벌을 진행시키려는 의지를 버리지 않았기 때문이다. 이는 그 역시 조모인 무측천이 돌궐의 부흥을 좌시하지 않고 끊임없이 무력 정벌을 통해 체제를 와해시키고 자신을 중심으로 질서를 구축하려고 했던 입장과 맥락을 같이했다. 따라서 열전熱戰으로 치닫게 된 양국의 대결은 이후 더욱 본격적으로 가열될 수밖에 없었다.

---

89) 앞의 책, p. 6705.

# 2장

# 돌궐의 당조에 대한
# 저항과 타협(715~741)

## 1. 돌궐의 와해 위기와 빌게 카간의 수습

카프간 카간이 당조와 화친을 맺어 관계를 유지하려고 하면서도 다른 한 편으로 계속 도발을 한 것은 현종에게 결코 유쾌한 일이 아니었다. 특히 서방으로 진출하기 위한 당조의 중요 기지인 정주(북정)에 대한 돌궐의 공 격이 이미 한 차례 실패로 끝난 다음에도 척서 카간이 토번과 연계해 계속 도발을 일삼자 양국의 대립은 더욱 심화되었다. 하지만 715년 척서 카간 이 토번과 함께 추진한 정주 공격이 실패로 끝나자[90] 당조는 다시금 중가 리아 남부에서 돌궐에 대해 우위를 확보할 수 있었다. 더욱이 이것은 이후 돌궐의 예하에 있던 부락들의 이탈과 함께 돌궐 체제를 해체할 수도 있는 계기가 되었다.

당시 돌궐에 복속되었던 초원의 유목 부락들은 "서쪽으로 〔튀르기쉬

---

90) 『册府元龜』 권133 「帝王部 襃功」, p. 1607.

의] 사칼을 멸망시키고 결국 거란과 해마저 정복하는 데 그 부하들을 가혹하게 부려 먹었다. 이미 늙어 점차 정신이 흐려져 포학하게 대하자 부락 사람들이 원한을 품고 배반했다"[91]라고 한 것처럼 원정에 계속 동원하자 지쳐 반감을 갖고 있었다. 이것은 계속된 원정 참여에도 불구하고 카프간 카간이 합당한 급부를 주지 않은 것에 대한 불만으로 추정된다. 왜냐하면 유목 부락들의 원정 참여는 그만큼의 이익이 생겨야 했는데, 이것이 제대로 해결되지 않았을 뿐만 아니라 패배로 인한 타격이 더욱 심각했기 때문이다. 따라서 이후 서부에서 패배해 시작된 내부의 균열은 카프간 카간을 중심으로 한 돌궐 지배 체제의 약화로 이어졌다.

이것은 반대로 당조가 적극적인 초무를 통해 돌궐을 고립시키려고 했던 정책의 성공과 무관하지 않았다. 먼저 온 오크의 좌부 둘록의 다섯 부락과 우부 누시비르의 다섯 부락이 모두 항복했다. 이것은 돌궐의 정벌 실패에 대한 반발의 시작이었다.[92] 왜냐하면 이들은 당조의 힘이 확인된 상황에서 돌궐에서 벗어나 과거처럼 오히려 당조의 기미지배로 누렸던 이익을 회복하고자 했기 때문이다. 이들만이 아니라 715년 정월부터 알타이 산맥 주변에 있던 카를룩의 보일라 타르칸(Boyla tarqan으로 추정. 배라달간裴羅達干), 사른 이르킨(Sarïn irkin으로 추정. 산란사근散蘭俟斤)과 함께 호록옥, 서니시鼠尼施 등의 부락과 고비 이남의 대막도독大漠都督 특진주사特進朱斯, 음산도독陰山都督 모락복계謀落匐雞, 현지도독玄池都督 답실력호비蹋實力胡鼻 등도 내부했다.[93]

현종은 이들을 원래의 거주지에 둔 다음 아사나헌阿史那獻을 정원도대총관定遠道大總管으로 삼아 북정도호인 탕가혜와 연계하게 했다. 그리고 다른 한편으로 안서도호 여휴영을 시켜 서니시 부락과 함께 이들을 추격

---

91) 『新唐書』 권215上 「突厥傳」 上, p. 6048.
92) 『資治通鑑』 권211 玄宗 開元 3년(715) 조, p. 6710.
93) 『册府元龜』 권877 「外臣部 降附」, p. 11481.

해서 공격해올 수도 있는 돌궐을 막게 했다. 동시에 내지에서는 우우림군대장군右羽林軍大將軍 설눌을 양주진군대총관涼州鎭軍大總管으로 삼아 적수군赤水軍(지금의 간쑤성 융덩현永登縣 서남쪽), 건강군建康軍(지금의 간쑤성 가오타이현高臺縣 서남쪽), 하원군河源軍(지금의 칭하이성 시닝시西寧市 동쪽) 등의 군진을 통제하며 양주에 주둔하게 했다. 여기에 도독 양집일楊執一을 부총관으로, 우위대장군 곽건관郭虔瓘을 삭주진군대총관朔州鎭軍大總管으로 삼아 화융군和戎軍(지금의 간쑤성 가오랑현高浪縣에 있는 샤커우峽口), 대무군大武軍(지금 산시성山西省 쉬저우시 동북쪽), 병주 북쪽에 있는 군진을 통제하며 병주에 주둔하게 하고, 장사 왕준王晙을 부총관으로 삼았다. 이들은 모두 돌궐에서 이탈해 당조에 투항한 부락들을 안무하며, 다른 한편으로 이탈한 부락들에 대한 돌궐의 추격을 막으려는 목적을 갖고 있었다.[94]

돌궐 역시 이런 상황을 좌시하지 않았다. 이것은 〈빌게 카간 비문〉의 동면 29행에 나오는 이 무렵 뵈귀가 내부의 이탈을 진압하기 위해 노력한 것에서 확인할 수 있다. 뵈귀는 이때 독자적인 움직임을 보인 카를룩을 진압해 승리했다고 기록했다. 이 무렵 카를룩은 돌궐의 공격을 받아 패배한 뒤 당조에 투항해 들어왔고, 이어 당조의 지원을 받아 돌궐에 대항하고 있었다. 계속된 유목 부락들의 투항은 중종 시기부터 돌궐을 와해시키기 위해 번장들을 우대했던 정책, 즉 '수항'이 이때 효과를 내기 시작했음을 보여준다.

또한 715년 8월에 카프간 카간의 사위 고구려의 막리지莫離支 고문간高文簡과 에디즈 도독跌跌都督 에디즈 사태跌跌思太, 토욕혼의 대추大酋 모용도노慕容道奴, 욱사시郁射施의 대추 골굴 이르킨鶻屈頡斤, 필실 이르킨芯悉頡力, 고구려의 대추 고공의高拱毅 등 모두 1만여 장이 이어 투항했다. 이는 돌궐의 예하 부락에 대한 통제가 약화되었음을 보여준다. 남하한 부락

---

94) 『新唐書』 권215上 「突厥傳」 上, p. 6048.

들은 모두 황허 이남의 오르도스에 거주했는데, 현종은 이들을 번장으로
서 우대하는 등의 조치를 취했다. 즉 고문간을 좌위대장군 요서군왕遼西
郡王으로, 에디즈 사태를 특진 우위대장군 겸 에디즈 도독 누번군공樓煩郡
公으로, 모용도노를 좌무위장군 겸 자사 운중군공雲中郡公으로, 골굴 이르
킨을 좌효위장군左驍衛將軍 겸 자사 음산군공陰山郡公으로, 필실 이르킨을
좌무위장군 겸 자사 안문군공鴈門郡公으로, 고공의를 좌령군위장군左領軍
衛將軍 겸 자사 평성군공平城郡公으로 봉했던 것이다.[95]

이들에 대한 우대는 10월이 되면서 더욱 많은 유목 부락들의 투항을 촉
발했다. 현종은 투항한 유력 부락의 추장 등도 제위諸衛 장군으로 봉해주
었다. 사결의 도독 마산磨散을 좌무장군, 곡설의 이리수移利殊를 우령군
위장군, 계필의 도독 사몰시邪沒施를 우위위장군右衛衛將軍, 복리우匐利羽
의 도독 막하돌묵莫賀突默을 우효위장군, 연타延拖 설혼달薛渾達의 도독을
우위위장군, 노뢰奴賴 대수령 백등주白登州 자사 노뢰효奴賴孝를 좌령군장
군, 에디즈跌跌의 수령 자사 배애력裵艾力을 영군장군領軍將軍으로 제수했
다.[96] 이들은 모두 돌궐 예하에 있던 부락의 유력 추장들로 자신의 부락민
들을 이끌고 당조에 투항하자 정원 이외로 우대를 받았으며, 기존의 지위
도 인정받았다.

유목 부락들의 이탈은 이후에도 계속되었다. 투르크계 유목 부락의 하
나였던 아부스(Abus로 추정. 아포사阿布思)의 일테베르(추장)가 몽골 초원에
서 카프간 카간에게 반기를 들었다가 패배하고 당조에 투항했다.[97] 카프
간 카간에 대한 내부의 계속된 저항은 기록에 정확하게 남아 있지 않다.
하지만 현재 확인되는 것만으로도 현종 시기 이들에 대한 적극적인 초무
책에 힘입어 아부스만이 아니라 위구르, 부쿠, 통라, 바야르쿠, 키르기스

---

95) 앞과 같음.
96) 『册府元龜』 권120 「帝王部 來遠」, p. 2053.
97) 『舊唐書』 권194上 「突厥傳」 上, p. 5173.

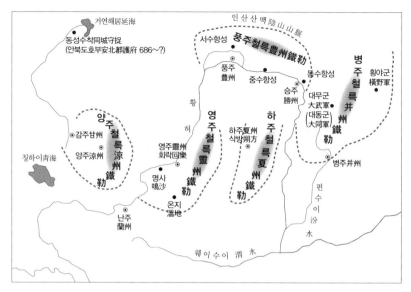

〈그림 5〉 현종 시기에 남하해 투항한 투르크계 유목 부락

등까지 참여할 정도의 큰 규모로 진행되었다. 이것은 과거 태종 시대에 설연타가 멸망한 후 초원의 유목 부락들이 기미지배를 받던 시기에 버금갈 정도로 엄청난 성공이라 평가할 수 있었다. 유목 부락들의 대규모 남하로 고비 남부가 다시 당조의 지배 아래 들어가자 기능이 약화되었던 선우도호부도 부활했다. 이것은 반대로 돌궐에는 자신들을 압박할 수 있는 교두보만이 아니라 중요한 무력 기반인 종속 집단의 상실을 실증해주기에 충분했다.

당시 돌궐이 처한 어려운 상황은 봉기한 투르크계 유목 부락들과 전투를 벌이던 뵈귀의 회상에도 다음과 같이 묘사되었다.

(BQ: 동:29) 토쿠즈 오구즈(철륵)는 나의 보둔(백성)이었다. 텡그리(하늘)와 예르(땅)가 어지러워 그들의 쓸개에 (동:30) 질투가 닿았기 때문에 그들은 적이 되었다. 나는 한 해 동안 네 번 싸웠다. 나는 제일 먼저 토쿠 발르크에서 싸

웠다. 토글라 강을 헤엄치게 하며 건너 그들의 군대 〔……〕 두 번째로 안타르구에서 싸웠다. 그들의 군대를 찔렀다. 나는 세 번째로 〔추시 상류에서 싸〕웠다. 투르크 보둔의 발이 비틀거렸다. 그들은 나쁘게 (동:31) 될 것이었다. 가르며 흩뜨리며 오는 군대를 내가 몰아냈다. 많은 죽을 사람이 거기서 살아났다. 나는 거기서 통라 용사들 한 무리를 통아 테긴의 장례식에서 에워싸서 쳤다. 나는 네 번째로 에즈겐티 카드즈에서 싸웠다. 나는 그들의 군대를 거기서 찔렀다. 참패시켰다.

이상과 같이 715년에 시작된 토쿠즈 오구즈와의 전투는 716년에도 계속되었다. 뵈귀는 이들과의 대결에서 승리한 뒤에도 토쿠즈 타타르와 계속 전투를 벌였다. 당시 전투 상황에 대해 다음과 같이 설명했다.

(BQ: 동:31) 〔…… 서른두 살〕에 암그 요새에서 겨울을 날 때 기근이 들었다. 봄에 (동:32) 나는 오구즈(철록)로 나아갔다. 첫 번째 부대는 싸우러 나섰었다. 두 번째 부대는 야영지에 있었다. 세 무리 오구즈의 군대가 공격해왔다. 그들은 "걸어 다니는 부대가 무너졌다"고 하며 뺏기 위해 왔다. 그들의 군대 절반은 우리 집을 뺏으러 갔다. 군대의 절반은 싸우러 왔다. 우리는 적었다. 나빴다. 오구즈 〔……〕 적〔…… 텡그리께서〕 힘을 주셨기 때문에 나는 거기서 찔렀다. (동:33) 흩뜨렸다. **텡그리(하늘)가 명하셨기 때문에 내가 얻었기 때문에 투르크 보둔이 〔그렇게〕 얻은 〔것이었다〕. 분명히. 내가 남동생과 함께 이만큼 지휘하며 얻지 않았다면 투르크 보둔은 죽었을 것이다. 없어졌을 것이다. 〔투르크〕 벡들과 〔보둔아 그렇〕게 생각해라. 그렇게 알아라. 오구즈 보〔둔 ……〕** "나는 보내지 않겠어"라고 나아갔다. (동:34) 나는 그들의 집을 부수었다. **오구즈 보둔이 토쿠즈 타타르와 함께 모여 왔다. 나는 아구에서 두 번 큰 싸움을 치렀다. 나는 그들의 군대를 참패시켰다. 그들의 일(나라)을 거기서 뺏었다.** (강조는 인용자)

이렇게 뵈귀는 카프간 카간의 명을 받아 총체적인 내전 국면을 수습하기 위해 계속 전투를 벌였다. 동생 퀼 테긴도 토쿠즈 오구즈와 다섯 번이나 전투를 벌였을 뿐만 아니라 카프간 카간도 북방에서 남하한 바야르쿠를 진압하기 위해 출정했다. 이런 상황은 당시 돌궐이 완전히 내부의 통제를 상실한 상태에 빠져 있었으며, 몽골 초원 전체가 전쟁터였음을 보여준다.

또한 다음 기록처럼 뵈귀가 투르크계 유목 부락(오구즈)을 공격하기 위해 출정한 사이에 본영을 습격 받는 등 돌궐은 절체절명의 위기 상황에 빠질 정도로 어려웠다. 이것을 퀼 테긴이 잘 막아냈는데, 뵈귀는 이를 동생의 가장 중요한 업적 중 하나라고 칭송했다.

(KT: 북:08) 봄에 오구즈(철록)를 향해 나아갔다. 퀼 테긴이 본영을 지휘하고 우리는 공격을 하게 했다. 오구즈 적이 본영을 습격했다. 퀼 테긴은 (북:09) 그는 어미 없는 백마를 타고 아홉 명을 찔렀다. **그는 본영을 내주지 않았다. 〔그가 실패했다면〕 나의 어머니 카툰을 비롯해 나의 어머니들, 나의 누이들, 나의 며느리들, 나의 공주들 이만큼의 살아 있는 사람들이 계집종이 되었을 것이다. 죽은 사람들 너희는 숙영지에서 길에 누워 남아 있었을 것이다. (북:10) 퀼 테긴이 없었다면 너희는 모두 죽었을 것이다.** (강조는 인용자)

위의 내용에서 알 수 있듯이 돌궐은 당시 내부의 반란을 진압하기 위해 모든 군대가 동분서주했을 뿐만 아니라 본영마저 위협을 당하는 등 어려운 상황에 처해 있었다. 따라서 현종은 이런 몽골 초원의 혼란을 이용해 716년 정월 2일 드디어 북벌 개시 조칙을 내렸다.[98] 이미 현종은 715년 10월에 설눌을 삭방도대총관으로 발탁해 북벌을 준비하게 하는 등 치밀

---

98) 「命薛訥等與九姓共伐黙啜制」,『唐大詔令集』권130, 上海: 學林出版社, 1992, pp. 706~707.

한 준비를 마친 상태였다.[99] 단지 그는 기회를 엿보고 있었을 뿐이라 조칙을 내리는 것은 새삼스럽지 않았다.

북벌은 4월에 본격화되었다. 당군은 부대를 크게 셋으로 나누어 남쪽에서 몽골 초원으로 압박해 들어갔다. 먼저 중군은 낭산까지 들어가 돌궐과 접전을 벌였지만 더 이상 나아가지 못했다. 서로군 역시 별다른 진척을 보이지 못했다. 반면에 논궁인이 이끄는 기병 중심의 동로군은 고비를 넘어 몽골 초원까지 빠르게 진출했다. 이것은 이번의 북벌 역시 과거처럼 당군만이 아니라 몽골 초원에서 돌궐과 대결을 벌이는 투르크계 유목 부락들까지 끌어들여 연합 작전을 편 것이었음을 보여준다.

이때 카프간 카간이 북쪽에서 남하한 바야르쿠와 톨 강 유역에서 싸워 승리를 거두고 승전에 취해 경무장한 상태로 귀환하다가 갑자기 기습한 바야르쿠의 병졸 힐질략頡質略에게 죽임을 당했다. 더욱이 잘린 카프간 카간의 수급은 이후 북벌을 진행하던 입번사入蕃使 학령전郝靈荃에게 넘겨져 장안으로 보내졌다.[100] 카프간 카간의 갑작스런 죽음은 북벌에 나섰던 당군의 개선凱旋을 가능하게 했지만 실제 전투에서는 별다르게 승리를 거둔 것이 없었다. 그럼에도 이를 통해 710년대 초반 일시적으로 초원을 통합하며 형성되었던 돌궐 중심의 질서가 다시 당조를 중심으로 한 질서 체계로 옮아갈 수 있었다. 이처럼 카프간 카간의 갑작스런 죽음은 몽골 초원의 세력 판도를 완전히 뒤바꾸어놓을 만큼 충격적 사건이었던 것이다.

그 결과로 이전 기미지배 시기에 당조가 유목 부락들을 통제하기 위해 설치했던 기관들이 다시 정비되면서 기능할 수 있게 되었다. 이를 위해 현종은 다수 투항해 내려온 유목 부락들을 통제하기 위해 선우도호부와 안북도호부의 기능을 회복시켰다.[101] 그리고 동부의 거란 추장 이실활李失活

---

99)『册府元龜』권78「帝王部 委任 3」, p. 899.
100)『舊唐書』권194上「突厥傳」上, p. 5173.

과 해의 추장 이대보李大輔의 투항을 받아들여 영주를 회복한 다음 안동도호부를 재건했다.[102] 또한 북방의 키르기스와 서방의 튀르기쉬 등도 당조의 질서 속으로 들어오게 만들었다. 이로써 현종은 기존의 북정도호부, 안서도호부와 함께 고종 시대의 기미지배 체제를 다시 회복했다고 평가할 수 있을 만큼 엄청난 성공을 거둘 수 있었던 것이다.

한편 계속 전투가 벌어지던 몽골 초원에서는 카프간 카간의 갑작스런 죽음에도 당조의 예상과 달리 돌궐 자체가 와해되지 않았다. 왜냐하면 본영에 있던 이넬 카간이 아버지를 이어 바로 즉위해 혼란을 수습했기 때문이다. 이때 이넬 카간은 즉위한 뒤 곧바로 자신의 동생인 뵈귀 테긴(Bögü tegin으로 추정. 묵특근黙特勤) 아사나유수阿史那逾輸를 타르두쉬 샤드西面設로, 아사나 빌게 테긴Bilge tegin(비가특근毗伽特勤)을 퇼리스 샤드東面設로 임명하는 등 체제를 정비했다.[103] 이것은 부왕 시기에 구축되었던 기존의 분봉 체제, 즉 사촌인 타르두쉬 샤드 뵈귀와 삼촌인 퇼리스 벡의 기득권을 부정하면서 카프간 카간의 직계를 중심으로 권력을 완전히 장악하려는 시도였다.

이런 체제 재편은 여기서 소외된 뵈귀가 도저히 받아들일 수 없는 것이었을 뿐만 아니라, 기존에 분봉지를 받고 일테리쉬 카간의 장자로서 지녔던 권리를 완전히 무시한 조치였다. 이에 그의 동생인 퀼 테긴이 정변을 일으켜 이넬 카간을 비롯한 자신의 사촌들을 모두 죽여버림에 따라 돌궐 내부 사정은 다시 새로운 국면으로 접어들었다. 왜냐하면 이때 살아남은 카프간 카간의 적계인 뵈귀 테긴과 아사나 빌게 테긴, 그리고 빌게 공주 등이 당조에 투항해 번장으로서 예우를 받으며 돌궐의 지배 집단이 분열되었기 때문이다.

---

101) 『資治通鑑』 권211 玄宗 開元 4년(716) 조, p. 6719.
102) 『冊府元龜』 권964 「封冊 2」, p. 11342.
103) 『冊府元龜』 권986 「外臣部 征討 5」, p. 11583.

이때 정변을 지휘한 퀼 테긴은 일테리쉬 카간의 적자인 형 뵈귀를 추대해 빌게 카간毗伽可汗(재위 716~734)으로 즉위하게 했다.[104] 따라서 투르크계 유목 부락들의 강력한 저항과 당조의 북벌을 수습하던 과정에서 카프간 카간의 갑작스런 죽음으로 벌어진 돌궐 내부의 계승 분쟁은 일테리쉬 카간의 후예가 다시 권력을 장악하는 것으로 끝나버렸다. 이는 아사나 종실 내부의 갈등을 노출시켰다는 점에서 돌궐을 더욱 약화시킬 수 있는 위기 상황이기도 했다. 그러므로 새로 즉위한 빌게 카간은 이 위기를 벗어나 다시금 체제를 안정시켜야만 하는 과제를 떠안을 수밖에 없었다.

정변을 일으킨 동생의 추대로 카간이 된 뵈귀는 처음에 퀼 테긴에게 자리를 넘겨주려고 했다. 하지만 그가 받으려고 하지 않자 좌현왕, 즉 퇼리스 샤드로 삼아 모든 병권을 맡겼다. 이와 동시에 약화된 아사나 종실의 힘을 보충하고 내적인 통합을 통해 체제를 안정시키기 위해 장인 빌게 톤유쿠크를 불러들였다. 빌게 톤유쿠크는 당시 70세가 넘었지만 부락민들로부터 깊은 존경을 받는 인물로 카프간 카간과의 갈등으로 인해 밀려나 있었다고 추정된다.[105] 그는 돌궐 내에서 강력한 세력을 갖고 있던 아사덕 집안의 대표로 돌궐의 부흥을 위해서만이 아니라 이후 카프간 카간 시기에도 중요한 역할을 했음은 이미 살펴본 바 있다. 더욱이 그는 당조의 기미지배 시기에 고비 남부 초원에서 태어나 당조의 관리로 일한 경험이 있어 중국과 유목 세계 모두에 정통한 인물로서 당시 국가의 최고 원로였다.

그는 위기에 처한 빌게 카간을 돕기 위해 다시 '킹메이커'로 등장해 어려운 상황을 돌파하는 데 필요한 다양한 대책을 제시했다.[106] 그가 자신의

---

104) 『舊唐書』 권194上 「突厥傳」 上, p. 5173.
105) 빌게 톤유쿠크는 비문에서 카프간 카간과 자신이 사이가 좋지 않았다는 점을 말하고 있을 뿐만 아니라 자신의 지위가 아파 타르칸에서 보일라 바가 타르칸으로 떨어진 것 역시 그의 견제에 따른 것이라고 설명하기도 했다(護雅夫, 앞의 논문, 1969, pp. 62~89).
106) 정재훈, 앞의 논문, 1994.

비문에서 누누이 말하는 것처럼, 일테리쉬 카간과 카프간 카간의 유능한 참모이자 장군으로서 자신이 없었으면 돌궐의 영광 또한 없었을 것이라고 자랑할 정도의 인물이었다. 그는 자신에 대해 다음과 같이 평가했다.

(TN Ⅱ: 동:04) 일테리쉬 카간이 얻지 못했다면 (동:05) 그리고 나 자신이 얻지 않았다면 일(나라)도 보둔(백성)도 없었을 것이다. 그가 얻었기 때문에 그리고 나 자신이 얻었기 때문에 (동:06) 일도 일이 되었다. 보둔도 보둔이 되었다. 나는 나이를 먹었다. 나는 크게 되었다. 어떤 땅에 카간을 보둔에게 (동:07) …… 이런 사람이 있다면 무슨 걱정이 있겠는가? …… (중략) …… (북:02) 카프간 카간의 투르크와 시르 보둔의 땅에 보드(부락)도, 보둔(백성)도, 사람도 전혀 없었을 것이다. (북:03) 일테리쉬 카간과 빌게 톤유쿠크가 얻었기 때문에 카프간 카간의 투르크와 시르 보둔이 발전했다, 이렇게. (강조는 인용자)

빌게 카간은 이렇게 돌궐의 부흥 시기부터 계속 중요한 역할을 했던 빌게 톤유쿠크의 지원을 받아 초원 내부 투르크계 유목 부락들의 저항과 현종의 계속된 북벌 위협, 그리고 내적으로 아사나 종실의 내분 등으로 무너진 체제, 즉 '투르크 일'을 다시금 회복하려고 했다. 하지만 이런 노력은 당조를 중심으로 한 강력한 방해로 인해 빨리 쉽게 이루어질 수 없었다. 이는 단계적으로 이루어졌는데, 그에게 주어진 첫 번째 과제는 흩어진 보둔(백성)을 다시 끌어모아 혼란에 빠진 몽골 초원을 안정시키는 것이었다. 그다음에는 체제를 정비하고 주변으로 나아가 과거 제국의 영광을 회복하는 것이었다.

먼저 빌게 카간은 카프간 카간 체제가 무너진 이유를 다음과 같이 설명하면서 당시의 위기를 수습하고자 했다.

(KT: 동:22) 투르크 오구즈(철륵) 벡(관리)들과 보둔(백성)들아 들어라! 위에

서 하늘이 무너지지 않는다면, 아래에서 땅이 꺼지지 않는다면, 투르크 보둔아! 너의 일(나라)과 너의 퇴뤼(조법)를 누가 무너뜨릴 수 있겠느냐? 투르크 보둔아! 〔나쁜 마음을〕 버려라! (동:23) **부끄러워해라! 너희가 따르지 않아 배부르게 한 너희의 현명한 카간과 독립되고 넉넉한 너희의 일(나라)에 너희는 잘못을 했도다! 어울리지 못했도다!** 무기를 가진 자들이 어디에서 와서 너희를 없앴느냐? 창이 있는 자가 어디에서 몰아내고 끌고갔느냐? **신성한 외튀켄 〔땅에 사는〕** 보둔들아 너는 너희의 땅을 버리고 가버렸다. 동쪽으로 갈 사람은 (동:24) 갔다. 서쪽으로 갈 사람은 갔다. 간 곳에서 너희가 얻은 것은 이것이었다. 분명히. 너의 피가 강처럼 흘렀다. 너의 **뼈**가 산처럼 쌓였다. 벡이 될 만한 너의 아들은 사내종이 되었다. 에시(귀부인)가 될 만한 너의 딸은 계집종이 되었다. 무지한 〔너희의 나쁜 행동으로 나의 숙부이신 **카간**이 돌아가셨다.〕 (강조는 인용자)


빌게 카간은 이처럼 715년 이후 돌궐 내부에서 벌어진 많은 유목 부락들의 이반이 결국 돌궐을 와해로 몰아갈 수 있는 원인이라고 진단했다. 따라서 그는 당조에 투항한 여러 부락이 이후에 결코 좋은 결과를 얻지 못할 것이라는 점을 강조해 더 이상의 이탈을 막고자 했다. 이것은 현종의 이른바 '수항' 정책이 과거 태종 시대만큼의 엄청난 성과를 거두었음을 반증한다. 따라서 빌게 카간은 당조의 유인책을 뛰어넘어 자신을 떠나간 유목 부락들을 다시 불러들이거나 그렇게 하지 못한다면 군사적으로라도 굴복시키려고 했다. 왜냐하면 이런 난국을 수습하지 못하면 돌궐은 재기 불능 상태에 빠질 수밖에 없을 만큼 어려운 상황에 놓여 있었기 때문이다.

하지만 당시의 상황은 돌궐 예하의 종속 집단만이 아니라 연맹 집단, 심지어 종실 내부의 핵심 집단까지도 이탈한 심각한 상태였다. 따라서 빌게 카간은 보둔(백성)을 끌어모으기 위해 자신의 정당성을 다음과 같이 설명했다.

(KT: 동:26) 나는 결코 넉넉한 보둔(백성) 위에 앉지 않았다. 나는 배고프고 헐벗고 없는 보둔 위에 앉았다. 나는 나의 동생 퀼 테긴과 합의했다. 우리의 아버지께서, 우리의 숙부께서 얻은 보둔과 이름이 없어지지 않게 하라고 **(동:27) 나는 투르크 보둔을 위해 밤에 자지 않았다. 낮에 앉지 않았다. 나는 나의 동생 퀼 테긴과 두 샤드와 죽어라 하고 얻어냈다. 나는 그렇게 얻어 뭉쳐진 보둔을 불과 물로 만들지 않았다.** …… (마모) …… **(동:28)** 갔던 보둔이 죽을 지경이 되어 걸어서 맨발로 돌아왔다. 나는 "보둔을 배부르게 하겠어" 하고 북쪽으로 오구즈 보둔을 향해, 동쪽으로 크탄과 타타브 보둔을 향해, 타브가치(당조)를 향해 열두 번 크게 군대를〔보냈다. …… 나는 싸웠다.〕(강조는 인용자)

빌게 카간은 자신이 백성들을 배부르게 하고 부유하게 하기 위해 즉위했으며 어떻게 해서든 투르크라고 부르는 연맹 집단들만이 아니라 이탈한 종속 집단 투르크계 유목 부락의 마음까지 얻어내 다시 '투르크 일(나라)' 속으로 끌어들이려고 했다. 그에게는 먼저 자신에게 반기를 든 몽골 초원의 유목 부락을 장악하는 것이 급선무였다. 그는 이탈한 투르크계 유목 부락들이 되돌아오려고 하지 않자 무력 정복을 추진했다. 이들의 할거를 더 이상 방치하면 다시 당조와 연합해 언제든 돌궐을 무너뜨릴 것이었기 때문이다. 따라서 빌게 카간은 이탈해 대량 남하한 유목 부락들을 다시 불러들여 몽골 초원을 안정시키고, 여기서 더 나아가 고비 남부 지역까지 되찾으려고 했던 것이다.

한편 고비 남부를 차지하고 돌궐을 강하게 압박하던 당조 역시 북변의 안정을 유지하기 위해 이곳을 지켜야만 했다. 따라서 두 나라의 이익이 충돌하는 고비 남부와 황허 이남의 오르도스 지역은 양국 관계에서 다시금 중요한 변수가 될 수밖에 없었다. 즉 당시 카프간 카간 말기에 돌궐의 지배를 벗어나 당조의 지원을 받기 위해 대규모로 투항한 유목 부락들이 과연 돌궐로 다시 돌아갈 것인가, 아니면 당조의 통제 아래서 오히려 돌궐에 대항하는 중요한 군사력이 될 것인가는 빌게 카간의 운명을 결정할 만한 문제였다.

돌궐은 투항한 유목 부락들이 카프간 카간을 피하고 당조의 지원을 받기 위해 내려왔지만, 반대로 자신들의 욕구가 충족되지 못할 경우 언제든지 이탈할 수도 있는 속성을 적극 이용하려고 했다. 이들을 안무하는 것이 중요했던 당조 역시 내지에 들어온 유목민들이 분란을 일으키면 어려운 상황이 발생할 수도 있다는 점에서 이에 적극 대비하려고 했다. 따라서 현종은 이들을 지원하면서도 미구의 위험을 방지하기 위해 선우도호부 부도호 장지운을 시켜 유목 부락들의 무기를 몰수한 다음 황허를 건너 오르도스로 들어가서 살게 했다.

이런 조치를 당한 유목민들은 활이 없어 사냥을 할 수 없다고 불만을 터뜨리며 순변사 어사중승御史中丞 강회姜晦에게 항의해 다시 무기를 돌려받기도 했다.[107] 유목민들은 이런 조치를 압박으로 인식하고 당조가 보여준 미온적 지원에 불만을 터뜨렸다. 이때 투항한 유목민들은 오르도스로 내려와 낯선 환경에 적응하는 과정에서 당조의 지원이 제대로 이루어지지 않는다고 인식했다. 특히 투항하면서 가졌던 기대만큼 당조가 이를 충족시켜주지 못하자 반발이 더 클 수밖에 없었다.

반면 돌궐은 이들의 불만을 극대화시켜 다시 몽골 초원으로 불러들이고자 했다. 그 결과 오르도스에 내려왔던 부락 가운데 가장 규모가 컸던 설연타와 에디즈 등이 장지운의 견제에 반발했다. 이에 제대로 방비를 하지 않았던 장지운은 청강령青剛嶺(지금의 간쑤성 환현環縣 서북쪽)에서 이들과 싸워 결국 패배한 다음 사로잡혔다. 이렇게 예기치 않게 패배하자 삭방총관 설눌이 병사들을 이끌고 이들을 추격했다. 이때 유목 부락들은 대빈현大斌縣(지금의 산시성陝西省 쯔저우현子洲縣 서쪽)까지 갔다가 대패하자 흑

---

107) 『舊唐書』 권194上 「突厥傳」 上, p. 5173.

산黑山 호연곡呼延谷에 숨어들어 가면서 장지운을 풀어주고 고비를 건너 북방으로 도망갔다.[108] 이를 통해 유목 부락의 일부가 다시 몽골 초원으로 되돌아왔다. 빌게 카간은 이를 "(BQ: 동:22) **여러 곳으로 갔던 보둔(백성)이 (걸어서 맨발로) 죽을 지경이 (되어) (동:23) 왔다**"라고 기록했다.

이와 같이 당조의 북벌과 유목 부락들의 반발, 그리고 아사나 종실 내부의 정변 등으로 혼란에 빠져 있던 돌궐은 빌게 카간을 중심으로 몽골 초원에서 반발한 유목 부락들을 몰아내고, 반대로 자신들을 떠났던 이들을 끌어들여 재기의 발판을 일부 마련할 수 있었다. 빌게 카간은 여기서 멈추지 않고 한 발 더 나아가 과거의 종속 집단을 다시 확보하기 위해 당조가 차지하고 있던 고비 남부로의 진출을 시도했다. 고비 이남은 앞서 카프간 카간의 진출에서 확인했듯이 전략적 측면에서 당조를 압박할 수 있는 중요한 교두보로서 이곳의 확보 여부가 그의 발전 가능성을 결정할 수밖에 없었기 때문이다.

하지만 빌게 카간의 이런 생각은 바로 실행될 수 없었다. 왜냐하면 빌게 톤유쿠크가 이를 다음과 같이 반대했기 때문이다.

당나라의 군주가 영특하고 용감하며 사람들은 화합하고 해마다 풍년이 들어 틈이 보이지 않으니 군대를 움직일 수 없습니다. 우리 백성은 새로 모였고 아직 피로하고 나약하니 모름지기 3년 혹은 수년 동안 쉬어 기른 뒤 비로소 변화를 지켜본 다음에 일을 일으킬 수 있을 것입니다.[109]

빌게 톤유쿠크가 이때 빌게 카간을 말리며 시간적 여유를 갖자고 한 것은 중종 시대 이래 계속된 북벌 노력을 통해 자신들을 무너뜨릴 만큼 당조

---

108) 앞의 책, p. 5174.
109) 위와 같음.

가 강력하다는 현실적 인식 때문이었다. 그리고 일부가 고비를 넘어 들어왔지만 돌궐에 반기를 들었던 유목 부락들이 여전히 고비 남부에 많이 남아 있었다는 사실도 중요했다. 이 역시 돌궐에 녹록지 않은 상황이라 단순한 약탈전이라면 문제가 없지만 고비 남부를 회복하기 위한 대규모 공격에는 어려움이 있었다. 더욱이 남정을 추진하려면 주변 세력과의 공조도 필요했는데, 이 또한 가능하지 않았다. 특히 돌궐의 중요한 기반이었던 동부의 거란과 해가 이탈한 상황에서 당조 견제는 더욱 쉽지 않았다.

현실적 판단에 기초한 빌게 톤유쿠크의 조언은 당시 질서를 주도할 만큼 강력했던 당조와 당장 대결을 벌이기보다 내적인 역량을 강화하면서 당조를 압박할 수 있는 세력들과 공조를 이루어내자는 취지였다. 과거 카프간 카간 시기에 하북 지역에 대한 원정을 성공으로 이끌었던 것도 이런 제반 여건이 충족된 다음에 이루어졌다. 따라서 빌게 카간은 이 같은 조언에 따라 당조에 대한 공격보다 먼저 몽골 초원의 세력들을 통합하기 위해 노력하면서 다른 한편으로 자신의 역량을 강화하기 위한 체제 정비에 치중하려고 했던 것이다.

빌게 카간은 원정의 성공적 수행 외에도 경제적 기반의 확대를 통해 군주 개인의 권위를 강화하기 위해 체제 정비에 힘썼다. 이것은 재화를 새롭게 확보하는 것을 기초로 했는데, 이와 관련해 빌게 카간은 성벽을 수축해 이곳에 절과 도관道觀을 만드는 것이 어떤지 빌게 톤유쿠크에게 질문했다. 이번에도 그는 다음과 같은 이유로 반대했다.

안 됩니다. 돌궐의 인구는 적어서 당나라의 백분의 일에도 대적할 수 없고, 그런 까닭에 〔우리나라가〕 늘 대항할 수 있는 것은 바로 풀과 물을 쫓아다녀 사는 곳이 일정하지 않으며 사냥을 업으로 삼고 또한 모두가 무예를 익히는 것에 있습니다. 강하면 병사들을 진군시켜 노략질하면 되고, 약하면 산림에 숨고 엎드리면 당나라 병사들이 비록 많더라도 어찌할 수가 없을 것입니다. 만약 성채를 쌓고 산다면 옛 풍

**속을 바꾸는 것이라 하루아침에 이점을 잃으니 반드시 장차 당나라에 병합되고 말 것입니다.** 또한 불교와 도교의 법은 사람의 성품을 어질고 약하게 만들어 본래 무武를 사용해 강함을 다투는 방책이 아니라 절과 도관을 설치해서는 안 됩니다.[110] (강조는 인용자)

당시 빌게 카간이 정주 관련 시설을 설치하려고 한 것은 국가가 단순히 유목민으로서의 무력에만 의지할 수 없다는 인식과 관련이 있다. 국가를 건설하고 운영하기 위한 재원을 마련한 다음 이를 효과적으로 재생산하려면 유목민들만이 아니라 유능한 정주 지역 출신의 관료가 필요했다. 이미 지적한 것처럼, 유목 국가는 군사적 능력을 갖춘 유목민들과 행정적 능력을 갖춘 정주 지역 출신 주민의 결합으로 이루어질 수밖에 없다는 점에서 양자가 공존할 수 있는 구조를 만드는 일이 중요했다. 국가를 유지하기 위해서는 초원의 유목적 기반과 정주적 시설이 이질적이지만 함께 존재할 수밖에 없다. 따라서 정주민들을 받아들이려면 이들이 거주하고 신앙생활을 할 수 있는 시설이 중요했는데, 이는 앞서 소그드 상인의 예에서 살펴본 바 있다.

당시 중앙아시아의 교역을 장악하고 유목 국가의 관리로서 경제적·외교적 능력을 발휘할 수 있는 소그드 상인들을 빌게 카간이 끌어들이고자 한 것은 돌궐의 발전과 직접 연결될 만큼 중요한 문제였다. 빌게 카간은 사원과 도관 등을 설치해 소그드 상인들만이 아니라 기미지배 과정에서 익숙해진 중국인마저 적극 포섭해내려고 했다. 이것은 원정이 어느 정도 성공함에 따라 이후 더욱 가속화될 수밖에 없었다. 특히 종교 시설의 건설은 중앙아시아를 가로지르며 무역에 종사하면서 유목 국가와 긴밀한 관계를 가졌던 상인들에게 아주 중요했다.

---

110) 앞과 같음.

실제로 유목 군주들은 자신이 직접 종교를 수용하기도 하고, 그렇지 않으면 종교를 믿을 수 있도록 지원하는 체제를 마련하기 위해 노력했다. 돌궐의 경우에도 이미 불교를 받아들이고 이와 관련된 시설을 마련하는 등의 움직임을 보인 바 있었다. 돌궐이 소그드 상인들에게 중요한 종교의 하나였던 조로아스터교의 영향을 크게 받았다는 사실도 유적들을 통해 확인할 수 있다.[111] 빌게 카간 역시 자신에게 협조적인 관료 집단을 확보해 체제를 안정시키려고 했다. 여기서 더 나아가 이들에 대한 지원을 통해 재화를 확보하는 이른바 '교역 국가'를 건설하기 위한 기틀을 마련하려고 했던 것이다.

빌게 톤유쿠크가 이를 유목의 습속을 바꾸는 일이라고 반대한 것은 아직 많은 유목 부락을 확보하지도 못하고, 당조로부터 지원도 제대로 받지 못한 상황에서 자신들의 특기인 군사적 능력을 약화시킬 수도 있다는 우려의 표명이었다. 빌게 톤유쿠크는 유목 국가를 발전시키기 위해서는 정주적 요소를 수용하고, 그들의 협조를 얻는 것이 중요하다고 여겼음에도 당시의 엄중한 상황 속에서는 몇 년 동안 힘을 축적하는 등 시간적 여유를 갖는 게 좋다고 판단했던 것이다.

빌게 카간도 이를 적극 받아들여 그 뒤에는 몽골 초원의 안정을 위해 계속 원정을 벌이는 데 치중했다. 실제로 빌게 카간은 즉위한 후 〈빌게 카간 비문〉 동면 37행부터 38행에 걸쳐 계속 투르크계 유목 부락과 전투를 벌였음을 밝혔다. 이와 관련해 그는 셀렝게 강을 따라 내려가 공격을 하자 위구르가 동쪽으로 도망갔고, 그다음 해인 718년에도 투르크계 유목 부락이 당조로 도망치자 이들을 쫓아 다시 출정했다고 했다.

이런 과정에서 돌궐에 패배한 유목 추장들이 남하했다. 즉 717년에 바야르쿠의 추장 힐질략頡質略, 위구르의 추장 이르킨 일테베르(Irkin ilteber

111) 蔡鴻生,『唐代九姓胡與突厥文化』, 北京: 中華書局, 1998.

로 추정. 이건사리발移建俟利發), 부쿠의 추장 엘라카(Yelaka로 추정. 예륵가曳勒哥), 통라의 추장 빌게 뵈귀 초르(Bilge bgöü chor로 추정. 비가말철毗伽末啜), 습의 추장 언비言比, 카를룩의 추장 보일라 타르칸(Boyla tarqan으로 추정. 배라달간裴羅達干) 등이 모두 당조에 투항했다. 이에 당조에서도 병주장사 장가정張嘉貞이 병주에 천병군天兵軍을 설치해 이들을 태원 북방에 살게 하고, 카를룩에는 갈주葛州를 설치해주면서 그 추장에게는 자사를, 나머지 추장들에게 도독두함都督頭銜이라는 벼슬을 내렸다.[112]

빌게 카간은 몽골 초원의 내부 단속과 함께 다른 한편으로 카프간 카간과 마찬가지로 당조와 화친하려는 노력을 벌여 재개될지도 모를 북벌을 막고자 총력을 기울였다. 이를 위해 717년 7월 당조에 타만 타르칸他滿達干을 사신으로 보내 말을 바쳤다. 하지만 현종은 그를 단지 낭장郎將에 제수하고 편지를 보내 답례를 했을 뿐이다.[113] 이것은 현종이 이때 돌궐만이 아니라 주변의 토번이나 거란 등과도 우호적 관계를 유지해 당조를 중심으로 한 질서를 안정시키려는 구상을 갖고 있었기 때문이다. 따라서 저의가 의심스러운 돌궐이 718년 정월에 다시 화친을 청하자 편지를 보내 과거 카프간 카간처럼 당조를 속이기 위한 것이 아니라 진정한 마음으로 화친을 하라고 타이르며 요구를 받아주지 않았던 것이다.[114]

또한 현종이 돌궐의 요청을 거부한 것은 고비 이남에 내려간 유목 부락들을 사이에 두고 대결이 벌어지는 상황에서 만일 화친을 받아들이면 분명 유목 부락들을 소환하겠다고 요구할 것이 뻔했기 때문이다. 오히려 현종은 돌궐이 남하한 유목 부락들을 쫓아 내려오자 이들을 보호하기 위해 718년 2월 울주蔚州에 있던 횡야군橫野軍을 산북山北에 있는 대군代郡 대안성大安城으로 이동시키고 3만 명을 배치해 방어 준비를 갖췄다.[115] 이와

---

112) 『舊唐書』 권99 「張嘉貞傳」, p. 3090.

113) 『册府元龜』 권974 「外臣部 褒異 1」, p. 11445.

114) 『資治通鑑』 권212 玄宗 開元 6년(718) 조, p. 6731.

관련해 〈빌게 카간 비문〉 동면 40행에 따르면, 돌궐이 군대를 내려보내 투르크계 유목 부락을 추격했을 뿐만 아니라 위구르와 카를룩의 부락민 등을 죽였다는 점이 확인되는데, 이것은 돌궐의 공세가 계속되었음을 보여준다.

이후에도 현종은 돌궐의 공세에 적극 대응하기 위해 718년 2월 북벌을 강하게 요구하던 삭방군대총관 왕준의 의사를 받아들였다. 그리고 다음 해 돌궐에 대한 공격 명령을 내리고 서쪽의 바스밀과 동쪽의 해와 거란 등 두 종족을 징발해 돌궐을 포위 공격하는 북벌을 시도했다. 당조에서 공격을 준비하기 시작하자 돌궐은 남부로 내려간 유목 부락들을 공격하면서 다른 한편으로 동부의 해를 다시 복속시키려고 했다. 왜냐하면 거란과 해는 돌궐에 중요한 부용 집단으로서 카프간 카간 시기에도 발전을 위한 전제였을 뿐만 아니라 이들이 자신을 포위할지도 모를 위험성을 막아야만 했기 때문이다.

당시 거란의 추장 송막군왕 이실활은 715년 당조에 투항한 다음 입조해 종실의 외질녀인 영락공주永樂公主와 결혼했다.[116] 해의 추장 이대보도 당조에 투항해 요락주饒樂州로 편입되고 요락군왕饒樂郡王 좌금오원외대장군左金吾員外大將軍 요락주도독饒樂州都督으로 책봉되었다가 717년에 입조해 종실 외손녀 신씨辛氏 고안공주固安公主와 결혼했다. 이것은 현종이 동부의 두 부락을 자신의 통제 아래 놓아 이들의 위협을 감소시키고, 나아가 돌궐을 견제할 수 있는 기반을 마련하려는 목적과 관련되었다. 이로써 현종은 과거 북벌을 추진하던 중종이 포위 전략에서 동부의 지원을 받지 못했던 것과 달리 이들을 적극 이용할 수 있었던 것이다.

반면 이 무렵 돌궐의 동부 진출은 초원의 내적 안정이 확보되고 당조에

---

115) 앞의 책, p. 6732.
116) 『舊唐書』 권199下 「北狄傳」 下, p. 5355.

서도 아직 직접 공격을 하지 않은 상황에서 718년 6월 거란의 이실활이 죽자 내부에서 혼란이 일어났기 때문에 가능했다.[117] 〈빌게 카간 비문〉에서 "(동:39) 타타브 보둔이 타브가치 카간(현종)에게 들어갔다. '그의 사신, 그들의 좋은 소식과 요청이 오지 않는다'라면서 나는 여름에 나아갔다. 나는 보둔을 그곳에서 깼다. 〔나는 그들의〕 말 떼〔를 재산을 그곳에서 빼앗았다. ……)"라고 한 것처럼, 여름에 출정한 빌게 카간이 해(타타브)를 공격해 승리를 거둔 것은 당시 거란과 당조가 도움을 주지 못했던 것과 관련이 있다.

또한 빌게 카간은 "(동:40) 나는 '남쪽으로 카를룩 보둔에게 나아가라!'라고 토둔 얌타르를 보냈다. 그는 갔다. 〔…… 카를룩의〕 일테베르가 없어졌다고 한다"라고 한 것처럼, 다시 남쪽의 카를룩에 공세를 가하기 위해 토둔 얌타르를 보낸 다음 자신과 퀼 테긴이 직접 원정에 나서 카를룩의 추장인 일테베르마저 죽여버렸다. 이런 돌궐의 원정 성공은 그의 발전을 반영하는 것으로 서서히 위기에서 벗어나고 있었음을 다시 한 번 보여주기에 충분했다.

그런데 이는 반대로 당조를 비롯한 주변으로부터 더욱 강력한 도전을 받게 만들 수밖에 없었다. 당조에서는 719년 가을 삭방군대총관 왕준이 북벌을 주도했다. 여기에 삭방군을 중심으로 고비 남부에 내려와 있던 유목 부락들과 서쪽 바스밀, 그리고 동쪽 해와 거란 등이 모두 원정군에 참여해 돌궐을 완전히 포위했다. 이때 현종이 내린 북벌 조칙에 따르면, 바스밀 우효위대장군右驍衛大將軍 금산도金山道 총관 처목곤집미 초르處木昆執米啜, 견곤도독堅昆都督 우무위대장군右武衛大將軍 빌게 쿠틀룩 카간(Bilge qutlugh qaghan으로 추정. 골돌록비가가한骨篤祿毗伽可汗), 거란 도독 이실활, 해奚 도독 이대보李大輔, 돌궐 카프간 카간의 아들 좌현왕 뵈귀 테긴,

117) 『資治通鑑』 권212 玄宗 開元 6년(718) 조, pp. 6732~6733

좌위위장군左威衛將軍 우현왕 아사나 빌게 테긴, 연산군왕燕山郡王 화발석 실필火拔石失畢 등 모두 30만 명이 동원되었다. 이들은 모두 왕준의 통제를 받아 각 방향에서 몽골 초원으로 진격해 일단 오르콘 강 주변에 집결한 뒤 돌궐의 오르두(아장)를 직접 공격하려고 했다.[118]

한편 다시 추진된 당조의 북벌 소식은 돌궐을 위기에 빠뜨리기에 충분했다. 이에 빌게 카간이 빌게 톤유쿠크에게 그 대책에 대해 자문을 구하자 그는 다음과 같은 대책을 제시했다.

바스밀은 지금 북정도호부에 있는데, 다른 두 종족과는 동서로 너무 멀리 떨어져 있어 반드시 만날 수 없습니다. 왕준의 병마는 생각해보면 역시 이곳에 올 수가 없습니다. 반드시 온다고 하더라도 그들이 가까이 오기를 살폈다가 오면 **오르두를 북쪽으로 사흘거리로 옮겨 당나라 병사들이 식량이 바닥나기를 기다리면 자연히 물러날 것입니다.** 또한 바스밀은 가벼워서 이익을 좋아해 명령을 들으면 반드시 먼저 올 것이나 왕준과 장가정이 서로 화합하지 않아 주청하는 것이 마음에 들지 않는다면 분명 움직이려고 하지 않을 것입니다. 만일 **왕준의 병마가 오지 않고 바스밀 혼자서 온다면 바로 바스밀 군대를 격파하고 잡아 형세를 쉽게 만들 수 있을 것입니다.**[119] (강조는 인용자)

이것은 당조를 중심으로 구성된 원정군의 특성을 정확히 이해하고 대처하고자 한 것이었다. 이는 빌게 톤유쿠크가 당군만이 아니라 개별 부락들의 특징에 정통했기 때문에 가능했다. 실제로 당군이 오기도 전에 바스밀만이 돌궐의 오르두(아장) 근처까지 왔다가 혼자 공격하지 못하고 두려워 물러나 돌아가려고 했다. 이때 빌게 카간이 이들을 공격하려고 하자 빌

---

118) 『册府元龜』 권986 「外臣部 征討 5」, p. 11583.
119) 『舊唐書』 권194上 「突厥傳」 上, p. 5174.

게 톤유쿠크는 이를 말리면서 오히려 그들의 본거지 북정도호부로 군대를 보내 포위하고 공격해 돌아갈 곳이 없게 만들었다. 이로써 돌궐은 바스밀을 모두 사로잡을 수 있었고, 바스밀이 몰락하자 당조의 포위망은 무너져버렸다.

이후 빌게 카간은 이를 이용해 하서 지역을 공격했다. 남하한 돌궐이 적정赤亭(지금의 간쑤성 산단현删丹縣)으로 가서 양주의 양과 말을 약탈하면서 이들을 막기 위해 산단현에 온 당군을 대패시켰다.[120] 이 전투에서 빌게 카간은 "(BQ: 남:01) 첫날 중국 기병 1만 7000명을, 둘째 날 모두 죽였다"라고 할 정도로 엄청난 승리를 거두었다. 이런 돌궐의 기민한 대응으로 인해 왕준이 계획한 북벌은 완전히 실패로 끝났다. 따라서 빌게 카간은 "이로 말미암아 크게 떨치고, 카프간 카간의 백성을 모두 차지했다"[121]고 할 정도로 완전하게 재기할 수 있었던 것이다.

이렇게 되자 빌게 카간은 당조와의 확전擴戰을 막고 다시 화해를 이루어내기 위해 바로 사신을 보내 화친을 청했다. 빌게 카간은 자신이 현종의 아들이 되고자 한다며 청을 올렸고, 이에 대한 허락을 받아내 이후의 북벌 시도를 무력화시켰다. 이로써 빌게 카간은 카프간 카간 사후 와해 위기까지 내몰렸던 어려운 상황을 수습해냈다. 이는 '투르크 일(나라)'의 재건이었으며, 대외적으로 당조의 공식 인정은 아니지만 자신을 완전히 부정하지 못하게 만들었다는 점에서 큰 의미가 있었다.

이에 대해 빌게 카간은 자신이 즉위한 뒤 열두 번의 원정을 통해 얻은 승리라고 설명하면서 자신이 재건해낸 나라에 대해 다음과 같이 자랑했다.

---

120) 『資治通鑑』 권212 玄宗 開元 7년(719) 조, p. 6743.
121) 위와 같음.

(BQ: 동:23) 텡그리(하늘)가 명령을 해서 행운이 있어서 나는 죽을 보둔(백성)을 〔되 살리고〕 배부르게 했다. 나는 헐벗은 보둔을 옷 입게 했다. 없는 백성을 넉넉하게 했 다. (동:24) 나는 적은 보둔을 많게 했다. 셴 일(나라)에 있는 사람보다 셴 카간이 있 는 사람보다 더 좋게 했다. 네 곳에 있는 보둔을 나는 모두 꿇게 만들었다. 무적으로 만들었다. 모두 나에게로 들어왔다. 일을 했다. (강조는 인용자)

이는 대내외 위기가 고조되던 어려운 상황 속에서 즉위한 빌게 카간이 원정의 승리를 통해 당조를 중심으로 한 포위망을 해소하고 다시금 유목 국가로 자리 잡게 되었음을 말한 것이다.

빌게 카간은 이런 성공을 바탕으로 당조에 투항한 부락들을 추동推動해 당조로부터 이탈하게 만듦으로써 고비 남부 내지는 동부로의 진출을 도 모했다. 이는 당조 변경의 상황이 자신에게 점차 유리하게 전개되었기 때 문에 가능했다. 먼저 720년 수항성 일대에 거주하던 유목 부락들 가운데 이전에 봉기해 돌궐로 돌아갔던 에디즈 부락 중에서도 여전히 고비 이남 에 남아 있던 일부와 부쿠 등이 다시 봉기했다. 이것은 당시 에디즈의 추 장 에디즈 사태와 부쿠의 새로운 추장 작마勺磨 등이 돌궐과 연계해 일으 킨 것이었다.

하지만 이런 움직임은 더 확대되지 못하고 추장인 작마가 간계에 빠져 죽음에 따라 진압되었다.[122] 또 이 같은 상황에서 장성 주변에 와서 살던 다른 부락들인 바야르쿠, 통라, 아부스 등도 일시 동요했다. 그러나 이들 역시 천병군 절도대사 장열張說이 직접 군대를 이끌고 가서 위무하자 다 시 안정되었다. 따라서 투항한 유목 부락들을 부추겨 돌궐로 끌어들임으 로써 고비 남부로 진출하려는 빌게 카간의 계획은 성공하지 못했다.

또한 동부에서 거란에 내분이 일어나자 해가 개입하는 과정에서 당조와

---

122) 『資治通鑑』권212 玄宗 開元 7년(719) 조, p. 6740.

두 부락 사이에 갈등이 빚어진 것 역시 돌궐에게 기회였다. 720년 거란의 추장인 이사고李娑固는 권력을 잡고 있던 아관衙官 가돌우可突于가 자신을 능욕한다고 생각해 죽이려고 하다가 실패하자 영주로 망명을 했다. 이에 안동도호 설태薛泰가 해의 추장 이대보와 함께 돌려보내려고 했으나 이를 거부한 가돌우가 이들을 공격해 설태를 사로잡고 이대보를 죽여버렸다.

이후 영주에서는 이런 일로 분란이 일어났음에도 가돌우가 자신이 당조에 반기를 든 것이 아니라고 설명하면서 용서를 빌자 별 문제없이 해결되었다. 이에 현종은 그를 용서해주고 거란의 추장 울우鬱于를 다시 송막도독으로, 이대보를 대신해 그의 동생인 노소魯蘇를 요락주도독으로 임명했다. 또한 해의 아관이었던 새묵갈塞默羯이 추장인 노소를 제거하고 돌궐에 투항하려고 한 것 역시 이를 알아챈 고안공주固安公主가 잘 처리함에 따라 실패로 끝나고 말았다.[123]

그럼에도 이때 거란과 해의 다툼에 당조가 군사적 대응을 제대로 하지 못하자 돌궐은 이를 파고들어 적극 개입했다. 빌게 카간은 722년에 거란을, 723년 해를 연이어 공격했다. 당시 두 부락을 확보하는 것이 빌게 카간에게 매우 중요했음은 해(타타브)에 대한 원정에서 "(BQ: 남:03) 그의 아들, 부녀자, 말 떼를, 재산을 빼앗았다"라고 하면서 자신의 성공을 기록한 것을 통해서도 추측해볼 수 있다. 빌게 카간이 이때 동부를 완전히 장악한 것은 아니었지만 원정을 통해 거란과 해에 압력을 가할 수 있게 됨에 따라 이전과 달리 당조에 보다 효과적 대응을 할 수 있는 기반을 마련했던 것이다.

얼마 지나지 않아 빌게 카간은 앞서 빌게 톤유쿠크에게 자문을 구했던 국가 체제 정비와 관련된 정주민, 특히 소그드 상인들도 받아들였다. 이전부디 빌게 카간이 빌세 톤유쿠크에게 자문을 구한 내용에서 확인할 수 있듯이, 그는 원정을 통해 보둔(백성)을 확보하는 것과 함께 국가 체제를 더

---

123) 앞의 책, p. 6743.

욱 발전시키기 위해 정주 지역 출신의 도움을 받고자 했다. 이런 면모는 빌게 카간이 비문에서 주변과의 교역을 통한 경제 활동을 누누이 강조한 것에서도 확인할 수 있다.

소그드 상인들을 자신의 편으로 끌어들이는 것은 빌게 카간에게 정말로 중요한 일이었다. 빌게 카간이 "(KT: 남:08) **외튀켄 땅에 앉아서 아르크 쉬(카라반)를 보낸다면 전혀 걱정이 없다**"라고 한 것은 그의 이런 바람을 잘 보여준다. 그는 몽골 초원을 중심으로 한 네트워크를 확보하고, 이를 기반으로 교역을 확대해 국가를 발전시키고, 나아가 과거와 같은 영광을 재현하고자 했다. 그 자신이 이를 위해 평생 노력했다는 점을 비문에서 누누이 강조했다.

빌게 카간이 이런 의지를 구현할 수 있었던 것은 오르도스에 위치한 육호주의 소그드 상인들이 당조에 반발해 투항한 사실과 무관하지 않았다. 이곳은 이미 앞서 다룬 것처럼, 여섯 곳의 개별 성채를 중심으로 다른 본관을 가진 소그드 상인들이 모여 사는 집단 거주지로서 카프간 카간의 공세에도 불구하고 당조에 봉사하며 오르도스 서남부의 중요한 목마와 경제 기지로서 역할을 하고 있었다.

전부터 이곳의 중요성을 잘 알고 있던 무측천은 702년에 이곳을 광주匡州(지금의 산시성陝西省 우바오현吳堡縣), 장주長州(지금의 간쑤성 환현環縣)에 병합했다. 중종 역시 707년에 광주, 장주를 없애고 난지도독부蘭池都督府를 설치한 뒤 6주를 모두 현으로 바꾸었다.[124] 이는 이 지역을 내지로 바꿔 통제를 강하게 하려는 조정의 입장을 보여준 것이었다. 더욱이 이 지역은 당조의 북변 방비가 강화되고, 북벌이 지속되는 과정에서 내지로 바뀐 다음에도 군마의 조달지로서 더욱 중요한 군사적 기반으로 부각될 수밖에 없었다.

---

124) 『舊唐書』 권38 「地理志 1」, p. 1418.

그런데 721년 4월 육호주의 하나인 장천현長泉縣의 사마르칸트 출신 우두머리인 강대빈康待賓이 자신을 야브구葉護라고 칭하며 난지도독부 예하의 육주를 공격했다. 그 밖에도 여기에 참가한 추장인 부하라 출신의 안모용安慕容, 쿠샤니아 출신의 하흑노何黑奴 등은 샤드와 대장군을 칭했으며, 타슈켄트 출신의 석신노石神奴, 사마르칸트 출신의 강철두康鐵頭 등은 장군을 칭했다. 소그드 상인들은 당조의 관칭을 버리고 과거 돌궐식의 칭호를 사용함으로써 자신들의 이탈을 공식화했다. 더욱이 다른 소그드 상인 촌락들도 이에 적극 호응하자 당조에서는 큰 위기감을 느끼고 위항韋抗을 보내 안무하려고 했다. 하지만 위항이 제대로 역할을 하지 못하자 오히려 소그드 상인들은 인근의 탕구트와 연계해 은성銀城, 연곡連谷 등지를 약탈한 다음 7만 명의 병력으로 성장해 하주까지 진출했다.[125]

이에 대항해 당조에서는 왕준을 보내 파격적 포상을 걸고 이들을 적극 진압해 7월에 강대빈을 사로잡고 1만 5000명 정도를 죽이는 성과를 거두었다. 이후 저항했던 나머지 소그드인들마저 탕구트로 도망을 갔다가 다시 공격을 받고 패배했다. 이에 왕준은 도망간 소그드인들을 소탕하면서 다른 한편으로 탕구트를 지원해 봉기의 확산을 막으려고 했다. 이와 달리 진압에 참가했으나 공을 세우지 못한 곽지운郭知運은 봉기에 참가한 소그드인들을 위무하지 않고 투항한 사람들을 죽이는 등 강경한 대응을 했다. 따라서 소그드인들 내부에서 불만이 고조되었는데, 사로잡힌 강대빈이 장안에 잡혀와 서시西市에서 죽임을 당하자 더욱 강하게 반발했다.

이에 바로 경주의 강원자康愿子가 다시 카간을 자칭하며 봉기했다. 이는 진압하기 위해 왔던 당군이 철수하자마자 다시 시작될 만큼 소그드 주민들이 강한 반감을 갖고 있었음을 보여주기에 충분했다. 즉 2차 봉기는

---

125) 『舊唐書』 권97 「張說傳」, pp. 3052~3053; 保宏彪, 「從康待賓之亂看唐前期西北形勢與民族關係」, 『寧夏師範學院學報』 2014-5.

강경 진압에 대한 반발이었는데, 강원자가 바로 염주와 하주를 공격해 그 주민들을 약탈하고 학살한 것에서도 이를 알 수 있다. 이에 당조에서 다시 장열을 보내 이들을 진압하자 강원자는 목감牧監의 말을 약탈해 황허를 서쪽으로 건너 장성 밖으로 도망 나갔다. 당군은 이들을 추격해 목반산木盤山에서 격파하고 강원자를 사로잡았다. 이로써 2차 봉기 역시 실패로 끝났으나[126] 그 일부는 당조에서 벗어나 돌궐에 투항했다. 이들은 이때 세력을 회복한 돌궐을 기반으로 상업 활동을 벌일 수 있는 기회를 얻었다.

그 뒤 왕준은 소그드 주민들을 내지로 이주시킬 것을 주청해 운주雲州에 남아 있던 5만 호를 여주汝州, 당주唐州, 등주鄧州, 선주仙州, 예주豫州 등지로 이주시켜 오르도스의 삭방 땅을 비게 만들었다.[127] 이것은 이들이 북방과 연계할 경우 향후에 더 큰 문제가 될 것이라는 판단에 따른 결정이었다. 왜냐하면 이제까지 오르도스를 무대로 군사적 역량만이 아니라 상업적으로도 뛰어난 능력을 보여주었던 소그드 상인들이 당조의 통제에서 벗어나 돌궐에 합세하면 큰 위협이 될 수도 있었기 때문이다. 이처럼 당조의 적극적인 노력으로 오르도스의 소그드 상인 문제는 해결될 수 있었다.

반면 빌게 카간은 카프간 카간이 사망한 뒤에도 계속된 당조의 포위 전술과 북벌, 부락민들의 이탈 등으로 인한 위기를 벗어나 비로소 다시 초원의 유목 부락들을 포섭하고, 나아가 남쪽으로 도망갔던 부락들도 불러들일 수 있었다. 이를 바탕으로 동부로 진출해 다른 한편으로 오르도스에 있던 소그드 상인들까지 받아들일 수 있었다. 또한 외교적 교섭을 통해 당조와의 관계도 개선했다. 이는 빌게 카간이 대내외적 위기를 벗어나 초원의 지배자로서 재기했음을 다시 한 번 확인시켜주기에 충분했다. 이로써 몽골 초원 내부를 안정시키고 체제를 정비함으로써 권위를 강화하려고 했

---

126) 「求訪武士詔」, 宋敏求 편, 『唐大詔令集』 권102, 上海: 學林出版社, 1992, p. 519.
127) 『資治通鑑』 권212 玄宗 開元 10년(722) 조, p. 6752.

던 빌게 카간의 노력이 어느 정도 궤도에 올랐다.

그럼에도 돌궐은 아직도 강경하게 고비 남부에서 위협을 가하는 당조의 견제로 인해 카프간 카간 시기의 세력에는 미치지 못했다. 자신들을 중심으로 한 질서를 구축해낸 당조를 넘어서기엔 역부족이었다. 당시 돌궐은 몽골 초원을 둘러싼 다양한 유목 세력들이 당조의 질서 속에 편입되면서 보다 분절적 모습을 보여줌에 따라 과거처럼 질서의 중심이 될 수 없었다. 왜냐하면 당조에서 여전히 기존의 돌궐 불인정 정책을 고수하며 주변의 다양한 유목 세력을 지원해 그들로 하여금 돌궐과 대응하게 만들었기 때문이다. 이런 상황 속에서 빌게 카간은 자신을 중심으로 한 질서를 구축해낼 것인가, 아니면 당조를 중심으로 한 질서의 일원으로 만족하며 발전을 도모할 것인가 하는 고민을 하지 않을 수 없었다.

## 2. 돌궐의 당조 중심 질서로의 편입과 한계

빌게 카간에게 당조의 계속된 북벌 시도와 포위 전술을 극복하고 국가를 재건하는 것은 쉬운 일이 아니었다. 그는 다만 절체절명의 위기를 빌게 톤유쿠크의 적절한 조언과 퀼 테긴의 계속된 원정의 승리로 벗어날 수 있었을 뿐이다. 돌궐이 유목 국가로 안정적 발전을 이루어내려면 당조의 무력 정벌 정책을 단념시켜야만 했다. 왜냐하면 당시 빌게 카간에게는 자신의 힘을 회복할 시간을 더 얻어내는 일이 매우 중요했기 때문이다. 이것이 가능해야만 유목 세계의 지배자로 다시금 위상을 제고시킬 수 있었던 것이다.

따라서 빌게 카간은 자신의 힘을 회복할 시간을 얻기 위해 당조에 화친을 요청하는 것과 원정을 병행 추진할 수밖에 없었다. 이것은 당조가 더는 무력 진압을 통해 자신들을 무너뜨리지 않을 것이라는 판단 아래서 이를 최대한 이용해 이익을 확대하려는 현실적 판단에 근거했다. 특히 빌게 카간은 즉위 초부터 이런 목적을 관철시키기 위해 외교적 수단을 적극 활용했다.

그는 즉위한 뒤 계속 사신을 보냈는데, 이미 살펴본 717년과 718년, 719년의 화친 요구는 모두 현종의 북벌 의지를 약화시키기 위함이었다. 하지만 북벌이 실제로 진행됨에 따라 소기의 성과를 거두지 못했다. 그럼에도 빌게 카간은 계속 거절당하면서 721년에 다시 사신을 파견하는 등 의지를 굽히지 않았다.[128] 그만큼 빌게 카간에게 당조와의 관계는 내적 안정을 도모하기 위한 전제였고, 그 부수적 성과인 경제적 이익과 관련해서도 아주 중요했다.

한편 현종에게도 계속된 북벌은 큰 부담이었다. 더욱이 육호주에서 소그드인들의 반발을 겪고 난 다음 가능하면 화친을 통해 돌궐을 인정해주는 방향으로 관계를 설정하려고 했다. 특히 북벌 실패 후 돌궐과 대결하는 데 부담을 느끼던 현종은 721년 빌게 카간의 청혼 요청을 받아들이지 않았음에도 인정은 해주었다.[129] 현종 역시 돌궐이 화친을 요구하면서 다른 한편으로 늘 군대를 동원해 변경을 약탈하는 수법을 구사한다는 사실을 잘 알면서도 현실적 이유로 그 요구를 일부 들어줄 수밖에 없었던 것이다.

이후 두 나라의 교섭은 서로의 욕구가 맞아떨어지면서 활성화되기 시작했다. 이것은 723년 5월에 아사덕돈이숙阿史德暾泥熟, 7월에 아사나비발 타르칸阿史那毖鉢達干, 그리고 11월에 가라발호可邏拔護 타만 타르칸 등이 계속 당조에 온 것에서도 확인된다.[130] 뿐만 아니라 724년 7월에는 가즈 일테베르(Gazi ilteber로 추정. 가해힐리발哥解頡利發)가 와서 조공한 다음

<hr>

128) 『册府元龜』 권980 「外臣部 通好」, p. 11511.
129) 위와 같음.
130) 『册府元龜』 권974 「外臣部 襃異」, pp. 11448~11449.

에 청혼을 했고,[131] 윤12월에 다시 보일라 초르Boyla chor(배라철裴羅啜)와 아사덕돈이숙이 왔다.[132] 이렇게 721년 외교적 타결이 이루어진 뒤에 계속된 돌궐의 교섭 시도는 빌게 카간이 당조로부터 자신의 위상을 인정받기 위해 얼마나 집요하게 노력했는지를 잘 보여준다.

당시 빌게 카간에게 당조와의 혼인 관계는 자신의 위상을 암묵적으로 인정받는 것뿐만 아니라 유목 세계의 패자임을 자랑하는 수단이었다. 이를 알고 있던 현종은 이전과 마찬가지로 청혼은 끝까지 허락해주지 않았다.[133] 이들과 화친을 맺어 더 이상 전쟁을 벌이지는 않지만 그를 초원의 지배자로 인정하지 않겠다는 강한 의지의 표현이었다. 그럼에도 현종은 평화적 관계를 유지하는 것이 중요하다고 여겨 금포錦袍, 전대鈿帶, 은반銀盤, 호병胡餠 등의 공물貢物을 주며 달래 보냄으로써 더는 요구하지 못하게 했다. 이렇게 양자의 관계는 평행선을 그렸지만 돌궐의 요구는 여기서 그치지 않았다. 이를 위해 725년 7월에도 차비쉬 보일라(Chabish boyla로 추정. 채시배라采施裴羅)가 와서 교섭을 시도했다.[134]

이런 과정을 거치며 외교 관계가 개선되기 시작하자 이제까지 숨 돌릴 틈 없이 계속된 양국의 군사적 대치는 끝나고 화해 국면이 조성되었다. 이런 상황에서 지금껏 계속 돌궐의 요구를 받아들이지 않던 당조에서도 돌궐에 사신을 파견했다. 이것은 양국 관계를 무력 대응이 아닌 교섭으로 바꾸는 계기가 되었다.

이런 변화는 725년 10월 현종이 봉선封禪을 위해 동순東巡을 계획한 상태에서 혹시 발생할지도 모를 돌궐의 도발에 대응하려는 대책의 일환이었다. 당시 조정 내에서는 돌궐 문제가 발생할까 걱정해 관련 논의가 전개

---

131) 『資治通鑑』 권212 玄宗 開元 12년(724) 조, p. 6760.
132) 『冊府元龜』 권971 「外臣部 朝貢 4」, p. 11407.
133) 『資治通鑑』 권212 玄宗 開元 12년(724) 조, p. 6761.
134) 『冊府元龜』 권975 「外臣部 褒異 2」, p. 11450.

되었는데, 중서령中書令 장열은 다음과 같이 돌궐의 상황을 지적했다.

> 돌궐이 이전에 비록 화친을 청했으나 짐승과 같은 속셈은 헤아리기 어렵습
> 니다. 또 빌게 카간이란 자는 인자해 사람들을 아끼니 백성들이 위해 일하려고 합
> 니다. 퀼 테긴은 날래고 용맹하며 싸움을 잘하니 향하는 곳에는 대적할 자가 없습
> 니다. 빌게 톤유쿠크는 매우 주도면밀하고 지모智謀가 있어 늙었다고 하나 더욱 지
> **혜로워 이정李靖, 서적徐勣과 같은 인물입니다.** 세 놈이 마음을 모은다면 움직임
> 에 실수가 없을 뿐만 아니라 우리가 거국적으로 동쪽으로 순행하는 것을 알
> 아채고 만일 변방을 엿본다면 어떻게 그를 막을 수 있겠습니까?[135] (강조는 인
> 용자)

그는 이상과 같이 언제든지 공격이 가능한 돌궐에 대비해 군대를 늘려
야 한다고 했다. 그리고 빌게 카간, 퀼 테긴, 빌게 톤유쿠크 등은 유능할 뿐
만 아니라 결코 믿을 수 없기 때문에 군사적 대응만이 대비책이라고 주장
했다.

반면 병부랑중兵部郎中 배광정裴光庭은 이에 반대하면서 봉선을 위해
군사를 징발하면 안 되니 돌궐의 대신을 불러 황제를 호종하게 하면 감히
따르지 않을 수 없을 뿐만 아니라 군사를 일으켜 공격하지 못할 것이라고
주장했다. 이것은 화친 의사를 계속 보이는 돌궐의 입장을 적극 활용해 당
조를 공격하지 못하게 하려는 현실적 방안이었다. 이상과 같은 논의 과정
속에서 후자의 외교적 교섭 방식이 채택되어 결국 중서직성中書直省 원진
袁振이 돌궐에 사신으로 파견될 수 있었던 것이다.[136]

이제까지 전혀 반응을 보이지 않던 당조가 비로소 돌궐과의 외교적 교

---

135) 『舊唐書』 권194上 「突厥傳」 上., p. 5175.
136) 위와 같음.

섭에 나서자 화친을 통해 내부 정비 및 대외 확장의 시간적 여유를 벌고자 했던 빌게 카간 역시 이를 새로운 기회로 여겼다. 하지만 당조의 입장을 충분히 알고 있던 빌게 카간은 단지 동순에 호종할 대신을 파견해달라는 요구에 강한 불만을 드러냈다. 빌게 카간이 향후 대책과 관련해 빌게 톤유쿠크와 나눈 대화에서 그의 입장을 잘 알 수 있다.

빌게 카간이 물었다. "토번은 개와 같은 놈인데도 당나라는 그들과 혼인을 맺었소이다. 해와 거란은 예전부터 돌궐의 종이었는데, 역시 당나라 집안의 공주와 결혼했소이다. 돌궐은 계속 화친을 맺고자 청했음에도 유독 허락을 얻지 못하는 것은 무슨 까닭입니까?" 빌게 톤유쿠크가 대답했다. "카간께서 이미 황제의 아들이 되었는데, 부자지간이 어찌 혼인할 수 있단 말입니까?" 빌게 카간 등이 "거란과 해가 또한 은혜를 입어 당나라의 성을 하사받고도 오히려 공주와 결혼했는데, 단지 이런 예에 따른다면 어찌 안 된다고 할 수 있겠습니까? 또 듣건대 거란과 해에 들어간 공주가 모두 천자의 딸이 아니라고 하니, 지금 구하는 것도 어찌 진짜와 가짜를 물어볼 필요가 있겠소? 여러 번 청했지만 얻지 못하니 실로 또한 여러 종족에게 수치스러운 일이 아닐 수 없소이다"라고 말했다.[137]

빌게 카간은 이제까지 현종에게 청혼한 것이 정당했는데, 당조가 이를 거절한 것은 받아들일 수 없다고 했다. 이는 자신과 주변 세력이 분명 위상에 차이가 있음에도 현종이 자신에게 상응하는 대접을 하지 않고 오히려 적대시한 것에 대해 강하게 불만을 표출한 것이다. 특히 자신이 거란이나 해에도 미치지 못하는 대접을 받는 것에 크게 반발했다.[138] 그만큼 당시

---

137) 앞과 같음.
138) 崔明德,『中國古代和親史』, 北京: 人民出版社, 2005, p. 658.

빌게 카간에게는 당조와의 관계 개선을 통해 지원을 유도해 자신의 위상을 확정하는 것이 중요했던 것이다. 더욱이 당조로부터 원활한 물자 공급을 원하던 빌게 카간은 혼인과 함께 수반될 막대한 이익을 결코 포기할 수 없었다.

그렇다고 모처럼 찾아온 당조와의 교섭 기회를 무시할 수 없었던 빌게 카간은 동순東巡을 호종할 대신으로 아사덕阿史德 일테베르ilteber(힐리발頡利發)를 보냈다.[139) 이후 동순에 참가한 아사덕 일테베르는 현종에게 아첨해 돌궐 병사들을 친위 부대에 들어가게 하는 등 적극 노력했다. 하지만 그의 위험성을 우려한 기거사인起居舍人 여향呂向의 반대로 그가 친위 부대에 들어가는 것은 철회되었다. 그럼에도 아사덕 일테베르가 현종에게 접근하기 위해 적극 노력하는 모습이 특필될 정도로 그의 노력은 눈물겨웠다.[140) 이것은 빌게 카간이 이를 기회로 현종의 마음을 바꿔 결혼 허락을 받아내려고 했음을 보여준다.

이런 돌궐의 노력에도 불구하고 현종은 귀환한 다음 아사덕 일테베르를 위해 잔치를 열어주고 재물을 후하게 내려주면서도 결혼은 끝내 허락하지 않았다. 이는 돌궐에 대한 당조의 우려가 그만큼 강했음을 반영한 것으로 양국 관계가 아직도 제대로 발전하지 못했음을 의미한다. 현종은 그 뒤 726년에 돌궐에서 세 차례의 사신을 파견했음에도 계속 형식적 대응만 했다. 또한 727년 7월에 다시 쿠틀룩이 와서 말과 페르시아 비단을 바쳐도 별다른 반응을 보이지 않았다.[141)

하지만 727년 8월 부의록 초르Buyïruq chor(매록철梅錄啜)가 토번이 보낸 국서를 갖고 오자 다르게 반응했다. 빌게 카간은 이때 당조와 계속 긴장 관계였던 토번이 편지를 보내 과주瓜州(지금의 간쑤성 주취안시酒泉市 일대)

---

139) 『舊唐書』 권194上 「突厥傳」 上., p. 5176.

140) 위의 책, pp. 5176~5177.

141) 『册府元龜』 권971 「外臣部 朝貢 4」, p. 11408.

| 연도 | 횟수 | 연도 | 횟수 | 연도 | 횟수 |
|------|------|------|------|------|------|
| 695 | 1 | 718 | 1 | 731 | 4** |
| 696 | 1 | 721 | 1 | 732 | 2 |
| 697 | 1 | 722 | 2 | 733 | 2 |
| 698 | 1 | 723 | 3 | 734 | 2* |
| 703 | 1 | 724 | 2 | 735 | 2 |
| 704 | 1 | 725 | 2 | 737 | 1 |
| 711 | 3 | 726 | 3 | 738 | 2 |
| 713 | 2 | 727 | 2 | 739 | 1 |
| 714 | 2 | 728 | 2 | 741 | 1* |
| 717 | 1* | 730 | 3 | | |

〈표〉 제2제국 시기 당조로의 사신 파견(*는 카간 교체 시점, **는 퀼 테긴 사망 시점)

를 공격하자고 요구한 내용을 알렸는데, 이것이 현종의 마음을 움직였다. 빌게 카간이 순수한 마음을 갖고 있다는 사실에 감동한 현종은 자신전紫宸殿에서 잔치를 열어주고 상과 하사품을 더해 주었다. 이와 함께 양국 관계에서 가장 중요한 진전의 하나인 서수항성에서의 호시 개설을 허락하고 매년 비단 수십만 필을 가져다주라고 했다.[142]

빌게 카간의 이런 움직임은 이렇게 해서라도 당조로부터 지원을 받아내는 것이 중요했음을 보여준다. 당조의 계속된 견제와 그들의 지원을 받은 주변 세력의 성장으로 큰 어려움을 겪고 있던 돌궐은 그만큼 먼저 당조와 관계를 개선해 대외적 위험을 줄이고, 물자 공급을 받아 발전을 도모하는 것이 무엇보다 중요했다. 특히 소그드 상인들을 받아들여 국가를 발전시키려면 당조의 원활한 물자 공급이 전제되어야 했는데, 이를 위해서라

---

142) 『舊唐書』 권194上 「突厥傳」 上, p. 5177.

도 당조와의 관계를 강화해야만 했다. 빌게 카간은 당조와 호시를 개설함으로써 이상의 목적을 이룰 수 있었던 것이다.

한편 연합 작전을 벌이려고 했던 토번은 돌궐의 거부에도 불구하고 9월에 대장 실낙라공록悉諾邏恭祿과 촉용망포지燭龍莽布支가 과주성을 함락한 뒤 자사 등을 사로잡고 약탈을 했다. 귀환하는 도중에도 옥문군玉門軍을 공격하고, 과주 인근의 상락常樂을 포위하는 등 공세를 가했다. 하지만 상락을 함락시키지 못하자 안서로 나아가 약탈하다가 당조의 반격을 받고 물러났다.[143]

토번의 공격이 벌어지던 시기에 감주에 있던 위구르의 한해사마瀚海司馬 호수護輸가 당조에 반발해 양주도독涼州都督 왕군착王君㚟을 죽이는 사건이 발생하면서 하서 지역의 세력 관계에 변동이 생겼다. 이것은 위구르의 추장인 복제복伏帝匐이 죽고 아들 승종承宗이 즉위하자 왕군착이 그를 무고해 양주瀼州(지금의 광시좡족 자치구廣西壯族自治區 상쓰현上思縣)로 유배시켜 죽인 사건에 대한 반발이었다. 이때 위구르는 자신들을 견제하기 위해 왕군착이 승종을 제거하자 승종 일족의 아들인 호수가 백성의 원한을 빌미로 왕군착을 공격해 죽인 다음 안서로 가는 조공로를 끊었다. 하지만 당조가 바로 반격을 가하자 호수는 북쪽으로 방향을 바꿔 돌궐로 도망갔다.[144]

위구르의 이탈은 당조로서는 하서에서 돌궐을 견제할 수 있었던 중요한 군사 기반의 상실의 의미했다. 왜냐하면 위구르는 원래 당조의 기미지배 시기에 몽골 초원에서 가장 강력한 세력으로 성장했던 기병으로 감주 등지에 와서 지내는 동안 당조에게도 여전히 중요한 군사력이었기 때문이다. 이에 당조도 할 수 없이 하서 지역의 안전을 위해 남아 있던 훈 부락

---

143) 『資治通鑑』 권213 玄宗 開元 15년(727) 조, p. 6779.
144) 『册府元龜』 권446 「將帥部 生事」, pp. 5296～5297.

에 설치되었던 달혼도독부達渾都督府를 728년에 폐지하고 삭방절도사가 검교檢校 훈부락사渾部落使를 겸임하게 했다.[145]

반면 돌궐의 입장에서 위구르의 감주 이탈은 687년 이후 자신들을 위협하던 존재를 통제 아래 두는 것으로, 하서에 있던 위구르를 비롯한 투르크계 유목 부락들로부터의 위협을 크게 약화시킬 수 있었다. 빌게 카간은 위구르의 투항이라는 예기치 않은 이익을 얻자 더욱더 당조와의 화친에 집중해 군사적 대결을 지양하며 현실적 이익이 되는 경제적 관계를 강화하려고 했다. 이것은 그의 지향이 교역을 통해 많은 이익을 추구하는 방향으로 전환되었음을 보여준다.

한편 몽골 초원으로 귀환한 위구르를 받아들인 돌궐을 당조가 인정할 수밖에 없었던 것은 토번의 위협이 상존하는 상황에서 이들과 관계를 유지하는 것이 중요하다는 현실적 판단 때문이었다. 현종은 당시 이미 주변 세계를 아우를 정도로 강력해 그를 중심으로 한 질서를 구축했다고 이해되기도 했다. 이런 표면적 양상과 달리 실제로는 발해, 거란, 해, 돌궐, 토번, 튀르기쉬 같은 다양한 세력의 존재와 독자성을 인정해줄 수밖에 없었다는 점에서 현실적 한계가 있었다. 왜냐하면 당시 당조를 둘러싼 주변 세력들은 모두 우월적인 당조의 위상을 인정하고 그 질서에 포섭됨으로써 자신들이 얻고자 하는 현실적 이익을 얻어내려고 하는 정도의 관계를 유지하고 있었기 때문이다.

돌궐 역시 그들 중 하나에 불과했을 뿐 과거처럼 유목 세계 패자로서의 위상은 갖지 못했다. 더욱이 당조로부터 결코 인정받지 못하던 돌궐은 현실적 선택을 해야만 했다. 이것은 바로 당조가 주도하는 질서를 인정하고 그 안에서 자신들의 이익을 확대하는 방식이었다. 돌궐이 728년 8월과 9월에, 그리고 730년 2월과 4월, 11월에 세 차례나 사신을 파견하면서 한

---

145) 『新唐書』 권64 「方鎭表 1」, p. 1762.

편으로 서수항성에서 열리는 호시를 통해 경제 교류를 하려 했던 것 모두가 이런 입장을 잘 보여준다.[146] 빌게 카간은 그만큼 교역을 통해 이익을 확대해 내적 역량을 강화하려는 열망을 갖고 있었던 것이다.

하지만 730년에 거란이 당조에서 이탈하려는 움직임을 보이자 돌궐을 포함한 주변 세계는 그 영향을 다시 받았다. 당시 거란에서 권신인 가돌우가 자신이 추대한 왕 이소고李邵固를 죽이고 다시 이굴렬李屈烈을 추대한 다음, 해까지 위협해 돌궐에 투항했다. 이때 당조는 이를 진압해 혼란에 빠진 동부 초원의 안정을 확보하려고 했다. 이렇게 되자 현종은 바로 중서사인中書舍人 배관裵寬, 급사중給事中 설간薛侃 등을 보내 군사를 모집했다. 그리고 선우도호부 도호 왕준을 하북도 행군원수로 삼아 18만 명의 병력을 이끌고 가돌우를 평정하게 했다. 또한 732년에 벌어진 전투에서 당군이 승리하자 가돌우는 도망갔으며, 그에 복속되었던 해의 추장 이시쇄고李詩瑣高 역시 부락을 이끌고 당조에 투항했다. 현종은 빠른 안정을 찾기 위해 이시쇄고를 귀의왕歸義王으로 책봉하고 귀의주도독에 임명한 다음 그 부락을 유주幽州 경내로 이주시켰다.[147]

그런데 이때 해가 당조에 투항했음에도 빌게 카간은 더 이상 군사적 개입을 하지 않았다. 그때까지 거란과 해를 약탈하며 정복하려는 의지를 버리지 않았던 빌게 카간이 개입하지 않은 것은 이상할 수도 있었다. 하지만 원정에 나설 수 없는 내부 문제가 있었기 때문이다. 당시 돌궐에서는 731년 2월 빌게 카간의 동생 퀼 테긴이 사망하고, 그의 장례가 9월에 거행되었다. 이는 사망한 지 6개월 뒤, 즉 두 계절이 지난 다음에 거행되는 돌궐의 장례 습속에 따른 것으로, 빌게 카간은 이때 대외 원정을 벌이지 않고 동생을 애도하며 보냈던 것이다.

---

146) 『册府元龜』권976「外臣部 襃異 10」, p. 4571.
147) 『舊唐書』권199下「北狄傳」, p. 5353.

빌게 카간에게 퀼 테긴의 사망은 대체로 720년대 후반 내지 730년대 초로 추정되는 장인 빌게 톤유쿠크의 죽음과 함께 심각한 타격을 주었다. 앞서 장열은 "퀼 테긴은 날래고 용맹하며 싸움을 잘하니 향하는 곳에는 대적할 자가 없다. 빌게 톤유쿠크는 매우 주도면밀하고 지모가 있어 늙었다고 하나 더욱 지혜로워 이정, 서적과 같은 인물이다"라고 평가했다. 그정도로 두 사람은 당조에 위협적 존재였고, 실제로도 계속된 당조의 북벌을 막아내고 돌궐이 재기하는 데 결정적 역할을 했다. 따라서 빌게 카간을 추대했을 뿐만 아니라 그를 적극 도와주던 중요한 두 인물의 연이은 죽음, 특히 군사 지휘를 맡았던 퀼 테긴의 죽음은 거란에 대한 돌궐의 작전을 멈추게 할 수밖에 없었던 것이다.

한편 예기치 않은 퀼 테긴의 죽음은 당조에 돌궐을 공격할 좋은 기회일 수도 있었다. 그럼에도 현종은 군사적 대응보다 이들의 화친 요구를 받아들여 안정적 관계를 유지하는 방향으로 나아갔다. 즉 당시 현안이었던 거란 문제에 혹시 개입할 수도 있는 돌궐을 무마시켜 동부 초원을 빨리 안정시키려고 했다. 현종은 퀼 테긴에 대한 조문 외교를 통해 별다른 충돌 없이 문제를 해결하고자 했다.

이를 위해 먼저 금오장군金吾將軍 장거일張去逸과 도관낭중都官郎中 여향呂向에게 새서璽書를 갖고 가서 조문하고 제사를 지내게 했다. 그 뒤 현종 자신이 직접 지은 비문을 새기고 제사 시설을 만들기 위해 관련 기술자들을 파견하는 조치를 취했다. 당조의 기록에 따르면, 제사 시설에 그의 모습을 새긴 석상과 함께 네 벽에 생전에 전쟁터와 진영에 있던 모습을 그린 사묘祀廟, 그리고 그의 사적을 기록한 비문이 건립되었다고 한다.[148]

이런 전형적 중국 방식의 기념물이 돌궐의 중심부에 들어선 것은 과거에 없던 특별한 사건이었다. 물론 유목제국이 건설되어 정주 지역 출신이

---

148) 『舊唐書』 권194上 「突厥傳」 上, p. 5177.

〈그림 6〉 빌게 카간 유적(왼쪽), 퀼 테긴 유적(가운데)과 호쇼 차이담 박물관(오른쪽)
(위는 구글 위성 사진이고, 아래는 2012년 필자가 촬영한 것이다.)

초원에 거주하게 되면서 관련된 많은 시설이 만들어지긴 했다. 이전에도 권력층의 묘역을 조성하면서 당조의 양식을 본떠 만든 예가 없었던 것도 아니다.[149] 하지만 카간이 머무는 가장 중요한 외튀켄 지역 한복판에 중국 풍의 제사 시설을 세운 것은 다른 의미를 갖고 있었다. 특히 추모 시설은

---

149) 당조의 기미지배를 받던 7세기 후반경 현재 몽골공화국 볼간 아이막 바양노르 솜에 있는 이흐 차간 호수 부근에서 당나라 방식의 무덤 2기가 발굴된 것에서 확인된다. 제3편 주 103) 참조.

권력의 정당성을 설명하기 위한 중요 매개 중 하나인데, 중국의 직접 지원을 받아 만든 예는 쉽게 찾아보기 어려웠다. 또한 3년 뒤 형인 빌게 카간이 사망하자 그의 아들인 텡그리 이넬 카간(Tengri inel qaghan으로 추정. 이연가한伊然可汗, 재위 734~741)이 당조에 요청해 비슷한 형식의 제사 시설을 이로부터 약 1.1킬로미터 떨어진 곳에 나란히 건설하면서 두 묘역은 돌궐에서 더욱 중요한 의미를 갖게 되었다.

이곳이 아주 중요한 의미를 가진 곳이었다는 점은 빌게 카간이 작성한 〈퀼 테긴 비문〉에서 비를 세운 목적에 대해 설명한 것을 통해 짐작할 수 있다.

(KT: 남:10) 투르크 벡(관리)들과 보둔(백성)아! 이것을 들어라! **투르크 보둔이 되살아나 분명히 일(나라)을 잡았다는 것을 나는 여기에 새겼다.** 잘못해 분명히 죽으리라는 것도 (남:11) **나는 여기에 새겼다. 나는 무슨 말이라도 있으면 영원한 돌에 새겼다.** 너희는 그것을 보며 배우라. 충성스러운 투르크 보둔과 벡들아! 이 시기에 복종하는 벡들 너희가 잘못을 저지르겠느냐? 나는 영원한 돌에 새겼다. 나는 타브가치 카간(현종)에게서 제작장을 데려왔다. 나는 꾸미게 했다. 나의 말을 어기지 않았다. (남:12) 타브가치 카간의 직속 제작장들을 보냈다. 나는 그들에게 멋진 무덤을 만들게 했다. 나는 그것의 안팎에 멋진 장식을 새기게 했다. 돌을 파게 했다. 마음에 있는 나의 말을 〔새기게 했다. …… 온 오크 자손〕에 외국인들에게까지 너희는 이것을 보고 알아라. **영원한 돌을** (남:13) **나는 파게 했다.** 가까운 곳이므로 게다가 쉽게 이르는 곳에 있기 때문에 그렇게 쉽게 이르는 곳에 **나는 영원한 돌을 파게 했다. 쓰게 했다. 너희는 그것을 보고 그렇게 알아라.** (강조는 인용자)

이상의 내용을 통해 빌게 카간은 동생의 제사 시설에 '영원한 돌'이라고 한 비문을 세워 자신의 생각을 백성들에게 가르치려고 했음을 알 수 있다. 자신의 보둔(백성)이 쉽게 찾아올 수 있는 곳에, 자신이 만든 비문에 담긴 내용을 잘 볼 수 있도록 당조 궁정의 제작장들까지 데리고 와서 아주 근사하게 만들게 했다. 이때 빌게 카간은 현종에게 직접 사신을 파견해, 조문 사절단만이 아니라 제작장들과 그에 필요한 물자를 초원까지 가지고 와 직접 제작하게 할 만큼 퀼 테긴의 제사 시설 건설에 큰 의미를 부여했다. 이렇게 해서 당시 오르콘 강 동안에 있는 호쇼 차이담, 즉 '비석이 있는 땅'이라고 불리는 곳에 중국풍의 제사 시설이 건설될 수 있었던 것이다.

이곳은 돌궐의 중심에 위치하며 부락민들이 접근하기에 편한 곳이라고 언급한 점에서 인근에 돌궐의 수도가 있었을 것이라고 짐작해볼 수 있다. 빌게 카간은 이런 입지 조건을 가진 곳에 특별한 시설을 건설해 모든 백성이 자신의 말을 알게 하려고 했던 것이다. 같은 맥락에서 그의 아들인 텡그리 이넬 카간 역시 부왕이 죽자 그 인근에 동일한 모양의 시설을 만들었다. 따라서 이런 제사 시설이 만들어진 배경과 함께 구체적 모습을 정리해 그 특징과 의미를 다시 한 번 따져볼 필요가 있다.

이때 조성된 퀼 테긴의 제사 시설은 당조의 지원으로 만들어졌음이 분명하다. 하지만 기본적으로 돌궐의 습속에 따랐을 것이라는 점에서 그 습속에 대한 기록과 현존 유적 및 유물을 먼저 비교해볼 필요가 있다. 돌궐 고유의 장례 습속에 대해서는『주서』에 다음과 같은 기록이 남아 있다.

사람이 죽으면 시체를 장막 안에 두고 자손과 친척 남녀들이 각각 양과 말을 잡아 죽은 이의 장막 앞에 늘어놓고 제사 지냈다. 말을 타고 장막을 돌기를 일곱 번 하고, 장막의 문 앞에 올 때마다 칼로 얼굴을 긋고 다시 곡하는데, 이때 피와 눈물이 섞여 흘러내렸다. 이렇게 하기를 일곱 번 반복하고 그쳤다. **날짜를 잡아 죽은 이가 평소에 타던 말과 가까이 지니던 물건을 함께 불살라서 남은 재를 거두어 때를 기다렸다 장사 지냈다. 봄과 여름에 죽은 이는 나무와 풀이 누렇게 시들**

기를 기다렸고, 가을과 겨울에 죽은 이는 꽃과 나뭇잎이 무성해지기를 기다렸다가 그 연후에 구덩이를 파고 묻었다. 장사 지내는 날에는 친족들이 제사를 지내는데, 말을 타고 얼굴을 칼로 그으며 죽은 이를 처음 제사 지낼 때와 똑같이 했다. **장례가 끝나면 묘소에 돌을 세워 묘지의 표식으로 삼았다. 돌의 많고 적음은 평생 죽인 사람의 수에 따라 달랐다.** 또한 제사를 지낸 양과 말의 머리는 모두 묘표墓表 위에 매달아두었다.[150] (강조는 인용자)

이 기록을 통해 돌궐의 장례는 슬픔을 표현하는 유목민 고유의 자해의식과 함께 조로아스터교의 영향으로 보이는 화장을 한 다음에 매장한 것이 특징이었음을 알 수 있다.[151] 직접 시신을 안치하지 않고 화장하기 때문에 묘의 구조는 관이나 곽이 구분되지 않아 크지 않고, 석재로 된 평평한 사각형의 판석으로 네 면을 둘러친 내부에 화장한 유골을 매장하는 형식이 일반적이었다. 이런 양상은 돌궐 시대의 일반적 무덤에서 많이 나타나는데, 〈그림 7〉에서 보는 것과 같이 네 개의 석판으로 이루어진 석곽이 노출된 형식과 〈그림 8〉과 〈그림 9〉에서 보듯이 석인과 함께 그 뒤에 있었을 묘곽을 덮는 적석이 놓이는 형식도 있다.

판석으로 만든 묘 앞에 묘표라고 할 수 있는 석인을 세웠는데, 주로 묘주墓主를 묘사한 경우가 많았다. 묘주를 묘사한 석인의 경우에 인물상을 묘사하는 것이 일반적인데, 돌궐인을 사실적으로 묘사한 것도 있고 단순화시킨 것들도 있었다. 하지만 〈그림 10〉에서 확인할 수 있듯이 대부분 가슴으로 들어 올린 손에 잔을 들고 있는 모습이 전형적 특징이었다. 그런가 하면 돌을 세워 묘표로 삼았다고 한 것을 비문 자료에서는 '발발balbal'이라고 했다. 현재 몽골 사람들은 돌이 줄지어 서 있다고 해서 이를 '줄 돌'

---

150) 『周書』 권50 「異域傳」 下, p. 910.

151) 돌궐에서 시신을 화장한 것은 조로아스터교의 습속에 영향을 받은 것으로 추정된다(蔡鴻生, 앞의 책, 1998, p. 135).

〈그림 7〉 돌궐 시대의 석곽과 석인으로 이루어진 무덤

〈그림 8〉 석인과 적석총으로 이루어진 무덤(왼쪽: 석인 앞면, 오른쪽: 석인 뒷면)

〈그림 9〉 적석총과 석인으로 이루어진 무덤(시베트 울란 유적)

〈그림 10〉 몽골 초원에 산재한 돌궐 시대의 다양한 석인

이라고도 하는데, 원래 무덤의 주인공이 생전에 죽인 적장의 수만큼 돌을 늘어놓았다.

비문 기록에 따르면, 빌게 카간은 아버지인 일테리쉬 카간이 죽자 그를 위해 위구르의 추장으로 보이는 바즈 카간을 발발로 만들었다고 했고, 숙부인 카프간 카간이 죽자 그를 위해 키르기스 카간을 발발로 만들었으며, 자신의 큰아들이 병으로 죽자 쿠 장군을 발발로 만들었다고 했다. 무덤 앞에 묘주를 묘사한 석인과 함께 그가 생전에 세운 업적을 찬양하기 위해 돌을 세워 늘어놓는 것은 돌궐만의 독특한 묘제墓制로 다른 시대에는 없다. 〈그림 11〉에서 알 수 있듯이 빌게 톤유쿠크의 발발은 1미터 내지는 1.5미터 정도의 간격으로 1280미터에 걸쳐 286개 정도가 확인된다. 그 밖에 숫자는 상대적으로 적지만 〈그림 12〉의 바인 초크토 유적이나 〈그림 13〉의 옹긴 유적에서도 900미터에 157개 정도의 발발을 확인할 수 있다. 가장 긴 발발을 세운 곳은 호쇼 차이담에 있는 빌게 카간과 퀼 테긴의 무덤인데, 약 3킬로미터에 걸쳐 100여 개가 넘는 발발이 조사되었다.[152]

돌궐 시대의 일반적 묘제는 이상과 같은 양상을 띠었는데, 당조의 지원을 받아 건설된 퀼 테긴의 묘역 역시 다르지 않았다. 퀼 테긴의 묘역도 빌게 톤유쿠크의 묘역처럼, 네 개의 판석을 둘러친 묘곽에 화장한 유골을 매장하는 구조를 갖고 있다. 곽을 구성하는 석판에는 〈그림 11〉의 무덤에 격자문이 보이는 것처럼 무늬를 새겼는데, 지위가 낮으면 무늬가 없기도 했다. 반면 고위층은 화려한 무늬를 새겼는데, 예를 들면 〈그림 15〉에서 확인할 수 있듯이 퀼 테긴과 빌게 톤유쿠크의 석곽 등에 보이는 원화문圓花紋이 대표적이었다. 이와 달리 최고로 화려하다고 할 수 있는 빌게 카간의 무덤에는 원화문과 함께 봉황문鳳凰紋이 새겨져 있다. 최상위의 인물에게 걸맞은 멋진 조각이 만들어진 것은 이것이 중국에서 제작되어 옮겨온 것

---

152) 林俊雄,『ユーラシアの石人』, 東京: 雄山閣, 2005, pp. 238~239.

〈그림 11〉 빌게 톤유쿠크 묘역에 남아 있는 석곽, 석인, 두 개의 비문, 그리고 그 앞에 늘어선 수백 개의 발발

〈그림 12〉 바인 초크토 톤유쿠크 묘역 인근에 있는 묘곽과 발발이 있는 무덤 유적

〈그림 13〉〈일테리쉬 야브구 비문〉 유적에 남아 있는 석인과 늘어선 발발
(비문은 아이막 박물관에 보관되어 있다.)

이라는 점을 분명하게 보여준다. 왜냐하면 고위층이 아니고는 이런 고급 석재를 구하기도 어려웠을 뿐만 아니라 가공하는 것도 쉽지 않아, 당조로 부터 제작된 것을 가지고 와서 무덤을 만들 수밖에 없었기 때문이다.

시신을 화장한 뒤 6개월 정도 두었다가 매장한다는 것과 묘표를 세웠다 고 한 『주서』의 기록, 그리고 석곽 내지는 적석에 화장한 유골을 묻은 다 음 그 앞에 석인과 발발을 세운 것은 동일했다. 이처럼 무덤 양식의 기본 양상은 비슷하고, 다만 지위가 높은 인물인 경우에 화려한 조각이 새겨진 석곽과 그 앞에 도열된 석물의 개수, 그리고 발발의 숫자 등에서만 차이가

〈그림 14〉 빌게 카간과 퀼 테긴의 석곽(왼쪽: 빌게 카간, 오른쪽: 퀼 테긴)

〈그림 15〉 석곽 판석의 조각 무늬 비교
(왼쪽 위: 빌게 카간 - 원화문과 봉황문,
오른쪽 위: 빌게 톤유쿠크 - 원화문,
아래: 퀼 초르-봉황문)

날 뿐이었다. 중국의 기록에서 확인되지 않는 것은 묘역이 동쪽으로 향했다는 점인데, 이로 인해 묘역은 제일 서쪽에 묘곽이 있고, 그 앞에 석인과 석물, 그리고 발발이 서쪽에서 동쪽을 향해 늘어서 있었다. 이는 돌궐이 동쪽을 앞으로 인식하는 관념을 갖고 있었던 것과 관련되는데,[153] 퀼 테긴과 빌게 카간의 묘역 모두 이런 방식으로 되어 있다.

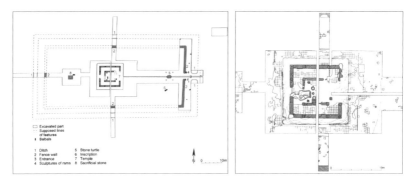

〈그림 16〉 1958년 체코-몽골 합동 발굴팀의 퀼 테긴 묘역 발굴 평면도(왼쪽: 묘역 전체, 오른쪽: 사당 구역 확대)

이런 돌궐 고유의 묘제를 기반으로 퀼 테긴의 묘역이 만들어졌는데, 전체 양상은 1958년 체코와 몽골의 합동 발굴대가 만든 발굴 평면도를 통해 알 수 있다.[154] 〈그림 16〉에서 알 수 있는 것처럼, 묘역은 먼저 해자로 둘러쳐져 있으며 그 밖에는 담을 만들어 주변과 구분했다. 동쪽으로 난 문 옆에 양 모양의 석물이 서 있고, 그곳을 들어서면 귀부가 받치고 있는 비碑가 우뚝 서 있었다. 그다음에는 〈그림 17〉에서 보는 것과 같은 당나라풍의 옷을 입은 석인들이 양옆으로 도열해 있었으며, 묘역의 가장 중심에 위치한 묘곽은 중국식 건물로 덮여 있었다.

발굴 결과에 따르면, 제사 시설의 핵심인 사당은 지붕을 가진 중국식 건물이었고, 그 모양은 정사각형인데 한 면이 10여 미터 정도였다. 벽면은 벽돌로 이루어졌고, 지붕에는 기와를 올렸다. 이것은 〈그림 18〉에서 보듯이 발굴된 잔해를 통해서도 그 실체를 확인할 수 있다. 또한 이것은 사당

---

153) 『周書』 권50 「異域傳」 下, p. 910.

154) Lumir Jisl, *Preliminary report about the result of the first Czechoslovak-Mongolian expedition in Khöshöö Tsaidam*, Náprstek Museum Praha, 1958; Lumir Jisl, "Kül-Tegin Anıtında 1958' de yapılan Arkeoroji araştırmalarında sonuçları", *Belleten* 27, 1963; Lumir Jisl, *The Orkhon Türks and Problems of the Archaeology of the second Eastern Türk Kaghanate*, Annals of the Náprstek Museum Praha 18, 1997.

〈그림 17〉 박물관에 전시되어 있는 석물(위: 석양, 아래: 석인)

〈그림 18〉 발굴된 기와 벽돌편(위)과 퀼 테긴 묘역 사당 구역(아래)

〈그림 19〉 희생을 위해 만든 석단(왼쪽: 빌게 카간, 오른쪽: 퀼 테긴)

〈그림 20〉 빌게 카간 사당 구역 발굴 양상

을 지은 다음 네 벽에 전쟁터와 진영에 있던 모습을 그렸다고 한 중국의
기록과 정확하게 일치한다.

〈그림 18〉의 아래쪽 사진과 〈그림 19〉에서 알 수 있듯이, 사각형의 기단
과 그 위에 세운 주춧돌이 네 개의 기둥을 받치는 양식이다. 이와 함께 〈그
림 20〉에서 분명히 확인할 수 있는 것처럼 사당 뒤에는 희생을 위한 석단
이 설치되었는데, 이는 불을 피워 가축을 제물로 바치는 시설로 앞서 시신
을 화장하는 것과 관련된 조로아스터교의 영향이 아닌가 추정된다. 이런
발굴 성과를 기초로 〈그림 21〉과 같은 복원도가 만들어졌는데, 이를 통해

〈그림 21〉 퀼 테긴 제사 시설의 복원도

당시의 모습과 규모를 추정해볼 수 있다.

퀼 테긴 제사 시설의 특징은 돌궐과 중국의 방식이 혼합된 구조로 이루어졌지만 겉모습을 보면 중국적 느낌이 강하게 든다는 점이다. 바로 현종의 전폭적 지원을 받아 만들었기 때문이다. 이런 무덤 양식은 과거 고위층의 무덤에서도 발견되는데, 무덤 앞에 돌궐식의 발발과 다른 중국식의 석물을 도열하게 한다거나 귀부 위에 비석을 세운 것이 이를 잘 보여준다. 이와 관련해 가장 많은 석물을 나열한 일테리쉬 카간의 무덤으로 추정되는 시베트 울란 유적은 〈그림 22〉에서 보는 것처럼, 잔을 받친 유목민을 본뜬 전형적 석인과 함께 돌궐식 복장을 한 관리 모습의 석인, 그리고 사자와 양 등의 동물 석물들이 남아 있다.

현재 모습은 최근에 흩어진 석물을 정리해서 늘어놓은 것이라 정확한 배열 상황은 알 수 없다. 하지만 이런 석물을 무덤 앞에 나열한 것은 당조의 영향을 받은 것이고, 전면에 비석을 세운 것 역시 당조의 영향임이 분

〈그림 22〉 시베트 울란 유적 석물

명하다. 이렇게 발발이 아니라 중국식 석물을 세운 무덤은 대체로 돌궐이 기미지배를 받고 난 다음에 조성된 것으로 추정되는 무덤에서 발견된다. 왜냐하면 이전에는 피장자를 상징하는 돌궐 고유의 석인과 발발을 늘어 서게 하는 것이 일반적이었고, 다수의 석물과 석인을 배치한 것은 찾아보 기 힘들기 때문이다.

석물 장식과 달리 비석을 세우는 풍습은 돌궐 초기부터 있었다. 이것은 〈그림 23〉에서 알 수 있는 것처럼, 부구트 유적에서 발굴된 마한 테긴의 비에서도 확인된다. 이 비석은 무덤 앞에 세운 것으로 중국 양식으로 만들 어져 귀부龜趺와 비신碑身, 그리고 이수螭首로 이루어져 있다. 하지만 중 국풍의 귀부를 제외하고 내용 기록은 돌궐에서 활동했던 소그드 상인들 의 소그드 문자로 이루어졌으며, 비석 상단에 있는 조각인 이수 역시 신화 에서 암이리가 사지가 절단된 아이에게 젖을 먹이는 장면을 조각하는 등 복합적인 성격을 나타낸다.

이 비석은 돌궐과 중국의 관계가 활발했던 580년대에 제작되었다고 추 정되는데, 그 당시 돌궐 나름의 독자성을 잘 보여준다. 돌궐은 당조에 자 신들이 원하는 양식의 비문을 주문해 소그드 문자를 아는 관리를 시켜 내 용을 새기고, 그다음에 자신들의 신화를 부조해냈던 것으로 추정된다. 이

〈그림 23〉〈마한 테긴 비문〉
(왼쪽: 전경, 오른쪽: 암이리과 사내아이를 조각한 이수)

것은 일찍부터 사적을 기록하기 위해 비문을 만들었음을 증명해주는데, 후대와 마찬가지로 특수한 상위 계층의 제사 시설에서 비문이 중요한 부분을 차지했다는 것을 알 수 있다. 마한 테긴 비문에서 보이는 독자적 면모는 〈그림 22〉에서 알 수 있듯이 시베트 울란 유적에 남아 있는 석인 대부분이 자신들의 고유한 모습을 반영한 조각이었다는 점과 비문의 좌대가 귀부가 아니라 사각형이라는 점에서도 확인된다. 이것은 기미지배 이후 당조의 영향을 받아 무덤을 조성하면서도 반드시 그에 의존하는 묘제가 아니라 나름의 고유한 내용을 채우려고 한 사실을 나타낸다.

이런 면모는 〈그림 24〉에서 보듯이, 빌게 톤유쿠크와 퀼 초르의 무덤은 당조에 대한 무덤 주인공의 태도와 관련이 있다고 추정된다. 왜냐하면 빌게 톤유쿠크의 사망이 당조와 관계가 악화되었던 시점이라 비문이 중국의 지원을 받지 않고 자체 제작되면서 이수와 귀부 없이 비신만 만들어졌다는 추정이 가능하기 때문이다. 특히 빌게 톤유쿠크처럼 당조의 기미지배 시기에 태어나 관리가 될 정도로 중국에 대한 깊은 식견을 갖고 있던 사람의 무덤을 당조의 지원을 받아 만들었을 리가 없었다. 퀼 초르의 경우도

〈그림 24〉 귀부가 없는 고대 투르크 비문(왼쪽: 톤유쿠크, 오른쪽: 퀼 초르)

주인공의 정확한 생몰 연대는 알 수 없지만 두 곳의 유적이 현재 몽골공화국 톱 아이막에 있고 내용적으로도 연관 관계를 갖는다는 점에서 같은 맥락에서 이해해볼 수 있다.[155] 특히 자주적 입장을 강하게 보여주었던 빌게 톤유쿠크는 빌게 카간과 비교될 정도로 독특한 방식으로 묘역을 조성했는데, 이것이 전형적 돌궐 양식이 아닌가 하는 추정을 하게 한다.

반면 당조의 지원을 받아 만들어진 호쇼 차이담의 두 유적은 이와 큰 차이를 보인다. 비록 모두 절충적 모습을 보이지만 겉으로만 보면 퀼 테긴과 빌게 카간의 묘역은 중국적 느낌이 더 강하게 든다. 예를 들어 전하는 퀼 테긴의 모습으로도 전체 복식을 알기는 어렵지만, 지금 남아 있는 두상을 보면 〈그림 25〉에서 알 수 있듯이 돌궐의 복식을 한 장군의 모습이 아니라 당나라 무장의 관모를 쓴 모습이다. 이는 빌게 카간이 죽은 뒤 그를 으난추 아파 야르간 타르칸Inanchu Apa Yarghan Tarqan이라고 추증했음에도 정확한 기록이 남아 있지 않아 알 수 없지만, 당조에서 내려준 관직에 따라 그에 맞는 복장을 갖춘 것으로 추정된다.

이런 양상은 기미지배에서 벗어나 부흥한 돌궐이 그동안 보여주었던

---

155) 林俊雄·大澤孝, 「イフ=ホショートゥ遺蹟とキュリ=チョル碑文」, 森安孝夫·オチル 編, 『モンゴル國現存遺蹟·碑文調查研究報告』, 京都: 中央ユ―ラシア學硏究會, 1999.

〈그림 25〉 당 무관 복식을 착용한 소그드인 당삼채唐三彩(왼쪽)와
퀼 테긴 두상(오른쪽. 박물관 전시)

당조에 대한 적대적 태도와 크게 다르다. 빌게 카간은 중국적 요소들을 적극 수용하는 것을 꺼리지 않았고, 그의 묘역 역시 당조의 지원을 받아 퀼 테긴보다 더 크게 만들었다. 이런 양상은 초원의 유목민들에게도 생경하고 이상하게 받아들여질 수 있었을 텐데, 이를 감수하면서까지 왜 이렇게 만들었을까 하는 의문을 갖게 된다. 더욱이 중국에서 가지고 와서 세웠던 '영원한 돌'인 비문 역시 겉모양은 중국식인 데 비해 내용은 오히려 '반중국적反中國的'이라는 점에서 그 건립 목적에 대한 의문을 더 크게 한다.

제2제국 시기의 비문 제작은 앞서 시베트 울란 유적에서 비석의 존재가 확인되므로 초기부터 시작되었다고 추정된다.[156] 묘역과 비석 제작 같은 지배 집단의 추모 시설 건립은 퀼 테긴과 빌게 카간 시기에 정점에 이르렀다. 특히 두 비문은 중국풍의 독특한 양식으로 규모 역시 가장 크며, 개인

---

156) 현재 시베트 울란 유적에서 비석이 발견되었다고 보고되었는데, 문자가 없고 다양한 탐가 (문장紋章)만이 기록되어 있다.

〈그림 26〉 시베트 울란 비석(왼쪽)과 〈일테리쉬 야브구 비문〉(오른쪽. 아이막 박물관 전시)

의 사적史蹟만이 아니라 6세기 중반부터 시작된 자신들의 역사를 기록하면서 백성들에게 당부하는 역사적 교훈을 담고 있다는 점에서 큰 의미가 있다. 이것은 내용적으로 빌게 톤유쿠크나 일테리쉬 야브구(〈일테리쉬 야브구 비문〉의 주인공으로 한문 기록에는 툍리스 벡Tölis beg(돌실복咄悉匐)으로 기록)가 자신의 치적을 자랑하면서도 자신을 변호하기 위해 노력했던 것과도 비교된다. 따라서 비문의 존재 자체와 함께 내용은 730년대 전반기 돌궐의 상황과 그에 대한 나름의 대응 방식을 응축하고 있었다고 해도 과언이 아니다.

더욱 중요한 것은 현종이 직접 지었다는 서면에 새겨진 한문 면과 함께 나머지 세 면에는 고대 투르크 문자로 내용을 새겼다는 점이다. 중국의 지원을 받아 현종이 하사한 비석이라는 점에서 한문이 새겨진 것은 당연했다. 하지만 돌궐이 자신들이 만든 문자를 사용해 세 면에 걸쳐 자세하게 역사를 기록한 점은 시사를 하는 바가 컸다. 왜냐하면 이제까지 문자가 없어 기록을 남기지 못했던 유목민들이 문자를 만들었을 뿐만 아니라 그 뒤에도 위구르, 키르기스 등을 거치면서 유목민들의 문자가 몇 세기 동안 더

〈그림 27〉 초이렌 석인에 새겨진 고대 투르크 문자 명문(역사박물관 전시)

사용되었다는 점이 큰 의미를 갖기 때문이다. 즉 돌궐은 자신의 문자로 자신들의 역사를 기록해냄으로써 문자 자료가 부족한 북아시아 유목사에서 신기원을 이루어냈던 것이다.

돌궐이 만들어 사용한 고대 투르크 문자가 정확하게 언제 제작되었는지는 알 수 없지만, 대체로 680년대 후반 돌궐이 부흥한 이후로 추정된다. 현존하는 고대 투르크 문자로 만들어진 기록 가운데 가장 오래된 것으로 추정되는 〈초이렌 명문〉의 경우 제작 연대는 정확하지 않지만 빌게 톤유쿠크가 690년대에 자신의 승리를 기념하기 위해 석인에 새긴 것으로 추정된다.[157] 그리고 빌게 톤유쿠크가 자신의 무덤에 세운 두 개의 비석인 〈톤유쿠크 비문〉 역시 고대 투르크 문자를 이용해 기록했는데, 그 제작 연대는 〈퀼 테긴 비문〉보다 몇 년 앞서는 정도다.

또한 빌게 카간의 숙부인 일테리쉬 야브구의 무덤에 세운 이른바 〈일테

---

157) 護雅夫(評),「エス・ゲー・クリヤシユトルヌイ 著『東ゴビのルン文字銘文』」,『東洋學報』
　　　57-1, 東洋協會學術調査部, 1976, pp. 217~222.

〈그림 28〉 바인 초크토에 위치한 〈톤유쿠크 비문〉의 모습(왼쪽: I 비문, 오른쪽: II 비문)

리쉬 야브구 비문〉 역시 정확한 연대는 알 수 없지만 그와 비슷한 시기에 만들어졌을 것으로 추정된다.[158] 이 비문들은 모두 고대 투르크 문자로만 이루어져 있을 뿐만 아니라 돌궐 자체의 묘제와 어울려 비문이 제작되어 중국풍의 비석과 큰 차이가 있다. 빌게 톤유쿠크의 경우는 〈그림 28〉에서 알 수 있듯이 중국식 비문에서 보이는 이수와 귀부를 설치하지 않고 그냥 약간 정제된 직사각형의 석재를 이용해 비문을 제작했다. 이런 양상은 그들의 독자성과 관련된 것으로 호쇼 차이담에 세운 두 비문과 비교가 된다.

한편 현존하는 퀼 테긴과 빌게 카간의 비문은 원래의 위치에 있지 않고, 2000년대 초부터 시작된 발굴 복원 작업 이후 모두 인근에 세워진 호쇼 차이담 박물관으로 이전되어 〈그림 29〉처럼 전시되고 있다. 그 전에는 비문과 유적지가 거의 방치된 상태로 있었다. 〈그림 30〉에서 알 수 있는 것처럼 〈퀼 테긴 비문〉은 1958년 체코의 발굴 이후 그대로 비문만 덩그러니 세워져 있었다. 그리고 〈그림 31〉에서 보는 것처럼 2000년대 초에 발굴 조사된 빌게 카간의 비문 역시 그 전에는 보호 조치가 안 된 상태에서 두 개로 부러져 바닥에 누워 있었다.

---

158) 澤田勳, 「オンギン碑文譯解」, 『駿台史學』 61, 駿台史學會, 1984, pp. 94~110.

이렇게 과거에는 두 유적 모두 방치되면서 비문 등의 보호에 많은 문제가 있었지만, 지금은 터키 정부의 발굴과 복원 작업으로 유적이 정비되어 일부는 복원되고 유물들도 박물관 내부로 옮겨졌다.[159] 그런데 〈그림 29〉을 보면, 박물관으로 이전된 다음에 원래의 모습과 달리 석조 좌대 위에 비문이 옮겨져 있다. 이렇게 된 것은 두 비문 모두 제작 당시 귀부 위에 설치되었다가 이후 어느 시점인가 파괴되면서 귀부를 사용할 수 없게 되자 다시 건립되면서 그 모습이 왜곡되었기 때문이다.

박물관으로 옮겨가기 전부터 세워져 있던 퀼 테긴 비문 역시 귀부가 없는 상태로 서 있었고, 귀부가 부서진 채 땅속에 박혀 있어 원래 없었던 것이 아닌가 하는 착각을 일으키기도 했다. 이것은 〈그림 30〉에서 확인할 수 있는 것처럼, 과거 20세기 초의 사진을 보면 청대淸代에 상대적으로 온전했던 〈퀼 테긴 비문〉의 한문 면을 보호하기 위해 비각을 세우면서 깨진 귀부 대신에 다른 석재로 토대를 만들었기 때문이다. 따라서 실제 〈퀼 테긴 비문〉의 귀부는 〈그림 32〉에서 알 수 있듯이 깨진 상태로 발굴되어 복원된 다음 현재 비문과 함께 박물관에 전시되었다. 그리고 원래 비문이 있던 자리에 〈그림 33〉과 같이 비문과 귀부 복제가 설치되었는데, 이것을 통해 비록 일부 왜곡이 있으나 원래의 모습을 짐작해볼 수 있다. 이런 복원은 앞에서 소개한 〈그림 21〉에 기초한 것인데, 두 비문 모두 전형적인 중국식으로 제작되었다는 점을 다시 한 번 확인시켜준다.

그렇다면 빌게 카간은 초원의 풍경과 잘 어울릴 것 같지 않은 중국식

---

159) TIKA(Türk İşbirliği ve Koordinasyon Ajansı Başkanlığı), *MOĞOLİSTAN'daki TÜRK ANITLARI PROJESI 2000 YILI ÇALIŞMALARI*, Ankara, 2002; TIKA, *MOĞOLİSTAN'daki TÜRK ANITLARI PROJESI 2001 YILI ÇALIŞMALARI*, Ankara, 2003; TIKA, *MOĞOLİSTAN' daki TÜRK ANITLARI PROJESI 2003 YILI ÇALIŞMALARI*, Ankara, 2005. 이상은 터키의 빌게 카간 유적 발굴 보고서다. 이 유적의 복원은 다음의 보고서에서 다루었다. Cengis Alyılmaz, *Orhun Yazıtlarının Bugünkü Durumu*, Ankara: Kurmay, 2005; Cengis Alyılmaz, "2010 Yıllbarıla Höşöö Tsaídam Bögesi ve Orhun Vadisi", *Dil Araşımaları*, 2010.

〈그림 29〉 박물관 내부에 전시된 비문(왼쪽: 빌게 카간, 오른쪽: 퀼 테긴)

〈그림 30〉〈퀼 테긴 비문〉(위: 1909~1911년경 촬영, 아래: 2005년 촬영.
아래 왼쪽: 서면(한문), 아래 오른쪽: 동면(투르크문)〉

〈그림 31〉〈빌게 카간 비문〉의 정비 이전 상태(1996년 촬영)

〈그림 32〉 전시된 비문의 귀부
(위: 퀼 테긴, 아래: 빌게 카간)·

〈그림 33〉 원위치에 설치된 〈빌게 카간 비문〉 복제품

의 거대한 기념물 속에, '영원한 돌'이라고 불렀던 비문에 자신의 문자로 무엇을 말하려고 했을까? 이는 당시 상황에 대한 인식과 함께 자신에게 닥친 문제들을 해결하기 위한 고민이었음이 분명하다. 이미 지적한 것처럼, 이것은 이른바 투르크의 '내셔널리즘적'인 내용을 담았다고 해석되었다.[160] 실제 빌게 카간은 비문 내용 전체에 걸쳐 이런 이해가 가능할 만큼 강한 어조로 돌궐의 자존을 강조하면서 자신의 권위를 확립하기 위한 노력을 보여주려고 했다.

그럼에도 겉모양은 과거 기미지배 시기의 아픔을 떠올리게 하는 중국식의 비문과 제사 시설을 초원 한가운데 세우는 식일 수밖에 없었다. 이는 당시 빌게 카간에게 최대의 현안이었던 당조와의 우호적 관계를 이끌어내기 위한 노력의 일환이었음은 두말할 필요가 없다. 즉 중국식 제사 시설과 비문 제작은 분명 당조와의 관계를 비롯한 대외적 측면과 관련되었던 것이다.

이런 점은 당조에 적극 요청해 묘역의 제사 시설을 만들었을 뿐만 아니라 이를 통해 당조와 원만한 관계, 즉 혼인을 통한 공식적 인정을 강하게 원했던 것에서도 확인된다. 주변 세계의 분절화가 심화되어가는 상황에서 당조의 궁극적 인정인 혼인을 성사시켜 주변 족속들에게 자신의 우위를 과시하고자 했던 빌게 카간에게 제사 시설을 건설하는 일은 아주 중요했다. 즉 빌게 카간이 이제까지 자신의 이익을 지키기 위해 가능하면 당조와 화친을 하고, 공식적 인정을 받기 위해 노력했던 모습의 연장 선상에서 중국풍의 제사 시설 건립을 이해해볼 수 있는 것이다.

당시 빌게 카간은 당조의 강력한 대외 정책으로 카프간 카간 시기에 비해 많은 백성을 잃고 위축되었을 뿐만 아니라 자신들에게서 떨어져나간

---

160) 護雅夫, 「突厥碑文札記: 突厥第二帝國における'ナショナリズム'」, 『東洋史研究』 34-4, 東洋史研究會, 1976.

주변 세력들로부터 강력한 도전에 시달리고 있었다. 그의 동생은 동분서 주하며 이를 막아내 봉골 초원의 패자로서 자리매김하려고 했다. 그런데 이제까지 그를 돕던 킹메이커이자 장인인 빌게 톤유쿠크와 자신을 추대 해 카간으로 만들어준 퀼 테긴마저 죽으면서 그는 자신에게 닥쳐올 위협 에 대응해야만 했다. 특히 당조가 주변 세력들과 연합해 자신을 포위하고 북벌할 가능성을 봉쇄하려면 많은 노력이 절실했다. 따라서 가능하면 전 쟁을 벌이지 않기 위해 현종에게 협조적이라는 점을 부각시켜야 했는데, 제사 시설의 건축은 그 좋은 매개가 될 수 있었던 것이다.

또한 대내적으로도 동생의 죽음과 관련해 그동안 별다른 교섭을 하지 못하던 당조로부터 엄청난 사절단과 제사 시설을 만들 뛰어난 장인들이 파견되었다는 사실 역시 중요했다.[161] 실제로 제사 시설이 중국적이냐 돌 궐식이냐의 형식 문제보다 빌게 카간에게는 당조가 파견한 기술자들이 자신들을 위해 일했다는 점과 그 결과물로 이제까지 초원에서 볼 수 없었 던 '랜드마크'가 건설되어 백성들의 주목을 끌 수 있다는 점이 더욱 중요 했다. 왜냐하면 이는 백성들에게 자신의 권위를 실제로 확인시켜주는 상 징이 될 수 있었기 때문이다.

만일 빌게 카간이 당조와 혼인해 공주가 와 있게 된다면 카간의 오르두 가 설치된 곳에 공주가 거주할 건물 내지는 지원하는 시설이 마련되면서 시가지가 형성될 수 있었을 것이다. 실제로 당조에서 화번공주和蕃公主가 파견되어 초원에 올 경우, 이들을 위한 다양한 시설이 지어질 뿐만 아니라 그곳을 중심으로 정주 지역에서 온 상인들이나 관료들이 활동하는 하나 의 도시가 형성되었을 것이다.[162] 하지만 돌궐은 부흥 이후 당조와 혼인 관 계를 맺지 못했고 세대로 된 경제적 지원도 받지 못하는 상황이었으니 당

---

161) 『舊唐書』 권194上 「突厥傳」 上, p. 5177.

162) 위구르 유목제국 시기 당조의 화번공주 파견이 카라발가순 등지에 있는 궁궐 같은 정주 시 설의 건설과 긴밀하게 연결되어 있었다(정재훈, 앞의 논문, 2003).

시 빌게 카간은 이런 부분이 상대적으로 취약했다. 따라서 이런 기념물을 당조의 황제가 직접 지어주고 대규모의 사절단과 많은 물자를 제공해주었음을 보여주는 것은 그만큼의 효과가 있을 수밖에 없었던 것이다.

빌게 카간은 다른 한편으로 자신의 목소리로 이른바 투르크 나름의 '내셔널리즘'적 입장, 즉 돌궐의 자존을 주장하고 당조의 위험성을 누누이 얘기함으로써 과거처럼 당조의 지배하에 다시 들어가서는 안 된다는 점을 강조했다. 이것은 단순히 과거의 문제가 아니라 자신에게 가장 현실적이고 중요한 문제로, 보둔(백성)들이 더 이상 이탈하는 것을 막기 위한 노력의 일환이었다. 따라서 빌게 카간은 비문의 내용을 통해 영광스러운 조상들이 만들어낸 나라가 사라지지 않게 하려고 아버지와 숙부가 부단히 노력했으며, 자신과 동생 역시 끊임없이 노력해 백성들이 잘사는 나라를 갖게 되었음을 강하게 주장했다. 또한 빌게 카간 자신이 조상들로부터 물려받은 퇴뤼(조법)를 바탕으로 또 다른 나름의 퇴뤼를 만들어냈다고 했다. 이것 역시 내적 안정을 확보하고 백성들을 하나로 통합해낼 수 있는 이념적 토대가 되었던 것이다.

특히 빌게 카간은 비문 내용에서 자신의 입장을 강하게 변호해 위상을 강화하려는 모습을 보였다. 이런 면모는 퀼 테긴의 업적을 말할 때 늘 자신의 업적을 덧붙이는 방식으로 언급하다가 자신이 카간이 된 다음부터는 아예 퀼 테긴의 업적을 언급하지 않음으로써 자신을 더욱 크게 보이려고 한 것에서도 확인된다. 명목은 퀼 테긴을 위한 비문이었지만 실제는 빌게 카간 자신의 기공비紀功碑였다. 빌게 카간은 이처럼 비문의 내용을 통해 어떻게 해서든 약화된 아사나의 권위를 회복하고 자기 권력의 정당성을 선전하기 위해 노력했다. 업적을 기록하는 기공비는 원래 이런 면모를 갖지만 이런 특징이 더욱더 두드러진 퀼 테긴과 빌게 카간의 비문은 중국풍의 겉모습과 대조를 이룰 수밖에 없었다.

또한 빌게 카간은 역사적 교훈을 후대에 영원히 남기기 위해 '영원한 돌'에 새기고 그 내용을 운율에 맞춰 노래하게 했다. 이는 고대 투르크어의 서술이 운율을 띤 서사적 내용으로 이루어진 것임이 분명하다. 이것은 문자가 발달하지 않아 구두로 암송하는 문화가 발달한 초원 유목 사회에서 쉽게 전파되게 하려는 목적을 갖고 있었다. 초원의 유목민들이 대부분 문맹으로 글 자체를 읽을 수 없었을 것이라 추정되는 상황에서 문자를 읽어 내용을 이해하게 하는 것보다 시각적 차원에서 비문의 존재 자체로 강한 인상을 주는 것이 더욱 중요했다. 이와 함께 문자를 읽을 수 있는 사람이 내용을 낭독하고, 그 내용을 듣고 암송해 노래 부르게 함으로써 널리 퍼지게 하고자 했던 것이다.

이런 목적을 띤 호쇼 차이담의 제사 시설은 초원의 지배자인 황금씨족 아사나가 만들어냈던 영광스러운 역사를 모두가 기억하고 회상하게 만들 수 있었다. 그리고 이곳은 이후 빌게 카간의 권위를 다시 한 번 확인시켜주는 성스러운 공간이 될 수 있었다. 이처럼 약간 이상해 보일 수도 있지만 중국식 제사 시설에서 자신의 독립과 발전을 강조함으로써 빌게 카간은 자신이 처한 대내외적 현안을 자연스럽게 해결해나가려고 했던 것이다.

아울러 빌게 카간은 여타 주변 세력들에도 자신의 위상을 과시하기 위해 퀼 테긴의 장례식을 적극 이용했다. 이것은 731년 가을에 열린 장례식에 참가한 사절에 대한 〈퀼 테긴 비문〉의 기록을 통해 확인해볼 수 있다.

(KT: 북:11) 문상하기 위해 **크탄**(거란), **타타브**(해) **보둔**(백성)을 이끌고 (북:12) 우다르 셍귄(장군)이 왔다. **타브가치 카간**(현종)에게서 이쉬에 리켕이 왔다. 그는 1만의 비단, 금과 은을 가득 가지고 왔다. 뇌퓌트(티베트) 카간에게서 뵐뢴이 왔다. 서쪽으로 해가 지는 곳에서 **소그드, 베르치케르, 부카라의 울루쉬**(부락) **보둔**에게서 네크 셍귄, 오굴 타르칸이 왔다. (북:13) **나의 온 오크 자손 튀르기쉬 카간**에게서 마카라치 탐가치, 오구즈(철륵) 빌게 탐가치가 왔다. **크르크즈**(키르

**기스)** 카간에게서 타르두쉬 이난추 초르가 왔다. 바르크(묘) 제작장, 베디즈(조각) 제작장, 비티그(비문) 제작장, 타브가치 카간의 이종사촌 창 셍귄이 왔다.

(강조는 인용자)

여기 열거된 조문 사절은 크게 두 집단으로 나뉘는데, 먼저 남쪽의 타브가치, 서남쪽의 티베트, 북쪽의 키르기스처럼 카간이 보냈다고 한 것과 보둔(백성)이라고 한 동방의 거란, 해와 서방의 소그드, 베르치케르, 부카라 등과 함께 나의 온 오크라고 한 튀르기쉬 등이 하나의 무리를 형성했다. 당시 돌궐은 당조, 토번, 그리고 키르기스 등과는 외교 관계를 유지했으며, 현종에 대해서는 다각적 노력을 통해 관계를 개선하려고 했다. 키르기스는 710년 겨울에 공격해 무너뜨림으로써 다시 적대 세력화되었다가 이 무렵 교류한 것으로 보인다. 마지막으로 토번과는 비록 627년 당조에 대한 공격에는 참여하지 않았지만 서로 당조를 견제할 수 있는 중요한 동반 세력으로 관계를 유지했음이 분명하다.

한편 빌게 카간이 독립 세력으로 인정한 튀르기쉬를 제외하고 자신의 보둔(백성)이라고 한 나머지 다섯 집단은 독자 세력이면서도 돌궐의 통제를 받아들였던 존재 정도로 추정된다. 이 가운데 동부의 거란과 해는 카프간 카간의 몰락과 함께 당조로 떨어져나갔다가 이즈음 당조에 반기를 들고 일부가 돌궐에 투항하는 등 격변의 과정을 거쳤다. 따라서 빌게 카간은 그동안 적대적이었던 이들이 조문을 하자 백성이라고 하며 포용할 의지를 분명히 보였고, 이것은 이후에 현실화되었다. 이때 빌게 카간은 거란의 압력으로 당조에서 이탈했던 해가 다시 당조에 투항하고, 이들과 당조가 거란을 공격하자 734년에 이를 돕기 위해 직접 군대를 이끌고 원정하는 등 동부에 대해 관심을 보였다. 그만큼 동부의 거란과 해를 차지해 이들을 자신의 백성으로 만들어내는 것이 중요했다. 실제로 이것 자체가 바로 돌궐을 확장하는 출발점이었다.

이들과 함께 서방에서 왔다고 한 소그드, 베르치케르, 부카라 등은 과거 서돌궐의 지배하에 있던 집단이었다. 이 가운데 소그드와 부카라는 분명 소그디아나와 부하라를 가리키나 베르치케르는 정체를 알 수 없어 기존의 연구에서도 페르시아 내지는 소그드와 같다고 설명했다. 하지만 빌게 카간이 비문에서 이들을 '자신의 보둔(백성)'이라고 한 것을 보면 하나의 국가라고 보기 어려우니 페르시아가 아니고 소그디아나 내지는 그 인근에 있던 도시의 하나 정도로 추정할 수 있다. 그렇지 않다면 이들은 이미 앞서 살펴본 것처럼 육호주의 반란 이후 투항했거나 아니면 그 전부터 활동했던 소그드 상인들의 본향과 관련된 지역 정도로 추정해볼 수 있다. 왜냐하면 카라반隊商으로 활동했던 이들이 돌궐과의 관계를 강화하기 위해 조문 사절을 파견할 수도 있었기 때문이다.

당시 돌궐은 당조와 활발한 경제 교류를 원했으며 실제로 호시를 허가받는 등 교류가 확대되었다는 점에서 소그드 상인들에게 매력적일 수 있었다. 특히 육호주로부터 투항해 들어간 상인들은 자신들이 중심이 되어 과거 당조에 있을 때처럼 교역을 벌여 이익을 창출하려고 했는데, 이와 관련해 돌궐을 통한 교역품의 확보를 시도했을 것이다. 이에 대해서는 기록이 부족해 정확하게 알 수 없고, 실제로 어떤 배경이 있었는가도 확인하기 어렵다. 하지만 빌게 카간이 자신의 백성이라는 인식을 갖고 있는 서돌궐 지역의 오아시스에서 조문단이 왔다는 사실 자체가 당시의 이런 움직임을 반영한다고 추정해볼 수 있다. 왜냐하면 당시 당조와 직접 교섭을 하지 못하거나 서돌궐 지역의 중요 세력임에도 당조와 교류했던 튀르기쉬 등과 연계를 맺지 못한 오아시스에서 돌궐과 연계해 당조와 관계를 맺으려고 한 의도가 조문 사절에 반영되었다고 볼 수 있기 때문이다.

그럼에도 돌궐을 매개로 한 교역의 범위는 당시의 국제 질서 속에서 상당히 제한될 수밖에 없었다. 또 빌게 카간이 '자신의 백성'이라고 표현한 동부와 서부에서 온 부락들은 단지 관념적 지배 영역 속의 백성에 불과할 수 있었다. 왜냐하면 이들은 빌게 카간이 "(KT: 남:02) 앞(동)쪽으로 해가 뜨는 곳에, 남쪽으로는 낮의 한가운데를 향해, 뒤(서)쪽으로는 해가 지는 곳에, 북쪽으로는 밤의 한가운데를 향해 그 안에 있는 보둔이 모두 나에게 들어왔다"라고 한 것처럼 관념적 영역에 속한 것은 분명하나 현실적으로는 돌궐의 통제하에 있던 것은 아닐 수도 있기 때문이다. 당조가 자신을 강력하게 견제하고 있을 뿐만 아니라 자신이 구축한 질서를 벗어날 수도 없던 것이 빌게 카간에게 펼쳐진 냉혹한 현실이었다. 따라서 빌게 카간은 퀼 테긴의 죽음을 매개로 이익을 얻을 수 있도록 관계를 이끌어내고, 다른 한편으로는 이를 토대로 내적인 안정을 확보하기 위해 노력할 수밖에 없었던 것이다.

비문의 마모로 전모를 확인하기는 어려우나 실제 빌게 카간은 이 무렵에도 계속 내적인 안정을 위해 원정을 벌였던 것으로 추정된다. 즉 앞서 자신의 영역이라고 설정한 지역을 확보하기 위해 지속적으로 노력을 기울였던 것이다. 당시 돌궐을 둘러싼 주변 세력들의 분절화가 더욱 가속화되는 상황에서 이를 극복하려면 다른 방법이 없었다. 따라서 현실적 역학 관계를 충분히 반영한 것은 아니었지만 자신을 찾아온 조문 사절을 나열함으로써 대내적으로 자신의 위상을 관철시키려고 할 수밖에 없었던 것이다.

또한 대외적으로도 이를 계기로 자신의 위상을 강화하고, 나아가 자신에게 가장 중요한 전제인 당조와의 원만한 관계를 유지하기 위해 사절을 계속 보냈다. 731년 조문 사절 교환에 이어 732년 2월에 오구르 타르칸(Oghur tarqan으로 추정. 오골달간烏鶻達干), 7월에 아즈 칸초르(Az qanchor로 추정. 아지감찰阿支監擦), 11월에 카라 빅 초르(Qara bög chor로 추정. 갈아묵찰葛阿默擦), 733년 3월에 사비 위즈룩(Sabi Yüzürük로 추정. 사벽우사해궐斯壁紆思解厥)과 오구르 타르칸, 9월에 빌게 타르칸(Bilge tarqan으로 추정. 모가난달간牟伽難達干), 734년 3월에 사비 위즈룩, 타만 타르칸, 가즈륵(Gazïligh으로 추정. 가해율비哥解栗比) 등을 파견했다. 이런 노력의 결과로 결국 현종은 돌궐과의 화친을 허락했고, 4월에 가즈륵이 와서 혼인 허락에 대해 사례를 했다.[163] 이처럼 빌게 카간은 계속 당조 중심의 질서에 편입되려는 노력을 기울여 결국 현종으로부터 허락을 받아낼 수 있었다.

이제까지 돌궐이 당조와 관계를 개선하기 위해 벌인 노력은 주변 세력을 개별적으로 상대하고 지원함으로써 세력 균형을 이루려고 했던 현종의 입장과 배치되었다. 현종은 당조를 도발하지 않겠다며 경제적 교류를 강하게 원했던 빌게 카간의 요구를 절대로 받아주지 않았다. 실제로 퀼 테긴의 사망으로 다시 기회가 왔음에도 734년에 가서야 비로소 혼인을 받아주었다.[164] 이것만 아니라 여전히 고비 남부에 군사를 배치하고 주변 세력들과 연합해 돌궐에 계속 압박을 가했다. 이를 통해 현종은 자신을 중심으로 세계 질서를 구축하려고 했고, 이것은 이른바 '개원의 치開元之治'라고 평가받는 발전으로 이어졌다.

그러던 현종이 결국 빌게 카간의 청혼을 받아들인 것은 당시 거란 문제를 해결해야만 했기 때문이다. 현종이 거란에 원정을 떠났던 돌궐을 어떤 식으로든 무마하기 위해 화친을 받아주려고 하자 양국 관계는 새로운 전환점을 맞이했다. 하지만 돌궐에서 빌게 카간이 부의룩 초르(Buyïruq chor 로 추정. 매록철梅錄啜)에게 독살되는 돌발 변수가 발생함에 따라 다시 상황이 급변했다. 빌게 카간이 실제로 사망한 시점은 비문의 기록에 따르면 734년 10월 26일인데, 그는 죽기 직전 음독한 상태에서 자신을 죽이려고 했던 부의룩 초르 일당을 모두 소탕한 다음 사망했다고 한다.[165]

그가 독살당한 이유는 조정 내부의 갈등에서 기인한 것은 분명하나 정확하게 알기는 어렵다. 당시 당조와의 화친을 적극 추진했던 것으로 추정

---

163) 『册府元龜』 권975 「外臣部 褒異 2」, p. 11454.

164) 李大龍, 『唐朝和邊疆民族使者往來研究』, 哈爾濱: 黑龍江教育出版社, 2001, p. 43.

165) 『舊唐書』 권194上 「突厥傳」 上, p. 5177.

되는 소그드 상인 관료와 결합한 빌게 카간의 정책에 반대하는 내부의 유목 세력이라고 설명하기도 하나 추정에 불과하다. 그럼에도 빌게 카간과 결합해 경제적 이익을 확대하려고 했던 소그드 상인 관료들이 참여하면서 내부의 유목민 관료들과 갈등을 빚었다는 설명은 충분히 개연성이 있다. 당시 빌게 카간은 한편으로 당조와 우호 관계를 맺어 경제적 교류를 추진하면서, 동시에 영역을 확대해 백성을 확보하기 위한 원정을 진행하고 있었기 때문이다. 이런 과정에서 빌게 카간이 거란 원정에 성공하지도 못했음에도 당조와 화친을 하자 내부의 불만이 터져나오면서 권위에 대한 도전이 시작되었을 수도 있었던 것이다.

이후 돌궐에서는 갑작스럽게 죽은 빌게 카간을 이어 곧바로 아들인 텡그리 이넬 카간(Tengri inal qaghan으로 추정. 이연가한伊然可汗)이 즉위해 별다른 문제없이 안정을 찾았다.[166] 텡그리 이넬 카간은 부왕의 갑작스런 사망과 그에 따른 내적 혼란을 극복할 필요가 있었기 때문에 기존의 정책을 유지했다. 이는 우선적으로 당조와 우호 관계를 유지하기 위해 빌게 카간의 사망 소식을 알리고 지원을 요청한 것에서도 확인된다. 이때 양국은 혼인을 약속한 상태였기 때문에 이를 매듭짓는 것이 텡그리 이넬 카간에게도 중요했던 모양이다. 또한 그는 장례 기간 동안 대외적으로 어떤 움직임도 보이지 않으면서 내부를 단속하는 데 힘썼다.

당조에서도 돌궐이 빌게 카간의 죽음을 알리자 그를 애도하기 위해 사흘 동안 조정을 닫았다. 그리고 조문을 위해 향료를 비롯한 금, 은 등 많은 물자와 함께 종정경宗正卿 이전李佺을 대표로 하는 500여 명의 대규모 조문단을 보냈다.[167] 이와 동시에 현종은 새로 즉위한 카간을 책립해주었다. 이는 당조가 돌궐의 카간을 실질적으로 인정해주었다는 점에서 상징적

---

166) 앞과 같음.
167) 『冊府元龜』권975「外臣部 襄異 2」, p. 11455.

의미가 있었다. 왜냐하면 과거 무측천이 카프간 카간을 책립해준 이후로는 빌게 카간의 집요한 화친 요구에도 불구하고 책봉 내지는 혼인 등 공식적 관계를 맺은 적이 없었기 때문이다. 그런데 텡그리 이넬 카간이 당조로부터 공식 책립을 받음에 따라 비로소 유목 세계의 지배자임을 대내외적으로 천명할 수 있게 되었던 것이다.

앞서 살펴본 퀼 테긴의 경우처럼, 735년 5월 27일에 열린 빌게 카간의 장례식에 어떤 사절이 왔는가는 비문의 마모로 전혀 알 수 없다. 하지만 여타 장례 관련 기록을 할애하는 비문의 구성을 볼 때 보다 많은 조문 사절이 참가한 가운데 의식이 아주 성대하게 거행되었음을 추정할 수 있다. 비문에는 백성들이 장례식에 참가해 전통적 풍습에 따라 머리털과 귀를 잘랐다는 것과 말과 담비 등을 바치면서 슬픔을 표현했다는 정도만 남아 있다. 이것은 〈퀼 테긴 비문〉에 나오지 않는 내용인데, 당시 빌게 카간의 죽음을 대내외적으로 크게 애도했음을 짐작하게 한다.

또한 빌게 카간의 제사 시설과 비문의 규모도 퀼 테긴과 비교되는데, 비문과 석곽, 그리고 사당의 규모 등이 모두 더 크고 화려하게 만들어졌다는 점 역시 이상과 같은 추정을 가능하게 한다. 둘의 차이는 묘곽을 비교 전시한 〈그림 14〉와 두 비문이 나란히 전시된 〈그림 29〉의 모습을 통해서도 분명히 대비된다. 이런 시설을 만들기 위해 당조에서 비문을 작성한 사관인 기거사인 이융李融을 비롯한 많은 장인이 파견되었고,[168] 실제 준공은 735년 8월에 이루어졌다. 비문 제작과 사묘를 중심으로 한 제사 시설은 앞서 살펴본 것처럼 퀼 테긴의 제사 시설과 형식은 거의 동일하나 모든 것이 조금 더 크다. 또한 터키에서 실시한 발굴 조사 과정에서 부장한 금속 세공품들이 발견되어 그의 위세를 짐작할 수 있다.[169]

168) 『舊唐書』 권194上 「突厥傳」 上, p. 5177.
169) 앞의 주 159)에서 소개한 2000~2003년에 걸친 터키 정부의 빌게 카간 묘역 발굴 조사 보고서 참조.

〈그림 34〉 2003년도 빌게 카간 묘역 발굴 사진

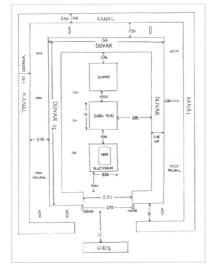

〈그림 35〉 터키 발굴대가 제작한 빌게 카간 제사 유적 평면도

〈그림 36〉 컴퓨터 그래픽으로 복원된 빌게 카간 제사 유적

발굴 결과와 현재 남아 있는 유적의 모습을 통해 텡그리 이넬 카간도 부왕과 마찬가지로 장례식을 통해 당조로부터 막대한 지원을 이끌어냈으며, 관계를 발전시킬 수 있는 기회 또한 만들어내고자 했음을 분명히 알 수 있다. 이를 보여주는 것은 역시 새로 즉위한 카간의 권위를 확인시켜주는 기념비였다. 이것은 퀼 테긴의 제사 시설과 함께 아사나 종실을 중심으로 한 돌궐 지배층의 권위를 상징하는 것으로 중요하게 자리 잡았으며, 두 제사 시설이 위치한 호쇼 차이담은 그들의 권위를 확인시켜주는 상징물이 위치한 성스러운 곳이 되었다.

이미 지적한 것처럼, 현종이 빌게 카간의 청혼을 받아들인 것이나 그가 죽은 뒤에 돌궐을 지원한 것은 모두 당시 거란 문제를 해결하는 것이 중요했기 때문이다. 거란 문제로 인해 양국 관계가 경직될 수도 있었지만 현종은 무력 대결보다는 외교적 교섭을 통해 돌궐을 포용함으로써 문제를 해결하려고 했다. 현종이 돌궐을 인정하면서 관계를 유지하려고 한 것은 여러 곳에 전선戰線이 형성되는 것을 원하지 않았고, 실제 그렇게 될 경우 감당할 상황이 아니었기 때문이다.

당시 거란의 봉기에 적극 개입함으로써 동부 초원으로 진출하려고 했던 돌궐 역시 이를 이용해 이권을 확보하면서, 다른 한편으로 당조와의 외교적 교섭을 통해 경제적 이익도 얻을 수 있었다. 이는 돌궐이 서수항성에서 열린 호시에서 말과 비단을 교환하는 견마무역絹馬貿易에 집중했던 것을 통해 확인된다. 텡그리 이넬 카간은 당조로부터 책봉되기 전 매년 3000에서 4000필 정도의 말을 교환했는데, 이후에는 1만 4000필 정도를 몰고 와 모두 50만 필이나 교환했다. 당조에서 감당할 수 없으니 다음부터 수를 제한해야 한다는 상소가 이어질 정도로 양국 간의 교역량이 증가했다.[170] 이는 돌궐이 당조와의 관계를 강화해 견마무역을 통한 경제적 이익을 확대

170) 張九齡 撰, 「勅突厥可汗書」, 『曲江集』 권11, 光州: 廣東仁民出版社, 1986.

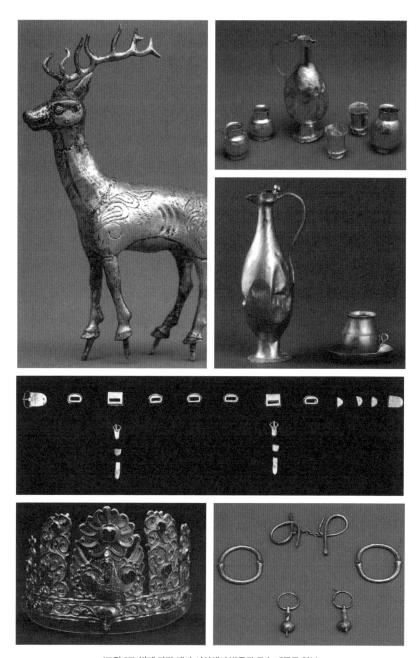

〈그림 37〉 빌게 카간 제사 시설에서 발굴된 금속 제품들 일부

해나갔음을 보여준다.

돌궐이 당조로부터 가능한 한 많은 비단을 확보하려고 한 것은 단순히 소비하는 데서 그치는 것이 아니라 이를 유통시킴으로써 발생하는 이익을 창출하기 위함이었다는 점은 주지의 사실이다. 앞서 살펴본 것처럼 빌게 카간은 도관과 사원 등의 정주 시설을 자신의 오르두가 위치한 초원에 마련함으로써 정주 지역 출신 사람들, 특히 자신에게 이익을 가져다줄 수 있는 상인들을 적극 초치招致하려고 했다. 이런 움직임을 통해 육호주의 소그드 상인들을 적극 끌어들이는 데 성공했다. 이들은 돌궐에서 경제적 이익을 확대하기 위해 주변과의 교역에 적극 뛰어들었다. 빌게 카간은 이처럼 집요한 노력 끝에 727년 당조와 호시를 열어 견마무역에 집중할 수 있었던 것이다.

빌게 카간의 이런 움직임은 돌궐이 과거 교역 국가로 발전을 거듭해 거대한 유목제국을 형성했던 경험과 무관하지 않았다. 실제로 그 성공 여부에 따라 제국의 운명이 결정될 수도 있었다. 당조와 경제적 관계를 강화하고 이를 통해 이익을 얻으려고 한 것은 빌게 카간이 자신의 비문에서 "(BQ: 동:25) 스무 살에 바스밀의 으둑 쿠트는 나의 우구쉬(무리) 보둔이었다. '그가 아르크쉬(카라반)를 보내지 않는다'라고 나는 나아갔다"고 한 것이나 "(KT: 북:06) **외튀켄 땅에 앉아서 아르크쉬(카라반)를 보낸다면 전혀 걱정이 없다**"고 말한 것에서도 알 수 있다. 이런 언급은 초원 내적으로 예하의 종속 집단 내지는 부용 집단 등으로부터 공납을 받아들여 이를 외부 세계와 교역함으로써 이익을 창출하고, 이것을 군주가 독점함으로써 자신의 권위를 강화하려고 한 것과 연결된다.

빌게 카간이 외튀켄에서 카라반을 보내라고 한 것은 "(BQ: 동:06) 타브가치 보둔들이 잘 속이기 [때문에 사기꾼이기] 때문에, 남동생들과 [형들을 서로 부추겼기 때문에 벡과 보둔들을] (동:07) 서로 다치게 했기 때문에 투르크 보둔은 자기들이 세운 일을 잃어버렸다고 한다. 자기들이 앉힌 카간을 잃어버렸다고 한다"고 한 것처럼 어리석은 자신의 조상들이 당조에 속아 빠져 나라를 잃어버린 다음에 고비 남부에서 겪은 아픈 과거를 되밟지 말라는 경고였을 뿐이었다. 즉 교역 자체를 하지 말라고 한 것이 아니라 오히려 당조와 적정한 거리를 둘 수 있는 몽골 초원에서 적극 교역을 벌여 당조의 위협으로부터 자신들을 지키고, 동시에 경제적 이익을 창출해 국가를 발전시키라는 뜻이다.

이런 입장은 텡그리 이넬 카간 시기에도 바뀌지 않아 당조와의 경제적 관계를 강화해가면서 자신들의 이익을 확대하려는 노력이 진행되었다. 당조를 중심으로 주변 세력들이 어울려 있는 상황에서 과거처럼 대외 원정을 통해 세력을 확대하려고 한다면, 심한 저항을 야기할 뿐만 아니라 오히려 돌궐이 포위 공격을 당할 수도 있었다. 과거 카프간 카간에 대한 유목 부락들의 반발은 계속된 원정 때문이기도 했으며, 원정 실패로 카프간 카간은 심지어 몰락하기도 했다. 따라서 텡그리 이넬 카간은 현실적으로 강력한 당조의 실체를 인정하면서, 다른 한편으로 내실을 다지기 위해 그의 인정을 받으며 교역을 발전시키려고 했다. 심지어 호쇼 차이담에 중국식 제사 시설을 건설하기까지 했다. 당시 당조 주변의 한 세력에 불과했던 돌궐이 자존을 유지하면서 발전할 수 있는 가장 현실적 방법은 이것밖에 없었던 것이다.

이후 텡그리 이넬 카간은 그 당시 최고의 현안이던 거란 문제에도 가돌우가 죽고 그의 잔당이 737년 소탕될 때까지 개입하지 않았다.[171] 또한 이미 당조를 견제할 수 있는 토번과의 연합도 포기하고 당조와 관계를 유지하는 데 집중했다. 이는 당조를 중심으로 구축된 질서를 인정하면서 현실적 지원을 받아내는 데 골몰하는 모습이었다. 이것이 당시 고비 남부에 강력한 군진을 배치하고 자신을 압박하는 당조의 위협이 상존하는 상황

---

171) 『舊唐書』 권199下 「北狄傳」, p. 5353.

에서 선택할 수 있는 최선이었다. 730년대 중반 돌궐은 당조와의 관계를 중시하며 별 문제없이 원만한 관계를 유지했고, 그 결과 이후 당조를 중심으로 한 질서 속에 포함된 다양한 세력의 하나 정도로 자리매김할 수 있었다.

하지만 돌궐은 여기에만 머물지 않고 이를 통해 내적 기반을 다지다가 기회를 보아 발전을 시도하려고 했음이 분명하다. 이것은 돌궐의 의지대로 관철되기 어려웠는데, 이는 당조만이 아니라 주변의 다양한 세력들 역시 당조 이외의 또 다른 강력한 존재가 없는 상태에서 나름의 발전을 도모했기 때문이다. 과거 동돌궐이 분립되면서 자존을 위해 중국 의존적 국가 체제를 형성한 이후 더 이상 강력한 유목제국으로 발전하지 못했던 것도 분절화된 주변 상황과 깊은 관련이 있었다. 만일 이런 상황에서 중국에 종속되면 자신의 의지대로 체제를 구축하기가 더욱 어려워질 수밖에 없고, 주변 세력들 역시 돌궐에 편입시킬 수 없었다. 돌궐이 자신을 강화하기 위해 중국에 의존하면 할수록 그들의 발전 가능성은 줄어들 수밖에 없었던 것이다.

텡그리 이넬 카간은 부왕이 외튀켄에서 당조와 교역을 하라고 한 유훈에 따라 체제를 유지하면서도 한편으로 당조의 위협에서 벗어나 국가를 발전시켜야만 하는 모순된 숙제를 풀어야 했다. 그는 부왕 사후 자신을 짓누르는 엄중한 현실 속에서 권위를 확립하고 나아가 유목 세계를 다시금 통합해내기 위해 먼저 당조와의 관계를 유지하는 데 집중하려고 했다. 왜냐하면 돌궐로서는 정주 지역의 생산 구조도 지배하지 못하는 상황에서 당조와 계속 교섭해 안정적 지원을 얻어내는 것이 중요했기 때문이다.

이것은 초원을 중심으로 힌 동시 교역을 상악하지 못한 돌궐이 서방으로 진출해 중앙아시아에 큰 영향력을 행사하던 당조를 상대로 할 수 있는 최선의 대응이었으나, 반대로 중국에 대한 의존이 심화된 유목 국가의 한계이기도 했다. 당시 당조는 중앙아시아에 재진출해 안서사진을 다시 설치하고, 751년 탈라스 전투 이전까지 중앙아시아에 강력한 영향력을 행사하며 동서 교류를 주도하고 있었다.[172) 따라서 이런 모순된 문제를 어떻게 해결하느냐에 따라 향후 돌궐이 당조의 견제에도 불구하고 다시금 초원을 통합한 강력한 세력으로 성장해 교역 국가로 발전할 수 있느냐 없느냐가 결정될 수밖에 없었던 것이다.

---

172) 薛宗正, 『安西與北庭: 唐代西陲邊政研究』, 哈爾濱: 黑龍江教育出版社, 1998.

---

◇◇◇

**3장**

<br>

# 돌궐의 붕괴와 아사나의
# 소멸(741~757)

<br><br>

## 1. 아사나·아사덕 연합 권력의 해체와 돌궐의 붕괴

734년 텡그리 이넬 카간이 즉위한 이후 상황은 당조와의 사절 교류 외에 별다른 기록이 없다. 더욱이 741년 그가 사망한 다음 그의 동생이 즉위한 과정 역시 기록이 불분명해 정확한 내용을 알기 어렵다. 이를 다른 경우와 비교해 추정해보면, 돌궐 내부의 문제를 해결하고 있었기 때문에 대외적 움직임을 보이지 못한 것이라 볼 뿐 다른 설명은 불가능하다. 다만 당조와 적극 교섭을 벌였다는 점에서 대외 원정을 통한 외부로의 발전이 정체되고 당조와의 교역을 통한 재화의 구득, 그리고 그 유통을 통한 경제적 이익 획득에 집중한 것이 아닌가 하는 정도로 추정해볼 뿐이다.

이것은 텡그리 이넬 카간이 이 과정에서 발생한 새로운 이익을 자신에게 집중시켜 권위를 강화하려고 한 것과 연결 지어 볼 수 있다. 하지만 권위를 강화하려면 재화가 한 방향으로 집중될 수밖에 없어 이로부터 소외된 종실 내지는 예하 부락들의 반발을 살 위험성이 있었다. 카간이 대외 원정을 추진하지 않는 상황에서 당조와의 관계를 독점하고 유입되는 재화를 유통하는 구조까지 장악하면 그로부터 소외된 존재들의 상대적 박탈은 더욱 커질 수밖에 없다. 실제로 이런 현상은 이미 과거 제1제국의 분열 과정에서 종실 내부의 계승 분쟁으로 나타났고, 이는 유목 국가를 약화시키는 치명적 결과를 가져왔다.

다른 한편으로 텡그리 이넬 카간 시기에 대한 별다른 기록이 없을 정도로 돌궐이 당조의 주목을 끌지 못한 것을, 당조 중심의 질서가 더욱 강화되었기 때문에 마치 돌궐이 734년 빌게 카간이 사망한 후에 붕괴되어간 것처럼 설명하기도 했다. 하지만 이것은 텡그리 이넬 카간 사후에 벌어진 상황의 원인이 마치 이전에 있었다고 결과론적으로 설명하려 한 것에 불과할 뿐 정확한 근거가 없다. 왜냐하면 국가라는 것은 집이 낡아 서서히 무너지는 것처럼 어떤 단계를 겪으면서 붕괴되는 것이 아니라 예기치 않게 터진 사건으로 쉽게 붕괴하는 경우가 더 많기 때문이다.

유목 국가의 붕괴는 늘 카간의 권위 유지와 관련되었는데, 그가 분봉을 통해 권력을 분점하고 있던 종실을 제대로 통제하면 별 문제가 없었다. 하지만 능력이 떨어지는 카간이 즉위해 통제할 수 없게 되거나, 아니면 갑자기 궐위闕位하면 내재되었던 불만이 폭발하기 일쑤였다. 이런 양상은 유목 국가가 정주 국가에 비해 경제적 기반이 취약해 항상성이 약하고 카간에게 지나치게 권력이 집중되었기 때문에 쉽게 일어났다. 특히 당조가 예하의 부락들을 적극 충동해 이반하게 하거나 내부에서 권력 갈등이 폭발해 통제가 약화될 때, 아니면 자연재해로 인한 생산 기반의 파괴 등을 제대로 수습할 수 없는 상황이 발생할 때 순식간에 모순이 터져나올 수 있었다. 이 점도 이미 제1제국의 멸망 과정에서 확인한 바 있다.

과거 630년 동돌궐의 멸망 역시 당조가 일력 카간을 고립시킨 다음 무력을 통해 단번에 무너뜨린 것이었다. 그 직전까지 돌궐은 당조를 크게 위협할 만큼 강력했다. 그럼에도 이 무렵 동돌궐의 붕괴는 서서히 진행된 것이 아니라 아주 급속하게 이루어졌다. 이와 마찬가지로 제2제국 말기 텡그리 이넬 카간의 통치도 마치 석양이 지는 것처럼 서서히 붕괴되었다고 설명하기는 어렵다. 이 시기에 기록이 별로 많지 않은 것은 국가 체제가 잘 작동했으며 당조와의 교류도 별 문제없이 진행되어 당조의 관심을 덜 받았고, 오히려 당조는 이 시기에 거란 등에 더 많은 관심을 갖고 있었다고 설명하는 편이 상식적일 것이다. 따라서 텡그리 이넬 카간 시기에 대한 평가를 기록이 없다는 점만으로 몰락했다고 치부해버릴 수는 없다.

오히려 돌궐의 약화, 즉 권력을 장악한 아사나의 약화가 본격화된 시점은 바로 텡그리 이넬 카간이 사망한 뒤부터였다. 이에 대해『구당서』를 비롯한 다양한 사서에서 모두 "즉위한 지 오래되지 않아 텡그리 이넬 카간 역시 병으로 죽자 다시 그의 아우를 세워 텡그리 카간Tengri qaghan(등리가한登利可汗, 재위 741~744)으로 삼았다"[173]라고 되어 있다. 이에 따르면 동생인 텡그리 카간, 즉 빌게 쿠틀룩 카간Bilge qutlugh qaghan은 735년경에 즉위해야 할 뿐만 아니라 어린 나이에 즉위한 빌게 쿠틀룩 카간을 둘러싼 내분이 바로 발생해 돌궐이 분열한 것이 된다. 따라서 이보다『신당서』나『자치통감』의 기록처럼,[174] 텡그리 이넬 카간이 8년 동안 통치하다가 741년경에 사망했다고 보는 편이 더 정확할 것이다.[175]

실제로 빌게 카간 사후 734년 텡그리 이넬 카간이 즉위한 과정은 부자 상속이 이루어져 별다른 문제없이 종실 내부가 안정되었다. 이는 빌게 카

---

173)『舊唐書』권194上「突厥傳」上, p. 5177.

174)『新唐書』권215下「突厥傳」下, p. 6054.

175) 이상과 같은 기록의 차이는 다른 방증 자료가 부족해 해결되지 않고 인용하는 사람에 따라 다르게 이용되었다. 하지만 가타야마 아키오는 위구르 유목제국의 카를룩 카간이 세운 기공비인〈타리아트 비문〉을 통해 위의 차이를 검토해『신당서』와『자치통감』의 기록이 실제에 가깝고『당회요』와『구당서』의 기록이 틀렸다는 점을 논증했다(片山章雄 等,『迴紇タリア ト・シネ=ウス兩碑文(8世紀中葉)のテキスト復原と年代記載から見た北・東・中央アジ ア』, 1993年度東海大學文學部研究助成金による研究成果報告書, 1994, p. 33).

간이 독살되는 과정에서 바로 죽지 않고 자신에게 반대한 부의룩 초르 등을 진압했으며, 그 뒤 텡그리 이넬 카간이 즉위한 과정 역시 별다른 문제가 없었다는 점에서도 확인된다. 또한 텡그리 이넬 카간은 연소年少하지 않고 카간의 임무를 맡을 수 있을 정도의 연령이라 별 문제가 없었다. 따라서 그의 계승으로 인해 내적 안정이 마련되었으며, 이후 빌게 카간의 장례식만이 아니라 계속된 당조와의 교섭 등을 통해 그의 지위 역시 대내외적으로 공인받았다.

그런데 여기서 주목되는 것은 종실 내부에 텡그리 이넬 카간의 숙부들, 즉 빌게 카간의 동생들이 강력한 군권을 갖고 있었다는 사실이다. 이는 빌게 카간이 퀼 테긴의 장례식 장면을 기록한 〈퀼 테긴 비문〉 북면 11행에서 두 명의 샤드를 포함한 나의 형제라고 둘을 특정한 것에서 확인할 수 있다. 이처럼 이들은 이전부터 사망한 퀼 테긴과 함께 강력한 권한을 갖고 있었음이 분명하다. 샤드라는 지위는 분봉되어 나름의 독자 병력을 보유할 뿐만 아니라 유력한 계승 후보자가 될 수 있을 만큼 고위 신분이었다. 하지만 이들은 권력 승계 과정에서 조카인 텡그리 이넬 카간의 즉위를 받아들였을 뿐만 아니라 그 후에도 그의 어린 동생인 빌게 쿠틀룩 카간, 즉 텡그리 카간의 즉위를 받아들였다.

이런 권력 구조 속에서 텡그리 이넬 카간이 죽은 뒤 어린 동생인 쿠틀룩 빌게 카간이 즉위할 수 있었던 것은 어머니인 쿠틀룩 카툰 바벡Qutlugh qatun Babeg(골돌록가돈파복骨咄祿可敦婆匐)의 역할과 관련이 있다. 그녀의 개입은 **"카간의 나이가 어려 그의 어미 바벡과 소신 위즈 타르칸**(Yüz tarqan으로 추정. 어사달간飫斯達干)**이 정을 통하고 결국 정치까지 간섭함에 따라 여러 부락이 화합하지 못하게 되었다"**[176]라고 한 기록에서 확인된다. 이런 평가를 받았음에도 어린 빌게 쿠틀룩 카간이 즉위한 것은 과거부터 빌게 카간의 권

---

176) 『新唐書』권215下「突厥傳」下, pp. 6054.

력을 지탱했던 중요한 한 축이 계속 영향력을 행사했기 때문이다. 그 축은 제2제국 시기의 킹메이커라고 할 수 있는 빌게 카간의 장인 빌게 톤유쿠크가 속한 아사덕 집안이었다. 즉, 모후는 단순히 카간의 어머니라는 자격만이 아니라 내부적으로 강력한 힘을 가졌던 아사덕 집안의 역량을 배경으로 카간 승계에 영향력을 행사할 수 있었던 것이다.

이미 앞에서 다룬 것처럼, 아사덕 집안은 돌궐의 부흥 운동을 주도하고 빌게 톤유쿠크가 아사나 출신의 쿠틀룩을 추대해 국가를 재건할 수 있게 돕는 등 강력한 세력의 하나였다. 빌게 톤유쿠크의 경우 그의 비문과 묘역을 통해 어느 정도의 지위와 위세를 가졌었는지를 짐작할 수 있다. 그의 묘역은 당조의 지원을 받은 빌게 카간에 비견될 정도는 아니지만, 상대적으로 큰 규모와 엄청난 발발이 남아 있다. 또한 자신의 비문에서 일테리쉬 카간과 자신이 나라를 만들었기 때문에 이후 카프간 카간과 빌게 카간이 존재할 수 있었다고 아주 자랑스럽게 얘기할 정도였다. 그는 킹메이커로서의 자문 역할과 함께 비문에 이런 얘기를 써서 남길 정도의 비중을 갖고 있었던 것이다.

빌게 톤유쿠크의 영향력은 또한 그의 군사력과도 연결시켜볼 수 있다. 그는 건국 초기에 아파 타르칸으로 군권을 장악했으며, 이후 카프간 카간 시기에 비록 밀려나기는 했어도 보일라 바가 타르칸으로서 계속 원정을 지휘하는 등 아주 유능한 지휘관이었다. 이런 그의 능력은 개인적 측면에서 볼 수도 있지만, 그의 족적 배경 역시 무시할 수 없다. 유목 추장에게는 그 자신이 이끄는 번부락병이 중요했는데, 그는 자신의 비문에서 나의 보둔(백성)이 '투르크와 시르'라고 했다. 이것은 그가 거느리는 족속들이 카간과는 달랐음을 보여준다. 빌게 카간이 비문에서 늘 투르크 보둔(백성)이라는 표현을 통해 일(나라)을 구성하는 존재를 지칭한 것과 달리, 그는 투르크와 함께 늘 시르를 연이어 기록했다.

이런 차이는 빌게 톤유쿠크가 투르크에 속하는 자신의 족속인 아사덕만이 아니라 과거 당조의 기미지배 시기에 고비 남부에서 자신이 거느렸던 시르, 즉 설연타의 잔여 부락들을 고비 북방의 몽골 초원에서도 계속 거느렸기 때문이라고 추정된다. 이것은 빌게 톤유쿠크가 이끄는 아사덕 집안이 몽골 초원으로 복귀해 국가를 건설하는 과정에서 자신들이 고비 남부에서 장악했던 부락들을 그대로 이끌고 와 국가를 재건했을 것이라는 추정을 가능하게 한다.

그는 투르크만이 아니라 자신이 거느렸던 '시르'도 중요한 군사적 배경으로 삼았다. 그리고 〈빌게 카간 비문〉 남면 14행에서 텡그리 이넬 카간이 자신에게 예속되어 있는 집단들을 열거하면서 말한 톤유쿠크 보일라 바가 타르칸의 존재가 동부의 퇼리스 샤드 뒤에 나온 것에서 확인할 수 있듯이 그가 차지한 영역은 카간이 장악한 오르콘 강 주변에서 동쪽에 있었다. 실제로 현재 빌게 톤유쿠크의 묘역이 있는 곳 역시 몽골공화국의 톱 아이막을 위시한 초원의 중동부 지역이다.

어린 나이에 즉위한 빌게 쿠틀룩 카간 역시 형과 마찬가지로 742년에 당조에 사자 으난추(Ïnanchu로 추정. 이난여伊難如)를 보내 정월 조회에 참석하고 토산품을 바쳐 기존의 관계를 유지하려고 했다.[177] 하지만 이후 쿠틀룩 빌게 카간의 모후와 종실 아사나 집안 간에 갈등이 발생했다. 이제까지 카간은 아사덕의 지원 속에 안정을 유지하며 초원을 통치했는데, 이것이 파열되면서 내분이 일어났다. 이와 관련해 바벡이 정치에 간섭하자 여러 부락이 화합하지 못하게 되었다는 언급은 부적격자가 즉위한 데 대한 내적 반발, 특히 아사나의 권력을 유지하려고 했던 종실이 모후의 권력 장악에 반대했음을 보여준다. 게다가 바벡이 강력한 군권을 갖고 있던 두 명의 샤드를 견제하기 위해 이들을 공격함에 따라 갈등이 더욱 강하게 폭발했던 것이다.

---

177) 앞과 같음.

이때 바벡은 돌궐 내의 병사 중에 최정예가 모두 속해 있던 두 샤드를 견제하기 위해 타르두쉬 샤드西殺를 유인해 죽이고 그 병사들을 빼앗았다. 이에 퇼리스 샤드가 두려워 바로 빌게 쿠틀룩 카간을 공격해서 죽이고 바벡을 몰아내버렸다. 당시 자신의 조카를 죽인 판 퀼 테긴(Pan kül tegin으로 추정, 판궐특근判闕特勤)은 빌게 카간의 동생으로 아사나 종실 내에서는 최고 연장자였던 것으로 추정된다. 그는 빌게 카간 사후에 동생 타르두쉬 샤드와 병권을 나누어 갖고 체제를 유지하는 데 영향력을 행사한 존재로 과거 같으면 차기 카간을 계승할 수 있는 퇼리스 샤드였다. 이런 그가 빌게 카간이 죽은 뒤 큰조카가 즉위하는 것을 그냥 지켜보았을 뿐만 아니라 이후에 다시 어린 조카가 카간이 되어 모후가 정치에 개입하는 것까지 참 았다가 자신의 동생을 죽이자 적극 반기를 들었던 것이다.

유목 국가는 재생산 기반이 취약하기 때문에 어려운 환경 속에서 체제의 항상성을 유지하기 위해 가장 연장자가 군주의 지위를 이어받고 이와 관련된 재산 전부를 장악함으로써 열악한 환경을 극복하고 내적 능력을 확보하는 것이 일반적이었다. 유목 사회 내에서 가장의 지위를 잇게 되면 친모를 제외하고 대부분을 '형사취수'하는 관행이 유지된 것 역시 이런 환경적인 요인과 무관하지 않았다. 이런 전통을 갖고 있는 유목 사회에서 능력이 없는 어린 군주가 즉위했을 뿐만 아니라 권력을 외가에서 장악하려고 한다면 이것은 종실에서 결코 용납할 수 없었다. 바벡이 위즈 타르칸과 정을 통하고 정치를 농단하다가 마침내 타르두쉬 샤드까지 공격해 죽였다는 중국 기록을 통해 당시의 권력 투쟁 상황을 짐작할 수 있다.

하지만 이상과 같은 기록은 아사나 종실이 유지했던 권위가 아사덕 집안으로 넘어가는 것을 막기 위해 바벡을 공격할 명분으로 지어낸 얘기일 수도 있다. 다만 여기서 중요한 부분은 바벡이 위즈 타르칸과 어떤 관계에 있었느냐가 아니라 권력을 어느 집안이 장악할 것이냐 하는 문제였다. 실제 군권을 장악하고 있던 아사나 종실의 일원들이 순순히 권력을 넘겨주려 하지 않았기 때문에 퇼리스 샤드인 판 퀼 테긴이 바벡을 공격해 빌게 쿠틀룩 카간을 살해하고 정권을 장악해버렸던 것이다.

그다음에 그는 자신을 쿠틀룩 야브구Qutlugh yabghu라고 칭한 뒤 도망 간 바벡을 공격하려고 아부스의 추장을 타르두쉬 야브구, 부쿠의 추장 일 리 초르바르(Ili chorbar로 추정, 이철발李啜拔)를 퇼리스 야브구로 삼는 등 비 아사나계의 추장들을 등용해 아사덕 집안 세력의 발호跋扈를 제압하려고 했다. 하지만 이런 노력은 그가 카간을 죽이고 권력을 장악했음에도 아직 은 취약한 상태에 있었음을 보여준다. 쿠틀룩 야브구는 빌게 카간의 다른 아들인 카간을 추대했다가 죽이고, 또다시 다른 빌게 카간의 아들을 즉위 시켰다가 역시 얼마 되지 않아 죽인 다음 스스로 카간이 되었다. 이런 그 의 움직임은 그 자신에게도 뭔가 다른 정통성 문제가 있었던 것이 아닌가 하는 추정을 하게 한다.

이렇게 그는 돌궐을 통제할 수 있는 정통성도 힘도 갖지 못한 상황에서 또 다른 내부의 반발에 직면했다.[178] 즉 743년에 투르크계 유목 부락인 바 스밀이 카를룩, 위구르 등과 연합해 그를 공격했던 것이다. 이때 바스밀 의 추장은 돌궐의 쿠틀룩 야브구를 죽이고 스스로 일테리쉬 카간(Ilterish qaghan으로 추정, 힐질이시가한頡跌伊施可汗)이라고 칭한 다음 독립을 선언 했다. 동시에 봉기에 참여했던 위구르의 추장을 퇼리스 야브구Tölis yabghu 로, 카를룩 추장을 타르두쉬 야브구Tardush yabghu로 삼았다. 그리고 자신 이 몽골 초원을 장악했음을 당조에 알려 위상을 공인받으려고 했다.

이처럼 돌궐의 쿠틀룩 야브구가 패배해 죽은 다음 투르크계 유목 부락 들이 세력을 차지하자 돌궐의 지배 집단은 집단적으로 당조에 투항했다. 대표적으로 타르두쉬 샤드의 처와 자식, 카프간 카간의 손자 베디즈 테 긴(Bediz tegin으로 추정. 발덕지특근勃德支特勤), 빌게 카간의 딸 탈루이 공주

---

178) 앞의 책, p. 5178.

(Talui로 추정. 대락공주大洛公主), 텡그리 이넬 카간의 소처인 위즈 벡(Yüz beg으로 추정. 여새복余塞匐), 텡그리 카간의 딸 위즈 공주(Yüz로 추정. 여촉공주余燭公主), 그리고 아부스 일테베르 등 거의 1만여 명이 내려왔다.[179]

한편 초원에 남아 있던 돌궐의 잔여 집단은 쿠틀룩 야브구의 아들인 오즈므쉬 테긴을 추대해 오즈므쉬 카간(Ozmïsh qaghan으로 추정. 오소미시가한 烏蘇米施可汗)이라 칭하고 세력화를 시도했다. 이들은 회유하는 현종의 말을 듣지 않고 다시 세력을 규합하려 하다가 권위가 확립되지 않고 부하들로부터의 지지도 제대로 받지 못한 상태에서 바스밀 등의 공격을 받고 남쪽으로 도망쳤다. 결국 이들은 쫓아온 위구르의 바얀 초르〔Bayan chor로 추정. 마연철磨延啜. 이후 위구르의 제2대 카를륵 카간Qarlïq qaghan(갈륵가한葛勒可汗, 재위 747~759)이 됨〕의 공격을 받아 패망했다.

이에 대해 바얀 초르는 자신의 기공비인 〈타리아트 비문〉에서 다음과 같이 상황을 자세하게 설명했다.

(TR: 동:06) "오즈므쉬 테긴이 우두르간으로부터 나아갔다"라고 했다. "그를 잡아라!"라고 말했다. (동:07) …… (마모) …… 〔나는 그들을〕 따라갔다. 카라쿰(黑沙城)을 넘었다고 한다. 쾨귀르에서, 쾨뮈르 탁(산)에서 야르 외귀즈(강江)에서 위취툭(三旗) 투르크 보둔(백성)에게 이렇게 7월 14일에 (공격을 했다). (동:08) …… (마모) …… 이렇게 〔그들을〕 내가 격파했다. 칸이 …… 이렇게 없어졌다. 튀르크 보둔(백성)을 이렇게 안으로 들어오게 했다. 이렇게 다시 (동:09) …… (마모) …… 오즈므쉬 테긴이 칸이 되었다.[180] (괄호 안의 보

---

179) 『新唐書』 권215下 「突厥傳」 下, p. 6054. 이 부분에 대해 『구당서』에서는 좌살左殺이 오즈므쉬 카간이 된 것으로 적고 있으나 이것은 잘못된 기술이다(『舊唐書』 권194上 「突厥傳」 上, p. 5177).

180) 위구르 유목제국 초기의 비문인 〈시네 우수 비문〉과 〈타리아트 비문〉에 대해서는 정재훈, 앞의 책, 2005, pp. 413~451 참조.

충은 인용자)

이에 대해서는 그의 묘비인 〈시네 우수 비문〉에서도 약간 다르지만 다음과 같이 비슷하게 상황을 설명했다.

(SN: 북:05) 나의 아버지 퀼 빌게 카간 …… (마모) …… (북:06) 군대가 나아갔다. 나 자신이 앞으로 빙 바쉬(千長)를 보냈다. 케이레로부터 앞쪽에 있는 곳에서 돌아가려고 …… (마모) …… (북:07) 복종시키고, 다시 나는 나아갔다. 케이레 바쉬에서, 위취 비르퀴에서 카간이 군대와 …… 내가 조우했다. 그곳에서 …… (마모) …… (북:08) 내가 쫓았다. 그들이 카라쿰을 넘었다 한다. 쾨귀르에서, 쾨뮈르 탁에서, 야르 외귀즈에서 위취툭(三旗)의 튀르크 보둔 …… (마모) …… (북:09) 오즈므쉬 테긴이 칸이 되었다고 한다. (괄호 안의 보충은 인용자)

이상의 내용을 통해 한문 사료에 없는 오즈므쉬 카간을 중심으로 한 돌궐의 움직임을 재구성해볼 수 있다. 당시 우두르간을 출발해 남하한 돌궐의 잔여 세력을 추적하던 위구르의 바얀 초르는 아버지와 헤어졌다가 케이레 산지에서 다시 합류해 카라쿰을 지났다.

여기서 돌궐의 오즈므쉬 테긴이 위구르의 추격을 피해 고비 남부까지 내려간 것은 카라쿰을 넘었다는 기록에서 확인된다. 카라쿰은 말 그대로 '검은 사막黑沙'을 의미하고, 이곳은 과거 제2제국이 부흥할 때 주요한 무대였던 흑사성으로 고비 남부의 중요 거점이었다. 그리고 쾨귀르 또는 쾨뮈르 탁이라고 한 것은 인산 산맥에 위치한 봉우리의 하나로 추정되며, 야르 외귀즈는 황허 또는 그 지류로 추정된다. 또 이상의 내용은 삭방절도사 왕충사가 "또다시 해의 노가이怒皆와 돌궐의 무리를 격파하니 이로부터 변경이 조용해지고 오랑캐들이 감히 들어오지 못하게 되었다"[181]라고 한 기록과도 연결된다.

돌궐의 몰락은 또한 바얀 초르의 묘비인 〈시네 우수 비문〉에서 "(SN: 북:09) 양의 해(계미癸未, 743)에 내가 나아갔다. …… (중략) …… 오즈므쉬 테긴을 …… 내가 (그를) 잡았다. 내가 그의 카툰을 그곳에서 잡았다" 라고 한 말한 것처럼, 743년 위구르의 공격을 받아 패배하면서 오즈므쉬 카간이 사망한 것에서 비롯되었다. 이는 그의 수급이 삭방에 있던 왕충사를 거쳐 당조로 보내졌다고 한 기록에서도 확인된다.[182] 이렇게 오즈므쉬 카간을 죽인 바얀 초르는 〈시네 우수 비문〉을 통해 "(SN: 북:10) 투르크 보둔(백성)은 이로부터 없어졌다"고 돌궐 세력의 소멸을 자랑할 수 있었다.

당시 오즈므쉬 카간 세력의 소탕을 맡았던 바스밀의 일테리쉬 카간은 744년 7월 당조로부터 공을 인정받아 연군왕燕郡王으로 책봉되었다. 하지만 그해 겨울에 위구르의 추장 쿠틀룩 보일라(Qutlugh boyla로 추정. 골력배라骨力裴羅), 즉 바얀 초르의 아버지가 쿠틀룩 빌게 퀼 카간(Qutlugh bilge kül qaghan으로 추정. 골돌록비가궐가한骨咄祿毗伽闕可汗)을 칭하며 즉위한 다음 카를룩과 연합해 바스밀의 카간을 타도하면서 상황이 바뀌었다. 왜냐하면 위구르가 바스밀을 격파한 것에서 그치지 않고 연합 세력이었던 카를룩마저 몰아내고 몽골 초원을 차지하면서 새로운 패자가 되었기 때문이다. 이에 당조에서도 위구르의 쿠틀룩 빌게 퀼 카간이 오즈므쉬 카간을 죽인 공로를 인정해 봉의왕奉義王과 회인 카간懷仁可汗으로 책봉해줌으로써 이들을 안정시키려고 했다.[183]

동시에 당조에서는 오즈므쉬 카간이 패배한 뒤 일부 남아 있던 돌궐의 잔여 세력을 제거하기 위해 노력했다. 왕충사는 745년 정월에 백도천을

---

181) 『舊唐書』 권103 「王忠嗣傳」, p. 3198.
182) 『新唐書』 권215下 「突厥傳」下, p. 6055.
183) 『新唐書』 권117上 「回鶻傳」上, p. 6114.

출발해 선우도호부의 북방에서 작전을 벌였다. 그는 이때 이사례王思禮와 이광필李光弼을 유군遊軍으로 삼아 정월에 살하내산薩河內山(인산 산맥의 어느 지점)에서 돌궐의 퇼리스 샤드 아파 타르칸이 지휘하는 11개의 부락마저 격파했다.[184] 따라서 고비 남부에 들어온 세력이 약화되었으며, 남아 있던 타르두쉬 샤드 계통의 세력도 초원에서 위구르의 공격을 받아 완전히 붕괴되었다.

바얀 초르 역시 〈타리아트 비문〉에서 돌궐을 초원에서 완전히 몰아낸 것에 대해 다음과 같이 자랑했다.

> (TR: 남:01) 원숭이의 해(甲申, 744)에 내가 (싸우기 위해) 나아갔다. …… (마모) …… 내가 원정해 갔다. 이렇게 내가 승리했다. 칸을 이렇게 (남:02) 내가 잡았다. 〔카툰을 이렇게 잡았다.〕 …… (마모) …… 이런 후에 그들의 바쉬(部酋)가 왔다. …… (마모) …… 닭의 해(乙酉, 745)에 내가 (싸우기 위해) 나아가 (그해를 다) 보냈다. 5월 13일에 그들이 다시 반란을 일으켰다. (남:03) 내가 원정했다. 이렇게 내가 승리를 했다. (괄호 안의 보충은 인용자)

이상과 같이 돌궐이 완전히 몰락한 것은 마지막 저항 세력이었던 바얀 카간(Bayan qaghan으로 추정. 백미가한白眉可汗)을 위구르의 바얀 초르가 죽인 다음 그의 수급을 정월에 당조로 보냈다는 기록에서 확인된다.[185] 아사나 종실을 중심으로 한 세력의 몰락과 함께 쿠틀룩 야브구와의 대결에서 패배해 본거지로 밀려났던 빌게 카간의 카툰 바벡 역시 745년 8월 당조에 투항했다. 즉 인척 씨족인 아사덕마저 초원에서 완전히 밀려났던 것이다.[186]

---

184) 王昶 撰, 『金石萃編』 권100 「王忠嗣碑」, 臺北: 新文豊出版公司, 1982, p. 1653; 『册府元 龜』 권986 「外臣部 征討 5」, p. 11586.

185) 『册府元龜』 권975 「外臣部 襄異 2」, p. 11457.

186) 『資治通鑑』 권215 玄宗 天寶 4년(745) 조, p. 6863.

이렇게 되자 돌궐의 잔여 세력을 소탕하던 왕충사는 과거 630년에 이적 등이 동돌궐의 마지막 군주인 일릭 카간을 사로잡은 치적에 버금간다고 평가하며 이를 천하에 널리 알려야 한다고 상소했다.[187] 이것은 돌궐의 위협으로부터 완전히 벗어나면서 당조가 더 이상의 강한 적수가 없는 상태에서 세계 질서의 중심에 자리 잡게 되었음을 의미했다. 또한 이것은 현종 치세에 대외적으로 당조의 위상이 최고조에 이르렀다고도 평가할 수 있었는데, 여기에는 초원을 차지한 신생 위구르가 아직 자리를 잡지 못해 당조에 별다른 위협이 되지 못했기 때문이기도 하다.

이후 위구르가 몽골 초원을 배경으로 자신의 권위를 확립하기 위해 노력한 것과 달리 남하한 아사나를 비롯한 돌궐 세력은 당조의 지배와 견제를 받았다. 이들은 언제 가능할지 불확실한 가운데 다시 자신들의 권위를 부활시키기 위한 방안을 모색해야만 하는 처지에 놓였다. 따라서 이 같은 모색의 성공 여부에 따라 스스로 과거의 영광스런 역사를 부활시켰다고 강변하는 위구르의 야글라카르(Yaghlaqar로 추정. 약라갈藥羅葛)가 새로운 황금씨족이 되어 기존 아사나의 권위를 완전히 대체함으로써 돌궐의 역사가 소멸되느냐 아니면 다시금 회복되느냐가 결정될 수밖에 없었다.


## 2. 아사나의 당조 투항과 소멸

돌궐의 붕괴와 함께 당조로 내려온 유목 부락들은 앞에서도 열거한 것처럼 주로 지배 집단에 대한 기록만 남아 있어 다른 경우를 알기가 아주 어렵다. 현존 기록에 남아 있는 투항 집단들은 이미 살펴본 것처럼, 모두 카간을 배출한 아사나 종실 내지는 인척 씨족인 아사덕, 그리고 그 외 유력

---

187) 『册府元龜』 권986 「外臣部 征討 5」, p. 11586.

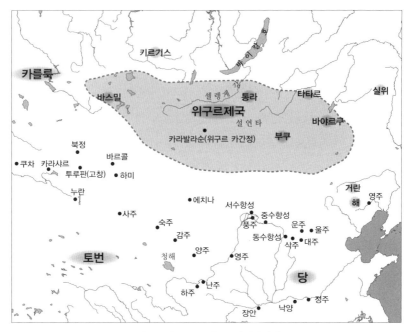

〈그림 38〉 위구르 유목제국 초기 지배 영역도

한 몇 부락의 추장들이었다. 이들은 대부분 투항해 온 다음 장안에 거주하면서 당조의 번장으로 지위를 인정받으며 생활했다. 그리고 이들 대부분은 이후 당조에서 별다른 역할을 하지 못했기 때문에 향후 행적 추적이 거의 불가능하다.

　이런 양상은 이미 630년 동돌궐이 붕괴한 다음 당조에 들어온 종실이 당조의 견제로 별다른 역할을 하지 못하고 약화된 것과 별로 다르지 않다. 이에 대해 비록 약간의 과장이 섞이기도 했지만 빌게 카간은 과거 기미지배를 받던 시기에 대한 회상에서 돌궐의 지배층들이 자신들의 이름을 버리고 중국의 이름을 갖게 되면서 서서히 약화되어 아주 어려운 처지에 이르렀다고 말하기도 했다. 따라서 재현된 아사나 종실의 몰락은 이전과 마찬가지로 남하한 뒤 위구르가 몽골 초원을 차지하면서 현실이 될 수밖에 없었던 것이다.

아사나 출신으로 당조에 들어와 번장으로 활약한 경우가 이후의 기록에 일부 확인되기도 한다. 기록된 존재들은 언제 투항했는지도 알 수 없고, 더욱이 장안 인근에 거주한 핵심 집단도 아니었다. 이들은 당시 동부 몽골 초원 방향을 방어하던 안녹산安祿山에게 복속되었다가 봉기한 뒤에야 비로소 확인된다. 그 가운데 하나인 아사나종례阿史那從禮는 안녹산이 당조를 공격하는 데 참가했다가 이탈해 돌궐 부흥 운동을 벌였는데, 5000명 정도의 기병을 지휘하는 추장이었다.[188] 또한 안녹산 예하에 있던 아사나승경阿史那承慶은 아사나종례와 함께 부흥 운동에 참가하지 않고, 다만 사사명史思明의 봉기에 참여하면서 알려졌을 뿐이다.[189]

아사나종례와 아사나승경은 모두 돌궐의 종실 출신으로 당조에 투항한 다음 안녹산의 지휘 아래 있던 번장임에 틀림없다. 안녹산의 봉기 이전까지 이들에 대한 제대로 된 기록이 없다는 것은 실제로 중요한 역할을 하지 못했다는 의미다. 이것은 당조의 견제와도 관련되었다. 비슷한 처지에 있던 뷜리스 샤드 가즈(Gazi로 추정. 가해哥解)가 751년 거란에 패배한 책임을 지고 안녹산에게 죽임을 당한 일에서도 당조의 지속적인 견제가 확인된다. 이들은 당조에 내려온 이후 번장으로 우대를 받으며 군사적으로 이용되다가 언제든지 견제를 받을 수 있는 대상이었다.[190]

돌궐이 붕괴된 뒤 당조에 들어와 번장으로 활약한 이들 가운데 742년에 내부來附한 아부스 일테베르만 여타 지배 집단의 일원과 달랐다. 그는 투르크계 유목 부락의 수령으로 개원 초기에 카프간 카간에게 격파된 다음 당조에 투항했었다.[191] 이것은 그가 710년대 중반 투르크계 유목 부락

---

188) 『資治通鑑』 권219 肅宗 至德 원년(756) 조, p. 6986·6997.

189) 『資治通鑑』 권220 肅宗 至德 2년(757) 조, p. 7047.

190) 『資治通鑑』 권216 玄宗 天寶 10년(751) 조, p. 6908.

191) 『册府元龜』 권986 「外臣部 征討 5」, p. 11587.

들이 카프간 카간에게 이반했을 때 당조에 투항하려고 했음을 보여주는 기록인데, 여기에 나오는 인물은 아부스 부락의 추장으로 이후에 투항한 인물과 다른 존재로 보인다.[192]

하지만 그가 언제 귀부했는가에 관계없이 투르크계 유목 부락의 하나였던 아부스의 수령이었음은 분명하다. 또한 그는 다른 기록과 연결해보면 아부스만이 아니라 당조에 투항했던 통라 부락도 지휘했던 것으로 보인다. 그는 원래 추장에게 주는 관직인 일테베르였으며, 이후 타르두쉬 야브구西葉護가 되면서 여타 부락들을 거느리기도 했다.[193] 또한 그는 야브구라 불릴 정도로 상당히 높은 위상에 있었다는 점과 함께 붕괴되기 전 당조에 일찍 투항했다는 점에서 현종으로부터 이헌충李獻忠이라는 이름을 받고, 봉신왕奉信王으로 책봉되는 등의 우대를 받았다.

그는 당조를 위해 군사적으로 봉사했다. 이는 처음에 돌궐의 잔여 세력이 위구르의 공격을 받아 고비 남부의 중국 변경까지 내려오자 이를 방어하기 위해 삭방절도사였던 왕충사를 도와 돌궐의 퇼리스 샤드 아파 타르칸 등 11부를 격파했다는 것에서 확인된다. 이때 그는 초원에서의 작전이 생소한 당군을 위해 투르크계의 무장武將 복고회은僕固懷恩과 함께 우물을 찾는 향도 역할을 했다.[194] 그 뒤에는 자신의 부락병을 이끌고 749년 토번의 석보성石堡城(지금의 칭하이성 황위안현湟源縣 서남쪽)을 공격하려고 서부 전선으로 이동하기도 했다.[195]

그의 활동은 이런 당시 투항한 유목 부락에 대한 당조의 일관된 대응 태도를 잘 보여준다. 그는 투항한 돌궐 부락의 강력한 추장 가운데 하나였지만 아사나가 아니라는 점에서 중용되었다. 이것은 그가 독자적 군사력을

---

192) 『舊唐書』 권194上 「突厥傳」 上, p. 5173.
193) 『新唐書』 권215下 「突厥傳」 下, p. 6054.
194) 王昶 撰, 『金石萃編』 권100 「王忠嗣碑」, p. 7b.
195) 『資治通鑑』 권216 玄宗 天寶 8년(749) 조, p. 6896.

가졌다고 하더라도 여타 지배 집단에 비해 다시 부흥 운동을 벌일 위험성이 적었기 때문이다. 더욱이 군사적 수요가 많았던 당조에서는 그를 적극 동원해 내지에 머물 경우 혹시 생길지도 모를 위험을 없애는 동시에 그의 휘하에 있던 유목민들의 경제적 욕구도 해소해주려고 했다. 유목민들은 원정에 참가해 경제적 욕구를 해소하는 것이 중요했는데, 토번의 공세가 심각한 상황에서 이를 해결하는 데 아부스 일테베르는 아주 유용했다.

특히 그가 5000장帳 내지는 기록에 따라 1만 장의 부락을 이끌고 왔다는 것은 그의 군사적 가치를 나타낸다.[196] 이들에게 필요한 물자를 공급하기 위해 매년 비단 10만 필을 소비하느라 하곡 군현의 창고가 비었다고 한 기록은 당조가 많은 재원을 사용했음을 보여준다. 그만큼 그가 지휘하는 부락병은 중요한 군사력이었지만, 반대로 안정시켜야만 하는 대상이기도 했다.[197] 이때 당조에서는 비용이 들더라도 이민족을 이용해 변경 문제를 해결하는 '이이제이' 정책을 구사했는데, 이것이 내적으로 많은 비용 부담을 감수하더라도 기존 질서를 파괴하지 않고 안정적으로 유지하는 최선의 조치였다. 따라서 고비 남부의 초원은 돌궐이 붕괴된 후 대규모의 유민이 발생했어도 740년대 말까지 안정이 유지되면서 당조의 지배력 역시 무리 없이 관철될 수 있었다.

하지만 아부스 일테베르가 거란의 공세를 막기 위해 안녹산이 있는 동부로 옮겨와 삭방절도부사로 임명되자 문제가 발생했다. 왜냐하면 그가 곧바로 절도사 안녹산과 대립하다가 당조에 반기를 들었기 때문이다.[198] 이에 대해서는 기존 중앙 정부 내의 정치적 알력 관계가 투영되었다는 설

---

196) 『신당서』에서는 갈남치葛臘哆와 그가 거느린 부락 5000장帳을 이끌고 내부했다고 했다(『新唐書』 권215下 「突厥傳」 下, p. 6054). 다른 책에서도 5000장에 대한 기록은 자주 나온다. 하지만 『통전』에서는 동라同羅를 1만 장 이끌고 내부한 것으로 기록했다(『通典』 권199 「邊防 15」, p. 5467).

197) 『通典』 권199 「邊防 15」, p. 5467

198) 『新唐書』 권225上 「逆臣傳」 上, p. 6415.

명이 있다.[199] 즉 당시 아부스 일테베르는 당조에 투항한 이후에 정권을 장악한 이임보李林甫의 양자로 정치적 입지가 공고해졌지만, 이임보가 죽은 뒤 그의 입지 또한 약화되었다는 것이다. 실제 753년 정월 양국충楊國忠은 아부스 일테베르의 모반을 이임보와 연결 지어 설명하려고 했다.[200]

돈독한 관계를 맺고 있던 이임보 사후 정치적 기반을 상실함에 따라 조정에 반발했다는 점과 함께 아부스 일테베르가 유목 사회에 기반을 둔 번장이었다는 점 역시 중요하게 고려되어야 한다. 그는 "모습에 위엄이 있었고 지략이 많았다"[201]는 묘사처럼 능력을 인정받았다. 그의 이런 능력을 안녹산이 시기했다는 점도 아부스 일테베르가 그에게 복종하기를 거부한 배경이었다. 그는 실제 안녹산의 부장이었음에도 자신의 지략이 앞선다고 생각해 명령에 따르지 않았다. 더욱이 751년 안녹산이 거란 원정에서 패배한 책임을 물어 돌궐 출신인 좌현왕 가즈를 죽인 전례[202]에서 알 수 있듯이, 아부스 일테베르는 독자적으로 움직이는 유목 부락의 추장으로서 이익이 없는 전투에 참가하려고 하지 않았다.

아부스 일테베르가 투항한 뒤 당조의 관직을 받고 봉사했다는 점에서 중국인과 다름없이 활동한 것이라 단순하게 생각하기 쉽다. 하지만 유목민의 관점에서 본다면 그는 유목 부락의 추장으로서 당조에서 부여한 지위의 고하에 따라 복종할 이유가 없었다. 그는 독자 세력을 유지하는 번장으로서 자신의 지위를 보호받지 못한다거나 이해관계를 유지하는 데 당조가 부응하지 못하면 언제든지 반기를 들고 초원으로 돌아가버릴 수도 있었다. 특히나 당시 안녹산은 거란에 패배할 경우 그 책임을 아부스 일테베르

199) Edwin G. Pulleyblank, *The Background of the Rebellion of An Lu-Shan*, Greenwood Press, 1982, p. 103.
200) 『資治通鑑』 권216 玄宗 天寶 12년(753) 조, p. 6917.
201) 『新唐書』 권225上 「逆臣傳」 上, p. 6415.
202) 『資治通鑑』 권216 玄宗 天寶 10년(751) 조, p. 6908.

에게 전가시키려고 했고, 그럴 경우 그는 몰락할 수밖에 없었기 때문이다.

실제 아부스 일테베르는 752년 3월 통라의 1만 기를 이끌고 거란을 공격하라고 명령한 안녹산의 말을 듣지 않고 초원으로 돌아갔다. 그는 창고를 약탈하고, 이후 9월 영청책永淸柵(지금의 네이몽골 자치구 우라드전기烏拉特前旗 북방 울란수 누르烏梁素海 남안)을 포위 공격했다가 책사인 장원궤張元軌에게 패배하자 북쪽으로 도망갔다.[203] 돌궐의 잔여 세력이 몽골 초원으로 다시 돌아가려고 한 것은 주위 세력들에게 위기감을 심어주기에 충분했다.

특히 신생의 위구르는 이들이 다시 초원으로 복귀해 겨우 확립된 지배력이 흔들리는 것을 용납할 수 없었다. 그리고 아부스 일테베르를 격파해 소원한 당조와의 관계를 긴밀하게 하는 기회를 얻고자 했다. 또한 위구르로부터 밀려나 당조의 도움을 필요로 했던 카를룩 역시 돌궐의 복귀를 바라지 않아 도망쳐 온 아부스 일테베르를 도와주지 않았다. 따라서 몽골 초원으로 돌아가려고 했던 아부스 일테베르는 753년 5월 위구르에 패배한 이후 카를룩에게 도망갔다가 9월에 그를 추격해간 북정도호北庭都護 정천리程千里가 고비 서쪽에 이르러 카를룩에게 편지를 보내자 잡히고 말았다. 그는 당조로 송환된 뒤 결국 죽임을 당했다.[204]

아부스 일테베르의 투항 이후 봉기까지 10여 년에 걸친 활동 과정은 그가 거느린 강한 기병 부대를 당조가 적극 활용해 '이이제이'를 하려고 했음을 보여준다. 처음에는 이임보의 우대 정책이 아부스 일테베르의 정치적 입지를 보장했고, 이를 바탕으로 그는 군사적 활동을 통해 기존의 부락 질서를 유지할 수 있었다. 하지만 독자 세력을 유지해 여타의 번장과 갈등을 빚고, 그를 지지하던 이임보가 사망하자 그는 당조에 등을 돌릴 수밖에

---

203) 앞의 책, p. 6913.
204) 『資治通鑑』 권216 玄宗 天寶 12년(753) 조, p. 6918.

없었다.[205] 당조의 입장에서는 대외적 위기가 고조된 상황, 즉 최대 가상의
적인 돌궐이 붕괴했지만 호전적인 토번과 거란, 그리고 해 등의 도전에 대
응하는 데 그가 필요했을 뿐 결국 언젠가는 버릴 토사구팽 대상에 불과했
음을 보여준다.

투항한 돌궐인 중에서 가장 강력했던 아부스 일테베르의 이탈과 죽음
은 이후 변방 지역의 세력 관계만이 아니라 내지의 세력 관계에도 새로운
변화를 가져왔다. 그중에서도 평로군平盧軍에서 거란과 대치하던 안녹산
은 아부스 일테베르에 소속되어 있던 통라를 얻어 천하제일의 군대를 갖
게 되었다고 사서에서 중요하게 기록했다.[206] 실제 당시 통라로 구성된 기
병 부대는 군사적 우수성으로 안녹산의 위상을 제고시키기에 충분했고,
그는 이를 바탕으로 자신의 친위 부대인 예락하曳落河를 구성했다.[207] 안
녹산의 이런 군사적 성장은 이후 중앙의 견제를 받게 되었고, 향후 봉기로
이어지는 중요한 배경이 되었다.[208] 이것은 안녹산 봉기의 명분이 양국충
을 타도하는 데 있었다는 점에서도 증명된다.[209]

안녹산은 결국 755년 11월 양국충을 토벌하기 위해 군대를 이동한다고
하면서 그 예하의 군대와 통라, 거란, 해, 그리고 실위 등의 군대 15만 명
을 이끌고 범양范陽(지금의 베이징시 창핑현昌平縣 일대)에서 출정했다. 안녹
산의 군대가 10일 이후 박릉博陵(지금의 허베이성 안핑현安平縣 일대)을 점령
하자 당조는 그 아들인 안경종安慶宗을 참하고, 영왕榮王 이완李琬을 원수

---

205) 앞의 책, pp. 6917~6918.
206) 위의 책, p. 6918.
207) 변인석,「安史亂의 研究史的 研究」,『安史亂의 新研究』, 형설출판사, 1984, pp. 243~292.
208) 안녹산이 처음부터 반란을 일으킬 의지가 있었기 때문에 군사력을 강화했는지, 아니면 중앙
정부로부터 강력한 견제를 받았기 때문인지는 보다 구체적인 검토가 필요한 부분이다. 왜냐
하면 한문 기록에서는 그가 현종 말기 정치적으로 취약한 시기에 힘을 축적해 반란을 일으
켰다고 했기 때문이다(姚汝能 撰,『安祿山事迹』권上, 北京: 中華書局, 2006, p. 12).
209)『資治通鑑』권217 玄宗 天寶 14년(755) 조, p. 6934.

로 고선지高仙芝를 부장으로 삼아 동정東征을 준비했다. 하지만 반란군은 순식간에 영양榮陽(지금의 허난성 잉양현榮陽縣)을 거쳐 낙양을 점령한 다음 장안을 함락하기 위해 동관潼關(지금의 산시성陝西省 웨이난시渭南市 퉁관현潼關縣)을 공격했다. 그리고 그는 하북에서 다른 부대가 삭방군에게 패하자 원주지로 복귀해 756년 정월 대연大燕의 황제를 칭했다.[210]

한편 투르크계 유목 부락들이 거주하던 삭방군의 부대[211]는 안녹산 휘하에 있던 대동병마사大同兵馬使 고수암高秀巖과 설충의薛忠義의 공격을 막아냈다. 여기서 중요한 역할을 한 것은 복고회은과 혼석지渾釋之 같은 투르크계 유목 부락의 번장들이었다.[212] 이들의 노력으로 북방에서 안녹산 부대의 진군은 일단 좌절되었고, 당조는 오히려 반격의 계기를 얻을 수 있었다. 이때 삭방군절도사 곽자의郭子儀는 하북을 평정하고 낙양을 수복할 준비를 하면서, 5월 사사명의 군대와 싸웠다. 이에 안녹산 역시 이를 저지하기 위해 그의 친위 부대 통라 예락하를 1만여 명 정도 보냈다가 패배했다.[213]

당조는 낙양을 함락당하자 공격을 막기 위해 번장으로 농우, 하서 절도사를 겸하고 있던 가서한哥舒翰을 등용했다. 그 배경은 당시 가서한은 병으로 장안에 머물렀지만 여전히 번장으로서 명망을 가지고 있었으며 안녹산과 사이가 좋지 않았기 때문이다.[214] 또한 번장인 그를 활용하는 것은 유목 군단인 안녹산의 군대를 막기 위한 유효한 수단의 하나였다. 이후 가서한이 동관을 방어하게 되자 양측은 756년 정월 이래로 계속 공방전을 펼쳤다. 하지만 양국충이 가서한의 반란 가능성을 우려해 군사 징집을 위

---

210) 『資治通鑑』 권217 肅宗 至德 원년(756) 조, p. 6951.
211) 李鴻賓, 『唐朝朔方軍硏究: 兼論唐廷與西北諸族的關系及其演變』, 長春: 吉林人民出版社, 2000.
212) 『資治通鑑』 권217 玄宗 天寶 14년(755) 조, p. 6944.
213) 『資治通鑑』 권218 肅宗 至德 원년(756) 조, p. 6963.
214) 『資治通鑑』 권217 玄宗 天寶 14년(755) 조, p. 6943.

해 시간이 필요하다는 그의 주장을 묵살했다.[215)

반면 삭방군과 범양을 동시에 공격하자는 곽자의의 의견에 따라 동관을 나온 당군은 오히려 756년 6월 최건우崔乾祐에게 대패하고 동관을 함락 당했다. 안녹산의 군대는 이후 하동, 화음華陰, 풍익馮翊, 상락常樂의 방어사들이 모두 도망치자 무너져버린 방어선을 뚫고 장안까지 나아갔다. 이에 현종은 장안을 버리고 사천으로 남하할 수밖에 없었으며, 반대로 반군은 장안을 손쉽게 점령했다.[216)] 이때 동관을 지키던 가서한은 패배한 뒤 반군에 투항한 화발귀인火拔歸仁을 따라갈 수밖에 없었다.[217)]

한편 하서와 농우가 당조의 지배에서 벗어나 무정부 상태에 빠지자 하서 지역 투르크 유목민들과 소그드인들이 즉각 반응했다. 하서와 농우 지역에는 주가 3곳, 부가 27곳이나 있을 만큼 많은 유목민들이 거주하고 있었다. 또한 이곳은 당시 번성하던 동서 교역로에 위치해 그곳을 중심으로 건설된 상업 거점이라 소그드인들도 많이 살고 있었다.[218)] 이곳 주민들은 도호가 동관의 전투에서 안녹산의 군대에게 패했다는 소식을 듣자 독자 움직임을 보이기 시작했다. 당조에서도 장안 북방에서 새로운 반란이 일어날 경우 더욱 곤란해질 수 있다는 점을 인식하고 이에 신속하게 대처했다.

몽진蒙塵을 떠난 현종을 대신해 즉위한 숙종肅宗(711~762, 재위 756~762)은 그날 바로 주필周佖을 하서절도사河西節度使, 팽원휘彭元暉를 농우절도사隴右節度使로 삼은 다음 도호 사결진명思結進明을 파견해 소란을 막고자 했다.[219)] 이것은 당시 하서 지역의 투르크계 유목 부락들이 일으킨 소요 확대를 막고자 하는 그의 다급한 마음을 잘 보여준다.[220)] 왜냐하면 당시

215)『新唐書』권135「哥舒翰傳」, pp. 4572~4573.
216)『資治通鑑』권218 玄宗 天寶 15년(756) 조, pp. 6967~6968.
217)『資治通鑑』권218 肅宗 至德 원년(756) 조, p. 6969.
218) 위와 같음.
219)『資治通鑑』권218 肅宗 至德 원년(756) 조, p. 6979.
220) 위와 같음.

숙종은 즉위한 직후 안녹산의 봉기에 대응하기 위해 삭방을 중심으로 하서 지역에서 군마와 군사를 모았는데, 이런 움직임이 모든 것을 수포로 돌릴 수 있었기 때문이다.[221]

또한 안녹산의 기마 군단에 대응하기 위해 하서 지역의 투르크계 유목 부락을 통제하는 것도 중요했다. 숙종이 이들의 움직임을 더욱 심각하게 인식한 것은 안녹산 휘하에 있던 아사나종례가 통라와 함께 장안을 함락한 다음 삭방으로 이탈하려고 하자 하서 지역에 있는 투르크계 유목 부락 거주지인 구성부九姓府와 소그드인의 거주지인 육호주의 수만 명이 그에 동조했기 때문이다.[222]

이렇게 하서 지역의 투르크계 유목 부락들이 이탈해 아사나종례와 연합한 것은 안녹산 군대의 움직임 역시 완전히 바꾸어놓았다. 왜냐하면 당시 아사나종례를 중심으로 돌궐 세력이 다시 하나로 결집되어 있던 고비 이남으로 들어가려고 하는 것 자체가 바로 돌궐의 부흥 운동이었기 때문이다. 즉 돌궐의 후예가 당조의 갑작스러운 붕괴를 기회로 안녹산으로부터 벗어나 돌궐을 중심으로 한 유목적 질서를 다시 한 번 구축하려고 했던 것이다.

그 결과 당조에 도전해 독자 세력화한 안녹산은 주력군을 상실해 더 이상 당조에 강한 공세를 가할 수 없었다. 심지어 안녹산은 이후에 오히려 당조가 아니라 이들을 상대해야만 했다. 또한 곽자의 지휘 아래 삭방군에 속한 투르크계 유목 부락들 역시 안녹산만이 아니라 자신의 영역으로 복귀하려는 돌궐의 부흥군과 상대해야 했다. 왜냐하면 당시 이들은 자신이 '당나라 백성(唐民)'으로서 당조에 반란을 일으킨 집단에 대응해야만 한다는 명분도 있었지만, 돌궐이 다시 고비 남부에서 세력을 확보할 경우

221) 『資治通鑑』권218 玄宗 天寶 15년(756) 조, p. 6978.
222) 위의 책, p. 6986.

침해될 자신의 기득권도 지켜야만 했기 때문이다.

돌궐의 부흥 움직임은 유목 세계의 이해관계와도 밀접하게 연결되어 위구르와 토번의 적극적인 개입으로 이어졌다. 실제 8월에 위구르와 토번에서 숙종에게 사신을 계속 보내 정벌을 위한 원정군을 파견하겠다고 청했다.[223] 이제까지 기회만 찾고 있던 이들은 모두 돌궐을 진압한다는 명분으로 당조와의 관계를 회복하고, 다른 한편으로 많은 재화를 획득할 수 있는 계기를 얻으려 했다. 특히 하서, 농우 지역에 대한 이권과 늘 관련되었던 이들에게 돌궐의 새로운 등장 움직임은 심각한 문제였다.

숙종 역시 안녹산의 장안 점령 이후 아사나종례를 중심으로 한 돌궐의 부흥 움직임이 이 시기 상황 전환의 중요한 변수가 되자 적극 대응했다. 그도 처음에는 위구르와 토번의 요구를 즉시 받아들이지 않았는데, 이것은 원정군이 내지로 들어올 경우 발생할 문제에 대한 위기감이 안녹산을 상대하는 것만큼 컸기 때문이다. 이들 두 세력은 당조의 입장에서 영역 내의 반란과는 또 다른 가상의 적이었다. 따라서 숙종은 삭방군절도사 곽자의에게 명령해 원정군을 구성하게 했다. 당시 삭방군의 중핵은 복고회은의 투르크계 유목 군단이었는데, 이들이 당조에 봉사할 수 있는 유일한 대안이었다.[224]

그러다가 756년 7월 숙종은 진압에 필요한 원정군을 구성하는 데 드디어 위구르를 참여시켰다. 이는 위구르가 돌궐의 부흥 움직임에 대응할 수 있는 유효한 군대였고, 과거 경험에 비추어볼 때도 늘 내지를 공격하던 토번과 달리 오랫동안 당조의 통제를 받아들이면서도 적대적이지 않았다는 판단 때문이었다. 숙종은 위구르와의 연합을 성사시키기 위해 복고회은의 협조를 얻어 고빈왕故邠王의 다섯째 아들인 승채承寀를 돈황왕敦煌王으로

---

223) 앞의 책, p. 6992.
224) 『舊唐書』 권121 「僕固懷恩傳」, pp. 3483~3487.

삼아 위구르에 보냈는데, 그는 위구르에 가서 혼인 관계를 맺어 양국의 연합을 성사시켰다.[225]

이렇게 결성된 연합군은 삭방 지역으로 공격해오는 돌궐의 주력 부대인 통라와 하서의 투르크계 유목 부락들을 무너뜨려 아사나종례를 중심으로 한 돌궐의 부흥 움직임에 결정적 타격을 가했다. 한편 당조와 위구르의 연합 전선이 형성되는 상황에서, 안녹산은 자신의 아들인 안경서에게 살해당했다. 이렇게 내분이 시작되자 안녹산 휘하에 있던 사사명 등이 당조에 투항하고 안경서마저 진압되자 당조에는 일시적으로 안정 국면이 조성되었다.[226]

하지만 이것도 잠시, 투항했던 사사명 등이 다시 투르크계 유목 부락을 흡수해 군사적 기반을 강화한 다음 당조를 원조하던 위구르를 자기편으로 끌어들여 봉기하자 상황이 다시 복잡하게 전개되었다.[227] 이 과정에서 과거 안녹산의 휘하에 있던 예락하와 육호주의 소그드인, 그리고 많은 투르크계 유목 부락이 사사명에게 복속됨에 따라 그의 기세가 다시 강력해졌다. 이때 동원을 거부하고 초원으로 복귀한 통라를 제외한 투르크계 유목 부락들은 이후에도 사사명의 예하에서 계속 활동했다. 이 가운데 대표적으로 과거 안녹산의 휘하에 있었지만 부흥 운동에 참여하지 않았던 아사나승경이 당조 공격에 참가했다. 하지만 이들 역시 삭방군의 복고회은이 다시 위구르를 당조로 포섭해 사사명을 중심으로 한 세력을 진압함에 따라 소멸되었다.

740년대 중반 붕괴 이후 당조에 내려와 투항하고 돌궐 출신 번장으로서 안녹산에게 봉사하던 아사나종례가 일으켰던 부흥 운동이 실패함에 따라 돌궐의 지배 집단인 아사나를 중심으로 한 움직임은 더 이상 역사의 전면

---

225) 『資治通鑑』 권219 肅宗 至德 원년(756) 조, p. 7005.
226) 『新唐書』 권217上 「回鶻傳」 上, p. 6115.
227) 『新唐書』 권225上 「逆臣傳」 上, p. 6423·6430.

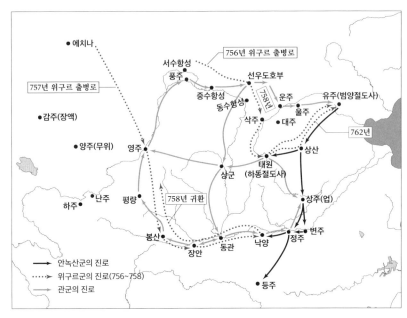

〈그림 39〉 안녹산의 봉기와 돌궐 부흥 운동의 실패

에 나타나지 않게 되었다. 그리고 기록이 거의 남아 있지 않은 내지의 다른 아사나 일족 역시 안녹산과 사사명, 그리고 복고회은 등의 연이은 봉기를 거치며 이후에 더 이상의 역할을 하지 못했다. 또한 10여 년에 걸친 혼란 속에서 돌궐 외에 당조 내에서 활약하던 투르크계 유목 부락들 대부분이 약화되었으며, 일부는 위구르에 통합되기도 했다. 따라서 유목 세계를 포함한 동아시아는 세력 재편 과정을 거치면서 당조의 공식적 인정을 받은 위구르가 몽골 초원의 유일한 새로운 패자로 발돋움할 수 있게 되었다. 이와 함께 서쪽에서 당조를 압박하던 토번 역시 국제 질서의 중요한 축의 하나로 등장하면서 경쟁을 벌였다.

이것은 알타이 산지 부근에서 성장해 6세기 중반 몽골 초원으로 진출한 뒤 국가를 세워 거대 유목제국으로 발전했다가 중간에 분열과 패망으로 50여 년간 당조의 기미지배를 받기도 했지만, 다시 부흥해 몽골 초원을 차지하고 발전을 구가했던 아사나를 중심으로 한 200여 년 돌궐 역사의 완전한 종언을 의미했다. 이후 몽골 초원에는 다른 투르크계 유목민인 위구르의 지배 집단 야글라카르가 소멸된 아나사를 완전하게 대신해 유목 세계의 새로운 황금씨족으로 자리매김하면서 새로운 역사를 펼쳐갈 수 있게 되었다.[228] 이때 위구르는 자신들이 돌궐을 극복하고 다시금 나라를 회복했다는 강한 자의식을 드러내면서 그와는 다른 권위를 만들어내려고 했다.[229]

이런 위구르의 노력은 유목 세계의 또 다른 권위가 되어 이후 그의 후예임을 자처한 고창高昌 위구르(고창회골高昌回鶻 또는 서주회골西州回鶻, Qocho Uyghur, 866~1209)[230]만이 아니라 거란과 몽골 등과 같이 몽골 초원을 차지하고 북아시아의 사적 전개를 주도했던 국가들의 정통성 확립 과정에 큰 영향을 미쳤다.[231] 돌궐의 권위는 그 후에 등장한 세력들이 이를 계승할 것이냐 아니면 부정하면서 나름의 새로운 방향을 만들어낼 것이냐에 따라 중앙아시아 유목 세계의 향배를 결정하게도 했다. 왜냐하면 돌궐을 대체한 위구르의 권위가 확립되어갔던 몽골 초원과 달리 돌궐의 영향이 상대적으로 강했던 중앙아시아 투르크 유목민들의 세계, 이른바 '투르키스탄' 지역에서는 그를 계승하려는 모습을 보여주며 전혀 다른 양상으로 사적 전개 과정을 보여주었기 때문이다.

---

228) 위구르 유목제국의 사적 전개에 대해서는 정재훈, 앞의 책, 2005 참조.

229) 위구르 유목제국의 지배 집단인 야글라카르가 초원에 자리 잡고 있던 아사나의 권위를 극복하기 위해 강력한 자의식이 반영된 역사의식을 드러내며 정통성을 조작하려고 했다. 이에 대해서는 정재훈, 「야글라카르 위구르(744-795) 初期 葛勒可汗(747~759)의 世界觀: 突厥第二帝國 빌게 카간(716~734)과의 比較를 中心으로」, 『中央아시아硏究』 3, 중앙아시아학회, 1998 참조.

230) 정재훈, 「14세기 高昌 위구르 후예의 과거 기억 복원: 『亦都護高昌王世勳碑』의 시조 신화 재검토」, 『중앙아시아연구』 제17-2호, 중앙아시아학회, 2012.

231) 정재훈, 앞의 논문, 2013.

에필로그

# 돌궐이 만들어낸 세계와
# 그 유산

돌궐은 552년 이른바 '미완의 유목 국가'라고 불리던 유연을 무너뜨리고 몽골 초원을 차지함으로써 그 존재를 역사상에 본격적으로 드러냈다. 돌궐의 주도 세력은 5세기 톈산 산맥 북방에 위치한 바르콜 분지에서 발원해 6세기 초 유연과 고차가 대결하는 과정에서 알타이 산지로 이주해 유연의 지배 아래 있던 아사나라는 집단이었다. 그때까지 아사나는 역사 기록에 별다른 움직임이 포착된 적이 없는 아주 미미한 집단으로, 다만 건국 이후 중국 기록에 남아 있는 신화 내용을 통해서만 어떻게 발생했는지를 추정할 수 있을 정도였다. 즉 역사적 사실을 보여주는 기록에서도 단지 6세기 초 유연의 지배하에 있던 대장장이 집단에 불과했던 것이다.

하지만 508년경 알타이 산지 남쪽으로 이주한 아사나는 이후 고차(철륵)와 유연의 계속된 상쟁으로 둘 다 약화된 틈을 이용해 540년대 중반 세력화하는 데 성공했다. 아사나를 중심으로 한 돌궐은 세력을 키워 북중국의 서위에 사신을 보내 본격적인 교섭을 벌이며 성장했다. 그 결과 이때까지 자신들을 계속 괴롭혔던 고차마저 550년에 기습 공격해 병합하고 군사적 기반으로 만들 수 있었다. 그다음에 돌궐은 서위의 전폭적 지원을 받으며 몽골 초원으로 진출해 유연을 격파하고 새로운 유목 국가를 건설했다(돌궐 제1제국, 552~630).

이때 아사나가 세운 국가는 중국에서 '돌궐'이라고 부르고, 스스로는 '쾩 투르크'라고 불렀다. 이것은 중국식 해석에 따르면 "알타이 산맥의 모습이 투구와 비슷했는데, 이들이 투구를 '돌궐'이라고 했기 때문에 마침내 이름을 [돌궐로] 했다"라고 한 것에서 그 이름의 유래를 확인할 수 있다. 달리 고대 투르크어로는 '푸른 투르크'라는 의미이나 '성스러운 투르크'라고 해석할 수 있다. 자신을 이렇게 칭하며 나라를 세운 아사나는 투르크계 유목 부락인 고차(철륵)를 통합하기 위해 고차 신화에 나오는 영매인 '이리' 신화소를 받아들여 자신의 건국 신화를 조작함으로써 '돌궐'이라는 새로운 역사체의 이념적 기초를 마련하기도 했다. 이는 이후 이른바 '투르크'라고 불리는 존재가 단일체로서 역사적 계승의식을 갖게 하는 중요한 계기가 되었다.

건국을 주도한 일릭 카간은 내적으로 몽골 초원의 중심에 위치한 '외튀켄'을 차지한 뒤 권력 기반을 강화하기 위해 그에 걸맞은 관제를 갖추고 종실의 자제들에게 분봉을 하는 등 체제를 정비했다. 이를 통해 결국 유연 세력을 일소하고 몽골 초원의 패권을 성공적으로 장악할 수 있었다. 이것은 북중국이 동서로 분열되면서 이를 견제하지 못했던 것과도 긴밀하게 연결되었다. 당시 북중국의 정권들은 삼국 시대가 전개되자 돌궐을 자기 편으로 끌어들이면서 다른 한편으로는 고비 이남으로 내려온 유연의 잔여 세력을 척결해 안정을 도모하려고 했다. 이것은 과거 북위가 초원에서 세력화한 유연을 계속 약탈하고 견제함으로써 발전의 싹을 잘라버렸던 것과 반대였다. 돌궐은 이런 절호의 기회를 이용해 별다른 견제 없이 유연을 대체하고 새로운 권위를 확립할 수 있었다.

아사나는 처음 세력화하면서 자신을 중심으로 과거 원주지부터 연합 관계였던 집단을 묶어 핵심 집단과 연맹 집단을 구성하고, 이를 기초로 부족연합체 단위의 체제를 만들어낸 바 있었다. 이후 새롭게 장악한 유목 부락들을 그 예하의 종속 집단으로 편제해 부족연합체를 국가 체제로 변모시켜 나아갔다. 그다음에 몽골 초원으로 진출하면서 그동안 유연의 지배를 받던 많은 유목 부락들을 복속시키고 보다 체계적인 국가를 만들어냈다. 이런 복속 과정에서 강한 기마궁사였던 투르크계 유목 부락들의 뛰어난 군사적 능력은 이후 돌궐이 발전하는 데 중요한 역할을 했다. 그 뒤 돌궐은 자신을 지원하는 연맹 집단만이 아니라 종속 집단으로 편제된 몽골 초원의 많은 유목 부락들을 적극 동원해 이들에게도 이익이 돌아가게 함으로써 체제를 안정시키며 발전을 도모해나갔다.

실제로 돌궐은 건국 이후 유연을 대체한 것에서 그치지 않고 계속 대외 원정을 벌였음에도 안정성에 별다른 문제가 없었다. 특히 초기에 돌궐은 내적으로 553년에 일릭 카간이 죽고, 그를 이은 아이 카간 역시 얼마 지나지 않아 죽는 등 연이어 군주가 바뀌었는데도 이를 잘 수습했다. 3대 무칸 카간에 이르러 더욱 안정적 발전을 보여주었는데, 이는 지배 집단과 종속 집단의 이해관계를 잘 합치시키려는 노력과 무관하지 않았다. 이 모두가 아사나를 중심으로 한 집권 체제를 몽골 초원에 안정적으로 뿌리내리고자 한 노력이었다. 이 과정에서 감정적 유대를 강화하기 위해 신화를 조작하는 등 이념적 정당성을 구축하려고 했던 노력도 결실을 맺었던 것이다.

이후 돌궐은 몽골 초원 주변으로 세력을 확대해 동부의 거란과 해, 동북방의 타타르, 북으로 키르기스와 쿠르칸 등을 정복하고 이들을 모두 부용 집단으로 편제했다. 이는 과거 흉노와 마찬가지로 동부와 북방의 여타 부락들을 장악함으로써 이들로부터 공납을 받는 체제를 마련한 것이었다. 이런 체제는 주변을 안정시켜 본격적 발전을 도모하기 위한 기반이 되었다. 돌궐은 이후 대외적 발전과 함께 북중국과의 안정적 관계를 바탕으로 그들의 지원을 받으며 서방 진출을 적극 시도할 수 있었다.

원래 초원을 기반으로 한 유목 국가는 내적으로 자급자족 내지는 물자를 공급할 만큼의 생산력을 갖추지 못했기 때문에 늘 외부로부터 필요한 것을 공급받아야만 하는 대외 의존적 측면을 갖고 있었다. 돌궐 역시 이런 이유로 서방 오아시스로의 진출을 본격화했으며, 이 과정에서 오아시스 지역의 국제 상인들과 자연스럽게 접촉했다. 특히 돌궐은 서부 초원의 강자였던 에프탈을 무너뜨림으로써 중앙아시아 초원의 패권을 장악하고 유목제국으로 발전하는 과정에서 이들의 도움을 받아 국가 체제를 고도화시킬 수 있었다.

당시 새롭게 돌궐의 지배하에 들어간 오아시스 출신의 소그드 상인들역시 자신들이 이미 구축한 중앙아시아의 식민 취락을 기반으로 중국에서 사산조 페르시아로 이어지는 교역로를 무대로 활발하게 활동했다. 이들은 단순히 상업적 이익만을 추구한 것이 아니라 돌궐 체제 내에서 관료로서 행정, 외교 등의 다양한 분야에서 활약함으로써 대내외적 발전을 도모할 수 있었다. 이런 과정을 통해 돌궐의 체제는 아사나를 중심으로 한 초원의 유목 세력과 소그드 상인이 결합한 구조가 되었는데, 강력한 군사력을 바탕으로 한 권위주의 체제에 상인 관료들이 봉사하는 새로운 양상을 띠었다.

돌궐이 강력하게 추구했던 교역 중심의 국가 체제는 자신들이 직접 물자를 생산하는 것이 아니라 우월한 군사력을 기반으로 얻어낸 물자를 확보한 교통로를 통해 유통시킴으로써 이익을 극대화하는 데 초점이 맞추어져 있다. 이것은 정주 농경 사회처럼 단순히 1, 2차 산업을 기반으로 한 것이 아니라 유통에 초점을 맞춘 3차 산업에 기반을 둔 것으로 엄청난 부가가치를 창출해내는 방식이었다. 돌궐은 대외적 발전을 기초로 교역을 중심으로 한 체제를 더욱 발전시키기 위해 동쪽의 고구려, 남쪽의 중국과 토번, 그리고 서방의 사산조 페르시아와 비잔티움(동로마)을 모두 연결하는 거대한 체제를 구축해내려고 했다.

이것은 통합된 초원을 매개로 동서 세계를 연결하는 새로운 교역 질서의 구축으로 이어졌고, 결국 중앙아시아 초원을 무대로 돌궐의 통제 아래 안전한 왕래와 교역이 가능한 '자유무역지대'가 등장했다. 이후 동서 세계는 이를 바탕으로 과거에 경험하지 못한 새로운 교류를 본격화했으며, 이를 주도한 것이 바로 새롭게 등장한 유목제국인 돌궐이었다. 이렇게 돌궐이 독점적으로 주도한 새로운 방식의 동서 교류는 과거 오아시스의 사막 길을 통한 한정된 교역과는 비교할 수 없을 정도의 비약적 발전과 교역량 증대를 가져왔다.

돌궐이 발전을 하려면 기본적으로 이른바 '땅이 넓고 없는 물건이 없는' 중국과 긴밀한 관계를 유지하면서 물자를 안정적으로 공급받아야만 했다. 왜냐하면 스스로 교역에 필요한 물자를 생산하지 못하는 상황에서 공급지로부터 원활하게 물자를 확보하지 못한다면 아무리 교통로를 확보하고 시장을 만들어냈다고 하더라도 이익을 얻을 수 없었기 때문이다. 따라서 돌궐은 북중국의 분열을 적극 이용해 비단을 비롯한 다양한 물자를 손쉽게 얻어낸 다음 이것을 안전한 교통로를 통해 서방으로 유통시킴으로써 경제적 이익을 극대화하려고 했다.

돌궐의 이런 지향은 자신을 둘러싼 주변 세력들과의 관계 내지는 대응 양상에 따라 달라지는 한계를 필연적으로 가질 수밖에 없었다. 실제로 눈덩이가 불어나듯 급작스럽게 거대 유목제국이 된 돌궐은 그 뒤 점차 주변 정주 농경 세계와 대결을 벌이면서 서서히 발전이 정체되기 시작했다. 왜냐하면 돌궐의 발전은 서방의 사산조 페르시아와 중국의 강력한 견제를 촉발할 수밖에 없었기 때문이다. 이와 관련해 돌궐은 비단 교역과 영토 분쟁 등으로 대결 관계였던 사산조 페르시아를 압박하기 위해 비잔티움과의 관계를 모색하기도 했다.

그런데 이런 초기의 정치적 성과와 달리 비잔티움에서 비단에 대한 수요가 생각만큼 크지 않아 돌궐은 별다른 이익을 얻지 못했다. 또한 그동안 중요한 물자 공급지 역할을 하던 중국이 분열을 극복하고 통일제국인 수조를 건국하면서 새로운 질서에 적응해야만 했다. 더욱이 급작스런 발전으로 인해 자신이 만들어낸 교역 체제를 안정적으로 정착시킬 충분한 시간적 여유를 갖지 못한 상태에서 내적인 문제가 발생하자 그 체제는 쉽게 무너질 수밖에 없었다.

내부적으로도 아사나 종실의 분봉 구조를 기초로 이루어진 체제가 와해되면서 돌궐은 분열을 겪었고, 그 일부가 수조의 통제 아래 떨어지면서 분열은 더욱 순식간에 전개되었다. 4대 타스파르 카간이 죽은 뒤 종실 내부에서 형제 계승의 한계로 인해 사촌 간에 계승 분쟁이 발생했고, 이후 동서 돌궐의 대결이 심화되어 결국 7세기 초에 분할 통치되었던 동서 돌궐이 완전히 분열되었다. 이것은 아사나 종실의 강력한 단합과 군주의 강력한 권위주의를 기반으로 했던 기존 체제의 약화를 의미했으며, 그동안 돌궐이 구가했던 번영에 치명타를 가했다. 특히 동서를 연결했던 교역로가 더 이상 제 기능을 하지 못하게 됨에 따라 안정적 왕래가 불가능해지자 돌궐이 만들어낸 교역 국가 체제는 바로 붕괴될 수밖에 없었다.

권위주의 체제의 기초가 되었던 아사나 중심의 집권 질서 역시 종실 내부의 갈등이 심화되면서 해체가 본격화되었다. 그 결과 이제까지 주도적으로 이끌었던 중국과의 관계에도 변화가 생겨 중국 주도 질서에 편입되어 그들의 지원에 의존하는 처지에 놓이게 되었다. 더욱이 내분 과정에서 벌어진 대결에서 패배한 세력이 수조에 투항해 그들의 지원을 받으며 재기를 시도함에 따라 수조에 대한 의존은 더욱 심화될 수밖에 없었다. 수조 역시 이를 계기로 돌궐의 재기를 강력하게 막기 위해 계속 압박을 가했다. 이로써 돌궐은 결국 수조의 일원으로 편입되어 고비 남부에서 그들의 통제를 받는 존재로 전락했던 것이다.

그러다가 돌궐은 614년 양제가 고구려 원정에 실패한 뒤 국면을 반전시키기 위해 세 번째로 북순을 하자 이를 틈타 양제를 패퇴시킴으로써 그의 권위를 무너뜨렸다. 여기서 더 나아가 그 후 할거 상태에 빠진 북중국의 여러 세력을 지원하면서 다시 중국에 우위를 가질 수 있었다. 돌궐은 이를 기회로 수말 당초의 혼란기에 수조의 황족인 양정도를 복벽시켜 자신의 통제하에 넣으려고 하는 등 북중국을 적극 통제함으로써 과거 자신들이 누렸던 권위를 다시금 회복하려고 했다.

세력을 회복한 동돌궐은 이를 계기로 서돌궐을 통합해내 과거와 같은 유목제국을 재건하려는 노력보다는 북중국에 개입해 자신들의 이익을 극대화하려는 모습을 보였다. 이는 북중국을 완전히 장악하는 것도 아니었으며, 단지 여러 세력을 할거하게 만들어 자신들의 기득권을 강화하려는 정도의 어정쩡한 대응에 불과했다. 돌궐의 이런 의도는 당조가 생각보다 일찍 화북을 통합하고, 나아가 새로운 통일 왕조로 등장함에 따라 좌절될 수밖에 없었다. 이후 당조의 성장에 위기감을 느낀 돌궐은 군사적 개입을 통해 우위를 지키려고 했으나 이 또한 성공하지 못했다.

한편 돌궐은 몽골 초원을 장악하지 못한 상태에서 중국에 개입함에 따라 초원 유목 부락들의 성장을 견제하지 못하고 오히려 그들의 반발에 부딪쳤다. 더욱이 620년대 말 계속된 초원의 자연재해로 재생산 기반이 와해되자 이제까지 국가의 기반이었던 다양한 유목 부락들이 대거 이탈했으며, 경쟁 상대였던 서돌궐 역시 당조와 연계해 동돌궐을 강력하게 견제했다. 이에 동돌궐은 고비 남부에 고립되는 처지에 놓였으며, 당조의 기미로 인해 아사나 종실 내부마저 분열되면서 630년에 당조의 공격을 받고 완전히 멸망했다.

이때 몽골 초원에서 돌궐 타도를 주도하던 설연타가 새로운 세력으로 등장한 가운데 고비 남부에 있던 동돌궐은 내지로 들어가 당조의 기미지배를 받게 되었다. 과거 수조는 투항한 돌궐의 지배 집단을 인정하고 그 체제를 그대로 용인함으로써 번병으로 삼았다. 하지만 당조는 이와 달리 이들의 재기를 막는 데 초점을 맞추어 통제했다. 이를 위해 돌궐 추장들에게 당조의 관직을 제수해 당조 체제 내로 편입시킴과 동시에 이들을 황하 남부의 오르도스로 이주시키는 등의 다른 조치를 취했다. 당조는 이를 통해 일시적으로 남하한 돌궐을 통제하면서 다른 한편으로 고비 북방의 설연타가 성장하지 못하도록 강력하게 견제하려고 했다.

하지만 639년 돌궐의 일부가 당조의 견제에 반발하자 이들을 무마시키기 위해 640년에 다시 돌궐의 구체제를 회복시키고 고비 이남으로 복귀시켜 설연타의 위협에 대응하게 하는 정도의 방식을 취했다. 이는 돌궐을 위무하면서 동시에 성장한 설연타를 견제하기 위한 최선의 선택이었다. 그런데 이것은 명목상으로만 과거와 같은 체제를 회복한 것일 뿐 당조에 대한 강한 의존에 기초한 것이라 돌궐 부락민들의 지지를 얻지 못했다. 더욱이 이후 돌궐은 자신들의 복귀를 용납하지 않는 설연타의 계속된 공세로 다시 일부가 황허 이남으로 남하할 수밖에 없었다. 이런 과정을 거치며 아사나의 권위는 크게 약화되었는데, 이는 여타 부락들에 대한 지배력의 약화로 이어졌다.

646년 고구려 원정에 실패한 뒤 당조는 오히려 적대적이던 설연타를 무너뜨리고 고비를 넘어 몽골 초원 전체를 지배하는 등 새로운 발전을 보여주었다. 이것은 중국 왕조가 몽골 초원 전체를 지배하게 된 전무한 사건이었다. 당조는 이를 기회로 고비 이남에 돌궐과 설연타를 안치시킨 다음 647년에 몽골 초원의 유목 부락들에도 기미지배를 확대하기 위해 그 상위에 도호부를 설치해 이른바 '기미지배 체제'를 구축했다. 이를 통해 돌궐을 대신해 직접 교섭하기를 원했던 많은 유목 부락들이 당조에 조공할 수 있었으며, 당조의 관직을 받아 그 일원이 되었다. 당조 역시 이들을 자신의 백성으로 삼아 대외적 안정을 확보할 수 있었다. 이 체제는 또한 이후 당조가 주도한 대외 원정, 즉 서돌궐과 고구려, 토번 등에 대한 원정을 통해 동아시아 질서를 완전히 자신을 중심으로 구축해내는 군사적 기초가 되기도 했다.

실제로 이후 당조는 동돌궐, 설연타를 무너뜨린 다음 이를 바탕으로 주변에 대한 원정을 본격화해 서돌궐과 백제, 고구려 등을 무너뜨리고 대외적 발전을 구가했다. 이 과정에서 초원의 유목 부락들 역시 여기에 적극 참여해 당조로부터 많은 지원을 받았는데, 이것은 결국 초원 내부의 세력 관계 변화를 가져왔다. 먼저 몽골 초원에서는 위구르가 당조의 지원에 힘입어 강력한 세력으로 성장할 수 있었다. 그리고 고비 남부의 동돌궐과 설연타 지역에서는 아사나를 대신해 당조에 협조적이었던 아사덕 내지는 사리 같은 비아사나 계열의 부락이 성장했다. 이 과정에서 이들은 당조의 견제를 받는 아사나를 대신해 당조의 대외 원정에 참여하고 기미부의 도독으로서 활동했다. 이는 자신들의 이익을 보장해주는 당조의 지원이 이들을 발전하게 했음을 잘 보여준다.

670년대 후반이 되면서 당조의 대외적 발전이 한계에 도달하고, 무측천이 권력을 장악한 뒤 유목 부락들의 이익을 충족시켜주기보다 견제를 본격화하자 상황이 변하기 시작했다. 먼저 이제까지 고비 남부에서 당조에 협조하던 아사덕 부락의 추장들이 679년 아사나 출신을 카간으로 추대하고 당조에 반기를 들었다. 이는 돌궐 부흥 운동의 시작으로 고비 남부 일대의 모든 유목 부락이 여기에 동참했다. 하지만 1차 봉기는 당조의 진압으로 실패로 끝나고, 아사덕이 주도한 2차 봉기 역시 진압당했다.

그럼에도 돌궐은 682년 3차 봉기를 일으켜 당조에 저항하면서 세력을 형성할 수 있었다. 이번에도 아사나 출신의 쿠틀룩이 카간을 칭하자 아사덕 출신의 빌게 톤유쿠크가 그를 적극 지원한 다음 기존에 고비 남부에 있던 세력들을 통합해나갔다. 이는 당조의 진압을 물리치고 결국 돌궐의 부흥으로 이어졌다(돌궐 제2제국, 682~687~745). 당조가 이를 강력하게 진압하려고 하자 위기에 몰린 돌궐은 687년 고비를 건너 위구르를 공격해서 몰아내고 몽골 초원을 회복했다. 그 뒤에도 당조는 멈추지 않고 집요하게 돌궐을 견제하려고 했다. 왜냐하면 돌궐을 내버려두면 기미지배 체제를 통해 만들어진 질서가 완전히 와해될 수 있었기 때문이다.

그 후 돌궐은 당조의 집요한 견제를 뿌리치면서 원정을 통해 과거와 같은 아사나를 중심으로 한 유목 국가를 재건하기 위해 노력했다. 당시 기미 지배를 거치면서 권위가 약화되었던 아사나가 다시 세력을 회복해 초원의 패자로 발전하려면 먼저 원정을 통해 유목 부락들을 다시 장악할 필요가 있었다. 하지만 당조의 오랜 기미지배의 유제遺制가 남아 있어 이는 쉽지 않은 일이었을 뿐만 아니라, 돌궐 내적으로도 부흥 운동을 주도했던 일 테리쉬 카간이 692년에 사망함에 따라 어려움을 겪었다. 그럼에도 형을 이어 즉위한 카프간 카간이 오히려 무력 정벌을 통해 당조를 견제하며 초원에 대한 지배력을 확보하기 위해 노력해 안정을 찾을 수 있었다.

또한 돌궐은 696년 동부 거란에서 봉기가 일어나자 이에 적극 개입해 과거에 잃었던 동부 몽골에 대한 지배권을 확립했다. 이는 과거 체제를 회복하기 위한 출발이라는 의미가 있었다. 이 과정에서 돌궐과 협공을 펼쳐 거란을 진압했던 무측천은 오히려 자신의 군사적 열세마저 노출시켰으며, 반대로 돌궐은 이를 기회로 무주를 강하게 압박할 수 있었다. 나아가 돌궐은 무측천에게 혼인 관계와 물자 지원을 요청함과 동시에 698년 하북 지역에 대한 원정을 벌여 고비 남부의 패권을 확보함으로써 무주의 견제에서 벗어나 아사나를 중심으로 국가를 완전히 회복했다. 돌궐은 다른 한편으로 서방 진출을 도모하면서 무주를 견제하기 위해 오르도스에 있던 소그드 상인들의 식민 취락인 육호주을 공격하는 등 압박을 계속 가했다.

한편 705년 무주를 무너뜨리고 당조 복벽에 성공한 중종은 그동안 수세적守勢的이었던 돌궐에 대해 적극적 무력 대응을 시도했다. 이것은 북벌을 통해 돌궐을 완전히 굴복시킴으로써 과거 고종 시기와 같은 발전을 재현하고자 한 것이었다. 중종은 특히 706년 돌궐이 영주를 대대적으로 공격하자 이에 대한 대응 차원에서 황하 북방의 중요 교통로에 세 개의 성채, 이른바 삼수항성을 건설해 북벌을 위한 전진 기지를 마련했다. 이와 함께 중종은 그동안 적대적이었던 토번과의 관계를 개선하고, 튀르기쉬와 키르기스 등을 끌어들여 돌궐을 포위했다. 하지만 완벽하게 준비된 상황에서 중종이 급사해 북벌은 좌절되었고, 그를 이은 예종은 이에 적극적이지 않아 돌궐은 위기에서 벗어날 수 있었다.

반면 돌궐은 당조의 북벌 시도가 좌절된 것을 기회로 710년 겨울에 북방의 키르기스를 기습 공격하고, 이에 대한 성공을 기반으로 711년에 튀르기쉬를 비롯해 과거 서돌궐 지역에 대한 원정을 감행해 이 또한 성공시켰다. 이를 통해 그동안 분열되었던 과거 판도를 다시 회복하는 엄청난 성과를 얻었다. 하지만 이런 일시적 성과는 오히려 당조만이 아니라 주변 세력들의 반격을 추동하는 계기가 되어, 712년에 즉위한 현종은 돌궐에 강력한 공세를 취하기 시작했다. 이는 중종이 추진했던 북벌의 재개라는 점에서 돌궐에 엄청난 위협이 되었다. 따라서 돌궐은 이에 대응하기 위해 당조와 가능하면 우호적 관계를 유지하고자 외교적 노력을 기울이면서 주변에 대해 계속 원정을 시도했다.

그러나 강력한 북벌 의지를 갖고 있던 현종은 돌궐에 압박을 가하면서 동시에 돌궐 내부에 있는 유목 부락들의 반발을 추동했다. 이에 유목 부락들은 돌궐의 계속된 동원에 반발하기 시작했으며, 이는 결국 돌궐 체제 내부의 균열로 이어졌다. 당조는 이를 이용해 716년 비로소 북벌을 진행했다. 당조에서는 이때 별다른 성과를 거두지 못하다가 돌궐의 카프간 카간이 바야르쿠 진압에 나섰다 암살되어 그의 수급이 오자 북벌에 성공한 것으로 여기고 귀환했다. 이후 당조는 이를 통해 확보한 고비 남부를 지배하기 위해 과거 기미부를 관리했던 도호부를 다시 설치하고 투항한 부락들을 위무하는 등의 조치를 취할 수 있었다.

한편 돌궐에서는 716년 카프간 카간이 급사한 뒤 그의 아들이 즉위하지만, 이에 반발한 퀼 테긴이 자신의 형 뵈귀를 빌게 카간으로 추대하고 일족을 몰살시키는 정변이 일어났다. 이로 인해 밀려난 카프간 카간 집안의 일원이 당조에 내려와 그들의 지원을 받아 권력을 회복하려고 했기 때문에 돌궐은 내분에 휩싸였다. 상황은 여기서 끝나지 않고 예하의 거란, 해 등을 중심으로 하는 부락들 역시 돌궐의 통제에서 이탈했다.

이는 돌궐이 다시 와해될 수도 있는 어려운 상황임이 분명했다. 새로 즉위한 빌게 카간은 건국 공신으로 아사덕 집안 출신이며 자신의 장인인 빌게 톤유쿠크의 도움을 받아 이를 안정시키기 위해 노력했다. 이것이 가능했던 것은 당조가 서방의 바스밀, 동방의 거란과 추진한 북벌을 막아냄으로써 더 이상 돌궐을 직접 타격하지 못하게 한 것이 결정적이었다. 내분에 휩싸이고 유목 부락들의 도전에 직면했던 돌궐은 겨우 몽골 초원의 안정을 확보할 수 있었다.

하지만 이때 돌궐은 당조의 북벌로 인해 고비 이남을 상실하고 위축된 상태였다. 이에 빌게 카간은 당조와 우호 관계를 맺기 위해 계속 사절을 파견하면서, 다른 한편으로 남하한 유목 부락들을 확보하기 위해 노력했다. 이와 동시에 다시 거란과 해 등에 대한 지배권을 확보하기 위해 동부로의 진출을 시도했다. 이를 통해 돌궐은 남하했던 유목 부락들이 일부 귀환하는 등의 성과를 거둘 수 있었을 뿐만 아니라 육호주에서 일어난 봉기를 기회로 이곳에서 이탈한 소그드 상인들 역시 복속시켜 세력을 확대할 수 있는 발판을 마련하기도 했다.

반면 당조는 이후에도 돌궐의 화친과 교역 요구를 절대 받아들여주지 않았으며, 오히려 돌궐을 고립시키려고 했다. 이것은 당조가 이 무렵 대외적 발전을 이루어 동아시아 질서의 중심에 자리 잡았기 때문에 가능했다. 돌궐은 별 수 없이 당조와의 관계를 유지하기 위해 그들을 중심으로 한 질서를 받아들여야만 했다. 이는 728년 돌궐이 당조와의 관계를 강화하기 위해 심지어 토번의 공격 요구를 알려주고 신임을 얻어내 호시를 개설했던 일에서도 확인된다. 하지만 당조는 혼인을 통해 공식적 관계를 맺고자 하는 돌궐의 요구를 끝내 받아들여주지 않는 등 돌궐의 의지를 좌절시키기 위해 노력했다. 이것은 부흥 이후 돌궐을 하나의 국가로 인정하지 않으려는 당조의 정책이 계속되었음을 보여주었다.

세계 제국으로 발돋움한 당조 중심의 질서를 받아들여야만 했던 돌궐은 731년 퀼 테긴의 죽음을 계기로 당조의 지원을 받아 초원에 제사 시설을 건설하는 등 당조와의 관계를 개선하기 위해 노력했다. 돌궐은 중국풍의 제사 시설로 당조의 지원을 확인시켜 내적으로 군주의 권위를 확립하면서도, 다른 한편으로 비문의 내용을 통해 이른바 '내셔널리즘(민족주의)적'이라고 할 만큼 자신들의 강한 자존감을 드러냈다. 이것은 당시 돌궐에 당조의 위협을 타개하고, 이를 토대로 내적인 안정을 구축하는 일이 아주 중요했음을 보여준다. 그 뒤 734년 빌게 카간이 급사한 후에도 돌궐은 당조에 지원을 요청해 중국풍의 제사 시설을 건설하고 당조와 혼인 관계를 맺는 등 중국 중심의 질서에서 얻어낼 수 있는 이익을 극대화하려고 했다.

이후에도 돌궐은 자신들을 옥죄는 엄중한 주변 질서 속에서 군주의 권위를 확립하고 나아가 유목 세계를 통합하기 위해 당조와 원만한 관계를 유지하려고 노력했다. 많은 기록이 남아 있지 않아 정확한 상황은 알 수 없지만, 당조와의 교역도 계속 추진했다. 이것은 돌궐이 당조의 지원을 바탕으로 체제를 발전시키려고 했음을 확인시켜준다. 하지만 이는 교역로의 분절로 많은 한계를 드러냈으며, 주변 세력들 역시 돌궐의 발전을 그대로 두지 않아 쉽게 성공하기 어려웠다. 당시 당조는 680년대 부흥 이후부터 견지해왔던 불인정 정책을 일부 완화해 무력 정벌을 하지 않고 교류를 벌이기도 했다. 하지만 결코 기존의 노선을 버리지 않아 발전하는 데는 한계를 가질 수밖에 없었다. 따라서 돌궐이 당조의 지원을 토대로 대외적 발전을 꾀해 교역 국가로 발돋움하려는 시도는 쉽게 이루어질 수 없었다.

그러다가 741년 텡그리 이넬 카간이 사망한 후 어린 동생이 카간으로 즉위하며 아사덕 출신 카툰이 권력을 장악하는 과정에서 종실의 아사나 집안과 갈등을 표출하면서 돌궐은 내분에 직면했다. 이를 이용해 몽골 초원의 바스밀, 위구르, 카를룩 등 유목 부락들이 약화된 돌궐을 공격하자 돌궐의 지배 집단 대부분은 고비 이남으로 내려와 당조에 투항했다. 이후에 세력을 장악한 위구르가 남하한 돌궐 세력을 일소하자 아사나는 더욱 약화될 수밖에 없었다. 이후 돌궐의 잔여 세력은 남하해 당조의 통제를 받으며 일부가 당조의 번장으로 활동했지만 대부분은 견제를 받아 별다른 역할을 하지 못했다.

안녹산이 755년 당조에 봉기해 장안을 함락하자 그의 예하에 있던 아사나 일족 일부가 이탈해 부흥 운동을 벌임으로써 세력화를 시도했다. 이런 움직임은 이에 큰 위협을 느낀 당조와 위구르의 공조로 곧바로 진압을 당함에 따라 더 이상 확대되지 못했다. '안사의 난'을 거치면서 이루어진 세력 재편 과정에서 아사나는 더 이상 과거와 같은 권위를 회복하지 못하고 완전히 소멸될 수밖에 없었다. 이로써 680년대에 부흥한 후 60년, 그리고 최초의 건국부터 200여 년에 걸쳐 전개된 아사나를 중심으로 한 돌궐의 역사는 완전히 종언을 고하게 되었던 것이다.

이상에서 간단하게 정리한 200여 년에 걸친 역사의 전개 과정에서 볼 수 있듯이 돌궐은 과거 몽골 초원을 지배했던 흉노나 유연과 달리 중앙아시아 초원의 대부분을 차지하는 거대한 유목제국으로 성장했다. 돌궐은 이런 양상을 계속 유지한 것이 아니라 552년 건국 이후 엄청나게 빠르게 성장했다가 얼마 지나지 않아 동서로 분열되었고, 다시 일시적으로 발전하기도 하나 630년 당조의 공격을 받고 멸망했다. 그 후 한동안 당조의 기미지배를 받았으며, 그다음에는 소멸된 것이 아니라 다시 그들의 지배에서 벗어난 뒤 몽골 초원으로 돌아가 687년에 국가를 재건했다가 740년대 중반에 붕괴되는 등 아주 다양한 모습을 보여주었다.

돌궐사의 전개 과정은 이처럼 아주 폭넓고 다양하기 때문에 이를 모두 포괄한 전체 양상을 보여주기가 쉽지 않았다. 따라서 이 책에서는 이미 서론에서 한정한 것처럼 논지 구성과 시간상의 제약 등으로 서돌궐까지 포괄하지 못하고 몽골 초원을 중심으로 전개된 부분만을 다룰 수밖에 없었다. 이것은 이 책의 가장 큰 한계임이 분명하다. 또한 현존 자료마저 영성하고 착종된 부분이 많아 보다 깊이 있는 검토와 고증 과정이 필요함에도 논지 전개 과정에서 충분하게 반영하지 못했는데, 이것 역시 향후의 중요한 과제임이 분명하다.

그럼에도 이 책에서는 먼저 돌궐의 지배 집단 아사나가 어떻게 발생하고 성장했는가 하는 점을 신화 분석을 통해 재구성함으로써 건국 이전의 역사를 복원해낼 수 있었다. 이를 통해 이제까지 여러 신화 기록의 착종으로 인해 논의의 여지가 많음에도 불구하고 여전히 신화의 시대로 남아 있던 건국 이전 시대를 본격적인 역사 연구 대상의 하나로 복원시켰다. 또한 국가 건설 이후 지배 집단의 정통성을 설명하고 예하 부락들을 통합해내는 이데올로기로서 건국 신화 내용을 분석함으로써 이것이 향후 투르크를 하나로 묶어내는 중요한 이념적 도구로 어떻게 작용했는가 하는 점 역시 확인할 수 있었다.

다음으로 유연의 지배하에서 미미한 존재에 불과했던 아사나의 세력화 과정을 정리하고, 이들이 건국 이후 몽골 초원과 중가리아에서 폭발적으로 발전하며 서방으로 진출해 카자흐 초원을 거쳐 아랄 해에 이르는 거대한 범위에 걸친 초원과 그 주변에 있는 오아시스 지역 대부분을 통합하고 어떻게 국가 체제를 만들어냈는가를 보여주었다. 이것은 몽골 초원에 한정된 유목 국가가 아니라 중앙아시아 초원을 아우르는 유목제국으로 발전하면서 어떤 체제를 만들어냈는가 하는 점에 대한 접근이었다. 즉 돌궐이 흉노 이래 유목 국가가 유지되는 가장 기본적 틀은 그대로 계승했지만 과거와 달리 어떻게 이를 바탕으로 작은 규모의 유목 국가가 아니라 유라시아 초원을 가로지르는 거대한 초원 세계를 하나로 통합한 새로운 유목제국을 만들어냈는가를 확인하고자 했던 것이다.

이를 통해 돌궐이 '고대 유목제국'의 '원상'으로서 보여준 그만의 독특한 성격을 보다 구체적으로 이해함으로써 기존의 연구를 보충함과 동시에 그 나름의 성격을 부각시킬 수 있었다. 이것은 군사력을 기반으로 강력한 군주권을 확립한 체제 내부에 오아시스 상인 출신 관료들을 결합시킨 이른바 '**권위주의적 상인 관료 체제**'를 구축하는 과정에 대한 전반적 탐색이었다. 돌궐은 이런 체제를 바탕으로 자신이 통합한 동서 교역로인 초원길을 배경으로 거대한 교역 국가를 만들어내기 위한 교섭에 주력했다. 이를 바탕으로 '**자유무역지대(FTA)**'를 구축해냄으로써 유래가 없는 거대한 유목제국으로 발전할 수 있었다. 이것은 생산력의 한계를 갖고 있던 돌궐이 자신의 군사적 이점을 극대화하고 다른 한편으로 부족한 부분을 정주 사회로부터 조달받아 이익을 창출해내는 데 이상과 같은 체제가 얼마나 효율적이었는가 하는 점에 대한 이해였다.

이와 동시에 돌궐에 대한 주변 정주 세계의 대응이 본격화되면서, 특히 수조가 중국을 통일함에 따라 물자 조달에 문제가 생기고 종실 내부의 분열로 교역로가 해체되면서 드러냈던 한계의 실체 역시 살펴볼 수 있었다. 이것은 돌궐이 초기 북중국의 분열에 힘입어 발전하면서 중국의 대응에 적절하게 반응하지 못했던 것과도 관련되었다. 왜냐하면 돌궐이 북위나 거란처럼 화북 같은 정주 농경 지역을 직접 통제해 안정적으로 물자를 얻을 수 있는 대상을 확보하기보다는 중국을 단순하게 공납 대상으로 인식하고 대응했기 때문이다. 이것은 돌궐이 전형적 유목 국가로서 자신의 장점인 군사력을 기반으로 자신과 결합한 오아시스 상인들의 이익을 극대화하기 위해 만들어냈던 교역 국가 자체의 한계였다.

이처럼 돌궐은 물자 공급지인 중국과의 관계 내지는 여타 정주 국가와의 관계에 문제가 생길 경우 한계를 그대로 드러낼 수밖에 없었다. 더욱이 중국이 통일되면서 돌궐은 자신을 중심으로 한 질서 체제를 유지하지 못하고 오히려 중국이 주도하는 질서 속에 들어가는 처지에 놓였다. 이것은 수조와 당조의 통일로 인한 돌궐의 약화와 680년대에 돌궐이 기미지배에서 벗어나 부흥했음에도 강력한 중국의 견제로 제대로 발전하지 못했던 것에서도 잘 확인된다. 실제 돌궐은 680년대 부흥 이후 계속된 확장 노력에도 불구하고 당조가 끝까지 인정하지 않고 북벌을 시도하는 등 계속 무력 대응을 하자 과거와 같은 유목제국으로 성장하지 못했다.

따라서 돌궐은 720년대 이후 할 수 없이 당조를 중심으로 한 질서를 받아들이고 그에 포섭됨으로써 자신들의 체제를 유지하는 길을 걸어야만 했다. 이처럼 초원의 유목 국가는 물자 공급과 이것을 소화할 수 있는 시장, 그리고 이를 매개하는 안전한 교통로 모두를 완전히 장악해야만 제대로 발전할 수 있었다. 하지만 돌궐은 이것을 이루어낼 만큼의 충분한 여유를 갖지 못해 거대 유목제국으로 급속하게 발전한 이후 항상성을 갖는 체제로 전환해 안정시키는 데는 실패할 수밖에 없었던 것이다.

비록 한계를 드러내기는 했지만 돌궐이 보여주었던 권위주의 체제를 바탕으로 한 교역 국가로의 지향, 즉 몽골 초원을 중심으로 동서로 영역을 확대해 초원과 오아시스를 결합하고, 강력한 군사력을 기초로 장악한 동서 교역로를 바탕으로 중국으로부터 구득한 물자를 유통시키려고 한 방식은 이후 큰 영향을 미쳤다. 돌궐 이후 몽골 초원을 지배했던 위구르는 그의 권위를 철저히 부정했음에도 이와 같은 교역 국가로서의 지향은 강력하게 보여주었다. 이를 위해 위구르는 당조와 원만한 관계를 유지하면서 카라발가순 같은 거대한 교역 도시를 만들어내는 방식의 국가 체제를 구축하려고 했다. 또한 10세기 초의 거란(요) 역시 동부 몽골 지역으로부터 초원을 가로지르는 교통로를 장악, 유지하면서 화북과 만주 등지에서 확보한 재화를 동서로 유통시키려는 노력을 적극 보여주었다.

나아가 13세기 초에 등장한 몽골은 돌궐처럼 서방 진출에 성공해 중앙아시아의 교역로만이 아니라 주변의 정주 지역까지 완전히 장악함으로써 과거 초원을 최초로 통일했던 돌궐을 능가해 정주 지역마저 통제하는 거대한 유목제국으로 발돋움했다. 몽골의 이런 발전은 활발한 동서 교류를 가능하게 해 이른바 '팍스 몽골리카Pax Mongolica'라고 불릴 정도로 큰 번영을 누리게 했음은 주지의 사실이다. 이는 초원을 중심으로 유라시아 대륙 대부분을 통합해냈을 뿐만 아니라 동서 교류를 활성화시켰던 **몽골제국의 '원상'**으로서 돌궐의 노력이 중요한 모델이 되었음을 잘 보여준다. 과거 돌궐이 한 번도 통합된 적 없이 개별 세력들이 분절되어 갈등을 벌이던 유라시아 초원과 오아시스 세계를 하나로 만들어 일시적으로나마 통합을 느끼게 했던 경험이 없었다면, 이후의 이런 성과는 불가능했을지도 모른다.

끝으로 아사나가 유목 세계의 투르크를 하나로 통합하려고 했던 노력은 그의 권위가 완전히 소멸된 뒤에도 아시아 내륙에 펼쳐진 거대한 중앙아시아 지역에 큰 유산이 되었다는 점에서 주목된다. 이것은 돌궐이 건국 이후 지배 이념을 강화하기 위해 흉노 이래 몽골 초원을 중심으로 전개된 북아시아사의 정통성을 자신이 계승했다는 인식을 강하게 드러내며 자신의 위상을 강화하려고 한 것과 깊은 관계가 있었다. 특히 아사나는 초원의 중요한 유목민 세력이었던 투르크들을 통합하기 위해 과거 투르크(고차)의 상징으로 북아시아의 중요한 신화소였던 '이리'까지 차용해 그들을 하나로 묶어내려고 했다. 이를 바탕으로 거대한 유목제국으로 발전했던 200여 년의 돌궐사 전개 과정을 통해 '투르크'라는 강한 자의식이 초원 유목 세계 내에 형성될 수 있었다. 그 후 누구든 초원의 패자가 되려면 이것을 극복하든가, 아니면 이것을 계승하기 위해 노력할 수밖에 없었다.

740년대 중반 돌궐을 무너뜨리고 몽골 초원의 새로운 지배자가 된 위구르는 자신들의 정통성을 확립하기 위해 기존 아사나의 권위를 강하게 부정하고 약화시키려고 했다. 위구르는 자신이 무너뜨린 돌궐을 부정하기 위해 돌궐보다 자신들이 더 오랜 역사를 갖고 있다고 주장하며 이를 증명하려 했을 뿐만 아니라 건국 역시 부흥이라는 관점에서 설명하기도 했다. 이렇게 100여 년에 걸친 위구르 유목제국 시기를 거치면서 만들어진,

돌궐과 다른 위구르 나름의 정통성은 톈산 산맥 주변의 오아시스로 이주해 13세기까지 명맥을 유지하며 위구르의 후예임을 자처한 고창(서주) 위구르만이 아니라 10세기 초원의 패자가 된 거란과 13세기 대제국을 건설한 몽골 등의 정통성 확립 과정에도 영향을 주었다. 그리고 약화된 돌궐의 권위는 몽골제국 시기 건국 신화를 조작하는 과정에서 정통성을 설명하는 도구로 일부 이용되었을 뿐이다. 하지만 위구르만이 아니라 돌궐의 이른바 '투르크'의 권위는 몽골이 대제국으로 발전해 초원에서 그의 권위가 강력하게 확립되면서 중앙아시아의 투르크 세계와 달리 몽골 초원을 중심으로 한 유목 세계에서는 더 이상 강력한 의미를 가질 수 없게 되었다.

한편 아시아 대륙 중앙부에서 서쪽으로 펼쳐진 거대한 초원의 많은 유목민만이 아니라 심지어 그에 동화된 다른 계통의 오아시스 주민들도 스스로를 투르크라 자처하며 '돌궐'을 자신의 영광스런 역사의 시작으로 인식하고 이를 계승한 것을 아주 자랑스럽게 여겼다. 여기서 그치지 않고 돌궐만이 아니라 위구르의 역사마저 자신의 역사라는 강한 자의식을 보여주며 이른바 '투르크'라는 일체의식을 만들어냈다. 왜냐하면 투르크 유목민들에게 자신이 '돌궐'과 '위구르'의 후예이며 이를 계승했다는 점을 강조하는 것은 정통성을 설명하는 가장 손쉬운 방법이었기 때문이다. 아사나가 만들어냈던 돌궐의 권위는 제국의 멸망과 함께 소멸되었지만, 그가 만들어놓은 '돌궐'이라는 무형의 역사적 유산은 이후에 전통이 되어 현재까지 영향을 끼칠 수 있게 되었던 것이다.

이는 과거 카라한Qara Qanid, 셀주크Seljuk, 오스만Osman만이 아니라 지금 터키공화국을 비롯한 많은 투르크 계통의 국가들 모두가 자신들의 역사가 돌궐의 영광스런 역사로부터 시작되었다고 인식한 것에서도 확인된다. 이런 투르크들의 역사 인식은 지금 중앙아시아의 인문 지리적 성격을 설명할 때 이른바 **'투르키스탄'**, 즉 투르크의 땅이라는 하나의 공동체를 만들어내는 것을 가능하게 했다. 이는 아시아 대륙에 펼쳐진 거대한 초원 세계에서 '돌궐'에서 비롯된 투르크 나름의 권위를 받아들이고 이를 자신의 역사로 어떻게 만들어내려고 했느냐에 따라 서로 다른 역사가 전개되었음을 잘 보여준다.

이런 영향은 이후의 사적 전개에서 돌궐이 북아시아 사상에서 고대 유목제국의 원상으로서 자리매김하고 있음을 확인시켜준다. 이것은 중요한 변곡점인 10세기 이후 이슬람화되기 전 중앙아시아 지역의 성격을 규정하는 핵심 키워드로서 '돌궐'이 얼마나 중요한 의미를 갖는가 하는 점을 다시 한 번 실감하게 한다. 또한 돌궐이 동쪽의 만주로부터 중국, 티베트, 북인도, 페르시아, 그리고 비잔티움에 이르는 범위를 하나로 묶어내는 데 결정적 역할을 한 것과 200여 년에 걸친 그의 사적 전개 과정이 북아시아 유목사의 전개 과정에 큰 영향을 미쳤다는 점은 그의 세계사적인 의미를 다시 한 번 환기시켜주기에 충분하다.

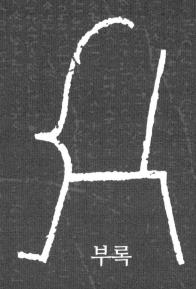

부록

# I. 고대 투르크 비문 자료<sup>*</sup>

## 1. 고대 투르크 비문 자료 소개

### (1) 고대 투르크 비문의 발견과 문자 해독

13세기 몽골제국의 등장과 함께 '몽골'이라는 지역 명칭이 형성되기 전 몽골 초원에서 전개되었던 투르크 세계는 중앙아시아를 통합하는 거대한 유목제국의 성립과 함께 그 나름의 독특한 유목 문화를 만들어냈다. 특히 돌궐을 비롯한 투르크 유목민들은 '바람'처럼 사라지듯 기록을 남기지 않은 다른 유목민들과 달리 최초로 자신들만의 문자를 만들어 역사를 기록한 비문을 남겼을 뿐만 아니라 거대한 도시를 건설하기도 했다. 이렇게 유목민들이 자신들의 말과 문자로 역사를 기록한 비문은 이른바 '문명화文明化'의 상징으로 주목되었을 뿐만 아니라 2차 자료에만 의존해야 하는 유

* 비문 자료에 대한 간단한 해제는 정재훈, 「몽골의 고대 투르크 비문」, 『돌에 새긴 유목민의 삶과 꿈: 몽골의 암각화·사슴돌·비문 탁본』, 국립경주문화재연구소·직지성보박물관·몽골 과학아카데미 고고학연구소, 2008, pp. 318~345의 내용을 재정리한 것이다.

목사 연구의 한계를 극복할 수 있게 해주는 중요한 매개가 되었다.

그 전까지 몽골 초원에 존재했던 유목민들의 역사는 대부분 중국을 비롯한 정주 세계에 남아 있는 기록에 의존할 수밖에 없었다. 하지만 늘 유목민의 위협에 시달렸던 중국의 기록은 이들을 야만시하는 등의 선입견, 즉 '문명사관'에 사로잡혀 있었다는 한계를 드러냈다. 이런 인식을 깰 수 있는 단서인 유목민들의 문자 제작과 사용을 보여주는 자료가 19세기 초 남부 시베리아의 예니세이 강 상류 지역에서 몇 개의 명문銘文들을 통해 확인되었다. 여기서 발견된 문자가 고대 게르만족이 사용했던 '룬 문자'와 유사하다는 점에서 이를 발견한 유럽인들은 이것을 룬 문자의 일종이라고 생각했다. 그러다가 1880년대 후반 핀란드의 학술조사단이 다시 본격적 학술 탐사를 벌여 그 결과를 학계에 소개하면서 비로소 룬 문자와 다른 문자가 존재한다는 점이 알려지게 되었다.[1]

특히 유럽학계에 엄청난 반향을 일으킨 것은 1889년 러시아의 고고학자 야드린체프Nikolai M. Yadrintsev(1842~1894)가 몽골의 오르콘 강 유역에서 예니세이 강 상류 지역의 명문과 비슷한 문자로 기록된 세 개의 커다란 비문, 즉 〈카라발가순 비문〉(또는 〈구성회골애등리라골몰밀시합비가가한성문신무비九姓回鶻愛里羅汨沒蜜施合毗伽可汗聖文神武碑〉), 〈퀼 테긴 비문〉, 〈빌게 카간 비문〉을 발견하고 1890년에 이를 학계에 보고한 뒤였다.[2] 이때부터 비문에 사용된 문자는 앞서 예니세이 강 상류에서 발견된 문자와 연결되면서 발견 지역의 이름을 따 '오르콘 룬 문자'라고 불리게 되었다. 이와 함께 핀란드의 답사대 역시 오르콘 강 유역에 대한 조사를 벌여 얻은 비문의 완전

---

1) Johan R. Aspelin, Suomen Muinaismuistoyhdistys, *Inscriptions de l'Iénisséi, recuelles et publiées par la Société finlandaise d'Achéologie*, Helsingfors: Imprimerie de la Société de littérature finnoise, 1889.

2) Nikolai M. Yadrintsev, *Anciens caratères trouvés sur des pierres et des ornements au bord de l'Orkhon*, St. Petersburg, 1890.

한 사본을 1892년에 공간公刊하면서 이에 대한 연구가 본격화되었다.[3]

저명한 투르크 학자인 러시아의 라들로프Friedrich Wilhelm Radloff(Васил ий В. Радлов, 1837~1918) 역시 학술 조사를 벌였는데, 이때 만들어진 비문 의 탁본이 가장 좋은 자료가 되었다.[4] 또한 이때 소개된 카라발가순 소재 비문의 한문 면을 통해 이것이 위구르 시대의 것이었다는 점과 호쑈 차이 담에서 발견된 비문의 한문 면을 통해 제2제국의 왕자였던 퀼 테긴과 그 의 형 빌게 카간의 비문이라는 점, 그리고 제작 연대가 732년과 735년이 라는 사실이 확인되었다. 동시에 처음에 '오르콘 룬 문자'라고 불리던 문 자는 게르만의 룬 문자와 모양이 유사하나 전혀 다른 돌궐, 즉 고대 투르 크 문자라는 사실이 밝혀졌다.

그 뒤 이런 사실 확인을 토대로 문자 해독 경쟁이 시작되었는데, 러 시아의 라들로프가 아니라 덴마크의 언어학자 톰슨Vilhelm Thomsen (1842~1927)이 해독하는 데 성공했다. 톰슨은 1893년 12월 15일 코펜하 겐의 학술원 모임에서 고대 투르크 문자를 해독했다는 사실을 공표해 엄 청난 학술적 반향을 일으켰다.[5] 이에 고무된 경쟁자 라들로프 역시 비문 에 대한 나름의 해독과 주석을 1894년과 1895년에 출판했으나 오류투성 이로 비판을 받으며 별다른 주목을 끌지 못했다. 이와 달리 비문을 신중하 게 다시 해독한 톰슨은 1896년에 연구서를 출간해 비문에 대해 올바로 이 해할 수 있도록 했다.[6] 그러자 이에 자극받은 라들로프도 자신의 오류를

3) *Inscriptions de l'Orkhon. Rescueillies par l'Expédition Finnoise. 1890*. Et publiées par la Société Finno-Ougrienne. Helsingfors, Imprimerie de la Société de Littérature Finnoise, 1892.

4) Василий В. Радлов, *Атлас древностей Монголии*, Санкт-Петербург, 1892; Friedrich W. Radloff, *Atlas der Altertümer der Mongolei: Arbeiten der Orchon Expedition*, St. Petersburg, 1892.

5) Vilhelm Thomsen, "Déchiffrement des inscriptions de l'Orkhon et de l'Iénisséi notice préliminaire, Notice préliminaire", *Bulletin de l'Académie Royale des Sciences et des Lettres de Danemark*, Copenhague, 1893.

6) Vilhelm Thomsen, *Inscriptions de l'Orkhon déchiffrées*, Helsinfors, 1896.

〈그림 1〉 바실리 라들로프　　　　〈그림 2〉 빌헬름 톰슨

수정해 1897년에 새로운 번역서를 출간하는 등 해독을 둘러싼 경쟁이 활발하게 전개되었다.[7]

　이런 경쟁 과정을 거치면서 고대 투르크 비문은 돌궐 연구의 중요 자료로 주목되었다. 그 뒤 비문에 대한 탐사와 조사가 계속 이루어지면서 새로운 자료가 보고되고 연구되었다. 이처럼 비문 자료에 대한 관심은 이후에 더욱 커졌으며, 100여 년에 걸쳐 많은 연구 성과가 축적되어 돌궐사를 밝혀주는 중요한 자료의 하나가 되었다.[8] 또한 여기서 그치지 않고 계속된

---

7) Friedrich W. Radloff, *Die alttürkischen Inscriften der Mongolei*, New Folge, St. Petersbourg, 1893; *Die alttürkischen Inscriften der Mongolei*, Zweite Folge, St. Petersbourg, 1899.

8) 문자 해독 이후 고대 투르크 문자로 쓰인 다양한 비문에 대한 연구는 유럽을 중심으로 많이 진행되었다. 이런 연구에 대한 대략적인 소개와 이제까지의 연구 성과를 정리한 대표적인 저작은 다음과 같다. Louis Bazin, *Les Calendriers Turcs Anciens et Medievaux*, Universite de Lille Ⅲ, Paris, 1974; Дмитрий Д. Васильев, *Графический фонд памятников тюркской рунической письмености азиатского ареала*, Москва, 1983; Лувсандоржийн Болд, *БН МАУ-ын нутаг дахь хадны бичээс*, Улаанбаатар, 1990; Osman F. Sertkaya, "Köl tigin' in ölümünün 1250. yıl dönümü dolayısı ile Moğolistan Halk Cumhuriyeti'ndeki Köktürk harfli metinler üzerinde yapılan arkeolojik ve filolojik çalışmalara toplu bir bakış, *GökTürk tarihinin meseleri*, Ankara, 1995, pp. 313~334; 耿世民, 『維吾爾族古代文化和文獻槪論』, 烏魯木齊: 新疆人民出版社, 1983, pp. 55~79; 張鐵山, 「我國古代突厥文文獻硏究現況及其發展設

발굴과 함께 정리 작업도 후속적으로 이루어져 지금까지도 이를 통한 연구가 활발하게 진행되고 있다.[9]

이와 같이 19세기 말 이래 투르크 학자들이 벌인 비문 해독 경쟁과 계속된 연구를 통해 고대 투르크 유목사, 즉 6세기에서 9세기에 걸쳐 몽골 초원에 국가를 건설한 돌궐과 위구르,[10] 그리고 10세기경까지의 키르기스 역사[11]에 대해 새롭게 이해할 수 있게 되었다. 비문 자료는 특히 7세기 후

想」, 『西北民族研究』 1990-2; 張公瑾, 『民族古文獻槪覽』, 北京: 民族出版社, 1997; 芮傳明, 『古突厥碑銘研究』, 上海: 上海古籍出版社, 1998; 森安孝夫 · オチル 編, 『モンゴル國現存遺蹟 · 碑文調査研究報告』, 京都: 中央ユーラシア學研究會, 1999; Mehmet Ölmez, *Orhon - Uyugur Hanlığı Dönemi Moğolistan'daki Eski Türk Yazıtları*, BilgeSu: Istanbul, 2012. 그리고 고대 투르크 비문에 대한 2010년까지의 연구 성과는 Erhan Aydın, *Türk Runik Bibliografyası*, Istanbul, 2010 참고.

한국에서는 김호동(「內陸아시아 諸民族의 文字製作 · 使用과 그 역사적 背景」, 구결학회(편), 『아시아 諸民族의 文字』, 太學社, 1997, pp. 437~68)과 송기중(「突厥文字의 表記體系와 東北亞細亞 文字史의 傳統」, 구결학회(편), 『아시아 諸民族의 文字』, 太學社, 1997, pp. 57~100), 이등룡(「고돌궐 비문 Turkic runic inscriptions에 대하여」, 『한-몽 국제학술회의 논문집』, 1996, pp. 85~89) 등이 고대 투르크 비문에 대해 개괄적으로 소개했다. 그리고 현지 조사를 통해 현지 탁본과 함께 소개를 다룬 자료집(국립경주문화재연구소 편, 『돌에 새긴 유목민의 삶과 꿈: 몽골의 암각화 · 사슴돌 · 비문 탁본』, 국립경주문화재연구소 · 직지성보박물관 · 몽골 과학아카데미 고고학연구소, 2008)이 있다. 또한 돌궐 시기의 대표적 비문에 대해서는 탈라트 테킨이 쓴 책을 번역 소개한 것(이용성 역, 『돌궐비문연구: 퀼 티긴 비문, 빌개 카간 비문, 투뉴쿠크 비문』, 제이앤씨, 2008)이 있어, 이를 통해 세 비문에 관한 자세한 정보를 얻을 수 있다. 개별 비문에 대한 구체적인 내용은 이상의 연구를 참고하면 알 수 있다.

9) 고대 투르크 비문 전체에 대한 종합 정리 작업은 카자흐스탄에서 구축한 정보망 TÜRIK BITIG이 가장 대표적이다(http://irq.kaznpu.kz). 최근까지의 연구를 대부분 망라해 소개하고 있다.

10) 위구르 유목제국 시기의 고대 투르크 비문에 대한 해제는 정재훈, 「위구르 비문」, 중앙유라시아 문명아카이브 · 서울대학교 중앙유라시아연구소, 2009(http://cces.snu.ac.kr/sub2/sub2_1_page16.html) 참조.

11) 키르기스 시기에는 비문보다 주로 명문에 고대 투르크 문자들이 남아 있는데, 이와 관련된 국내 연구는 없다. 이에 대한 연구는 Дмитрий Д. *Васильев, Графический фонд памятников тюркской рунической письмености азиатского ареала*, Москва, 1984와 С. Е. Малов, *Енисейская письменость Тюрковь*, Москва-Ленинград, 1952; Игорь В. Кормушин, *Тюркские Енисейские Эпитафии: Тексты и исслебавания*, Москва, 1997이 가

반 돌궐이 당조의 지배를 벗어나 다시 부흥했던 제2제국 시기(682~745)에 문자가 제작되었다는 추정하에 7세기 말부터 9세기 중반까지 존재했던 돌궐과 위구르 유목제국의 실체를 밝히는 결정적 자료가 되었다. 물론 고대 투르크 문자로 쓰인 비문과 명문들 자체가 양적인 한계로 역사의 전모를 이해하는 데는 한계가 있었다. 하지만 한문 사료와 상호 비교 연구함으로써 그에 대한 다각적 접근을 할 수 있는 기초가 된다는 점에서 큰 의미를 갖는다.

### (2) 고대 투르크 문자의 특징

고대 투르크 문자의 유래는 다양한 기원을 통해 설명되었는데, 대체로 중앙아시아에서 활발하게 상업 활동을 펼쳤던 소그드인들이 사용하던 소그드 문자의 초서, 그중에서도 불경을 기록하는 초서를 변용해 만든 것이라고 추정하기도 하나 이런 가정이 정확한 것은 아니다.[12] 다만 돌궐제국 시대에 많은 소그드인들이 조정朝廷에서 관료로 활동했을 뿐만 아니라 이들의 문자를 이미 돌궐 제1제국 시기부터 사용했다는 사실이 확인되었을 뿐이다. 이와 관련해 돌궐인들이 소그드 문자를 이용해 문자 생활을 하다

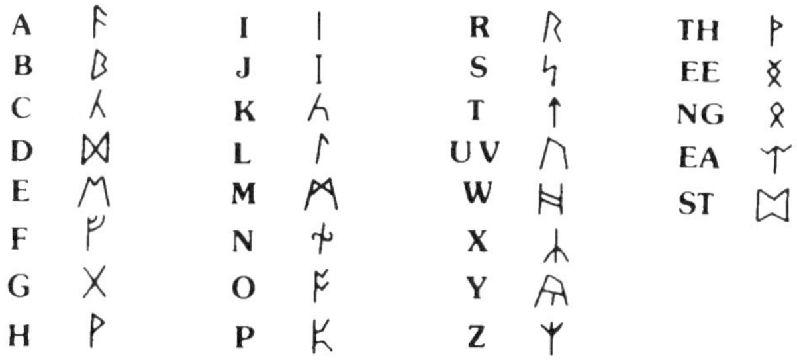

〈그림 3〉 고대 게르만 룬 문자

---

장 대표적이다.

12) 護雅夫, 「突厥文字の起源に關する二研究」, 앞의 책, 1992.

가 당조의 기미지배를 벗어나 새로운 국가를 건설하고 나름의 문자를 만들면서 소그드인들의 도움과 협조를 받았다고 보았다.

앞서 설명한 것처럼, 이 문자는 처음에 오르콘 강가에 있는 비문을 발견한 탐험대가 유럽에 소개하면서 고대 게르만의 룬 문자와 비슷하다고 해 '오르콘 룬 문자'라고 불렸다. 하지만 둘은 일부 모양이 유사하기는 하나 전혀 연관 관계가 없어 일반적으로 '고대 투르크 문자'라고 부른다. 문자의 구성은 대체로 약 40여 개였을 것으로 추정되나 보통 38개 정도다. 이 가운데 모음이 4개인데, 각각의 모음 글자는 투르크어의 기본 모음 중 두 가지를 한꺼번에 나타낸다. 달리 말하면 고대 투르크 문자에는 양성모음과 음성모음인 a/ä ï/i o/u ö/ü를 위해 각각 하나의 글자만 있어 이것이 자음과 결합해 그 음가를 자연스럽게 나타낸다.

모음을 제외하고 남은 34개 중에서 20개는 자음 b, d, g, k, l, n, r, s, t, y를 쌍으로 표기하는데, 이것은 고대 투르크 문자에 후설모음과 함께 쓰이는 자음, 전설모음과 함께 쓰이는 자음이 각각 두 종류가 있어 이것들이 각각 한 개의 글자로 표기될 수 있기 때문이다. 후설자음 글자는 후설모음으로 된 낱말을 쓸 때, 전설자음 글자는 전설모음으로 된 낱말을 쓸 때 사용되기 때문에 이와 연결되는 모음이나 숨겨진 모음은 자연스럽게 그 영향 아래서 결정되는 방식이다.

그리고 남은 14개의 글자 가운데 7개는 모음에 대해 중립 자음인데, 음가는 ch, m, ny, ɧ(ng), p, sh, z 등이다. 나머지 7개 중에서 4개는 원순모음 및 평순-협모음과 하나의 자음으로 이루어진 소리묶음을 나타낼 때 사용된다. 원순모음으로 이루어진 소리묶음을 나타내는 것은 oq/qo와 ök/kö이고, 평순-협모음으로 이루어진 소리묶음을 나타내는 것은 ïq/qï와 ich/chï이다. 이들 중 앞의 두 개는 소리묶음 uq/qu와 ük/kü를 표기할 때도 사용된다. 이 소리묶음은 4개의 글자 외에 위에서 나열한 다른 자음과 모음 글자와도 함께 표기할 수 있다. 남은 3개는 겹자음 글자인데, 이것은 lt,

| 문자 | 전사 | 음가 | 문자 | 전사 | 음가 |
|---|---|---|---|---|---|
| 𝄖 | A | a, e | ı | $S^2$ | s, š(sh) |
| 𝄖 | I | ï, i | 𝄖 | $T^1$ | t |
| 𝄖 | W | o, u | 𝄖 | $T^2$ | t |
| 𝄖 | W | ö, ü | 𝄖 | $Y^1$ | y |
| 𝄖 | $B^1$ | b | 𝄖 | $Y^2$ | y |
| 𝄖 | $B^2$ | b | 𝄖 | Č(CH) | č(ch) |
| 𝄖 | $D^1$ | d | 𝄖 | M | m |
| × | $D^2$ | d | 𝄖 | NG | ŋ |
| 𝄖 | $G^1$ | γ(gh) | 𝄖 | NY | ň |
| 𝄖 | $G^2$ | g | 𝄖 | P | p |
| 𝄖 | $K^1$ | q(kh) | 𝄖 | Š(SH) | š(sh) |
| 𝄖 | $K^2$ | k | 𝄖 | Z | z |
| 𝄖 | $L^1$ | l | ↓ | $^WK$ | oq/uq, qo/qu |
| Y | $L^2$ | l | 𝄖 | $^WK$ | ök/ük, kö/kü |
| ( | $N^1$ | n | ▷ | $^iK$ | ïk/kï |
| 𝄖 | $N^2$ | n | 𝄖 | $^iC$ | ič(ch)/č(ch)i |
| 𝄖 | $R^1$ | r | M | LT | lt |
| 𝄖 | $R^2$ | r | 𝄖 | NČ(CH) | nč(ch) |
| 𝄖 | $S^1$ | s | ⊗ | NT | nt |

〈그림 4〉 고대 투르크 문자표

nch, nt이다. 이 가운데 lt는 후설모음과 같이 사용되고, nch와 nt는 후설
모음, 전설모음 모두와 같이 사용된다. 그 밖에 알파벳은 아니지만 단어를
나누는 구분 기호인 : 가 있다.

이런 고대 투르크 문자는 표기가 음소문자 방식이면서 다른 한편으
로 동시에 음절문자로서의 역할을 하는 독특함을 갖고 있다. 4개의 모음
이 있으나 각각 쌍을 이루는 b, d, g, k, l, n, r, s, t, y와 같은 20개의 자음은
개별 모음이 전설모음이냐 후설모음이냐의 여부에 따라 각각 a(아) 또는

e(어)의 모음을 머금고 있기도 하고, 아니면 모음과 결합해 개별 음소로 사용되기도 한다. 따라서 이상의 20개 자음을 표기할 경우에 모음을 표시하지 않아도 모음을 넣어서 읽을 수 있다. 그리고 이 자음들 역시 oq/qo, ök/kö, ïq/qï, ich/chï, uq/qu, ük/kü의 문자와 만날 경우 개별 음소가 a와 e의 모음을 표현하지 않고 하나의 음소로만 사용된다.

고대 투르크 문자의 표기는 다음의 원문 인용에서 알 수 있듯이 오른쪽에서 왼쪽 방향으로 적는데, 로마자 전사와 번역은 그와 달리 자체의 표기법에 따라 왼쪽에서 오른쪽으로 적는다.

(원문) )ᚤᚠᚪ : ᛐᛖᛦᚽᛪ : ᛈᛏᚽᚽ : ᚩᚸᛌᛐᚦ : ᛐᚷᚽᛏᛑᚽ : ᛂᚽᚽᚽᛑᚽ

(전사) $T^2NGR^2IT^2G^2$ $T^2NGR^2ID^2A$ $B^1WL^1MSh$ $T^2\overset{.}{W}R^2\overset{.}{W}K$ $B^2IL^2G^2A$ $K^1G^1N^1$

t(e)ngrit(e)g t(e)ngride bolm(ï)sh tür(ü)k bilge q(a)gh(a)n

(번역) 텡그리(하늘 또는 신)와 같고 텡그리에서 생긴 투르크 빌게(현명한) 카간(임금)


이와 같은 원문 전사에서 확인할 있듯이 괄호 안에 있는 것은 자음에 숨어 있는 모음을 나타낸다. 즉 $T^2$의 경우에 그냥 음소인 t가 아니라 te와 같은 하나의 음절이 된다. 다시 말하면, 자음 뒤에 모음을 표기하지 않을 경우 머금고 있는 모음을 그대로 읽는 방식으로 표기되는 것이 가장 큰 특징이다. 그리고 a/ä ï/i o/u ö/ü와 같은 모음은 전설자음이냐 후설자음이냐에 따라 각각 다르게 모음조화를 한다. 또한 반드시 모음을 표시하지 않아도 투르크어를 알고 관습적으로 읽어낼 수 있으면 표기하지 않고 그대로 두는 것도 특징이다.

### (3) 돌궐 시기의 고대 투르크 비문

고대 투르크 문자는 이제까지 발견된 비문으로 볼 때 돌궐이 당조의 지배를 받다가 680년대 초 다시 국가를 재건한 뒤에 만들어진 것이 분명하다. 실제로 가장 이른 시기의 고대 투르크 문자로 쓰인 비문은 726년 내지는 727년경 빌게 톤유쿠크가 죽은 뒤 그를 기리기 위해 만들어진 〈톤유쿠크 비문〉이 가장 대표적이다.[13] 바인 초크토에 남아 있는 그의 비문은 무덤과 사당 같은 유구遺構와 함께 수백 개의 발발로 구성되어 있는 유적지에 현존하는데, 빌게 톤유쿠크의 일대기가 여기에 잘 묘사되어 있다. 그는 중국의 지배하에서 관리로 활동하다 부흥 운동을 일으켜 초대 일테리쉬 카간(재위 682~692)을 추대해 국가를 재건하고 몽골 초원으로의 복귀를 성공시켰다. 이후 2대 카프간 카간(재위 692~716), 그리고 자신의 사위인 3대 빌게 카간(재위 716~734) 시기까지 지속적으로 군사령관으로 활동하면서 킹메이커로서 역할을 했다. 그는 비문에서 마치 미리 적어놓은 것처럼 자전적 말투로 당조에 대한 강한 반감과 건국 과정의 어려움, 그리고 자신이 벌인 노력으로 국가가 영원히 존속하게 되었음을 자랑하는 내용을 기록했다.

또한 그가 제작한 것으로 보이는 〈초이렌 명문〉[14]이 1970년대에 발견되었다. 이것은 687년경 돌궐이 고비 이남 인산 산맥 지역으로부터 몽골 초원의 위구르를 비롯한 투르크계 유목 부족들을 격파하고 몽골 초원의 지배자로 복귀할 때 빌게 톤유쿠크가 자신의 군사적 활동을 과시하기 위해 제작한 것으로 추정된다. 이 명문에는 막북漠北 복귀와 관련된 간단한

---

13) 이 비문은 울란바토르에서 40킬로미터 정도 떨어진 톱 아이막 바인 초크토에 있다. 4미터 정도의 간격을 두고 남북으로 세워진 두 개의 비석으로 이루어져 있다. 비석은 하얀빛이 도는 화강암 재질로 기둥 형태의 돌 표면을 약간 둥글게 다듬어 사면에 고대 투르크 문자를 음각했다. 남쪽 비석의 크기는 높이 236센티미터, 둘레 153센티미터이고, 북쪽 비석의 크기는 높이 211센티미터, 둘레 162센티미터다.
  * 내용의 구성 및 순서
  첫 번째 비문(남비): 서면(7행) → 남면(10행) → 동면(7행) → 북면(11행)
  두 번째 비문(북비): 서면(9행) → 남면(6행) → 동면(8행) → 북면(4행)
14) 이 명문은 초이렌에서 발견되었는데, 석인에 여섯 줄 정도의 문자와 함께 아사나와 아사덕의 탐가가 동시에 새겨져 있다.

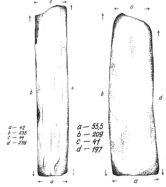

〈그림 5〉〈톤유쿠크 비문〉 모습(2011년 촬영)과
실측도(왼쪽: I 비문, 오른쪽: II 비문)

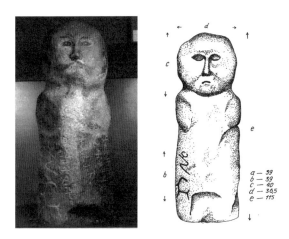

〈그림 6〉 박물관에 전시된 〈초이렌 명문〉(왼쪽)과 모사도(오른쪽)

610

군사 활동 기록과 함께 아사나의 탐가Tamga(紋章)와 그 자신이 속한 아사덕의 탐가가 새겨져 있어 빌게 톤유쿠크와의 관련성을 확인시켜준다. 특히 이 명문을 제작한 시기가 현재까지 발견된 고대 투르크 문자로 쓰인 명문 가운데 가장 빠르다는 점에서 그 후에 비문을 남긴 빌게 톤유쿠크가 최초로 투르크 문자를 만들어낸 것이 아닌가 하는 추정을 가능하게 한다.

이와 함께 〈퀼 테긴 비문〉[15]과 〈빌게 카간 비문〉[16]이 가장 대표적이다. 두 비문은 19세기 말에 가장 먼저 발견되어 고대 투르크 문자 해독의 실마리를 제공한 것으로 유명하다. 먼저 〈퀼 테긴 비문〉은 716년에 정변을 일으켜 빌게 카간이 즉위하는 데 결정적 역할을 했던 그의 동생 퀼 테긴이

---

15) 이 비문의 이수螭首는 전형적인 당나라의 비석 형식으로 좌우 측면에 각각 세 마리 용의 머리가 나란히 내려오며, 동면과 서면에는 뒤엉켜 꿈틀대는 용의 몸통이 조각되어 있다. 서면을 기준으로 좌반부가 전액篆額의 외곽 부분을 따라 파손되어 남아 있지 않다. 이수의 하단부 중앙 비신과 그대로 이어지는 전액의 서면에 '고궐특근지비故闕特勤之碑'라는 여섯 글자를 해서체로 세 자씩 세로로 음각했으며, 동면에는 산양을 도안화한 탐가(紋章)가 뚜렷하게 음각되어 있다. 크기는 3.35×1.30∼1.32×0.46미터 정도다. 비신은 앞뒤 양면과 양 측면이 장방형에 가까우나 위로 올라갈수록 점차 폭이 줄어드는 형태로 네 모서리가 모두 3센티미터 폭으로 평평하게 모 죽임이 되어 있으며, 그 부분에도 앞면(서면)의 왼쪽(북서면)을 제외하고 한두 행씩 글자가 새겨져 있다. 비신의 앞면(서면)에는 위와 비면 가장자리에 15센티미터 폭의 당초문대唐草文帶가 둘러져 있다. 왼쪽에 새겨진 당초문대는 의도적으로 갈아낸 흔적이 있으며, 오른쪽도 풍화가 심해 아래쪽 일부에만 무늬가 뚜렷하다. 당초문대 안쪽으로 예서체 글씨로 비문의 내용이 음각되어 있다. 비신의 앞면 오른쪽 부분은 하단의 일부가 최대 15센티미터 폭으로 깨져나간 상태다. 비신의 뒷면(동면)은 오른쪽이 최대 50센티미터 폭으로 크게 깨져나갔다. 비문은 서면에 한문 면이, 그리고 남면에 13행, 동면에 40행, 북면에 13행, 북동면에 1행, 남동면에 1행, 남서면에 1행, 서면에 2행이 고대 투르크 문자로 되어 있다.

16) 이 비문은 퀼 테긴 비문과 쌍둥이처럼 비슷하나 크기에 약간 차이가 있다. 크기는 3.45×1.74×0.78미터 정도로 퀼 테긴 비문보다 조금 더 큰 편이다. 이수의 모양은 같은데 전액의 서변에는 퀼 테긴 비문과는 달리 고대 투르크 문자가 새겨져 있고, 반대편에는 퀼 테긴과 동일한 탐가가 새겨져 있다. 이 비문은 퀼 테긴 비문에 비해 두 동강이 난 채로 부서져 있었을 뿐만 아니라 마모가 심하고 파손된 부분이 많아 판독되는 부분이 적다. 하지만 내용적으로 두 비문이 같은 부분이 많다는 점에서 내용의 일부를 판독할 수 있다. 서면에 한문 면이, 그리고 북면에 15행, 동면에 41행, 남동면에 1행, 남면에 15행, 남서에 1행, 서면에 9행이 고대 투르크 문자로 되어 있다.

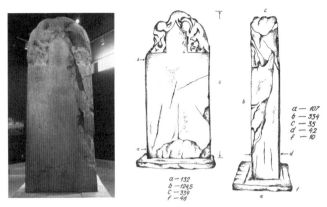

〈그림 7〉 〈퀼 테긴 비문〉 모습(2012년 촬영)과 실측도

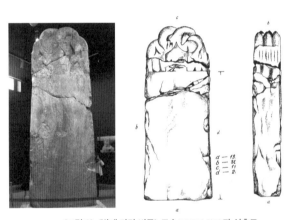

〈그림 8〉 〈빌게 카간 비문〉 모습(2012년 촬영)과 실측도

731년에 죽자 그를 장사 지내고 추도하기 위해 732년에 세운 것이다. 이 비문은 현재 약간 훼손되었으나 당시의 원형을 유지하고 있는 부분이 많아 가장 큰 주목을 받았다. 〈그림 7〉에서 확인할 수 있는 것처럼, 최근 깨진 부분들에 대한 복원 작업을 거쳐 터키 정부가 세운 호쇼 차이담 박물관에 보관되어 있다. 또한 이로부터 1.1킬로미터 떨어진 곳에 있던 〈빌게 카간 비문〉은 734년 빌게 카간이 죽고 이후 묘역을 조성하면서 735년에 세워졌으며, 발견 당시 세 토막으로 부러져 있었는데 발굴 조사와 함께 합체

되어 역시 박물관에 보관되어 있다.

두 비문은 당 현종의 지원을 받아 비슷한 크기로 만들어졌으며, 공통적으로 71행 중 31행에서 동일한 빌게 카간의 언급이 기록되어 있다. 즉 개별 인물의 공적을 제외하고 돌궐제국의 역사와 빌게 카간의 소회를 담고 있는 내용이 같다. 따라서 결손된 부분은 둘을 비교함으로써 내용을 추정해낼 수 있다. 두 비문의 시작에는(〈퀼 테긴 비문〉의 동면과 〈빌게 카간 비문〉의 북면) 빌게 카간이 1인칭의 관점에서 그 자리에 모인 고관들과 백성들에게 말하는 투로 쓴 내용이 있다.

그는 여기서 자신이 말하고자 했던 내용을 나열했는데, 주요한 것은 주변 부족들의 복속과 관련된 원정, 국가의 규모와 중심지(항가이 산맥 지역. 비문에서는 '외튀켄'으로 표현), 중국과의 관계, 중국의 감언이설의 위험성 등과 같은 내용을 경고하듯이 기록했다. 이런 빌게 카간의 입장은 당조의 지배를 벗어나 국가를 건설하면서 그들이 강한 '내셔널리즘'을 갖고 있었다는 이해를 가능하게 했다. 왜냐하면 당 중기 이후 당조의 지배 내지는 문화적 영향 아래 있던 주변 국가들이 독자 세력화하면서 나름의 문자를 만드는 등의 양상을 띤 것과 비문에 나타난 돌궐의 입장이 동일한 맥락에서 이해되기 때문이다.

가장 내용이 많은 〈퀼 테긴 비문〉의 동면에는 31행에 걸쳐 천지 창조와 돌궐의 역사가 시작된 이래 그 당시까지의 역사를 서사적으로 기록해놓았다. 그다음에는 퀼 테긴의 업적을, 〈빌게 카간 비문〉에는 동일한 내용 다음에 빌게 카간 자신의 업적을 나이에 따라 나열했다. 내용 중에는 두 형제가 어렸을 때부터 참여했던 전투와 그 과정을 소상하게 정리한 것이 있는데, 가장 재미있는 부분은 전투마다 사용한 말의 종류를 같이 명기한 점이다. 그리고 마지막에는 조문한 여러 나라 사람의 사정과 함께 비문 건립과 관련된 기록이 남아 있다.

전체 내용 가운데 한국과 관련된 내용으로 추정되는 것은 돌궐제국 시

〈그림 9〉 이동 전시 전 〈퀼 테긴 비문〉의 모습(2005년 촬영)

〈그림 10〉 호쇼 차이담 박물관 내부에 복원 전시된 비문(왼쪽: 빌게 카간, 오른쪽: 퀼 테긴)

대에 동쪽에 있던 고구려와의 관계에 대한 기록이다. 현재까지 학자에 따라 약간의 입장 차이가 있지만 돌궐의 초대 카간 장례식에 참석했던 조문 국가 중에서 뵈클리bökli로 전사되는 국가의 이름이 나오는데, 이것을 bök eli, 즉 '맥貊의 나라'로 이해해 고구려와 등치시키는 경우가 있다. 이것이 정확하다면 한문 사료에 나오는 양국의 교섭만이 아니라 비문을 통해서도 고구려가 돌궐과 정치적 관계를 맺었다는 점을 확인할 수 있으나 이 문제에 대해서는 보다 신중한 접근이 요구된다.

이 밖에도 돌궐 시대에는 일테리쉬 카간의 동생인 일 에트미쉬 야브구

〈그림 11〉〈일 에트미쉬 야브구 비문〉 유적(왼쪽 위)과 박물관에 전시된 비문의 2013년 모습(왼쪽 아래), 모사도(오른쪽)

(한문 기록에는 퇼리스 벡)의 비문이 남아 있다. 730년대에 만들어진 것으로 추정되는 옹긴 강가에서 발견된 〈일 에트미쉬 야브구 비문〉[17]이 그것이다. 또한 정확한 제작 연대가 확인되지는 않지만 비문의 주인공이 퀼 초르라 는 점에서 〈퀼 초르 비문〉[18]이라고 불리는 것도 있다. 이 비문은 하나의 비

---

17) 이 비문은 우부르항가이 아이막 우량가 솜에 위치한 옹긴 강 북서쪽의 제사 유적에 있다. 현 재 비문은 일부가 아이막 박물관에 보관되어 있다. 크기는 높이가 154센티미터, 폭이 41센티 미터이며, 두께는 약 12~15센티미터다. 문자는 13행 정도 남아 있는데, 마모가 심한 편이다.

18) 이 비문은 울란바토르에서 남서로 200킬로미터 정도 떨어진 톱 아이막 이흐 호쇼트 솜에 소

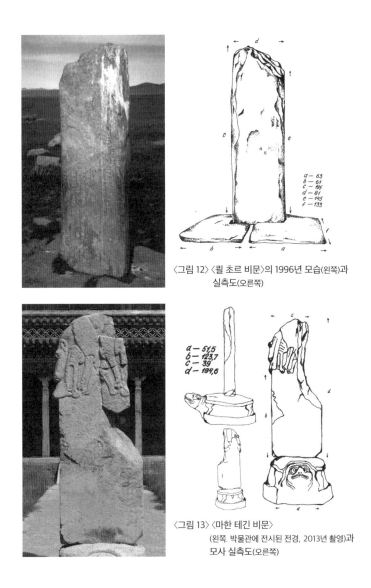

〈그림 12〉〈퀼 초르 비문〉의 1996년 모습(왼쪽)과
실측도(오른쪽)

a − 63
b − 61
c − 195
d − 81
e − 145
f − 133

a − 51,5
b − 123,7
c − 39
d − 194,6

〈그림 13〉〈마한 테긴 비문〉
(왼쪽. 박물관에 전시된 전경, 2013년 촬영)과
모사 실측도(오른쪽)

재하는데, 제사 시설과 함께 하나의 비문으로 이루어져 있다. 크기는 높이 190센티미터이며,
폭이 61센티미터, 두께가 20센티미터다. 서면 12행, 북면 1행, 동면 13행, 남면 4행 정도에
문자가 남아 있는데, 마모가 심해 판독하기 어렵다.

석으로 이루어졌는데, 유적 조성이 톤유쿠크의 것과 아주 흡사하다는 점에서 관련지어 설명하기도 한다.

이와 함께 돌궐제국 시대에는 고대 투르크 문자가 만들어지기 전에 제작된 비문도 있다. 현존하는 최고의 비문으로 부구트에서 발견된 돌궐 제1제국 시대 카간의 일족인 마한 테긴의 일대기를 기록한 〈마한 테긴 비문〉[19]이 있다. 이 비문은 고대 투르크 문자가 아니라 제국 내에서 관료로서 중요한 역할을 담당하던 소그드인들의 문자로 기록되어 있다. 이를 통해 자신들의 문자를 만들기 전에도 돌궐이 소그드 문자를 차용해 비문을 만들어낼 정도로 발전된 문자 생활을 했음을 알 수 있다.

이상의 대표적인 비문을 제외하고 다양한 명문들과 일부 비문들이 몽골 초원에 남아 있는데, 내용을 확인할 수 있는 중요한 사료로서 사용이 가능한 것은 이상의 비문들이다. 따라서 이 책에서 소개하지 않은 비문의 경우에는 여타 비문에 대한 자료를 통해 그 내용을 확인할 수 있다.[20]

### (4) 고대 투르크 비문의 역사적 의미와 전망

고대 투르크 문자로 기록된 비문이 존재하기 전에는 유목민들이 자신들의 역사를 나름의 언어와 문자로 기록하지 못했다. 다만 정주 세계에서 유목민들에 대해 기록한 내용을 통해 그들의 역사 전개 과정을 이해할 수 있었다. 이것은 2차 사료를 통한 역사 연구라는 점에서 많은 한계를 가질 수밖에 없었다. 왜냐하면 정주 세계 사람들은 자신들을 공격하고 약탈하는 등 늘 문명의 파괴자로 비칠 수밖에 없는 유목민들에 대해 공정한 기

---

19) 이 비문은 부구트 지역에서 발굴되어 현재 아르항가이 아이마 박물관에 보관되어 있다. 그 기는 높이 198센티미터, 폭 70센티미터, 두께 20센티미터로 이루어져 있고, 귀부(크기 92.5 × 58.5 × 63센티미터) 위에 비문이 설치되어 있다. 소그드 문자가 새겨진 제1제국 시기의 비문이다. 정면에 19행, 오른쪽 면에 5행, 왼쪽 면에 5행의 문자가 기록되어 있다. 뒷면은 마모가 심하고 정확하게 판독되지 않는데, 소그드 문자가 아닌 다른 문자로 기록되어 있다.

20) 여타 비문에 대한 자세한 소개는 주 8)의 내용 참조.

록보다는 선입견과 편견에 가득 찬 입장에서 기술해 그들을 왜곡할 수밖에 없었기 때문이다. 따라서 그들 자신의 기록이 남아 있다는 사실은 이런 한계를 극복할 수 있을 뿐만 아니라 고대 유목 국가의 원상에 대한 접근을 가능하게 했다.

또한 자신들의 역사를 기록할 수 있는 문자를 투르크 유목민이 최초로 사용했다는 점은 유목민들의 민족적 자각과도 밀접하게 연결되어 있었다. 그들은 문자를 만들기 전인 6세기경에도 이미 유목제국 내에서 봉사했던 소그드인들의 문자를 사용해 비문을 제작했다(〈마한 테긴 비문〉). 직접 자신들의 문자를 사용한 것은 7세기 중반으로 당조의 지배를 받고 난 다음 다시 국가를 건설하면서 당조와 자신들을 구분하고 문화적 자존심을 내세우기 위함이었다.[21] 이 과정에서 민족의 정체성을 반영하는 데 가장 중요한 도구인 문자를 제작하고 사용한 것은 필연적 귀결이었다.

이른바 '문명화'의 상징이라고 할 수 있는 문자 제작 현상은 그 뒤에 세워졌던 유목 국가에서도 동일하게 나타났을 뿐만 아니라 주변의 문자 생활에도 큰 영향을 준 출발점이었다. 주지하듯이 중국 주변의 정주 세계에서 한자를 이용해 신라의 이두나 일본의 가나 등이 만들어졌으며, 유목 세계에서도 거란, 여진, 서하의 문자 같은 음절문자 계통의 문자를 제작하고 사용했음을 알 수 있다.

이런 한자의 변용을 통한 문자의 제작과 다른 돌궐 나름의 독자적 문자 체계 제작 움직임은 그를 이어 위구르가 고대 투르크 문자를 사용한 것에서 나아가 몽골 초원을 떠나 9세기 중반 중앙아시아의 오아시스로 들어간 다음 소그드 문자를 변용시킨 위구르 문자를 새롭게 만들어내게 했다. 이 문자는 그 변용인 몽골, 만주 문자 등과 같은 음소문자의 발전으로도 이어지면서 새로운 문자 생활을 가능하게 했다. 따라서 돌궐의 등장과 문자 생

---

21) 김호동, 앞의 글, 1997, p. 465.

활의 시작, 그리고 이들이 발전시킨 초원의 새로운 유목 문화는 향후 유목
세계의 전개 과정에 큰 영향을 끼쳤다는 점에서 그 역사적 의미를 되새겨
보게 한다.

## 2. 고대 투르크 비문 자료의 번역<sup>*</sup>

### 퀼 테긴 비문

| | |
|---|---|
| 남:01 | 텡그리(하늘 또는 신)와 같고 텡그리에서 생긴 투르크 빌게 카간 나는 이때에 앉았다. 나의 말을 온전히 들어라! 먼저 나의 동생들, 나의 아들들, 하나로 된 나의 우구쉬(무리), 보둔(백성), 오른쪽으로 샤다피트 벡(관리)들, 왼쪽으로 타르칸(장군)들, 부의룩(대신), 벡들, 오투즈······ |
| 남:02 | 토쿠즈 오구즈의 벡들과 보둔들아! 나의 이 말을 잘 들어라! 단단히 들어라! 앞(동)쪽으로 해가 뜨는 곳에, 남쪽으로는 낮의 한가운데를 향해, 뒤(서)쪽으로는 해가 지는 곳에, 북쪽으로는 밤의 한가운데를 향해 그 안에 있는 보둔이 모두 나에게 들어왔다. 그만큼의 보둔을 |
| 남:03 | 내가 모두 묶었도다. 그들은 지금 나쁘지 않다. 투르크 카간이 외튀켄 산지에 앉으며 일(나라)에 아무런 걱정이 없다. 나는 동쪽으로는 산퉁山東 평원까지 나아갔다. 나는 바다에 못 미처 멈추었다. 나는 남쪽으로 토쿠즈 에르신까지 나아갔다. 나는 튀퓌트에 조금 못 미처 멈추었다. 서쪽으로는 옌취 강珍河(시르다리야)을 |
| 남:04 | 지나 테미르 카프그(철문鐵門)까지 나아갔다. 나는 북쪽으로 이르 바야르쿠(발야고拔野古) 땅까지 나아갔다. 나는 이만큼의 땅까지 나아가게 했다. 외튀켄 산지보다 더 좋은 곳은 전혀 없는 것 같도다! 일(나라)을 다스릴 곳은 외튀켄 산지인 것 같도다! 나는 이곳에 앉아 타브가치 보둔과 |
| 남:05 | 어울렸다. 〔타브가치(중국) 보둔은〕 금, 은, 비단을 어려움 없이 그렇게 우리에게 준다. 타브가치 보둔의 말은 달콤하고 비단은 부드럽다고 한다. 달콤한 말과 부드러운 비단으로 속여 먼 보둔을 그렇게 가까이 오게 한다고 한다. 가까이 자리 잡은 뒤에 나쁜 생각을 그때서야 한다고 한다. |
| 남:06 | 좋고 현명한 사람을, 좋고 용감한 사람을 나아가지 못하게 한다고 한다. 한 사람이 잘못하면 그의 우구쉬(무리), 보둔, 비쉬크(친척)까지 죽이지는 않는다고 한다. 달콤한 말에 부드러운 비단에 속아 투르크 보둔아! 너희는 많이 죽었다. 투르크 보둔아! 너희는 분명히 죽을 것이다. "남쪽에 초가이 산맥(총재산總材山), 퇴귈퇸 |

---

* 번역은 필자가 카자흐스탄에서 정리한 TÜRIK BITIG(http://bitig.org/?lang=e&mod=1&tid=1)의 내용을 기초로 다양한 기존 연구를 참고해 재정리한 것이다. 편의상 이 책에서는 전사와 원문을 생략했는데, 관련된 자세한 정보는 위의 사이트를 통해 확인할 수 있다. 국내의 대표 저서로는 탈랴트 테긴의 책을 번역한 것이 있다(이용성 역, 『돌궐비문연구: 퀼 티긴 비문, 빌게 카간 비문, 투뉴쿠크 비문』, 제이앤씨, 2008). 이 책을 통해 언어학적 측면에서 이루어진 전사와 번역을 참고할 수 있다. 번역문 내에서 ( ) 안의 내용은 고대 투르크어 단어의 의미를 설명하기 위해 첨부한 것이고, 〔 〕 안의 내용은 없어진 부분이나 다른 비문을 통해 첨가된 것을 번역한 것이다.

| 남:07 | 평원(백도천白道川)에 나는 자리 잡겠어"라고 말한다면 투르크 보둔아! 너희는 분명히 죽을 것이다. 그곳에서는 나쁜 사람들이 이렇게 일깨운다고 한다. "멀리 있으면 나쁜 비단을 준다. 가까이 있으면 좋은 비단을 준다"라고 일깨운다고 한다. 무지한 사람들아! 너희는 그 말을 받고 가까이 가서 많은 사람이 죽었다. |
|---|---|
| 남:08 | 그곳에 가면 투르크 보둔아! 너희는 죽을 것이다. 외튀켄 땅에 앉아서 아르크쉬(카라반)를 보낸다면 전혀 걱정이 없다. 너희는 전혀 걱정이 없다. 외튀켄 산지에 앉는다면 너희는 영원히 일(나라)을 지키며 앉아 있을 것이다. 투르크 보둔아! 너희는 자신이 배부르다고 여긴다. 너희는 배고픔과 배부름을 생각하지 않는다. 일단 배부르면 너희는 배고픔을 생각하지 않는다. 네가 그렇기 |
| 남:09 | 때문에 너희는 배부르게 한 너희의 카간 말을 듣지 않고 아무 곳이나 갔다. 너희는 모두 그곳에서 없어졌다. 사라졌다. 그곳에 남은 사람들이 모두 죽을 지경이 되어 걷고 있었다. 텡그리께서 명령하셨기 때문에 나 자신이 행운이 있었기 때문에 나는 카간으로 앉았다. 카간으로 앉아 |
| 남:10 | 나는 없는 보둔을 모두 모았다. 나는 없는 보둔을 넉넉하게 했다. 적은 백성을 많게 했다. 그렇지 않으면 나의 말이 거짓이냐? 투르크 백들과 보둔아! 이것을 들어라! 투르크 보둔이 되살아나 분명히 일을 잡았다는 것을 나는 여기에 새겼다. 잘못해 분명히 죽으리라는 것도 |
| 남:11 | 나는 여기에 새겼다. 나는 무슨 말이라도 있으면 영원한 돌에 새겼다. 너희는 그것을 보며 배워라. 충성스러운 투르크 보둔과 백들아! 이 시기에 복종하는 백들 너희가 잘못을 저지르겠느냐? 나는 영원한 돌에 새겼다. 나는 타브가치 카간에게서 제작장을 데려왔다. 나는 꾸미게 했다. 나의 말을 어기지 않았다. |
| 남:12 | 타브가치 카간의 직속 제작장들을 보냈다. 나는 그들에게 멋진 무덤을 만들게 했다. 나는 그것의 안팎에 멋진 장식을 새기게 했다. 돌을 파게 했다. 마음에 있는 나의 말을 [새기게 했다. …… 온 오크 자손]에 외국인들에게까지 너희는 이것을 보고 알아라. 영원한 돌을 |
| 남:13 | 나는 파게 했다. 가까운 곳이므로 게다가 쉽게 이르는 곳에 있기 때문에 그렇게 쉽게 이르는 곳에 나는 영원한 돌을 파게 했다. 쓰게 했다. 너희는 그것을 보고 그렇게 알아라. 그 돌[을 ……] 내가 [파게] 했다. 이 글을 쓴 사람은 조카 욜루그 [테긴이다.] |
| 동:01 | 위로 푸른 하늘이 아래로 누런 땅이 만들어졌을 때 둘 사이에서 사람의 아들이 만들어졌다고 한다. 사람의 아들 위에 나의 조상이신 부믄 카간과 이스테미 카간이 앉으셨다고 한다. 그분들께서 앉아 투르크 보둔(백성)의 일(나라)과 퇴뤼(祖法)를 잡아주셨다고 한다. 가지런하게 하셨다고 한다. |
| 동:02 | 이 무렵 그분들을 둘러싼 네 곳이 모두 적이었다고 한다. 그분들께서 군대를 몰아 네 곳에 있는 보둔들을 모두 얻으셨다고 한다. 모두 복종하게 만드셨다고 한다. 그분들께서 머리가 있는 자들을 숙이게 만드셨다고 한다. 그분들께서 무릎 있는 자들을 꿇게 만드셨다고 한다. 그분들께서 동쪽으로는 카드르칸 이쉬(싱안링興安嶺)까지, 서쪽으로는 테미르 카프그까지 [보둔을] 자리 잡게 하셨다고 한다. 그분들께서 이 둘 사이에서 |

| | |
|---|---|
| 동:03 | 전혀 묶이지 않았던 퀵 투르크를 그렇게 〔하나로〕 있게 만드셨다고 한다. 그분들께서는 현명한 카간이셨으며, 용감한 카간이셨다고 한다. 그분들의 부의록도 현명했다고 한다, 분명히! 용감했다고 한다, 분명히! 그분들의 벡도 보둔도 어울렸다고 한다. 때문에 그분들께서는 일(나라)을 그렇게 잡으실 수 있었다고 한다, 분명히! 그분들께서는 〔위에서 말한 것처럼〕 일을 잡으시고 퇴뤼를 엮으셨다고 한다. 〔당신들〕 자신은 그렇게 〔많은 일을〕 하시고 |
| 동:04 | 돌아가셨다고 한다. 문상객으로 앞으로는 해가 뜨는 곳에 있는 뵈클리(고구려高句麗), 쵤릭 엘, 타브가치(중국), 퇴퓌트(토번), 파르(페르시아), 푸룸(비잔티움), 크르크즈(키르기스), 위취 쿠르칸(삼성 골리간三姓骨利幹), 오투즈 타타르(삼십성 달단三十姓達靼), 크탄(거란契丹), 타타브(해奚), 이만큼의 보둔이 와서 울었다고 한다. 조문했다고 한다. 그분들께서는 그렇게 할 만큼이나 유명한 카간이셨다고 한다. 그 뒤에 그분들의 남동생들이 카간이 |
| 동:05 | 되었다고 한다. 그분들의 아들들이 카간이 되었다고 한다, 분명히. 그 뒤에 그분들의 남동생들은 형들처럼 만들어지지 못했다고 한다, 분명히. 그분들의 아들들은 아버지들처럼 만들어지지 못했다고 한다, 분명히. 어리석은 카간들이 자리에 올랐다고 한다, 분명히. 나쁜 카간들이 자리에 올랐다고 한다, 분명히. 그들의 부의록들도 어리석었다고 한다, 분명히. 나빴다고 한다, 분명히. |
| 동:06 | 그들의 벡들과 보둔이 어울리지 못했기 때문에 타브가치 보둔들이 잘 속이기 때문에 사기꾼이기 때문에, 남동생들과 형들을 서로 부추겼기 때문에 벡과 보둔들을 서로 다치게 했기 때문에 투르크 보둔은 자기들이 세운 일을 잃어버렸다고 한다. |
| 동:07 | 자기들이 앉힌 카간을 잃어버렸다고 한다. 타브가치 보둔에게 벡이 될 만한 그들의 아들이 사내종이 되었다. 에시(귀부인)가 될 만한 그들의 딸이 계집종이 되었다. 투르크 벡들은 투르크 칭호를 버렸다. 타브가치 사람들에게 봉사하는 벡들은 타브가치 칭호를 받아들여 타브가치 카간(임금)에 |
| 동:08 | 예속되었다고 한다. 그들은 50년 동안 봉사했다고 한다. 그들은 동쪽으로 해 뜨는 곳에서 뵈클리 카간까지 나아갔다고 한다. 서쪽으로는 테미르 카프그까지 나아갔다고 한다. 타브가치 카간을 위해 정복했다고 한다. 투르크 카라 |
| 동:09 | 보둔(일반 백성)이 이렇게 말했다고 한다. "나는 일이 있는 보둔이었다. 나의 일은 지금 어디에 있는가?" "나는 누구를 위해 일을 정복하는가?"라고 말했다고 한다. "나는 카간(임금)이 있는 보둔이었다. 나의 카간은 어디에 있는가? 나는 어느 카간에게 봉사하는가?"라고 말했다고 한다. 그들은 그렇게 말하고 타브가치 카간에게 적이 되었다고 한다. |
| 동:10 | 그들은 적이 되었으나 스스로를 묶지 못했다고 한다. 다시 안으로 들어갔다고 한다. 이렇게 일을 한 것을 생각하지 않고 "나는 투르크 보둔을 죽여버릴 거야, 없애버릴 거야!"라고 말했다고 한다. 사라져갔다고 하는데, 위로 투르크의 텡그리와 투르크의 신성한 예르(땅), |

| | |
|---|---|
| 동:11 | 숩(물의 정령)이 이렇게 말했다고 한다. 그들은 "투르크 보둔이 없어지지 않게 하라!"라고 말하고, "보둔이 되게 하라!"고 말하면서, 나의 아버지 일테리쉬 카간을, 나의 어머니 일빌게 카툰을 텡그리(하늘)의 가장자리에서 잡아 위로 들어 올렸다고 한다, 분명히. 나의 아버지 카간이 17명과 함께 (밖으로) 나아갔다고 한다, 분명히. "밖으로 |
| 동:12 | 나아간다"는 것을 듣고, 도시에 사는 사람들이 산으로 올라갔다. 산에 있는 사람이 내려갔다. 모여 70명이 되었다고 한다. 텡그리가 힘을 주어 내 아버지의 군대는 이리 같았다고 한다. 그들의 적은 양 같았다고 한다. 그들은 동쪽으로 서쪽으로 나아가 모았다고 한다. 모두 |
| 동:13 | 700명이 되었다고 한다. 700명이 되어 일이 없는, 카간이 없는 보둔을, 계집종이 된, 사내종이 된 보둔을, 투르크의 퇴뤼를 잃어버렸던 보둔을, 나의 조상의 퇴뤼에 따라 묶었다고 한다. 푈리스와 타르두쉬(로 구분된 땅에) |
| 동:14 | 야브구와 샤드를 그때 주었다고 한다. 남쪽으로 타브가치 백성이 적이었다고 한다. 북쪽으로 바즈 카간의 토쿠즈 오구즈 보둔이 적이었다고 한다. 크르크즈, 쿠르칸, 오투즈 타타르, 크탄, 타타브가 모두 적이었다고 한다. 나의 아버지 카간은 이렇게 |
| 동:15 | 마흔일곱 번 나아갔다고 한다. 스무 번 싸웠다고 한다. 텡그리가 명령을 하셨기 때문에 일이 있는 자를 일(나라)이 없게 만들었다고 한다. 카간이 있는 자들을 카간이 없게 만들었다고 한다. 적을 들어오게 했다고 한다. 무릎이 있는 자를 꿇게 만들었다고 한다. 머리가 있는 자를 숙이게 했다고 한다. 나의 아버지 카간은 |
| 동:16 | 퇴뤼를 얻고 돌아가셨다고 한다. 나의 아버지 카간에게 먼저 바즈 카간의 발발을 만들었다고 한다. 그의 퇴뤼에 따라 나의 숙부가 카간에 앉았다 한다. 나의 숙부가 카간에 앉아 투르크 보둔을 다시 묶었다. 배부르게 했다. 부족한 자를 (넘치게 했다. 적은 이를 많게 했다.) |
| 동:17 | 나의 숙부가 앉았을 때 나 자신은 타르두쉬 보둔 위의 샤드였다. 우리는 나의 숙부 카간과 함께 동쪽으로 황허와 산퉁 평원까지 나아갔다. 서쪽으로 테미르 카프그까지 출정했다. 쾨그멘(사얀 산맥)을 넘어 크르크즈(까지 나아갔다.) |
| 동:18 | 우리는 스물다섯 번 나아갔다. 열세 번 싸웠다. 우리는 일이 있는 자를 일이 없게 했다. 카간이 있는 자를 카간이 없게 했다. 무릎이 있는 자를 꿇게 만들었다. 머리가 있는 자를 숙이게 만들었다. 튀르기쉬 카간은 우리 투르크이며 우리 보둔이었다. 그가 알지 못했기 |
| 동:19 | 때문에 그가 우리에게 잘못했기 때문에 그들의 카간을 죽였다. 부의룩과 벡들도 죽였다. 온 오크 보둔은 어려움을 당했다. 우리 조상이 우리의 선조가 잡았던 땅과 물이 주인 없이 되지 말라고 말하며 아즈(아질阿跌) 보둔을 묶으며 …… |
| 동:20 | …… 바르스는 벡이었다. 카간의 이름을 여기서 우리가 주었다. 우리는 나의 여동생 공주를 주었다. 자신이 잘못해 그의 카간이 죽었다. 그의 보둔은 계집종, 사내종이 되었다. 쾨그멘 땅과 물이 주인 없이 남아 있지 말라고 아즈, 크르크즈 보둔을 묶어…… |

| | |
|---|---|
| 동:21 | 우리는 다시 주었다. 우리는 동쪽으로 카드르칸 산을 넘어 보둔을 그렇게 자리 잡게 했다. 그렇게 묶었다. 우리는 서쪽으로 켕위 타르만까지 투르크 보둔을 그렇게 자리 잡게 했다. 그렇게 묶었다. 그때 사내종도 사내종이 있었다. 〔계집종도 계집종이 있었다. 젊은 동생들은 그들의 형을 알아보지 못했고, 아들도 그의 아버지를 알아보지 못했다.〕 |
| 동:22 | 그렇게 얻은 〔그렇게〕 묶어 우리의 일과 퇴뤼가 있었다. 투르크 오구즈 벡들과 보둔들아 들어라! 위에서 하늘이 무너지지 않는다면, 아래에서 땅이 꺼지지 않는다면, 투르크 보둔아! 너의 일과 너의 퇴뤼를 누가 무너뜨릴 수 있겠느냐! 투르크 보둔아! 〔나쁜 마음을〕 버려라! |
| 동:23 | 부끄러워해라! 너희가 따르지 않아 배부르게 한 너희의 현명한 카간과 독립되고 넉넉한 너희의 일에 너희는 잘못을 했도다! 어울리지 못했도다! 무기를 가진 자들이 어디에서 와서 너희를 없앴느냐? 창이 있는 자가 어디에서 몰아내고 끌고갔느냐? 신성한 외튀켄 〔땅에 사는〕 보둔들아 너는 너희의 땅을 버리고 가버렸다. 동쪽으로 갈 사람은 |
| 동:24 | 갔다. 서쪽으로 갈 사람은 갔다. 간 곳에서 너희가 얻은 것은 이것이었다. 분명히. 너의 피가 강처럼 흘렀다. 너의 뼈가 산처럼 쌓였다. 벡이 될 만한 너의 아들은 사내종이 되었다. 에시〔귀부인〕가 될 만한 너의 딸은 계집종이 되었다. 무지한 〔너희의 나쁜 행동으로 나의 숙부이신 카간이 돌아가셨다.〕 |
| 동:25 | 나는 먼저 크르크즈 카간을 발발로 만들었다. 투르크 보둔과 이름을 없어지게 하지 말라고 나의 아버지 카간을, 나의 어머니 카툰을 높이 들어 올렸던 텡그리께서 일을 주셨던 텡그리께서 투르크 보둔과 이름이 없어지게 하지 말라고 〔나 자신을 그 텡그리에서〕 |
| 동:26 | 카간에 앉혔다, 분명히. 나는 결코 넉넉한 보둔(백성) 위에 앉지 않았다. 나는 배고프고 헐벗고 없는 보둔 위에 앉았다. 내가 나의 동생 퀼 테긴과 합의했다. 우리의 아버지께서, 우리의 숙부께서 얻은 보둔과 이름이 없어지지 않게 하라고 |
| 동:27 | 나는 투르크 보둔을 위해 밤에 자지 않았다. 낮에 앉지 않았다. 나는 나의 동생 퀼 테긴과 두 샤드와 죽어라 하고 얻어냈다. 나는 그렇게 얻어 뭉쳐진 보둔을 불과 물로 만들지 않았다. 내가 〔카간에 앉았을 때 여러 곳으로〕 |
| 동:28 | 갔던 보둔이 죽을 지경이 되어 걸어서 맨발로 돌아왔다. 나는 "보둔을 배부르게 하겠어" 하고 북쪽으로 오구즈 보둔을 향해, 동쪽으로 크탄과 타타브 보둔을 향해, 타브가치를 향해 열두 번 크게 군대를 〔보냈다. …… 내가 싸웠다.〕 |
| 동:29 | 뒤에 텡그리가 명령을 해서 행운이 있어서 나는 죽을 보둔(백성)을 되살리고 배부르게 했다. 나는 헐벗은 보둔을 옷 입게 했다. 없는 백성을 넉넉하게 했다. 나는 적은 보둔을 많게 했다. 센 일에 있는 사람보다 센 카〔간이 있는 사람보다 더 좋게 했다. 네 곳에 있는〕 |
| 동:30 | 보둔을 나는 모두 꿇게 만들었다. 무적으로 만들었다. 모두 나에게로 들어왔다. 일을 했다. 이렇게 애쓴 나의 동생 퀼 테긴 자신은 그렇게 죽었다. 나의 아버지 카간께서 돌아가셨을 때 내 동생 퀼 테긴은 일곱 〔살이었다.〕 |

| 동:31 | 우마이 같은 나의 어머니 카툰의 행운 덕분에 내 동생 퀼 테긴은 사내의 이름을 얻었다. 그는 열여섯 살에 나의 숙부 카간의 일과 퇴뤼를 그렇게 얻었다. 우리는 알트 춥 소그닥 (육호주六胡州)까지 나아갔다. 우리는 패배시켰다. 타브가치 온 투툭이 5만의 군대로 왔다. 우리가 싸웠다. |
|---|---|
| 동:32 | 퀼 테긴은 걸으며 몸을 던져 공격했다. 온 투툭 처남의 무장을 손으로 잡았다. 그의 무장을 카간에게 바쳤다. 우리는 그 군대를 거기서 없앴다. 스물한 살에 우리는 차차 셍귄(사타 장군沙吒將軍)과 싸웠다. 맨 처음에 타드크 초르의 잿빛 [말을 타고 공격했다. 그 말이 그곳에서] |
| 동:33 | 죽었다. 그는 두 번째로 으시바라 얌타르의 잿빛 말을 타고 공격했다. 그 말이 그곳에서 죽었다. 그는 세 번째로 예겐 실리그 백의 치장한 밤빛 말을 타고 공격했다. 그의 말이 그곳에서 죽었다. 그들은 그의 갑옷과 카프탄을 100여 개의 화살로 쳤다. 하지만 그의 얼굴, 머리에 하나도 맞지 않았다. |
| 동:34 | 그가 공격한 것을 투르크 백(관리)들 너희 모두가 안다. 우리는 그 군대를 거기서 없앴다. 그 뒤에 이르 바야르쿠의 울루그 이르킨이 적이 되었다. 우리는 그를 흩뜨려서 튀르기 야라군 호수에서 무찔렀다. 울루그 이르킨은 아주 적은 군사와 함께 달아났다. 퀼 테긴이 [스물여섯] |
| 동:35 | 살일 때 우리는 크르크즈에게로 나아갔다. 우리는 창이 빠지는 깊은 눈을 헤치고 쾨그멘 산을 넘어 나아가 크르크즈 보둔을 밤에 기습했다. 우리는 그들의 카간과 송아 산에서 싸웠다. 퀼 테긴이 바야르쿠[의 흰 종마를] |
| 동:36 | 타고 돌진하며 공격했다. 그는 군사 하나를 화살로 쏘았다. 군사 둘을 뒤쫓아 창으로 찔렀다. 그 공격에서 그들은 바야르쿠의 흰 종마를 그 엉덩이를 부수어 쳤다. 우리는 크르크즈 카간을 죽였다. 그의 일을 빼앗았다. 그해에 튀르기쉬[에게로 알툰 산을] |
| 동:37 | 넘어 이르티시 강을 건너 우리는 나아갔다. 우리는 튀르기쉬 보둔을 잘 때 공격했다. 튀르기쉬 카간의 군대가 불추에서 불처럼 회오리바람처럼 왔다. 우리는 싸웠다. 퀼 테긴은 흰 잿빛 말을 타고 공격했다. 이마가 흰 잿빛 [말을……] |
| 동:38 | 그가 붙잡게 했다. 그들 둘은 그 자신이 사로잡게 했다. 그는 거기서 다시 들어가 튀르기쉬 카간의 부의룩 아즈 투툭을 자기 손으로 붙잡았다. 우리는 그들의 카간을 거기서 죽였다. 우리는 그의 일을 빼앗았다. 카라 튀르기쉬 보둔 모두가 들어왔다. 우리는 그 보둔을 타바르에서 자리 [잡게 했다……] |
| 동:39 | "나는 소그드 보둔을 정리하겠어"라고 하며 우리는 엔취 강(시르다리야)을 건너 테미르 카프그까지 나아갔다. 그 뒤에 카라 튀르기쉬 보둔이 적이 되었다고 한다. 그들은 켕에레스로 향해 갔다. 우리 군대와 말은 야위고 먹을 것이 없었다. 나쁜 사람들이 [……] |
| 동:40 | 용감한 사람들이 공격을 했다. 우리는 그런 때 슬퍼하며 퀼 테긴을 적은 병사를 이끌고 이르게 하려고 보냈다. 그는 큰 싸움을 치렀다고 한다. 알프 샬츠의 백마를 타고 공격했다고 한다. 카라 튀르기쉬 보둔을 그렇게 죽였다고 한다. 잡았다고 한다. 다시 나아가…… |

| | |
|---|---|
| 북:01 | ……와 함께 코슈 투툭과 싸웠다고 한다. 그는 그들의 군사들을 모두 죽였다고 한다. 그는 그들의 집을 그들의 재산을 남기지 않고 모두 가져왔다. 퀼 테긴이 스물일곱 살 때 카를룩 보둔이 적이 되었다. 우리는 타미그 으둑 바쉬에서 싸웠다. |
| 북:02 | 퀼 테긴은 그 싸움에서 서른 살이었다. 그는 알프 샬츠의 백마를 타고 달려가 공격했다. 그는 두 군사를 뒤쫓으며 찔렀다. 우리는 카를룩을 죽였다. 포로로 삼았다. 아즈 보둔이 적이 되었다. 우리는 카라 퀼에서 싸웠다. 퀼 테긴은 서른한 살이었다. 그는 알프 샬츠의 백마를 |
| 북:03 | 타고 달려 공격했다. 그는 아즈의 엘테베르를 붙잡았다. 아즈 보둔을 그곳에서 없게 만들었다. 나의 숙부의 일이 흔들렸을 때 보둔과 일이 둘로 나뉘었을 때 우리는 이즈길(思結) 보둔과 싸웠다. 퀼 테긴은 알프 샬츠의 백마를 타고 |
| 북:04 | 〔달리며 공격했〕다. 그 말은 거기서 쓰러졌다. 이즈길〔보둔〕이 죽었다. 토쿠즈 오구즈 보둔은 나 자신의 보둔이었다. 그들은 하늘과 땅이 어지러워졌기 때문에 우리의 적이 되었다. 우리는 한 해 동안 다섯 번 싸웠다. 우리는 제일 먼저 토구 발르크에서 싸웠다. |
| 북:05 | 퀼 테긴이 아즈만의 백마를 타고 달려가 공격했다. 그는 여섯 명을 찔렀다. 그는 싸움터에서 일곱 번째 군사를 칼로 쳤다. 두 번째로 우리는 코슬루그에서 에디즈와 싸웠다. 퀼 테긴은 아즈의 흑마를 타고 달려가 공격하며 한 명을 찔렀다. |
| 북:06 | 그는 아홉 명을 싸서 잡았다. 보둔은 그곳에서 죽었다. 세 번째로 우리는 볼추에서 오구즈와 싸웠다. 퀼 테긴은 아즈만의 백마를 타고 공격해서 찔렀다. 우리는 우추쉬 바쉬에서 싸웠다. 투르크 |
| 북:07 | 보둔의 발이 비틀거렸다. 그들은 나빠질 것이었다. 가르며 온 군대를 퀼 테긴이 몰아냈고, 우리는 통라 한 무리의 용사 열 명을 통아 테긴의 장례식에서 싸서 죽였다. 다섯 번째로 우리는 에즈겐티 카드즈에서 오구즈와 싸웠다. 퀼 테긴은 |
| 북:08 | 그의 흑마를 타고 공격했다. 그는 두 명을 찔렀다. 진창에 빠뜨렸다. 그 군대는 거기서 죽었다. 우리는 암가 요새에서 겨울을 나고 봄에 오구즈를 향해 나아갔다. 퀼 테긴이 본영을 지휘하고 우리는 공격을 하게 했다. 오구즈 적이 본영을 습격했다. 퀼 테긴은 |
| 북:09 | 그는 어미 없는 말을 타고 아홉 명을 찔렀다. 그는 본영을 내주지 않았다. 〔그가 실패했다면〕 나의 어머니 카툰을 비롯해 나의 어머니들, 나의 누이들, 나의 며느리들, 나의 공주들 이만큼의 살아 있는 사람들이 계집종이 되었을 것이다. 죽은 사람들 너희는 숙영지에서 길에 누워 남아 있었을 것이다. |
| 북:10 | 퀼 테긴이 없었다면 너희는 모두 죽었을 것이다. 내 동생 퀼 테긴이 죽었다. 나 자신이 슬퍼하노라! 보는 나의 눈이 보지 못한 것처럼, 아는 자의 지혜가 알지 못한 것 같아졌도다! 아! 텡그리가 명해 인간은 모두 죽게끔 만들어졌다 한다. |
| 북:11 | 나는 그렇게 생각했다. 눈에서 눈물이 나면 막고 마음에서 울부짖는 소리가 나면 되돌리며 나는 슬퍼했다. 나는 너무 슬퍼했다. 두 샤드를 비롯해 나의 남동생들, 나의 아들들, 나의 벡들, 나의 보둔이 눈과 귀가 아플 것이라고 나는 생각했다. 문상하기 위해 크탄, 타타브 보둔을 이끌고 |

| | |
|---|---|
| 북:12 | 우다르 셍귄이 왔다. 타브가치 카간에게서 이쉬에 리켕이 왔다. 그는 1만의 비단, 금과 은을 가득 가지고 왔다. 퇴퓌트 카간에게서 뷜뤼이 왔다. 서쪽으로 해가 지는 곳에서 소그드, 베르치케르, 부카라의 울루쉬(부락) 보둔에게서 네크 셍귄, 오굴 타르칸이 왔다. |
| 북:13 | 나의 온 오크 자손 뛰르기쉬 카간에게서 마카라치 탐가치, 오구즈 빌게 탐가치가 왔다. 크르크즈(키르기스) 카간에게서 타르두쉬 이난추 초르가 왔다. 바르크(묘) 제작장, 베디즈(조각) 제작장, 비티그(비문) 제작장, 타브가치 카간의 이종사촌 창 셍귄이 왔다. |
| 북동 | 퀼 테긴은 양의 해 일곱 번째 날에 죽었다. 우리는 아홉째 달 스물일곱 번째 날에 장례를 치렀다. 그의 묘, 그의 조각, 비문을 원숭이 해 일곱 번째 달 스물일곱 번째 날에 끝냈다. 〔그때〕 퀼 테긴은 마흔일곱 살이었다. 돌로 된 〔묘 제작장〕, 이만큼의 장식자를 투이군 엘테베르가 데려왔다. |
| 남동 | 이만큼의 비문을 쓴 사람 바로 욜루그 테긴 내가 썼다. 스무 날을 앉아서 이 비문에 이 벽에 모두 욜루그 테긴이 썼다. 당신은 소중한 당신의 자식보다 당신의 망아지 같은 아들들을 보다 더 잘 먹이고 계셨습니다. 당신은 날아가셨습니다. 하늘에서도 살아 계실 때처럼 〔계시기를 기원합니다.〕 |
| 남서 | 퀼 테긴의 금, 은, 재산을 4〔000마리의〕 말 떼를 지키는 투위구트 〔……〕 나의 백, 테긴이 위로 텡〔그리가 되자 ……〕 내가 비문을 썼다. 욜루그 테긴〔이 썼다.〕 |
| 서:01 | 서쪽에서 소그드가 봉기했다. 나의 동생 퀼 테긴이 죽었다. 일과 힘을 주었기 때문에 투르크 빌게 카간의 나라에 나의 동생 퀼 테긴을 보호하며 앉았다. |
| 서:02 | 나는 이넨추 아파 야르간 타르칸의 이름을 주었다. 〔나는 그를 찬양하게 했다.〕 |
| 귀부:01 | 보둔…… |
| 귀부:02 | 벡들, 보 …… |
| 귀부:03 | …… 퀼 테긴 …… |
| 귀부:04 | …… 억눌렀다. …… |
| 귀부:05 | …… 나 자신 …… |
| 귀부:05 | …… 죽이 …… |
| 귀부:06 | …… |

# 빌게 카간 비문

| 북:01 | 탱그리(하늘 또는 신)와 같고 탱그리에서 생긴 투르크 빌게 카간 나는 이때에 앉았다. 나의 말을 온전히 들어라! 먼저 나의 동생들, 나의 아들들, 하나로 된 나의 우구쉬(무리), [나의 보둔], 백성), 오른쪽으로 샤다프트 벡(관리)들, 왼쪽으로 타르칸(장군)들, 부의룩(대신), 벡들, 오투즈······ 앞(동)쪽으로는 해가] |
|---|---|
| 북:02 | 뜨는 곳에, 남쪽으로는 낮의 한가운데를 향해, 뒤(서)쪽으로는 해가 지는 곳에, 북쪽으로는 밤의 한가운데를 향해 그 안에 있는 보둔이 모두 나에게 들어왔다. [그만큼의 보둔을 내가 모두 묶었도다.] 그들은 지금 나[쁘지 않다.] 투르크 [카간이] 외튀켄 [산지에] 앉으며 [일(나라)에 아무런 걱정이] 없다. 나는 동쪽으로는 산퉁山東(타이항 산맥太行山脈 동쪽) [평원까지 나아갔다. 나는 바다에 못 미쳐 멈추었다.] 나는 남쪽으로 [토쿠즈] |
| 북:03 | 에르신까지 나아갔다. 나는 퇴퓌트(토번)에 조금 못 미쳐 멈추었다. 서쪽으로는 옌취 강珍珠河(시르다리야)을 지나 테미르 카프그까지 나아갔다. [나는] 북쪽으로 이르 바야르쿠 땅까지 나아갔다. [나는] 이[만큼의 땅까지] 나아가게 [했다.] [외]튀켄 [산지]보다 더 좋은 곳은 전[혀 없는] 것 같도다! 일(나라)을 [다스릴 곳은 외]튀[켄] 산지인 것 같도다! [나는 이]곳[에 앉]아 [타브가치 보둔]과 어울[렸다.] 타브가치 보둔은 금, 은, |
| 북:04 | 비단을 어려움 없이 그렇게 우리에게 준다. 타브가치 보둔의 말은 달콤하고 비단은 부드럽다고 한다. 달콤한 [말]과 부드러운 비단으로 속여 먼 [보둔]을 그렇게 가까이 오게 한다고 한다. [가까]이 자리 잡[은] 뒤에 나쁜 생각을 그때서야 [한다고 한다.] 좋고 [현]명한 사람을, 좋고 용감한 사람을 [나아가지 못하게 한다]고 한다. 한 사람이 잘못하[면] 그의 우구쉬(무리), 보둔, 비쉬크(친척)까지 죽이[지는 않는다] |
| 북:05 | 고 한다. 달콤한 말에 부드러운 비단에 속아 투르크 보둔아! 너희는 많이 죽었다. 투르크 보둔아! 너희는 분명히 죽을 것이다. "남쪽에 초가이 산맥, 퇴퀼튄 평원에 나는 [자리 잡겠]어"라고 [말한다면] 투르크 보둔아! 너희는 분명히 죽을 것이다. 그곳에서는 나쁜 [사]람들이 이렇게 일깨[운다]고 한다. "멀리 있으면 나쁜 비단을 준다. 가까이 있으면 좋은 비단을 준다"라고 일깨운다고 한다. |
| 북:06 | 무지한 사람들아! 너희는 그 말을 받고 가까이 가서 많은 사람이 죽었다. 그곳[에] 가면 투르크 보둔아! 너희는 죽을 것이다. 외튀켄 땅에 앉아서 아르크쉬(카라반)를 보낸다면 전혀 걱정이 없다. [너희는] 전혀 걱정이 [없다.] 외[튀켄 산]지에 앉는다면 너희는 영원히 [일(나라)을 지키며 앉아 있을 것]이다. 투르크 보둔아! 너희는 자신이 배부르다고 여긴다. 너희는 배고픔과 배부름을 생각하지 않는다. 일단 배부르면 너희는 배고픔을 생각하지 않는다. 네가 그렇기 때문에 너희는 배부르게 한 [너희의 카간] |
| 북:07 | 말을 듣지 않고 아무 곳이나 갔다. 너희는 모두 그곳에서 없어졌다. 사라졌다. 그곳에 남은 사람들이 모두 죽을 지경이 되어 걷고 있었다. 탱그리께서 명령하[셨기 때문에] 나[자신이] 행운이 있었기 때문에 나는 카[간으로 앉았다.] 카간으로 앉아 나는 없는 보둔을 모두 모았다. 나는 없는 보둔을 넉넉하게 했다. 적은 백성을 많게 했다. 그렇지 않으면 |

| 북:08 | 나의 말이 거짓이냐? 투르크 벡들과 보둔아! 이것을 들어라! 투르크 보둔이 되살아나 분명히 일을 잡았다는 것을 나는 여기에 새겼다. 잘못해 분명히 죽으리라는 것(도) 나는 여기(에 새겼다.) 나는 무슨 말이라도 (있으)면 영원한 돌에 새겼다. 너희는 그것을 보며 배워라. 충성스러운 투르크 보둔과 벡들아! 이 시기에 복종하는 (벡들) 너희가 잘못을 저지르겠느냐? (나의 아버지) |
|---|---|
| 북:09 | 카간과 나의 숙부 카간이 앉았을 때 네 곳에 있는 보둔을 여러 번 묶었다(고) 한다. 텡그리께서 명령하셨기 때문에 나 자신이 카간에 앉았을 때 나는 네 (곳에 있는 보둔)을 묶었다. 나는 (……) 했다. 나는 튀르기쉬 카간에게(로 보낸) 나의 딸을 매우 성대한 의식으로 받아주었다. 튀르(……) |
| 북:10 | 딸을 나는 매우 성대한 의식으로 나의 아들에게 받아주었다. 나는 (……) 매우 성대한 의식으로 받아주었다. 나는 (……) 이르게 했다. (나는) 네 (곳에 있는 보둔을) 받아들였다. 나는 (머리 있는) 자를 숙이게 했다. 무릎이 있는 자를 꿇게 했다. 위로는 텡그리가 아래로는 땅이 명령했기 때(문에) |
| 북:11 | 눈으로 보지 못한 귀로 듣지 못한 나의 보둔을 동쪽으로는 해가 뜨(는 곳에), 남쪽으로는 (낮의 한가운데 있는) 타브(가치)로, 서쪽으로는 (해가 지는 곳에, 북쪽으로는 밤의 한가운데까지 나는 자리 잡게 했다.) 그들의 (누런 금)을, 흰 은을, 그들의 가장자리를 꾸민 비단을, 그들의 향기 나는 비단을, 그들의 순혈의 말을, 종마를 그들의 검은 담(비를) |
| 북:12 | 그들의 푸른 다람쥐를 나의 투르크에게 나의 보둔에게 얻어서 주었다. 잡아주었다. 나는 (……)을 걱정 없게 했다. 위로 텡그리가 힘센 (……) 일만 (…… 벡들)을 보둔(을) |
| 북:13 | …… 또한 너희는 배부르게 하라! 괴롭히지 마라! 고통을 주지 마라! 투르크 벡들아! 나의 투르크 보둔아! 나는 (……) 이름을 주었다. (……) 돌을 (……) 얻어 (……) 이 (……) 너의 이 카간에게 너희의 벡들(에게서 너의 이 일에서 갈라지지 않는다면) 투르크 (보둔아!) |
| 북:14 | 나의 이익을 볼 것이다. 너희의 집에 들어갈 것이다. 걱정 없어질 것이다. (…… 그) 뒤에 (나는) 타브가치 카간에게서 제작장을 많이 (데려왔다. 나의) 말을 어기지 않았다. 직속 제작장들을 보냈다. 나는 그들에게 근사한 무덤을 만들게 했다. 나는 그것의 안팎에 멋진 장식을 (새기게 했다. 돌을 파게 했다. 마음에 있는) 나의 말을 (새기게 했다. ……) |
| 북:15 | 온 오크 자손에 외국인들에게까지 너희는 이것을 보고 알아라. 영원한 돌을 나는 파게 했다. (……) 곳이므로 (……) 나는 파게 했다. 쓰게 했다. (너희는) 이것(을 보고 그렇게 알아라!) 그의 돌로 된 무덤 (……) |
| 동:01 | 텡그리와 같고 텡그리에서 생긴 투르크 빌게 카간 나의 말: 나의 아버지 투르크 빌게 (카간 ……알)트 시르, 토쿠즈 오구즈, 에키 에디즈, 천막의 벡들, 보둔 (……투)르크 (텡그리……) |

**동:02** 위에 나는 카간으로 앉았다. 내가 앉았을 때 죽은 것처럼 생각하는 투르크 벡들, 보둔이 기뻐하고 아래로 향한 그들의 눈이 위를 향해 보았다. 이때 나 자신이 앉아 이만큼의 값진 법을 네 곳에 있는 보둔을 [……] 위로 푸른 하늘이 아래[로 누런 땅이 만들어졌을 때 둘 사이에 사람의 아들이 만들어졌다고 한다.]

**동:03** 사람의 아들 위에 나의 조상 부믄 카간과 이스테미 카간이 앉으셨다고 한다. 그분들께서 앉아 투르크 보둔의 일(나라)과 퇴뤼(祖法)를 잡아주셨다고 한다. 가지런하게 하셨다고 한다. 네 곳이 모두 적이었다고 한다. 그분들께서 군대를 몰아 네 곳에 있는 보둔을 [모두 얻으셨다고 한다. 모두 들어오게 만드셨다고 한다.] 그분들께서 머리가 있는 자들을 숙이게 만드셨다고 한다. 그분들께서 무릎 있는 [자들을 꿇게 만드셨다고 한다. 그분들께서 동쪽으로는 카드르칸 이쉬까지, 서쪽으로는]

**동:04** 테미르 카프그까지 [보둔을] 자리 잡게 하셨다고 한다. 그분들께서 이 둘 사이에서 전혀 묶이지 않았던 쾩 투르크를 그렇게 [하나로] 있게 만드셨다고 한다. 그분들께서는 현명하신 카간이셨으며, 용감하신 카간이셨다고 한다. 그분들의 부의룩(대신大臣)도 현명했다고 한다, 분명히! 용감했다고 한다, 분명히! 그분들의 벡과 보둔[도 어울렸다고 한다. 그] 때문에 그분들께서는 나라를 그렇게 잡으실 수 있었다고 한다, 분명히! 그분들께서는 일을 잡으시고 퇴뤼[를 엮으셨다고 한다. 자신은 그렇게 하시고 돌아가셨다고 한다.]

**동:05** 문상객으로 앞으로는 해가 뜨는 곳에 있는 뵈클리(고구려), 철릭 엘, 타브가치(중국), 퇴퓌트(토번), 파르(페르시아), 푸룸(비잔티움), 크르크즈(키르기스), 위취 쿠르칸(삼성 골리간), 오투즈 타타르(삼십성 달단), 크탄(거란), 타타브(해), 이만큼의 보둔이 와서 울었다고 한다. 조문했다고 한다. [그분께서는] 그렇게 할 만큼이나 유명하신 카간이셨다고 한다. 그 뒤에 그분의 남동생들이 카간이 [되었다고 한다, 분명]히. [그분의] 아들들이 카간이 되었다고 한다, 분명히. 그 [뒤에 그분의 남동생들은 형들처럼]

**동:06** 만들어지지 못했다고 한다, 분명히. 그분들의 아들들은 아버지들처럼 만들어지지 못했다고 한다, 분명히. 어리석은 카간들이 자리에 [올랐다]고 한다, 분명히. 나쁜 카간들이 자리에 올랐다고 한다, 분명히. 그들의 부의룩들도 어리석었다고 한다, 분명히. 나빴다고 한다, 분명히. 그들의 벡들과 보둔이 어울리지 못했기 때문에 타브가치 보둔들이 잘 속이기 [때문에 사기꾼이기] 때문에, 남동생들과 [형들을 서로 부추겼기 때문에 벡과 보둔들을]

**동:07** 서로 다치게 했기 때문에 투르크 보둔은 자기들이 세운 일을 잃어버렸다고 한다. 자기들이 앉힌 카간을 잃어버렸다고 한다. 타브가치 보둔에게 벡이 될 만한 그들의 아들이 사내종이 되었다. 에시(귀부인)가 될 만한 그들의 딸이 계집종이 되었다. 투르크 벡들은 투르크 이름을 버렸다. 타브가치 사람들에게 봉사하는 벡들은 타브[가치 이름을 받아들여 타브가치 카간(황제)에 예속되었다고 한다. 그들은 50년 동안]

**동:08** 봉사했다고 한다. 그들은 동쪽으로 해 뜨는 곳에서 뵈클리 [카]간까지 나아갔다고 한다. 서쪽으로는 테미르 카프그까지 나아갔다고 한다. 타브가치 카간을 위해 정복했다고 한다. 투르크 카라 보둔(일반 백성)이 이렇게 말했다고 한다. "[나는] 일이 있는 보둔[이었다. 나의 일은 지금 어디에 있는가?" "나는 누구를 위해 일을 정복하는가?"라고 말했다고 한다.]

동:09 "나는 카간(임금)이 있는 보둔이었다. 나의 카간은 어디에 있는가? 나는 어느 카간에게 봉사하는가?"라고 말했다고 한다. 그들은 그렇게 말하고 타브가치 카간에게 적이 되었다 한다. 그들은 적이 되었으나 스스로를 묶지 못했다고 한다. 다시 안으로 들어갔다고 한다. 이렇게 일을 한 것을 생각하지 않고 "나는 투르크 보둔을 죽여(버릴 거야, 없)앨 거야!"라고 (말했다고 한다. 사라져갔다고 하는데, 위로)

동:10 투르크의 탱그리와 투르크의 신성한 예르(땅), 숨(물의 정령)이 이렇게 말했다고 한다. 그들은 "투르크 보둔이 없어지지 않게 하라!"라고 말하고, "보둔이 되게 하라!"고 말하면서, 나의 아버지 일테리쉬 카간을, 나의 어머니 일빌게 카툰을 탱그리(하늘)의 가장자리에서 잡아 위로 들어 올렸다고 한다. 분명히. 나의 아버지 카간이 17명과 함께 밖으로 (나아갔다고 한다, 분명히. "밖으)로 나아간다"(라는 것을 듣고, 도시에 사는 사람들이) 산으로 (올라갔다. 산에 있는 사람이)

동:11 내려갔다. 모여 70명이 되었다고 한다. 탱그리가 힘을 주어 내 아버지의 군대는 이리 같았다고 한다. 그들의 적은 양 같았다고 한다. 그들은 동쪽으로 서쪽으로 나아가 모았다고 한다. 700명이 되었다고 한다. 700명이 되어 (일이 없는, 카간이 없는 보둔을, 계집종이 된, 사내종이 된 보둔을, 투르크의 퇴뤼를 잃어버렸던)

동:12 보둔을, 나의 조상의 퇴뤼에 따라 묶었다고 한다. 퇼리스와 타르두쉬 보둔을 그때 주었다고 한다. 야브구와 샤드를 그때 주었다고 한다. 남쪽으로 타브가치 백성이 적이었다고 한다. 북쪽으로 바즈 카간의 토쿠즈 오구즈 보둔이 적이었다고 한다. 크(르크즈, 쿠르칸, 오투즈 타타르, 크탄, 타타브가 모두 적이었다고 한다.) 나의 (아버지) 카(간은 이렇게 ……) 보둔을 (……) 마흔

동:13 일곱 번 나아갔다고 한다. 스무 번 싸웠다고 한다. 탱그리가 명령을 하셨기 때문에 일이 있는 자를 일(나라)이 없게 만들었다고 한다. 카간이 있는 자들을 카간이 없게 만들었다고 한다. 적을 들어오게 했다고 한다. 무릎이 있는 자를 꿇게 만들었다고 한다. 머리가 있는 자를 숙이게 했다고 한다. 나의 아버지 (카간은 퇴뤼를 얻고 돌아가셨다고 한다. 나의 아버지 카간에게) 먼저 바즈 카간의 발발을 만들었다고 한다.

동:14 카간이 돌아가셨을 때 나 자신은 여덟 살이었다. 그 퇴뤼에 따라 위로 나의 숙부가 카간에 앉았다. 앉아 투르크 보둔을 다시 묶었다. 다시 배부르게 했다. 그는 없는 자를 넉넉하게 했다. 적은 자를 많게 했다. 나의 숙부 카간이 앉았을 때 나 자신은 테긴(에 있었다. ……) 탱그리께서 명령을 하셨기 때문에

동:15 열네 살에 타르두쉬 보둔 위에 샤드로 앉았다. 나의 숙부 카간과 함께 우리는 동쪽으로 야실 강(황허)과 산퉁 평원까지 나아갔다. 서쪽으로 테미르 카프그까지 출정했다. 쾨그멘(사얀 산맥)을 넘어 크르크즈까지 나(아갔다. 우리는 스물다섯 번 나아갔다. 열세 번 싸웠다. 우리는 일이 있는 자를 일이 없게 했다. 카간이 있는 자를 카간이 없게 했다. 무릎이 있는 자를)

| | |
|---|---|
| 동:16 | 꿇게 만들었다. 머리가 있는 자를 숙이게 만들었다. 튀르기쉬 카간은 우리 투르크이며 우리 보둔이었다. 그가 알지 못했기 때문에 그가 우리에게 잘못했기 때문에 그들의 카간을 죽였다. 부의룩과 벡들도 죽였다. 온 오크 보둔은 어려움을 당했다. (우리 조상이 우리의 선조가 잡았던) 땅과 물이 (주인) 없이 되지 말라(고 말하며 아즈 보둔을 묶으며 …… 바르스는 벡) |
| 동:17 | 이었다. 카간의 이름을 여기서 우리가 주었다. 우리는 나의 여동생 공주를 주었다. 자신이 잘못해 그의 카간이 죽었다. 그의 보둔은 계집종, 사내종이 되었다. 쾨그멘 땅과 물이 주인 없이 남지 말라고 아즈, 크르크즈 보둔을 묶어 왔다. 싸(웠다. …… 우리는 다시 주었다. 우리는 동쪽으로) 카드르칸 산을 넘어 보둔을 그렇게 자리 잡게 했(다. 그렇게 묶었다.) 우리는 서쪽으로 |
| 동:18 | 켕위 타르만까지 투르크 보둔을 그렇게 자리 잡게 했(다.) 그렇게 묶었다. 그때 사내종도 사내종이 있었다. 계집종도 계집종이 있었다. 젊은 동생들은 그들의 형을 알아보지 못했고, 아들도 그의 아버지를 알아보지 못했다. 그렇게 얻은 그렇게 묶어 우리의 일과 퇴뤼가 있었다. 투르크 오구즈 벡들과 보둔들아 들어라! 위에서 하늘이 무너지지 않(는다면, 아래에서) 땅이 꺼지지 않는다면, |
| 동:19 | 투르크 보둔아! 너의 일과 너의 퇴뤼를 누가 무너뜨릴 수 있(겠느냐!) 투르크 보둔아! (나쁜 마음을) 버려라! 부끄러워해라! 너희가 따르지 않아 배부르게 한 너희의 현명한 카간과 독립되고 (넉넉한) 너희의 일에 너희는 잘못을 했도! 어울리지 못했도! 무기를 가진 자들이 어디에서 와서 너희를 없앴느냐? 창이 있는 자가 어디에서 몰아내고 끌고 갔느냐? 신성한 외튀켄 땅에 사는 (보둔)들아 너는 너희의 땅을 버리고 가버렸다. 동쪽으로 (갈 사람은) 갔다. 서쪽으로 |
| 동:20 | 갈 사람은 갔다. 간 곳에서 너희가 얻은 것은 이것이었다. 분명히. 너의 피가 강처럼 흘렀다. 너의 뼈가 산처럼 쌓였다. 벡이 될 만한 너의 아들은 사내종이 되었다. 에시(귀부인)가 될 만한 (너의 딸은) 계집종이 되었다. 무지한 너희의 나쁜 행동으로 나의 숙부이신 카간이 돌아가셨다. (나는) 먼저 크르크즈 카간을 (발발로 만들었다.) 투르크 보둔과 이름을 없어지게 하지 말라고 나의 아버지 카간을, |
| 동:21 | 나의 어머니 카툰을 높이 들어 올렸던 텡그리께서 일을 주셨던 텡그리께서 투르크 보둔과 이름이 없어지게 하지 말라고 나 자신을 그 텡그리께서 카간에 앉혔다. 분명히. 나는 (결코) 넉넉한 보둔 위에 앉지 않았다. (나는) 배고프고 헐벗고 없는 보둔 (위에 앉았다.) 우리는 테긴, 두 샤드, 나의 동생 퀼 테긴과 합의했다. 우리의 아버지께서 |
| 동:22 | 우리의 숙부께서 얻은 보둔과 이름이 없어지지 (않게 하라)고 나는 투르크 보둔을 위해 밤에 자지 않았다. 낮에 앉지 않았다. 나는 나의 동생 퀼 테(긴과 두 샤드)와 죽어라 하고 얻어냈다. 나는 그렇게 얻어 뭉쳐진 보둔을 불과 물로 만들지 않았다. 내가 (카간에 앉았을 때) 여러 곳으로 갔던 보둔이 (걸어서 맨발로) 죽을 지경이 되어 (돌아) |
| 동:23 | 왔다. 나는 "보둔을 배부르게 하겠어" 하고 북쪽으로 (오)구즈 보둔을 향해, 동쪽으로 크탄과 타타브 보둔을 향해, 타브가치를 향해 열두 번 크게 군대를 (보냈다.) 나는 싸웠다. 뒤에 텡그리가 명령을 해서 행운이 있어서 나는 죽을 보둔(백성)을 (되살리고) 배부르게 했다. 나는 헐벗은 보둔을 옷 입게 했다. 없는 백성을 넉넉하게 했다. |

**동:24** 나는 적은 보둔을 많게 했다. 센 일에 있는 사람보다 센 카간이 있는 사람보다 더 좋게 했다. 네 곳에 있는 보둔을 나는 모두 꿇게 만들었다. 무적으로 만들었다. 모두 나에게로 들어왔다. 일을 했다. 나는 열일곱 살에 탕구트(당항黨項)로 나아갔다. 나는 탕구트 보둔을 격파했다. 나는 그들의 아들들, 여자들, 재물을 그때 빼앗았다. 나는 열여덟 살에 알트 춥(소그다)

**동:25** 까지 나아갔다. 보둔을 거기서 깨버렸다. 타브가치 온 투툭이 5만 명의 군대로 왔다. 으 둑 바쉬에서 우리는 싸웠다. 그 군대를 나는 그곳에서 없게 만들었다. 나는 스무 살에 바스밀의 으둑 쿠트는 나의 우구쉬(무리) 보둔이었다. "그가 아르크쉬(카라반)를 보내지 않는다"라고 나는 나아갔다. (……) 나는 들어왔다. 공물을 (……) 되돌려 가져왔다. 나는 스물두 살에 타브가치로

**동:26** 향해 나아갔다. 이끌고 나아갔다. 나는 차차 셍귄의 8만 명과 싸웠다. 그의 군대를 그곳에서 죽였다. 나는 스물여섯 살에 치크 보둔을 향해 나아갔다. 나는 외르퓐에서 싸웠다. 나는 그의 군대를 찔렀다. 아즈 (보둔을 빼앗았다. …… 들어오게) 했다. 나는 (스물)일곱 (살)에 크르크즈로 향해 나아갔다. 창이 빠지는 깊이의

**동:27** 눈을 헤치고 쾨그멘 산을 넘어 나아(가서) 나는 크르크즈 보둔을 잘 때 습격했다. 나는 그의 카간과 송아 산에서 싸웠다. (나는) 그의 카간을 죽였다. 그의 일을 거기서 빼앗았다. 나는 그해에 튀르기쉬를 향해 알타이 산을 넘어 이르티시 강을 건너 나아(갔다.) 나는 (튀르기쉬 보둔을) 잘 때 습격했다. 튀르기쉬 카간의 군대가 불처럼 회오리바람처럼 왔다.

**동:28** 볼추에서 우리가 싸웠다. 나는 그의 카간을, 그의 야브구를, 그의 샤드를 그곳에서 죽였다. 나는 그의 일을 그곳에서 빼앗았다. 나는 서른 살에 베쉬 발릭(가한부도성可汗浮圖城, 북정北庭)을 향해 나아갔다. 나는 여섯 번 싸웠다. 나는 (……) 그의 군대를 모두 죽였다. 그 안에 있는 사람들은 (……) 없어(질 것)이(었다. ……) 부르기 위해 왔다. 베쉬 발릭은 그래서 벗어났다. 나는 서른한

**동:29** 살에 카를룩 보둔이 따라 움직이는 적이 되었다. 나는 타막 으둑 바쉬에서 싸웠다. 나는 카를룩 보둔을 죽였다. 그곳에서 빼앗았다. 바스밀 카를룩 보둔이 모여서 왔다. 나는 찔렀다. 죽였다. 토쿠즈 오구즈는 나의 보둔이었다. 텡그리와 예르가 어지러워 그들의 쓸개에

**동:30** 질투가 닿았기 때문에 그들은 적이 되었다. 나는 한 해 동안 네 번 싸웠다. 나는 제일 먼저 토쿠 발르크에서 싸웠다. 토글라 강을 헤엄치게 하며 건너 그들의 군대 (……) 두 번째로 안타르구에서 싸웠다. 그들의 군대를 찔렀다. 나는 세 번째로 (추시 상류에서 싸)웠다. 투르크 보둔의 발이 비틀거렸다. 그들은 나쁘게

**동:31** 될 것이었다. 가르며 흩뜨리며 오는 군대를 내가 몰아냈다. 많은 죽을 사람이 거기서 살아났다. 나는 거기서 통라(동라同羅) 용사들 한 무리를 통아 테긴의 장례식에서 에워싸서 쳤다. 나는 네 번째로 에즈겐티 카드즈에서 싸웠다. 나는 그들의 군대를 거기서 찔렀다. 참패시켰다. 나는 (…… 서른두 살)에 암그 요새에서 겨울을 날 때 기근이 들었다. 봄에

**동:32** 나는 오구즈로 나아갔다. 첫 번째 부대는 싸우러 나섰었다. 두 번째 부대는 야영지에 있었다. 세 무리 오구즈의 군대가 공격해왔다. 그들은 "걸어 다니는 부대가 무너졌다"고 하며 뺏기 위해 왔다. 그들의 군대 절반은 우리 집을 뺏으러 갔다. 군대의 절반은 싸우러 왔다. 우리는 적었다. 나빴다. 오구즈 (……) 적(…… 텡그리께서) 힘을 주셨기 때문에 나는 거기서 찔렀다.

**동:33** 흩뜨렸다. 텡그리(하늘)가 명하셨기 때문에 내가 얻었기 때문에 투르크 보둔이 (그렇게) 얻은 (것이었다), 분명히. 내가 남동생과 함께 이만큼 지휘하며 얻지 않았다면 투르크 보둔은 죽었을 것이다. 없어졌을 것이다. (투르크) 벡들과 (보둔아 그렇)게 생각해라. 그렇게 알아라. 오구즈 보(둔 ……) "나는 보내지 않겠어"라고 나아갔다.

**동:34** 나는 그들의 집을 부수었다. 오구즈 보둔이 토쿠즈 타타르와 함께 모여 왔다. 나는 아구에서 두 번 큰 싸움을 치렀다. 나는 그들의 군대를 참패시켰다. 그들의 일(나라)를 거기서 뺏었다. 그렇게 얻고 (…… 텡그리께서) 명령했기 때문에 나는 서른세 (살에……) 없었다. 외드식 위텔렉 사람이

**동:35** 배부르게 한 용감한 그의 카간을 배신했다. 위에서 텡그리, 신성한 예르, 숩, (나의 숙부 카)간의 영혼이 인정하지 않았다. 토쿠즈 오구즈 보둔이 그의 땅과 물을 버리고 타브가치로 향해 갔다. 타브가치 (……) 이곳에 왔다. "배부르게 하겠다" 하고 생각(했다……) 보둔을 (……)

**동:36** 죄(를 지어 ……남)쪽으로 타브가치에서 그의 이름이 없어졌다. 그들은 여기서는 나에게 종이 되었다. 나 자신이 카간으로 앉았기 때문에 나는 투르크 보둔을 (……) 만들지 않았다. 나는 (일을 퇴뤼를) 얻었다. 신(성한……) 모여서 (……)

**동:37** (……) 나는 (그곳에서 싸)웠다. 그들의 군대를 찔렀다. 따르는 자들은 따랐다. 보둔이 되었다. 죽는 자들은 죽었다. 셀렝게 강 아래로 걸어서 나는 카라간 고개에서 그들의 집을 그곳에서 깼다. 그들은 (……) 산에 올랐다. 위구르 엘테베르가 100명 병사와 함께 동쪽으로 달(아났다……)

**동:38** (……) 투르크 보둔은 배고팠다. 나는 그 말 떼를 잡아 배부르게 했다. 내가 서른세 살에 오구즈가 달아나 타브가치에 들어갔다. 나는 슬퍼하며 나아갔다. 나는 미워하며 (……) 그들의 아이들과 부녀자를 그곳에서 빼앗았다. 두 명의 엘테베르가 있는 보(둔 ……)

**동:39** (……) 타타브 보둔이 타브가치 카간에게 들어갔다. "그의 사신, 그들의 좋은 소식과 요청이 오지 않는다"라면서 나는 여름에 나아갔다. 나는 보둔을 그곳에서 깼다. (나는 그들의) 말 떼(를 재산을 그곳에서 빼앗았다. ……) 그들의 군대가 모여 왔다. 카드르칸 산에 자리 (잡……)

**동:40** 그들은 (……) 그들의 (자)리에 그들의 고향으로 향해 자리 잡았다. 나는 "남쪽으로 카를룩 보둔에게 나아가라!"라고 토둔 얌타르를 보냈다. 그는 갔다. (…… 카를룩의) 엘테베르가 없어졌다고 한다. 그의 남동생은 한 요(새로 달아나 갔다고 한다. ……)

634

| | |
|---|---|
| 동:41 | 〔……〕 그들의 아르크쉬(대상)가 오지 않았다. 나는 "그를 으르겠어" 하며 나아갔다. 수비가 두세 명 함께 달아나 갔다. 카라 보둔은 "나의 카간이 왔다"고 하고 기〔뻐했다. …… 이름이 없는 …… 〕에게 나는 이름을 주었다. 나는 낮은 이름을 가진 자〔를 올려주었다. ……〕 |
| 남동 | 〔…… 쾩〕 강을 건너며 군사와 함께 나아가서 밤낮으로 이레 만에 나는 물 없는 (땅을) 지났다. 황무지에 이르러 전위 〔군사〕를 〔……〕 케첸에 이르러서〔……〕 |
| 남:01 | 〔……타브〕가치 말을 탄 병사 1만 7000명을 나는 첫날 죽였다. 나는 그들의 걷는 병사를 둘째 날 모두 죽였다. 〔……〕 그들이 갔〔다. ……〕 |
| 남:02 | 〔……〕 번 나아갔다. 나는 서른여덟 살 겨울에 크탄으로 나아갔다. |
| 남:03 | 나는 〔……〕 죽었다. 그의 아들, 부녀자, 말 떼를, 재산을 〔빼앗았다. ……〕 |
| 남:04 | 백〔성……〕 그의 부녀자를 나는 없앴다. 〔……〕 |
| 남:05 | 나아가〔서 ……〕 |
| 남:06 | 〔나는〕 싸〔웠다 ……〕 |
| 남:07 | 나는 주었다. 나는 그의 용감한 병사들을 죽여 발발로 만들어버렸다. 내가 쉰 살에 타타브 보둔이 크탄에서 떨어〔졌다. ……〕 |
| 남:08 | 우쿡 셍귄이 이끄는 4만 명 병사가 왔다. 나는 튕케르 산에서 쳐 3만 명 병사를 〔죽였다. ……〕 |
| 남:09 | 그가 죽었다. 나의 큰아들이 병들어 죽자 우쿡 셍귄을 발발로 세워주었다. 〔십〕구 년간 카간에 앉았다. 나는 일을 잡았다. 〔나는〕 서른한 〔살에 ……〕 |
| 남:10 | 나의 투르크에게 나의 보둔에게 더 잘 그렇게 얻어버렸다. 이렇게 얻고 나의 아버지 카간이 개의 해(734) 열 번째 달 스물여섯 번째 날에 돌아가셨다. 돼지의 해(734) 다섯 번째 달 스물일곱 번째 날에 장례식을 치르게 했다. 부쿡 투툭 〔……〕 |
| 남:11 | 그의 아버지 리쉰(이전李佺) 타이 셍귄(대장군)이 이끄는 500명이 왔다. 그들은 향료 〔……〕 금, 은을 잔뜩 갖고 왔다. 그들은 장례용 향을 가져와 세워주었다. 백단향을 가져와 〔……〕 |
| 남:12 | 이만큼의 보둔이 그의 머리털을, 귀를 살랐다. 그의 좋은 순혈마를 그의 검은 담비를 그의 푸른 다람쥐를 수없이 가져와 모두 두었다. 〔……〕 |
| 남:13 | 텡그리와 같고 텡그리에서 생긴 투르크 빌게 카간 나의 말: 나의 아버지 투르크 빌게 카간이 왕좌에 앉으셨을 때 투르크 벡들, 서쪽으로 타르두쉬 벡들, 쾰 초르를 비롯한 샤다프트 벡들, 동쪽으로 퇼리스 벡들, 아파 타르칸을 |

| 남:14 | 비롯한 모든 샤타〔프트〕 벡들, 〔……〕 아트만 타르칸, 톤유쿠크 보일라 바가 타르칸, 부의룩 …… 이취 부의룩인 세비 퀼 이르킨을 비롯한 모든 부의룩, 이렇게 충성스런 벡들이 나의 아버지 카간에게 무척 |
| --- | --- |
| 남:15 | 지속적으로 칭송했다. 〔……〕 투르크 벡들을 보둔을 무척 계속 칭송했다. 나의 아버지 카간을 위해 무거운 돌을 굵은 나무를 투르크 벡들과 보둔이 만들어서 가져왔다. 나 자신에게 이만큼 〔……〕 |
| 남서 | 〔빌게〕 카간의 〔비문을〕 나 욜루그 테긴이 썼다. 이만큼의 건물을 조각을 〔……〕 카간의 조카 욜루그 테긴 내가 한 달 나흘 〔앉〕아서 새기게 했다. |
| 서:01 | …… 위에서…… |
| 서:02 | 빌게 카간이 …… |
| 서:03 | 여름이 되면 …… |
| 서:04 | 북이 울리듯이 …… |
| 서:05 | 산에서 사슴이 울면…… |
| 서:06 | 내가 슬퍼하는 나의 아버지 카간…… |
| 서:07 | 비문을 나 자신 카간…… |

# 톤유쿠크 비문

| 01<br>I 서: 01 | 빌게 톤유쿠크 나 자신은 타브가치 나라(당조)에서 태어났다. 투르크 보둔(백성)은 타브 가치에 들어가 있었다. |
|---|---|
| 02<br>I 서: 02 | 투르크 보둔은 자신의 칸(임금)을 찾지 못하자 타브가치에서 갈라져 나왔다. 칸이 있었다. 자기 칸을 버리고 타브가치에 다시 들어갔다. 텡그리(하늘, 신)가 이렇게 말씀하셨다고 한다, 분명히. "내가 너에게 칸을 주었다. |
| 03<br>I 서: 03 | 너는 너의 칸을 버리고 들어갔다." 들어갔기 때문에 텡그리께서 "죽어!"라고 말씀하셨다고 한다. 투르크 보둔은 죽었다. 스러졌다. 없어졌다. 투르크 시르 보둔의 땅에는 |
| 04<br>I 서: 04 | 보두(부족)가 남지 않았다. 숲과 돌투성이 땅에 흩어져 살아남은 사람이 모여서 700명이 되었다. 그중에 두 부분은 말을 탔고, 한 부분은 걸었다. 700명의 사람을 |
| 05<br>I 서: 05 | 이끄는 우두머리가 샤드였다. 그가 "모여라!"라고 말했다. 가까이 간 사람이 나, 빌게 톤유쿠크였다. "카간을 세우리라!"라고 내가 말했다. 나는 생각했다. '마른 소와 살찐 소가 멀리서 |
| 06<br>I 서: 06 | 서로 발길질을 한다면 어느 것이 살찐 소인지 마른 소인지 알아볼 수 없다'고 나는 그렇게 생각했다. 하지만 그 후에 텡그리가 지혜를 주었기 때문에 나 자신이 바로 카간을 만들었다. 빌게 톤유쿠크가 보일라 바가 타르칸과 |
| 07<br>I 서: 07 | 함께 "일테리쉬(나라를 모은) 카간이 되리라!"라고 말했다. 남으로 타브가치를, 동으로 크탄을, 북으로 오구즈를 많이 죽였다. 그의 지혜 있는 친구, 이름난 친구가 바로 나였다. 우리는 초가이 쿠지(총재산總材山)와 카라쿰(흑사성黑沙城)을 차지해 살았다. |
| 08<br>I 남: 01 | 우리는 사슴과 토끼를 먹고 지내고 있었다. 보둔은 배가 불렀다. 우리 적은 둘러싼 화덕과 같았다. 우리는 음식 같았다. 그렇게 지내고 있을 때 오구즈에서 도망자가 왔다. |
| 09<br>I 남: 02 | 도망자 말은 이러했다. "토쿠즈 오구즈 보둔 위에 카간이 앉았다. (그가) 타브가치로는 쿠니 셍귄(장군)을 보냈다고 한다. 크탄(거란)으로는 통라 셈을 보냈다 한다. 말을 이렇게 보냈다고 한다. "'얼마 되지 않는 투르크 (보둔이) |
| 10<br>I 남: 03 | 세지고 있다고 한다. 그들의 카간은 용감하다고 한다. 그들의 참모는 현명하다고 한다. 그 두 사람이 있는 한 당신들을, 타브가치를 죽일 것이다'라고 나는 말한다. '크탄을 죽일 것이다'라고 나는 말한다. '우리 오구즈를 |
| 11<br>I 남: 04 | 틀림없이 죽일 것이다'라고 나는 말한다. '타브가치는 남쪽으로부터 공격하라! 크탄은 동쪽으로부터 공격하라, 나는 북쪽으로부터 공격하겠소. 투르크 시르 보둔이 자기 땅에서 절대로 강해지게 해서는 안 되오. 가능하면 완전히 없앱시다'라고 |
| 12<br>I 남: 05 | 나는 말한다." 나는 그 말을 듣고 밤에 잠을 잘 생각이 나지 않았다. 낮에 앉을 생각이 나지 않았다. 그 뒤에 나는 나의 카간에게 간청을 했다. 나는 이렇게 간청을 했다. "타브가치, 오구즈(철록), 크탄(거란) 이 셋이 뭉치면 |

| 13<br>Ⅰ남: 06 | 남아 있을 수 있겠는가 우리가! 우리는 자기 내부(의 군대)로 외부(의 땅)을 친 것과 같습니다. 얄팍한 것은 뚫기 쉽다고 합니다. 가느다란 것은 꺾기 쉽습니다. 얇은 것이 두꺼워지면 뚫기 어렵다고 합니다. 가느다란 것이 |
| --- | --- |
| 14<br>Ⅰ남: 07 | 굵어지면 꺾기 어렵다고 합니다. 동쪽으로는 크탄에서, 남쪽으로는 타브가치에서, 서쪽으로는 쿠르딘에서, 북쪽으로는 오구즈에서 2000 또는 3000명의 우리 군사, 우리에게 올 사람이 있습니까?" 나는 그렇게 간청을 했다. |
| 15<br>Ⅰ남: 08 | 나의 카간은 나 빌게 톤유쿠크가 한 청을 들어주셨다. 그는 "당신 마음대로 보내시오!"라고 말했다. 쾩 강을 지나 외튀켄 산지로 보냈다. 이니게크 호수와 토글라 강에서 오구즈가 왔다. |
| 16<br>Ⅰ남: 09 | 그들의 군대는 6000명이 있었다고 했다. 우리는 2000명이 있었다. 우리는 싸웠다. 텡그리께서 명하셨다. 우리는 패배시켰다. 강에 떨어졌다. 패배한 이들은 길에서도 죽었다. 그 후에 오구즈가 모두 왔다. |
| 17<br>Ⅰ남: 10 | 투르크 카간을, 투르크 보둔을 외튀켄 땅으로 나 자신 빌게 톤유쿠크가 데려왔다. 외튀켄 땅에 자리 잡았다고 한다는 소식을 듣고 남쪽에 있던 보둔, 서쪽에 있는, 북쪽에 있는, 동쪽에 있는 보둔이 왔다. |
| 18<br>Ⅰ동: 01 | 우리는 2000명이 되었다. 군대가 (둘)이었다. 투르크 보둔이 (만들어진 이래) 투르크 카간이 앉은 이래 산퉁(타이항 산맥 동쪽)의 도시들에, 바다에 이른 적이 없었다고 한다. 나는 나의 카간에게 요청해 군대를 보냈다. |
| 19<br>Ⅰ동: 02 | 나는 산퉁 (도시들에), 바다에 이르게 했다. 23개의 도시를 잡았다. 그는 잠을 이루지 못한 채 영지에 누워 있었다. 타브가치 카간(중종)이 우리의 적이었다. 온 오크(십성)의 카간이 우리의 적이었다. |
| 20<br>Ⅰ동: 03 | 수가 많(은 크르크즈(키르기스)의) 강력한 카간이 우리의 적이 되었다. 그 세 카간이 서로 의논해 "알툰 산(알타이 산맥) 위에서 만납시다"라고 말했다고 한다. 그들은 이렇게 의논했다고 한다. "동으로 투르크 카간에게로 군대를 보냅니다!" 그를 향해 군대를 보내지 않는다면 언제든지 그는 우리를 |
| 21<br>Ⅰ동: 04 | 그의 카간은 용감하다고 한다. 그의 참모參謀는 현명하다고 한다. 언제라도 틀림없이 죽일 것이다. "셋이서 합쳐 군대를 보냅시다. 완전히 없앱시다"라고 그들이 말했다고 한다. 튀르기쉬 카간이 이렇게 말했다고 한다. "나의 보둔이 거기에 있을 것입니다"라고 그가 말했다 한다. |
| 22<br>Ⅰ동: 05 | "투르크 보둔도 어지러이 있다"라고 말했다고 한다. "그들의 오구즈(철륵)도 불안하다"라고 그가 말했다고 한다. 그 말을 듣고 나는 밤에도 잠을 잘 생각이 나지 않았다. 낮에도 앉을 생각이 나지 않았다. 그때 나는 생각했다. 아! |
| 23<br>Ⅰ동: 06 | "맨 먼저 크르크즈에 군대(를 보내면 더 좋을 것 같다)라고 말했다. "쾨그멘(사얀 산맥) 길은 하나라고 한다. 막혔다고 한다"는 말을 듣고 "우리가 이 길로 나간다면 좋지 않을 것이다"라고 나는 말했다. 나는 안내를 원했다. 나는 초원의 아즈 사람을 찾았다. |

| 24<br>I 동: 06 | ······ 나는 들었다. 아즈 땅(으로 가는 길) 아느 강(을 따라) 있다고 한다. 말 한 마리가 지날 정도라고 한다. 그 길로 갔다고 한다. 그에게 물어보고 "말을 탄 사람이 갔다" 하고 는 "그 길로 나아가면 가능하다"라고 나는 말했다. 나는 생각했다. 나의 카간에게 |
|---|---|
| 25<br>I 북: 01 | 나는 말씀드렸다. 나는 군대를 나아가게 했다. 나는 "군대에 태워라!"라고 (말했다.) 나는 아크 테르멜을 지나면서 시간을 벌었다. 나는 말 위에 태워 눈을 헤쳤다. 나는 위로 말을 밧줄로 끌며 걸었고 나무에 매달리며 오르게 했다. 앞선 군사들을 |
| 26<br>I 북: 02 | 눈에 뒤덮여 나가게 하고 숲으로 덮인 꼭대기를 우리는 넘었다. 우리는 구르며 내려갔다. 우리는 열흘 만에 장애를 넘어갔다. 안내가 길을 잘못 들어 목이 잘렸다. 지루해진 카간이 "말을 전속력으로 몰아라!"라고 말했다 한다. |
| 27<br>I 북: 03 | ······ 아느 강에 이르렀다. 우리는 그 강을 따라갔다. 우리는 기어오르기 위해 군사들을 말에서 내리게 했다. 우리는 말을 나무에 매고는 했다. 우리는 말을 전속력으로 몰며 갔다. 우리는 크르크즈를 자고 (있을 때) 공격했다. |
| 28<br>I 북: 04 | ······ 우리는 (그들을) 창으로 열었다. 그들의 칸 그들의 군대가 모였다고 한다. 우리는 싸웠다. 찔렀다. 우리는 그들의 칸을 죽였다. 카간에게 크르크즈 백성을 복속시켰다. 숙였다. 우리는 돌아왔다. 우리는 쾨그멘 산을 돌아왔다. |
| 29<br>I 북: 05 | 우리는 크르크즈에서 돌아왔다. 튀르기쉬 카간에게서 도망자가 왔다. 그의 말이 이러했다. "동쪽의 카간에게로 군대를 나아가게 합시다!"라고 말했다 한다. "나아가게 하지 않으면 우리를, 그들의 카간은 용감하다고 합니다. 그의 참모는 현명하다고 합니다. 시간이 있다면 |
| 30<br>I 북: 06 | 그는 우리를 반드시 죽일 것입니다"라고 말했다 한다. "튀르기쉬 카간이 나아간다고 합니다"라고 말했다. "온 오크 백성이 남김없이 나아간다고 한다"라고 말한다. "타브가치 군대도 있다고 한다." 그 말을 듣고 나의 카간은 "나는 집으로 내려간다"고 말했다. |
| 31<br>I 북: 07 | 카툰이 죽었는데, "그녀의 장례를 치르게 할 것이다"라고 말했다. "군대들은 가라"고 말했다. "알툰 산에 머물러라!"라고 말했다. "군대 우두머리인 이넬 카간과 타르두쉬 샤드가 가라!"라고 말했다. 그는 빌게 톤유쿠크에게 나에게 말했다. |
| 32<br>I 북: 08 | "이 군대를 보내라!"라고 했고, "벌을 맘대로 말하라! 내가 너희에게 무엇을 말하겠나!"라고 말했다. "온다면 눈에 띄게 올 것이고 오지 않는다면 살아 있는 정보원과 얘기를 얻으며 있어라!"라고 말했다. 우리는 알툰 산에서 머물렀다. |
| 33<br>I 북: 09 | 세 명의 도망자가 왔다. 말이 하나였다. "그의 카간이 군대와 나아갔다. 온 오크 군주가 남지 않고 말을 탔다"라고 그들이 말한다. "야르시 평원에서 모입시다!"라고 말했다고들 한다. 그 말을 듣고서 나는 카간에게로 그 소식을 보냈다. 카간에게서 말을 다시 대답······ |

| | |
|---|---|
| **34**<br>I 북: 10 | 가져왔다. "머물러라!'라고 말했다 한다. 그렇게 말한 것을 보냈다고 한다. "말을 탄 정찰대와 망대를 두어라! 공격당하지 마라!'라고 말했다 한다. 뵈귀 카간이 나에게로 그렇게 보냈다고 한다. 아파 타르칸에게로는 비밀스런 얘기를 보냈다고 한다. "빌게 톤유쿠크는 나쁘다! 자기 맘대로다! ...... |
| **35**<br>I 북: 10 | '군대를 나아갑시다!'라고 그가 말하면 그렇게 하지 말아라!" 그 말을 듣고 나는 군대를 나아가게 했다. 알툰 산을 길 없이 넘었다. 이르티시 강을 여울 없이 건넜다. 우리는 밤에 자지 않고 나아갔다. 볼추에 해가 뜰 때 이르렀다. |
| **36**<br>II 서: 01 | 정보원이 왔다. 얘기는 이러했다. "야르쉬 평원에 10만 명의 군대가 모였다"라고 그가 말한다. 그 말을 듣고 벡(관리)들이 모두 |
| **37**<br>II 서:02 | "돌아갑시다! 깨끗하게 부끄러운 것이 낫습니다"라고 말했다. 나는 이렇게 말했다. "나 빌게 톤유쿠크는 알툰 산을 넘어왔습니다. 이르티시 강을 |
| **38**<br>II 서:03 | 건너왔습니다. 온 사람들은 '힘듭니다'라고 말했습니다. 나는 느끼지 못했습니다. 텡그리, 우마니, 신성한 땅과 말이 도와주었습니다. 분명히! 무엇 때문에 도망을 갑니까? |
| **39**<br>II 서:04 | 많다고 말하며 우리가 왜 무서워해야 합니까? 적다고 우리가 왜 밟혀야 합니까? 공격합시다"라고 나는 말했다. 우리는 공격을 했고 약탈을 했다. 두 번째 날에 |
| **40**<br>II 서:05 | 〔적들이〕 불같이 성내며 왔다. 우리는 싸웠다. 우리보다 그들의 두 날개는 반 정도나 더 많았다. 텡그리께서 명령하셨기 때문에 많다고 하며 우리는 |
| **41**<br>II 서:06 | 무서워하지 않았다. 우리는 싸웠다. 타르두쉬 샤드 쪽으로 쫓으며 우리는 패배시켰다. 우리는 그들의 카간을 잡았다. 그들의 야브구와 샤드를 |
| **42**<br>II 서:07 | 거기서 죽였다. 우리는 50 정도의 군사를 붙잡았다. 우리는 바로 그날 밤 그 보둔의 말을 보냈다. 그 망을 듣고 온 오크 벡들이 보둔들이 모두 |
| **43**<br>II 서:08 | 와서 머리를 숙였다. 온 벡들과 보둔을 잡고 모았는데, 적은 보둔이 도망을 가버렸다. 나는 온 오크 군대를 나아가게 했다. |
| **44**<br>II 서:09 | 우리가 다시 나아갔다. 우리는 그들을 지났다. 옌취 강을 건너며 틴시 오글리라고 불리는 점이 있는 에크 산을 지나며 ...... |
| **45**<br>II 남:01 | 우리는 테미르 카프그(철문)까지 이르렀다. 우리는 그곳에서 되돌렸다. 이넬 카간에게 ...... 타직, 토카르 ...... |
| **46**<br>II 남:02 | 그로부터 이쪽에 있는 아스 오크가 우두머리인 소그드 보둔이 모두 왔다. 머리를 숙였다. ...... 투르크 보둔이 테미르 카프그까지 |
| **47**<br>II 남:03 | 텐시 오글리라고 불리는 산에 이른 적이 없었다고 한다. 그 땅에 나 빌게 톤유쿠크가 이르게 했기 때문에 |

| 48 II 남:04 | 그들은 누런 황금, 흰 은, 여자, 혹 있는 낙타, 비단을 가득 가지고 왔다. 일테리쉬 카간이 현명했기 때문에 |
|---|---|
| 49 II 남:05 | 용감했기 때문에 타브가치와 열일곱 번 싸웠다. 크탄과 일곱 번 싸웠다. 오구즈와 다섯 번 싸웠다. 그때 참모 |
| 50 II 남:06 | 도 바로 나였도다! 참모도 나였도다! 일테리쉬 카간에게 …… 투르크 뵈귀 카간에게, 투르크 빌게 카간 …… |
| 51 II 동:01 | 카프간 카간은 스물일곱에 ……. 였다. 카프간 카간이 앉게 했다. 나는 밤에 자지 않고 |
| 52 II 동:02 | 낮에 앉지 않고 붉은 피를 쏟으며 검은 땀을 흘리며 도와드렸다. 나는 멀리 정찰대로 보냈다. |
| 53 II 동:03 | 나는 망대를 세우게 했다. 나는 돌아가는 적을 돌아오게 했다. 나는 나의 카간과 함께 싸우러 갔다. 텡그리시여 살펴주소서! |
| 54 II 동:04 | 나는 투르크 보둔에게 갑옷을 입은 사람들이 공격하지 못하게 했다. 길들여져 있는 말이 달리지 못하게 했다. 일테리쉬 카간이 얻지 못했다면 |
| 55 II 동:05 | 그리고 나 자신이 얻지 못했다면 일(나라)도 보둔도 없었을 것이다. 그가 얻었기 때문에 그리고 나 자신이 얻었기 때문에 |
| 56 II 동:06 | 일(나라)도 일이 되었다. 보둔도 보둔이 되었다. 나는 나이를 먹었다. 나는 크게 되었다. 어떤 땅에 카간을 보둔에게 |
| 57 II 동:07 | …… 이런 사람이 있다면 무슨 걱정이 있겠는가? …… |
| 58 II 동:08 | 투르크 빌게 카간의 시대에 내가 쓰게 했다. 나 빌게 톤유쿠크가! |
| 59 II 북:01 | 일테리쉬 카간이 얻지 못했다면 없었다면, 나 자신 빌게 톤유쿠크가 얻지 못했다면 내가 없었다면 |
| 60 II 북:02 | 카프간 카간의 투르크와 시르 보둔의 땅에 보드도, 보둔도, 사람도 전혀 없었을 것이다. |
| 61 II 북:03 | 일테리쉬 카간과 빌게 톤유쿠크가 얻었기 때문에 카프간 카간의 투르크와 시르 보둔이 발전했다, 이렇게. |
| 62 II 북:04 | 투르크 빌게 카간, 투르크 시르 보둔을 오구즈 보둔을 돌보며 있으리라! |

# II. 돌궐 군주 세계표

## 돌궐 제1제국 군주 세계표

| 순서 | 재위 연도 | 즉위 후 명칭 | 즉위 전 이름과 관칭 | 윗대와의 관계 | 계승 방식 |
|------|----------|------------|-------------------|--------------|----------|
| 1 | 552~553 | 일릭 카간<br>Ilig qaghan<br>이리가한伊利可汗 | 튀멘Tümen<br>토문土門(토무吐務)<br>Ulugh yabghu<br>올루그 야브구<br>대엽호大葉護 | 아사나 샤드Ashana shad(아현설阿賢設)의 자로 추정 | 건국 |
| 2 | 553 | 아이 카간<br>아일가한阿逸可汗<br>Ay qaghan<br>이킨지 카간<br>Ikinci qaghana<br>을식기가한乙息記可汗 | 카라Qara<br>과라科羅<br>관칭 불명 | 일릭 카간의 장자*<br><br>* 일릭 카간의 자인지 제인지는 논란 중이나 장자로 추정됨 | 부자 상속 |
| 3 | 553~572 | 무한 카간<br>Muqan qaghan<br>목한가한木汗可汗/<br>목간가한木杆可汗 | 이르킨Irkin<br>사근俟斤<br>관칭 불명 | 아이 카간의 제 | 형제 상속 |
| 4 | 572~581 | 타스파르 카간<br>Taspar qaghan<br>타발가한陀鉢可汗/<br>타발가한他鉢可汗 | 이름 불명<br>타르두쉬 카간<br>Tardush qaghan<br>지두가한地頭可汗 | 아이 카간의 제 | 형제 상속 |

| 순서 | 재위 연도 | 즉위 후 명칭 | 즉위 전 이름과 관칭 | 윗대와의 관계 | 계승 방식 |
|---|---|---|---|---|---|
| 5 | 581~587 | 으쉬바라 카간<br>Ïshbara qaghan<br>사발략가한沙鉢略可汗<br>Ilig külüg shad bagha<br>Ïshbara qaghan<br>일릭 퀼뤽 샤드 바가<br>으쉬바라 카간<br>이리구로설막하시파<br>라가한伊利俱盧設何<br>始波羅可汗 | 섭도攝圖<br>퇼리스 카간<br>Tölis qaghan<br>동면가한東面可汗 | 아이 카간의 장자 | 숙질 상속 |
| 6 | 587~588 | 바가 카간<br>Bagha qaghan<br>막하가한莫何可汗 | 카라 초르<br>Qara chor<br>처라후處羅侯<br>퇼리스 카간<br>Tölis qaghan<br>동면가한東面可汗 | 아이 카간의 차자 | 형제 상속 |
| 7 | 588~599 | 투란 카간<br>Turan qaghan<br>도람가한都藍可汗 | 옹우려雍虞閭<br>야브구Yabghu<br>엽호葉護 | 으쉬바라 카간의 자 | 숙질 상속 |
| 8 | 599~603 | 빌게 카간<br>Bilge qaghan<br>보가가한步迦可汗 | 점궐玷厥<br>타르두쉬 카간<br>달두가한達頭可汗<br>(서면가한西面可汗) | 튀멘의 동생<br>이스테미의 자,<br>투란 카간의 종숙부 | 투란 카간<br>사후 에르켄을<br>수조로<br>몰아내고 즉위 |
| 8 | 599~603<br>~609 | 일릭 퀸뒤 계민 카간<br>Ilig köndü qaghan<br>이리진두계민가한<br>意利珍豆啓民可汗 | 에르켄 Erken<br>염간染干<br>퇼리스 카간<br>Tölis qaghan<br>돌리가한突利可汗 | 바가 카간의 장자 | 수의 지원으로<br>뵈귀 카간을<br>몰아내고 복귀 |
| 9 | 609~619 | 세비 카간<br>Sebi qaghan<br>시필가한始畢可汗 | 퇼리스Tölis<br>돌길세咄吉世 | 일릭 퀸뒤 카간의<br>장자 | 부자 상속 |
| 10 | 619~620 | 카라 카간<br>Qara qaghan<br>처라가한處羅可汗 | 이름 불명<br>일테베르 샤드<br>Ilteber shad<br>사리불설俟利弗設 | 세비 카간의 제 | 형제 상속 |
| 11 | 620~630 | 일릭 카간<br>Ilig qaghan<br>힐리가한頡利可汗 | 돌비咄苾<br>바가투르 샤드<br>Baghatur shad<br>막하돌설莫賀咄設 | 카라 카간의 제 | 형제 상속 |

# 돌궐 제2제국 군주 세계표

| 순서 | 재위 연도 | 즉위 후 명칭 | 즉위 전 이름과 관칭 | 윗대와의 관계 | 계승 방식 |
|---|---|---|---|---|---|
| 1 | 682~692 | 일테리쉬 카간<br>Ilterish qaghan<br>힐질리시가한<br>詰跌利施可汗 | 쿠틀룩Qutlugh<br>골돌록骨咄祿<br>토둔 초르<br>Todun chor<br>토둔 철吐屯啜 | 불분명<br>일릭 카간의 친속 | 건국 |
| 2 | 692~716 | 카프간 카간<br>묵철가한黙啜可汗<br>건화영청대부마<br>乾和永淸大駙馬<br>천상득과보천남돌궐성<br>천골돌록가한<br>天上得果報天男 突厥聖天<br>骨咄祿可汗(책봉명) | 뵈귀<br>뵈귀 초르<br>Bögü chor<br>묵철黙啜 | 일테리쉬 카간의 제 | 형제 상속 |
| 3 | 716 | 이넬 카간<br>Inel qaghan<br>이열가한泥涅可汗 | 뵈귀<br>Bögü<br>복구匐俱<br>척서가한拓西可汗 | 카프간 카간의 자 | 부자 상속 |
| 4 | 716~734 | 빌게 카간<br>Bilge qaghan<br>비가가한毗伽可汗 | 뵈귀<br>Bögü<br>黙矩, 黙棘連<br>Tardush shad<br>타르두쉬 샤드<br>소살小殺 | 일테리쉬 카간의 장자 | 정변 |
| 5 | 734~741 | 텡그리 이넬 카간<br>Tengri Inel qaghan<br>등리이연가한<br>登里伊然可汗 | · | 빌게 카간의 장자 | 부자 상속 |
| 6 | 741~742 | 텡그리 카간<br>Tengri qaghan<br>등리가한登利可汗 /<br>빌게 쿠틀룩 카간<br>Bilge qutlugh qaghan<br>비가골돌록가한<br>毗伽骨咄祿可汗 | 빌게 쿠틀룩<br>Bilge qutlugh<br>비가골돌록毗伽骨咄祿<br>관칭 불명 | 빌게 카간의 말자 /<br>텡그리 이넬<br>카간의 제 | 형제 상속 |
| 7 | 742 | 쿠틀룩 야브구<br>Qutlugh yabghu<br>골돌록엽호骨咄祿葉護 | 이름 불명<br>판퀼 테긴<br>Pan kül tegin<br>관퀼특근判闕特勤 | 빌게 쿠틀룩 카간의<br>숙부 | 정변 |

| 순서 | 재위 연도 | 즉위 후 명칭 | 즉위 전 이름과 관칭 | 윗대와의 관계 | 계승 방식 |
|---|---|---|---|---|---|
| 8 | 742~743 | 오즈므쉬 카간<br>Özmish qaghan<br>오소미시가한<br>烏蘇米施可汗 | 이름 불명<br>오즈므쉬 테긴<br>Özmish tegin<br>오소미시특근<br>烏蘇米施特勤 | 쿠틀룩 야브구의 자 | 정변 |
| 9 | 743~745 | 바얀 카간Bayan qaghan<br>백미가한白眉可汗 | 바얀 테긴Bayan tegin<br>백미특근白眉特勤,<br>구르 벡Gur beg<br>골롱복鶻隴匐 | 쿠틀룩 야브구의 자 /<br>오즈므쉬 카간의 제 | 형제 상속 |

ㅍ

파르티안 샷=배면기사背面騎射 17

팍스 몽골리카 595

판 퀼 테긴=판궐특근=쿠틀룩 야브구 557~
559, 562, 644, 645

팽원휘 572

페르가나 계곡 212

편교 318, 340, 383

평량의 잡호 49, 63, 67, 73

평로군 570

평적군 432

폐불廢佛 203

포류현 115, 466

포주도 312

푸스타 초원 187

풍주도독부 388

풍지대 353

필실 이르킨 473, 474


ㅎ

하가밀 428

하국夏國 72, 212

하누이 강 156, 160,

하란주 388, 391

하서河西 72, 108, 284, 300, 301, 305, 412,
414, 422, 423, 426, 427, 493, 506, 507,
571~575

하서회랑 109, 177, 187, 216, 226, 236,
238, 281, 283~285,

하원군 473

하원河源 283, 473

하주도독부 388, 400

하주夏州 265, 300, 427, 438, 475

하주河州 259, 465

하진성 178

하차소 146, 147

하흑노 497

학령전 478

한 광무제 344, 346

한 무제 76, 196, 281, 285, 353

한사충 438

한성韓城 299

한해도호부 383, 389~391

한해부 382

한화韓華 386, 387

함상 99

함씨 정권 111

함양咸陽 238

함주숨州 216, 438

항가이 산맥 155, 156, 160, 161, 321, 613

항안恒安 264

항주恒州 199, 216, 252

해결奚結 149, 382

핵심 집단=중핵 집단 42, 128, 129~131,
165, 168, 190, 325, 385, 482, 565, 581

허란산 385

혁련씨 72

혁련제씨 129

현궐주 382, 387

현명함賢(bilge) 125, 420

현무문의 변 317

현지도독 472

혜시惠施 121, 126, 220